Deutschbuch

Differenzierende Ausgabe

Handreichungen für den Unterricht

9

Herausgegeben von
Markus Langner und
Andrea Wagener

Erarbeitet von
Julie Chatzistamatiou,
Friedrich Dick,
Agnes Fulde,
Verena Gälweiler,
Hans-Joachim Gauggel,
Frauke Hoffmann,
Markus Langner,
Marianna Lichtenstein,
Christoph Mann,
Deborah Mohr,
Lisa Nahberger,
Frank Schneider,
Bernd Schurf,
Anna Ulrike Schütte,
Volker Semmler,
Mechthild Stüber und
Andrea Wagener

Redaktion: Gerlinde Bauer, Regensburg

Umschlaggestaltung: werkstatt für gebrauchsgrafik, Berlin
(Foto: Imagebrokers/Photoshot)

Technische Umsetzung: zweiband.media, Berlin

www.cornelsen.de

Die Webseiten Dritter, deren Internetadressen in diesem Lehrwerk angegeben sind, wurden vor Drucklegung sorgfältig geprüft. Der Verlag übernimmt keine Gewähr für die Aktualität und den Inhalt dieser Seiten oder solcher, die mit ihnen verlinkt sind.

Dieses Werk berücksichtigt die Regeln der reformierten Rechtschreibung und Zeichensetzung. Bei den mit [R] gekennzeichneten Texten haben die Rechteinhaber einer Anpassung widersprochen.

1. Auflage, 2. Druck 2016

© 2016 Cornelsen Verlag GmbH, Berlin

Das Werk und seine Teile sind urheberrechtlich geschützt.
Jede Nutzung in anderen als den gesetzlich zugelassenen Fällen bedarf
der vorherigen schriftlichen Einwilligung des Verlages.
Hinweis zu den §§ 46, 52a UrhG: Weder das Werk noch seine Teile dürfen ohne eine solche Einwilligung eingescannt und in ein Netzwerk eingestellt oder sonst öffentlich zugänglich gemacht werden.
Dies gilt auch für Intranets von Schulen und sonstigen Bildungseinrichtungen.
Die Kopiervorlagen dürfen für den eigenen Unterrichtsgebrauch
in der jeweils benötigten Anzahl vervielfältigt werden.

Druck: H. Heenemann, Berlin

ISBN 978-3-06-062695-3

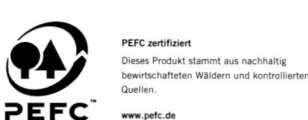

Inhaltsverzeichnis

	Vorwort	**10**
1	**Generationen – Über Sachverhalte informieren**	**20**
	Konzeption des Kapitels	20
1.1	Jung trifft Alt – Andere informieren	22
1.2	Von Coolen und Halbstarken – Zeitgenössische Texte zur Jugendkultur lesen	26
1.3	Fit in …! – Einen Informationstext verfassen	29

Material zu diesem Kapitel
- Klassenarbeit A/B – Einen Informationstext verfassen
  Beziehung der Generationen heute 31
- Klassenarbeit A/B – Einen Informationstext verfassen
  Die Bedeutung von Jugendkulturen heute 35
- Fordern und fördern – Einen Informationstext verfassen ●●● | ●○○
  Jung trifft Alt, Alt trifft Jung – Generationenübergreifende Projekte 39
- Fordern und fördern – Einen literarischen Text untersuchen ●●● | ●○○
  Roswitha Vetter: Der alte Mann und der Fernseher 43
- Fordern und fördern – Einen Informationstext ergänzen ○○○
  Die Taschengeldbörse – Ein Projekt unserer Gemeinde 47
- Diagnose – Einen Informationstext überarbeiten
  Jung und Alt im Dialog 48

2	**Konsum: Was brauchen wir? – Überzeugend argumentieren**	**50**
	Konzeption des Kapitels	50
2.1	Macht Kaufen glücklich? – Strittige Themen materialgestützt diskutieren	52
2.2	Von allem immer mehr? – Schriftliche Argumentationen verfassen	56
2.3	Fit in …! – In einem Leserbrief argumentieren	58

Material zu diesem Kapitel
- Klassenarbeit A/B – Einen Leserbrief schreiben
  Pro Konsum – Kontra Konsumverzicht 61
- Klassenarbeit A/B – Ein Flugblatt verfassen
  Was ist fairer Handel? Beispiel: Banane 65
- Fordern und fördern – Eine Grafik für eine Argumentation nutzen ●●● | ●○○ | ○○○
  Was Marken bei Jugendlichen in den Fokus bringt 69
- Fordern und fördern – Informationen … für ein Flugblatt nutzen ●●● | ●○○ | ○○○
  BUND ruft zum Plastikfasten auf 72
- Fordern und fördern – Einen Leserbrief überarbeiten ●●● | ●○○ | ○○○
  Heute ist „Buy Nothing Day" 77
- Diagnose – Argumentieren
  Fleischlos essen – Pro und Kontra 82
- Bewertungsbogen für Diskussionen 83

3	**Mein Traumjob – Berufe erkunden und sich bewerben**	**84**
	Konzeption des Kapitels	84
3.1	Die eigene Zukunft planen – Informieren und über Berufe referieren	86
3.2	Werbung für mich! – Die Bewerbungsmappe	93
3.3	Projekt: „Nehmen Sie bitte Platz!" – Das Bewerbungsgespräch trainieren	96

Material zu diesem Kapitel
- Klassenarbeit A/B – Einen Tagesbericht verfassen
  Der Tagesablauf eines Goldschmieds 100
- Klassenarbeit A/B – Ein Bewerbungsschreiben überarbeiten
  Bewerbung um einen Ausbildungsplatz 102
- Fordern und fördern – Ein Referat vorbereiten ●●○ | ●○○
  Körpersprache in Bewerbungsgesprächen 104
- Fordern und fördern – Ein Referat vorbereiten ○○○
  Mimik, Gestik und Körperhaltung in Bewerbungsgesprächen 109
- Fordern und fördern –
  Fähigkeiten erkennen und in einer Bewerbung nutzen ●●● | ●○○ 110
- Diagnose – Experteninterview und Bewerbung 114

4 Den richtigen Ton finden – Situationsgerecht sprechen und schreiben 116

Konzeption des Kapitels 116
4.1 Mit wem unterhalte ich mich wo? – Sprechen im Alltag 118
4.2 Heimat – Annäherung an einen schwierigen Begriff 121
4.3 Projekt: Public Viewing – Sprachtrends auf der Spur 124

Material zu diesem Kapitel
- Klassenarbeit A/B – Einen Text überarbeiten
  Ein Beschwerdebrief 126
- Fordern und fördern – Einen mundartlichen Songtext untersuchen ●●● |●○○
  Höhner: Echte Fründe 128
- Fordern und fördern – Ehre: Einen Begriff definieren ●●● | ●○○
  „Sie sind Sympathieträger und wunderbares Vorbild" 131
- Fordern und fördern – Ready zum Blind Date, Baby? ○○○
  Anglizismen im deutschen Wortschatz 133
- Diagnose – Bedeutung von Wörtern: Sprachwandel
  Die kleine süße Dirne und das hehre Weib 134
- Diagnose – Situationsgerecht sprechen und schreiben 135

5 „Meine deutschen Wörter haben keine Kindheit" – Eine zweisprachige Autorin 136

Konzeption des Kapitels 136
5.1 Emine Sevgi Özdamar – Eine Autorin durch Texte kennen lernen und im Porträt vorstellen   138
5.2 „Ich verstehe das so!" –
    Einen literarischen Text erschließen und einen inneren Monolog schreiben 144
5.3 Fit in …! – Zu einem Textauszug gestaltend schreiben 147

Material zu diesem Kapitel
- Klassenarbeit A/B – Einen literarischen Text analysieren und interpretieren
  Emine Sevgi Özdamar: Die Brücke vom Goldenen Horn (Textauszug) 149
- Klassenarbeit A/B – Einen Brief aus der Perspektive einer Figur schreiben und
  Schreibentscheidungen begründen
  Emine Sevgi Özdamar: Die Brücke vom Goldenen Horn (Textauszug) 153
- Fordern und fördern – Einen inneren Monolog schreiben ●●○ | ●○○ 156
- Fordern und fördern – Ein komplexes sprachliches Bild erschließen und
  eine Deutungsthese formulieren ●●○ | ●○○ 160
- Fordern und fördern – Ein sprachliches Bild verstehen und deuten ○○○ 163
- Diagnose – Sprachbilder analysieren und einen inneren Monolog schreiben 165

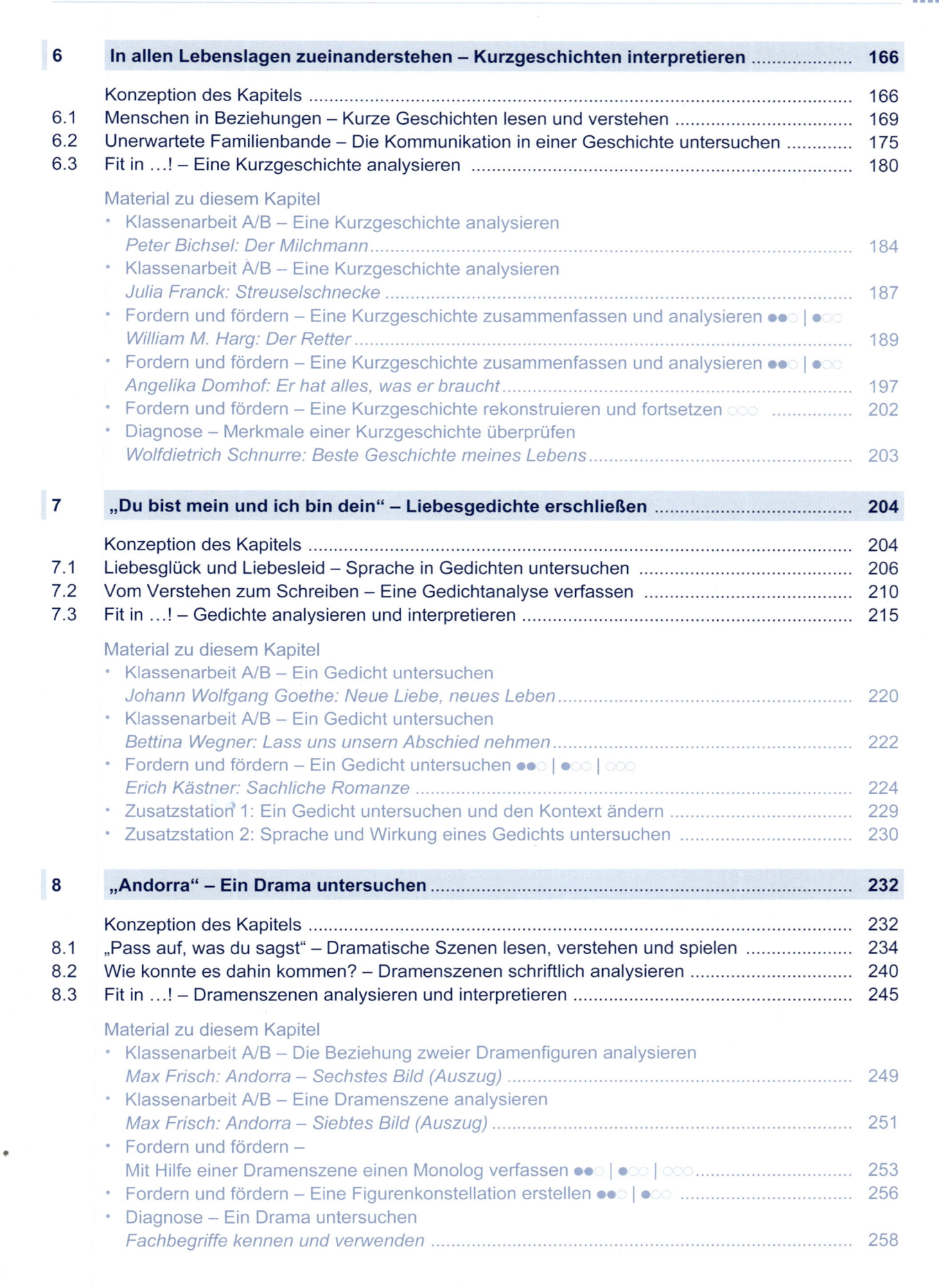

| 6 | **In allen Lebenslagen zueinanderstehen – Kurzgeschichten interpretieren** | **166** |

Konzeption des Kapitels ... 166
6.1 Menschen in Beziehungen – Kurze Geschichten lesen und verstehen ... 169
6.2 Unerwartete Familienbande – Die Kommunikation in einer Geschichte untersuchen ... 175
6.3 Fit in …! – Eine Kurzgeschichte analysieren ... 180

Material zu diesem Kapitel
- Klassenarbeit A/B – Eine Kurzgeschichte analysieren
  Peter Bichsel: Der Milchmann ... 184
- Klassenarbeit A/B – Eine Kurzgeschichte analysieren
  Julia Franck: Streuselschnecke ... 187
- Fordern und fördern – Eine Kurzgeschichte zusammenfassen und analysieren ●●○ | ●○○
  William M. Harg: Der Retter ... 189
- Fordern und fördern – Eine Kurzgeschichte zusammenfassen und analysieren ●●○ | ●○○
  Angelika Domhof: Er hat alles, was er braucht ... 197
- Fordern und fördern – Eine Kurzgeschichte rekonstruieren und fortsetzen ○○○ ... 202
- Diagnose – Merkmale einer Kurzgeschichte überprüfen
  Wolfdietrich Schnurre: Beste Geschichte meines Lebens ... 203

| 7 | **„Du bist mein und ich bin dein" – Liebesgedichte erschließen** | **204** |

Konzeption des Kapitels ... 204
7.1 Liebesglück und Liebesleid – Sprache in Gedichten untersuchen ... 206
7.2 Vom Verstehen zum Schreiben – Eine Gedichtanalyse verfassen ... 210
7.3 Fit in …! – Gedichte analysieren und interpretieren ... 215

Material zu diesem Kapitel
- Klassenarbeit A/B – Ein Gedicht untersuchen
  Johann Wolfgang Goethe: Neue Liebe, neues Leben ... 220
- Klassenarbeit A/B – Ein Gedicht untersuchen
  Bettina Wegner: Lass uns unsern Abschied nehmen ... 222
- Fordern und fördern – Ein Gedicht untersuchen ●●○ | ●○○ | ○○○
  Erich Kästner: Sachliche Romanze ... 224
- Zusatzstation 1: Ein Gedicht untersuchen und den Kontext ändern ... 229
- Zusatzstation 2: Sprache und Wirkung eines Gedichts untersuchen ... 230

| 8 | **„Andorra" – Ein Drama untersuchen** | **232** |

Konzeption des Kapitels ... 232
8.1 „Pass auf, was du sagst" – Dramatische Szenen lesen, verstehen und spielen ... 234
8.2 Wie konnte es dahin kommen? – Dramenszenen schriftlich analysieren ... 240
8.3 Fit in …! – Dramenszenen analysieren und interpretieren ... 245

Material zu diesem Kapitel
- Klassenarbeit A/B – Die Beziehung zweier Dramenfiguren analysieren
  Max Frisch: Andorra – Sechstes Bild (Auszug) ... 249
- Klassenarbeit A/B – Eine Dramenszene analysieren
  Max Frisch: Andorra – Siebtes Bild (Auszug) ... 251
- Fordern und fördern –
  Mit Hilfe einer Dramenszene einen Monolog verfassen ●●○ | ●○○ | ○○○ ... 253
- Fordern und fördern – Eine Figurenkonstellation erstellen ●●○ | ●○○ ... 256
- Diagnose – Ein Drama untersuchen
  Fachbegriffe kennen und verwenden ... 258

9	**Kommunikation in den Medien – Sachtexte verstehen und analysieren**	**260**
	Konzeption des Kapitels	260
9.1	„Durchgehend online" – Sachtextformate bestimmen und untersuchen	262
9.2	Nett im Netz – Einen Sachtext analysieren	267
9.3	Fit in …! – Einen Sachtext analysieren	270

Material zu diesem Kapitel
- Klassenarbeit A/B – Einen Sachtext analysieren
  Achim Wüsthof: Geh doch mal raus! ... 273
- Klassenarbeit A/B – Sachtexte untersuchen und Stellung nehmen
  Juliane von Wedemeyer: Klick-Clique ... 277
- Fordern und fördern – Ein Schaubild untersuchen und in Worte fassen ●●● | ●○○ ... 281
- Fordern und fördern – Einen Sachtext untersuchen und zusammenfassen ●●○ | ●○○
  Stefan Krempl: Safer Internet Day: Digitaler Exhibitionismus ... 283
- Fordern und fördern – Einen Sachtext ordnen und verstehen ○○○
  Netter Zeitvertreib mit Gefahren ... 286
- Diagnose – Sachtexte verstehen und analysieren ... 287

10	**„On the road" – Einen Roman und einen Film untersuchen**	**288**
	Konzeption des Kapitels	288
10.1	„Tschick" – Einen Jugendroman untersuchen	290
10.2	„Vincent will Meer" – Die Wirkung filmischer Mittel verstehen	295
10.3	Projekt – Eine Filmszene drehen	301

Material zu diesem Kapitel
- Klassenarbeit A/B – Einen literarischen Text mit Hilfe von Fragen untersuchen
  Wolfgang Herrndorf: Tschick (Auszug) ... 303
- Klassenarbeit A/B – Einen Filmdialog untersuchen
  Florian David Fitz: Vincent will Meer (Drehbuchauszug) ... 307
- Fordern und fördern – Einen Romanauszug untersuchen ●●○ | ●○○ ... 311
- Fordern und fördern – Eine Filmszene untersuchen ●●● | ●○○ | ○○○ ... 317
- Diagnose – Einen Jugendroman untersuchen ... 322

11	**Grammatiktraining – Stil und Ausdruck**	**324**
	Konzeption des Kapitels	324
11.1	(Un-)Sachliche Briefe – Wortarten richtig und sinnvoll einsetzen	327
11.2	Praktikumsberichte – Sätze treffend formulieren	330
11.3	Fit in …! – Einen Text überarbeiten	333

Material zu diesem Kapitel
- Klassenarbeit A/B – Einen Text überarbeiten
  Klassenfahrt: Ein Beschwerdebrief ... 335
- Klassenarbeit A/B – Einen Text überarbeiten
  Ein Entschuldigungsschreiben ... 337
- Fordern und fördern – Kasus, Numerus, Tempora ●●● | ●○○ | ○○○ ... 339
- Fordern und fördern – Adverbialsätze ●●● | ●○○ | ○○○ ... 345
- Fordern und fördern – Proben anwenden ●●● | ●○○ | ○○○ ... 348
- Diagnose – Grammatiktraining ... 351

| 12 | **Rechtschreibung – Texte überarbeiten** .... | **352** |

	Konzeption des Kapitels	352
12.1	Mach mit! – Strategien und Regeln anwenden	356
12.2	Meinungen begründen – Zeichensetzung üben	364
12.3	Fit in …! – Richtig schreiben	368

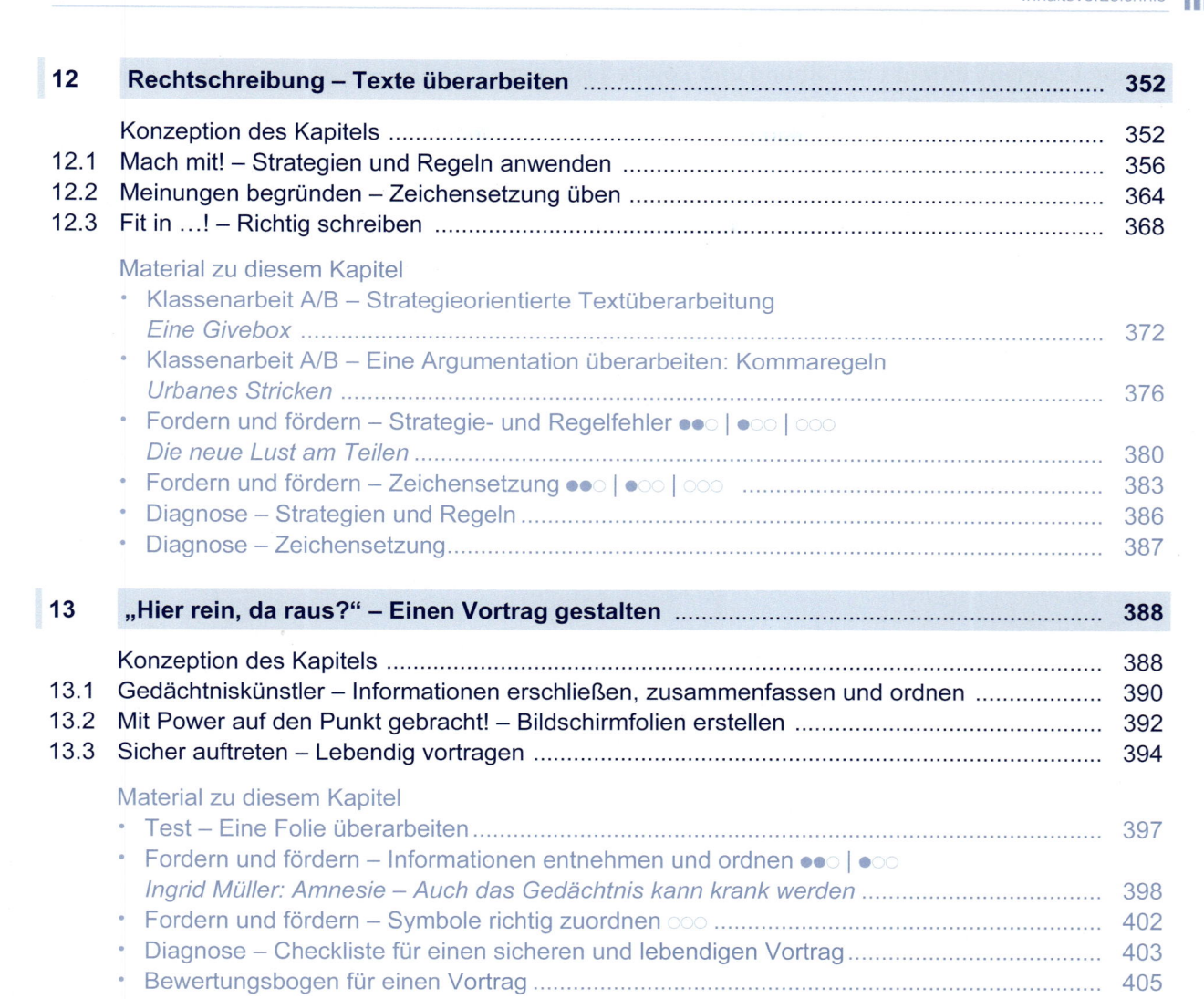

Material zu diesem Kapitel
- Klassenarbeit A/B – Strategieorientierte Textüberarbeitung
  Eine Givebox 372
- Klassenarbeit A/B – Eine Argumentation überarbeiten: Kommaregeln
  Urbanes Stricken 376
- Fordern und fördern – Strategie- und Regelfehler ●●○ | ●○○ | ○○○
  Die neue Lust am Teilen 380
- Fordern und fördern – Zeichensetzung ●●○ | ●○○ | ○○○ 383
- Diagnose – Strategien und Regeln 386
- Diagnose – Zeichensetzung 387

| 13 | **„Hier rein, da raus?" – Einen Vortrag gestalten** .... | **388** |

	Konzeption des Kapitels	388
13.1	Gedächtniskünstler – Informationen erschließen, zusammenfassen und ordnen	390
13.2	Mit Power auf den Punkt gebracht! – Bildschirmfolien erstellen	392
13.3	Sicher auftreten – Lebendig vortragen	394

Material zu diesem Kapitel
- Test – Eine Folie überarbeiten 397
- Fordern und fördern – Informationen entnehmen und ordnen ●●○ | ●○○
  Ingrid Müller: Amnesie – Auch das Gedächtnis kann krank werden 398
- Fordern und fördern – Symbole richtig zuordnen ○○○ 402
- Diagnose – Checkliste für einen sicheren und lebendigen Vortrag 403
- Bewertungsbogen für einen Vortrag 405

Inhalt der CD-ROM

Auf der dem Buch beiliegenden CD-ROM finden sich sämtliche Seiten der „Handreichungen für den Unterricht" zum Ausdrucken als PDF-Datei und als editierbare Microsoft®Word®-Datei.
Die Microsoft®-Word®-Dateien erlauben es, Klassenarbeiten, Tests und Kopiervorlagen problemlos den Anforderungen des Unterrichts anzupassen, indem einzelne Aspekte oder ganze Aufgaben geändert, zusätzliche Lernschritte eingefügt oder Teilaufgaben gestrafft werden und so das Anschauungs- und Übungsmaterial passgenau auf die Lerngruppe zugeschnitten wird.

Bewertungsbögen zu den Klassenarbeiten und Tests mit detaillierten Punkterastern

Lösungshinweise und Förderempfehlungen zu den Diagnosebögen

Lösungshinweise zu den Kopiervorlagen, mit denen sich die Arbeitsblätter auch zum selbstständigen Wiederholen und Üben einsetzen lassen, sowie zusätzliches Übungsmaterial wie am Ende des Kapitelkommentars angeführt.

Kopiervorlagen zum Rechtschreibtraining an Stationen:
- Laufzettel
- Zusatzstationen mit Lösungen

Strategiekarten zu Rechtschreibung und Zeichensetzung:
- Strategiekarte I und II: *Strategien* und *Regeln kennen und anwenden*
- Strategiekarte III und IV: *Zusammenschreibung* und *Kommasetzung*

PowerPoint-Folien mit Bildern, Grafiken und Übungseinheiten für Whiteboard, Beamer oder Overheadprojektor:
- Jung und Alt im Dialog (Kap. 1)
- Mehrgenerationen-Haushalte in Deutschland
- Konsum: Was brauchen wir? (Kap. 2)
- Macht Kaufen glücklich?
- Ein Referat vorbereiten (Kap. 3)
- Ein Bewerbungsschreiben verfassen und gestalten
- Berufsfeld und Erscheinungsbild
- Kiezdeutsch ist auch Deutsch! (Kap. 4)
- Anglizismen im Alltag
- Sprachbilder erkennen und verstehen (Kap. 5)
- Ein Autorinnenporträt als Mind-Map gestalten
- Aus Bildern die Figurenkonstellation erschließen (Kap. 6)
- Eine Kurzgeschichte untersuchen: Das Brot
- Motive erkennen und erläutern (Kap. 7)
- Ein Gedicht gestaltend vortragen
- „Andorra" – Ein Bühnenbild untersuchen (Kap. 8)
- Szenenbilder dem Handlungsverlauf zuordnen
- Mit einem Diagramm arbeiten (Kap. 9)
- Ein Schaubild untersuchen und in Worte fassen
- Eine literarische Figur charakterisieren (Kap. 10)
- Eine Mise en Scène erkennen und beschreiben
- Konjunktiv I und II richtig verwenden (Kap. 11)
- Adverbialsätze nutzen
- Rechtschreibstrategien wiederholen (Kap. 12)
- Nebensätze erkennen – Kommas richtig setzen
- Ein Baumdiagramm ergänzen (Kap. 13)
- Eine Folie ansprechend gestalten
- Das Superhirn – Weltspitze im Gedächtnissport

Hörtexte mit Arbeitsblättern (in der Reihenfolge der Kapitel bzw. Tracks):
- *Emine Sevgi Özdamar: Rede zur Verleihung des Kleist-Preises am 21.11.2004* (Kap. 5, SB S. 88)
  Sprecherin: Kim Pfeiffer; Aufnahme: Clarity Studio Berlin
  Text aus: Kleist-Jahrbuch 2005. Hg. v. Günter Blamberger u. Ingo Breuer, Stuttgart, J. B. Metzler, S. 14–17; © Emine Sevgi Özdamar
  (p) Cornelsen Verlag GmbH, Berlin 2016
- *Marlene Röder: Scherben* (Kap. 6, SB S. 108)
  Sprecher: Denis Abrahams; Aufnahme: Clarity Studio Berlin
  Text aus: Marlene Röder: Melvin, mein Hund und die russischen Gurken. © Ravensburger Buchverlag, Ravensburg 2011
  (p) Cornelsen Schulverlage GmbH 2015 / Cornelsen Verlag GmbH 2016, Berlin
- *Wolfgang Borchert: Das Brot* (Kap. 6, SB S. 113 f.)
  Sprecher: Felix Würgler; Aufnahme: Clarity Studio Berlin
  Text aus: Das Gesamtwerk. Rowohlt, Reinbek bei Hamburg 1959, S. 304–308. © 1949, 2007 Rowohlt Verlag GmbH, Reinbek bei Hamburg
  (p) Cornelsen Verlag GmbH, Berlin 2016

- *Unbekannter Verfasser: Du bist mîn, ich bin dîn* (Kap. 7, SB S. 129)
  Sprecher: Benjamin Plath; Aufnahme: Clarity Studio Berlin
  Text aus: Deutsche Lyrik des hohen und frühen Mittelalters. Deutscher Klassiker Verlag, Frankfurt a. M. 1995, S. 30
  (p) Cornelsen Verlag GmbH, Berlin 2016
- *Erich Fried: Was es ist* (Kap. 7, SB S. 131)
  Sprecher: Erich Fried; Aufnahme: Krieger, Zander & Partner GmbH
  Text aus: Es ist was es ist. Liebesgedichte, Angstgedichte, Zorngedichte. Verlag Klaus Wagenbach, Berlin 1996
- *Ernst Stadler: Glück* (Kap. 7, SB S. 131)
  Sprecher: Benjamin Plath; Aufnahme: Clarity Studio Berlin
  Text aus: Ich denke dein. Deutsche Liebeslyrik. Hg. v. Ingeborg Harnisch. Verlag der Nation, Berlin 1995
  (p) Cornelsen Verlag GmbH, Berlin 2016
- *Johann Wolfgang Goethe: Willkommen und Abschied* (Kap. 7, SB S. 143)
  Sprecher: Denis Abrahams; Aufnahme: Clarity Studio Berlin
  Text aus: Goethes Werke in zwölf Bänden. Hg.v.d. nationalen Forschungs- und Gedenkstätten der klassischen Literatur in Weimar. Bd. 1: Gedichte I. Aufbau, Berlin/Weimar 1981, S. 32–33
  (p) Cornelsen Verlag GmbH, Berlin 2016
- *Wolfgang Herrndorf: Tschick* (Kap. 10, SB S. 190–193)
  Sprecher: Hanno Koffler
  Text aus: Wolfgang Herrndorf: Tschick. Berlin, Rowohlt Verlag 2010, S. 21 ff., 39 f., 41 ff. (Buchvorlage); © 2010 by Rowohlt Berlin Verlag GmbH, Berlin
  (P) und © Argon Verlag GmbH, Berlin

Bundeslandspezifische Jahrespläne
mit einer detaillierten Gegenüberstellung der Teilkapitel im „Deutschbuch"
und der Kompetenzbereiche der jeweiligen Lehrpläne

Verwendete Zeichen

- **S. 54** Verweis auf die Seite im Schülerband
- **1** Aufgabe / Aufgabe im Schülerband
- ●●● Fordern und fördern: selbstständig zu erarbeitende Aufgaben
- ●●○ Fordern und fördern: selbstständig zu erarbeitende Aufgaben mit Starthilfen
- ●○○ Fordern und fördern: einfache Aufgaben mit Starthilfen und Lösungsvorschlägen
- ○○○ Fordern und fördern: Inklusion – einfache Aufgaben zu *einem* Aspekt mit Hilfestellungen

Hinweis auf eine PowerPoint-Folie auf der CD-ROM

Hinweis auf einen Hörtext auf der CD-ROM

- AH Hinweis auf das „Deutschbuch 9 Arbeitsheft"
- HRU Hinweis auf die vorliegenden Handreichungen
- SB Hinweis auf den Schülerband

Vorwort

1 Zur Grundkonzeption des Lehrwerks

Das „Deutschbuch" ist ein **integratives Lehrwerk**. Es trennt den Deutschunterricht nicht in Sprach- und Literaturunterricht mit den traditionellen Leitmedien Sprachbuch und Lesebuch, sondern geht von der Erfahrung vieler Lehrerinnen und Lehrer aus, dass die Binnengliederung des Fachunterrichts in die Teildisziplinen „Sprache" und „Literatur" weder von den Gegenständen her gerechtfertigt ist noch dem pädagogischen Grundsatz entspricht, alles erfolgreiche Sprachlernen entwickle sich aus komplexen und realitätsnahen Lernsituationen heraus. Mündliche und schriftliche Mitteilungen, Gebrauchs- oder Sachtexte eröffnen die Möglichkeit, ihre sprachliche Verfasstheit zu thematisieren sowie die Bedingungen sprachlichen Handelns zu reflektieren. Literarische Texte weisen eine ausgeprägte sprachliche Komplexität auf, insofern sind sie besonders geeignete Objekte, um Sprachaufmerksamkeit zu erzeugen. Entsprechend ist die Integration von Sprache und Literatur im Fach Deutsch ein didaktisches Konzept, zu dem es eigentlich keine Alternative gibt. Die Bildungsstandards wie auch die neue Generation der Lehrpläne verlangen die Integration der Teilbereiche des Faches in der konkreten Planung von Lernprozessen.

Integration im „Deutschbuch" heißt **Integration von den Gegenstandsstrukturen her und Integration von den intendierten Lernprozessen her**.

Ausgangspunkte der dreizehn Kapitel, in die jeder Jahrgangsband gegliedert ist, sind im Sinne eines erfahrungsbezogenen Unterrichts Problemstellungen und Themen, die sich an der Alltagsrealität der Schülerinnen und Schüler orientieren. Sie erhalten ihre fachspezifische Ausprägung jeweils dadurch, dass in den auslösenden Lebens- und Lernsituationen Sprache und Kommunikation zum Problem werden oder literarische bzw. pragmatische Texte Erfahrungen anderer Menschen darlegen und zur Diskussion stellen.

Die konsequente Anknüpfung an die Lebenswelt der Schülerinnen und Schüler und an gesellschaftliche Schlüsselprobleme verlangt, dass das Integrationsprinzip an manchen Stellen auch die Bereiche des Faches Deutsch überschreitet und die Verbindung zu anderen Fächern herstellt. Dies gilt vor allem dann, wenn Unterricht handlungsorientiert (bis hin zum Projekt) angelegt werden soll und der zu erarbeitende oder zu erforschende Bereich nicht nur Sprache und Literatur umfasst.

1.1 Die Kompetenzbereiche und ihre Integration

Die neuen Bildungsstandards und Lehrpläne gliedern das Fach Deutsch in die Kompetenzbereiche „Sprechen und Zuhören", „Schreiben", „Lesen – Umgang mit Texten und Medien" und „Reflexion über Sprache". Darüber hinaus heben die curricularen Standards die besonderen Anforderungen an Methoden und Lernstrategien des fachlichen und fachübergreifenden Arbeitens hervor. Das „Deutschbuch" berücksichtigt **die Einteilung des Faches in Kompetenzbereiche** bei der Anordnung der einzelnen Kapitel. Die Kompetenzbereiche werden dabei in unterrichtspraktischer Hinsicht gebündelt und sowohl systematisch entfaltet als auch im Sinne des grundlegenden Integrationsprinzips miteinander verknüpft. Die thematisch orientierten Kapitel des Lehrwerks sind den drei zentralen Arbeitsbereichen **„Sprechen – Zuhören – Schreiben"**, **„Lesen – Umgang mit Texten und Medien"** sowie **„Nachdenken über Sprache"** zugeordnet. Den Abschluss bildet ein Kapitel, das methodisches Lernen zum Gegenstand hat.

Der Bereich **„Arbeitstechniken"** ist im „Deutschbuch" besonders hervorgehoben. In den jeweils abschließenden Kapiteln der einzelnen Bände werden übergreifende Lernstrategien und -techniken an fachlichen Inhalten exemplarisch eingeübt, so z. B. basale Lese- und Verstehenskompetenzen, Textüberarbeitung, Teamarbeit, Recherchestrategien, Techniken des Visualisierens und Präsentierens, die adäquate Nutzung des PC. Darüber hinaus kommt das Methodenlernen in allen weiteren Kapiteln integriert zur Anwendung, beispielsweise einen Informationstext verfassen und ein Referat oder einen Kurzvortrag halten (Kapitel 1 „Generationen – Über Sachverhalte informieren", Teilkapitel 3.1 „Die eigene Zukunft planen – Informieren und über Berufe referieren", Kapitel 13 „‚Hier rein, da raus?' – Einen

Vortrag gestalten"), Diskussionen protokollieren (Teilkapitel 2.1 „Macht Kaufen glücklich? – Strittige Themen materialgestützt diskutieren"), literarische Texte analysieren und interpretieren (Teilkapitel 6.3. „Fit in ...! – Eine Kurzgeschichte analysieren"; Teilkapitel 7.3 „Fit in ...! Gedichte analysieren und interpretieren" sowie Teilkapitel 8.3. „Fit in ...! – Dramenszenen analysieren und interpretieren").

Eine besondere Bedeutung kommt im Jahrgang 9 den Arbeitstechniken zu: Hier werden systematisch Verfahren der Informationsentnahme im Bereich Sachtexte – auch diskontinuierlicher – geübt (Teilkapitel 13.1. „Gedächtniskünstler – Informationen erschließen, zusammenfassen und ordnen"). Die gewonnenen Informationen dienen vorbereitend dazu, eine foliengestützte Präsentation zu erstellen (Teilkapitel 13.2 „Mit Power auf den Punkt gebracht! – Bildschirmfolien erstellen") und den entsprechenden Vortrag zu üben (13.3. „Sicher auftreten – lebendig vortragen").

Die Entscheidung für eine angemessene Berücksichtigung der Leitprinzipien „Schüler- und Wissenschaftsorientierung" ist nach dem Grundsatz getroffen: So viel Situations- und Erfahrungsanbindung wie möglich, so viel Fachsystematik wie unbedingt nötig. Die Folge des durchgehend geforderten Prinzips **„Lernen in Zusammenhängen"** ist, dass das Lehrgangsprinzip im „Deutschbuch" nur noch dort Gültigkeit für die Organisation von Lernprozessen hat, wo fachlichem Klärungsbedarf anders nicht zu entsprechen ist. Aber auch dort geht es nicht nur um das systematische Lernen bzw. Wiederholen von Regeln und Definitionen, sondern v. a. auch um operatives Erarbeiten und „(sprach-)entdeckendes" Lernen, das Sprachaufmerksamkeit fördert und kontinuierlich Sprachbewusstsein entwickelt. Einheiten des Rechtschreibunterrichts können sich z. B. im Gefolge eines Schreibvorhabens oder aber im Anschluss an eine Sprachreflexion ergeben. Natürlich wird man auch die Grammatik als thematisiertes Sprachbewusstsein wiederfinden: Wie kann ich mit logischen Verknüpfungen überzeugend argumentieren? Wie helfen Kenntnisse über Denotat und Konnotat Wortbedeutungen präzise zu beschreiben und Wörter in ihren Kontexten zielgerichtet zu verwenden? Wie kann man metaphorische Sprache dekodieren? Aber es gibt immer Angebote, die Sprachreflexion mit anderen Bereichen des Deutschunterrichts thematisch zu verklammern. Schreib- und Lesesituationen, kommunikative Anlässe oder auch Sprachspiele ermöglichen Einsichten in Bauformen, Funktionen und Leistungen der Sprache.

1.2 Das Prinzip der Integration in den einzelnen Kapiteln

Integration bedeutet im „Deutschbuch" nicht das Hintereinanderschalten von Arbeitsteilen aus den verschiedenen Sektoren des Deutschunterrichts, sondern vielmehr, dass traditionell unterschiedlich zugeordnete **fachspezifische Tätigkeiten der Schülerinnen und Schüler im Zusammenhang einer nachvollziehbaren Lernsituation** gemeinsam entwickelt werden. Aus dem Umgang mit literarischen Texten z. B. kann eine produktive Schreibaufgabe, eine analytische Operation, eine Rechtschreibübung oder eine Sprachbetrachtung erwachsen – je nach der konkreten Unterrichtskonstellation.

Die einzelnen Kapitel des „Deutschbuchs" sind nach dem **Prinzip des *Dreischritts*** aufgebaut:

1. Schritt: Basisteil
- Entfaltung des Hauptkompetenzbereichs, basale Operationen im Verstehens- und Produktionsbereich bei konsequenter Berücksichtigung eines heterogenen Leistungsniveaus durch Differenzierungsaufgaben
- Selbstdiagnose: „Teste dich!"

2. Schritt: Integration und Differenzierung
- Integration eines weiteren Kompetenzbereichs oder eines methodischen Schwerpunkts, wobei die im ersten Teilkapitel erworbenen Kompetenzen mit neuen Akzenten differenzierend angewendet und vertieft werden
- extra Differenzierungsseiten („Fordern und fördern") mit Aufgaben auf zwei bzw. drei Niveaustufen zur individuellen Förderung

3. Schritt: Klassenarbeitstraining oder Projekt
- „Fit in ...!": Schritte des Schreibprozesses bei klassenarbeitsbezogenen Kapiteln oder
- Projekt bei eher teamorientierten, kreativ-produktiven Arbeitsprozessen

Ein Farbsystem informiert über das jeweilige Zusammenspiel von dominanten und zugeordneten Kompetenzbereichen. Die Arbeitsaufträge verknüpfen den dominanten Kompetenzbereich mit dem ergänzenden oder erweiternden Bereich. Der „Ausflug" über die Grenzen der Kompetenzbereiche hinaus erfolgt also nicht nur auf der Ebene der Materialien, sondern konkret auf der Ebene der einzelnen Tätigkeiten der Schülerinnen und Schüler. Die Phänomene des Sprachwandels etwa (Erbwort, Lehnwort, Fremdwort) sind nicht reine Kategorisierungen im Grammatikunterricht, sondern sie werden in funktionalem Zusammenhang gelernt und auf ihre Wirkung in literarischen Texten hin untersucht.

Die im ersten Teilkapitel erworbenen basalen Fähigkeiten – in Gestalt differenzierender Lernarrangements – werden abschließend durch eine Selbstdiagnose evaluiert (z. B. in Form von Checklisten, geschlossenen Aufgabenformaten, Rätseln, Textüberarbeitungsangeboten, Lerntagebuch).

Im zweiten Teilkapitel wird das erworbene Wissen durch die Integration eines weiteren Kompetenzbereichs aufgegriffen. In der Anwendung auf neue Materialien können die Schülerinnen und Schüler das Gelernte intensiv üben. Ein Angebot zum individualisierten Lernen besteht in ausgewiesenen Seiten mit differenzierenden Aufgaben.

Das abschließende dritte Teilkapitel bietet den Schülerinnen und Schülern Möglichkeiten des selbstständigen Arbeitens. Einerseits üben sie die Schritte des Schreibprozesses in klassenarbeitsbezogenen Aufsatzformen, andererseits arbeiten sie in Projekten.

Die Entscheidung für die dreigliedrige Grundstruktur der Kapitel sichert eine Zentrierung auf wesentliche Aspekte. Die Transparenz der Schrittfolge ermöglicht nicht nur eine schnelle Orientierung für die Lehrerin/den Lehrer, sondern fördert im Besonderen den organischen Aufbau des Lernprozesses, sodass Schülerinnen und Schüler erhöhte Chancen der aktiven Teilnahme und des produktiven Verstehens erhalten.

Die Kapitel sind nicht darauf angelegt, vollständig erarbeitet zu werden. Je nach Lernsituation und vorgesehenem Zeitrahmen können einzelne Teilkapitel oder auch nur wenige Abschnitte in der gewünschten Schwerpunktsetzung behandelt werden. Der jeweilige Kompetenzschwerpunkt bzw. die Lehrplanvorgaben finden sich im Inhaltsverzeichnis neben dem Kapitelaufriss.

2 Didaktische Prinzipien in den Kompetenzbereichen

Innerhalb der drei Kompetenzbereiche haben sich in den letzten Jahren **fachdidaktisch begründete methodische Neuansätze** ergeben, die in den Bildungsstandards und auch in einem aktuellen Lehrwerk wie dem „Deutschbuch" ihren Niederschlag finden. Im Bereich „Sprechen – Zuhören – Schreiben" sind das die Integration des darstellenden Spiels in den Deutschunterricht und die Reform des Aufsatzunterrichts zur prozessorientierten Schreibdidaktik. Im Bereich „Lesen – Umgang mit Texten und Medien" sind es der erweiterte Textbegriff, speziell die Integration des Umgangs mit den elektronischen Medien, der Aufbau einer basalen Lese- und Verstehenskompetenz im Umgang mit Sachtexten und literarischen Texten sowie der produktive Ansatz im Literaturunterricht. Der Bereich „Nachdenken über Sprache" orientiert sich am integrativen, funktionalen und operativen Grammatikunterricht, der Sprachförderung und an den neuen Wegen im Rechtschreibunterricht.

2.1 Sprechen – Zuhören – Schreiben

Die didaktisch-methodischen Innovationen im Bereich des „Sprechens und Zuhörens" beziehen sich nicht nur auf den kommunikativen Grundansatz, der weiter ausgebaut wird, indem explizit Gesprächsregeln und bewusste Formen der Gesprächsführung angeboten und gelernt werden sollen, sondern auch auf die Berücksichtigung **rhetorischer und argumentativer Fähigkeiten**. Zu diesen gehören der freie Vortrag, die Präsentation von Texten, das szenische Lesen mit verteilten Rollen sowie neue Diskussionsformen. Damit hängt zusammen, dass nun auch dem **Zuhören** und den dafür notwendigen Fähigkeiten und Fertigkeiten erhöhte Aufmerksamkeit zuteilwird.

Durch die systematische Berücksichtigung methodischer Möglichkeiten des **darstellenden Spiels** bei den Aufgabenstellungen soll gewährleistet werden, dass die ästhetische Komponente in diesem Arbeitsbereich angemessen berücksichtigt wird.

Im Bereich „Schreiben" haben sich in der fachdidaktischen Diskussion erhebliche Veränderungen vollzogen. Nach der so genannten „kommunikativen Wende" in der Aufsatzdidaktik waren die traditionellen Aufsatzgattungen und deren Begründung als „Naturarten" der Schriftlichkeit stark in Zweifel gezogen worden. Die Einbeziehung des Adressaten, die Berücksichtigung der Schreibsituation und die Orientierung am Schreibziel beim Verfassen eigener Texte sind wesentliche Funktionen des Schreibvorgangs. Um den **Prozesscharakter des Schreibens** zu betonen, spricht das „Deutschbuch" vom **Berichten, Beschreiben, Erörtern usw. als Tätigkeiten**. Die Schreibkompetenz der Schülerinnen und Schüler wird in ausgewiesenen Schritten der Planung, Ausführung und Überarbeitung differenziert gefördert.

Wie die aktuelle Schreibprozessforschung verdeutlicht, müssen besonders **mehrsprachige Lernende** im Schreiben unterstützt werden. Das „Deutschbuch" bietet z. B. für die Textplanung schreibvorbereitende und -begleitende Verfahren wie Satzanfänge als Starthilfen (vgl. z.B. S. 20, 45, 64, 83, 92, 145, 165), Mind-Maps zur Ideensammlung und -strukturierung (vgl. z.B. S. 56, 96, 104, 138, 261), Karteikarten als Moderationskarten für Vorträge (vgl. z.B. S. 266) sowie Wortspeicher, Stichwortlisten und Formulierungshilfen für die Erweiterung auch des Fachwortschatzes (vgl. z. B. S. 145, 181, 207).

Kreative Formen des Schreibens erhalten im „Deutschbuch" einen besonderen Stellenwert. Das Spektrum reicht vom **freien, spontanen, textungebundenen Schreiben bis zum produktiv-gestaltenden Schreiben im Anschluss an Textvorlagen**.

Wichtig und neu hinzukommend zu allen Formen des „Aufsatzschreibens" ist das **funktionale Schreiben**. Es handelt sich um Arbeitstechniken der Schriftlichkeit, die nicht zu in sich geschlossenen Texten führen, wohl aber im Alltag für die Bewältigung von Lernsituationen große Bedeutung besitzen. Dazu gehören nicht nur die bekannten „Notizzettel" und „Stichpunktsammlungen", sondern auch der schriftliche Entwurf von Argumentationsskizzen, die Mitschriften in Gesprächen und der Entwurf von Schreibplänen/Gliederungen für umfangreichere Ausführungen (vgl. z.B. S. 163, 181, 269f.).

Eine besondere Art des funktionalen Schreibens ist die Verbesserung von Geschriebenem. Der Arbeitsschwerpunkt **Textüberarbeitung** (mit und ohne Einbezug computergestützter Schreibprogramme) besitzt ein großes Gewicht im gegenwärtigen Deutschunterricht. Unter dem Aspekt des Selbstkontrollierens und der eigenen Überprüfung des Lernfortschritts reicht dieses Verfahren bis zur Möglichkeit, Texte von Schülerinnen und Schülern erst nach der vorgenommenen Textverbesserung zu bewerten. Der Aufgabenschwerpunkt „Überarbeiten von Schülertexten" wird im „Deutschbuch" an zahlreichen Stellen integriert. Dabei ist es Aufgabe der Lehrkraft und der Lerngruppe, im Sinne einer inneren Differenzierung und Individualisierung die jeweiligen Hinweise im Schülerband, insbesondere auch zur Rechtschreibung, situativ angemessen zu nutzen.

2.2 Lesen – Umgang mit Texten und Medien

Besondere Aktualität kommt dem Bereich „Lesen – Umgang mit Texten und Medien" nicht zuletzt nach den PISA-Studien zu. Das **Lesen und Erfassen von Texten** gilt als eine **wesentliche Kompetenz** zum Erwerb von Wissen und ist damit eine wichtige Voraussetzung für die Teilhabe an unserer Kultur, für die Mitgestaltung gesellschaftlicher Entwicklungen sowie für die personale und berufliche Weiterentwicklung. Das „Deutschbuch" bietet eine große Auswahl unterschiedlicher Texte und vielfältige Anregungen zum Lesen.

Den Schülerinnen und Schülern begegnen Texte sowohl in **kontinuierlicher** schriftlicher Form – z.B. als literarische und anwendungsbezogene Texte – als auch in Form von **diskontinuierlichen Texten** – etwa als Grafiken, Tabellen, Schaubildern und Diagrammen. Darüber hinaus rezipieren sie Texte sowohl in gesprochener Form (z.B. in der Lyrik und beim szenischen Interpretieren) als auch in audiovisuellem Format (z.B. bei der Filmanalyse).

Bei der Textauswahl für das „Deutschbuch" werden unterschiedliche Gattungen, historische Zusammenhänge, Autorinnen und Autoren der Vergangenheit und Gegenwart sowie insbesondere interkulturelle Themen berücksichtigt. Gleichfalls werden Texte aus dem Bereich der Jugendliteratur, Sachtexte und solche aus audiovisuellen Medien angeboten.

Sach- und Gebrauchstexte werden vorwiegend unter dem Aspekt des Lesens, der Entnahme, Verknüpfung und Auswertung von Informationen angeboten. Entsprechende Aufgabenstellungen fördern das sinnerfassende Lesen und das Sichern, Reflektieren und Bewerten von Informationen. Dabei werden auch diskontinuierliche Texte und Bilder gezielt einbezogen.

Hinsichtlich des Lesens bedarf es neben der Lesemotivation geeigneter Methoden zur **Förderung von Lesetechniken und Strategien des Leseverstehens**. Hierzu gehören texterschließende und textsichernde Methoden. Schwierigkeiten beim Lesen sind gerade bei den Lernenden zu erwarten, die mit geringen Leseerfahrungen in die Schule kommen.

Das „Deutschbuch" widmet dem **Umgang mit Medien** zwei eigene Kapitel (Kap. 9 „Kommunikation in den Medien – Sachtexte verstehen und analysieren" sowie Kap. 10 „ ‚On the Road' – Einen Roman und einen Film untersuchen"). Über das Medienkapitel hinaus wird der Umgang mit Medien in weiteren Kapiteln integrativ und projektartig verortet. Auch weil Filmtexte nicht ausführlich dokumentiert werden können, arbeitet das Deutschbuch hier exemplarisch und systematisch mit Filmbildern und steuert so den entsprechenden Aufbau von Kompetenzen, die die Analyse eines längeren Films bzw. einer Filmeinheit ermöglichen. (Kap. 10.2 „ ‚Vincent will Meer' – Die Wirkung filmischer Mittel verstehen").

Sowohl Medien- als auch Methodenkompetenzen können nur aufgebaut und erweitert werden, wenn Anwendungen im Zusammenhang mit entsprechenden Kompetenz- und Gegenstandsbereichen ermöglicht werden. Deshalb werden überall dort, wo der Lerngegenstand es erfordert oder sinnvoll erscheinen lässt, Aufgabenstellungen zum Umgang und zur Verwendung der modernen Informations- und Kommunikationsmedien integriert. So liefert das „Deutschbuch" fachspezifische methodische Grundlagen zur Nutzung des PC bei der Informationsbeschaffung sowie bei der Be- und Verarbeitung von Texten, z. B. im Teilkapitel 1.1 („Jung trifft Alt – Andere informieren"), im Teilkapitel 3.1 („Die eigene Zukunft planen – Informieren und über Berufe berichten") oder im Teilkapitel 5.1 („Emine Sevgi Özdamar – Eine Autorin durch Texte kennenlernen und im Portrait vorstellen").

Eine wichtige Form der Auseinandersetzung mit Texten ist **das kreative und produktiv-gestaltende Schreiben** im Literaturunterricht. Gemeint sind unterschiedliche Formen des Wechsels der Schülerinnen und Schüler aus der Rezipienten- in die Produzentenrolle. Das „Deutschbuch" entwickelt hier zahlreiche Vorschläge bis hin zur Einbeziehung produktiv-gestaltender Aufgabenstellungen in Klassenarbeiten. Der Sinn dieses didaktischen Ansatzes ist es, den Schülerinnen und Schülern das Recht auf subjektive Formen des Verstehens zu verschaffen und ihnen nahezubringen, dass das fantasievolle Weiterdenken und das experimentierende Eingreifen in Gegenstände der Lektüre nicht deren Zerstörung bedeutet, sondern einen Weg zu besserem Verstehen darstellen kann. Produktiv-gestaltende Arbeitsweisen beim Umgang mit Texten stellen eine wesentliche Ergänzung analytisch-hermeneutischer Methoden dar, die selbstverständlich ihre Berechtigung behalten.

2.3 Nachdenken über Sprache

Im Bereich „Nachdenken über Sprache" ergeben sich wesentliche Innovationen. Besonders wichtig ist der Schritt vom systematischen Grammatikunterricht hin zur situativen, funktionalen und integrativen Sprachbetrachtung. Es geht um die **Abkehr vom Regel- und Auswendiglernen hin zum operativen Lernen**. Ausgangspunkt sind spontan gebildete subjektive („innere") Regeln, über die die Schülerinnen und Schüler verfügen, Ziel ist die Schreibentscheidung des erwachsenen und kompetenten Schriftbenutzers. Dementsprechend sind die dem Kompetenzbereich „Nachdenken über Sprache" zugeordneten Kapitel des „Deutschbuchs" nach dem ressourcenorientierten, integrativen und themenorientierten Prinzip organisiert.

Der traditionelle und nachgewiesenermaßen für die Beherrschung der Muttersprache völlig wirkungslose Grammatikunterricht arbeitete an Definitionen von Wortarten und Satzformen. Er veranlasste die Kinder, aus Beispielsätzen unter der Leitung der Lehrerin/des Lehrers „Regeln" abzuleiten und mit deren Hilfe die eigene Benutzung der Schriftsprache zu verbessern, Fehler zu erkennen und zu vermeiden. In den seltensten Fällen konnten dadurch sprachliche Defizite behoben werden; genauso wenig kam es zu einer hinreichenden Sicherheit in der Benutzung der grammatischen Terminologie.

Deswegen wird im „Deutschbuch" in Anlehnung an neuere didaktische Konzepte ein anderer Weg beschritten. Angeknüpft wird dabei an die Sprachkompetenzen, welche die Schülerinnen und Schüler schon erworben haben. Lernprozesse sind immer dann besonders erfolgreich, wenn sie von vorhandenen Fähigkeiten ausgehen und somit das Vertrauen in die eigenen sprachlichen Fähigkeiten stärken. Sprachliche Phänomene wie z. B. Adverbialsätze oder Aktiv-Passivformen werden nicht mehr über Definitionen gelernt, sondern **funktional** eingeführt bzw. wiederholt. Dabei sind sowohl die grammatischen Merkmale wichtig als auch deren semantische, syntaktische, stilistische oder kommunikative Funktion. Das deklarative und operative Sprachwissen hilft den Lernenden, Situationen zu bewältigen, die metasprachliche Kompetenzen erfordern. Dies bezieht sich z. B. auf die Erschließung von Texten, das Thematisieren sprachlicher Alltagssituationen und das Bewältigen von Schreibaufgaben sowie auf die Beherrschung der Rechtschreibung. Daher werden Aspekte der Sprachreflexion in die Kapitel der Bereiche „Sprechen – Zuhören – Schreiben" sowie „Lesen – Umgang mit Texten und Medien" integriert. Damit ist zugleich für **die Integration des Rechtschreibunterrichts in die Sprachreflexion** das entscheidende Argument gefallen. Die deutsche Orthografie ist kein willkürliches Regelwerk mit vielen Ausnahmen, sondern eine auf wenigen und plausiblen Grundsätzen aufgebaute Abfolge von Entscheidungen. Die Prinzipien der phonemischen und der morphematischen Schreibung stehen wiederholend im Zentrum. Ziel ist es, Sprachaufmerksamkeit, d. h. Fehlersensibilität bei Schülerinnen und Schülern weiter zu stärken und eine sprachbewusste Lösungskompetenz zu vermitteln.

Die hier erwerbbaren zentralen Rechtschreibstrategien sind den traditionellen Fehlerschwerpunkten zugeordnet, bauen jedoch ein über den Phänomenen stehendes Strategiewissen auf und tragen so zur Verbesserung der Schreibkompetenz nachhaltig bei. Von diesen Strategien ausgehend können individuelle Fehleranalysen erstellt werden, an die sich wiederum Übungen anschließen, die darauf achten, dass Phänomene, die zwar systematisch gesehen zusammengehören, einander im Lernprozess aber hemmen, nicht zusammen gelernt und geübt werden.

Über das eigentliche Rechtschreibkapitel hinaus besteht in den übrigen Kapiteln des „Deutschbuchs" die Möglichkeit, Übungen zur Rechtschreibung zu integrieren. Dabei wird ein besonderer Schwerpunkt auf unterschiedliche Verfahren der Überarbeitung von Texten gelegt.

Sprachbewusstsein entwickelt sich auch durch den **Vergleich verschiedener Sprachen**. Das „Deutschbuch" nimmt die Tatsache ernst, dass immer mehr Kinder und Jugendliche mehrsprachig aufwachsen, in manchen Klassen stellen sie die Mehrheit. Indem die Schülerinnen und Schüler ihre muttersprachlichen Kenntnisse auf das Erlernen einer fremden Sprache beziehen, differenzieren und festigen sie ihre grammatische Sprachkompetenz. Die Kompetenzen in den Herkunftssprachen der Kinder werden aufgegriffen, wenn sie Sprachen im Vergleich betrachten (z. B. im Bereich „Fremdwörter, S. 238, oder bei den „Anglizismen", S. 84ff.). Das „Deutschbuch" wird somit dem Prinzip „Sprachen im Kontakt" gerecht, das in der neueren Sprachforschung eine zentrale Rolle spielt.

3 Methodische Entscheidungen

Die methodischen Entscheidungen kommen in besonderer Weise in den Aufgabenstellungen und den dort impliziten Tendenzen zum Ausdruck. Leitend sind die Prinzipien des thematischen, induktiven, kooperativen, selbst regulierten und individualisierten Lernens. Den Benutzern des „Deutschbuchs" wird dabei vor allem die Mischung aus kreativen, handlungsorientierten und analytischen Aufgabenstellungen auffallen. Im Rahmen **kooperativer Verfahren** wird sowohl auf die individuelle Einzelarbeit als auch auf den Austausch unter Partnern und im Team Wert gelegt. **Differenzierende Aufgabenstellungen** zu ausgewählten Materialien, deren individuelle Ergebnisse wieder zusammengeführt werden, fordern und fördern Schülerinnen und Schüler mit unterschiedlichen Leistungsstärken. Eine wesentliche Voraussetzung des **eigenverantwortlichen Lernens** ist die Fähigkeit, den eigenen Lernstand und Lernbedarf richtig einzuschätzen. Das „Deutschbuch" bietet vielfältige Möglichkeiten, das eigene Wissen und Können zu testen (**Selbstdiagnose** in den „Teste dich!"-Einheiten). Die metakognitiven Fähigkeiten der Schülerinnen und Schüler werden zu Beginn jedes Kapitels gefördert. Über die Aufgaben wird auf der Auftaktseite vorhandenes Vorwissen abgerufen; eine Zielvorstellung über die zu erwerbenden Kompetenzen macht Inhalte und Struktur des Lernprozesses schülergemäß transparent **(Advance Organizer)**.

3.1 Aufgabenstellungen/Selbstständiges Lernen

Materialarrangement und Aufgaben sind so angelegt, dass eigenverantwortliche Entscheidungen von der Lerngruppe getroffen werden. Anregungen zur Anwendung **prozeduraler, metakognitiver und evaluierender Strategien** fördern den kommunikativen Aufbau des Lernprozesses, sodass Wissen im Zusammenhang verfügbar und Ergebnisse nicht beziehungslos nebeneinanderstehen. In wechselnder Akzentuierung erfüllen die Aufgaben Funktionen des **entdeckenden Lernens**, des operativen analytischen und produktiven Arbeitens sowie der transferorientierten Anwendung.
Eigenverantwortliches und handlungsorientiertes Arbeiten der Schülerinnen und Schüler fördert die Effizenz des Lernprozesses und stärkt die Selbstständigkeit. Diese Zielsetzung wurde bei der Formulierung der Aufgabenstellungen besonders berücksichtigt. Oftmals kann die Aufgabenstellung von der Lehrkraft je nach situativem Unterrichtskontext problemlos modifiziert werden; sie enthält Alternativen oder sie lädt ein, einen Versuch zu unternehmen, der nicht unbedingt zu einem vorzeigbaren „Ergebnis" kommen muss. Insgesamt ist der Prozess des Lernens wichtiger als das jeweils entstehende Produkt.
Aufgabenstellungen haben im „Deutschbuch" oft einladenden Charakter, sie enthalten häufig mehrere Vorschläge, von denen man sich nach eigenen Bedürfnissen eine Auswahl kombinieren kann. Darin liegt auch eine Aufforderung an die Schülerinnen und Schüler, selbst mitzuentscheiden, welche Variante der vorgeschlagenen Tätigkeiten sie für sich aussuchen. Besonders bei Vorschlägen für Gruppenarbeit und in den projektartig angelegten Teilen des Unterrichts ist es wünschenswert, dass die Lerngruppe aushandelt und selbst organisiert, welche Aufgabe von wem übernommen wird.

3.2 Individuelle Förderung/Differenzierung in heterogenen Lerngruppen

Das „Deutschbuch Differenzierende Ausgabe" ist als ein Lehrbuch konstruiert, das durch seine offene und individualisierende Struktur auch eine sehr gute Basis für den inklusiven Unterricht bietet. Schülerinnen und Schüler kommen nicht voraussetzungslos in die Schule; sie sind in Bezug auf ihren Hintergrund, ihre Lernleistung, ihre Interessen vor allem eines: unterschiedlich. Der wachsenden Heterogenität der Lerngruppen trägt das „Deutschbuch" in besonderem Maße gerade in den Klassen 9 und 10 Rechnung. Unterschiedlichkeit wahrzunehmen und zu würdigen bedeutet, Lernen als aktiven, selbstgesteuerten, konstruktiven, emotionalen, sozialen und situativen Prozess zu betrachten. Wissen wird damit vom Individuum nicht einfach rezeptiv übernommen, sondern kann je nach Vorwissen, Motivation und Einstellung des Einzelnen aktiv erworben werden. Hier setzt Differenzierung mit dem Ziel an, jede Schülerin und jeden Schüler mit unterschiedlichen, leicht umsetzbaren **Angeboten zur Differenzierung** individuell maximal zu fordern und zu fördern.
Das „Deutschbuch" enthält an vielen Stellen Wahlaufgaben. Der gestaffelte Anspruch dieser Aufgaben durch unterschiedliche Hilfe- oder Lösungsvorgaben oder die Variationen in der thematischen Ausrichtung führen die Schülerinnen und Schüler auf eigenständig gewählten, unterschiedlichen Lernwegen zum selben Lernziel. Besonders die ausgewiesenen Differenzierungsseiten „Fordern und fördern" bieten die Möglichkeit, den eigenen Lernvoraussetzungen und -interessen entsprechend über den Schwierigkeitsgrad der Aufgabenarrangements bzw. das Lerntempo selbst zu entscheiden (Aufgaben in zwei bis drei Niveaustufen). Hier können die Schülerinnen und Schüler selbstständig entscheiden, ob sie zu einem materialgestützten, progressiv angelegten Aufgabenangebot zusätzliche Hilfen in Anspruch nehmen wollen (wie etwa erste Lösungsansätze, Formulierungshilfen, Visualisierungen, Wortspeicher, informative Tipps). Außerdem finden sich an ausgewählten Stellen Zusatzaufgaben für schnelle/starke Schülerinnen und Schüler (qualitative und quantitative Differenzierung). Eine Möglichkeit zur Differenzierung nach Lerntempo und nach Neigung eröffnet das Lernen an Stationen (vgl. Teilkapitel 12.3 „Fit in …! – Richtig schreiben").

Die Auftaktseiten knüpfen unmittelbar an den realen Alltag der Schülerinnen und Schüler an und ermöglichen es ihnen so, von ihren ganz konkreten persönlichen Erfahrungen ausgehend in den jeweiligen Kompetenzbereich einzusteigen. Die Wörterlisten am Ende der Kapitel erlauben die gezielte Förderung nicht muttersprachlicher Schülerinnen und Schüler im Förderschwerpunkt „Lernen" (**Inklusion**). Diese „Schreibwörter" umfassen Basiswörter, fehleranfällige Wörter sowie – in Maßen – grundlegende Fachbegriffe. Die Schreibwörter eignen sich für die Arbeit in den Bereichen Wortschatz/Semantik ebenso wie für einfache Rechtschreib- und Grammatikübungen. Auf Seite 312 im Schülerband findet sich eine Anleitung für die Schülerinnen und Schüler, wie die Schreibwörter zum selbstständigen Lernen genutzt werden können.

Für Lernende mit **Deutsch als Zweitsprache (DaZ)** stellen sich besondere Herausforderungen: Was Muttersprachlern als selbstverständlich und deshalb gar nicht eigens lernenswert erscheint, weil sie es im „Sprachbad" ihrer Entwicklung internalisiert haben, kann für Nichtmuttersprachler eine große Hürde darstellen. Dies gilt sowohl beim Textverstehen als auch in den Bereichen „Sprechen" und „Schreiben". Eine zentrale Rolle nehmen hier die Verben mit unregelmäßigen Flexionsformen („knifflige Verben") ein, denen deshalb eine eigene Doppelseite im Bucheinband hinten gewidmet ist. Diese Doppelseite ist gerade für Lernende mit Deutsch als Zweitsprache, aber auch für eher leistungsschwächere Schülerinnen und Schüler zum Nachschlagen und zur gezielten Wortschatzerweiterung geeignet.

Zu nutzen im Sinne der **Inklusion** sind die zusätzlichen Kopiervorlagen mit basalem Niveau (ooo), die sich in diesen Handreichungen finden und besonders Schülerinnen und Schüler mit dem Förderschwerpunkt „Lernen" motivieren, am gemeinsamen Lernprozess thematisch teilzuhaben und fundamentale Kenntnisse und Fertigkeiten auf- und auszubauen.

3.3 Lernen in Unterrichtsprojekten/Fachübergreifendes Lernen

Jeder Jahrgangsband enthält Projektvorschläge, die zwar einen fachspezifischen Ausgangspunkt haben, sich aber nicht auf das Fach Deutsch beschränken, sondern Aspekte anderer Fächer mit einbeziehen. Aus der Didaktik des Projektunterrichts entstanden die beiden wichtigsten pädagogischen **Prinzipien des handlungs- und erfahrungsorientierten Lernens** und **des selbst organisierten und selbsttätigen Arbeitens in Gruppen**. Aus der Fachdidaktik stammen die Prinzipien der besonderen Berücksichtigung des sprachlichen Anteils an den Lernprozessen. Dabei können unterschiedliche Texte, Schreib-, Lese- und Sprachverwendungssituationen zur Verständigung der Teilnehmer und zur Organisation der Arbeit dienen.

Das Fach „Deutsch" ist weder zu unterteilen in „Sprechen – Zuhören – Schreiben" oder „Lesen – Umgang mit Texten und Medien" noch abzugrenzen gegenüber Fächern wie z.B. Religionslehre/Ethik, Geschichte oder Politik; je nach Thema auch nicht gegenüber Fächern wie Fremdsprachen, Geografie, Biologie, Physik, Musik oder Kunst.

Nicht nur in den projektorientierten Teilkapiteln ist fachübergreifendes Arbeiten sinnvoll. Auch in den übrigen Kapiteln finden sich Fachgrenzen überschreitende Arbeitsschritte. So sind z.B. in Kapitel 1 („Generationen – Über Sachverhalte informieren") und Kapitel 3.1 („Die eigene Zukunft planen – Informieren und über Berufe referieren") die Fächer Deutsch und Politik zueinander in Beziehung gesetzt sowie in Kapitel 13.1 („Gedächtnisstrukturen – Informationen erschließen, zusammenfassen und ordnen") die Fächer Deutsch und Biologie. Darüber hinaus finden sich behutsam gesetzte „historische Fenster", etwa zur Situation nach 1945 (S. 114) oder zum Antisemitismus (S. 156), die ein historisch verortetes Textverstehen erleichtern. Die fachübergreifenden Schritte sind so konzipiert, dass sie Absprachen zwischen den Fächern sinnvoll erscheinen lassen, dass sie aber auch von der Deutschlehrerin oder dem Deutschlehrer allein durchgeführt werden können.

Ein besonderes, weil über den Fachunterricht Deutsch hinausweisendes Kapitel ist Kapitel 3 („Mein Traumjob – Berufe erkunden und sich bewerben"), das sich praktikumsvorbereitend (Bewerbung) oder -begleitend (Praktikumsbericht) nutzen lässt und außerdem auch eigenständig durch Schülerinnen und Schüler in Bewerbungssituationen zu bearbeiten ist.

3.4 Orientierungswissen (Informationen, Methoden)

Eine wichtige Rolle für das selbstständige Lernen – und dies gilt gleichermaßen für Leistungsstärkere wie Leistungsschwächere – spielt das Orientierungswissen. Dort, wo in den Kapiteln das von den Schülerinnen und Schülern erarbeitete Wissen gesichert werden muss, weil es die Grundlage für das weitere Vorgehen bildet, wird es zur Orientierung als „Information" oder auch „Methode" zusammenfassend dargestellt.

Auf diese Weise festigt sich auch die eingeführte Terminologie, sodass den Schülerinnen und Schülern die notwendigen Begriffe für ihre weiteren Lernaktivitäten zur Verfügung stehen. Das Orientierungswissen bietet eine überschaubare Zusammenfassung von informativem und methodischem Wissen. Daneben bieten Tipps Hilfen und Anregungen zur eigenständigen Problemlösung an. In keinem Fall beeinträchtigen die Orientierungshilfen das Prinzip des entdeckenden Lernens.

Entlastende Funktion kommt dem Anhang zu: Dort wird das Orientierungswissen im Überblick dargestellt, so dass die Schülerinnen und Schüler es selbstständig nachschlagen können, wenn sie sich nicht im Kapitelzusammenhang bewegen. Gleichzeitig verschafft das Orientierungswissen den Lernenden einen Überblick über die in den Bildungsstandards und Lehrplänen festgelegten Kompetenzen. Es bietet somit einen wichtigen Hinweis für Leistungsanforderungen bei Tests und Klassenarbeiten.

3.5 Hinweise zur Arbeitsorganisation

Die Arbeitsorganisation bleibt in den Aufgabenstellungen weitgehend offen. Ob etwas als Gruppen- oder Partnerarbeit im kooperativen Lernen oder als Einzelaufgabe gelöst werden soll, ist zunächst einmal Angelegenheit der Lehrerin/des Lehrers und der Lerngruppe. Aber das „Deutschbuch" macht Vorschläge, die sinnvoll sein könnten und praxiserprobt sind.

Arbeitsschritte, Materialien und Aufgabenstellungen sind im „Deutschbuch" so organisiert, dass Lehrerinnen und Lehrer phasenweise eine stärker moderierende und prozessbegleitende Rolle einnehmen können. Diese Lehrmethoden erlauben den Schülerinnen und Schülern zunehmend ein selbsttätiges und mitverantwortliches Arbeiten, das ihre sozialen und kommunikativen Kompetenzen stärkt.

Die Kapitel des „Deutschbuchs" eröffnen vielfältige Möglichkeiten für eine situations- und lernergerechte Aufbereitung im Unterricht. Je nach Lernsituation und vorgesehenem Zeitrahmen können einzelne Teilkapitel oder auch nur wenige Abschnitte in der gewünschten Schwerpunktsetzung sinnvoll behandelt werden.

4 Zu diesen Handreichungen für den Unterricht

Die vorliegenden Handreichungen für den Unterricht bieten methodisch-didaktische Erläuterungen, Aufgabenlösungen mit Tafelbildern und Beispielaufsätze zu den Aufgabenstellungen des Schülerbands.

Außerdem stellen sie umfangreiches **Zusatzmaterial zu jedem Kapitel** zur Verfügung:
— Vorschläge für Klassenarbeiten, Tests und Projekte.
  Die Klassenarbeiten sind themengleich angelegt und werden i.d.R. auf Material- bzw. Aufgabenebene auf zwei Leistungsniveaus (A und B) differenziert angeboten.
— Kopiervorlagen auf drei Differenzierungsniveaus (Fordern und fördern), die in der Regel zu demselben Ergebnis führen:
   ●●● Arbeitsblätter mit Aufgabenstellungen auf schwierigerem Niveau, d.h. ohne oder mit geringfügigen Hilfen
   ●●○ Arbeitsblätter mit Hilfestellungen, wie Satzanfängen und Tipps
   ●○○ Arbeitsblätter mit Aufgaben auf einfacherem Niveau mit intensiven Hilfestellungen
— ○○○ Arbeitsblätter, die das basale Niveau üben und festigen und für besonders Lernschwache geeignet sind (**Inklusion**)
— Diagnosebögen mit Lösungshinweisen und Förderempfehlungen

Zusätzlich bietet die beiliegende CD-ROM:
- Bewertungsbögen zu den Klassenarbeiten und Tests mit detaillierten Punkterastern, z.T. mit variierender Gewichtung zur Anpassung an den Lernstand der jeweiligen (Teil-)Klasse. Alle Vorschläge sind als WORD-Dokumente editierbar.
- Lösungshinweise zu den Kopiervorlagen, mit denen sich die Arbeitsblätter auch zum selbstständigen Wiederholen und Üben einsetzen lassen
- PowerPoint-Folien mit Bildern, Grafiken und Übungseinheiten für Whiteboard, Beamer oder Overheadprojektor
- Hörtexte zur Übung des Hörverstehens
- je Bundesland einen Jahresplan mit einer detaillierten Gegenüberstellung der Teilkapitel im „Deutschbuch" und der Kompetenzbereiche der jeweiligen Lehrpläne

5 Begleitmaterial rund um das „Deutschbuch"

Neben den vorliegenden Handreichungen für den Unterricht bietet der Verlag weiteres Übungsmaterial zum „Deutschbuch" an:

Deutschbuch 9 Arbeitsheft: Das Arbeitsheft enthält methodisch abwechslungsreiche, oft spielerische Übungen, insbesondere zu den Schwerpunkten Schreibtraining, Grammatik und Rechtschreibung. Es stellt Differenzierungsseiten und Lernstandstests zur Verfügung. Mit zahlreichen Merkkästen und Tipps bietet es die Möglichkeit zur gezielten Wiederholung. Das Arbeitsheft, dem ein Lösungsheft beiliegt, eignet sich gleichermaßen für den Einsatz im Unterricht, für Hausaufgaben und Freiarbeit.

Deutschbuch 9 Arbeitsheft – Übungssoftware auf CD-ROM: Die CD-ROM bietet zu allen Arbeitsheftkapiteln insgesamt etwa 150 Übungen an. Jede Übung gibt es auf zwei Niveaustufen: einmal mit mehr und einmal mit weniger Hilfestellungen. Die Inhalte sind in beiden Niveaustufen nahezu identisch. Die Schülerinnen und Schüler können jederzeit zwischen den Niveaustufen wechseln. So lernen sie gemäß ihrem individuellen Leistungsvermögen und Lernfortschritt.

Deutschbuch Lern- und Arbeitsheft 9 für Lernende mit erhöhtem Förderbedarf im inklusiven Unterricht: Das Arbeitsheft ist besonders für Schülerinnen und Schüler mit erhöhtem Förderbedarf im inklusiven Unterricht geeignet und kann begleitend zur Arbeit mit dem Deutschbuch eingesetzt werden. Die Seiten sind passgenau zum Schülerbuch konzipiert und bieten die Texte und Materialien des Schülerbuches in vereinfachter Form und z. T. in größerer Schrift. Ferner gibt es vereinfachte Arbeitsaufträge analog zum Schülerbuch sowie Hilfen, sodass die Lernenden am gemeinsamen Unterricht teilhaben können.

Deutschbuch Onlinediagnose: Unter der Internetadresse www.deutschbuch.de/onlinediagnose stehen kostenlose Onlinetests zur Rechtschreibung und zum Leseverständnis zur Verfügung.

Ideen zur Jugendliteratur: Die Kopiervorlagenreihe enthält Arbeitsblätter zu aktuellen und schulerprobten Jugendromanen.

Differenzieren und Fördern – Fördermaterial im Ordner mit CD-ROM: Der Ordner bietet unterstützendes Material für schwächere Schülerinnen und Schüler. Die thematisch auf das Schülerbuch abgestimmten selbsterklärenden Kopiervorlagen lassen sich ergänzend im Unterricht oder zum Selbstlernen anwenden. Hier finden sich Diagnosetests mit Förderempfehlungen, differenzierende Kopiervorlagen auf drei Niveaustufen, Kopiervorlagen zur Sprachförderung (DaZ), Differenzierende Klassenarbeiten mit Hilfekarten und Bewertungsbögen, Musteraufsätze mit Checklisten, Lernlandkarten für das selbstständige Arbeiten.

1 Generationen – Über Sachverhalte informieren

Konzeption des Kapitels

Das Kapitel knüpft an das Eingangskapitel der Jahrgangsstufe 8 an und erweitert die Kompetenzen der Schüler/-innen im Bereich des schriftlichen Informierens. Ausgehend von vorgegebenen Materialien verfassen die Jugendlichen Informationstexte mit dem Fokus auf der gedanklichen Gliederung der Texte. Den Rahmen bildet der demografische Wandel in der deutschen Gesellschaft.

Das Problem – die Menschen werden immer älter, während die Geburtenrate rückläufig ist – ist hinlänglich bekannt, Stichworte wie „Altersvorsorge" oder „Überalterung der Gesellschaft" sind in allen Medien präsent. Im Jahr 2020 werden in Deutschland ein Drittel der über 65-Jährigen keine eigenen Kinder oder Enkel mehr haben, so eine Prognose. Schon jetzt leben die verschiedenen Generationen einer Familie aufgrund der Mobilität der Arbeitnehmer häufig weit voneinander entfernt. Das übergreifende Thema des Kapitels berührt das Zusammenleben von Jung und Alt. Es soll den Schülerinnen und Schülern eine differenzierte Sichtweise auf das Alter und die Entwicklung positiver Altersbilder vermitteln sowie die Bewusstwerdung und gegebenenfalls den Abbau von Vorurteilen gegenüber Menschen in verschiedenen Lebensstadien bewirken. Fachübergreifend lässt sich die Thematik auch im Religionsunterricht bzw. im Bereich Gesellschaftswissenschaften aufgreifen.

Im ersten Teilkapitel (**„Jung trifft Alt – Andere informieren"**) lernen die Schüler/-innen anhand eines kurzen Zeitungsberichts, den Inhalt eines Textes zu erfassen und begründet wiederzugeben. Die kleine Übung bereitet die Jugendlichen darauf vor, einen Informationstext selbstständig zu verfassen. Die Schüler/-innen werden schrittweise dazu angeleitet, mit Hilfe zweier kontinuierlicher Texte und zweier Diagramme einen Text zum Thema „Mehrgenerationenhaus" zu schreiben.

Das zweite Teilkapitel (**„Von Coolen und Halbstarken – Zeitgenössische Texte zur Jugendkultur lesen"**) bietet zwei literarische Texte, die sich mit der Jugend von heute bzw. mit der unruhigen Jugend der späten 1950er Jahre beschäftigen. Die Schüler/-innen erschließen, analysieren und interpretieren die Texte anhand differenzierter Aufgabenstellungen. Mit Hilfe von Materialien zum Phänomen der „Halbstarken" auf den Seiten „Fordern und fördern" üben sie, Texten Informationen zu entnehmen und einer Gliederung als Voraussetzung für das Abfassen des Informationstextes zuzuordnen.

Mit dem dritten Teilkapitel (**„Fit in …! – Einen Informationstext verfassen"**) sollen die in den beiden vorangehenden Teilkapiteln erworbenen Kompetenzen vertieft werden, indem die Schüler/-innen angeleitet einen adressatengerechten Informationstext über die „Digital Natives" verfassen.

Literaturhinweise

- *Abraham, Ulf / Fix, Martin:* Inhalte wiedergeben. Informationen verarbeiten – Texte reformulieren. In: Praxis Deutsch 197/2005, S. 6–14
- *Feilke, Helmut / Pohl, Thorsten:* Schriftlicher Sprachgebrauch. Texte verfassen. Schneider Hohengehren, Baltmannsweiler 2014 (Deutschunterricht in Theorie und Praxis Bd. 6)
- *Fix, Martin:* Verständlich formulieren. In: Praxis Deutsch 179/2003, S. 4–11
- *Fix, Martin / Schmid-Barkow, Ingrid:* Sachtexte schreiben und verstehen: Von der Produktion zur Rezeption und zurück. In: Martin Fix / Roland Jost: Sachtexte im Deutschunterricht. Schneider Hohengehren, Baltmannsweiler ²2010, S. 64–82
- *Klute, Wilfried:* Sachtexte erschließen. Cornelsen, Berlin ²2010
- Mit Sachtexten umgehen. Deutschunterricht 4/2007
- Themenheft: Didaktik der Sachtexte. Der Deutschunterricht 6/2013

1 Generationen – Über Sachverhalte informieren

Inhalte	Kompetenzen
	Die Schülerinnen und Schüler
S. 14 **1.1 Jung trifft Alt – Andere informieren**	
S. 14 Einen Zeitungsbericht lesen und wiedergeben	– erschließen einen Sachtext – erklären einen Begriff – geben Textinformationen in eigenen Worten wieder
S. 14 Mehrgenerationenhäuser – Einen Informationstext verfassen Schritt 1: Sich über das Thema informieren und Informationen auswerten Schritt 2: Den Text planen und passende Informationen auswählen Schritt 3: Paraphrasieren und exzerpieren Schritt 4: Den Informationstext schreiben und überarbeiten	– erschließen Sachtexte mit Hilfe von Fragen – entnehmen den Sachtexten Informationen – entnehmen Schaubildern Informationen – planen den Aufbau eines Informationstextes mit Hilfe einer Gliederung – erstellen Exzerpte – paraphrasieren Textpassagen – schreiben auf der Basis der Materialien einen informierenden Text – überarbeiten ihre Textfassungen
S. 21 Teste dich!	– überprüfen ihre erworbenen Kompetenzen
S. 22 **1.2 Von Coolen und Halbstarken – Zeitgenössische Texte zur Jugendkultur lesen**	
S. 22 *Nils Mohl: Es war einmal Indianerland*	– erschließen einen jugendliterarischen Text der Gegenwart – analysieren das Verhalten der literarischen Figuren
S. 25 *Othmar Franz Lang: Weg ohne Kompass*	– erschließen einen literarischen Text unter Einbeziehung historischer und gesellschaftlicher Fragestellungen
S. 27 **Fordern und fördern –** Generation „Halbstark" – Über Hintergründe informieren	– entnehmen aus Sachtexten und Schaubildern Informationen und werten sie aus – vergleichen die entnommenen Informationen – ordnen die Informationen zur Vorbereitung des informierenden Textes einer Gliederung zu
S. 30 **1.3 Fit in …! – Einen Informationstext verfassen**	
S. 31 Die Aufgabe richtig verstehen – Planen – Schreiben – Überarbeiten	– beherrschen Verfahren prozesshaften Schreibens

1 Generationen – Über Sachverhalte informieren

S. 13 Auftaktseite

Siehe hierzu auch die **Folie** „Jung und Alt im Dialog" auf der CD-ROM.

1 a Die Jugendliche könnte sich z. B. dafür interessieren, wie es war, als die ältere Dame jung war, was sie erlebt, welche Erfahrungen sie gesammelt, welche Erwartungen sie noch an das Leben hat. Umgekehrt könnte die ältere Dame interessieren, wie es sich anfühlt, heute jung zu sein, wie die Jugendlichen heute ihre Freizeit verbringen, welche Lebenspläne sie haben.

b Die beiden – vermutlich handelt es sich um Großmutter und Enkelin – verstehen sich offenbar sehr gut. Geduckt unter einen kleinen Baum schauen beide strahlend in die Kamera und nehmen dieselbe Körperhaltung ein. Sie symbolisiert wohl das enge Verhältnis, das beide verbindet.

2 Sicher werden bei der Beschreibung auch negative Aspekte genannt werden. Sie sollte man nicht schönreden, sondern kritisch aufarbeiten. Es kommt darauf an, dass bei den Jugendlichen ein Verständnis für die ältere Generation gefördert wird.

3 a Als erste Informationsquelle könnte die Homepage der jeweiligen Gemeinde oder des Kreises dienen. Von hier aus wird man auf unterschiedliche Initiativen und soziale Einrichtungen stoßen, die gemeinsam Angebote für junge und ältere Menschen anbieten.

1.1 Jung trifft Alt – Andere informieren

S. 14 Einen Zeitungsbericht lesen und wiedergeben

S. 14 Senioren in die Schule

1 a Mit der Überschrift könnte zunächst gemeint sein, dass Senioren erneut die Schulbank drücken und sich im Alter entweder weiterbilden oder etwas Neues, z. B. eine Sprache, erlernen. Es könnte aber auch vermutet werden, dass Ältere sich zur Verfügung stellen, Jüngeren in der Schule etwas beizubringen oder ihnen z. B. bei den Hausaufgaben zu helfen.

b Senioren stellen sich Schülern als Experten zur Verfügung und betreuen gemeinsam mit ihnen Projekte, z. B. die „IGKresS", die sich die Anzucht von Kresse zum Ziel gesetzt hat.

2 a Den Senior Expert Service (SES) hat die deutsche Wirtschaft gegründet. Der Service verfügt über eine Datenbank mit Adressen von 7700 ehrenamtlichen Experten, die an Schulen vermittelt werden.

b Ernst Hoffmann hat mit Schülerinnen und Schülern die „IGKresS" gegründet. Die Firma züchtet in einem konstant 18 Grad warmen Kellerraum Kresse und versorgt damit Eltern, Verwandte und die örtliche Gastronomie.

3 a Die Vorteile für Schüler liegen vor allem darin, dass sie auf einem Gebiet fachkundig angeleitet werden. Da Lehrkräfte zwangsläufig nicht auf allen Fachgebieten fundiert Bescheid wissen können, gibt die Anleitung durch Experten einen tieferen Einblick in ein Thema.

b Senioren können ihr Wissen aktiv weitergeben, sie fühlen sich gebraucht und bleiben länger in die Gemeinschaft integriert. Sie haben eine Aufgabe, die über das Berufsleben hinausgeht, und halten Kontakt zur jüngeren Generation, was sicher zum gegenseitigen besseren Verständnis beiträgt.

4 Vorschläge für Projekte mit Senioren:
- Jugend damals – Jugend heute: Fotografien zusammenstellen und dazu Geschichten erzählen, z. B. Feste wie Weihnachten, Karneval oder Frisuren, Kleidung 1960 und heute
- Unser Sport-/Fußball-/Ruderverein in Bildern: Fotografien, (abfotografierte) alte und neue Zeitungsausschnitte, persönliche Erlebnisse von Alt und Jung
- Gemeinsam kochen macht Spaß: alte und neue Rezepte ausprobieren, Lieblingsspeisen zubereiten, Geschichten dazu erzählen
- Unser Stadtviertel im Wandel der Zeit: Erinnerungen und Bilder zu Straßenzügen, bestimmten Gebäuden (Schule, Rathaus …), besonderen Ereignissen

S.15 Mehrgenerationenhäuser – Einen Informationstext verfassen
S.15 Schritt 1: Sich über das Thema informieren und Informationen auswerten

1. a Aussage A trifft zu: Es wird beschrieben, was ein Mehrgenerationenhaus ist und was seine Besucher dort machen können.

   b Beschäftigungsperspektiven: Aussichten auf sinnvolle Beschäftigungen
   soziale Netze: Knüpfen neuer Kontakte über die Generationen hinweg
   das (gesellschaftliche) Verantwortungsgefühl: Gefühl, für das Funktionieren einer Gesellschaft mitverantwortlich zu sein und Verantwortung füreinander zu tragen
   der Träger: gesellschaftliche oder politische Organisation, welche die Einrichtung unterhält und für deren finanzielle Ausstattung aufkommt

   c Zweck von Mehrgenerationenhäusern ist es, den Austausch und das Verständnis zwischen den Generationen zu fördern.

   d Beispiele für Aktivitäten:
   – Hausaufgabenhilfe
   – gemeinsames Basteln
   – Gesprächskreise
   – Kinderbetreuung
   – Ansprechpartner sein für Freuden und Sorgen des Lebens

2. Jugendliche könnten z. B. älteren Menschen, die nicht mehr gut sehen, aus der Zeitung oder einem Buch vorlesen, für sie einkaufen, Botengänge machen, sie zu einer Behörde oder zum Arzt begleiten, rüstigeren Senioren den Umgang mit einem Laptop oder dem Mobiltelefon erklären.

3. a Das Motiv, ein Mehrgenerationenhaus zu gründen, beruht auf persönlicher Erfahrung. Die Gründerin fühlte sich nach dem Umzug in eine andere Stadt isoliert, war oft traurig und einsam. Aus der Sehnsucht, sich mit anderen austauschen zu können, entstand die Idee von einem Haus, in dem sich mehrere Generationen treffen können.

   b „Leben" in einem Mehrgenerationenhaus bedeutet zunächst nicht, dass mehrere Generationen auf Dauer unter einem Dach zusammenwohnen. Vielmehr ist damit eine Begegnungsstätte gemeint, in der Alt und Jung tagsüber zusammenkommen und sich austauschen bzw. ihre unterschiedlichen Fähigkeiten und Erfahrungen nutzen können.

   c Wesentliche Voraussetzung für die Errichtung von Mehrgenerationenhäusern ist die Bereitschaft von Kommunen, Gebäude und finanzielle Mittel bereitzustellen. Die jüngere Generation sollte sich allerdings auch – ehrenamtlich oder beruflich – mehr für die ältere Generation interessieren.

   d Vorteile von Mehrgenerationenhäusern:
   – sich austauschen und voneinander lernen
   – den Erfahrungshorizont erweitern
   – einander kennen und schätzen lernen, auch interkulturell

4. Siehe hierzu auch die **Folie** „Mehrgenerationen-Haushalte in Deutschland" auf der CD-ROM.

   a Beispiel: Im Jahr 1991 betrug in Deutschland der Anteil der Haushalte, in denen drei Generationen unter einem Dach lebten, 1,2 Prozent.

   b Das Diagramm zeigt, wie hoch der Anteil von Drei-Generationen-Haushalten an der Gesamtzahl der Haushalte in Deutschland in den Jahren 1991, 2005, 2008 und 2013 war.

   c Von 1991 bis 2013 nahm der Anteil der Drei-Generationen-Haushalte in Deutschland ständig ab. Es leben nur noch ganz wenige Familien, die drei Generationen umfassen, in einem Haushalt zusammen.

5 Mögliche Lösung:
- Betrug der Anteil der Ein-Personen-Haushalte im Jahr 1991 noch 34 Prozent, so stieg er bis zum Jahr 2012 auf 41 Prozent.
- Das Diagramm zeigt, wie hoch der Anteil der Ein-, Zwei-, Drei- sowie Mehr-Personen-Haushalte in Deutschland in den Jahren 1991 und 2012 war.
- Während die Ein- und Zwei-Personen-Haushalte in Deutschland von 1991 bis 2012 von 34 auf 41 Prozent bzw. von 31 Prozent auf 35 Prozent stiegen, nahm der Anteil der Haushalte mit drei Personen sowie mit mehr als drei Personen im gleichen Zeitraum von 17 bzw. 18 Prozent auf jeweils 12 Prozent ab.

S. 18 Schritt 2: Den Text planen und passende Informationen auswählen

1 a Mögliche Stichwörter:
M 1: Hausaufgabenhilfe durch Senioren im Mehrgenerationenhaus im niedersächsischen Wildeshausen – Träger: DRK – berufstätige Eltern und Alleinerziehende haben zu wenig Zeit, ihren Kindern bei den Hausaufgaben zu helfen – Senioren haben keine sinnvollen Beschäftigungsperspektiven – Begegnungsraum „Offener Treff": Café, Räume für Kinder, Jugendliche und Senioren – Träger auch: Kommunen, Wohlfahrtsverbände, Initiativen, Vereine, Kirchen usw. – Austausch und gegenseitige Hilfe
M 2: Umzug in eine andere Stadt: einsam und traurig – unterschiedliche Generationen verbringen den Tag und lernen voneinander – Beispiele: Lesen üben, Umgang mit dem Internet – Gründe der Jugendlichen, ein Mehrgenerationenhaus zu besuchen – Wunsch nach mehr Begegnungsstätten und mehr Interesse der Jugend an der älteren Generation
M 3: Zahl der Haushalte mit drei Generationen rückläufig
M 4: Single-Haushalte werden mehr, Mehr-Personen-Haushalte weniger

b M 2 gibt Auskunft darüber, welche persönliche Erfahrung zur Idee geführt hat, ein Mehrgenerationenhaus einzurichten. Konkrete Beispiele werden genannt, wie die Generationen den Tag miteinander verbringen. Ein Blick in die Zukunft beschließt das Interview. M 2 ergänzt die Informationen aus M 1.

c M 3 belegt mit Zahlen, dass die Mehr-Generationen-Haushalte in Deutschland kontinuierlich abnehmen und die Generationen z. B. wegen beruflicher Mobilität oft weit voneinander entfernt leben (M 1). Indirekt bestätigt das Diagramm auch, dass es daher für die Eltern, gerade wenn beide Elternteile berufstätig sind oder ein Elternteil alleinerziehend ist, schwieriger wird, sich ganztags um die Kinder zu kümmern. Das Diagramm unterstützt damit den in M 2 genannten Wunsch nach Mehrgenerationenhäusern. Denn sie können die Begegnung der Generationen auf neue Weise ermöglichen.

d Es wiederholen sich z. B. die Aussagen, dass
- sich die Generationen voneinander entfernen und kaum noch Kontakt miteinander haben,
- eine Zusammenführung der Generationen auf neue Weise möglich ist,
- gemeinsam verschiedene Tätigkeiten verrichtet werden können, wofür Beispiele genannt werden,
- alle voneinander lernen und profitieren können.

2 Gliederung A ist richtig; Begründung siehe mögliche Lösung zu Aufg. 3a.

3 a Mögliche Lösung zu Gliederung A:
Problem = Die verschiedenen Generationen leben nicht mehr unter einem Dach.
Lösung: Gründung von Mehrgenerationenhäusern
Umsetzung:
1. Gegenseitiger Austausch von Kenntnissen und Erfahrungen
2. Gegenseitige Hilfe und damit verbundene Vorteile
3. Steigerung der sozialen Kompetenzen bei Jung und Alt

1.1 Jung trifft Alt – Andere informieren

b W-Fragen und Antworten:
- Warum gibt es Mehrgenerationenhäuser? – Mehrere Generationen leben nicht mehr unter einem Dach, Austausch zwischen den Generationen notwendig.
- Wer besucht Mehrgenerationenhäuser? – Kinder, Jugendliche, Eltern und Senioren
- Was sind Mehrgenerationenhäuser? – Begegnungsstätten zwischen Alt und Jung
- Wie werden Mehrgenerationenhäuser gegründet? – Durch Kommunen, Wohlfahrtsverbände, Initiativen, Vereine, Kirchen, auch durch Privatinitiative
- Wo gibt es welche? – Ungefähr 450-mal in Deutschland. Eine Übersicht über die Standorte bietet die Homepage des Bundesministeriums für Familie, Senioren, Frauen und Jugend.

S. 19 Schritt 3: Paraphrasieren und exzerpieren

1 a Mögliche Ergänzung:
Damit neue soziale Verbindungen entstehen und sich ein allgemeines Pflichtgefühl der Menschen füreinander entwickelt, ist ein Miteinander aller Altersklassen erforderlich.

b Das Zusammentreffen aller Altersklassen ist wichtig, weil die Menschen neue Verbindungen knüpfen können. Sie können sich gegenseitig helfen und fühlen sich füreinander verantwortlich.

2 a Beispiele für Exzerpte:
- M 1, Z. 48–57: Alt und Jung profitieren vom Miteinander der Generationen: Sozial eingestellte Senioren haben z. B. ein offenes Ohr für die Sorgen und Nöte junger Menschen. Der Kontakt zu Jüngeren gibt älteren Menschen die Gewissheit, noch nicht „zum alten Eisen" zu gehören, sie können ihre Lebenserfahrungen sinnvoll einsetzen und weitergeben; sie erfahren, dass sie gebraucht werden.
- M 2, Z. 32–37: Junge und alte Menschen können voneinander lernen. Während Ältere die Jüngeren z. B. beim Lesenlernen unterstützen, können umgekehrt Jugendliche älteren Menschen die Funktion des Internets erklären.

S. 20 Schritt 4: Den Informationstext schreiben und überarbeiten

1 Mögliche Einleitungen:
- Hättet ihr nicht auch manchmal gerne eine „Ersatzoma", mit der ihr eure Hausaufgaben machen oder euch unterhalten könntet?
- Heutzutage wachsen viele Kinder und Jugendliche ohne elterliche Betreuung auf, weil beide Elternteile berufstätig sind und sich daher nicht ganztags um ihre Kinder kümmern können. Mehrgenerationenhäuser bieten eine Möglichkeit, dieses Problem zu lösen.

2 Beispiel für den Hauptteil:
Es ist heutzutage selten, dass mehrere Generationen unter einem Dach leben. Damit trotzdem der Kontakt zwischen Jung und Alt nicht verloren geht und durch den Austausch der Generationen ein neues gesellschaftliches Verantwortungsgefühl entsteht, werden Mehrgenerationenhäuser gebaut. Diese gibt es mittlerweile an etwa 450 Standorten in Deutschland. Dort wohnt man nicht zusammen, sondern trifft sich tagsüber. Herzstück dieser Einrichtung ist der „Offene Treff". Er verfügt über ein Café und bietet Räume für Kinder, Mütter, Jugendliche und Senioren, die hier zusammentreffen und z. B. gemeinsam frühstücken oder basteln. Es gibt ganz verschiedene Angebote, wie Gesprächskreise, Kinderbetreuung, Einkaufshilfe und andere Dienstleistungen und Aktivitäten. Senioren, die nach einer sinnvollen Beschäftigung im Alter suchen, helfen den Kindern bei den Hausaufgaben, üben mit ihnen Lesen und hören ihnen zu, wenn sie Sorgen und Nöte haben. Umgekehrt erklären die Jugendlichen den Älteren den Umgang mit dem Internet und neuen technischen Geräten, lassen sich von früher erzählen oder arbeiten mit den Senioren in Projekten zusammen. Manche Senioren und Seniorinnen kommen hierher, weil sie einsam sind oder Hilfe benötigen, ihre Fähigkeiten und Erfahrung anderen zur Verfügung stellen wollen, andere, weil sie ganz einfach „gebraucht werden" möchten. Jugendliche wollen oft durch kleine Dienstleistungen ihr Taschengeld aufbessern oder suchen einen Ersatz für die Großeltern, hören gern Erzählungen von Zeitzeugen vergangener Ereignisse, wollen etwas über das Alltagsleben in früheren Zeiten erfahren.

Was auch der Beweggrund sein mag, am Ende profitieren beide davon, die Alten wie die Jungen. Indem sie sich austauschen, lernen sie sich näher kennen und es entsteht ein besseres Verständnis zwischen den Generationen. Neuere Zahlen zeigen, wie sehr der Anteil der Großfamilienhaushalte in Deutschland in gut 20 Jahren gesunken ist: Von 1991 bis 2008 hat sich ihre Anzahl halbiert. Inzwischen sind es noch weniger geworden: 2012 nahmen die Mehr-Personen-Haushalte nur noch 12 Prozent ein. Der rasante Anstieg der Ein- und Zwei-Personen-Haushalte auf 41 bzw. 35 Prozent spiegelt das Auseinanderdriften der Generationen wider.

Die Beliebtheit der Mehrgenerationenhäuser und der Anstieg der Single-Haushalte zeigen die zunehmende Einsamkeit der Gesellschaft und den wachsenden Bedarf an Begegnungsstätten. Daher sollten mehr Städte und Gemeinden Gebäude für dieses erfolgreiche Projekt zur Verfügung stellen oder bauen. Wünschenswert wäre auch, dass noch mehr junge Menschen dieses Angebot nutzen und sich ehrenamtlich oder auch beruflich für die ältere Generation engagieren.

3 Möglicher Ausblick:
Für die Zukunft wäre es wünschenswert, dass es in jeder Stadt und in jedem Landkreis ein Mehrgenerationenhaus geben würde. Dazu müssten die Kommunen geeignete Gebäude und die nötigen Finanzmittel bereitstellen oder zumindest soziale Initiativen unterstützen und fördern, die eine solche Einrichtung planen.

4 Mögliche Überschriften:
Alt und Jung unter einem Dach
Mehrgenerationenhäuser – Lösung eines allgemeinen Problems?
450-mal in Deutschland: Mehrgenerationenhäuser

S. 21 Teste dich!

1 A Der demografische Wandel und seine Folgen

2 a Textüberarbeitung:
- Verknüpfungswort (Z. 6): Deshalb
- Zeitform (Z. 16): brauchen
- Umgangs-/Jugendsprache (Z. 21–23): … muss die Regierung schnell handeln und Anreize schaffen, damit mehr Menschen sich für den Pflegeberuf entscheiden.
- Satzanfänge (Z. 24, 27): Der demografische Wandel bringt auch für die Jüngeren … – Besonders für Kinder auf dem Land …

b Die Zahlenangabe, dass 2060 fast 60 % der Bevölkerung über 80 Jahre alt sein werden (Z. 10–11), ist falsch. Richtig ist, dass 2060 etwa 39,2 % der Bevölkerung 60 Jahre und älter sein werden.

1.2 Von Coolen und Halbstarken – Zeitgenössische Texte zur Jugendkultur lesen

S. 22 Nils Mohl: **Es war einmal Indianerland** (2012)

1 Richtige Reihenfolge: F – A – B – E – D – C

2 Die Aussagen A (Z. 35–37) und B (Z. 20–31) treffen zu.

3 a Der Chef ist der Auffassung, dass es nicht falsch sein kann, mit ehrlicher Arbeit Geld zu verdienen (Z. 44–46). Außerdem äußert er die Ansicht, dass einige hart arbeiten („schuften", Z. 49), während sich andere einen schönen Tag machen („duften", Z. 49). Das Lob des Chefs, dass er einen guten Arbeiter vor sich habe (Z. 77–79), und sein Angebot, den Stundenlohn um 10 Prozent zu erhöhen (Z. 82–84), bewirken beim Ich-Erzähler nichts.

1.2 Von Coolen und Halbstarken – Zeitgenössische Texte zur Jugendkultur lesen

b Die Jugendlichen werden zahlreiche Beispiele nennen können. Wichtig wäre es, die Schüler/-innen dazu anzuhalten, nicht nur ihre Interessen zu sehen, sondern auch Verständnis für die Haltung der Erwachsenen aufzubringen.

c Der Hauptgrund für das Entstehen von Situationen, in denen Erwachsene das Verhalten von Jugendlichen nicht verstehen, liegt in den unterschiedlichen Ansichten, Anforderungen und Interessen der Beteiligten.

4 a Z. 1, 43: Mann, Z. 48–49: Grünhorn, Z. 77: mein Bester, Z. 82: Sportsfreund

c Mögliche Stellungnahme: Der Chef spricht mit dem Ich-Erzähler nicht von einer höheren Warte herab, er geht auf ihn ein und nimmt ihn durchaus ernst. Er bietet ihm 10 Prozent mehr Lohn in der Stunde und lässt sogar erkennen, dass er ihn braucht und „mag".

d Der Chef versteht nicht, dass der Ich-Erzähler seinen Job aufgeben will – trotz des Lobs und des höheren Lohnangebots. Das müsste seiner Meinung nach Anreiz genug sein, dass der Ich-Erzähler sich umstimmen lässt und seine Arbeit macht.
Mit seiner Antwort („Das wüsste ich manchmal auch ganz gerne", Z. 97) spielt der Ich-Erzähler auf das Gefühl der Verliebtheit an, das er mit seiner Freundin Jackie erlebt und für die er vermutlich mehr Zeit haben möchte. Dass es nicht „die Piepen sind" (Z. 85), ergänzt er mit dem Zusatz „nicht mehr", was ein deutlicher Hinweis auf seine veränderten Gefühle ist.

5 a Kumuluswolke: Fremdwort, von lat. *cumulus* = Anhäufung
Hyäne: Fremdwort, von griech. *hyaina* und lat. *hyaena* = hundeähnliches Raubtier
Kadaver: Fremdwort, von lat. *cadaver* = verwester Tierkörper, Aas

6 Mögliche Wirkung: Die sprachliche Gestaltung des Textes dürfte die Schüler/-innen aufgrund der jugendsprachlichen Ausdrücke ansprechen, die Form könnte Schwierigkeiten bereiten: Bei der wörtlichen Rede fehlen die Anführungszeichen, Gedanken des Ich-Erzählers und Rückblenden sind nicht gekennzeichnet und damit nicht leicht zu erkennen.

S. 25 Othmar Franz Lang: **Weg ohne Kompass** (1958)

1 In dem Dialog zwischen Konrad und dem „Dürren" geht es offenbar um eine „große Sache", die der „Dürre" vorhat und vor der ihn Konrad zu warnen versucht.

2 a Die Ursache für seine Wut liegt wohl in den Sorgen begründet, die er sich um seinen Vater macht (Z. 61–62).

b Konrad lässt sich von dem Dürren nicht abwimmeln, er warnt ihn davor, Dummheiten zu machen, und beharrt schließlich darauf, mit dem Dürren mitzukommen. Er versucht, ihn zum Reden zu bringen, damit er sagt, was mit ihm los ist.

c Ein Auto anzuzünden ist eine Straftat und kein Dumme-Jungen-Streich. Paragraph 306 des Strafgesetzbuches ahndet Brandstiftung mit Freiheitsstrafe bis zu 10 Jahren. Darüber hinaus kann der Brandstifter zu Schadenersatz verurteilt werden.

3 Die Einleitung kennzeichnet „Halbstarke" als männlich, streitsüchtig, angriffslustig und auch kriminell. Alle Merkmale treffen auf den „Dürren" zu. Er prügelt sich mit dem „Dicken", verhält sich anderen gegenüber aggressiv und möchte ein Auto anzünden.

4 a/b Die Bandbreite der jugendsprachlichen Ausdrücke dürfte je nach regionaler Herkunft und unterschiedlicher Cliquenzugehörigkeit sehr groß sein. Wichtig ist, dass die Lösungen der Schüler/-innen den Ernst der Situation widerspiegeln.

5 a Der Chef spricht eher die Sprache heutiger Jugendlicher als die der „Halbstarken" (vgl. Z. 43–44, 48–49, 60–61, 77, 82–84).

b Mögliche Zuordnung:
– Es war einmal Indianerland: modern
– Weg ohne Kompass: altmodisch, angeberisch

Fordern und fördern – Generation „Halbstark" – Über Hintergründe informieren

1 a Mögliche Zuordnung der Erwartungen:
- M 1: Erläuterung, was man im Jahr 1957 unter Halbstarken genau verstand
- M 2: Beschreibung, wie Halbstarke Aufmerksamkeit erregten: öffentliche Unruhe durch Anpöbeln von Autoritäten, Wegnehmen von Mützen usw.
- M 3: Erklärung, warum sich die Halbstarken auflehnten, oder: Darstellung, gegen wen sich die Aggressionen wandten

c Mögliche Lösung:

Material	Fragen	Antworten (Aufgabe 2a)
M 1	Wie viele Begriffe gibt es zur Bezeichnung „Halbstarke"?	drei
	Was verstanden Erwachsene damals unter „Halbstarken"?	jugendliche Kriminelle und Arbeitsscheue
	Wie definierten sich die Jugendlichen selbst?	Jugendliche, die herumalberten und Dummheiten machten
	Welche weiteren Kennzeichen der „Halbstarken" lassen sich anführen?	äußere Aufmachung, Formen des gesellschaftlichen Umgangs und der Freizeitgestaltung
M 2	Wann entstand der Begriff „Halbstarke"?	um 1900
	In welchem Zusammenhang wurde er in den 1950er Jahren gebraucht?	für Ausschreitungen und Massenprügeleien, an denen 15- bis 20-jährige Jugendliche von Arbeitern beteiligt waren
	Welche Anlässe hatten die von den „Halbstarken" inszenierten Krawalle?	zumeist zufällig und situationsbedingt
	Was bezweckten die „Halbstarken" mit ihren Krawallen?	Empörung der Öffentlichkeit, Spannung bei Polizeieinsätzen, Aufmerksamkeit der Presse
M 3	Wie veränderte sich das Familienleben während der 1950er Jahre im Vergleich zum Zweiten Weltkrieg?	Familienväter kehrten zurück
	Wie reagierten die Jugendlichen auf die veränderte Situation?	waren nicht bereit, die väterliche Autorität wieder zu akzeptieren
	Welche Angriffsziele bevorzugten die „Halbstarken"?	Uniformträger, z. B. Polizisten, Soldaten
	Was wollten die „Halbstarken" mit ihren Aktionen zum Ausdruck bringen?	Bloßstellen der gesellschaftlichen Autoritäten
	Worin bestand die Gegenkultur der „Halbstarken"?	im Nachahmen der US-amerikanischen Kultur, z. B. Mode, Musikgeschmack, Freizeitgestaltung

2 a/b Aufgabe a siehe oben. Weiteres Beispiel für Informationen, die sich ergänzen:
- Begriff überdauerte die Zeit des Nationalsozialismus und wurde in den Jahren 1955 bis 1958 wieder gebraucht. (M 2, Z. 6–14) – In den Fünfzigerjahren kehrten viele Väter aus der Kriegsgefangenschaft nach Hause zurück. (M 3, Z. 4–8)

Informationen, die sich wiederholen:
- Straßenschlachten zwischen Polizisten und Halbstarken (M 2, Z. 15–16) – immer wiederkehrende Angriffsziele: Polizisten … (M 3, Z. 16–17)
- öffentliche Empörung über die Krawalle (M 2, Z. 27–28) – Ältere empörte die scheinbare Sinnlosigkeit der Krawalle (M 3, Z. 13–15)

3 Mögliche Ergänzungen:
Ursache: Konflikte in den Familien, weil die aus dem Krieg heimgekehrten Väter die Entscheidungsgewalt in der Familie beanspruchten = Auch der Dürre macht sich Sorgen, d. h., sein Vater könnte aus dem Krieg zurückgekommen sein.
Auswirkung: Krawalle und Prügeleien = Auch der Dürre ist in eine Prügelei verwickelt.
Folgen: Auflehnung richtet sich gegen die Gesellschaft, nicht gegen die eigene Familie = Der Dürre hat die Absicht, ein Auto anzuzünden.
Folgen: Man will anders sein, um nicht so behandelt zu werden wie Kinder, die nicht selbst für sich entscheiden können.
Folgen: Eltern müssen erkennen, dass die Jugendlichen über ihr Leben selbst entscheiden möchten und sich weder von ihnen noch durch Autoritätspersonen wie Polizisten oder Soldaten einschüchtern ließen. Die junge Generation distanzierte sich von der Generation ihrer Eltern und deren Wertvorstellungen.

1.3 Fit in …! – Einen Informationstext verfassen

S. 30 Die Aufgabe richtig verstehen – Planen – Schreiben – Überarbeiten

1 Richtige Reihenfolge:
D Ich soll einen Informationstext über den Begriff „Generation digital" für andere Schüler schreiben.
I Ich suche für den Informationstext die passenden Informationen aus den Materialien M 1 bis M 3.
G Ich ordne die passenden Informationen meinen Gliederungspunkten zu und erläutere sie.
I Ich schreibe mit Hilfe der Gliederungspunkte einen zusammenhängenden Text.
T Ich löse mich von den Formulierungen aus den Materialien und verwende eigene Worte.
A Ich denke daran, dass ich für Schüler schreibe, die vermutlich den Begriff nicht kennen.
L Ich formuliere zuletzt eine passende Überschrift für meinen Informationstext.

2 a Informationen, die sich wiederholen:
Kinder und Jugendliche leben in einer realen und virtuellen Welt (M 1, Z. 9–11). – Grenzen zwischen virtueller und realer Welt haben sich verwischt (M 2, Z. 15–16).
Informationen, die sich ergänzen:
Grafik zu M 1 und der Text zum Begriff „Digital Natives" (M 2)
Neue Möglichkeiten der Kommunikation (M 1, Z. 12–13) – Kommunikation mit Gleichgesinnten (M 3, Z. 13–18)

b/c Mögliche Gliederung mit Informationen aus den Materialien:
– Ursache: Weiterentwicklung der Technik
– Auswirkung: Kinder und Jugendliche leben in zwei Welten: einer realen und einer virtuellen
– Folgen: Aufwachsen mit digitalen Medien und Internet, eigener Begriff für die mit ihnen aufgewachsenen Jugendlichen (Digital Natives)
– Vorteile:
geübter Umgang mit neuen Medien
Kommunikation mit Gleichgesinnten
gezielte und schnelle Suche nach Wissen
Ausweitung der Öffentlichkeit
– Nachteile:
Mobbing im Internet
Konsequenzen bei illegalen Downloads

1 Generationen – Über Sachverhalte informieren

3 a/b Beispieltext:
Der US-amerikanische Erziehungswissenschaftler Marc Prensky spricht von Jugendlichen, die mit den so genannten neuen Medien aufgewachsen sind, von den „Digital Natives". Was bedeutet eigentlich dieser Begriff? Welche Entwicklung führte zu seiner Entstehung? Was sind die Folgen der Entwicklung? Und worin liegen ihre Vor- bzw. Nachteile?

Haben 1998 nicht einmal 20 Prozent der 12- bis 19-Jährigen das Internet genutzt, sind es mehr als zehn Jahre später fast alle, für die der Umgang mit den so genannten neuen Medien selbstverständlich geworden ist. Deshalb werden die Jugendlichen von heute auch als „Digital Natives" bezeichnet. Der rasante technologische Fortschritt der letzten Jahre hat es mit sich gebracht, dass Jugendliche in zwei Welten leben: in der realen Alltagswelt und in der Welt der digitalen Technik, der virtuellen Welt. Die Vorteile dieser Entwicklung liegen auf der Hand: E-Mail, SMS, Skype und Facebook ermöglichen neue Formen der schnellen Kommunikation. Kontaktaufnahme ist jederzeit und mit jedem möglich.
Vor allem der schnelle Austausch mit Gleichgesinnten wird durch die neuen Medien ermöglicht. Dabei spielt es keine Rolle, ob der Gesprächspartner der Tischnachbar in der Schule ist oder ob er sich weit entfernt auf einem anderen Kontinent befindet. Kommunikation ist global möglich geworden.
Neben dem Austausch mit anderen ist ein weiterer Vorteil die gezielte Suche nach Wissen. Was früher Stunden dauerte, zeitintensiv und umständlich war, kann heute in Sekundenschnelle im Internet recherchiert werden.
Die neuen Möglichkeiten bringen aber auch schwerwiegende Nachteile mit sich. Im Internet gemobbt zu werden kann schlimme Folgen nach sich ziehen. Konsequenzen strafrechtlicher Natur drohen demjenigen, der sorglos oder bewusst illegale Inhalte downloadet oder Software kopiert. Raubkopien anzufertigen ist kein Kavaliersdelikt, sondern eine Straftat.

4 Mögliche Überschriften: „Digital Natives" – Die neue Generation Zwischen realer und virtueller Welt

Material zu diesem Kapitel

Klassenarbeit
– Einen Informationstext verfassen – Beziehung der Generationen heute (Niveau A ohne, B mit Hilfen; Bewertungsbogen auf der CD-ROM)
– Einen Informationstext verfassen – Die Bedeutung von Jugendkulturen heute (Niveau A ohne, B mit Hilfen; Bewertungsbogen auf der CD-ROM)

Fordern und fördern
– Einen Informationstext verfassen – Jung trifft Alt, Alt trifft Jung: Generationenübergreifende Projekte (●●●|●○○ mit Lösungshinweisen auf der CD-ROM)
– Einen literarischen Text untersuchen – Roswitha Vetter: Der alte Mann und der Fernseher (●●●|●○○ mit Lösungshinweisen auf der CD-ROM)
– Einen Informationstext ergänzen – Die Taschengeldbörse: Ein Projekt unserer Gemeinde (○○○ mit Lösungshinweisen auf der CD-ROM)

Diagnose
– Einen Informationstext überarbeiten – Jung und Alt im Dialog (mit Lösungshinweisen und Förderempfehlung auf der CD-ROM)

PPT-Folien (auf der CD-ROM)
– Jung und Alt im Dialog
– Mehrgenerationen-Haushalte in Deutschland

Deutschbuch Arbeitsheft 9
– Informationstexte verfassen – Familien früher und heute, S. 15–19
  ●○○ Familien 2030 – Grafiken lesen, Satzverknüpfungen üben
  ●●● Senioren und neue Medien – Materialien gliedern

Deutschbuch Lern- und Arbeitsheft 9
für Lernende mit erhöhtem Förderbedarf im inklusiven Unterricht
– Generationen, Seite 13–32

Deutschbuch 9 — 1 Generationen – Über Sachverhalte informieren

Klassenarbeit A – Einen Informationstext verfassen

Beziehung der Generationen heute

Aufgabe

Verfasse für andere Schüler einen Informationstext über die Beziehung der Generationen heute. Gehe so vor:

a Suche aus den folgenden Materialien M 1 bis M 3 die Informationen heraus, die das Verhältnis zwischen Jung und Alt beschreiben.
b Erstelle eine Gliederung mit folgenden Punkten: Problem (Entfremdung), Lösung (Kontakt), Umsetzung (konkrete Maßnahmen).
c Ordne der Gliederung die passenden Informationen zu.

M1 Lebenswelten von Jung und Alt driften[1] auseinander
Von Natalie Schenk/kna

Die junge Generation interessiert sich nur wenig für Politik oder für das, was in der Welt passiert. Mit ihren Smartphones sind sie gut vernetzt und ständig online. Sie posten, was das Zeug hält, und sind häufig auf dem neuesten Stand, was Stars, Trends oder die neuesten Techniken angeht. Eltern wissen von diesen Themen nur wenig. Die Lebenswelten der jungen und älteren Generation entfernen sich immer mehr voneinander. Erwachsene verlieren dabei den Anschluss an die Jugend. Das ging jetzt aus einer Umfrage hervor.

So sind 73 Prozent der Deutschen der Ansicht, dass sich die Lebenswelten der jungen und mittleren Generation deutlich unterscheiden. Doch die Unterschiede zwischen den Generationen offenbaren sich nicht nur bei der Nutzung des Internets oder der sozialen Netzwerke. Denn jeder Zweite gibt an, die Jugendsprache nicht zu verstehen. Fast zwei Drittel der Erwachsenen wundern sich zudem darüber, wie sprunghaft Jugendliche seien.

In der Familie sieht das allerdings anders aus. 64 Prozent der Eltern sehen zwischen ihrer und der Lebenswelt ihrer Kinder nur wenige Unterschiede. Bei den Jugendlichen können 48 Prozent kaum Unterschiede in ihrer Familie erkennen.

Durch Gespräche mit Jugendlichen ist die ältere Gesellschaft auf einem aktuellen Stand: Für 58 Prozent der 30- bis 59-Jährigen sind solche Gespräche hilfreich, um die Lebenswelt der Jugendlichen besser zu verstehen. Jeder zweite Erwachsene kommt durch den Austausch mit jungen Leuten mit neuen Themen in Kontakt und lernt andere Sichtweisen und Standpunkte kennen. Laut der Studie profitieren 65 Prozent der Erwachsenen von dem technischen Know-How ihrer Kinder. In die Möglichkeiten moderner Kommunikation wie WhatsApp oder Facebook wurden die Eltern von ihren Kindern eingeweiht. Auch in Sachen Mode und Musik wissen Eltern besser Bescheid als Erwachsene ohne Kinder.

Badische Zeitung, 28. Februar 2013; www.badische-zeitung.de/neues-fuer-schueler/lebenswelten-von-jung-und-alt-driften-auseinander--69600765.html [18.11.2015], gekürzt und bearbeitet

---

1 auseinanderdriften: sich entfremden, sich voneinander entfernen

Foto: © picture-alliance/blickwinkel/M

M2 Jung und Alt im Gespräch

Die häufigsten Gesprächsthemen (Angaben in Prozent)

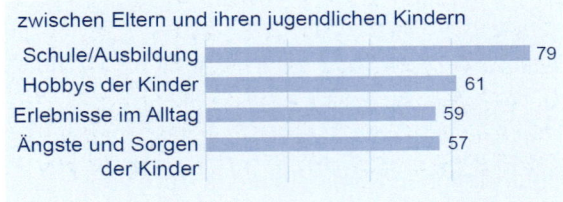

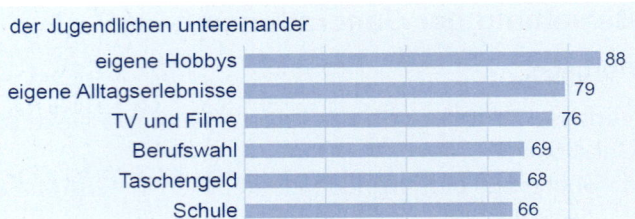

Nach: Badische Zeitung, 28. Februar 2013, a.a.O.

Wichtig: Beachte bei der Auswertung der Grafik auch, dass von Jugendlichen und „Eltern" die Rede ist, nicht aber von „Senioren", die erst im folgenden Text M3 besonders berücksichtigt werden sollen.

M3 Aus einem Interview mit dem Vorsitzenden des Landesjugendrings Nordrhein-Westfalen[1] Roland Mecklenburg

Immer wieder taucht ein so genannter „Generationenkonflikt", vor allem in den Medien, auf. Ist das ein Thema?

Mecklenburg: Nein, der oder ein vorgeblicher Generationenkonflikt ist nicht unmittelbar Thema im Landesjugendring. Wir diskutieren allerdings, wie gerecht es insgesamt in der Gesellschaft zugeht. Da liegt der Konflikt vor allem zwischen Arm und Reich und nicht zwischen Alt und Jung. Allerdings bleibt uns natürlich auch nicht verborgen, dass die Zahl der älteren Menschen zunimmt und die der jüngeren immer weiter abnimmt. Das hat Auswirkungen auf viele Bereiche. Insofern ist klar, dass diese Entwicklung auch politisch gestaltet und zwischen den Generationen ausgehandelt werden muss. Nicht weil es einen unmittelbaren Generationenkonflikt gäbe, sondern um diesen nicht erst entstehen zu lassen.

Was trennt Jugend und Alter und was verbindet beide?

Mecklenburg: Jugend und Alter sind die Ränder des Lebens. Sie stehen beide oft nicht im Mittelpunkt des Interesses und der politischen Gestaltung und wenn, dann eher unter Problemaspekten. Gleichzeitig steigt der Druck auf beide Generationen. Die Jugend soll fit, qualifiziert, zukunftsbejahend und leistungsorientiert sein, die Älteren länger arbeiten, sich engagieren, ihre Gesundheit möglichst lange erhalten, sich bilden, moderne Kommunikationsmittel nutzen. Trennend sind sicherlich die unterschiedliche Tiefe der eigenen Lebenserfahrung, die Herausforderungen, die sich an die Alltagsbewältigung stellen, und die Erwartungen, die für das weitere Leben bestehen. Hier ist das Voneinanderlernen-Können auch weniger von Bedeutung als das Voneinander-Wissen.

Hat sich das Wagnis einer gemeinsamen Veranstaltung von Landesjugendring und der Landesseniorenvertretung kürzlich gelohnt?

Mecklenburg: Ja, unbedingt. Vor allem die gemeinsame Erfahrung von Jüngeren und Älteren beim Tag der Generationen mit seiner besonderen kulturellen Vielfalt hat mich sehr beeindruckt. Wenn Begegnungen dieser Art auch vielleicht in kleinerem Rahmen fortgesetzt würden, wäre das sehr in unserem Interesse.

Das Interview führte Barbara Eifert.

Nun reden wir. Hg. v. Landesseniorenvertretung Nordrhein-Westfalen e. V., Ausgabe 82, 04/2002; www.lsv-nrw.de/fileadmin/Dokumentenablage/lsv-nrw/Nun-reden-wir/NRW_Ausgabe_82.pdf [18.11.2015], gekürzt und bearbeitet

---

1 Landesjugendring NRW: Zusammenschluss von derzeit 25 auf Landesebene tätigen, demokratischen Jugendverbänden in Nordrhein-Westfalen zu einer Arbeitsgemeinschaft. Er vertritt die Interessen junger Menschen und der Jugendverbände in der Öffentlichkeit sowie gegenüber Politik und anderen gesellschaftlichen Gruppen.

Klassenarbeit B – Einen Informationstext verfassen

Beziehung der Generationen heute

Aufgabe

Verfasse für andere Schüler einen Informationstext über die Beziehung der Generationen heute.
a Suche aus den folgenden Materialien M 1 bis M 3 die Informationen heraus, die das Verhältnis zwischen Jung und Alt beschreiben.
b Erstelle eine Gliederung: Problem (Entfremdung), Lösung (Kontakt), Umsetzung (konkrete Maßnahmen).
   Tipp: Orientiere dich an den folgenden Fragen:
   1. Problem: Auseinanderdriften der Generationen
      – Welche Belege werden für die Behauptung angeführt, die Generationen würden sich mehr und mehr voneinander entfernen und fremd werden?
      – Worin unterscheiden sich die Ansichten über die Jugend, wenn man die Aussagen aller befragten Deutschen mit denen der befragten Eltern vergleicht?
   2. Lösung: Kontakt
      – Welche Vorteile hat die ältere Generation von dem Kontakt mit Jugendlichen?
      – Grafik: Über welche Themen sprechen Eltern und ihre jugendlichen Kinder?
      – Grafik: Worin unterscheiden sich diese Gespräche von den Unterhaltungen der Jugendlichen untereinander? Vergleiche die Prozentangaben.
      – Welche Lösungsmöglichkeiten werden in den Texten M1 und M3 genannt?
   3. Umsetzung: konkretes Projekt
      – Welche konkrete politische Maßnahme wurde im Text M3 auf Landesebene ergriffen, um der Entfremdung der Generationen entgegenzuwirken?
c Ordne der Gliederung die passenden Informationen aus den Materialien zu.

M1 Lebenswelten von Jung und Alt driften[1] auseinander *Von Natalie Schenk/kna*

Die junge Generation interessiert sich nur wenig für Politik oder für das, was in der Welt passiert. Mit ihren Smartphones sind sie gut vernetzt und ständig online. Sie posten, was das Zeug hält, und sind häufig auf dem neuesten Stand, was Stars, Trends oder die neuesten Techniken angeht. Eltern wissen von diesen Themen nur wenig. Die Lebenswelten der jungen und älteren Generation entfernen sich immer mehr voneinander. Erwachsene verlieren dabei den Anschluss an die Jugend. Das ging jetzt aus einer Umfrage hervor.

So sind 73 Prozent der Deutschen der Ansicht, dass sich die Lebenswelten der jungen und mittleren Generation deutlich unterscheiden. Doch die Unterschiede zwischen den Generationen offenbaren sich nicht nur bei der Nutzung des Internets oder der sozialen Netzwerke. Denn jeder Zweite gibt an, die Jugendsprache nicht zu verstehen. Fast zwei Drittel der Erwachsenen wundern sich zudem darüber, wie sprunghaft Jugendliche seien.

In der Familie sieht das allerdings anders aus. 64 Prozent der Eltern sehen zwischen ihrer und der Lebenswelt ihrer Kinder nur wenige Unterschiede. Bei den Jugendlichen können 48 Prozent kaum Unterschiede in ihrer Familie erkennen. Durch Gespräche mit Jugendlichen ist die ältere Gesellschaft auf einem aktuellem Stand: Für 58 Prozent der 30- bis 59-Jährigen sind solche Gespräche hilfreich, um die Lebenswelt der Jugendlichen besser zu verstehen. Jeder zweite Erwachsene kommt mit neuen Themen in Kontakt und lernt andere Sichtweisen und Standpunkte kennen. Laut der Studie profitieren 65 Prozent der Erwachsenen von dem technischen Know-how ihrer Kinder. In die Möglichkeiten moderner Kommunikation wie WhatsApp oder Facebook wurden die Eltern von ihren Kindern eingeweiht. Auch in Mode und Musik wissen die Eltern besser Bescheid als Erwachsene ohne Kinder.

Badische Zeitung, 28. Februar 2013; www.badische-zeitung.de/neues-fuer-schueler/lebenswelten-von-jung-und-alt-driften-auseinander--69600765.html [18.11.2015], gekürzt und bearbeitet

M2 Jung und Alt im Gespräch

Die häufigsten Gesprächsthemen (Angaben in Prozent)

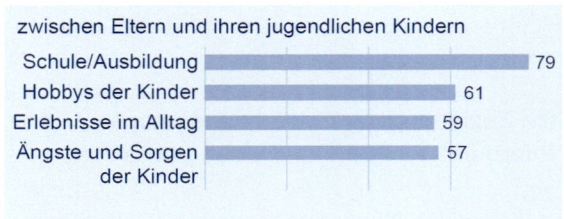

zwischen Eltern und ihren jugendlichen Kindern
- Schule/Ausbildung: 79
- Hobbys der Kinder: 61
- Erlebnisse im Alltag: 59
- Ängste und Sorgen der Kinder: 57

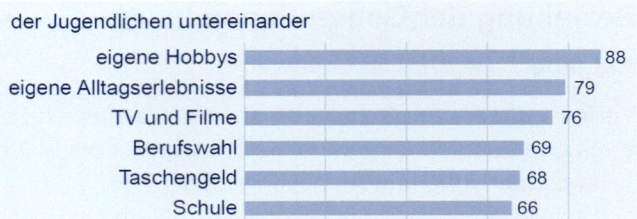

der Jugendlichen untereinander
- eigene Hobbys: 88
- eigene Alltagserlebnisse: 79
- TV und Filme: 76
- Berufswahl: 69
- Taschengeld: 68
- Schule: 66

Nach: Badische Zeitung, 28. Februar 2013, a.a.O.

Wichtig: Beachte bei der Auswertung der Grafik auch, dass von Jugendlichen und „Eltern" die Rede ist, nicht aber von „Senioren", die erst im folgenden Text M3 besonders berücksichtigt werden sollen.

M3 Aus einem Interview mit dem Vorsitzenden des Landesjugendrings Nordrhein-Westfalen[1]
Roland Mecklenburg *Das Interview führte Barbara Eifert.*

Immer wieder taucht ein so genannter „Generationenkonflikt", vor allem in den Medien, auf. Ist das ein Thema?

Mecklenburg: Nein, der oder ein vorgeblicher Generationenkonflikt ist nicht unmittelbar Thema im Landesjugendring. Allerdings bleibt uns natürlich auch nicht verborgen, dass die Zahl der älteren Menschen zunimmt und die der jüngeren immer weiter abnimmt. Das hat Auswirkungen auf viele Bereiche. Insofern ist klar, dass diese Entwicklung auch politisch gestaltet und zwischen den Generationen ausgehandelt werden muss. Nicht weil es einen unmittelbaren Generationenkonflikt gäbe, sondern um diesen nicht erst entstehen zu lassen.

Was trennt Jugend und Alter und was verbindet beide?

Mecklenburg: Jugend und Alter sind die Ränder des Lebens. Sie stehen beide oft nicht im Mittelpunkt des Interesses und der politischen Gestaltung und wenn, dann eher unter Problemaspekten. Gleichzeitig steigt der Druck auf beide Generationen. Die Jugend soll fit, qualifiziert, zukunftsbejahend und leistungsorientiert sein, die Älteren länger arbeiten, sich engagieren, ihre Gesundheit möglichst lange erhalten, sich bilden, moderne Kommunikationsmittel nutzen. Trennend sind sicherlich die unterschiedliche Tiefe der eigenen Lebenserfahrung, die Herausforderungen, die sich an die Alltagsbewältigung stellen, und die Erwartungen, die für das weitere Leben bestehen. Hier ist das Voneinanderlernen-Können auch weniger von Bedeutung als das Voneinander-Wissen.

Hat sich das Wagnis einer gemeinsamen Veranstaltung von Landesjugendring und der Landesseniorenvertretung kürzlich gelohnt?

Mecklenburg: Ja, unbedingt. Vor allem die gemeinsame Erfahrung von Jüngeren und Älteren beim Tag der Generationen mit seiner besonderen kulturellen Vielfalt hat mich sehr beeindruckt. Wenn Begegnungen dieser Art auch vielleicht in kleinerem Rahmen fortgesetzt würden, wäre das sehr in unserem Interesse.

Nun reden wir. Hg. v. Landesseniorenvertretung Nordrhein-Westfalen e. V., Ausgabe 82, 04/2002; www.lsv-nrw.de/fileadmin/Dokumentenablage/lsv-nrw/Nun-reden-wir/NRW_Ausgabe_82.pdf [18.11.2015], gekürzt und bearbeitet

---

[1] Landesjugendring NRW: Arbeitsgemeinschaft von derzeit 25 auf Landesebene tätigen Jugendverbänden. Sie vertritt die Interessen junger Menschen und der Jugendverbände in Politik und Gesellschaft.

Klassenarbeit A – Einen Informationstext verfassen

Die Bedeutung von Jugendkulturen heute

Aufgabe

Verfasse für andere Schüler einen Informationstext über die Bedeutung von Jugendkulturen heute.
Gehe so vor:
a Suche aus den folgenden Materialien M 1 bis M 3 die Informationen heraus, die Jugendkulturen von heute beschreiben.
b Erstelle eine Gliederung.
Fasse dazu den Inhalt eines jeden Abschnitts in einem Satz kurz zusammen.
c Welche Bedeutung haben die Jugendkulturen für Konsumverhalten und Wirtschaft einerseits und die Werteorientierung der Jugendlichen andererseits?

M1 Abgrenzen und dazugehören – Die wichtigsten Jugendkulturen
Von Nicola Wilbrand-Donzelli

Den Begriff „Jugend" als Lebensabschnitt zwischen Kindheit und Erwachsenendasein gibt es erst seit circa hundert Jahren und ebenso lange existieren Jugendkulturen und Jugendbewegungen. Letztere sind organisierte Zusammenschlüsse, während Jugendkulturen eben genau das nicht sein wollen: organisiert und geregelt.

Jugendkulturen sind heute deshalb für die Kids attraktiv, weil sie so ihren Alltag ein wenig bunter färben, mit unangepassten Lebenskonzepten experimentieren und mit Gleichgesinnten eintauchen können in eine selbst geschaffene soziale Heimat. So sind sie weit weg von den Problemen, die es mit den Eltern gibt, weit weg vom Schulstress und weit weg von allen anderen schlechten Nachrichten, die täglich in den Medien auf sie einströmen.

Gemeinsam ist allen Jugendkulturen, dass sie nur über eine bestimmte Wiedererkennbarkeit funktionieren, einen definierten „Code" haben, der so etwas ist wie das „Identifikationsdesign" der Gruppe, über das ein bestimmtes unverwechselbares Lebensgefühl vermittelt wird. Das Prinzip eines „Codes" kann man beispielsweise bei den Hip-Hoppern gut erkennen: Deren typischer Bilder-Code sind die Graffitis, im Zentrum des musikalischen Codes steht der Sprechgesang, das so genannte „Rappen", und auf der mimischen Ebene ist der „Breakdance" ein eindeutiges Erkennungsmerkmal dieser Szene. Um wirklich zum harten Kern zu gehören, muss der „Code" zu hundert Prozent gelebt werden.

Doch solche „Codes" sind nur sinnvoll, wenn sie auch für die Außenwelt sichtbar werden, da sonst das Prinzip der Abgrenzung nicht funktioniert. Deshalb kann Jugendkultur nicht in Abgeschiedenheit existieren, sondern muss sich in der Öffentlichkeit abspielen.

Die Medien spielen bei der Verbreitung jugendkultureller Trends eine zentrale Rolle, bringen sie heute in jedes Dorf. Sie vermitteln die bunte Vielfalt der Jugendszenen, machen sie zum Mainstream und führen die Teenager immer früher in die verschiedenen Stile der Popkultur ein. Für echte Insider sind diese Medien jedoch eher irrelevant. Sie greifen auf Szene-Medien zurück, lesen Fachmagazine, surfen auf zahllosen spezifischen Internetseiten und tauschen sich innerhalb der Gleichgesinnten-Community vor allem digital über Web-Blogs, Gästebücher oder private Homepages aus, führen dort ihre „Fachdiskurse". Vor allem die trendigen Sport- und Modemarken kurbeln mit ihren Internetseiten die Szene an. Neue Produkte werden so schnell vermarkt und Teil des globalen Szene-Codes.

Durch solche virtuellen Umschlagsplätze sind die Jugendkulturen heute einem ständigen Wandel unterworfen, werden in ihren Spielarten bunter, aber gleichzeitig auch wesentlich unübersichtlicher und kurzlebiger.

t-online.de, 03.09.2014,
www.t-online.de/eltern/jugendliche/id_47500252/jugendkulturen-der-gegenwart.html [19.11.2015], gekürzt und bearbeitet

M2 Jugendkulturen heute

Nicht mehr als 20 bis 25 Prozent der Jugendlichen schließen sich wirklich Jugendkulturen an, werden also mit ganzem Herzen Punk oder Skinhead, Grufti oder Skateboarder. Doch der Einfluss dieser wenigen sollte nicht unterschätzt werden. Denn die Angehörigen von Jugendkulturen sind so etwas wie die Meinungsbildner und kulturellen Vorbilder für die große Mehrzahl der Gleichaltrigen, die sich mit keiner Jugendkultur voll identifizieren können – aber sich doch an diesen orientieren.

Am offensichtlichsten macht sich dieser Einfluss in der Musik und in der Mode bemerkbar: Musik, die heute nur in den angesagten Klubs gespielt wird, ist morgen in den Charts, was die hippen Szene-Insider heute tragen, wird morgen zur Massenmode.

„Die Jugend" als Gruppe gibt es ebenso wenig wie „die Alten" oder „die Lehrer". Da gibt es Engagierte und weniger Engagierte, Intelligente und Dumme, Rechtskonservative und Linksradikale, Kreative und Konsumtrottelige, wie unter den übrigen Generationen und Gruppen der Gesellschaft auch. Und meistens ist der Unterschied zwischen den Jungen und ihren Elterngenerationen ohnehin viel kleiner, als es manchmal scheint.

In einem Punkt unterscheiden sich die Jungen allerdings von den Älteren: Menschen zwischen 14 und 30 Jahren reagieren schneller auf aktuelle Entwicklungen – weil sie es müssen: Ihre Zukunft kann davon abhängen, dass sie zum Beispiel rechtzeitig erkennen, welchen Trends der Arbeitsmarkt gerade folgt. Und schließlich sind die heute noch Jungen diejenigen, die vielleicht nicht morgen, aber spätestens übermorgen die Macht in dieser Gesellschaft innehaben werden.

Klaus Farin: Jugendkulturen in Deutschland. Vorwort, 15.09.2010;
www.bpb.de/gesellschaft/kultur/jugendkulturen-in-deutschland/36152/vorwort [19.11.2015]; gekürzt und bearbeitet

M3 Werteorientierungen der Jugendlichen im Jahr 2015

Werteorientierung	Prozent
Gutes Familienleben führen	90 %
Gesetz und Ordnung respektieren	84 %
Sich unter allen Umständen umweltbewusst verhalten	66 %
Sozial Benachteiligten und Randgruppen helfen	60 %
Fleißig und ehrgeizig sein	82 %

Daten aus: Shell-Jugendstudie 2015

Trotz wachsender Bedeutung von Jugendszenen und gestiegenem Konsumverhalten orientieren sich die Jugendlichen heute überwiegend an traditionellen Wertvorstellungen. An erster Stelle steht der Wunsch nach Stabilität und Sicherheit in privaten Beziehungen und im öffentlichen Leben durch ein gutes Familienleben und die Einhaltung von Recht und Ordnung, dicht gefolgt von Leistungsorientierung in Schule und Beruf. Die zunehmende ökologische und soziale Verantwortungsbereitschaft zeigt sich im hohen Stellenwert von umweltbewusstem und sozialem Verhalten.

Klassenarbeit B – Einen Informationstext verfassen

Die Bedeutung von Jugendkulturen heute

Aufgabe

Verfasse für andere Schüler einen Informationstext über die Bedeutung von Jugendkulturen heute.
Gehe so vor:

a Suche aus den folgenden Materialien M 1 bis M 3 die Informationen heraus, welche die Jugendkulturen von heute beschreiben.
b Erstelle eine Gliederung mit folgenden Punkten:
  – Definition „Jugendkultur"
  – Attraktivität von Jugendkulturen
  – Erkennungsmerkmale von Jugendlichen
  – Verbreitung jugendkultureller Trends
  – Einfluss der Jugendkulturen in den Bereichen
    – Konsumverhalten und Wirtschaft (M1, M2)
    – Werteorientierung (M2, M3)
    Tipp: Beachte auch den Text zur Grafik und setze ihn in Zusammenhang mit M2, Z. 17–25.

M1 Abgrenzen und dazugehören – Die wichtigsten Jugendkulturen
Von Nicola Wilbrand-Donzelli

Den Begriff „Jugend" als Lebensabschnitt zwischen Kindheit und Erwachsenendasein gibt es erst seit circa hundert Jahren und ebenso lange existieren Jugendkulturen und Jugendbewegungen. Letztere sind organisierte Zusammenschlüsse, während Jugendkulturen eben genau das nicht sein wollen: organisiert und geregelt.

Jugendkulturen sind heute deshalb für die Kids attraktiv, weil sie so ihren Alltag ein wenig bunter färben, mit unangepassten Lebenskonzepten experimentieren und mit Gleichgesinnten eintauchen können in eine selbst geschaffene soziale Heimat. So sind sie weit weg von den Problemen, die es mit den Eltern gibt, weit weg vom Schulstress und weit weg von allen anderen schlechten Nachrichten, die täglich in den Medien auf sie einströmen.

Gemeinsam ist allen Jugendkulturen, dass sie nur über eine bestimmte Wiedererkennbarkeit funktionieren, einen „Code" haben, der so etwas ist wie das „Identifikationsdesign" der Gruppe, über das ein bestimmtes unverwechselbares Lebensgefühl vermittelt wird. Das Prinzip eines „Codes" kann man beispielsweise bei den Hip-Hoppern gut erkennen: Deren typischer Bilder-Code sind die Graffitis, im Zentrum des musikalischen Codes steht der Sprechgesang, das so genannte „Rappen", und auf der mimischen Ebene ist der „Breakdance" ein eindeutiges Erkennungsmerkmal dieser Szene. Um wirklich zum harten Kern zu gehören, muss der „Code" zu hundert Prozent gelebt werden.

Doch solche „Codes" sind nur sinnvoll, wenn sie auch für die Außenwelt sichtbar werden, da sonst das Prinzip der Abgrenzung nicht funktioniert. Deshalb kann Jugendkultur nicht in Abgeschiedenheit existieren.

Die Medien spielen bei der Verbreitung jugendkultureller Trends eine zentrale Rolle, bringen sie heute in jedes Dorf. Sie vermitteln die bunte Vielfalt der Jugendszenen, machen sie zum Mainstream und führen die Teenager immer früher in die verschiedenen Stile der Popkultur ein. Für echte Insider sind diese Medien jedoch eher irrelevant. Sie greifen auf Szene-Medien zurück, lesen Fachmagazine, surfen auf zahllosen spezifischen Internetseiten und tauschen sich innerhalb der Gleichgesinnten-Community vor allem digital über Web-Blogs, Gästebücher oder private Homepages aus, führen dort ihre „Fachdiskurse". Vor allem die trendigen Sport- und Modemarken kurbeln mit ihren Internetseiten die Szene an. Neue Produkte werden so schnell vermarket und Teil des globalen Szene-Codes.

Durch solche virtuellen Umschlagsplätze sind die Jugendkulturen heute einem ständigen Wandel unterworfen, werden in ihren Spielarten bunter, aber gleichzeitig auch wesentlich unübersichtlicher und kurzlebiger.

t-online.de, 03.09.2014,
www.t-online.de/eltern/jugendliche/id_47500252/jugendkulturen-der-gegenwart.html [19.11.2015], gekürzt und bearbeitet

M2 Jugendkulturen heute

Nicht mehr als 20 bis 25 Prozent der Jugendlichen schließen sich Jugendkulturen an, werden also mit ganzem Herzen Punk, Skinhead, Grufti oder Skateboarder. Doch der Einfluss dieser Wenigen sollte nicht unterschätzt werden. Denn die Jugendkulturen sind so etwas wie die Meinungsbildner und kulturellen Vorbilder für die große Mehrzahl der Gleichaltrigen, die sich mit keiner Jugendkultur voll identifizieren können – aber sich doch an diesen orientieren.

Am offensichtlichsten macht sich dieser Einfluss in der Musik und in der Mode bemerkbar: Musik, die heute nur in den angesagten Klubs gespielt wird, ist morgen in den Charts, was die hippen Szene-Insider heute tragen, wird morgen zur Massenmode.

„Die Jugend" als Gruppe gibt es ebenso wenig wie „die Alten" oder „die Lehrer". Da gibt es Engagierte und weniger Engagierte, Intelligente und Dumme, Rechtskonservative und Linksradikale, wie unter den übrigen Generationen und Gruppen der Gesellschaft auch. Und meistens ist der Unterschied zwischen den Jungen und ihren Elterngenerationen ohnehin viel kleiner, als es manchmal scheint.

In einem Punkt unterscheiden sich die Jungen allerdings von den Älteren: Menschen zwischen 14 und 30 Jahren reagieren schneller auf aktuelle Entwicklungen – weil sie es müssen: Ihre Zukunft kann davon abhängen, dass sie zum Beispiel rechtzeitig erkennen, welchen Trends der Arbeitsmarkt gerade folgt. Und schließlich werden sie vielleicht nicht morgen, aber spätestens übermorgen die Macht in dieser Gesellschaft innehaben.

Klaus Farin: Jugendkulturen in Deutschland. Vorwort, 15.09.2010;
www.bpb.de/gesellschaft/kultur/jugendkulturen-in-deutschland/36152/vorwort [19.11.2015]; gekürzt und bearbeitet

M3 Werteorientierungen der Jugendlichen im Jahr 2015

Wert	Prozent
Gutes Familienleben führen	90 %
Gesetz und Ordnung respektieren	84 %
Sich unter allen Umständen umweltbewusst verhalten	66 %
Sozial Benachteiligten und Randgruppen helfen	60 %
Fleißig und ehrgeizig sein	82 %

Daten aus: Shell-Jugendstudie 2015

Trotz wachsender Bedeutung von Jugendszenen und gestiegenem Konsumverhalten orientieren sich die Jugendlichen heute überwiegend an traditionellen Wertvorstellungen. An erster Stelle steht der Wunsch nach Stabilität und Sicherheit in privaten Beziehungen und im öffentlichen Leben durch ein gutes Familienleben und die Einhaltung von Recht und Ordnung, dicht gefolgt von Leistungsorientierung in Schule und Beruf. Die zunehmende ökologische und soziale Verantwortungsbereitschaft zeigt sich im hohen Stellenwert von umweltbewusstem und sozialem Verhalten.

Einen Informationstext verfassen (1)

Jung trifft Alt, Alt trifft Jung – Generationenübergreifende Projekte

M 1 Taschengeldbörsen bringen Jung und Alt zusammen

Die jungen Leute wollen ihr Taschengeld aufbessern, ältere Menschen brauchen Hilfe im Alltag. Die Taschengeldbörse bringt beide zusammen. Ein erfolgreiches Konzept, das es bald in ganz NRW geben soll. In Lohmar, Grevenbroich und Hilden gibt es diese bereits.

Schüler Fabian Wraschke und Senior Dirk Buchmüller haben beide grüne Daumen. Leidenschaftlich gern arbeiten sie im Garten. Weil Buchmüller das mit seinen 68 Jahren allein nicht mehr schafft, wird er von dem 16-Jährigen unterstützt. Der Schüler verdient ein paar Euro dazu und der Senior erhält Unterstützung im Alltag.

Zusammengefunden haben sie über die Solinger Taschengeldbörse (Tabs), ein Projekt, das nach dem Willen der Landesregierung in ganz NRW Schule machen könnte.

2009 ins Leben gerufen, sorgt die Tabs für generationenübergreifenden Austausch. Jugendliche können ihr Taschengeld aufbessern, indem sie Senioren helfen. Senioren bekommen Unterstützung und ein wenig Unterhaltung.

Bis jetzt sind 600 Jugendliche zwischen 15 und 20 Jahren und etwa 400 Senioren bei der Taschengeldbörse angemeldet. Die jungen Leute machen den Frühjahrsputz, räumen Schnee, mähen Rasen, kaufen ein oder helfen im Haushalt.

Fabian Wraschke liebt es zu fotografieren. Vor etwa anderthalb Jahren brauchte der 16-Jährige mehr Taschengeld für eine neue Kamera. Deshalb meldete er sich bei der Solinger Taschengeldbörse an. Mittlerweile geht der Schüler vielen älteren Menschen im Alltag zur Hand. Dirk Buchmüller hilft er auch am Computer. Aber er ist nicht immer dort zum Arbeiten. „Manchmal bin ich auch einfach zu Besuch da", sagt Wraschke. „Wie eine Familie."

So verhalten sie sich auch – wie Opa und Enkel eben. Und so ist es auch gedacht. Die Senioren sollen den Jugendlichen wertvolle Erfahrungen mit auf den Weg geben, sie beraten, ihnen zeigen, dass Zuverlässigkeit wichtig ist. Vielleicht könnten die Senioren den Jugendlichen auch mit Kontakten bei der Suche nach Praktika helfen, sagt Buchmüller. Die jungen Menschen sollen aufs Arbeitsleben vorbereitet werden und die Senioren lernen mehr über die jüngeren Generationen.

Fabian Wraschke teilt nicht nur die Leidenschaft für die Gartenarbeit mit Buchmüller. Er hat dem 68-Jährigen auch beigebracht, mit seiner Digitalkamera umzugehen und die Bilder auf den Computer zu spielen. Seinen Wunsch nach einer Kamera hat der 16-Jährige sich mit dem Geld der Taschengeldbörse bereits erfüllt. Inzwischen konnte er sich sogar einige Objektive leisten.

Copyright © 2015 Kölner Stadtanzeiger
www.ksta.de/nrw/modellprojekt-in-nrw-taschengeldboersen-bringen-jung-und-alt-zusammen,27916718,29904616.html [24.11.2015], gekürzt

M 2 „Haste Töne?" – Alt und Jung singen zusammen

Gemeinsames Musizieren und Singen verbindet – das ist die Idee des generationenübergreifenden Projekts „Haste Töne?", das vom Seniorenbüro Brackel in Dortmund-Brackel organisiert wird. Der Kinderliedermacher Klaus Neuhaus leitet das Projekt. Dem 56-Jährigen liegt es vor allem am Herzen, über die Musik Grenzen zwischen Alt und Jung abzubauen.

Jeweils zehn Kinder sowie zehn Senioren und Seniorinnen üben unter der Leitung von Klaus Neuhaus Lieder ein, die dann bei jahreszeitlichen Konzerten aufgeführt werden. Das gemeinsame Singen soll vor allem zu weiteren Kontakten der Kinder und Jugendlichen mit den älteren Menschen anregen. Die Generationen sollen durch „Haste Töne?" ganz unkompliziert miteinander ins Gespräch kommen. Brücken zwischen Alt und Jung können so ganz mühelos aufgebaut werden.

www.sovd-nrw.de/fileadmin/sovd-zeitungen/sovdnrw_2009_02_s02.pdf [24.11.2015], gekürzt

M 3 Alt und Jung und mehr …

Miteinander leben – dieses Thema mit seinen vielen Ausprägungen hat die Landesseniorenvertretung Nordrhein-Westfalen (LSV NRW) durch das jetzt auslaufende Jahr begleitet.

Ein Tag, an dem sich Menschen aus verschiedenen Generationen und Lebenswelten gemeinsam mit Fragen von Gegenwart und Zukunft beschäftigten, war der 27. September. Anlässlich des Europäischen Jahres für aktives Altern und Solidarität zwischen den Generationen 2012 hatten LSV, der Landesjugendring NRW sowie das Dortmunder Schauspielhaus zu einem kreativen und spannenden Austausch eingeladen – Fragen zum Zusammenleben in der Familie und in der Gesellschaft, zum bürgerschaftlichen Engagement, zu der Rolle von Kunst und Kultur sowie zu der Bedeutung von Sport für das Miteinander der Generationen standen im Mittelpunkt.

www.lsv-nrw.de/fileadmin/Dokumentenablage/lsv-nrw/Nun-reden-wir/NRW_Ausgabe_82.pdf [24.11.2015], gekürzt

Einen Informationstext verfassen (2)

1. Erläutere, worum es in den Texten M 1 bis M 3 geht.

2. Überlege, wie sich die Informationen ergänzen.

3. Erkläre, welchen Zweck die Projekte haben.

4. Erstelle eine Gliederung mit den Punkten: Problem – Lösung – Umsetzung.
   Ordne anschließend die Informationen den Gliederungspunkten zu.

5. Schreibe einen zusammenhängenden Informationstext in dein Heft. Stelle kurz das Problem vor, um das es geht, und beschreibe die in den Texten aufgezeigten Lösungswege sowie die Umsetzungen.
   – Verfasse eine Einleitung, die das Interesse der Leser weckt.
   – Schreibe anhand deiner Gliederung den Hauptteil.
   – Gib zum Schluss einen Ausblick auf mögliche weitere Projekte.
   – Formuliere eine passende Überschrift.

••• 1 Generationen – Über Sachverhalte informieren   Deutschbuch 9

Einen Informationstext verfassen (2)

1 Worum geht es in den Texten M 1 bis M 3? Kreuze an:
  ☐ In den Texten geht es um das Zusammenleben der Generationen.
  ☐ In den Texten geht es um Taschengeld und um Singen.
  ☐ In allen drei Texten geht es um das Miteinander der Generationen mit Hilfe von Projekten.

2 Lege dar, wie sich die Informationen ergänzen.
Beginne so:

In M 3 wird über eine Veranstaltung berichtet, auf der _____

_____

_____

M 1 und M 2 haben konkrete Projekte zum Thema, nämlich _____

_____

_____

3 Erkläre, welchen Zweck die Projekte haben.

Die Projekte, die in den Texten M 1 und M 2 beschrieben werden, haben das Ziel

_____

_____

_____

4 Erstelle eine Gliederung: Problem – Lösung – Umsetzung. Lies dazu alle Texte noch einmal aufmerksam durch und markiere die Hauptpunkte in unterschiedlichen Farben, z. B. rot – gelb – grün. Ordne anschließend die Informationen den Gliederungspunkten zu:

Problem (Alt): M 1 Schwierigkeiten im Alltag, wenig Abwechslung (Z. 3–5, … 28, 30); M 2 (Z. 8) …

Problem (Jung): M 1 Unterstützung (Z. 23–24 … 38, 40 …); M 2 Grenzen (Z. 8)

Lösungsmöglichkeiten/Ideen/Konzepte: M 1, M 3: Kontakt/Austausch, M 2 Brücken

Beispiele: M 1, Z. 13, 32–33 …; M 2, Z. 7–8, 17; M 3, Z. 9–10, 17–18

Umsetzung/Realisierung durch Projekte: M 1 … in NRW, M 2 …

5 Schreibe einen zusammenhängenden Informationstext in dein Heft.
  — Verfasse eine Einleitung, die das Interesse der Leser weckt.
  — Formuliere anhand deiner Gliederung den Hauptteil – sachlich, knapp und vorwiegend im Präsens.
  — Gib zum Schluss einen Ausblick auf mögliche weitere Projekte.

Einen literarischen Text untersuchen (1)

Roswitha Vetter: **Der alte Mann und der Fernseher**

Die Entscheidung war gefallen. Über einen Monat hatte der alte Mann überlegt, abgewogen und gerechnet, allein in seiner winzigen Wohnung im Siedlungsviertel. Heute nun war er auf die Bank gegangen, mit zittrigen Knien und doch irgendwie angenehm beschwingt. Sein Herz hatte heftig geklopft, als er die tausend Euro von seinem Konto abhob. Der Bankbeamte hatte ihn auch einen Moment länger angeschaut als gewöhnlich, eigentlich konnte es sich der alte Mann gar nicht leisten. Aber wofür sollte er noch sparen? Mit einem zufriedenen Lächeln auf den schmalen Lippen humpelte er aus dem Bankgebäude.
Es war nicht weit zum Fernsehgeschäft, den Weg kannte er inzwischen genau. Fast täglich war er ihn in den letzten vier Wochen gegangen, hatte sich den Farbfernseher mit Fernbedienung angeschaut und immer wieder erklären lassen. Und heute würde er ihn kaufen. Nur noch eine Straße war zu überqueren. Aber eine äußerst unangenehme Straße. Zwar war sie mit einer Ampel versehen, doch meist hatte er nicht einmal das erste Drittel zurückgelegt, als sie auch schon wieder auf Rot sprang. Er mochte diese Straße nicht.
Ungeduldig wartete er am Straßenrand, ein beträchtliches Stück von der heimtückischen Ampel entfernt. Von rechts und links kamen die Autos dahergeschossen und dröhnten vorüber. Die Abgase nahmen ihm den Atem. Fest hielt er seinen Stock umklammert.
Da, eine Lücke im Autostrom, entschlossen machte er einen Schritt nach vorn. Ohrenbetäubendes Hupen: ein Bus. Viel zu schnell kam er daher.
Rasch brachte sich der alte Mann in Sicherheit. Er stolperte, Schweiß stand auf seiner Stirn. Sein Stock fiel zu Boden, die einzige Stütze, ohne die er sich unsicher und verloren fühlte. Er wusste, wenn er sich nach ihm bückte, würde ihm schwindelig. Und das so nah am Straßenrand! Hilfesuchend drehte er den Kopf, doch die Leute hasteten vorüber, ohne ihn zu beachten. Also ließ er sich vorsichtig auf den Boden nieder. Was blieb ihm anderes übrig! Da war das Schwindelgefühl. Er hatte es ja gewusst.

Illustration: Sulu Trüstedt, Berlin

Er taumelte, schwarze Ringe tanzten vor seinen Augen. Hart kniete er auf dem Pflaster, die Hände abgestützt.

Plötzlich hörte er ein Knattern in unmittelbarer Nähe. Er schrak zusammen: Es war ein Motorrad. Genau vor ihm hielt es. Eine Gestalt sprang herunter und kam auf ihn zu; behutsam richtete sie ihn auf und drückte ihm den Stock in die Hand. Der alte Mann sah sich erstaunt nach dem Befreier aus seiner misslichen Lage um.

Und da brach in dem greisen Gesicht das Staunen aus: Der, den er da vor sich hatte, war ein junger Mann auf schlaksigen Beinen, die in engen Jeans steckten, von einem riesigen Gürtel mit Metallschnalle zusammengehalten. Eine glänzende Lederjacke fehlte nicht. Ganz unten schaute ein Paar abgeschabte Stiefel mit hohen Absätzen hervor, die bei jedem der schlurfenden Schritte auf dem Asphalt krachten.

Der alte Mann misstraute seinen müden Augen, zog umständlich eine Brille aus der Innentasche und setzte sie auf die Nase. Tatsächlich! Das war ein Halbstarker, ein Rocker oder wie die heißen. Das sollen doch so Burschen sein, die keinen Respekt vor anderen Leuten haben, die sich nur schlecht benehmen. Die ganz einfach ständig aus der Rolle fallen.

Der Rocker brachte ihn über die Straße. Nachdenklich humpelte der alte Mann weiter und schon war er doch tatsächlich an dem Fernsehgeschäft vorbeigegangen. Schmunzelnd machte er kehrt. Dabei griff er in seine Tasche. Ihm stockte der Atem! Hastig wühlte er darin herum. Er untersuchte auch die zweite Jackentasche, doch beide waren leer. Das Geld war verschwunden.

Der Mann umklammerte seinen Stock, die andere Hand suchte an einer Hauswand Halt. Er schloss die Augen. Kraftlos und verstört. Aus der Traum vom Farbfernseher und auch kein Geld mehr! Ein Kloß drückte ihn in der Kehle.

Motorradknattern schreckte ihn abermals auf. „Da sind Sie ja." Es war der Rocker. Er zog etwas aus seiner Lederjacke. „Sie haben das vorhin verloren." Das Geld! Der alte Mann seufzte. Ein Lächeln huschte über sein Gesicht. Er holte einen Fünfzigeuroschein heraus und reichte ihn dem Rocker. „Lassen Sie nur", sagte dieser, hob zum Gruß kurz die Hand und brauste krachend davon. Lange sah ihm der alte Mann nach. Und er war ganz sicher, dass er das mit den Rockern irgendwie durcheinandergebracht hatte.

Frankenpost. Wochenendbeilage vom 19./20.05.1984

Einen literarischen Text untersuchen (2)

1 Fasse den Inhalt des Textes kurz zusammen.

_____
_____
_____
_____
_____
_____
_____

2 a Beschreibe die Figur des Rockers.

_____
_____
_____

b Beschreibe die Figur des alten Mannes.

_____
_____
_____

c Beschreibe das Verhältnis zwischen dem Rocker und dem alten Mann.

_____
_____
_____
_____

3 Erkläre den Schlusssatz: „Und er war ganz sicher, dass er das mit den Rockern irgendwie durcheinandergebracht hatte." Schreibe in dein Heft.

4 Bearbeite eine der folgenden Aufgaben. Schreibe in dein Heft.
– Schreibe einen inneren Monolog des alten Mannes über sein Erlebnis.
– Verfasse für den alten Mann einen Brief an seinen Freund, in dem er diesem sein Erlebnis erzählt.

1 Generationen – Über Sachverhalte informieren

Einen literarischen Text untersuchen (2)

1 Fasse den Inhalt der Geschichte kurz zusammen. Nutze die Hilfen. Schreibe in dein Heft.

Ein älterer Herr hat lange gespart, um sich … Er hebt tausend Euro von seinem Konto ab und … Weil er …, sucht er nach einer anderen Möglichkeit, die Straße zu überqueren. …, wobei der alte Mann stolpert und seinen Gehstock verliert. Da ihm niemand hilft … Dabei wird ihm schwindlig. Ein Motorradfahrer hält an, hilft ihm auf und … Beim Geschäft angelangt, bemerkt der Mann … Erneut kommt der Motorradfahrer, ein Rocker, angefahren und übergibt dem Mann das Geld. Mit einem kurzen Gruß fährt er davon …

2 a Beschreibe die Figur des Rockers: seine äußere Erscheinung, sein Verhalten, seine Einstellung anderen gegenüber.

_____
_____
_____

b Beschreibe die Figur des alten Mannes: sein äußeres Erscheinungsbild, seine Lebensumstände, sein Verhalten, seine Einstellung.

_____
_____
_____

c Beschreibe das Verhältnis zwischen dem Rocker und dem alten Mann.
  – Wie verhält sich der Rocker dem alten Mann gegenüber?
  – Was denkt der alte Mann über den Rocker?

_____
_____
_____
_____

3 „Und er war ganz sicher, dass er das mit den Rockern irgendwie durcheinandergebracht hatte."
Kreuze an, was der Schlusssatz der Geschichte bedeutet.

Der alte Mann …
☐ fühlt sich darin bestätigt, was er über Rocker gehört hat.
☐ ist froh über seinen neuen Fernseher, der ihn ganz durcheinandergebracht hat.
☐ ist bereit, sein Vorurteil über die jungen Leute zu überdenken.
☐ gibt vor sich selbst zu, dass er Vorurteile über Rocker hatte, und denkt jetzt anders über sie.

4 Schreibe in dein Heft, was der alte Mann nach seinem Erlebnis über den Rocker wohl denkt (innerer Monolog).

Einen Informationstext ergänzen

Die Taschengeldbörse – Ein Projekt unserer Gemeinde

Das Projekt „Jung hilft Alt – Alt hilft Jung" richtet sich an _____

und an _____. Es soll beiden helfen: den Jugendlichen, die ihr _____

_____ möchten, und den Senioren, die Hilfe in _____

brauchen. Darüber hinaus soll das Projekt auch dazu beitragen, den Kontakt zwischen den Generationen zu fördern. Die Beschäftigungen für die Jugendlichen müssen leicht und ungefährlich sein, dürfen

nur an _____ zwischen 8 und 18 Uhr stattfinden und _____.

_____ . Bei der Annahme des Jobs muss die schriftliche _____

_____ vorliegen. Im Fall einer Sachbeschädigung oder eines Unfalls sind die Jugendlichen

über ihre Eltern unfall- und haftpflichtversichert.

Die Tätigkeiten sollen mit mindestens _____ pro Stunde entlohnt werden. Als besondere

Geschenkidee bietet die Taschengeldbörse schön gestaltete _____ an.

1 Lies den Text aufmerksam durch und ergänze die Lücken. Nutze dazu den Wortspeicher. Beachte, dass du nicht alle Vorschläge aus dem Wortspeicher verwenden kannst.

> im Krankheitsfall – Jugendliche zwischen 14 und 18 Jahren – außerhalb der Schulzeit – Einkommen erhöhen – die ältere Generation – Wochenenden – Einwilligung der Eltern – die Bewohner des Altenheims „Abendsonne" – Werktagen – Taschengeld aufbessern – Hilfe-Gutscheine – Haushalt und Garten – Genehmigung der Schulleitung – 5 Euro

2 Der Informationstext erscheint in der Zeitung. Er richtet sich an Jugendliche und Erwachsene. Formuliere eine Einleitung. Du kannst so beginnen:

Ältere Menschen bräuchten oft jemanden, der _____

_____

_____

3 Ergänze den Schlusssatz:

Mit den Gutscheinen schenkt man nicht nur Hilfeleistungen, sondern auch _____

_____

_____

Diagnose: Einen Informationstext überarbeiten

M 1 Jung und Alt im Dialog: Altersgruppen bereichern sich gegenseitig
Von Maria Hilt

BERLIN/BONN. Große Familien, in denen mehrere Generationen ihren Alltag teilen, sind heutzutage eher selten. Viele wollen deshalb auf andere Weise Kontakt zu anderen Altersgruppen aufbauen.

„Immer häufiger bilden sich so genannte Familien à la carte, bei denen sich Menschen verschiedener Generationen unabhängig von einer tatsächlichen Verwandtschaft zusammenfinden", sagt Uwe Kleinemas, Alternsforscher an der Universität Bonn.

Die Beziehungen von Alt und Jung hätten sich grundlegend geändert. „Die Jungen begegnen den Alten nicht mehr ehrfürchtig, aber trotzdem freundlich, und die Senioren zeigen sich den Jüngeren gegenüber nicht mehr belehrend, sondern mit Neugier und Offenheit", sagt Kleinemas. Außerdem teilten die verschiedenen Altersgruppen inzwischen viele Werte und setzten sich dafür gemeinsam ein.

Junge Leute seien oft sehr interessiert am Kontakt mit anderen Generationen und wollten mehr über deren Lebenswelten erfahren. Die Senioren wiederum wüssten zu schätzen, dass sie von den Jungen vieles lernen und im Kontakt mit ihnen gleichzeitig ihr eigenes Wissen und Können sinnvoll einbringen können. „Außerdem wirkt die Dynamik jüngerer Menschen auf die Älteren durchaus ansteckend", sagt Kleinemas. Insgesamt empfänden viele Senioren den Dialog mit jungen Leuten als bereichernd.

In vielen Städten gibt es Initiativen, die den Kontakt der Generationen untereinander fördern. Viele Senioren hegten den Wunsch, etwas an nachfolgende Generationen weiterzugeben. „Sie engagieren sich beispielsweise in Schulen als Streitschlichter oder Vorlesepaten", sagt Volker Amrhein, Leiter des Projektebüros „Dialog der Generationen" in Berlin. Oft setzten sich Ältere auch für Jugendliche ein, die aus verschiedenen Gründen einen schweren Start ins Leben haben. „Und auch als Leih-Oma oder -Opa kann man Kontakt zu Jüngeren bekommen", sagt Volker Amrhein.

Die Dialogprojekte hätten außerdem das Ziel, die Lebenswelten von Jung und Alt einander zu öffnen. „In Magdeburg haben sich beispielsweise Studenten und Senioren bei Stadtführungen gegenseitig die Orte ihrer Jugend gezeigt", sagt Amrhein.

Der Kontakt mit anderen Generationen sei ein Abenteuer, sagt Volker Amrhein. „Wichtig ist, dass man sich der Unterschiede zwischen den verschiedenen Lebenswelten bewusst ist", betont der Experte. Jede Generation habe ihre ganz eigenen Prägungen und man sollte bereit sein, diese Andersartigkeiten zu akzeptieren und zu würdigen.

Aachener Zeitung, 12.05.2011
www.aachener-zeitung.de/ratgeber/familie/jung-und-alt-im-dialog-altersgruppen-bereichern-sich-gegenseitig-1.380096 [27.11.2015], gekürzt

Ein Schüler hat zu Material 1 den folgenden Informationstext geschrieben:

> Großfamilien gibt es heutzutage fast nicht mehr. Viele suchen den Kontakt mit anderen Generationen. Es kommt immer öfter vor, dass sich ältere und junge Menschen außerhalb ihrer Familie begegnen. Daher hat sich vieles im Verhalten der Generationen zueinander geändert: So kuschen die jungen Leute nicht mehr vor den Alten, zeigen jedoch Respekt. Außerdem sind junge Leute an der Lebenswelt der älteren Generation interessiert. Die ältere Generation gibt der jüngeren nicht mehr andauernd schlaue Ratschläge, sondern möchte von den Jungen Neues erfahren. So können beide Seiten voneinander lernen. Damit ein Dialog beginnt, gibt es verschiedene Initiativen: In vielen Städten stellen sich zum Beispiel Senioren als Streitschlichter oder Vorlesepaten an Schulen zur Verfügung oder helfen Jugendlichen, die aus unterschiedlichen Gründen benachteiligt sind. Auch ein anderes Projekt, bei dem sich Alt und Jung gegenseitig die Orte ihrer Jugendzeit vorstellen, soll zum Dialog der Generationen beitragen. Damit das gelingt, ist es wichtig, dass sich die Generationen in ihrer Eigenart akzeptieren.

M 2   Alt und Jung – Dialog der Generationen als interkulturelles Projekt

Im Rahmen des Kölner Projekts „Alt und Jung – Dialog der Generationen als interkulturelles Projekt" besuchen ausländische Mädchen seit vielen Jahren deutsche Seniorinnen und Senioren. Diese Besuche führten auf beiden Seiten zu einem besseren Verständnis zwischen Menschen vollkommen verschiedener soziokultureller Hintergründe. Der Dialog konnte bestehende Vorurteile abbauen, kann also als direkte politische Bildung angesehen werden. Fremdenfeindlichkeit oder Ressentiments[1] gegenüber Migrantinnen und Migranten konnten abgeschwächt werden. Dies gilt für beide Seiten, sowohl für die Seniorinnen und Senioren als auch für die Jugendlichen. Das Projekt ist damit ein gutes Beispiel für Integration durch interkulturellen[2] Dialog.

www.buendnis-toleranz.de/themen/toleranz/162189/alt-und-jung-dialog-der-generationen-als-interkulturelles-projekt [16.12.2015]

---

1 Ressentiment (franz.), hier: Vorbehalte aufgrund von Vorurteilen
2 interkulturell, hier: Dialog zwischen den Angehörigen verschiedener Kulturen

1 Lies M 1 und den Informationstext des Schülers aufmerksam durch. Unterstreiche anschließend in M 1 die Textstellen, die im Informationstext verarbeitet sind.

2 Der Informationstext des Schülers ist nach dem Schema *Ursache – Auswirkung – Folge* gegliedert. Ordne den Gliederungspunkten die zugehörigen Abschnitte aus dem Text zu.

3 Lies den Text M 2. Ergänze den Informationstext des Schülers an geeigneter Stelle.

4 Überarbeite den Informationstext des Schülers inhaltlich und sprachlich mit Hilfe deiner Ergebnisse aus den Aufgaben 2 und 3. Schreibe in dein Heft.

2 Konsum: Was brauchen wir? – Überzeugend argumentieren

Konzeption des Kapitels

Anknüpfend an eine kurze Wiederholung grundlegender Begriffe zur Argumentation (Behauptung, Begründung/Argument, Beispiel) liegt in diesem Kapitel der Schwerpunkt darauf, eigene Argumentationen mit Material aus Texten und Grafiken zu stützen und fremde Standpunkte damit zu entkräften. Der bereits seit Stufe 7 angebahnte Umgang mit Gegenargumenten wird hiermit auf komplexe Weise fortgeführt.

Im ersten Teilkapitel (**„Macht Kaufen glücklich? – Strittige Themen materialgestützt diskutieren"**) steht das mündliche Argumentieren im Mittelpunkt. Es werden für das Gesamtkapitel zentrale Kompetenzen eingeübt: die Bezugnahme auf Material, die Wiedergabe fremder Positionen, der Abgleich zwischen verschiedenen Ansichten, um daraus Kompromisse abzuleiten, sowie die direkte Bezugnahme auf andere. Als Zielformat dieses Teilkapitels dient eine materialgestützte Debatte, in der alle Teilkompetenzen zusammen gefordert sind.

Das zweite Teilkapitel (**„Von allem immer mehr? – Schriftliche Argumentationen verfassen"**) überträgt diese Grundfertigkeiten auf das schriftliche Argumentieren mit dem Ziel der Produktion von Texten, die Material nutzen sowie Argumente anderer aufgreifen und entkräften. Auf einer „Fordern und fördern"-Seite wird zunächst der Materialbezug in einer eigenen schriftlichen Argumentation geübt. Anschließend richtet sich der Blick auf die Textsorte „Leserbrief". Er wird zunächst an einem Beispiel auf wesentliche Bestandteile hin untersucht und schließlich in einem produktiven Schreibprozess selbst verfasst.

Das letzte Teilkapitel (**„Fit in …! – In einem Leserbrief argumentieren"**) stellt zur Klassenarbeitsvorbereitung eine umfassende Aufgabe zur Verfügung, in der die Lernenden einen eigenen Leserbrief verfassen sollen, wobei Gegenargumente aufzugreifen sind und Daten aus Materialien argumentativ verwertet werden müssen.

Alle zentralen Kompetenzen werden mit zahlreichen binnendifferenzierenden Angeboten erlernt, die sich stets auf identische Anforderungen und Lerngegenstände beziehen, sodass im Unterricht alle Aufgabensets in der Klasse besprochen werden können.

Literaturhinweise

- *Baurmann, Jürgen:* Schreiben – Überarbeiten – Beurteilen. Friedrich Verlag, Seelze ²2006
- *Becker-Mrotzek, Michael (Hg.):* Mündliche Kommunikation und Gesprächsdidaktik (= Handbuch zur Didaktik der deutschen Sprache und Literatur, Bd. 3. Hg. v. Winfried Ulrich). Schneider Verlag Hohengehren, Baltmannsweiler 2009
- *Büker, Petra:* „Ich bin dafür, dass …" Kinder gewinnen Standpunkte. In: Praxis Deutsch 211/2008, S. 14–18
- Meinungen bilden. Praxis Deutsch 211/2008
- *Schneider, Frank / Tetling, Klaus:* Argumentierend schreiben. In: Michael Becker-Mrotzek / Ingrid Böttcher: Schreibkompetenz entwickeln und beurteilen. Cornelsen Scriptor, Berlin ²2012, S. 216–242
- *Schneider, Frank / Tetling, Klaus:* Zum Argumentieren motivieren. In: Deutschunterricht (Westermann) 3/2011, S. 44–47
- Schreibprozesse begleiten. Deutschunterricht (Westermann) 3/2010
- *Steinig, Wolfgang / Huneke, Hans-Werner:* Sprachdidaktik Deutsch. Erich Schmidt Verlag, Berlin ²2004
- Streit und Konflikt. Praxis Deutsch 174/2002
- *Winkler, Iris:* Argumentierendes Schreiben im Deutschunterricht. Theorie und Praxis. Peter Lang Verlag, Frankfurt a. M. 2003
- *Winkler, Iris / Heublein, Karoline / Theel, Stefanie:* Nicht immer auf das Ganze schauen. Teilkompetenzen beim argumentierenden Schreiben überprüfen und fördern. In: Praxis Deutsch 214/2009, S. 34–43

Inhalte	Kompetenzen
	Die Schülerinnen und Schüler
S. 34 **2.1 Macht Kaufen glücklich? – Strittige Themen materialgestützt diskutieren**	
S. 34 Argumentationen untersuchen, Einschätzungen begründen S. 34 *Wofür geben wir Geld aus? – Drei Jugendliche im Interview*	– erschließen Positionen und Argumente aus Texten – stellen Verbindungen her zwischen subjektiven Positionen und statistischen Daten – beziehen theoretische Typologien zum Konsum auf konkrete Konsumsituationen – untersuchen Werbestrategien auf den zugrunde liegenden Konsumtyp
S. 36 Positionen wiedergeben und Kompromisse finden S. 36 *Macht Kaufen glücklich? – Zwei Experten beziehen Position*	– untersuchen die Argumentationen in Sachtexten auf zentrale Positionen und Argumente – vertreten eine Position mit Hilfe von Argumenten aus Sachtexten – vergleichen Argumentationen hinsichtlich vermittelnder Aspekte – formulieren Kompromisse
S. 38 Sich in Diskussionen auf andere beziehen S. 38 *Das Konsumverhalten Jugendlicher – Ausschnitte aus einer Podiumsdiskussion*	– erschließen, wie man sich in Diskussionen direkt und indirekt auf andere bezieht – erschließen grundlegende Mechanismen der Argumententkräftung
S. 39 Eine Debatte materialgestützt vorbereiten und durchführen S. 39 *Sponsoring in der Schule?*	– untersuchen Texte auf argumentativ verwertbare Informationen – üben das geschickte Vortragen von Argumenten – erproben das Entkräften von Gegenargumenten
S. 41 Ein Ergebnisprotokoll schreiben	– fertigen ein Ergebnisprotokoll normgerecht an
S. 42 Teste dich!	– überprüfen ihre eigenen Kompetenzen und vergleichen Selbst- und Fremdeinschätzung
S. 43 **2.2 Von allem immer mehr? – Schriftliche Argumentationen verfassen**	
S. 43 *Wie viel verbrauchen wir?* S. 44 **Fordern und fördern** – Ein Flugblatt verfassen, schriftlich appellieren	– machen sich mit grundlegenden Fakten zum Verbrauch vertraut – wiederholen einfache Sprachmuster des schriftlichen Argumentierens – lernen die Struktur eines Flugblatts kennen – entnehmen Übersichten zentrale Fakten für das Flugblatt – fertigen ein appellatives Flugblatt an
S. 46 Leserbriefe untersuchen und schreiben S. 47 *Einen Leserbrief schreiben*	– lernen die Struktur eines Leserbriefs kennen – schreiben selbst einen Leserbrief
S. 48 **2.3 Fit in …! – In einem Leserbrief argumentieren**	
S. 49 Die Aufgabe richtig verstehen – Planen – Schreiben und Überarbeiten	– planen, schreiben und überarbeiten einen Leserbrief

2 Konsum: Was brauchen wir? Überzeugend argumentieren

S. 33 Auftaktseite

Mit der Auftaktseite werden die Schüler/-innen auf das Rahmenthema dieses Argumentationskapitels „Konsum" eingestimmt und zugleich aufgefordert, erste Begründungen für Positionen vorzunehmen, die dann im Kapitel selbst anhand von Materialien überprüft werden.

Siehe hierzu die **Folie** „Konsum: Was brauchen wir?" auf der CD-ROM

1 a Diese Aufgabe fordert zu offenen Assoziationen zu dem Bild auf. Denkbar sind etwa:
   - Was soll ich bei diesem Überangebot nur nehmen?
   - Ich sehe nur noch Waren, aber meine Freundin / meinen Freund nicht mehr.
   - Ich konzentriere mich ganz auf den Einkauf.
   - …

2 Das Bild zeigt ein Überangebot an Waren, dem wir ausgeliefert sind, wobei wir uns zu selten fragen, was wir wirklich brauchen. Ein Blick in die beiden Einkaufswägen lässt vermuten, dass die beiden Personen auch dem Konsum erliegen. Die Schattenseiten des Konsums zu zeigen ist also das Thema des Fotos.

3 Denkbare Begründungen sind etwa: Kaufen macht Spaß; Kaufen macht glücklich; man möchte Dinge haben, um damit anzugeben; manche Dinge sind unnötig, aber schön; wer nicht mitmacht, wird zum Außenseiter …

2.1 Macht Kaufen glücklich? – Strittige Themen materialgestützt diskutieren

S. 34 Argumentationen untersuchen, Einschätzungen begründen

Mit dieser Doppelseite werden die Lernenden darin geschult, Aussagen in Materialien in Beziehung zu Textaussagen oder Einschätzungen zu setzen. Somit wird das materialgestützte Argumentieren vorbereitet.

1 a Die beiden Fragen der Interviewer:
   - Wofür gebt ihr am meisten Geld aus?
   - Könnten nach eurer Einschätzung Jugendliche ohne Geld leben?

  c Mögliche Lösung:
   Vor allem Christian und Luca sind typische Jugendliche, wenn es um Geldausgeben geht, aber auch Marie verhält sich wie viele andere in ihrem Alter:
   - Christian gibt wie die Jugendlichen insgesamt viel Geld für Bekleidung aus.
   - Lucas Hauptausgabenquelle passt dazu, dass Jugendliche viel Geld für Essen- und Weggehen ausgeben.
   - Jugendliche geben 1295 Mio. € pro Jahr für Körper- und Haarpflege, Kosmetik, Friseur sowie Solarium aus, dazu passt Maries Aussage, „für Kosmetik, Frisuren und Styling" viel Geld auszugeben.

2 a Lösung: Christian bejaht, Luca und Marie verneinen.

  b Luca meint, dass Jugendliche nicht ohne Geld leben könnten. Sein Argument ist, dass Jugendliche, wenn sie mit anderen zusammen sind, auch Dinge tun, die Geld kosten. Als Beispiele nennt er ins Kino gehen oder feiern.

  c Christian behauptet indirekt, dass Jugendliche wohl ohne Geld auskämen. Sein Argument ist, dass die Dinge, die Jugendliche kaufen, meist nicht wirklich gebraucht werden. Sein Beispiel ist eine neue Hose.

  d Maries Position ist wenig überzeugend, weil sie eine Erfahrung wiedergibt, die zunächst einmal nur für sie selbst gilt, also keinen Argumentationswert hat, allenfalls als Beispiel dienen könnte.

3 a Mögliche Lösung:

Jugendlicher	Konsumart	Beleg
Christian	Zugehörigkeit	kauft Kleidung, um so zu sein, wie alle (Z. 4–6)
Marie	Identität	geht zum Friseur, um gerade nicht so auszusehen wie alle (Z. 7–9)
Luca	Wohlergehen	gibt das Geld aus, um mit Freunden eine schöne Zeit zu haben (Z. 11–12)

b Mögliche Beispiele:
- Befriedigung von Grundbedürfnissen: Einkauf von Nahrung
- Wohlergehen: Kinobesuch
- Identität/Zugehörigkeit: Kauf eines bestimmten Smartphones, das alle haben und damit „in" sind
- Gewohnheit: Kauf einer Zeitschrift, obwohl man sie schon lange kaum noch liest

c Mögliches Ergebnis: Erwachsene geben natürlich einen großen Teil des Geldes für Grundbedürfnisse aus (Miete, Lebensmittel), aber auch für das Wohlergehen (Freizeit, Urlaub), für die Identität (bestimmte Automarke, Kleidungsstil) oder aus Gewohnheit (Zeitungsabo …).

4 a Die Werbung zum iPhone betont ausdrücklich, dass es so viele kaufen. Wer zu diesen vielen gehören will, muss also das Handy kaufen. Die Werbung passt daher zum Motiv „Zugehörigkeit".

b Denkbare Lösung:
Pepsi zielt auf das Motiv „Wohlergehen" (Spaß).
McDonald's zielt auf die Motive „Wohlergehen" und „Befriedigung von Grundbedürfnissen": Es wird das Grundbedürfnis des Essens (symbolisiert durch die einfache Nahrung „Butterbrot") durch ein Produkt ersetzt, das zudem ein Wohlergehen verspricht. Auch „Identität"/„Zugehörigkeit" kommen als Gründe in Frage, da Bagels „angesagt" sind.

d Die Werbung will offenbar gezielt Jugendliche ansprechen, weil sie für Nahrung und Handys das meiste Geld ausgeben. Sie sind also für die Wirtschaft eine interessante Konsumentengruppe.

S. 36 Positionen wiedergeben und Kompromisse finden

Die Doppelseite vertieft die Bezugnahme auf Textmaterial, indem Argumente aus Texten herausgefiltert und für eine Diskussion genutzt werden sollen.

Siehe hierzu die **Folie** „Macht Kaufen glücklich?" auf der CD-ROM.

2 a A (Z. 1 ff.) und B (Z. 9 ff.)

b Es kann glücklich machen, in einem Sportwagen zu fahren. Insofern ist auch der Kauf dieses Wagens etwas, das glücklich machen kann.

c Für den Markt ist es gut, wenn viel konsumiert wird (Z. 15). Der Einzelne aber profitiert davon nicht, weil jeder Erwerb von Waren wertlos wird, wenn sofort etwas Neues begehrlich erscheint.

d Der Mensch sucht sich zum Glücklichsein Menschen, die ihm ähnlich sind. Deshalb ist es für ihn unmöglich, Dinge nicht zu kaufen, die alle anderen kaufen.

4 a Denkbare Lösung:

Position	Argumente
A	– Die wenigsten Käufer befriedigen wirkliche Bedürfnisse, oft sind es Scheinbedürfnisse. Dies wird ihnen oft klar, wenn sie Dinge gekauft haben, die sie unbedingt haben mussten. – Immer Kaufen-Müssen ist erschöpfend und kann kein Glück bringen. – Unmittelbar nach dem Kauf lockt schon ein neuer Konsum. Selbst wenn der Kauf somit glücklich machen würde, wäre es ein flüchtiges Glück.

B	– Schöne Dinge zu tun (Autofahren, Fußball spielen …) verlangt oft, bestimmte Gegenstände zu haben (Auto, Fußball) – ihr Kauf führt also zum Glück. – Es gibt die Möglichkeit, Dinge zu kaufen, die mich mit anderen verbinden (Kinokarte, Essen, Jeans …). Der gemeinsame Konsum ist also ein Beitrag zum Glück des Zusammenseins. – Ich kaufe nicht unbedingt nur für mich, sondern auch für andere und mache diese durch ein Geschenk glücklich. Das Glücklichmachen kann dann auch mich selbst glücklich werden lassen.

b Verbindende Aspekte: Beide formulieren Bedingungen an das Kaufen, die zum Glück notwendig sind. Sind diese Bedingungen nicht erfüllt, meinen offenbar beide, dass dann Kaufen auch nicht glücklich macht.

5 a Denkbare Lösung: Ihr seid euch einig darin, dass nicht jeder Kauf glücklich machen kann, aber unter bestimmten Bedingungen vielleicht schon. Wenn ich mich nicht dazu verleiten lasse, bestimmte Dinge sofort haben zu müssen, sondern mich bewusst dafür entscheide, Dinge zu kaufen, die mich mit anderen verbinden oder anderen eine Freude machen, dann kann dies mein Glück fördern.

S. 38 Sich in Diskussionen auf andere beziehen

Die Seite dient der Vorbereitung der folgenden Debatte, indem zunächst geübt wird, sich auf andere Diskussionsteilnehmer zu beziehen.

1 a Marie bezieht sich auf die Gesprächsteilnehmer durch die Wortwahl „keineswegs".
Can wiederholt, was Frau Schäfer gesagt hat, schränkt es zunächst ein („Natürlich gibt es Jugendliche, die …") und widerspricht dann der Verallgemeinerung („aber").

b Can entkräftet die Verallgemeinerung, indem er ein Gegenbeispiel (warme Winterschuhe) nennt. Zudem vergleicht er das Konsumverhalten von Jugendlichen mit dem von Erwachsenen und stellt Ähnlichkeiten fest, welche die Kritik als fragwürdig erscheinen lässt.

c Herr Busch: „Ich stimme Ihnen zu, Frau Schäfer, teile aber …" – „Aber" signalisiert seinen Widerspruch.

d Can spricht Frau Schäfer direkt an (Z. 14–28).

2 Mögliche Lösung:

Für Sportschuhe und Cola haben Sie Recht. Hier sind Marken für Jugendliche wichtig. Aber eine Studie hat gezeigt, dass dies für Süßigkeiten oder T-Shirts nicht gilt. Insofern ist Ihre Verallgemeinerung unzutreffend.

S. 39 Eine Debatte materialgestützt vorbereiten und durchführen

Nun werden die vorbereitende Arbeit mit Material und die Bezugnahme auf andere in einer Debatte erprobt.

1 Mögliche Lösung:
Unter Schulsponsoring versteht man insbesondere, dass Firmen die Ausstattung oder Veranstaltungen einer Schule mit Sach- oder Geldmitteln fördern. Dafür wird das Logo der Firma z. B. auf T-Shirts oder an den Gegenständen positioniert.

2 a Mögliche Lösung:

Pro: Sponsoring in der Schule ist tragbar,
- denn es kommt der Schule in der Ausstattung zugute;
- weil es sich nicht um direkte Werbung für Produkte handelt;
- da auf diese Weise Kontakte zwischen Schule und Wirtschaft entstehen.

Kontra: Sponsoring hat in der Schule nichts zu suchen,
- denn die Schule hat einen Erziehungs- und Bildungsauftrag, der durch Sponsoring gestört wird;
- da der Werbeeinfluss auf die Jugendlichen immer besteht;
- weil nur bestimmte Schulen gefördert werden würden.

b In den Texten genannte Argumente:
- Pro Z. 10 f.: denn dadurch kann die Schule neue Ausstattungen finanzieren
- Kontra Z. 15 ff.: da auf diese Weise die Unterschiede zwischen den Schulen größer werden

3 b/c Mögliche Beispiele:

Pro: Durch das Sponsoring könnten die Schülerinnen und Schüler auch ortsansässige Firmen kennen lernen und auf diesem Weg Anregungen für eine Berufswahl erhalten.

Kontra: Wenn Firmen Schulen Gegenstände zur Verfügung stellen, können sie auch Einfluss auf die Schülerinnen und Schüler nehmen, etwa indem sie Bücher oder Filme schenken, die Umweltprobleme sehr industriefreundlich darstellen.

4/5 Hierzu kann als Beobachtungs- und Bewertungsbogen die Tabelle „Fragen ←→ Antworten" von Seite 42 im Schülerband verwendet und je nach Bedarf abgeändert werden. Sie wird in diesen Handreichungen als Kopiervorlage (KV5, S. 83) angeboten.

S. 41 Ein Ergebnisprotokoll schreiben

1 a Bestandteile des Protokolls:
1: Überschrift
2: Formalia: Thema, Teilnehmer, Leitung, Zeit, Protokollführer
3: Tagesordnung
4: Ort, Datum, Unterschrift des Protokollführers / der Protokollführerin

b Es werden nur die Ergebnisse der Diskussion, also die Argumente, genannt. Es wird nicht gesagt, wer die Argumente vorgetragen hat oder wie es in der Diskussion zum Einbringen dieser Argumente kam.

2 a Kopf für ein Deutschstundenprotokoll:
Ergebnisprotokoll der Deutschstunde vom …
Thema: …
Teilnehmer: Klasse …, Frau/Herr … (Deutschlehrer/-in)
Leitung: …
Zeit: …
Protokoll: …

S. 42 Teste dich!

Der Beobachtungs-/Bewertungsbogen aus dem Schülerband kann – ggf. in abgewandelter Form – für die Diskussionen in der Klasse / in Gruppen verwendet werden und anschließend als zusätzliche Hilfe für das Ergebnisprotokoll dienen. Siehe die Kopiervorlage KV 5: Bewertungsbogen für Diskussionen.

2 Konsum: Was brauchen wir? Überzeugend argumentieren

2.2 Von allem immer mehr? – Schriftliche Argumentationen verfassen

S. 43 Wie viel verbrauchen wir?

1 b Lösungen: 1c, 2c, 3b, 4b, 5c, 6c

c Denkbare Lösungen:
– Ich vermute, dass 98 % der in Deutschland verzehrten Tiere aus Massentierhaltung stammen, weil das Fleisch billiger ist und die Menschen beim Einkauf vor allem auf den Preis achten.
– Ich glaube, dass so viele Schweine auf dem Müll landen, weil wir zu Hause mehr Fleisch und Wurst kaufen, als wir tatsächlich essen. Der Rest landet auf dem Müll.
– Meiner Meinung nach landen so viele Schweine auf dem Müll, weil in Supermärkten Fleisch und Wurst, die nicht verkauft werden, nach Ablauf des Mindesthaltbarkeitsdatums vernichtet werden.
– Ich vermute, dass wir Deutschen zwei Erden benötigten, weil wir sehr viel Energie verbrauchen und ein Leben führen, das wenig Rücksicht auf den Rohstoffverbrauch nimmt.
– Dass ein Drittel der Lebensmittel, die wir kaufen, auf dem Müll landet, liegt vielleicht auch daran, dass wir nicht mehr ganz frische Lebensmittel zu schnell wegwerfen.

2 a Mögliche Beispiele:
Am ehesten könnte ich meinen Konsum im Bereich Kleidung einschränken, denn es ist ja nicht schlimm, anstatt eine neue zu kaufen, eine alte Jeans einfach länger zu tragen.
Am schwierigsten wäre es für mich, meinen Konsum im Bereich Energieverbrauch zu reduzieren, weil ich zum Beispiel ungern im Winter frieren möchte.

S. 44 Fordern und fördern – Ein Flugblatt verfassen, schriftlich appellieren

1 Denkbare Lösung:

	Meine Stichworte
Ausgangslage	Hoher Rohstoffverbrauch durch Kleidung (z. B. 11 000 Liter Wasser pro 1 kg Jeans) Hoher Chemikalieneinsatz zur Textilproduktion
Aufforderung	Reduziert euren Kleidungsverbrauch! Bringt alte Kleidung mit und holt euch im Tausch neue! Macht mit bei unserem Umtauschtag!

2 a Mögliche Lösung:

Überschrift: Weniger Rohstoffverbrauch durch unseren Konsum? – Ihr könnt dazu beitragen
Tatsache, 1. Punkt: Was wenige wissen: Unser Konsumverhalten ist nur möglich, weil wir in Kauf nehmen, dass dafür enorm viele Rohstoffe verbraucht werden.
Tatsache, 2. Punkt: Zudem werden in der Textilproduktion Tausende von Chemikalien zum Einsatz gebracht und führen zu Umweltbelastungen.
Textübergang: Dagegen können wir ein klein wenig tun, denn es liegt in unserer Hand, ob wir durch den Kauf immer neuer Kleidung diese Belastungen weiter erhöhen. Wenn wir es schaffen, weniger Kleidung zu verbrauchen, reduzieren wir damit auch den Rohstoffverbrauch. Das ist die Idee unseres Umtauschtages: Wir bekommen neue Kleidung, aber nicht indem wir sie kaufen, sondern indem wir sie tauschen. Es werden dann keine neuen Rohstoffe verbraucht, keine Chemikalien als Belastung der Natur genutzt.
Aufforderung 1: Nehmt an diesem Umtauschtag teil! Damit reduziert ihr die Umweltbelastung durch Textilherstellung.
Aufforderung 2: Bringt alte Kleidung mit und bittet auch andere, Kleidung mitzubringen. Tauscht die alte Kleidung gegen andere an unserem Stand.

Schlussaussage: Wenn viele Menschen teilnehmen, können wir schon ein klein wenig bewirken, denn jeder Pullover, den wir von anderen als Tausch erhalten, statt ihn zu kaufen, ist ein kleiner Beitrag zum Schutz der Umwelt.

Leserbriefe untersuchen und schreiben

Ist teuer besser als billig?

1 b Es gibt einen direkten Hinweis darauf, dass etwas aus der Zeitung zitiert wird: „Die von Ihnen vorgeschlagene Lösung …"
Zu sonstigen Bestandteilen siehe c.

c Lösung:

Bestandteile eines Leserbriefs	Textstelle
Kurze Wiederholung der zentralen Aussage des Artikels	„Der Artikel beschreibt schonungslos …" (Z. 1–5)
Standpunkt/Meinung des Lesers	„Unser Konsumverhalten muss sich ändern, …" (Z. 5–7)
Wiederholung eines wichtigen Arguments aus dem Artikel	„Die von Ihnen vorgeschlagene Lösung …" (Z. 8–10)
Zustimmung oder Widerspruch	„Aber hilft das wirklich?" (Z. 10) (= indirekter Widerspruch) → Argumentation: Z. 10–19
Forderung	„Wir sollten daher …" (Z. 19–22)

Einen Leserbrief schreiben

Billiges Massenfleisch

1 c Mögliche Lösung:

In Ihrem Artikel wird auf erschreckende Weise deutlich, warum unser Fleisch so billig sein kann.
Der hohe Preis für das Billigfleisch ist das Leiden von Tieren, die ihr kurzes Leben dicht gedrängt in engen Ställen verbringen müssen.

Mögliche Lösung:

Sie zeichnen in Ihrem Artikel ein schonungsloses Bild der Bedingungen für unseren Fleischkonsum. Dieser Konsum ist zu diesem Preis nur möglich, weil Tiere leiden.

2 Mögliche Lösung:

Wir dürfen das nicht einfach stillschweigend hinnehmen, sondern müssen unser Konsumverhalten umstellen, um auch Tieren ein artgerechtes Leben zu ermöglichen.

3 Mögliche Lösung:

Sie empfehlen, wir sollten uns vom Billigfleisch abwenden und mehr Geld für unser Hähnchen bezahlen.

4 a Mögliche Lösung:

Aber verhindern wir wirklich die Massentierhaltung, wenn wir nur mehr Geld für unser Fleisch ausgeben? Viel wichtiger scheint mir zu sein, darauf zu achten, woher das Fleisch, das wir kaufen, kommt, denn auch teures Fleisch kann aus unwürdiger Tierhaltung stammen.

b Mögliche Lösung:

Aber reicht es wirklich, einfach mehr Geld für das Fleisch bezahlen zu wollen? Viel wichtiger ist es doch, auf die Produktionsbedingungen des Fleisches zu achten, denn auch teures Fleisch kann aus unwürdiger Tierhaltung stammen. Es kommt also darauf an, Fleisch zu kaufen, das aus einer artgerechten Haltung stammt. Nicht der Preis ist entscheidend, sondern die Lebensbedingungen der Tiere.

5 Mögliche Lösung:

Wir Konsumenten haben es also in der Hand: Wenn wir uns informieren, können wir mit unserem Konsumverhalten dazu beitragen, dass Tiere artgerecht gehalten werden.

2.3 Fit in …! – In einem Leserbrief argumentieren

S. 48 Mülltauchen – ein denkwürdiger Prozess

S. 49 Die Aufgabe richtig verstehen – Planen – Schreiben und Überarbeiten

1 Denkbare Lösung:
- Es soll ein Leserbrief geschrieben werden.
- Es soll um die Frage gehen, wo es zulässig ist, Müll aus den Containern von Supermärkten zu holen.
- Ich muss an die typischen Merkmale eines Leserbriefs denken und eine klare Position begründen.

2 Mögliche Lösung:

Für das Mülltauchen finden sich im Artikel folgende Argumente:	**Gegen** das Mülltauchen finden sich im Artikel folgende Argumente:
– berechtigte Kritik an der Überflussgesellschaft – Kritik am Wegwerfen essbarer Lebensmittel – Hinweis auf den Hunger in der Welt bei gleichzeitiger Essenverschwendung hier	– Straftat – Supermarkt wird geschädigt, da die Lebensmittel nicht im Geschäft gekauft, sondern einfach weggenommen werden
Aus meiner Sicht gibt es folgende weitere Argumente **für** das Mülltauchen:	Aus meiner Sicht gibt es folgende weitere Argumente **gegen** das Mülltauchen:
– Es werden insgesamt weniger Lebensmittel verbraucht, sodass die Natur geschont wird. – Es wird Geld gespart, das für andere Dinge zur Verfügung steht. – Die weggeworfenen Lebensmittel haben die Kunden über den Preis mitbezahlt, sodass der Supermarkt selbst keinen Verlust durch das Mülltauchen erleidet.	– Müll kann aus den Tonnen fallen und z. B. Ratten anziehen. – Der Mülldiebstahl ändert nichts am Hunger auf der Welt. – Im Müll können sich Giftstoffe befinden, sodass die Mülltaucher ggf. Gesundheitsschäden riskieren.

4 Mögliche Lösung:

	Meine Stichworte
1 Wiederholung der zentralen Aussage des Artikels	Es ist strittig, ob das Mülltauchen akzeptiert oder bestraft werden soll.
2 Mein Standpunkt	Ich bin gegen eine Bestrafung.
3 Ein Gegenargument aus dem Artikel, dem ich widersprechen will	Der Supermarktbesitzer will seine Ware verkaufen und nicht über den Müll verschenken (Z. 38–41).
4 1. gutes Argument für meine Position 2. gutes Argument für meine Position 3. Informationen/Tatsachen, die meine Argumente stützen	1. Die weggeworfene Ware wird in unserer Gesellschaft als nicht verkaufbar eingestuft, sodass kein Schaden entsteht. Sie ist aber genießbar, sodass die Mülltaucher für eine Reduzierung unseres Massenkonsums sorgen. 2. Als Verbraucher zahlen wir den Müll gewissermaßen mit, sodass das Mülltauchen kein Diebstahl ist, weil der Müll mehr oder weniger den Verbrauchern gehört. 3. 65 % der weggeworfenen Lebensmittel sind noch genießbar (zu 1). Der Handel kalkuliert verdorbene Ware in seinen Preisen mit ein (zu 2).
5 Schluss: Forderung/Appell	Mülltauchen ist eine vernünftige Reaktion auf eine Überflussgesellschaft und sollte nicht unter Strafe gestellt werden.

5 a–c Mögliche Lösung:

In Ihrem Artikel machen Sie deutlich, wie kompliziert es ist, das Mülltauchen zu beurteilen. Es gilt einerseits als Diebstahl, wenn man in Deutschland Müll aus Containern von Supermärkten fischt. Andererseits ist es schwer einzusehen, warum jemand bestraft werden soll, der sich das nimmt, was andere wegwerfen.

Insgesamt gesehen sprechen deutlich mehr Gründe für eine Straffreiheit des Mülltauchens. Zwar ist es richtig, dass die Supermarktbesitzer ihre Ware verkaufen und nicht über den Müll verschenken wollen. Allerdings wird die Ware, die im Müll gelandet ist, ja gerade als ungenießbar eingestuft, sodass dem Supermarktbesitzer kein Schaden entsteht. Vielmehr sorgt der Mülltaucher für eine Reduzierung des Massenkonsums, indem er den Müll nutzt, der ansonsten vernichtet würde. 65 % der weggeworfenen Lebensmittel sind noch genießbar. Ihre Vernichtung ist also eine Verschwendung, die die Mülltaucher reduzieren.

Zudem zahlen die Verbraucher über die Preise die verdorbene Ware mit, denn das Wegwerfen ist in die Preise einberechnet. Die Mülltaucher schädigen somit nicht den Supermarktbesitzer, sondern sie nutzen nur das, was die Verbraucher ohnehin bezahlt haben.

Wir sollten in Deutschland das Mülltauchen nicht unter Strafe stellen, denn es ist eine sehr vernünftige Reaktion auf eine Gesellschaft, die Überfluss produziert und vernichtet. Diesem Irrsinn tritt das Mülltauchen entgegen.

Material zu diesem Kapitel

Klassenarbeit
- Einen Leserbrief schreiben – Pro Konsum / Kontra Konsumverzicht (Niveau A ohne, B mit Hilfen; Bewertungsbogen auf der CD-ROM)
- Ein Flugblatt verfassen – Was ist fairer Handel? Beispiel: Banane (Niveau A ohne, B mit Hilfen; Bewertungsbogen auf der CD-ROM)

Fordern und fördern
- Eine Grafik für eine Argumentation nutzen – Was Marken bei Jugendlichen in den Fokus bringt (●●●|●○○|○○○ mit Lösungshinweisen auf der CD-ROM)
- Informationen aus einem Text für ein Flugblatt nutzen – BUND ruft zum Plastikfasten auf (●●●|●○○|○○○ mit Lösungshinweisen auf der CD-ROM)
- Einen Leserbrief überarbeiten – Heute ist „Buy Nothing Day" (●●●|●○○|○○○ mit Lösungshinweisen auf der CD-ROM)
- Bewertungsbogen für Diskussionen

Diagnose
- Argumentieren (mit Lösungshinweisen und Förderempfehlung auf der CD-ROM)

PPT-Folien (auf der CD-ROM)
- Konsum: Was brauchen wir?
- Macht Kaufen glücklich?

Deutschbuch Arbeitsheft 9
- Argumentieren – Fast Food in Schulen?, S. 20–25
    - ●○○ Mehr als genug! – Mit Tatsachen aus Grafiken argumentieren
    - ●●● „Allen geht es doch um …" – Kompromisse vorschlagen

Deutschbuch Lern- und Arbeitsheft 9
für Lernende mit erhöhtem Förderbedarf im inklusiven Unterricht
- Konsum: Was brauchen wir?, Seite 33–50

Klassenarbeit A – Einen Leserbrief schreiben

Aufgabenstellung

Schreibe zu dem folgenden Zeitungsartikel einen Leserbrief.
Begründe darin, für wie überzeugend du die Argumente von Lucia van der Post und John Sloman zur Berechtigung von Konsum hältst. Gehe auf mindestens ein Gegenargument zu deiner Position ein und entkräfte es.
Tipp: Stütze dich auch auf die Informationen der Faktenübersicht.

PRO KONSUM

Die englische Journalistin **Lucia van der Post** gründete vor mehr als 10 Jahren ein Hochglanzmagazin mit dem Titel „How To Spend It" (Wie man es ausgibt). Thema der Zeitschrift ist vor allem das Shoppen und Geldausgeben. Van der Post berät heute auch Menschen, wie sie ihr Geld mit Spaß ausgeben können.

„Ich habe niemals über Dinge geschrieben, von denen ich dachte, sie wären lediglich sinnloser Luxus", sagt sie. „Und ich war niemals jemand, der Menschen davon überzeugen wollte, Geld auszugeben, das sie nicht hatten. [...]"

Aber die Tatsache bleibt, dass in einer kapitalistischen[1] Gesellschaft die Leute in der Lage sein sollten, ihr Geld, das sie verdient und versteuert haben, auszugeben, wofür sie möchten.

„Spaß ist grundlegend für alle von uns – so grundlegend wie Essen und Wasser", merkt sie an.

Sie bezeichnet sich selbst als freiheitsliebend: „Ich werde mir nie eine Jacht leisten können, aber ich mag es, in einer Welt zu leben, in der einige Leute Jachten besitzen. Wollen wir in einer Welt leben, in der niemand weiß, wie man eine Jacht baut oder eine edle Uhr?"

Großbritannien ist ein Land, das einen erheblichen Anteil an Menschen aufweist, die die Nase rümpfen in Bezug auf die Vorstellung, Nicht-Wesentliches einzukaufen und große Summen an Geld dafür auszugeben.

„Prestigekäufe[2]/Geltungskonsum? Das ist, wenn der andere mehr ausgibt als du." Aber während das Kaufen von nicht lebensnotwendigen Gütern als frivole[3] Aktivität gesehen werden kann, gibt es dennoch das Argument, dass es uns mit den Plätzen/Orten verbindet, an denen wir sind.

„Wenn Sie in ein Land wie Indien fahren und dort nicht shoppen gehen, lassen Sie sich nicht auf die örtliche Kultur ein", sagt van der Post.

Und für einige kann Einkaufen auch als Ausdruck von Freiheit in einer kapitalistischen liberalen[4] Demokratie angesehen werden.

KONTRA KONSUMVERZICHT

Prof. John Sloman arbeitet als Wirtschaftswissenschaftler an der Universität von Bristol. Er nennt ein wirtschaftliches Argument dagegen, Shoppen zu stoppen.

Sloman interessiert sich vor allem dafür, welche Folgen es hätte, wenn wir komplett aufhören würden, nicht wichtige Güter zu kaufen. Dies würde seiner Meinung nach bedeuten, dass die Menschen, die sie produzieren, keinen Job mehr hätten und nicht mehr in der Lage wären, selbst wichtige Dinge zu kaufen.

Selbst wenn man einen Anti-Konsum-Standpunkt einnimmt, würde ein Konsumverzicht zu einem kurzen scharfen Schock für das Wirtschaftssystem führen. Es wäre daher ein katastrophaler Weg, die Verringerung von Konsum anzustreben, meint er.

„Es ist ein bisschen wie bei einer Droge. Wenn Sie plötzlich von einer Droge loskommen, haben Sie einen kalten Entzug. Sie müssen die Leute nach und nach, über Jahre entwöhnen. Wenn sie einen plötzlichen Schock erleiden, bekommen sie ernsthafte Probleme – hohe Arbeitslosigkeit, einige Wirtschaftsbereiche stürzen ab."

http://konsumpf.de/?p=3100 [10.08.2015], gekürzt und geringfügig verändert

---

1 kapitalistisch: gewinnorientiert; 2 Prestige: Ansehen; 3 frivol: leichtfertig; 4 liberal: freiheitlich

Autor: Frank Schneider

Fakten zum Konsumverhalten

- Heute kaufen Menschen durchschnittlich 11-mal so viel Kleidung wie in den 1980er Jahren.
- Während heute 600 Millionen Autos auf der Welt fahren, werden es 2030 vermutlich 3 Milliarden sein.
- Während in den 1960er Jahren Fleisch meist nur am Wochenende gegessen wurde, verzehrt ein Deutscher heute im Durchschnitt 61 Kilo Fleisch pro Jahr.
- Nach Schätzung des WWF[1] verbraucht im Moment jeder Mensch auf der Welt im Durchschnitt 1,5-mal so viel Ressourcen, wie die Natur zu geben imstande ist.
- Etwa ein Drittel der weltweit produzierten Lebensmittel landet auf dem Müll.

Fakten entnommen aus dem Flyer:
www.greenpeace.de/sites/www.greenpeace.de/files/publications/20140615-konsumverhalten-zerstoert-die-welt-i03352_0.pdf [10.08.15]

---

1 WWF: World Wide Fund For Nature (Natur- und Umweltschutzorganisation)

Klassenarbeit B – Einen Leserbrief schreiben

Aufgabenstellung

Schreibe zu dem folgenden Zeitungsartikel einen Leserbrief.
Begründe darin, für wie überzeugend du die Argumente von Lucia van der Post und John Sloman zur Berechtigung von Konsum hältst. Gehe auf mindestens ein Gegenargument zu deiner Position ein und entkräfte es.
Tipp: Stütze dich auch auf die Informationen der Faktenübersicht.

PRO KONSUM

Die englische Journalistin **Lucia van der Post** gründete vor mehr als 10 Jahren ein Hochglanzmagazin mit dem Titel „How To Spend It" (Wie man es ausgibt). Thema der Zeitschrift ist vor allem das Shoppen und Geldausgeben. Van der Post berät heute auch Menschen, wie sie ihr Geld mit Spaß ausgeben können.

„Ich habe niemals über Dinge geschrieben, von denen ich dachte, sie wären lediglich sinnloser Luxus", sagt sie. „Und ich war niemals jemand, der Menschen davon überzeugen wollte, Geld auszugeben, das sie nicht hatten. […]"

Aber die Tatsache bleibt, dass in einer kapitalistischen[1] Gesellschaft die Leute in der Lage sein sollten, ihr Geld, das sie verdient und versteuert haben, auszugeben, wofür sie möchten.

„Spaß ist grundlegend für alle von uns – so grundlegend wie Essen und Wasser", merkt sie an.

Sie bezeichnet sich selbst als freiheitsliebend: „Ich werde mir nie eine Jacht leisten können, aber ich mag es, in einer Welt zu leben, in der einige Leute Jachten besitzen. Wollen wir in einer Welt leben, in der niemand weiß, wie man eine Jacht baut oder eine edle Uhr?"

Großbritannien ist ein Land, das einen erheblichen Anteil an Menschen aufweist, die die Nase rümpfen in Bezug auf die Vorstellung, Nicht-Wesentliches einzukaufen und große Summen an Geld dafür auszugeben.

„Prestigekäufe[2]/Geltungskonsum? Das ist, wenn der andere mehr ausgibt als du." Aber während das Kaufen von nicht lebensnotwendigen Gütern als frivole[3] Aktivität gesehen werden kann, gibt es dennoch das Argument, dass es uns mit den Plätzen/Orten verbindet, an denen wir sind.

„Wenn Sie in ein Land wie Indien fahren und dort nicht shoppen gehen, lassen Sie sich nicht auf die örtliche Kultur ein", sagt van der Post. Und für einige kann Einkaufen auch als Ausdruck von Freiheit in einer kapitalistischen liberalen[4] Demokratie angesehen werden.

KONTRA KONSUMVERZICHT

Prof. John Sloman arbeitet als Wirtschaftswissenschaftler an der Universität von Bristol. Er nennt ein wirtschaftliches Argument dagegen, Shoppen zu stoppen.

Sloman interessiert sich vor allem dafür, welche Folgen es hätte, wenn wir komplett aufhören würden, nicht wichtige Güter zu kaufen. Dies würde seiner Meinung nach bedeuten, dass die Menschen, die sie produzieren, keinen Job mehr hätten und nicht mehr in der Lage wären, selbst wichtige Dinge zu kaufen.

Selbst wenn man einen Anti-Konsum-Standpunkt einnimmt, würde ein Konsumverzicht zu einem kurzen scharfen Schock für das Wirtschaftssystem führen. Es wäre daher ein katastrophaler Weg, die Verringerung von Konsum anzustreben, meint er.

„Es ist ein bisschen wie bei einer Droge. Wenn Sie plötzlich von einer Droge loskommen, haben Sie einen kalten Entzug. Sie müssen die Leute nach und nach, über Jahre entwöhnen. Wenn sie einen plötzlichen Schock erleiden, bekommen sie ernsthafte Probleme – hohe Arbeitslosigkeit, einige Wirtschaftsbereiche stürzen ab."

http://konsumpf.de/?p=3100 [10.08.2015], gekürzt und geringfügig verändert

---

1 kapitalistisch: gewinnorientiert; 2 Prestige: Ansehen; 3 frivol: leichtfertig; 4 liberal: freiheitlich

Autor: Frank Schneider

Fakten zum Konsumverhalten
- Heute kaufen Menschen durchschnittlich 11-mal so viel Kleidung wie in den 1980er Jahren.
- Während heute 600 Millionen Autos auf der Welt fahren, werden es 2030 vermutlich 3 Milliarden sein.
- Während in den 1960er Jahren Fleisch meist nur am Wochenende gegessen wurde, verzehrt ein Deutscher heute im Durchschnitt 61 Kilo Fleisch pro Jahr.
- Nach Schätzung des WWF[1] verbraucht im Moment jeder Mensch auf der Welt im Durchschnitt 1,5-mal so viel Ressourcen, wie die Natur zu geben imstande ist.
- Etwa ein Drittel der weltweit produzierten Lebensmittel landet auf dem Müll.

© Greenpeace
www.greenpeace.de/sites/www.greenpeace.de/files/publications/20140615-konsumverhalten-zerstoert-die-welt-i03352_0.pdf [10.08.15]

---

1 WWF: World Wide Fund For Nature (Natur- und Umweltschutzorganisation)

Tipps zum Schreiben:

	Formulierungsbeispiele
Beginne mit der **zentralen Aussage** des Artikels:	In Ihrem Artikel berichten Sie, dass eine Journalistin und ein Wirtschaftswissenschaftler dazu auffordern, …
Formuliere und begründe **deine Meinung**:	Mich überzeugen diese Argumente (nicht), denn …
Denke daran, **Tatsachen** zu erwähnen:	So kaufen heute …
Erwähne ein **Gegenargument** (z. B. eines der fett markierten aus dem Text):	Natürlich ist es richtig, dass … Allerdings …
Bekräftige am Schluss deinen Standpunkt mit einer **Forderung**:	Wir sollten daher nicht …, sondern …

Klassenarbeit A – Ein Flugblatt verfassen

Aufgabenstellung

Du möchtest eine Gruppe ins Leben rufen, die ein Schulprojekt zum fairen Handel entwickelt.
Verfasse ein Flugblatt, mit dem du zu einem ersten Treffen dieser Gruppe einlädst.
Beschreibe in deinem Flugblatt zunächst die Problemlage. Mache dann deutlich, welches Schulprojekt du anstrebst und wieso du dies für sinnvoll hältst. Appelliere schließlich an die Leser/-innen, bei der Gruppe mitzumachen und zum ersten Treffen zu kommen.
Tipp: Nutze für dein Flugblatt die nachstehenden Informationen zum fairen Handel.

M1
Was ist fairer Handel? (engl.: fair trade)
- Ein fair handelnder Betrieb garantiert den Erzeugern einen Mindestpreis, der die Produktionskosten abdeckt und oft deutlich über dem üblichen Marktpreis liegt.
- Erlöse aus dem Verkauf von fair gehandelten Produkten kommen den Erzeugern (oft: Bauern) zugute und werden zum Beispiel für den Bau von Schulen und Trinkwasserbrunnen ausgegeben.
- Illegale Kinderarbeit ist bei den Projekten des fairen Handels verboten.
- Die Importeure von Fair-Trade-Produkten garantieren den Erzeugern, mit ihnen über einen längeren Zeitraum zusammenzuarbeiten, und geben ihnen damit Planungssicherheit.

Beispiel: Fair produzierte Bananen
- Die Bananen werden von Kleinbauernorganisationen produziert, deren Arbeiter ein Mitspracherecht zum Beispiel über die Verwendung der Erlöse besitzen.
- Auf chemische Pflanzenschutzmittel wird schrittweise verzichtet, um die Gesundheit der Arbeiter zu schützen.
- Der Fair-Trade-Abnehmer zahlt 2 US-Dollar pro Kiste als Fair-Trade-Aufschlag und 1,80 Euro zusätzlich für Entwicklungsarbeit.

www.forum-fairer-handel.de/fileadmin/user_upload/materialien/Folien%2016%20Seiten.pdf [21.02.2015]
© DIE VERBRAUCHER INITIATIVE e.V. (Bundesverband); leicht verändert

M2
Beispiele für Schulprojekte zum fairen Handel

Faire Produkte verkaufen und andere informieren	Die teilnehmenden Gruppen verkaufen in den Pausen fair gehandelte Produkte und informieren mit Plakaten über fairen Handel.
Eine Schokobanane – drei Preise	Die Gruppe bietet am Tag der offenen Tür Schokobananen zu drei verschiedenen Preisen an, um über das Thema „Geiz ist nicht immer geil" ins Gespräch zu kommen.
Die Idee des fairen Handels im Unterricht vermitteln	Die Gruppen machen sich selbst fit für das Thema „Fairer Handel" und informieren andere Klassen darüber im Unterricht.
Selbstverpflichtung	Die Gruppen verpflichten sich für einen bestimmten Zeitraum, zum Beispiel nur fair gehandelte Schokolade zu kaufen.

Projekt-Ideen entnommen aus: www.fair4you-online.de © 2015 BDKJ [21.07.2015]

M3
Fairer Handel
2 Milliarden Menschen in Asien, Afrika und Lateinamerika müssen – obwohl sie hart arbeiten – von weniger als 2 Dollar am Tag überleben. Sie müssen häufig für einen geringen Lohn unter gesundheitsschädigenden Bedingungen arbeiten. Ein Grund dafür ist auch, dass in der westlichen Welt dann niedrige Preise für Lebensmittel oder Kleidung bezahlt werden können.

© *Forum Fairer Handel e. V.;*
www.forum-fairer-handel.de/fileadmin/user_upload/dateien/jpk/jpk_2014/factsheet_ffh_2013.pdf [21.07.2015], S. 8

Deutschbuch 9 — 2 Konsum: Was brauchen wir? – Überzeugend argumentieren

Klassenarbeit B – Ein Flugblatt verfassen

Aufgabenstellung
Du möchtest eine Gruppe ins Leben rufen, die ein Schulprojekt zum fairen Handel entwickelt. Verfasse ein Flugblatt, mit dem du zu einem ersten Treffen dieser Gruppe einlädst.
– Beschreibe in deinem Flugblatt zunächst die Problemlage.
– Mache dann deutlich, welches Schulprojekt du anstrebst und wieso du dies für sinnvoll hältst.
– Appelliere schließlich an die Leser/-innen, bei der Gruppe mitzumachen und zum ersten Treffen zu kommen.

Tipp: Nutze für dein Flugblatt die nachstehenden Informationen zum fairen Handel und die Tipps zum Schreiben.

M1
Was ist fairer Handel? (engl.: fair trade)
– Ein fair handelnder Betrieb garantiert den Erzeugern einen Mindestpreis, der die Produktionskosten abdeckt und oft deutlich über dem üblichen Marktpreis liegt.
Erlöse aus dem Verkauf von fair gehandelten Produkten kommen den Erzeugern (oft: Bauern) zugute und werden zum Beispiel für den Bau von Schulen und Trinkwasserbrunnen ausgegeben.
– Illegale Kinderarbeit ist bei den Projekten des fairen Handels verboten.
– Die Importeure von Fair-Trade-Produkten garantieren den Erzeugern, mit ihnen über einen längeren Zeitraum zusammenzuarbeiten, und geben ihnen damit Planungssicherheit.

Beispiel: Fair produzierte Bananen
– Die Bananen werden von Kleinbauernorganisationen produziert, deren Arbeiter ein Mitspracherecht zum Beispiel über die Verwendung der Erlöse besitzen.
– Auf chemische Pflanzenschutzmittel wird schrittweise verzichtet, um die Gesundheit der Arbeiter zu schützen.
– Der Fair-Trade-Abnehmer zahlt 2 US-Dollar pro Kiste als Fair-Trade-Aufschlag und 1,80 Euro zusätzlich für Entwicklungsarbeit.

www.forum-fairer-handel.de/fileadmin/user_pload/materialien/Folien%2016%20Seiten.pdf [21.02.2015]
© DIE VERBRAUCHER INITIATIVE e.V. (Bundesverband); leicht verändert

---

M2
Beispiele für Schulprojekte zum fairen Handel

Faire Produkte verkaufen und andere informieren	Die teilnehmenden Gruppen verkaufen in den Pausen fair gehandelte Produkte und informieren mit Plakaten über fairen Handel.
Eine Schokobanane – drei Preise	Die Gruppe bietet am Tag der offenen Tür Schokobananen zu drei verschiedenen Preisen an, um über das Thema „Geiz ist nicht immer geil" ins Gespräch zu kommen.
Die Idee des fairen Handels im Unterricht vermitteln	Die Gruppen machen sich selbst fit für das Thema „Fairer Handel" und informieren andere Klassen darüber im Unterricht.
Selbstverpflichtung	Die Gruppen verpflichten sich für einen bestimmten Zeitraum, zum Beispiel nur fair gehandelte Schokolade zu kaufen.

Projekt-Ideen entnommen aus: www.fair4you-online.de © 2015 BDKJ [21.07.2015]

Autor: Frank Schneider
Foto: © mauritius images / Jake Lyell / Alamy

M3
Fairer Handel

2 Milliarden Menschen in Asien, Afrika und Lateinamerika müssen – obwohl sie hart arbeiten – von weniger als 2 Dollar am Tag überleben. Sie müssen häufig für einen geringen Lohn unter gesundheitsschädigenden Bedingungen arbeiten. Ein Grund dafür ist auch, dass in der westlichen Welt dann niedrige Preise für Lebensmittel oder Kleidung bezahlt werden können.

© Forum Fairer Handel e. V.;
www.forum-fairer-handel.de/fileadmin/user_upload/dateien/jpk/jpk_2014/factsheet_ffh_2013.pdf [21.07.2015], S. 8

Tipps zum Schreiben:

	Formulierungsbeispiel
Finde eine **Überschrift** für dein Flugblatt:	Wollt ihr etwas dafür tun, dass ... Fairer Handel – wir können ...
Beschreibe die **Problemlage**:	2 Milliarden Menschen in Asien, Afrika und Lateinamerika leben in bitterer Armut und müssen ...
Erläutere das **Schulprojekt**, das du einführen willst:	Ein Schulprojekt könnte ein wenig helfen, dies zu ändern: ...
Nenne **Gründe für das Schulprojekt**:	Mit diesem Projekt könnten wir Schülerinnen und Schüler davon überzeugen, dass ...
Nenne **Tatsachen**, die für deine Position sprechen:	Fair gehandelte Produkte helfen den Menschen, die sie herstellen, denn ...
Appelliere am Schluss an die Leser, mitzumachen und zum ersten Treffen zu kommen:	Wir sollten daher nicht ..., sondern ...

Eine Grafik für eine Argumentation nutzen

Was Marken bei Jugendlichen in den Fokus bringt

- Alle tragen sie, jeder hat oder will sie. **67 %**
- Die Marke ist in Werbung und Medien präsent. **36 %**
- Die Marke ist Gesprächsthema. **23 %**
- Man kann die Marke überall kaufen. **8 %**
- Die Marke ist teurer als andere. **8 %**

Fakten entnommen aus: www.baueradvertising.de/jugend-bravo-faktor-jugend/ [30.04.2015]

1 Prüfe, welche der folgenden Aussagen sich auf die Grafik stützen könnten. Kreuze an und begründe.

Anhand der Grafik	begründbar	nicht begründbar	Begründung
Jugendliche bevorzugen bestimmte Marken, weil sie deren Qualität geprüft haben.	☐	☐	
Jugendliche wollen mit ihrer Entscheidung für bestimmte Marken meist zu einer Gruppe gehören.	☐	☐	
Jugendliche kaufen bevorzugt teure Marken.	☐	☐	

2 Formuliere einen Argumentationsgedanken:

Behauptung	Jugendliche konsumieren auch, um …
Begründung	Eine Untersuchung …
Beispiel	Wenn ein Jugendlicher ein …phone kauft, könnte …

2 Konsum: Was brauchen wir? – Überzeugend argumentieren   Deutschbuch 9

Eine Grafik für eine Argumentation nutzen

Was Marken bei Jugendlichen in den Fokus bringt

Alle tragen sie, jeder hat oder will sie.	**67 %**
Die Marke ist in Werbung und Medien präsent.	**36 %**
Die Marke ist Gesprächsthema.	**23 %**
Man kann die Marke überall kaufen.	**8 %**
Die Marke ist teurer als andere.	**8 %**

Fakten entnommen aus: www.baueradvertising.de/jugend-bravo-faktor-jugend/ [30.04.2015]

1 Prüfe, welche der folgenden Aussagen sich auf die Grafik stützen könnten. Kreuze an und begründe. Starthilfen findest du in der Tabelle.

Anhand der Grafik	begründbar	nicht begründbar	Begründung
Jugendliche bevorzugen bestimmte Marken, weil sie deren Qualität geprüft haben.	☐	☐	Die Qualität der Marken wird in der Grafik überhaupt nicht erwähnt.
Jugendliche wollen mit ihrer Entscheidung für bestimmte Marken meist zu einer Gruppe gehören.	☐	☐	Immerhin sagen 67 % der Befragten,
Jugendliche kaufen bevorzugt teure Marken.	☐	☐	Nur 8 %

2 Formuliere einen Argumentationsgedanken:

Behauptung	Jugendliche konsumieren auch, um das zu haben, was viele andere …
Begründung	Eine Untersuchung _____, dass 67 % der befragten Jugendlichen …
Beispiel	Wenn ein Jugendlicher ein _____-phone kauft, könnte dies beispielsweise den Grund haben, dass er das Handy haben möchte, das …

Autor: Frank Schneider
Foto: © Shutterstock/glamour

Eine Grafik für eine Argumentation nutzen

Was Marken bei Jugendlichen in den Fokus bringt

Alle tragen sie, jeder hat oder will sie.	67 %
Die Marke ist in Werbung und Medien präsent.	36 %
Die Marke ist Gesprächsthema.	23 %
Man kann die Marke überall kaufen.	8 %
Die Marke ist teurer als andere.	8 %

Fakten entnommen aus: www.baueradvertising.de/jugend-bravo-faktor-jugend/ [30.04.2015]

1 Schau die Grafik an. Bearbeite die Tabelle mit Hilfe der Grafik. Kreuze an, welche Aussage zutrifft und welche beiden Aussagen falsch sind.

Anhand der Grafik	begründbar	nicht begründbar	Begründung
Jugendliche bevorzugen bestimmte Marken, weil sie deren Qualität geprüft haben.	☐	☐	Die Qualität der Marken wird in der Grafik überhaupt nicht erwähnt.
Jugendliche wollen mit ihrer Entscheidung für bestimmte Marken meist zu einer Gruppe gehören.	☐	☐	Immerhin sagen 67 % der Befragten, dass sie Marken wichtig finden, wenn sie alle tragen.
Jugendliche kaufen bevorzugt teure Marken.	☐	☐	Nur 8 % sagen von sich, teure Marken kaufen zu wollen.

2 Formuliere einen Argumentationsgedanken:

Behauptung	Jugendliche konsumieren auch, um …
Begründung	Eine Untersuchung _____, dass 67 % der befragten Jugendlichen sich für Marken interessieren, die viele tragen. Sie wollen also offenbar auch die Marken besitzen, die _____ bevorzugen.
Beispiel	Wenn ein Jugendlicher ein _____-phone kauft, könnte dies beispielsweise den Grund haben, dass er das Handy haben möchte, das _____ auch haben.

Informationen aus einem Text für ein Flugblatt nutzen

Zwölf Millionen Tonnen Plastik jährlich
BUND ruft zum Plastikfasten auf

Berlin. Der Bund für Umwelt und Naturschutz Deutschland (BUND) hat Verbraucherinnen und Verbraucher dazu aufgerufen, parallel zur christlichen Fastenzeit bis Ostern so weit wie möglich auf Plastik zu verzichten. In Deutschland würden jährlich rund 12 Millionen Tonnen Plastik verbraucht. Damit lägen die Deutschen europaweit an der Spitze.

Das teilt der BUND in einer Presseerklärung mit. „Fünf Millionen Tonnen Plastik landen pro Jahr im Müll. Dies stellt eine enorme Verschwendung von Ressourcen und eine unzumutbare Umweltbelastung dar", sagte der BUND-Abfallexperte Rolf Buschmann der Mitteilung zufolge. „Seit den neunziger Jahren hat sich die Menge an Plastikmüll hierzulande verdoppelt. Nicht einmal die Hälfte davon wird recycelt. Das meiste wird mit dem Restmüll verbrannt. Der viel zu hohe Verbrauch an Plastiktüten, Plastikverpackungen oder Plastikspielzeug ist leider inzwischen Alltag geworden", so Buschmann.

Viele Plastikgegenstände würden inzwischen Meere und Strände verschmutzen. Riesige Plastikstrudel, Plastikreste und winzige Plastikteilchen würden Meerestieren wie Seevögeln, Seehunden, Walen und Delfinen zum Verhängnis. Sie strangulierten sich mit Plastikresten oder verwechselten die Teile mit Nahrung und verhungerten dann, weil ihre Mägen mit Plastik gefüllt seien. Unsichtbare Mikroplastikteilchen würden von Fischen verschluckt, was zu Vergiftungen führe.

„Verbraucherinnen und Verbraucher können relativ einfach zur Reduzierung von Plastikmüll beitragen. Ein Anfang ist der Verzicht auf Plastiktüten. Hiervon werden in Deutschland jährlich 6 Milliarden benutzt und die einzelne Tüte im Schnitt nur 25 Minuten", wird Buschmann weiter zitiert. Eine Alternative seien Stoffbeutel. Konsumenten sollten außerdem die Plastikverpackungen in den Läden zurücklassen oder zu Produkten ohne Verpackungen greifen. Getränke in Mehrwegverpackungen seien vorzuziehen.

Darüber hinaus fordert das Umweltbundesamt, die Bezahlpflicht für Plastiktüten auszuweiten. Denn die Tüten würden nur unnötig Abfall erzeugen, Ressourcen verbrauchen und zum Teil in Binnengewässern und Meeren landen. Laut der Gesellschaft für Verpackungsmarktforschung werden in Deutschland jährlich pro Kopf 76 Einwegtragetaschen und 39 dünne Plastiktüten für Obst, Gemüse oder Aufschnitt verbraucht.

www.noz.de/deutschland-welt/gut-zu-wissen/artikel/455974/bund-ruft-zum-plastikfasten-auf [25.08.2015]

1 Formuliere mit den Angaben aus dem Artikel ein Flugblatt, das zum Plastikfasten auffordert. Lies im Deutschbuch auf Seite 44 nach, woran du denken solltest.

Mehr als 5000 gebrauchte Plastiktüten bilden am 17.07.2013 am Strand von Niendorf (Schleswig-Holstein) zusammengeknotet einen Fisch.
Mit diesem Guinness-Rekord für die längste Plastiktütenkette der Welt möchte das „Sealife" auf die wachsende Menge von Plastikmüll in den Meeren aufmerksam machen.

Informationen aus einem Text für ein Flugblatt nutzen

Zwölf Millionen Tonnen Plastik jährlich
BUND ruft zum Plastikfasten auf

Berlin. Der Bund für Umwelt und Naturschutz Deutschland (BUND) hat Verbraucherinnen und Verbraucher dazu aufgerufen, parallel zur christlichen Fastenzeit bis Ostern so weit wie möglich auf Plastik zu verzichten. **In Deutschland würden jährlich rund 12 Millionen Tonnen Plastik verbraucht.** Damit lägen die Deutschen europaweit an der Spitze.

Das teilt der BUND in einer Presseerklärung mit. „Fünf Millionen Tonnen Plastik landen pro Jahr im Müll. Dies stellt eine enorme Verschwendung von Ressourcen und eine unzumutbare Umweltbelastung dar", sagte der BUND-Abfallexperte Rolf Buschmann der Mitteilung zufolge. „Seit den neunziger Jahren hat sich die Menge an Plastikmüll hierzulande verdoppelt. Nicht einmal die Hälfte davon wird recycelt. Das meiste wird mit dem Restmüll verbrannt. Der viel zu hohe Verbrauch an Plastiktüten, Plastikverpackungen oder Plastikspielzeug ist leider inzwischen Alltag geworden", so Buschmann.

Viele Plastikgegenstände würden inzwischen Meere und Strände verschmutzen. **Riesige Plastikstrudel, Plastikreste und winzige Plastikteilchen würden Meerestieren wie Seevögeln, Seehunden, Walen und Delfinen zum Verhängnis.** Sie strangulierten sich mit Plastikresten oder verwechselten die Teile mit Nahrung und verhungerten dann, weil ihre Mägen mit Plastik gefüllt seien. Unsichtbare Mikroplastikteilchen würden von Fischen verschluckt, was zu Vergiftungen führe.

„Verbraucherinnen und Verbraucher können relativ einfach zur Reduzierung von Plastikmüll beitragen. Ein Anfang ist der **Verzicht auf Plastiktüten**. Hiervon werden in Deutschland jährlich 6 Milliarden benutzt und die einzelne Tüte im Schnitt nur 25 Minuten", wird Buschmann weiter zitiert. Eine Alternative seien Stoffbeutel. Konsumenten sollten außerdem die Plastikverpackungen in den Läden zurücklassen oder zu Produkten ohne Verpackungen greifen. Getränke in **Mehrwegverpackungen** seien vorzuziehen.

Darüber hinaus fordert das Umweltbundesamt, die Bezahlpflicht für Plastiktüten auszuweiten. Denn die Tüten würden nur unnötig Abfall erzeugen, Ressourcen verbrauchen und zum Teil in Binnengewässern und Meeren landen. Laut der Gesellschaft für Verpackungsmarktforschung werden in Deutschland jährlich pro Kopf **76 Einwegtragetaschen** und 39 dünne Plastiktüten für Obst, Gemüse oder Aufschnitt verbraucht.

www.noz.de/deutschland-welt/gut-zu-wissen/artikel/455974/bund-ruft-zum-plastikfasten-auf [25.08.2015]

Mehr als 5000 gebrauchte Plastiktüten bilden am 17.07.2013 am Strand von Niendorf (Schleswig-Holstein) zusammengeknotet einen Fisch.
Mit diesem Guinness-Rekord für die längste Plastiktütenkette der Welt möchte das „Sealife" auf die wachsende Menge von Plastikmüll in den Meeren aufmerksam machen.

2 Konsum: Was brauchen wir? – Überzeugend argumentieren

1 Formuliere mit den Angaben aus dem Artikel ein Flugblatt, das zum Plastikfasten auffordert:

Überschrift	Wollt ihr dabei helfen, dass in den Meeren weniger _____ schwimmt?
Problemlage	Wir Deutschen verbrauchen rund _____ Tonnen Plastik jährlich. Jeder von uns nutzt im Durchschnitt _____ Einwegtragetaschen im Jahr. Damit tragen wir dazu bei, dass in den Meeren _____ _____ _____
Appell	Wir können dies ändern: 1. Verzichtet auf den Gebrauch von _____ 2. Nutzt Getränke in _____
Schlussaussage	Wenn viele von uns am Plastikfasten teilnehmen, haben wir einen kleinen Beitrag dazu geleistet, dass der Plastikmüll im Meer _____ _____

Autor: Frank Schneider

Informationen aus einem Text für ein Flugblatt nutzen

Zwölf Millionen Tonnen Plastik jährlich
BUND ruft zum Plastikfasten auf

Berlin. Der Bund für Umwelt und Naturschutz Deutschland (BUND) hat Verbraucherinnen und Verbraucher dazu aufgerufen, parallel zur christlichen Fastenzeit bis Ostern so weit wie möglich auf Plastik zu verzichten. **In Deutschland würden jährlich rund 12 Millionen Tonnen Plastik verbraucht.** Damit lägen die Deutschen europaweit an der Spitze.

Das teilt der BUND in einer Presseerklärung mit. „Fünf Millionen Tonnen Plastik landen pro Jahr im Müll. Dies stellt eine enorme Verschwendung von Ressourcen und eine unzumutbare Umweltbelastung dar", sagte der BUND-Abfallexperte Rolf Buschmann der Mitteilung zufolge. „Seit den neunziger Jahren hat sich die Menge an Plastikmüll hierzulande verdoppelt. Nicht einmal die Hälfte davon wird recycelt. Das meiste wird mit dem Restmüll verbrannt. Der viel zu hohe Verbrauch an Plastiktüten, Plastikverpackungen oder Plastikspielzeug ist leider inzwischen Alltag geworden", so Buschmann.

Viele Plastikgegenstände würden inzwischen Meere und Strände verschmutzen. **Riesige Plastikstrudel, Plastikreste und winzige Plastikteilchen würden Meerestieren wie Seevögeln, Seehunden, Walen und Delfinen zum Verhängnis.** Sie strangulierten sich mit Plastikresten oder verwechselten die Teile mit Nahrung und verhungerten dann, weil ihre Mägen mit Plastik gefüllt seien. Unsichtbare Mikroplastikteilchen würden von Fischen verschluckt, was zu Vergiftungen führe.

„Verbraucherinnen und Verbraucher können relativ einfach zur Reduzierung von Plastikmüll beitragen. Ein Anfang ist der **Verzicht auf Plastiktüten**. Hiervon werden in Deutschland jährlich 6 Milliarden benutzt und die einzelne Tüte im Schnitt nur 25 Minuten", wird Buschmann weiter zitiert. Eine Alternative seien Stoffbeutel. Konsumenten sollten außerdem die Plastikverpackungen in den Läden zurücklassen oder zu Produkten ohne Verpackungen greifen. Getränke in **Mehrwegverpackungen** seien vorzuziehen.

Darüber hinaus fordert das Umweltbundesamt, die Bezahlpflicht für Plastiktüten auszuweiten. Denn die Tüten würden nur unnötig Abfall erzeugen, Ressourcen verbrauchen und zum Teil in Binnengewässern und Meeren landen. Laut der Gesellschaft für Verpackungsmarktforschung werden in Deutschland jährlich pro Kopf **76 Einwegtragetaschen** und 39 dünne Plastiktüten für Obst, Gemüse oder Aufschnitt verbraucht.

www.noz.de/deutschland-welt/gut-zu-wissen/artikel/455974/bund-ruft-zum-plastikfasten-auf [25.08.2015]

Mehr als 5000 gebrauchte Plastiktüten bilden am 17.07.2013 am Strand von Niendorf (Schleswig-Holstein) zusammengeknotet einen Fisch.
Mit diesem Guinness-Rekord für die längste Plastiktütenkette der Welt möchte das „Sealife" auf die wachsende Menge von Plastikmüll in den Meeren aufmerksam machen.

2 Konsum: Was brauchen wir? – Überzeugend argumentieren
Deutschbuch 9

1 Formuliere mit den Angaben aus dem Artikel ein Flugblatt, das zum Plastikfasten auffordert. Setze in die Lücken ein:

> 12 Millionen – Meerestiere – Einwegtragetaschen – Plastikmüll – Mehrwegverpackungen – 76 – Plastikstrudel – weniger wird

Überschrift	Wollt ihr dabei helfen, dass in den Meeren weniger _____ schwimmt?
Problemlage	Wir Deutschen verbrauchen rund _____ Tonnen Plastik jährlich. Jeder von uns nutzt im Durchschnitt _____ Einwegtragetaschen im Jahr. Damit tragen wir dazu bei, dass in den Meeren riesige _____ _____ treiben und vor allem für _____ _____ zum Verhängnis werden.
Appell	Wir können dies ändern: 1. Verzichtet auf den Gebrauch von _____ 2. Nutzt Getränke in _____
Schlussaussage	Wenn viele von uns am Plastikfasten teilnehmen, haben wir einen kleinen Beitrag dazu geleistet, dass der Plastikmüll im Meer _____ _____

Autor: Frank Schneider

Einen Leserbrief überarbeiten

Heute ist „Buy Nothing Day"

Die Idee scheint auf den ersten Blick bizarr[1]. Heute ist der internationale *Buy Nothing Day*, der Kauf-nichts-Tag. Er wurde von Konsumkritikern ausgerufen und wird zum Beispiel auch von Attac[2] unterstützt. Seit 1992 wird er jeweils am letzten Samstag im November begangen und soll schon in 80 Ländern Anhänger haben.

Wie der Name sagt: Heute sollen wir unser Geld bei uns behalten, die Fußgängerzonen allenfalls als Flaniermeilen betrachten, den Besuch im Baumarkt verschieben.

www.taz.de/1/archiv/print-archiv/printressorts/digi-artikel/?ressort=me&dig=2008%2F11%2F29%2Fa0150&cHash=ef13f74878
(gekürzt) [25.08.2015]

---

1 bizarr: seltsam
2 Attac: internationale Bewegung, die dem weltweiten Handel, also der Globalisierung, kritisch gegenübersteht

Leserbrief

Sie erwähnen, dass heute die Fußgängerzonen als Flaniermeilen betrachtet werden sollen.
Aus meiner Sicht ändert ein „Buy Nothing Day" überhaupt nichts. Was sollte er auch ändern? Begründet wird er mit einer Konsumkritik. Aber ist es eine Kritik?
Daher: Es ist seltsam, an einzelnen Tagen auf den Konsum zu verzichten. Ändert stattdessen euer Konsumverhalten und achtet darauf, was ihr kauft.

1 Schlage dein Deutschbuch auf Seite 50 auf und prüfe mit der Checkliste den obigen Leserbrief:

	gut gelungen	teilweise gelungen	nicht gelungen	Verbesserungsidee
Einleitung	☐	☐	☐	
Standpunkt	☐	☐	☐	
Gegenargument genannt	☐	☐	☐	
Entkräftung	☐	☐	☐	
Eigene Argumente	☐	☐	☐	
Schluss	☐	☐	☐	

2 Schreibe eine verbesserte Fassung des Leserbriefs.

Einen Leserbrief überarbeiten

Heute ist „Buy Nothing Day"

Die Idee scheint auf den ersten Blick bizarr[1]. Heute ist der internationale *Buy Nothing Day*, der Kauf-nichts-Tag. Er wurde von Konsumkritikern ausgerufen und wird zum Beispiel auch von Attac[2] unterstützt. Seit 1992 wird er jeweils am letzten Samstag im November begangen und soll schon in 80 Ländern Anhänger haben.
Wie der Name sagt: Heute sollen wir unser Geld bei uns behalten, die Fußgängerzonen allenfalls als Flaniermeilen betrachten, den Besuch im Baumarkt verschieben.

www.taz.de/1/archiv/print-archiv/printressorts/digi-artikel/?ressort=me&dig=2008%2F11%2F29%2Fa0150&cHash=ef13f74878
(gekürzt) [25.08.2015]

1 bizarr: seltsam
2 Attac: internationale Bewegung, die dem weltweiten Handel, also der Globalisierung, kritisch gegenübersteht

Leserbrief

> Sie erwähnen, dass heute die Fußgängerzonen als Flaniermeilen betrachtet werden sollen.
> Aus meiner Sicht ändert ein „Buy Nothing Day" überhaupt nichts. Was sollte er auch ändern? Begründet wird er mit einer Konsumkritik. Aber ist es eine Kritik?
> Daher: Es ist seltsam, an einzelnen Tagen auf den Konsum zu verzichten. Ändert stattdessen euer Konsumverhalten und achtet darauf, was ihr kauft.

1 Schlage dein Deutschbuch auf Seite 50 auf und prüfe mit der Checkliste den obigen Leserbrief:

	gut gelungen	teilweise gelungen	nicht gelungen	Verbesserungsidee
Einleitung	☐	☐	☐	klarer formulieren: _____
Standpunkt	☐	☐	☐	
Gegenargument genannt	☐	☐	☐	- - -
Entkräftung	☐	☐	☐	nicht nur indirekt entkräften, sondern: _____
Eigene Argumente	☐	☐	☐	besser: Wir konsumieren dann ja nicht weniger, sondern nur _____
Schluss	☐	☐	☐	Forderung: Wir müssen unser gesamtes Konsumverhalten daraufhin überprüfen, _____

Autor: Frank Schneider

2 Schreibe eine verbesserte Fassung des Leserbriefs.

In Ihrem Artikel berichten Sie davon, dass in 80 Ländern der letzte Samstag im November von manchen als Buy-Nothing-Day ausgerufen wird, als ein Tag, an dem man nichts _____ _____.

Aus meiner Sicht ändert aber der Buy-Nothing-Day nicht wirklich das Kaufverhalten der _____ _____.

Der Tag soll als _____.

Aber: _____

_____

_____

_____

Zudem wird durch die Aktion überhaupt nicht bedacht, welcher Konsum problematisch ist.

Daher sollten wir _____

_____

_____

Einen Leserbrief überarbeiten

Heute ist „Buy Nothing Day"

Die Idee scheint auf den ersten Blick bizarr[1]. Heute ist der internationale *Buy Nothing Day*, der Kaufnichts-Tag. Er wurde von Konsumkritikern ausgerufen und wird zum Beispiel auch von Attac[2] unterstützt. Seit 1992 wird er jeweils am letzten Samstag im November begangen und soll schon in 80 Ländern Anhänger haben.

Wie der Name sagt: Heute sollen wir unser Geld bei uns behalten, die Fußgängerzonen allenfalls als Flaniermeilen betrachten, den Besuch im Baumarkt verschieben.

www.taz.de/1/archiv/print-archiv/printressorts/digi-artikel/?ressort=me&dig=2008%2F11%2F29%2Fa0150&cHash=ef13f74878 (gekürzt) [25.08.2015]

---

1 bizarr: seltsam
2 Attac: internationale Bewegung, die dem weltweiten Handel, also der Globalisierung, kritisch gegenübersteht

Leserbrief

> Sie erwähnen, dass heute die Fußgängerzonen als Flaniermeilen betrachtet werden sollen.
> Aus meiner Sicht ändert ein „Buy Nothing Day" überhaupt nichts. Was sollte er auch ändern? Begründet wird er mit einer Konsumkritik. Aber ist es eine Kritik?
> Daher: Es ist seltsam, an einzelnen Tagen auf den Konsum zu verzichten. Ändert stattdessen euer Konsumverhalten und achtet darauf, was ihr kauft.

1 Schlage dein Deutschbuch auf Seite 50 auf und prüfe mit der Checkliste den obigen Leserbrief:

	gut gelungen	teilweise gelungen	nicht gelungen	Verbesserungsidee
Einleitung	☐	☐	☐	klarer formulieren
Standpunkt	☐	☐	☐	– – –
Gegenargument genannt	☐	☐	☐	– – –
Entkräftung	☐	☐	☐	besser direkt: Aber ist es eine wirkliche Kritik, wenn man nur an einem einzigen Tag auf _____
Eigene Argumente	☐	☐	☐	1. Wir konsumieren dann ja nicht weniger, sondern nur an anderen Tagen. 2. Es wird gar nicht bedacht, welcher Konsum problematisch ist.
Schluss	☐	☐	☐	Forderung: Wir müssen unser gesamtes Kaufverhalten daraufhin überprüfen, ob es für andere Menschen oder die Umwelt schädlich ist.

Autor: Frank Schneider

2 Verbessere den Leserbrief. Nutze für die Lücken die Verbesserungsvorschläge der rechten Spalte in der Tabelle von Aufgabe 1.

In Ihrem Artikel berichten Sie davon, dass in 80 Ländern der letzte Samstag im November von manchen als Buy-Nothing-Day ausgerufen wird, als ein Tag, an dem man nichts kaufen soll. Aus meiner Sicht ändert aber der Buy-Nothing-Day nicht wirklich das Kaufverhalten der Menschen.

Der Tag soll als _____

Aber: Ist es wirklich eine Kritik?

Wir konsumieren dann _____
_____

Zudem wird _____
_____

Daher sollten wir unser gesamtes _____
_____
_____

Diagnose: Argumentieren

1 Drei Schüler begründen ihre Meinung zum fleischlosen Essen.
Kreuze an, welcher Typ von Argument jeweils vorliegt:

		Wissenschaftliche Erkenntnisse / Statistische Daten	Expertenmeinung	Begründete Erfahrung
a	Selim: 98 % der Tiere, die in Deutschland gegessen werden, stammen aus der Massentierhaltung. Wer dies nicht will, kann mit fleischlosem Essen beginnen.	☐	☐	☐
b	Karlo: Ich bin seit zwei Jahren Vegetarier und kann sagen, dass mir nichts fehlt. Meine Blutwerte sind ebenfalls optimal.	☐	☐	☐
c	Marie: Laut Naturschutzorganisation WWF fördert der hohe Fleischkonsum bei uns den Hunger auf der Welt, da für 1 kg Fleisch mehrere Kilogramm Getreide verfüttert werden müssen.	☐	☐	☐

2 Kreuze an, welche der Aussagen einen Kompromiss zwischen Tim und Luisa darstellt:
— **Tim:** Kaufen kann nicht glücklich machen, denn aus jedem Kauf entsteht sofort ein neues Bedürfnis zu kaufen.
— **Luisa:** Natürlich hat Kaufen etwas mit Glück zu tun, denn zu unserem Glück gehört es, gesund ernährt zu sein, und Lebensmittel muss man natürlich kaufen.

☐ **A** Ich glaube, ihr seid euch einig, dass Kaufen glücklich macht, wenn wir notwendige Dinge kaufen oder neue Bedürfnisse durch den Kauf erzeugen.

☐ **B** Ich glaube, ihr seid euch einig, dass nicht das Kaufen selbst glücklich machen kann, dass man aber durchaus manchmal Dinge kauft, die zu unserem Glück beitragen können.

☐ **C** Ich glaube, ihr seid euch einig, dass Kaufen glücklich macht, wenn man Lebensmittel kauft.

3 Kreuze an, welches der folgenden Gegenargumente Saras Argument entkräftet.
Begründe deine Entscheidung.
Sara: Jugendliche kaufen doch nur aus Markenbewusstsein, so tragen die Mädchen in meiner Klasse alle dieselbe Jeansmarke.

☐ **A** Lea: In unserer Klasse wird aber eine andere Marke getragen. Insofern hat dies mit Markenbewusstsein nichts zu tun.

☐ **B** Philipp: Ich glaube nicht, dass das wirklich für alle Mädchen deiner Klasse gilt.

☐ **C** Nina: Dass alle dieselbe Marke tragen, bedeutet doch noch nicht, dass sie es aus Markenbewusstsein tun. Vielleicht hat diese Marke auch einfach das beste Preis-Leistungs-Verhältnis.

Begründung: _____

4 a Kreuze an, womit ein Leserbrief typischerweise beginnt bzw. endet.

Beginn: Ende:

☐ **A**   Forderung   **A** ☐

☐ **B**   Widerspruch zu einer Behauptung des Artikels   **B** ☐

☐ **C**   Zentrale Aussage des Artikels   **C** ☐

Autor: Frank Schneider

Bewertungsbogen für Diskussionen

Frage	trifft voll zu	trifft eher zu	trifft eher nicht zu	trifft nicht zu	Frage	++/+/–/– –	siehe Seite
1 Ich kann in Diskussionen wichtige Argumente für meinen Standpunkt nennen.	++	+	–	– –	1		S. 34–35
2 Ich kann meine Argumente mit Beispielen veranschaulichen.	++	+	–	– –	2		S. 34–35
3 Ich bin in der Lage, Kompromisse zwischen verschiedenen Standpunkten vorzuschlagen.	++	+	–	– –	3		S. 36–37
4 Ich weiß, wie ich rhetorische Fragen und Doppelpunkttechnik in Diskussionen nutzen kann.	++	+	–	– –	4		S. 40
5 In Diskussionen mache ich immer deutlich, auf wen ich mich beziehe.	++	+	–	– –	5		S. 38
6 Ich kann Gegenargumente gut entkräften.	++	+	–	– –	6		S. 38
7 Ich kann eine Diskussion in einem Protokoll zusammenfassen und dabei die Form eines Protokolls einhalten.	++	+	–	– –	7		S. 41

Autor: Frank Schneider
Foto: © momius/fotolia.com

3 Mein Traumjob – Berufe erkunden und sich bewerben

Konzeption des Kapitels

Mit Beginn der 9. Klasse rückt für viele Schüler/-innen die Berufswahl in den Mittelpunkt ihres Interesses. Viele Firmen schreiben Ausbildungsplätze bereits lange vor dem Einstellungstermin aus, daher sollten die Jugendlichen auf den Einstieg in die Welt der Arbeit, auf Berufswahl, Bewerbung und Vorstellungsgespräch vorbereitet sein. Entsprechend setzen sie sich in diesem Kapitel durch Recherchieren, Festhalten von Ergebnissen im Portfolio und Referate mit den Anforderungen der Berufswelt, den Möglichkeiten der Berufswahl sowie dem berufsbezogenen Schreiben – Bewerbung und Lebenslauf – auseinander.

Im ersten Teilkapitel (**„Die eigene Zukunft planen – Informieren und über Berufe referieren")** vergewissern sich die Jugendlichen der Anforderungen heutiger Unternehmen sowie ihrer persönlichen Stärken und Kenntnisse. Durch die Recherche in Broschüren der Agentur für Arbeit, im Internet und durch das Experteninterview sammeln sie Informationen zu dem von ihnen favorisierten Beruf, ordnen diese im Portfolio und tragen sie schließlich in einem adressatenorientierten Referat vor.

In einem Berufswahlportfolio dokumentieren sie den Entscheidungsprozess für einen Beruf, der ihrem Stärkenprofil entsprechen würde. Hierbei werden die Vortragstechniken von der Recherche, Auswertung und Gliederung des Materials über die Erstellung von Moderationskarten bis zum technisch unterstützten Vortrag des Referats geübt.

Das zweite Teilkapitel (**„Werbung für mich! – Die Bewerbungsmappe")** vertieft die aus Klasse 8 erworbenen Kenntnisse und Fähigkeiten, die bei der Bewerbung um eine Ausbildungsstelle oder beim Absolvieren eines Praktikums eine Rolle spielen: Die Schüler/-innen verfassen und analysieren Aufbau und Gestaltung eines tabellarischen Lebenslaufs, gestalten ein Bewerbungsschreiben mit individuellen Bewerbungstexten und erstellen einen Tagesbericht.

Im dritten Teilkapitel (**„Projekt: ‚Nehmen Sie bitte Platz!' – Das Bewerbungsgespräch trainieren")** steht das Bewerbungsgespräch im Mittelpunkt. Da bei diesem eine gründliche Vorbereitung ausschlaggebend für Erfolg bzw. Misserfolg sein kann, werden wichtige Situationen daraus projektartig im Stegreifspiel simuliert. Durch ein Feedback per Video und über die Klasse werden den Schülerinnen und Schülern das eigene Verhalten sowie die Wirkung auf andere in einer solchen Situation vor Augen geführt.

Literaturhinweise

- *Braun, Barbara / Hoffmann-Ratzmer, Diana / Lindemann, Nicole / Mauerhof, Johannes:* Die Job-Lokomotive. Ein Trainingsprogramm zur Berufsorientierung für Jugendliche. Juventa Verlag, Weinheim/München 2007 (u. a. Checkliste für Vorstellungsgespräche, S. 229; Lebenslauf-Puzzle, S. 215)
- *Bundesagentur für Arbeit:* www.arbeitsagentur.de oder www.jobboerse.arbeitsagentur.de oder www.planet-beruf.de (Tipps rund um das Bewerbungsverfahren)
- *Fenske, Ute (Hg.):* Rund um Methoden. Kopiervorlagen für den Deutschunterricht. Cornelsen, Berlin 2010
- *Homberg, Jens O.:* Rund um den Ausbildungsplatz. Lexika Verlag, Würzburg 2003
- *Kratz, Hans-Jürgen:* Das Vorstellungsgespräch. Optimal vorbereitet auf Ihren Live-Auftritt. Walhalla Verlag, Regensburg [4]2007
- *Schulze, Gina:* Arbeit – Leben – Glück. Wie man herausfindet, was man werden will. Deutscher Taschenbuch Verlag, München 2005
- *Wróbel, Verena:* Richtig gut! Referate halten. Mit der richtigen Vorbereitung punkten: souverän präsentieren und diskutieren. Pons Verlag, Stuttgart 2009

Inhalte	Kompetenzen
	Die Schülerinnen und Schüler
S. 52 **3.1 Die eigene Zukunft planen – Informieren und über Berufe referieren**	
S. 52 Diagramme auswerten	– reflektieren eigene Stärken, Schwächen, Vorlieben und Berufsvorstellungen – werten ein Diagramm aus
S. 53 Erste Informationen sammeln und im Portfolio ordnen	– werten einen Text zu einem Beruf aus – ordnen diese Informationen im Portfolio und geben sie mit eigenen Worten wieder
S. 54 Informationen im Internet recherchieren	– erläutern die Vorgehensweise bei der Internetrecherche – recherchieren zu ihrem Traumberuf – informieren über Erkenntnisse und Probleme beim Recherchieren
S. 55 Experten interviewen	– entwickeln Leitfragen zu einem Beruf – planen ein Experteninterview und führen es durch
S. 56 Ein Referat vorbereiten Einleitung und Hauptteil des Referats gestalten – Anschaulich präsentieren – Den Schluss gestalten – Das Referat frei vortragen und gezielt zuhören	– ordnen Informationen in einer Mind-Map – planen und gliedern das Referat – entwerfen Moderationskarten – gestalten den Vortrag als Folienpräsentation – tragen das Referat technisch unterstützt vor – hören gezielt zu und reflektieren kritisch
S. 60 Teste dich!	– überprüfen ihr Wissen zu Recherche und Referat
S. 61 **3.2 Werbung für mich! – Die Bewerbungsmappe**	
S. 61 Einen Lebenslauf erstellen	– erläutern den gelungenen Aufbau eines Lebenslaufs und erstellen einen solchen
S. 62 Das Bewerbungsschreiben gestalten	– analysieren Aufbau und Funktion eines Bewerbungsschreibens
S. 63 **Fordern und fördern –** Den Bewerbungstext verfassen	– verfassen und gestalten selbst ein Bewerbungsschreiben
S. 65 Einen Tagesbericht für die Praktikumsmappe erstellen	– analysieren und erläutern einen gelungenen Tagesbericht für die Praktikumsmappe – verfassen und überarbeiten einen solchen
S. 66 **3.3 Projekt: „Nehmen Sie bitte Platz!" – Das Bewerbungsgespräch trainieren**	
S. 66 Bewerbungsgespräche üben und bewerten	– erläutern und üben ein Bewerbungsgespräch
S. 67 Den Ablauf eines Bewerbungsgesprächs kennen lernen	– analysieren Fragen und üben Gespräche mit Fragen und passenden Antworten
S. 68 Ein Videofeedback geben	– werten das Verhalten kritisch aus – reflektieren eigene Stärken und Schwächen

3 Mein Traumjob – Berufe erkunden und sich bewerben

S. 51 Auftaktseite

1 Viele Jugendliche wissen in dieser Lebensphase, in der sie sich gerade befinden, oft noch nicht, welchen „Lebensweg" sie einschlagen sollen, oder haben nur vage Vorstellungen davon, wie ihre berufliche Zukunft einmal aussehen könnte. Die Bildmontage möchte dieses Gefühl aufgreifen und bietet den jungen Betrachtern die Möglichkeit, sich diesem Gefühl von Orientierungslosigkeit aufgrund noch nicht gefestigter Zukunftspläne im Klassengespräch zu stellen und sich mit den anderen darüber auszutauschen. Sie bietet durch die dargestellten unterschiedlichen Berufe, die Möglichkeiten der schulischen Weiterbildung und den Austausch mit anderen, aber auch Ideen und Perspektiven für den eigenen Berufsweg an.

2 Die Aufgabe greift das Vorwissen der Schüler/-innen zu den einzelnen Berufen auf. Hier wird ein erstes Informieren geübt, ohne vorher in Broschüren, im Internet recherchiert oder bei Experten nachgefragt zu haben.

3 Bei dieser Aufgabe soll zum einen ein Ranking der beliebtesten Berufe in der Klasse entstehen, zum anderen bietet sie auch den Raum, darüber nachzudenken, warum manche Berufe beliebter sind als andere. Dabei ist es sicherlich auch interessant für die Schüler/-innen festzustellen, ob die eigenen Berufswünsche dem „Mainstream" zumindest der Klasse entsprechen.

4 Erwartungsgemäß werden die Schüler/-innen zunächst die Internetrecherche als wichtigste Informationsquelle angeben. Die Lehrkraft könnte durch Nachfragen zur genauen Vorgehensweise im Internet oder durch Impulse die Klasse auch auf weitere Möglichkeiten der Informationsbeschaffung wie die örtlichen Informationszentren der Bundesagenturen für Arbeit, schulische und betriebliche Berufserkundungs- bzw. Berufsorientierungsveranstaltungen, Zeitungen, Zeitschriften, Bücher, Freunde, Bekannte und Verwandte lenken.

3.1 Die eigene Zukunft planen – Informieren und über Berufe referieren

S. 52 Diagramme auswerten

1 a/b Mögliche Lösung:

Das Diagramm geht der Frage nach, was Personalverantwortlichen in Betrieben bei Ausbildungsplatzsuchenden wichtig ist. Bei den Antworten unterscheidet man zwischen *persönlichen und sozialen Kompetenzen* auf der einen sowie *beruflichen und methodischen Kompetenzen* auf der anderen Seite. Hier liegt der Schwerpunkt ganz eindeutig auf den *persönlich-sozialen Kompetenzen* der Bewerber. Lediglich die Beherrschung der Grundrechenarten wird als beruflich-methodische Kompetenz als dritthäufigste Antwort genannt. Am wichtigsten ist den Personalverantwortlichen die Zuverlässigkeit, gefolgt von der Vertrauenswürdigkeit der künftigen Auszubildenden. Generell ist jedoch festzuhalten, dass die Werte, welche die Häufigkeit der Nennungen ausdrücken, sehr eng beieinanderliegen, woraus man schließen kann, dass den Personalverantwortlichen auch solche Kompetenzen wie Wortwahl (Platz 4), Teamfähigkeit (Platz 5), interkulturelle Kompetenz (Platz 6), Sinn für Fairness (Platz 7), Umgangsformen (Platz 8), Gewissenhaftigkeit (Platz 9) oder auch die Verantwortung im Umgang mit Arbeitsmaterialien (Platz 10) wichtig sind.

2 Den Schülerinnen und Schülern soll bewusst werden, dass in Personalabteilungen der Ausbildungsbetriebe offensichtlich viel Wert auf „klassische Tugenden" wie Zuverlässigkeit, Gewissenhaftigkeit, Umgangsformen etc. gelegt wird und diese auch als Auswahlkriterien gelten, nicht nur gute Schulnoten oder das Interesse am Beruf und am Betrieb. Diese Aufgabe bietet von daher – auch als Partnerarbeit – eine gute Möglichkeit der Selbstreflexion.

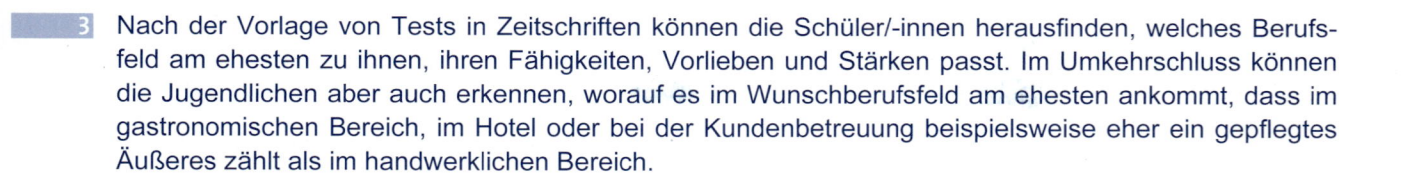

3.1 Die eigene Zukunft planen – Informieren und über Berufe referieren

3 Nach der Vorlage von Tests in Zeitschriften können die Schüler/-innen herausfinden, welches Berufsfeld am ehesten zu ihnen, ihren Fähigkeiten, Vorlieben und Stärken passt. Im Umkehrschluss können die Jugendlichen aber auch erkennen, worauf es im Wunschberufsfeld am ehesten ankommt, dass im gastronomischen Bereich, im Hotel oder bei der Kundenbetreuung beispielsweise eher ein gepflegtes Äußeres zählt als im handwerklichen Bereich.

S. 53 Erste Informationen sammeln und im Portfolio ordnen

Die Methode des Portfolios ist gut geeignet, Arbeitsprozesse zur Berufswahl zu dokumentieren. Auf den folgenden Seiten werden die Schüler/-innen angeregt, ein solches Portfolio für ihre eigene Berufswahl zu erstellen. Zum Verständnis von Aufbau und Funktion des Berufswahlportfolios sind das Deckblatt sowie die ersten beiden Seiten des Portfolios eines Schülers abgedruckt, welche die Lernenden zunächst untersuchen.

1 Das Deckblatt nennt den Namen des Schülers / der Schülerin und das Thema, in diesem Fall die genaue Berufsbezeichnung des Ausbildungsberufs, zu dem recherchiert wird. Außerdem ist es einladend gestaltet, hier durch eine Abbildung.
Das Inhaltsverzeichnis gibt einen Überblick darüber, welche Elemente das Berufswahlportfolio umfasst. Die Themen sind nummeriert (1, 2, 3, 4 = Hauptthemen, 2.1, 2.2 … = Unterthemen).
Die Beispielseite gibt genauere Auskunft über Punkt 1 des Inhaltsverzeichnisses mit der Überschrift „Die Ausbildung".

2 a Richtige Zuordnung der Fachbegriffe: 1 = Deck, 2 = Mast/Spiere, 3 = Rumpf, 4 = Aufbauten

b Die „Seeleute" in der Klasse können sicherlich noch folgende Begriffe nennen bzw. richtig zuordnen: Backbord (vom Heck zum Bug schauend die linke Seite), Steuerbord (entsprechend die andere Seite), Segel, Kombüse bzw. (modern eher:) Galley, Anker, Reling, Heck, Bug, Kiel (Längsverband eines Schiffes, im Boden angebracht), Ruder, Schraube.

3 a Möglicher Dialog:
A: „Was machen eigentlich Bootsbauer bzw. Bootsbauerinnen der Fachrichtung Neu-, Aus- und Umbau?"
B: „Kurz gesagt: Sie konstruieren Boote."
A: „Und welche Art von Booten?"
B: „Das sind zum einen Boote unterschiedlicher Fortbewegungsart wie Segel-, Paddel- oder Ruderboote, aber auch Segel- und Motorjachten. Zum anderen stellen sie aber auch kleinere Fischkutter oder Barkassen her oder andere kleinere Nutzfahrzeuge der Binnen- und Seeschifffahrt."
A: „Und was machen sie da genau?"
B: „Sie bauen einzelne Bauteile wie Rumpf und Deck und fügen diese dann zum Bootskörper zusammen."
A: „Mit größeren Booten oder Schiffen haben die Bootsbauer nichts zu tun?"
B: „Lediglich bei der Herstellung von Masten und Spieren, bei der Fertigung der Aufbauten oder beim Innenausbau sind sie gefragt."
A: „In dem Beruf arbeitet man wahrscheinlich viel mit Holz?"
B: „Ja, aber es werden auch Materialien wie Stahl, Aluminium oder faserverstärkte Kunststoffe verwendet."
A: „Und stellt man in diesem Beruf nur Boote her oder repariert man sie auch?"
B: „Man führt auch Umbau- und Instandsetzungsarbeiten durch."
A: „Was hat man sich darunter vorzustellen?"
B: „Damit z. B. kein Wasser eindringen kann, wird vor allem die Oberfläche des Rumpfes mit speziellen Beschichtungsstoffen lackiert. Oder man repariert Struktur- oder Materialschäden am Rumpf oder an den Aufbauten."

3 Mein Traumjob – Berufe erkunden und sich bewerben

b Mögliche Lösung (vorgegebene Formulierungshilfen sind unterstrichen):
Sie entwickeln Segel-, Paddel- und Ruderboote sowie Segel- und Motorjachten; außerdem aber auch kleinere Fischkutter, Barkassen oder andere kleinere Nutzfahrzeuge der Binnen- und Seeschifffahrt.
Sie bauen einzelne Bauteile wie Rumpf oder Deck und fügen sie zum Bootskörper zusammen.
Sie lackieren beispielsweise die Oberfläche des Rumpfes und behandeln den Unterwasserbereich der Boote mit speziellen Beschichtungsstoffen.
Sie reparieren Struktur- oder Materialschäden am Rumpf oder an den Aufbauten.

c Durch den Vergleich der Lösungen und den Austausch über die Ergebnisse können die Lernenden eventuell falsch oder schlecht Verstandenes berichtigen.

S. 54 Informationen im Internet recherchieren

Diese Seite soll den Schülerinnen und Schülern am Beispiel der Berufe Diamantschleifer/-in und Edelsteingraveur/-in aus dem Bereich der Verarbeitung und Herstellung von Schmuck und Edelmetallen erläutern, wie man bei der Internetrecherche genau vorgeht und auf welche Schwierigkeiten man dabei stoßen kann.

1 a Mögliche Lösung:

Bei der Internetsuche gibt man bei „Suche", „Suche nach" oder bei „Suchbegriff" in einer Suchmaschine zuerst z. B. „Berufe mit Schmuck" ein. Dann erhält man als erstgenannte Treffer meist Seiten wie www.planet-beruf.de oder www.arbeitsagentur.de (vgl. Informationsspeicher im SB S. 55) Am besten geht man gleich auf eine dieser Seiten, z. B. zur Bundesagentur für Arbeit, und gibt dort bei „Beruf/Suchbegriff" den Namen des Berufs ein, nach dem man sucht, oder erst einen allgemeinen Begriff, der mit dem gesuchten Beruf zu tun hat; hier: „Schmuck". Dann erhält man eine gewisse Anzahl an Treffern zu Ausbildungsberufen rund um das Thema „Schmuck". Man kann die Auswahl nach bestimmten Kriterien einschränken oder manchmal auch gruppieren lassen. In diesem Fall setzte die Schülerin ein Häkchen bei „Designer/-in" (Ausbildung) …, bei „Diamantschleifer/-in", bei „Edelsteinfasser/-in" und bei „Edelsteingraveur/-in". Sie klickte bei „Filtern nach" auf „markierte Berufe" und es verschwanden alle Berufe außer den vier markierten.

b Mögliche Lösung:
– Die Schülerin gab in einer Suchmaschine den Begriff „Berufe mit Schmuck" ein.
– Es erschien unter anderem die Adresse der Bundesagentur für Arbeit.
– Sie klickte diese Seite an.
– Sie gab bei der „Suche" das Wort „Schmuck" ein und erhielt 18 Treffer.
– Sie machte ein Häkchen bei „Designer/-in" (Ausbildung) …, „Diamantschleifer/-in", „Edelsteinfasser/-in" und bei „Edelsteingraveur/-in".
– Die Schülerin klickte bei „Filtern nach" auf „markierte Berufe".
– Alle Berufe außer den vier markierten verschwanden.

2 Bei dieser Aufgabe geht es darum, dass die Schüler/-innen Informationen aus einem kurzen Text möglichst vollständig und in eigenen Worten wiedergeben können. Durch das methodische Vorgehen können sie erkennen, wie gut es ihnen gelingt, Informationen zu erfassen und mündlich wiederzugeben.

3 a Diese Aufgabe widmet sich wieder der Weiterarbeit mit dem eigenen Portfolio. Je nach Interesse sollen zum eigenen Traumberuf nach eben gelerntem Muster Informationen gesucht und im Portfolio festgehalten werden.

b Indem die Schüler/-innen ihre Materialsuche beurteilen, reflektieren sie die methodische Vorgehensweise bei der Internetrecherche: Für künftige Recherchen notieren sie sowohl Schwierigkeiten, auf die sie stoßen, als auch individuelle Tipps zur Vorgehensweise.

3.1 Die eigene Zukunft planen – Informieren und über Berufe referieren

S.55 Experten interviewen

1 **Hinweis:** Es erleichtert die Bearbeitung der Aufgabe, wenn die Lehrkraft vorweg den angestrebten Beruf der „Interviewerin" nennt: „Orthopädietechnik-Mechanikerin".

a Die Fragen könnten ungefähr so lauten:
Z. 1: Was genau machen Sie in Ihrem Beruf (als „Orthopädietechnik-Mechanikerin")?
Z. 2: Wie lange dauert die Ausbildung?
Z. 2–3: Was reizt sie besonders an diesem Beruf?
Z. 3–4: Wofür steht eigentlich MINT? Können Sie das erklären?
Z. 4–5: Wie sind Sie auf diesen ausgefallenen Beruf gekommen?
Z. 6: Warum finden Sie, dass MINT-Berufe gerade für Mädchen wichtig sind?

b/c Neben persönlichen Fragen könnten z. B. folgende interessant sein. Die Fragen sind nach ihrer Wichtigkeit sortiert, wobei dieser Aspekt ein bisschen im Auge des Betrachters liegt.
– Wie ist die Ausbildung genau aufgebaut?
– Wie sind die Perspektiven in diesem Beruf?
– Welche Voraussetzungen sollte man Ihrer Ansicht nach für diesen Beruf mitbringen?
– Welches sind bei dieser Ausbildung die genauen Berufsfelder?
– Wie hoch ist bei diesem Beruf der Kundenkontakt?
– Mit welchen Materialien arbeiten Sie?

2 a Richtige Zuordnung: A2, B3, C1, D4

b Mögliche weitere Beispiele zu den Fragefehlern:
A Doppelfrage: Welche Aufstiegsmöglichkeiten gibt es und werden hierfür Kurse angeboten?
B Wertende Frage: Sie würden doch sicher auch gern nicht nur im Sitzen arbeiten?
C Zu enge Frage: Dauert die Ausbildung lang?
D Suggestivfrage: Gefällt Ihnen das stundenlange Sitzen wirklich?
Mögliche **Zusatzaufgabe** zu Aufgabe 2 b:
Erläutert an euren Beispielsätzen, woran ihr den jeweiligen Fragetypus erkannt habt.

c Mögliche Alternativen zu den Beispielsätzen im SB:
1 Wie beurteilen Sie Ihre Ausbildung?
2 Spielt Teamarbeit in diesem Beruf eine große Rolle?
  Wenn Sie nicht diesen Beruf gewählt hätten, welchen könnten Sie sich noch vorstellen?
3 Welche Vor- und Nachteile sehen Sie in der Tatsache, dass man den Beruf üblicherweise drinnen, also in geschlossenen Räumen ausübt?
4 Wie empfanden Sie den Berufsschulunterricht?

S.56 Ein Referat vorbereiten

1 Mögliche Lösung (Begriffe zur hierarchischen Ordnung sind unterstrichen):
Die Mind-Map hält Rechercheergebnisse zum Beruf des Pferdewirts / der Pferdewirtin fest. Der Schüler gliedert in der Mind-Map das Thema „Pferdewirt/-in" in vier Unterthemen, nämlich in „Fachrichtungen des Berufs", „Berufsausbildung", „Traum und Realität" sowie „therapeutisches Reiten".
Unter dem Oberbegriff „Fachrichtungen" fasst er die beiden Unterbegriffe „Spezialreitwesen" und „Reitausbildung". Bei diesen beiden Unterbegriffen wiederum führt er Haupttätigkeiten dieser Fachrichtungen auf. Das sind beim „Spezialreitwesen" die Vorbereitung von Pferdewettkämpfen und bei der „Reitausbildung" das Pferdetraining, d. h. Dressur, Springen, Beratung und Unterricht.
Dem Oberbegriff „Ausbildung" ordnet er drei Unterbegriffe zu: die Orte, z. B. Gestüte, Reitschulen oder Zuchtbetriebe, und die Dauer, nämlich drei Jahre, sowie den Verdienst während der Ausbildung, der zwischen 468 € und 674 € liegt.
Beim Oberbegriff „Traum und Realität" unterscheidet er zwischen dem „Knochenjob" und dem „Mädchentraum". Als Beispiel für den ersten Unterbegriff nennt er die Arbeit bei jedem Wetter in 40 Wochenstunden, für den zweiten Unterbegriff erläutert er, dass viele ihr Hobby zum Beruf machen. Als letzten Oberbegriff erwähnt der Schüler das „therapeutische Reiten". Er unterscheidet hier als Unterbegriffe

89

3 Mein Traumjob – Berufe erkunden und sich bewerben

zwischen dem heilpädagogischen Reiten, bei dem es um den Kontakt mit Menschen geht, und dem heilpädagogischen Voltigieren, das eine angstlösende Wirkung haben kann.

2 a Gemeinsam und ähnlich bei den Fachrichtungen A und B sind der enge und ständige Kontakt mit den Pferden beim Füttern, Tränken und Pflegen sowie das Sauberhalten von Stall und Ausrüstung. Außerdem beraten alle ihre Kunden, wobei es bei A eher um die allgemeine Pflege und Ernährung geht, während bei B zusätzlich noch die Beratung beim Kauf und beim speziellen Umgang mit Zuchtpferden dazukommt.

b Als Unterschiede bei der Ausbildung könnte man folgende Punkte nennen:
  A Pferdehaltung und Service: Pferdewirtinnen und -wirte dieser Fachrichtung kümmern sich allgemein um die Erhaltung und Gesundheit von Pferden, rüsten sie mit Zaumzeug und Sätteln aus, sorgen für genügend Bewegung und bei Bedarf für einen schonenden Transport.
  B Pferdezucht: Bei dieser Fachrichtung geht es, wie der Name schon sagt, eher um die Aufzucht von Pferden, die für Zucht- und Leistungsschauen oder andere Wettkämpfe vorgesehen sind. Aus diesem Grund spielt hier die Vorbereitung der Tiere auf künstliche Besamung oder natürliche Paarung eine wesentliche Rolle.

c Man könnte die Mind-Map z. B. so ergänzen:

Spezialreitwesen:
Pferdewettkämpfe vorbereiten

Pferdehaltung und Service:
Tierhaltung: Ernährung, Gesundheit, Pflege und Bewegung

Fachrichtungen

Reitausbildung:
Pferdetraining: Dressur, Springen, Beratung und Unterricht

Pferdezucht:
Aufzucht, Pflege, Vorbereitung von Zuchtpferden für Leistungsschauen

Siehe hierzu auch die **Folie** „Ein Referat vorbereiten" auf der CD-ROM.

3 Die Schüler/-innen sollen bei dieser Aufgabe nach dem Muster im SB die Informationen zu ihrem Traumberuf gebündelt und gegliedert auf Karteikarten notieren und dabei Haupt- und Unterpunkte entsprechend nummerieren. Im SB wurde das wissenschaftliche Beispiel der Nummerierung gewählt, damit die Lernenden dies kennen lernen. Die Lehrkraft könnte aber auch je nach Lerngruppe auf einfachere Verfahren der Gliederung und Nummerierung verweisen, z. B.: Ziffern (1, 2, 3) für die Hauptpunkte und Buchstaben (a, b, c) für die Unterpunkte. Eine weitere Möglichkeit ist es, auf die Nummerierung ganz zu verzichten und die Gliederung nur durch Unterstreichungen, Fett- und Kursivschrift oder Ähnliches zu gestalten.

S. 57 Einleitung und Hauptteil des Referats gestalten

1 a Folgende Zuordnung ist richtig: A3, B4, C1, D2, E5.

b Nach der Bewusstmachung von Sinn und Funktion so genannter Ohröffner sollen die Schüler/-innen bei diesem Ratespiel selbst geeignete Ohröffner zu ausgewählten Berufen finden.

2 a Die Informationen aus den Moderationskarten wurden beim Vortrag A richtig aufgenommen. Bei B hingegen wurden die Zahlen 20 und 40 verwechselt. Es wird nicht bis zu 20 Wochenstunden hart gearbeitet, sondern 40 und mehr, während dabei manchmal bis zu 20 und nicht 40 Boxen ausgemistet werden müssen.

b Durch ein Vergleichen der Beurteilungen ist eine gemeinsame Lösung der beiden Lerngruppen gewährleistet. Es ist zu empfehlen, dass die Lehrkraft darauf achtet, dass die Schüler/-innen ihren Begründungen auch konkrete Beispiele beifügen.

c/d Lösungshinweise:

Die Ausarbeitung B ist besser gelungen, da A die stichwortartigen Informationen der Moderationskarte aufgreift und sprachlich fast genauso stichwortartig wiedergibt.

Im Einzelnen (die Punkte zur Beurteilung sind unterstrichen):

- Bei Beispiel B wird das Publikum <u>direkt angesprochen</u> und dadurch in den Vortrag miteinbezogen, z. B. durch Formulierungen wie „zeige ich euch", „wisst ihr".
- Außerdem wird mit <u>Ohröffnern und Aufmerksamkeitsankern</u> von Beginn an neugierig gemacht, miteinbezogen und „bei der Stange gehalten". Nachdem das nächste Unterthema des Referats vorgestellt worden ist, wird durch die etwas klischeehafte Gender-Bemerkung im zweiten Satz das Publikum zur Zustimmung oder aber zu stillem Protest animiert. Bei der gezielt die Jugendlichen ansprechenden Frage „Aber wisst ihr, dass ...?" handelt es sich um einen typischen Aufmerksamkeitsanker.
- Durch den Anfang mit den Worten „Als Nächstes ..." wird zum Unterthema des Referats „Traum und Wirklichkeit" <u>übergeleitet</u>.
- Die Sätze sind mit zehn Wörtern im fünften Satz bis höchstens 20 Wörtern im letzten Satz <u>nicht so kurz</u>, dass sie stakkatohaft und zusammenhanglos wirken, sie sind aber auch <u>nicht so lang und verschachtelt</u>, dass man sich als Zuhörer/-in zum Schluss des Satzes nicht mehr an den Anfang erinnert.
- Wenn die Zahlen richtig von der Moderationskarte übertragen worden wären, dann wären die Beispiele dafür, dass es sich um harte Arbeit handelt, gelungen. Vor allem das Beispiel des letzten Satzes („reichen nicht ein paar Äpfel") kann man hier als gelungen anführen: Hier wird gesagt, dass man viel Kraft brauche, um die Pferde allein schon ausreichend zu füttern, und dass dies mit ein paar Äpfeln nicht getan sei. Dieser Punkt (<u>passende Beispiele</u>) ist übrigens auch bei A gelungen.
- <u>Anschauliche Begriffe</u> werden bei beiden Ausarbeitungen verwendet, wobei es sich bei A mit den Begriffen „Hobby zum Beruf machen" und „Knochenjob" schon fast erschöpft. Bei B variieren die Verben in der Aktiv- und Passivform und es werden mit „hart arbeiten", „wie bei Freizeitbesuchen auf dem Gestüt", „bei richtig nasskaltem Wetter" oder „ein paar Äpfel" anschauliche Formulierungen verwendet.

S. 58 Anschaulich präsentieren

1 Vermutlich entscheiden sich die meisten für die Folienpräsentation 2, wenngleich alle drei durchaus gelungen sind und wichtige Aspekte der Moderationskarte genannt werden. Während Nr. 1 zwar die harte Arbeit darstellt, ist auf dem Foto ein Mann abgebildet, sodass der Aspekt des Widerspruchs von Traum und Wirklichkeit v. a. von Mädchen entfällt. Bei Nr. 3 ist dieser Aspekt grafisch umgesetzt und es sind in der Mind-Map auch ansonsten alle wichtigen Informationen knapp enthalten, sodass man eine solche Folienpräsentation als Unterstützung zum Vorgetragenen durchaus wählen könnte. Am besten geeignet ist allerdings Nr. 2, da alle Aspekte durch die Gestaltung der Grafik sehr schön und anschaulich umgesetzt wurden.

2 Die Schüler/-innen wenden das eben Erarbeitete auf ihr eigenes Referat an und bekommen durch ein Partner-Feedback vor dem Vortrag ihrer Folienpräsentation die Möglichkeit, passendes Material zu finden.

S. 58 Den Schluss gestalten

1 a Der dritte Schluss rechts wird wohl eher nicht favorisiert, da er unschön formuliert ist, keine Zusammenfassung bringt und eventuelle Fragen von vornherein ausschließt. Der Schluss in der Mitte fasst kurz Wichtiges zusammen und gibt die eigene Meinung wieder. Fraglich ist hierbei aber, warum die Person, die ein Referat zu ihrem Traumberuf gewählt hat, zum Schluss von diesem Beruf abrät und, pauschal und ohne näher darauf eingegangen zu sein, zu einem „Bürojob" tendiert. Demgegenüber fasst der erste Schluss links das Wichtigste zusammen und erwähnt auch die Schattenseiten des Berufs. Gleichzeitig begründet der Verfasser plausibel, warum er sich dennoch für diesen Beruf entschieden hat.

3 Mein Traumjob – Berufe erkunden und sich bewerben

    b Möglicher weiterer Schlussteil:
Obwohl der Beruf des Pferdewirts sehr anstrengend und manchmal auch eintönig sein kann, werde ich mich trotzdem dafür entscheiden. Denn der Umgang mit Tieren ist abwechslungsreich und gibt viel Freude, und die Arbeit im Stall und auf der Koppel hält fit und gesund.

2 a–e Diese Aufgabe bündelt die Anforderungen der Seiten 56 bis 58. Die Schüler/-innen nehmen ihre im Portfolio begonnenen Aufzeichnungen aus der Recherche zu ihrem Traumberuf (SB S. 54, Aufg. 3a), sortieren, gliedern und nummerieren diese, erstellen Kartei- bzw. Moderationskarten (SB S. 54, Aufg. 3) und entwickeln Einleitung, Haupt- und Schlussteil des Referats. Hierbei sollten vor allem „Ohröffner", „Aufmerksamkeitsanker" sowie passende Folien zur Veranschaulichung nicht fehlen.

S. 59 Das Referat frei vortragen und gezielt zuhören

1 a–c Das kooperative Aufgabenformat ermöglicht es, dass die Lernenden Unterschiede bei der Sprechweise und in der Körperhaltung bemerken und im Stegreifspiel erleben. Sie geben sich gegenseitig Feedback dazu, stellen sicherlich Unterschiede fest und können damit die eigene Wirkung beim Vortragen auf das Publikum besser einschätzen. Wichtig dabei ist – und es wird empfohlen, dass die Lehrkraft darauf achtet –, dass die Jugendlichen nicht sich selbst darstellen und möglichst authentisch vortragen, sondern dass sie bewusst in eine Rolle schlüpfen und unterschiedliche Arten des Vortrags vorspielen, auch solche, die vermeintlich ungeeignet scheinen, z. B. das zu leise und zu schnelle Sprechen bzw. das wilde Gestikulieren mit den Armen.

    d Siehe Lösung zu Aufgabe 2 a/b.

2 a Mögliche Lösung:
– Setze dich entspannt hin und konzentriere dich auf das Thema des Vortrags.
– Halte mit dem Vortragenden Blickkontakt.
– Schau hin und wieder auf die Folie oder das Handout, um den Inhalt thematisch besser einordnen zu können und zu wissen, an welchem Punkt der Vortragende angelangt ist.
– Notiere in Stichworten Fragen und Einwände für die Diskussion am Ende.

    b Die sinnvollen Verhaltensweisen lauten:
A Ich blicke den Vortragenden an.
B Ich bewahre eine offene Körperhaltung.
C Ich nicke manchmal zustimmend.
D Ich höre die ganze Zeit schweigend zu.
E Ich notiere Wichtiges.

3 Mit Hilfe eines Feedbackbogens können die Schüler/-innen sowohl dem Vortragenden als auch den Zuhörern eine Rückmeldung geben. Dazu wird die Klasse in drei Gruppen eingeteilt:
A Vortragende,
B Zuhörer/-innen (Feedback zu Inhalt und Vortragsweise),
C Beobachter/-innen des Publikums (Feedback für Zuhörer/-innen).

S. 60 Teste dich!

1 Der Tandembogen bietet den Schülerinnen und Schülern eine gute Möglichkeit, zusammen mit dem Lernpartner / der Lernpartnerin ohne die Lehrkraft zu überprüfen, welche der im Teilkapitel erworbenen Kenntnisse und Fähigkeiten sie schon beherrschen und welche noch vertieft bzw. geübt werden sollten.

3.2 Werbung für mich! – Die Bewerbungsmappe

S. 61 Einen Lebenslauf erstellen

1

Lebenslauf

Angaben zur Person

Name:	**Maxim Kirsch**
Anschrift:	Roncallistr. 50
	53842 Rungsheim
	Tel.: 0123/45678
	E-Mail: Maxim03@e-mail.de
Geburtstag:	8. Februar 2001

⟶ 1

⟶ 2

Schulbildung

2007–2011	Grundschule Oberdorf
seit 2011	Helene-Lange-Gesamtschule Düsseldorf

⟶ 3

Praktische Erfahrungen

02.04.–13.04.2016	Praktikum als Gärtner, Gärtnerei Blum, Rungsheim

⟶ 4

Persönliche Fähigkeiten und Kompetenzen

Computerkenntnisse:	vertiefte EDV-Kenntnisse in MS-Word und Excel
Sprachkenntnisse:	Englisch
Persönliche Stärken:	Zuverlässigkeit, Belastbarkeit, Teamfähigkeit

⟶ 5

Hobbys Lesen, Volleyball ⟶ 6

Rungsheim, den 10. März 20..
Maxim Kirsch ⟶ 7

---

2 a/b Mögliche Lösung (Lösungen ●●● nicht unterstrichen, Zweck: *kursiv*):

1. <u>Persönliche Daten</u>; Überschrift und Name in der Regel fett hervorgehoben
   Die Personalverantwortlichen können dadurch schnell und ohne langes Suchen den Bewerber / die Bewerberin kontaktieren. Beim Geburtsdatum interessiert das Alter.
2. <u>Bewerbungsfoto</u>; möglichst neutral gehaltenes Porträtfoto, am rechten oberen Rand
   Die Personalverantwortlichen sollen sich einen ersten optischen Eindruck verschaffen können.
3. <u>Schulbildung</u>; Die Überschrift ist fett hervorgehoben; hier werden mit den Jahreszahlen die Zeiten ab der Grundschule bis zum Zeitpunkt der Bewerbung genannt.
   Anhand dieser Angaben können die Personalverantwortlichen leicht erkennen, ob jemand die altersgemäß üblichen Schulaufzeiten absolviert hat.
4. <u>Praktische Erfahrungen</u>; fett hervorgehoben, alle Kurse, Praktika oder Ferienjobs in einer Firma unter Angabe der genauen Zeiten
   Immer mehr Firmen achten bei der Auswahl der Bewerber/-innen darauf, ob Interesse am Beruf bzw. Berufsfeld besteht und ob hier schon einmal „hineingeschnuppert" oder ein Praktikum gemacht wurde.

Foto: © F1online

5 Wichtige Fähigkeiten für die Ausbildung; alle für den Beruf wichtigen Kenntnisse, Fähigkeiten und persönlichen Stärken, aufgelistet in einer Tabelle
Die Personalverantwortlichen können schnell feststellen, wie geeignet ein Bewerber / eine Bewerberin für die Stelle ist.
6 Persönliche Interessen; Hobbys und persönliche Interessen wahrheitsgemäß nennen
Die Personalverantwortlichen ersehen daraus, was für ein Typ die Bewerberin / der Bewerber ist, was sie/er gern macht und was sie/ihn privat interessiert.
7 Ort, Datum, Unterschrift; wichtiger Bestandteil auch des Lebenslaufs, die Unterschrift muss eigenhändig sein und aus Vor- und Nachnamen bestehen
Damit bestätigt die unterzeichnende Person, dass die Angaben der Wahrheit entsprechen und überprüft werden können. So kann z. B. ein Chef bei der Praktikumsfirma anrufen und dort nachfragen. Außerdem kann der Betrieb erwarten, dass die Angaben aktuell sind und z. B. bei Rückantworten nicht erst die aktuelle Telefonnummer oder Anschrift recherchiert werden muss.

Alternative Vorgehensweise
Damit die Schüler/-innen das Schreiben eines Lebenslaufs einüben können, könnte die Lehrkraft der Klasse folgende produktive Aufgabe stellen:
Jeder notiert auf einem Zettel in einer Art Internetprofil seine persönlichen Daten, Hobbys, Vorlieben, Lieblingsfächer bzw. alles, was er über sich preisgeben möchte, in einem fortlaufenden Text. Danach werden die Zettel eingesammelt, gemischt und wieder verteilt. Nun verfassen die Schüler/-innen aus den Daten des Internetprofils für die entsprechende Person einen Lebenslauf. Daten, die in den Lebenslauf gehören, aber nicht genannt sind, sollen erfragt oder erfunden werden.

S. 62 Das Bewerbungsschreiben gestalten

Siehe hierzu die **Folie** „Ein Bewerbungsschreiben verfassen und gestalten" auf der CD-ROM.

Entscheidende Bestandteile einer vollständigen Bewerbungsmappe sind das Bewerbungsschreiben, der Lebenslauf und die Anlagen, z. B. Zeugniskopien oder Praktikumsnachweise.

Das Bewerbungsschreiben besteht aus folgenden Bestandteilen (Zweck: *kursiv* gedruckt):
1 aktuelles Datum: *Es zeigt, dass die Angaben aktuell sind, und ggf. auch, ob Fristen eingehalten wurden.*
2 Adresse des Absenders (der Bewerberin / des Bewerbers): *für den Empfänger nötige Angaben, um antworten zu können*
3 genaue Anschrift des Empfängers: *möglichst genaue Angaben, d. h. auch mit Namen der Person, die für die Bewerbungen zuständig ist, damit die Bewerbung ohne Umwege bzw. Zeitverzögerungen an die richtige Stelle kommt*
4 Betreff: *Es wird gesagt, worum es geht, denn manche Firmen bekommen Bewerbungen für unterschiedliche Berufe, Bereiche oder auch für Ausbildungsstellen und Praktika.*
5 Anrede: *üblicher Akt der Höflichkeit; mit Namen der entsprechenden Person, falls bekannt, ansonsten „Sehr geehrte Damen und Herren"*
6 Bewerbungstext: *nimmt Bezug auf die Stelle, um die man sich bewirbt, und geht individuell auf die eigene Person und Fähigkeiten ein (vgl. ANDA-Methode, SB S. 63).*
7 Grußformel: *üblicher Akt der Höflichkeit*
8 eigenhändige, leserliche Unterschrift: *Der Bewerber / Die Bewerberin dokumentiert damit, dass er/sie den Bewerbungstext selbst verfasst hat und dass der Inhalt der Wahrheit entspricht.*
9 Anlagen: *Es wird alles stichwortartig genannt, was dem Bewerbungsschreiben beigefügt ist. Die Personalverantwortlichen bzw. die Person im Sekretariat kann so schnell überprüfen, ob alle notwendigen Unterlagen vorhanden sind, und schließt daraus auch auf die Zuverlässigkeit und Achtsamkeit des Bewerbers / der Bewerberin.*

S. 63 Fordern und fördern – Den Bewerbungstext verfassen

1 Mögliche Lösung:
1. Durch positive Berichte und Erzählungen einer Freundin habe ich erfahren, dass Sie einen Ausbildungsplatz zum/zur „Mediengestalter/-in Digital und Print" der Fachrichtung „Gestaltung und Technik" zu vergeben haben.
2. Mit großem Interesse habe ich in der Tageszeitung gelesen, dass Sie einen Ausbildungsplatz zum/zur „Mediengestalter/-in Digital und Print" der Fachrichtung „Gestaltung und Technik" zu vergeben haben.
3. Beim Besuch eines Berufsberaters wurde mir empfohlen, mich um eine Ausbildung als „Mediengestalter/-in Digital und Print" der Fachrichtung „Gestaltung und Technik" in Ihrem Unternehmen zu bewerben.

2 Mögliche Lösung:
Zurzeit besuche ich die 9. Klasse der Lessing-Gesamtschule, die ich nächstes Jahr mit der mittleren Reife erfolgreich abschließen werde.

3 Mögliche Lösung:
– Meine Entscheidung für den Beruf als „Mediengestalter/-in Digital und Print" der Fachrichtung „Gestaltung und Technik" begründet sich auf meinem großen Interesse, Ideen zu visualisieren und zu zeichnen.
– Meine Freizeit verbringe ich zu einem beträchtlichen Teil mit der Veranschaulichung meiner Ideen am Computer.
– Da ich in meiner Freizeit gern zeichne und Ideen am Computer veranschauliche, würde mich eine Ausbildung als „Mediengestalter/-in Digital und Print" der Fachrichtung „Gestaltung und Technik" sehr interessieren.
– Große Freude bereitet mir das Zeichnen bzw. die Veranschaulichung meiner Ideen am Computer.
– Bei einem Kurs für Fotografie an der Volkshochschule erhielt ich erste Einblicke in die verschiedenen Möglichkeiten, Ideen mit der Kamera festzuhalten.
– Ich habe an einem Kurs für Fotografie an der Volkshochschule teilgenommen.
– Ich engagiere mich seit zwei Jahren in der Film-AG für die Auswahl und den Schnitt der Filmszenen.
– Mein Lieblingsfach in der Schule ist Kunst.
– Meine Stärken liegen vor allem im Bereich Kreativität, da ich in meiner Freizeit gerne zeichne oder am Computer Ideen veranschauliche.
– In der Schule nehme ich an der Film-AG teil.
– Aufgrund meiner Fähigkeiten, Ideen zu zeichnen bzw. am Computer zu veranschaulichen, bin ich davon überzeugt, dass der Beruf als „Mediengestalter/-in Digital und Print" der Fachrichtung „Gestaltung und Technik" der richtige für mich ist.

4 Mögliche Lösung:
– Über eine Einladung zu einem persönlichen Gespräch würde ich mich sehr freuen.
– Ich würde mich sehr freuen, wenn Sie mich zu einem persönlichen Gespräch einladen würden.
– Und so verbleibe ich mit der höflichen Bitte um die Einladung zu einem persönlichen Gespräch. (Sehr förmlich, kann übertrieben wirken.)

Tipp für die Schüler/-innen: Sie sollten darauf achten, dass der Schlusssatz zum Stil des übrigen Bewerbungstextes passt.

5 Zur selbstständigen Überprüfung bzw. als Muster für Leistungsschwächere siehe die **Kopiervorlage** „Carla Haydaks Bewerbungsschreiben" (KV 5, nur auf CD-ROM).

3 Mein Traumjob – Berufe erkunden und sich bewerben

S.65 Einen Tagesbericht für die Praktikumsmappe erstellen

2 a Der erste Satz soll einen Überblick über die Tätigkeiten oder auch die Besonderheiten dieses Tages geben. Dabei werden folgende Fragen beantwortet:
Wer war für den Praktikanten / die Praktikantin an diesem Tag zuständig?
Wo findet das Praktikum statt?
Was war der Schwerpunkt des Tages?
Es handelt sich um Standardsprache im Präteritum.

3 a/b Mögliche Lösung:
Um 9.30 Uhr öffnet das Reisebüro, doch mein Arbeitstag begann um 8.30 Uhr. Zunächst half ich meinem Kollegen Sven: Während ich die Jalousien öffnete, fuhr er den Computer hoch und schloss danach die Türen auf. Nun mussten noch die Auslageständer vor die Tür geräumt und auf Vollständigkeit überprüft werden. Solange noch keine Kunden da waren, nutzte Sven die Gelegenheit und erklärte mir die unterschiedlichen Prospekte der Reiseunternehmen im Regal. Beim Zählen stellten wir fest, dass einige Prospekte nicht mehr aktuell waren. Diese sollte ich später aussortieren. Anschließend ging ich in den Keller und holte aus den Lagerräumen zwei neue Stöße, weil davon nur noch wenige im Regal vorhanden waren. Als ich mit den Prospekten wieder zurückkam, hatte Sven Kundschaft bekommen. Er bezog mich in das Kundengespräch ein und bat mich, für die Kunden spezielle Prospekte zu holen. Nachdem die Kunden zufrieden das Reisebüro verlassen hatten, packte ich die Prospekte aus dem Lager aus und füllte die Bestände im Regal auf. Anschließend entsorgte ich die nicht mehr aktuellen Prospekte im Papiercontainer um die Ecke. Nach einer halbstündigen Mittagspause von 12.30 bis 13.00 Uhr dauerte mein Arbeitstag nur noch bis 17.00 Uhr, obwohl das Reisebüro noch bis 19.00 Uhr geöffnet hatte.
Insgesamt war der Tag heute sehr abwechslungsreich und interessant. Durch die intensive Betreuung der Geschäftsführerin Frau Pfaff fühlte ich mich sofort im Team integriert und wohl. Außerdem konnte ich ohne weitere Vorkenntnisse direkt mitarbeiten und wurde sogar in die Kundengespräche miteinbezogen. Das hat mir besonders gut gefallen.

3.3 Projekt: „Nehmen Sie bitte Platz!" – Das Bewerbungsgespräch trainieren

S.66 Bewerbungsgespräche üben und bewerten

Siehe auch die **Folie** „Berufsfeld und Erscheinungsbild" auf der CD-ROM.

2 Die Darstellung ein und derselben Person mit sehr unterschiedlichem äußerem Erscheinungsbild bieten Anlass für eine Diskussion darüber, für welche Berufsfelder welcher Kleidungsstil passend ist. Hierbei kann auch besprochen werden, was die Jugendlichen selbst für unangemessen halten würden, und darauf aufmerksam gemacht werden, dass es bestimmte Konventionen gibt, die unbedingt beachtet werden sollten.

3 b Bei dieser Aufgabe sollten auch geschlechtsspezifische Unterschiede und Gemeinsamkeiten thematisiert werden. Durch das Feedback der Mitschüler/-innen kann sich jeder der Wirkung seiner Körperhaltung (und Mimik) bewusst werden.

4 Mögliche Lösung:
Nachdem sich die Lernenden in den Aufgaben 1 bis 3 zunächst über die Kleidung und die Körpersprache beim Bewerbungsgespräch ausgetauscht haben, sollen hier in der Kleingruppe Regeln für das gesamte Erscheinungsbild und das Auftreten einer/eines Ausbildungsplatzsuchenden beim Bewerbungsgespräch erstellt werden.

Vorschlag für ein Tafelbild:

Regeln für ein gelungenes Auftreten bei einem Bewerbungsgespräch	
Vorbereitung	– Informiere dich im Internet über die Firma. – Überlege dir zu Hause Fragen und auch Antworten auf mögliche Fragen. – Notiere Argumente, die dich für die Stelle auszeichnen.
Erscheinungsbild und Auftreten	– Trage Kleidung, in der du dich wohlfühlst, die aber dennoch angemessen ist. – Sei beim Auftragen von Parfüm vorsichtig. – Auch Schmuck solltest du nur dezent tragen. – Ein Piercing ist in vielen Betrieben eher unerwünscht. – Sei pünktlich, aber nicht überpünktlich – etwa 5 Minuten vor dem Termin. – Grüße höflich, am besten mit „Guten Morgen" oder „Guten Tag", und mit einem festen Händedruck. – Warte, bis man dich zum Handeln – z. B. zum Hinsetzen – auffordert. – Notiere während des Gesprächs Wichtiges, z. B. den genauen Arbeitsbeginn.
Gestik	– Unterstütze das Reden durch gezielte Gesten, jedoch ohne Übertreibung. – Höre konzentriert zu und zeige deine Zustimmung durch Kopfnicken. – Vermeide den Ausdruck von Abwehr, Unsicherheit und Angst, z. B. durch das Verschränken der Arme vor der Brust. – Spiele nicht mit den Händen.
Körperhaltung	– Achte auf eine korrekte, aber entspannte Sitzhaltung. – Sitze nicht auf der Stuhlkante. – Verstecke die Arme nicht unter dem Tisch.
Mimik	– Halte Blickkontakt mit deinem Gesprächspartner. – Schaue nicht ständig auf den Tisch. – Lächle freundlich, aber nicht übertrieben oder verkrampft.

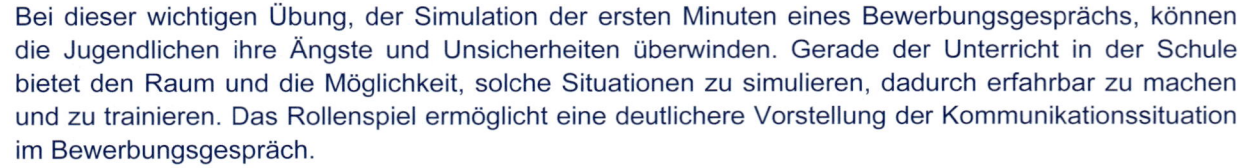

5 Bei dieser wichtigen Übung, der Simulation der ersten Minuten eines Bewerbungsgesprächs, können die Jugendlichen ihre Ängste und Unsicherheiten überwinden. Gerade der Unterricht in der Schule bietet den Raum und die Möglichkeit, solche Situationen zu simulieren, dadurch erfahrbar zu machen und zu trainieren. Das Rollenspiel ermöglicht eine deutlichere Vorstellung der Kommunikationssituation im Bewerbungsgespräch.

Durch das Feedback der Mitschüler/-innen, die das Gespräch anhand der zuvor erarbeiteten Regeln bewerten, bekommen die Jugendlichen von Gleichaltrigen eine Rückmeldung darüber, wie sie gewirkt haben.

S. 67 Den Ablauf eines Bewerbungsgesprächs kennen lernen

1 Mögliche Lösung:

Mit Frage ... möchte man herausfinden, ob ich
Frage A: ... mir Gedanken darüber gemacht habe, welcher Beruf zu mir passt.
Frage B: ... mich genauer über den Beruf informiert habe.
Frage C: ... mich über den Betrieb erkundigt habe.
Frage D: ... meine Stärken und Schwächen sachlich einschätzen kann.
Frage E: ... private Freizeitinteressen habe.
Frage F: ... mir Fragen an den Betrieb überlegt habe.

2 Folgende Zuordnungen erscheinen sinnvoll, wobei die Lehrkraft auf individuelle Unterschiede je nach Situation, Ablauf oder auch Firma verweisen und betonen könnte, dass es *die richtige Verhaltensweise* nicht gibt.

A1, auch A5: Den Gruß zu erwidern ist eine selbstverständliche Geste der Höflichkeit. Wichtig ist, sich nicht einfach hinzusetzen, sondern zu warten, bis man dazu aufgefordert wird. Eine kurze Bemerkung darüber, dass man sich über die Einladung gefreut hat, ist zwar kein Muss, kann aber je nach Situation sehr freundlich wirken und unterstreicht, dass das Interesse groß ist.

B2, auf keinen Fall B6: Es ist besser, höflich um die Wiederholung der Frage zu bitten, und schadet auch nicht, denn dass man in dieser Situation etwas aufgeregt ist, versteht jeder.

C3: Es empfiehlt sich, immer die Wahrheit zu sagen, auch deshalb, weil sie ja spätestens beim Einblick in das Zeugnis ans Licht käme. Außerdem zeigt man dadurch, dass man sich seiner Schwächen durchaus bewusst ist und sie nicht vertuschen möchte.

D8, aber auch D4: Natürlich sollte man sich höflich verabschieden, aber auch hier gilt wieder wie bei der Begrüßung, dass das Gegenüber das Gespräch beendet und nicht der Bewerber bzw. die Bewerberin vorschnell aufstehen und sich abrupt verabschieden sollte. Je nach Situation kann man abschließend betonen, dass man sich über die Stelle freuen würde.

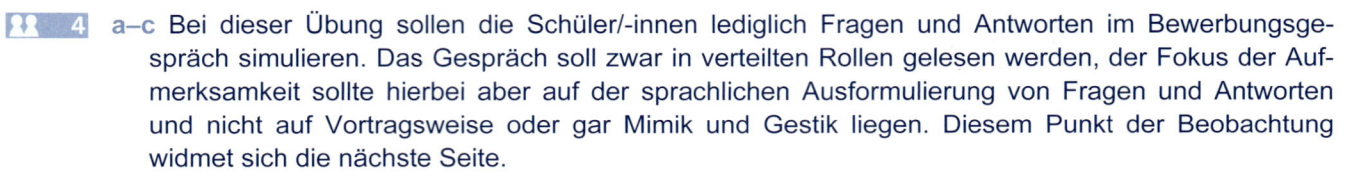

3 Siehe Aufgabe b, dort werden fünf mögliche Fragen genannt, die hier als Anregungen für eigene Fragen genutzt werden können.

4 a–c Bei dieser Übung sollen die Schüler/-innen lediglich Fragen und Antworten im Bewerbungsgespräch simulieren. Das Gespräch soll zwar in verteilten Rollen gelesen werden, der Fokus der Aufmerksamkeit sollte hierbei aber auf der sprachlichen Ausformulierung von Fragen und Antworten und nicht auf Vortragsweise oder gar Mimik und Gestik liegen. Diesem Punkt der Beobachtung widmet sich die nächste Seite.

S. 68 Ein Videofeedback geben

1 Damit die Bewertungen im Heft den Kriterien des Feedbackbogens besser zugeordnet werden können, empfiehlt sich (im Heft) die Nummerierung 1, 2, 3 a–e.

Material zu diesem Kapitel

Klassenarbeit
- Einen Tagesbericht verfassen – Der Tagesablauf eines Goldschmieds (Niveau A ohne, B mit Hilfen; Bewertungsbogen auf der CD-ROM)
- Ein Bewerbungsschreiben überarbeiten – Bewerbung um einen Ausbildungsplatz (Niveau A ohne, B mit Hilfen; Bewertungsbogen auf der CD-ROM)

Fordern und fördern
- Ein Referat vorbereiten – Körpersprache in Bewerbungsgesprächen (●●○|●○○ mit Lösungshinweisen auf der CD-ROM)
- Ein Referat vorbereiten – Mimik, Gestik und Körperhaltung in Bewerbungsgesprächen (○○○ mit Lösungshinweisen auf der CD-ROM). Hinweis: KV1 und KV2 können parallel bearbeitet werden.
- Fähigkeiten erkennen und in einer Bewerbung nutzen (●●●|●○○ mit Lösungshinweisen auf der CD-ROM). *Hinweis:* Für die individuellen Lösungen zu Aufgabe 3 (einen Bewerbungstext abfassen) kann die Kopiervorlage „Carla Haydaks Bewerbungsschreiben" vergleichend herangezogen werden.
- Carla Haydaks Bewerbungsschreiben (nur auf CD-ROM; zum Kommentar, SB S. 63, Aufg. 5 und zu KV3)

Diagnose
- Experteninterview und Bewerbung (mit Lösungshinweisen und Förderempfehlung auf der CD-ROM)

PPT-Folien (auf der CD-ROM)
- Ein Referat vorbereiten
- Ein Bewerbungsschreiben verfassen und gestalten
- Berufsfeld und Erscheinungsbild

Deutschbuch Arbeitsheft 9
- Einen Praktikumsbericht schreiben – Einblicke in die Ausbildung, S. 10–14
    - ●○○ Einen Tagesbericht überarbeiten – In der Schreinerei
    - ●●● Einen Tagesbericht ausformulieren – Von der Tabelle zum Text

    Praktikumserfahrungen zusammenfassen – „Mein Nutzen"

Deutschbuch Lern- und Arbeitsheft 9
für Lernende mit erhöhtem Förderbedarf im inklusiven Unterricht
- Mein Traumjob, Seite 51–68

Klassenarbeit A – Einen Tagesbericht verfassen

Der Tagesablauf eines Goldschmieds

Aufgabenstellung

Sven verbringt sein Praktikum im Juweliergeschäft *Carat*. An der Seite des gelernten Goldschmieds Dennis Müller erlebt er einen typischen Arbeitstag.
Verfasse aus Svens stichwortartigen Angaben seinen Tagesbericht für die Praktikumsmappe.

Notizen zum Tagesbericht: Mo, 17.03.20..

09:30 Uhr: Arbeitsbeginn, Tresor aufsperren durch Herrn Müller, wertvolle Schmuckstücke herausholen und im Schaufenster dekorieren, Tische und Spiegel sauber wischen und Arbeitsaufträge besprechen, alle Geräte (Computer, Kasse, Lampen) einschalten.

10:00 Uhr: Geschäft aufschließen, Teilnahme an der Arbeitsbesprechung: Aufträge werden untereinander aufgeteilt, Kostenvoranschläge, Preiskalkulationen gemacht.

10:25 Uhr: Ankunft der ersten Kundin, die etwas abholt

10:30 Uhr: Hr. Müller beginnt mit der Herstellung einer Silberkette, ich darf assistieren: die geschmolzene, gegossene, lange, dünne Silberschnur so walzen, dass man die einzelnen Kettenglieder biegen kann. Zum Erhitzen Brenner auf dem Lötkolben befestigen.

11:05 Uhr: Türklingel. Eine Kundin betritt Geschäft, möchte eine Halskette kaufen. Hr. Müller fragt nach ihren Wünschen, wir suchen passende Ketten heraus, zeigen sie ihr. Eine gefällt ihr, aber der Anhänger ist zu groß. Hr. Müller bietet an, den Anhänger etwas kleiner herzustellen. Sie stimmt zu, ich soll Namen und Telefonnummer notieren und Kette in die Werkstatt bringen.

11:45 Uhr: Weiterarbeit an der Silberkette: Silber mit dem Rundriegel und einem Hammer zu einem Reifen biegen. Mit der Laubsäge einzelne Teile für die Kettenglieder heraussägen, die Teile mit dem Lötkolben verbinden.

12:30–13:30 Uhr: Mittagspause

13:30 Uhr: Weiterarbeit an der Kette: unschöne Lötstellen entfernen, Kette abschmirgeln und polieren – fertig! Hr. Müller erklärt, wie man die Kette berechnet. Preis auf ein kleines Etikett schreiben, dieses an die Kette hängen. Fertige Kette im Verkaufsraum in einen Schaukasten legen.

15:15 Uhr: Mithilfe im Verkauf: Mehrere Kunden müssen bedient werden. Hilfe bei der Suche nach fertiggestelltem Schmuckstück, das abgeholt wird, beim Herausholen und wieder Wegräumen von Ringen. Telefon klingelt, ich nehme ab, Kunde erkundigt sich nach bestellten Eheringen. Ich sehe nach und gebe Auskunft, dass sie fertig sind und abgeholt werden können.

16:30 Uhr: Ende dieses Arbeitstages

Interessant heute: Herstellung der Silberkette

Klassenarbeit B – Einen Tagesbericht verfassen

Der Tagesablauf eines Goldschmieds

Aufgabenstellung

Sven verbringt sein Praktikum im Juweliergeschäft *Carat*. An der Seite des gelernten Goldschmieds Dennis Müller erlebt er einen typischen Arbeitstag.
Verfasse aus Svens stichwortartigen Angaben seinen Tagesbericht für die Praktikumsmappe.
Gehe so vor:
1. Erstelle einen Schreibplan:
   a Notiere den Tagesablauf stichwortartig in der richtigen Reihenfolge.
      Tipp: Benutze Spiegelstriche und beginne mit dem Verb im Präteritum, z. B.:
      ... *begann mein Arbeitstag* ...
   b Schreibe zu jedem Spiegelstrich einen Zeitpunkt bzw. einen passenden Satzanfang
      (z. B. *zuerst, danach, anschließend, jetzt, dann, wenn, sobald, nachdem, von ... bis, um*).
2. Formuliere dann aus deinem Schreibplan den Tagesbericht:
   a Beginne mit dem Tagesschwerpunkt in der Einleitung.
   b Formuliere die stichwortartigen Notizen in ganze Sätze um und gliedere deinen Aufsatz durch Absätze.
   c Fasse zum Schluss zusammen, was für Sven das Besondere des Tages war.

Notizen zum Tagesbericht: Mo, 17.03.20..

09:30 Uhr: Arbeitsbeginn, Tresor aufsperren durch Herrn Müller, wertvolle Schmuckstücke herausholen und im Schaufenster dekorieren, Tische und Spiegel sauber wischen und Arbeitsaufträge besprechen, alle Geräte (Computer, Kasse, Lampen) einschalten.

10:00 Uhr: Geschäft aufschließen, Teilnahme an der Arbeitsbesprechung: Aufträge werden untereinander aufgeteilt, Kostenvoranschläge, Preiskalkulationen gemacht.

10:25 Uhr: Ankunft der ersten Kundin, die etwas abholt

10:30 Uhr: Hr. Müller beginnt mit der Herstellung einer Silberkette, ich darf asistieren: die geschmolzene, gegossene, lange, dünne Silberschnur so walzen, dass man die einzelnen Kettenglieder biegen kann. Zum Erhitzen Brenner auf dem Lötkolben befestigen.

11:05 Uhr: Türklingel. Eine Kundin betritt Geschäft, möchte eine Halskette kaufen. Hr. Müller fragt nach ihren Wünschen, wir suchen passende Ketten heraus, zeigen sie ihr. Eine gefällt ihr, aber der Anhänger ist zu groß. Hr. Müller bietet an, den Anhänger etwas kleiner herzustellen. Sie stimmt zu, ich soll Namen und Telefonnummer notieren und Kette in die Werkstatt bringen.

11:45 Uhr: Weiterarbeit an der Silberkette: Silber mit dem Rundriegel und einem Hammer zu einem Reifen biegen. Mit der Laubsäge einzelne Teile für die Kettenglieder heraussägen, die Teile mit dem Lötkolben verbinden.

12:30–13:30 Uhr: Mittagspause

13:30 Uhr: Weiterarbeit an der Kette: unschöne Lötstellen entfernen, Kette abschmirgeln und polieren – fertig! Hr. Müller erklärt, wie man die Kette berechnet. Preis auf ein kleines Etikett schreiben, dieses an die Kette hängen. Fertige Kette im Verkaufsraum in einen Schaukasten legen.

15:15 Uhr: Mithilfe im Verkauf: Mehrere Kunden müssen bedient werden. Hilfe bei der Suche nach fertiggestelltem Schmuckstück, das abgeholt wird, beim Herausholen und wieder Wegräumen von Ringen. Telefon klingelt, ich nehme ab, Kunde erkundigt sich nach bestellten Eheringen. Ich sehe nach und gebe Auskunft, dass sie fertig sind und abgeholt werden können.

16:30 Uhr: Ende dieses Arbeitstages

Tagesschwerpunkt: Herstellung der Silberkette

Klassenarbeit A – Ein Bewerbungsschreiben überarbeiten

Bewerbung um einen Ausbildungsplatz

Aufgabenstellung

Überarbeite das folgende fehlerhafte Bewerbungsschreiben. Gehe so vor:
1. a Sieh dir die äußere Form des Bewerbungsschreibens genau an und kennzeichne mit Ziffern die Stellen, an denen etwas fehlt oder fehlerhaft ist. Notiere am Rand, was an dieser Stelle fehlt oder falsch ist, und schreibe die Ziffer dazu.
   b Lies den Bewerbungstext im letzten Absatz genau durch und markiere alle Stellen farbig, die umformuliert oder gestrichen werden sollten.
   c Unterstreiche in den grau unterlegten Absätzen die neun Rechtschreib-, Grammatik- und Zeichensetzungsfehler und korrigiere sie am linken Rand.
   d Erläutere, welcher Punkt der ANDA-Methode im Bewerbungstext noch fehlt.
2. Verfasse mit Hilfe deiner Ergebnisse aus Aufgabe 1 ein komplett überarbeitetes Bewerbungsschreiben.

Franz Schreiber
Tel.: 0123/45678
E-Mail: franzwriter@mail.de

Reisebüro Lichtblick
Frau Lisa Schulz
Rabenstraße 44
65910 Limburg

VORSICHT FEHLER!

Sehr geehrte Damen und Herren,

mit großem Interesse habe ich in der JOBBÖRSE der Agentur für Arbeit gelesen dass sie einen Ausbildungsplatz zum Reiseverkehrskaufmann zu vergeben haben. Auf Ihrer Homepage habe ich mich über Ihr Reisebüro und das Ausbildungskonzept informirt. Dies hat mich davon überzeugt, mich bei Ihnen zu bewerben.

Zurzeit habe ich die 9. Klasse im Realschulzweig der Fürst-Johann-Ludwig-Schule in Hadamar besucht die ich vorraussichtlich in Sommer Nächsten Jahres erfolgreich abschliessen werde.

Während meines zweiwöchigen Praktikums im Reisebüro Sonnenschein vor wenigen Monaten habe ich erste Lichtblicke in den alltäglichen Alltag des Berufs eines Reiseverkehrskaufmanns erhaschen können. Ich finde es cool, mit Leuten zusammen zu sein und zu quatschen. Aus diesem Grund habe ich die ansonsten langweiligen Urlaube mit meinen Eltern immer sehr genossen, Land und Leute einer fremden Region in irgendeinem abgefahrenen Land kennen zu lernen ist für mich immer eine große Bereicherung. In der Schule organisiere ich als genialer Klassensprecher, der mit nur einer Gegenstimme gewählt wurde, dieses Jahr die Abschlussfahrt, bei der es gilt, auf die Kosten zu achten und alle Interessen im Blick zu haben, denn wir Jungs wollen nicht ständig shoppen gehen wie viele der Mädchen.

Bis dann
Franz

Angefügtes
Lebenslauf
Halbjahreszeugnis 9. Klasse

Deutschbuch 9   3 Mein Traumjob – Berufe erkunden und sich bewerben

Klassenarbeit B – Ein Bewerbungsschreiben überarbeiten

Bewerbung um einen Ausbildungsplatz

Aufgabenstellung

Überarbeite das folgende fehlerhafte Bewerbungsschreiben. Gehe so vor:
1. a Beachte die äußere Form. Notiere neben den Ziffern 1 bis 7 jeweils, was fehlt bzw. fehlerhaft ist.
   b Lies den Bewerbungstext. Notiere, was an den unterstrichenen Stellen (a–f) nicht bzw. nicht gut gelungen ist, am Rand daneben.
   c Unterstreiche in den grau unterlegten Absätzen die fünf Rechtschreib-, zwei Grammatik- und zwei Zeichensetzungsfehler und korrigiere sie am linken Rand.
   d Notiere, welcher Punkt der ANDA-Methode im Bewerbungstext noch fehlt.
2. Verfasse mit Hilfe deiner Ergebnisse aus Aufgabe 1 ein komplett überarbeitetes Bewerbungsschreiben.

Franz Schreiber
Tel.: 0123/45678   [1]
E-Mail: franzwriter@mail.de

Reisebüro Lichtblick
Frau Lisa Schulz
Rabenstraße 44
65910 Limburg

[3]   [2]

Sehr geehrte Damen und Herren, [4]

mit großem Interesse habe ich in der JOBBÖRSE der Agentur für Arbeit gelesen dass sie einen Ausbildungsplatz zum Reiseverkehrskaufmann zu vergeben haben. Auf Ihrer Homepage habe ich mich über Ihr Reisebüro und das Ausbildungskonzept informirt. Dies hat mich davon überzeugt, mich bei Ihnen zu bewerben.

Zurzeit habe ich die 9. Klasse im Realschulzweig der Fürst-Johann-Ludwig-Schule in Hadamar besucht die ich vorraussichtlich in Sommer Nächsten Jahres erfolgreich abschliessen werde.

Während meines zweiwöchigen Praktikums im Reisebüro Sonnenschein vor wenigen Monaten habe ich erste Lichtblicke in den alltäglichen Alltag des Berufs eines Reiseverkehrskaufmanns erhaschen können. Ich finde es cool, mit Leuten zusammen zu sein und zu quatschen. Aus diesem Grund habe ich die ansonsten langweiligen Urlaube mit meinen Eltern immer sehr genossen, Land und Leute einer fremden Region in irgendeinem abgefahrenen Land kennen zu lernen ist für mich immer eine große Bereicherung. In der Schule organisiere ich als genialer Klassensprecher, der mit nur einer Gegenstimme gewählt wurde, dieses Jahr die Abschlussfahrt, bei der es gilt, auf die Kosten zu achten und alle Interessen im Blick zu haben, denn wir Jungs wollen nicht ständig shoppen gehen wie viele der Mädchen.   [a] [b] [c] [d] [e] [f]

Bis dann [5]
Franz [6]

Angefügtes [7]
Lebenslauf
Halbjahreszeugnis 9. Klasse

3 Mein Traumjob – Berufe erkunden und sich bewerben

Ein Referat vorbereiten (1)

Körpersprache in Bewerbungsgesprächen

M1 Gestik und Mimik im Vorstellungsgespräch

Gestik

Unter Gestik versteht man die Ausdrucksbewegung Ihrer Arme, Hände und Finger. Unterschieden werden hierbei bewusste Gesten (steuerbar), unbewusste Gesten (nicht steuerbar) und Reflexbewegungen (nicht steuerbar).

Tipps
- Unterstützung des Redens durch Gestik: Aber vermeiden Sie Drohgebärden (z. B. erhobener Zeigefinger).
- Stimmen Sie zu: Stimmen Sie den Ausführungen des Gesprächspartners zu (z. B. durch Kopfnicken).
- Arme nicht vor der Brust verschränken: Durch Verschränkung der Arme werden Abwehr, Unsicherheit und Angst signalisiert.
- Heftige Armbewegungen vermeiden: Heftige Armbewegungen signalisieren Oberflächlichkeit, Unsicherheit und sogar Aggressivität.
- Maßvoller Einsatz der Hände: Spielen Sie nicht mit den Händen, sondern benutzen Sie diese zur Unterstützung Ihrer Aussagen. […]

Mimik

Mimik ist die Sprache des Gesichts und damit Teil der Körpersprache. Gefühle und Wertungen werden durch Mimik oft deutlicher ausgedrückt als durch Worte.

Tipps
- Blickkontakt mit dem Gesprächspartner halten: Damit bringen Sie Aufmerksamkeit und Interesse zum Ausdruck. Vermeiden Sie starres Fixieren! Ihr Blick sollte alle zehn Sekunden kurz abschweifen. Irren Sie mit den Augen nicht im Raum umher!
- Freundlichkeit: Lächeln Sie! Ein freundliches Lächeln wird fast immer erwidert. Vermeiden Sie aber eingefrorenes und verkrampftes Lächeln. […]

Bewerbung-Tipps.com. Zitiert nach: www.bewerbung-tipps.com/koerpersprache.php; Stand 08.02.2016; geringfügig gekürzt, Gestaltung (Fettdruck) und Reihenfolge der Aspekte geändert

M2 Die Körperhaltung – Souverän und zugewandt

Die Körperhaltung, also die Art und Weise zu gehen, zu stehen und zu sitzen, verrät sehr viel über den Charakter, die Einstellung und die momentane Stimmung eines Menschen. Eine gute Körperhaltung strahlt Dynamik, Gelassenheit, Kompetenz und Selbstbewusstsein aus – und liefert somit die besten Voraussetzungen, sympathisch zu wirken.

Zu vermeiden sind folgende Körperhaltungen:

- Eine steife Körperhaltung oder eine übertrieben militärische Straffheit verströmen Zwanghaftigkeit oder machen den Eindruck von „Erbsenzählerei".
- Ein Mensch, der während des Gesprächs permanent von einem Bein auf das andere tritt oder die Hände in den Hosentaschen vergräbt, gibt seinem Gegenüber das Gefühl, nicht der gewünschte Gesprächspartner zu sein.
- Die breitbeinige, „lümmelnde" Sitzhaltung strahlt Überheblichkeit und Ignoranz aus.
- An der vordersten Kante des Stuhles zu sitzen und die Lehne mit den Händen zu umklammern wirkt gehetzt und nervös, als sei man auf dem Sprung. Ein solches Verhalten verrät einen Mangel an Selbstsicherheit, eventuelles Misstrauen und innere Unruhe.
- Wer den Oberkörper weit zurücknimmt, signalisiert Ablehnung und Desinteresse.

Hesse/Schrader – Büro für Berufsstrategie, Berlin. Auszug aus:
www.berufsstrategie.de/bewerbung-karriere-soft-skills/koerperhaltung.php; Stand 08.02.2016

M3

Bedeutung von Körpersprache
Die Körpersprache hat in Vorstellungsgesprächen eine große Bedeutung:
Sie gibt Auskunft über den Charakter, die Einstellung und die momentane Stimmung eines Menschen. Eine gute Körperhaltung vermittelt den Eindruck von Dynamik, Gelassenheit, Kompetenz und Selbstbewusstsein.

3 Mein Traumjob – Berufe erkunden und sich bewerben Deutschbuch 9

Ein Referat vorbereiten (2)

1 Lies die Texte zu M1 und M2. Markiere dabei in den Texten die Schlüsselwörter, die zu den Aspekten „Gestik" und „Körperhaltung" passen, in verschiedenen Farben.
Tipp: Die Schlüsselwörter zu „Mimik" sind bereits markiert. Verfahre entsprechend.

2 Fasse die Informationen aus M1 und M2 in deinem Heft in einer Mind-Map zusammen, z. B. so:

- **Mimik**
  - Lächeln
    - freundlich, zugewandt, …
    - nicht eingefroren, verkrampft
- **Körperhaltung**
  - Sprache des Körpers: verrät …
  - Vermeiden:
- **Bewerbungsgespräch**
- **Gestik**
  - Kopfhaltung
    - Nicken: Zustimmung, …
  - Arme
    - nicht verschränken: Abwehr, …
    - keine heftigen Bewegungen: Unsicherheit, …
  - Hände, Finger

3 Übertrage die Karteikarten in dein Heft und ergänze die geordneten Informationen deiner Mind-Map.

1 Mimik
1.1 Sprache des Gesichts
– Gefühle und …
– oft deutlicher …
1.2 Tipps:
– Blickkontakt …
– Lächeln (freundlich)
1.3
– …

2 Gestik
2.1 Unterstützung
– …
2.2
– …
2.3

3 Körperhaltung
3.1 Körpersprache
– …
3.2
– …
– …

4 Notiere, welche Aspekte des Vortrags durch Material M3 besonders gut illustriert werden.

_____

Formuliere zu den Illustrationen von M3 eine passende Beschriftung.

A _____   B _____

5 Notiere je einen Aufmerksamkeitsanker zu den Aspekten.

Mimik: _____

Gestik: _____

Körperhaltung: _____

6 Übe den Vortrag mit deinem Lernpartner / deiner Lernpartnerin.

Autor: Hans-Joachim Gauggel

Ein Referat vorbereiten (2)

1. Lies die Texte zu M1 und M2. Markiere dabei in den Texten die Schlüsselwörter, die zu den Aspekten „Gestik" und „Körperhaltung" passen, in verschiedenen Farben.
Tipp: Die Schlüsselwörter zu „Mimik" sind bereits markiert. Verfahre entsprechend.

2. Fasse die Informationen zusammen. Ergänze die Mind-Map mit deinen Schlüsselwörtern.

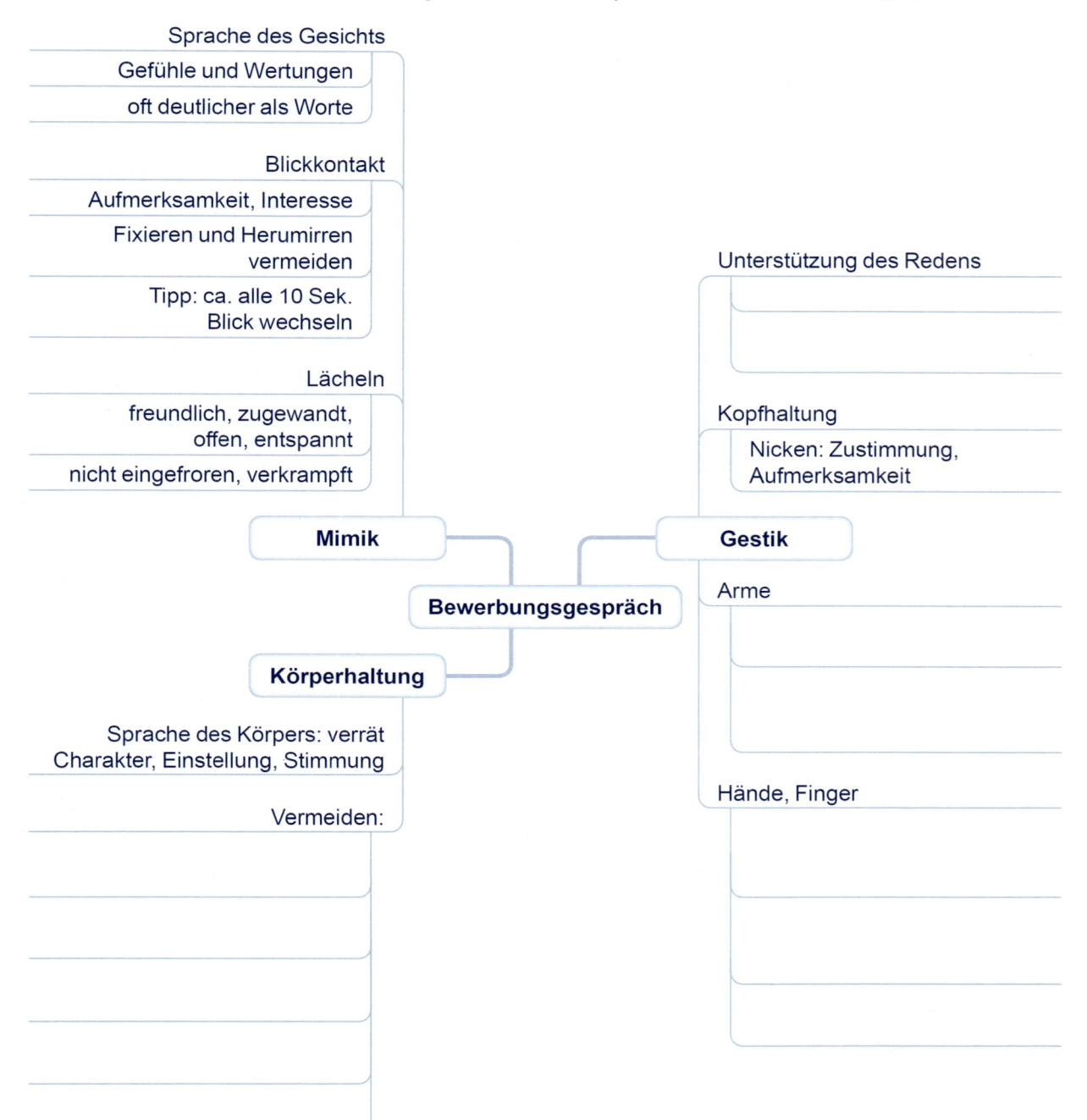

Mimik
- Sprache des Gesichts
  - Gefühle und Wertungen
  - oft deutlicher als Worte
- Blickkontakt
  - Aufmerksamkeit, Interesse
  - Fixieren und Herumirren vermeiden
  - Tipp: ca. alle 10 Sek. Blick wechseln
- Lächeln
  - freundlich, zugewandt, offen, entspannt
  - nicht eingefroren, verkrampft

Gestik
- Unterstützung des Redens
- Kopfhaltung
  - Nicken: Zustimmung, Aufmerksamkeit
- Arme
- Hände, Finger

Körperhaltung
- Sprache des Körpers: verrät Charakter, Einstellung, Stimmung
- Vermeiden:

Bewerbungsgespräch

●●● 3 Mein Traumjob – Berufe erkunden und sich bewerben   Deutschbuch 9

3 Übertrage die Karteikarten in dein Heft und ergänze die geordneten Informationen deiner Mind-Map.

1 Mimik
1.1 Sprache des Gesichts
– Gefühle und Wertungen
– oft deutlicher als Worte
1.2 Tipps:
– Blickkontakt (Aufmerksamkeit, Interesse); nicht fixieren oder herumirren, Blick wechseln (ca. alle 10 Sek.)
– Lächeln (freundlich, offen, entspannt, nicht eingefroren, verkrampft)

2 Gestik
2.1 Unterstützung des Redens
– …

2.2 Kopfhaltung:
– Nicken (Zustimmung)
2.3 Arme:
– …
– …
2.3 Hände, Finger:
– …

3 Körperhaltung
3.1 Körpersprache
– Ausdruck von …
– gute Haltung: …
3.2 Vermeiden:
– …
– …

4 a Entscheide: Welche Aspekte werden durch Material M3 besonders gut illustriert? Kreuze an.
☐ Mimik und Gestik   ☐ Gestik und Körperhaltung   ☐ Körpersprache und Mimik

b Finde zu den Illustrationen von M3 eine passende Beschriftung: _____
A Gestik und Mimik   **B** Gestik und Körperhaltung   **C** Sitzhaltung
Gelungen! – Falsch!   Gut! – Schlecht!   So oder so?

5 Notiere je einen Aufmerksamkeitsanker zu den drei Aspekten, z. B. eine Frage, ein Zitat oder einen Bildimpuls:

Mimik: _____

Gestik: _____

Körperhaltung: _____

6 Übe den Vortrag mit deinem Lernpartner / deiner Lernpartnerin.

Autor: Hans-Joachim Gauggel

Deutschbuch 9 — 3 Mein Traumjob – Berufe erkunden und sich bewerben

Ein Referat vorbereiten

Mimik, Gestik und Körperhaltung in Bewerbungsgesprächen

A   B   C   D   E   F

Jede der sechs Personen sitzt vor der Chefin / dem Chef einer Firma bei einem Bewerbungsgespräch.

1
a Beschreibe jeweils Mimik, Gestik und Körperhaltung in Stichworten.
b Ergänze, was die Körpersprache ausdrückt. Wie wirkt die Person auf dich?
Tipp: Nutze den Wortspeicher. Du kannst manche Wörter auch mehrmals verwenden.

Person	Beschreibung	Körpersprache / Wirkung
A		
B		
C		
D		
E		
F		

> Beschreibung: breitbeinig – ein Bein auf dem anderen – Beine um Stuhlbein geschlungen –
> Beine locker übereinandergeschlagen – Beine leicht geöffnet – gerade – aufrecht – sich weit zurück-
> lehnend – weit nach vorne gebeugt – lümmeln – Kopf in Hände gestützt – erhobener Zeigefinger –
> breites Lachen – Hände locker im Schoß – Hände ruhig auf Schenkeln – verschränkte Arme
> Körpersprache/Wirkung: dynamisch – elegant – freundlich – erwartungsvoll – sympathisch –
> entspannt – schläfrig – wichtigtuerisch – abweisend – Drohgebärde – traurig – schlecht gelaunt –
> ablehnend – desinteressiert

2 Lies den folgenden Satz zur Bedeutung der Körpersprache. Streiche Falsches durch.

Die Körpersprache hat in Vorstellungsgesprächen *große / keine / geringe* Bedeutung: Sie gibt Auskunft

über *die Schulbildung / den Charakter* und über *das Herkunftsland / die momentane Stimmung* sowie

über *die Einstellung zum Arbeitsplatz / die Sprachbeherrschung*.

Autor: Hans-Joachim Gauggel
Illustration: Bianca Schaalburg, Berlin

Fähigkeiten erkennen und in einer Bewerbung nutzen

> **I** Wir erwarten: Teamfähigkeit, gepflegtes Erscheinungsbild, gutes Ausdrucksvermögen und Organisationsgeschick.
>
> **II** Wir suchen dich: einen flexiblen, kommunikativen, engagierten und kreativen jungen Menschen, der …
>
> **III** Du bist verantwortungsbewusst, hast Freude am Umgang mit Menschen und kannst konzentriert arbeiten.

1 Die Ausschnitte sind drei Anzeigen für die Berufe „Mediengestalter/-in Bild und Ton", „Restaurantfachmann/-fachfrau" und „Ergotherapeut/-in" entnommen.
  a Ordne die drei Berufe den in der Tabelle genannten Berufsfeldern richtig zu.
  b Ergänze weitere Berufe zu jedem Berufsfeld.

I Freizeit, Tourismus, Hotel, Gaststätten	II Medien	III Gesundheit

2 Werte die Anzeigen aus. Überlege, was die Unternehmen von dir erwarten. Notiere zu jeder Fähigkeit eine Erklärung und ein Berufsbeispiel.

  I Teamfähigkeit _____

  gepflegtes Erscheinungsbild _____

  gutes Ausdrucksvermögen _____

  Organisationsgeschick _____

  II flexibel _____

  kommunikativ _____

  engagiert _____

  kreativ _____

Autor: Hans-Joachim Gauggel

Deutschbuch 9 — 3 Mein Traumjob – Berufe erkunden und sich bewerben

III verantwortungsbewusst _____

   Freude am Umgang mit Menschen _____

   konzentriert arbeiten _____

3 Suche dir aus deinen Ergebnissen einen Beruf aus und verfasse den Text für ein Bewerbungsschreiben.

3 Mein Traumjob – Berufe erkunden und sich bewerben

Fähigkeiten erkennen und in einer Bewerbung nutzen

I Wir erwarten: Teamfähigkeit, gepflegtes Erscheinungsbild, gutes Ausdrucksvermögen und Organisationsgeschick.

II Wir suchen dich: einen flexiblen, kommunikativen, engagierten und kreativen jungen Menschen, der …

III Du bist verantwortungsbewusst, hast Freude am Umgang mit Menschen und kannst konzentriert arbeiten.

1 Die Ausschnitte sind drei Anzeigen für die Berufe „Mediengestalter/-in Bild und Ton", „Restaurantfachmann/-fachfrau" und „Ergotherapeut/-in" entnommen.

  a Ordne die drei Berufe den in der Tabelle genannten Berufsfeldern richtig zu.

  b Ergänze die Berufsfelder mit den unten angeführten Berufen und füge jeweils einen weiteren Beruf hinzu.

Zahntechniker/-in – Fotomedienlaborant/-in – Rettungsassistent/-in – Tourismuskaufmann/-kauffrau – Fotograf/-in – Buchbinder/-in – Fachangestellte/-r für Bäderbetriebe – Sport- und Fitnesskaufmann/-kauffrau – Hebamme/Entbindungspfleger

I Freizeit, Tourismus, Hotel, Gaststätten	II Medien	III Gesundheit

Autor: Hans-Joachim Gauggel
Illustration: Bianca Schaalburg, Berlin

2 Werte die Anzeigen aus. Überlege, was die Unternehmen von dir erwarten.
Notiere zu jeder Fähigkeit die passende Erklärung aus dem Wortspeicher und füge ein Berufsbeispiel hinzu.

> mit anderen offen und ungezwungen sprechen können – aufmerksam und genau an einer Sache arbeiten – saubere, angemessene Kleidung und Haare – in Gruppe gut arbeiten können – eigene Ideen entwickeln – gern von Menschen umgeben sein – sich schnell auf neue Situationen einstellen können – höfliche Standardsprache verwenden – sich mit ganzer Kraft für etwas einsetzen – Aufgaben, Arbeiten gut organisieren können – gewissenhaft, zuverlässig und verantwortungsvoll arbeiten

I Teamfähigkeit _____

gepflegtes Erscheinungsbild _____

gutes Ausdrucksvermögen _____

Organisationsgeschick _____

II flexibel _____

kommunikativ _____

engagiert _____

kreativ _____

III verantwortungsbewusst _____

Freude am Umgang mit Menschen _____

konzentriert arbeiten _____

3 Suche dir aus deinen Ergebnissen einen Beruf aus und verfasse den Text für ein Bewerbungsschreiben. Du kannst so beginnen:

Mit großem Interesse habe ich in/im _____ Ihrer

Anzeige gelesen, in der Sie einen Ausbildungsplatz als _____

anbieten.

_____

_____

_____

_____

Schreibe in deinem Heft oder auf der Rückseite weiter.

Diagnose – Experteninterview und Bewerbung

1 Ein Schüler interessiert sich für eine Ausbildung zum Chemielaboranten. Deshalb stellt er einem Bekannten, der die Ausbildung abgeschlossen hat und seit zwei Jahren an einem medizinischen Institut der Universität Mainz arbeitet, folgende Fragen:

		gelungen	nicht gelungen
A	Dir gefällt die Arbeit an der Uni mit so vielen Studentinnen doch bestimmt, oder?	☐	☐
B	Beschreibe mir doch bitte einmal, was genau du dort als Chemielaborant machst.	☐	☐
C	Ist der Beruf nicht sehr gefährlich und musst du auch so komische Kleidung tragen?	☐	☐
D	Hat man als Chemielaborant Aufstiegschancen?	☐	☐

a Begründe, ob die Fragen gelungen sind, und verbessere sie gegebenenfalls.

b Der Schüler hat zur Ausbildung selbst noch wenig Informationen bekommen. Formuliere zwei Fragen, auf die er zu diesem Punkt vermutlich eine genaue und informative Antwort erhalten wird.

c Formuliere drei eindeutige und wertfreie Fragen zur Ausbildung eines Augenoptikers / einer Augenoptikerin oder zur Ausbildung in deinen Traumberuf.

_____

_____

_____

_____

_____

2 Was ist bei einer Bewerbung zu beachten? Kreuze an, welche Angaben zutreffen und welche nicht.

		richtig	falsch
A	Eine Bewerbungsmappe enthält auf jeden Fall ein Bewerbungsschreiben, einen Lebenslauf und eine Kopie des letzten Schulzeugnisses.	☐	☐
B	Zwischen der Anschrift und der Anrede steht die unterstrichene Betreffzeile, die ausführlich und in einem vollständigen Satz sagt, wofür man sich bewirbt.	☐	☐
C	Das Bewerbungsschreiben ist mit verschnörkelter Schrift mindestens in Schriftgröße 14 pt verfasst.	☐	☐
D	Im Bewerbungsschreiben gibt man an, ob man bei Facebook oder einem anderen sozialen Netzwerk ist, damit der Arbeitgeber sich weiter informieren kann.	☐	☐
E	Das Bewerbungsschreiben enthält die Bitte um ein Vorstellungsgespräch.	☐	☐
F	Einen Lebenslauf legt man am besten tabellarisch und in Stichworten an, damit der Arbeitgeber wichtige Daten schnell überblicken kann.	☐	☐
G	Es gibt kein bevorzugtes Format für das Foto auf dem Lebenslauf; man kann auch ein Selfie aus dem Urlaub nehmen.	☐	☐
H	Den Lebenslauf unterschreibt man handschriftlich.	☐	☐
I	Man sollte der Bewerbung möglichst ein polizeiliches Führungszeugnis sowie alle bisherigen Zeugnisse ab Klasse 5 beilegen.	☐	☐
J	Bei einem Bewerbungsgespräch kann man auch ein alkoholisches Getränk bestellen, wenn man gefragt wird, ob man etwas trinken möchte.	☐	☐
K	Man sollte sich über das Unternehmen vor dem Gespräch gut informieren.	☐	☐
L	Fragen zu Hobbys und anderen Intimitäten dürfen in Bewerbungsgesprächen nicht gestellt und eine Antwort darauf darf verweigert werden.	☐	☐
M	Man sollte gründlich planen, wie man rechtzeitig zum Ort des Bewerbungsgesprächs gelangen kann.	☐	☐

4 Den richtigen Ton finden – Situationsgerecht sprechen und schreiben

Konzeption des Kapitels

Sprachreflexion und Sprachwandel sind die zentralen Aspekte des Kapitels. Fachliches Anliegen ist die Stärkung der Sprachbewusstheit und Sprachaufmerksamkeit. Die Schüler/-innen sollen ausgewählte Erscheinungen des Sprachwandels kennen und bewerten, z. B. Bedeutungswandel, fremdsprachliche Einflüsse sowie Sprachvarianten reflektieren (Standard- und Umgangssprache, Jugendsprache, Dialekt, Anglizismen). Das Projekt „Sprachtrends auf der Spur" beschließt das Kapitel.

Im ersten Teilkapitel (**„Mit wem unterhalte ich mich wo? – Sprechen im Alltag"**), in dem die mündliche Kommunikation im Vordergrund steht, untersuchen die Schüler/-innen verschiedene Situationen rund um das Thema „Sprechen im Alltag". Anhand verschiedener Texte sowie Sprachhandlungssituationen erarbeiten sie Sprachstile und Sprachvarianten. Dabei erkennen sie die Vielfalt der deutschen Sprache (z. B. geschlechtergerechtes Sprechen sowie Dialekte) und machen sich ihre unterschiedliche Nutzung bewusst. Als weitere Form einer Sprachvariante werden Besonderheiten des „Kiez-Deutsch" behandelt. Abschließend können die Schüler/-innen in einem Test ihr neu erworbenes Wissen über situationsgerechtes Sprechen und Schreiben festigen.

Sprache und Sprachreflexion stehen im Mittelpunkt des zweiten Teilkapitels (**„Heimat – Annäherung an einen schwierigen Begriff"**). An verschiedenen Texten untersuchen die Schüler/-innen den Begriff „Heimat" in seiner Bedeutungsvielfalt. Dabei unterscheiden sie Denotat und Konnotat. Anhand eines Auszugs aus einem Herkunftswörterbuch erarbeiten sie, wie sich Sprache wandelt. Die letzten beiden Seiten des Teilkapitels stellen weiteres Übungsmaterial zum Thema „Über Begriffsbedeutungen nachdenken" auf zwei Niveaustufen zur Verfügung.

Das dritte Teilkapitel (**„Projekt: Public Viewing – Sprachtrends auf der Spur"**) untersucht Veränderungen der deutschen Sprache durch Aufnahme von Anglizismen. Die Schüler/-innen werden in diesem Projekt zu „Anglizismus-Experten". Sie führen in Gruppen eine Sprachuntersuchung durch, präsentieren Wörterlisten mit möglichen Übersetzungen und begründen deren Notwendigkeit.

Literaturhinweise

- *Fuhrhop, Nanna / Müller, Astrid:* Fremdwörter der deutschen Sprache. In: Praxis Deutsch 235/2012, S. 4–11
- *Neuland, Eva:* Jugendsprache. Eine Einführung. Francke (UTB), Tübingen 2008
- *Neuland, Eva / Vollmert, Johannes:* Sprechen Jugendliche eine andere Sprache? In: Der Deutschunterricht 5/2009, S. 53–61
- Sprache und Generation. Der Deutschunterricht 2/2013
- Sprachkritik: Neue Entwicklungen. Der Deutschunterricht 5/2006
- Sprachwandel. Praxis Deutsch 215/2009
- Synonyme und Redewendungen in Texten. Der Deutschunterricht 1/2013
- *Tophinke, Doris:* Sprachwandel. In: Praxis Deutsch 215/2009, S. 4–13

4 Den richtigen Ton finden – Situationsgerecht sprechen und schreiben

Inhalte	Kompetenzen
	Die Schülerinnen und Schüler
S. 70 **4.1 Mit wem unterhalte ich mich wo? – Sprechen im Alltag**	
S. 70 Jugendsprache untersuchen	– unterscheiden und reflektieren Sprachhandlungen auf der Inhalts- und Beziehungsebene – bestimmen den Sprachstil – benennen Sprachmerkmale wie Neologismen und Anglizismen
S. 72 Jugendsprache bewerten	– reflektieren Sprachvarianten – vertiefen ihre Kenntnisse über Geschichte und den Wandel der Jugendsprache
S. 73 Kiezdeutsch untersuchen und bewerten	– untersuchen und bewerten Merkmale und Wirkung von Sprachstilen
S. 74 Heißt es besser Fußgänger- oder Fußgängerinnenzone?	– reflektieren geschlechtsneutrale Formulierungen in ihrer Wirkung auf die Lesbarkeit von Texten
S. 75 Dialekte untersuchen	– unterscheiden und übertragen verschiedene Dialekte – untersuchen Dialekte auf ihre sprachlichen Merkmale
S. 76 Dialekte geografisch zuordnen und bewerten	– ordnen Dialekte anhand einer Übersichtskarte geografisch zu – reflektieren und bewerten die Verwendung von Dialekten
S. 77 Teste dich!	– überprüfen ihr neu erworbenes Wissen und Können
S. 78 **4.2 Heimat – Annäherung an einen schwierigen Begriff**	
S. 78 Daheim S. 78 *Franz Hohler: Daheim*	– sammeln Assoziationen – klären die Begriffsdeutung des lyrischen Ichs
S. 79 Denotat und Konnotat unterscheiden	– bestimmen die Bedeutung eines Wortes in unterschiedlichen Kontexten – erklären einen Begriff und unterscheiden dabei Denotat und Konnotat
S. 81 Sprache wandelt sich	– reflektieren und beurteilen Sprachwandel
S. 82 **Fordern und fördern –** Üben: Über Begriffsbedeutungen nachdenken	– vertiefen ihre Fähigkeiten und Kenntnisse durch umfassende Übungen auf zwei Niveaustufen
S. 84 **4.3 Projekt: Public Viewing – Sprachtrends auf der Spur**	
S. 84 Über die Verwendung von Fremdwörtern nachdenken	– klären die Bedeutung von Fremdwörtern – beurteilen den Gebrauch von Fremdwörtern
S. 85 Anglizismen im Übersetzungsbüro	– erfassen und bewerten Bedeutung und Funktion von Anglizismen – prüfen die Brauchbarkeit deutscher Ersatzwörter

4 Den richtigen Ton finden – Situationsgerecht sprechen und schreiben

S. 69 Auftaktseite

Die Schüler/-innen werden auf den thematischen Fokus des Kapitels eingestimmt, indem sie die einzelnen Grußformeln auf konkrete Sprechsituationen hin untersuchen.

1 Über das laute Vorlesen soll zunächst eine akustische Einstimmung erfolgen.

2 Grüße, die eher Jugendliche verwenden: Yalla!; Ciao!; Hey, Alter!; Ei Gude, wie?; Tach auch!; Hi!; Was geht ab?
Grüße, die eher Erwachsene verwenden: Guten Morgen!, Hallo!, Guten Tag!, Grüezi!, Moin, Moin!

3 Mit dieser Aufgabe sollen die Schüler/-innen ihren Sprachgebrauch reflektieren und für situationsangemessenes Sprechen sensibilisiert werden.

4 Während der Zuordnung der Grußformeln erkennen die Schüler/-innen, dass die Zuordnung bei einigen Beispielen nicht eindeutig ist.
Folgende Einteilung ist denkbar:
Dialekt: Moin, Moin!; Servus!; Ei Gude, wie?; Grüezi!
Jugendsprache: Yalla!; Hey, Alter!; Ei Gude!; Was geht ab?; Hi!
Umgangssprache: Tach auch!; Hallo!; Ciao!; Wie geht's, wie steht's?
Standardsprache (Hochdeutsch): Guten Morgen!; Guten Tag!

4.1 Mit wem unterhalte ich mich wo? – Sprechen im Alltag

S. 70 Jugendsprache untersuchen

1 Durch die Gegenüberstellung sollen die Schüler/-innen für den jeweiligen Sprachstil und die Situation sensibilisiert werden.

2 a Mögliche Lösung:
Aussage A: Erwachsenen gegenüber
Aussage B: innerhalb der Jugendgruppe

b Mögliche Lösung:
Aussage A: 2, 4, 6, 8
Aussage B: 1, 3, 5, 7, 9

3 a/b Formulierungen, die eher zur Jugendsprache gehören:
Hey, Alter = Hallo (Anrede eines Freundes / einer Freundin)
geiles Event = bedeutendes Ereignis
zum Abdancen = zum Abtanzen (z. B. beliebte Diskomusik), hier: fantastisch, begeisternd
Clique = Gruppe, Freundeskreis
echt Bock machen = große Lust auf etwas hervorrufen
Location = der Veranstaltungsort
megafett = sehr gut, ausgezeichnet
gigantisch = großartig
logo = klar, selbstverständlich
zum Chillen = zum Entspannen

4.1 Mit wem unterhalte ich mich wo? – Sprechen im Alltag

4 b/c Mögliche Tabelle:

Übernahme englischer Begriffe (Anglizismen)	Event, Clique, Performance, chillen
bildhafte Ausdrücke	Flachzange
Abkürzungen	logo, MOF
Übertreibungen	megafett, krass
Erfindung neuer Wörter (Neologismen)	Intelligenzallergiker

5 Situationen, in denen Jugend- bzw. Standardsprache gesprochen wird:
– Jugendsprache: in der Gruppe, unter Gleichaltrigen; in Schule, Disko, Freizeit
– Standardsprache: in der Klasse, mit den Lehrern, mit Erwachsenen, bei offiziellen Anlässen

S. 72 Jugendsprache bewerten

1 Im Text geht es um das Thema „Phänomen Jugendsprache" und seine geschichtliche Entwicklung. Mögliche passende Überschrift: Das Phänomen „Jugendsprache" (Originalüberschrift: „Wenn Jugendliche einfach nur kp haben")

2 a Der Grund für Jugendsprache wird in Z. 41–44: genannt: „Überhaupt ist die Gruppenzugehörigkeit das zentrale Motiv der Jugendsprache. Jugendliche wollen dieselbe Sprache wie ihre Freunde sprechen."

b Das Phänomen „Jugendsprache" ist kein aktuelles, es gab sie zu den unterschiedlichsten Zeiten. Deshalb ergibt es wenig Sinn, den heutigen Jugendlichen „Nachhilfe in Redekunst" zu verordnen.

c Mit dieser Aufgabe sollen die Schüler/-innen ihre Verwendung der Jugendsprache noch einmal kritisch reflektieren.

3 Es ist nicht sinnvoll, von *der* Jugendsprache zu sprechen, weil „regionale Moden" existieren, „die sich massiv voneinander unterscheiden und sehr schnell verändern" (Z. 35–37). Schnelllebigkeit und große Varietät sind wichtige Kennzeichen der Jugendsprache.

S. 73 Kiezdeutsch untersuchen und bewerten

Siehe hierzu die **Folie** „Kiezdeutsch ist auch Deutsch" auf der CD-ROM

1 a A: Was schaust du mich denn so an?
B: Ich war beim Fußballspielen/-schauen.
C: Fährst du mit dem Bus?
D: Ich kann mich gut zur Musik bewegen. Bestimmt. Egal, was für eine Hip-Hop-Musik ich höre, in meinem Inneren tanze ich mit.

b Weitere Beispiele: Dem Tuss auf dem Prospekt. Gib mal Handy. Gibs auch in mein Schul.

c Der Aussage B ist zuzustimmen.

2 a Alter: Jugendliche zwischen 12 und 20 Jahren
Herkunft: mehrsprachige Jugendliche mit Migrationshintergrund
Gesprächspartner: Jugendliche untereinander

b Heike Wiese bezeichnet Kiezdeutsch als „Dialekt", der zum Hochdeutschen dazustößt. Wird Dialekt bereits als „falsches Deutsch" abgestempelt, so das Kiezdeutsch umso mehr, zumal es meist Jugendliche mit Migrationshintergrund sprechen, was mit „Sprachproblemen" statt mit „Erneuerung" verbunden wird.

S. 74 Heißt es besser Fußgänger- oder Fußgängerinnenzone?

S. 74 Jan Fleischhauer: **Dummdeutsch im Straßenverkehr**

1. Der Text kann informativ, aber auch lustig und ironisch wirken.

2. Wenn es um Personen – Männer und Frauen – und weniger um ihre Funktionen geht, sind Paarformulierungen sinnvoll. Eine Häufung von Paarformulierungen kann die Verständlichkeit von Texten erschweren, lächerlich wirken und bei den Lesenden zu einer raschen Ermüdung führen. Sinnvoll kann daher eine Kombination aus neutralen Formulierungen und Paarformulierungen sein.
Bei Platzmangel (z. B. in Formularen, Tabellen, Stellenausschreibungen) kann man anstelle der üblichen Paarformulierungen auch die sog. verkürzte Paarformulierung verwenden (Schrägstrich): Sachbearbeiterin/Sachbearbeiter.

3. a Mögliche Regeln:
   – Alle Lernenden können den PC-Raum bis 15 Uhr benutzen.
   – Die Klassen 5 und 6 dürfen sich in den Pausenhallen aufhalten.
   – Die Benutzung der Tischtennisplatten ist allen Jahrgängen gestattet.
   – Die Abschlussklassen werden für den Ordnungsdienst beim Schulfest eingeteilt.

   b Mögliche Lösung:
   – Alle Lernenden haben schulfrei.
   – Wenn Sie ein Praktikum bei uns machen möchten, melden Sie sich bitte.
   – Das Antragsformular ist vollständig auszufüllen.

S. 75 Dialekte untersuchen

1. a/b Eine Hürde könnte die Angst sein, sich zu blamieren. Die Vorbereitung des Textes in Partnerarbeit könnte diese Schwelle ggf. absenken.

2. a **Asterix spricht hessisch** – Julius Caesar, der ungepflegte Mann, will das kleine gallische Dorf, das wir alle so gut kennen, endgültig zerstören. Mit Hilfe des Architekten Spachtelhannes soll ganz in der Nähe des Lagers Labbedrum eine prächtige Siedlung entstehen. Dort, wo keine Sachsen hausen, sollen in Zukunft römische Zuwanderer eine neue Heimat finden.
   Asterix auf Ruhrdeutsch – Wir befinden uns in den 50er Jahren v. Chr. Die Römer haben sich das ganze gallische Gebiet angeeignet. Das ganz Gebiet? Stimmt nicht! Eine unbeugsame Kolonie eigensinniger Gallier stellt sich quer im Ruhrgebiet. Sie bringen die römischen Legionäre ziemlich ins Schwitzen, die in ihren Lagern in Duisburg, Castrop-Rauxel, Bochum und Dortmund am Kämpfen sind.
   Asterix spricht berlinerisch – Ganz Gallien ist von den Römern besetzt. Moment mal. Wir wollen nicht übertreiben! Es gibt ein Dorf, das dem römischen Aggressor Widerstand leistet, einen so erheblichen Widerstand, dass die römischen Legionäre die Lust am Kämpfen verloren haben und lieber ihre befestigten Lager (Babaorum, Aquarium, Laudanum und Kleinbonum) in Erlebnisparks für Vorschulkinder umwandeln würden, wenn nicht, ja wenn nicht Caesar, der harte Hund, sie brutal daran hindern würde.

   b In den Ausschnitten geht es um die Eroberung Galliens durch den römischen Feldherrn Julius Caesar in den 50er Jahren vor Christi Geburt. Die Bewohner eines kleinen gallischen Dorfes leisten den Römern erbitterten Widerstand, die von vier Lagern aus das Dorf bedrohen.

3. a A (Römers/Römer) – kölsch
   B (Röma/Römer) – berlinerisch
   C (janz/ganz) – berlinerisch
   D (klaane/kleine) – hessisch
   E (dat/das) – kölsch
   F (endgültisch/endgültig) – hessisch

••• b Wörter, bei denen Buchstaben weggefallen sind, z. B.: nich → nicht, de → der
Wörter, die zusammengezogen worden sind, z. B.: inne → in den, untern → unter den
Wörter, bei denen Vokale oder Konsonanten anders klingen und geschrieben werden, z. B.: guud → gut, präschtisch → prächtig, kaa → kein, ham → haben, zimmich → ziemlich, e → eine, Gesus → Jesus, een → ein, valorn → verloren

S. 76 Dialekte geografisch zuordnen und bewerten

1 Die Karte zeigt die räumliche Verteilung der Hauptmundarten Westniederdeutsch, Ostniederdeutsch, Ostmitteldeutsch, Westmitteldeutsch, Ostfränkisch, Bairisch und Alemannisch. So wird z. B. Ostniederdeutsch in Mecklenburg-Vorpommern, Brandenburg und im Norden Sachsen-Anhalts gesprochen.

2 a Asterix babbelt hessisch: Westmitteldeutsch
Asterix auf Ruhrdeutsch: Westniederdeutsch
Asterix balinat: Ostniederdeutsch

3 a Mit Hilfe der beiden Kommentare können die Schüler/-innen ihre Position unterstützen.
Argumente: Die Unterschiede bei einer gängigen Grußformel zeigen, wie schwierig Verständigung sein kann. – Dialekt ist ein wichtiges Kulturgut, er stärkt die regionale Zugehörigkeit und verbindet die Menschen.

S. 77 Teste dich!

1 SP RE CH EN

2 b Mögliche Verbesserung:
Sehr geehrte Frau Menzel,
Sie suchen motivierte Schüler, die während der Sommerferien Jugendgruppen betreuen.
Ich glaube, dass ich für diese Aufgabe gut geeignet bin. In meiner Schule habe ich schon oft große Veranstaltungen geplant. Der Umgang mit Jugendlichen macht mir Freude und ich bin auch kein Langweiler. Wenn es sein muss, kann ich auch durchgreifen. Gibt es mal Streit, kann ich die Lage sehr schnell einschätzen. Ich verzettle mich nicht in langen Diskussionen, sondern treffe Entscheidungen. Das wird in der Regel auch akzeptiert.
Über eine positive Antwort von Ihnen würde ich mich freuen.
Mit freundlichen Grüßen
Jens

4.2 Heimat – Annäherung an einen schwierigen Begriff

S. 78 Daheim

1 Über das Betrachten des Schildes, das an die Gestaltung eines Ortseingangsschilds erinnert, können die Schüler/-innen erste Gedanken zum Begriff „Heimat" äußern.

2 Der Gestalter hat sich für Dinge entschieden, die ihm wichtig und vertraut sind. Er verbindet sein „Daheim" mit einem eigenen Zimmer, in dem sich ein Sessel und ein Computer befinden.

3 Es bietet sich an, die Schilder der Schüler/-innen in einem Museumsrundgang zu präsentieren.

4 Den richtigen Ton finden – Situationsgerecht sprechen und schreiben

S. 78 Franz Hohler: **Daheim**

1 Erklärung passender Textstellen:
- In die richtige Höhe greifen zu können bedeutet, dass man sich gut auskennt. Man muss nicht suchen.
- Wenn die Füße die Anzahl der Treppenstufen kennen, bedeutet, dass man diesen Weg schon sehr oft gegangen ist und jede Stufe einem vertraut ist.
- Sich über den bellenden Nachbarhund zu ärgern bedeutet, dass der Hund das lyrische Ich kennt, weil er jedes Mal bellt, wenn es den eigenen Garten betritt.

2 Mögliche Vorstellungen: Daheim bin ich,
- wenn ich die Zimmertür hinter mir schließen kann.
- wenn ich in meinem Sessel bei Musik entspanne.
- wenn ich den Schalter am Computer wie von selbst finde.

S. 79 Denotat und Konnotat unterscheiden

1 Heimat bezeichnet den Ort, mit dem sich der Mensch durch Geburt, Tradition und Lebensweise verbunden fühlt.

2 Heimat, das heißt für mich vor allem: meine Eltern, meine Geschwister, die Freunde und der Fußballverein. → soziales Umfeld
Für mich ist Heimat keine Stadt und kein Land. Heimat ist für mich, wo ich mich wohlfühle und verstanden werde. → Geborgenheit
Ich bin zwar nicht in Deutschland geboren, aber ich lebe in Frankfurt. Das ist für mich meine wirkliche Heimat. → Lebensmittelpunkt

3 a Möglicher Cluster:

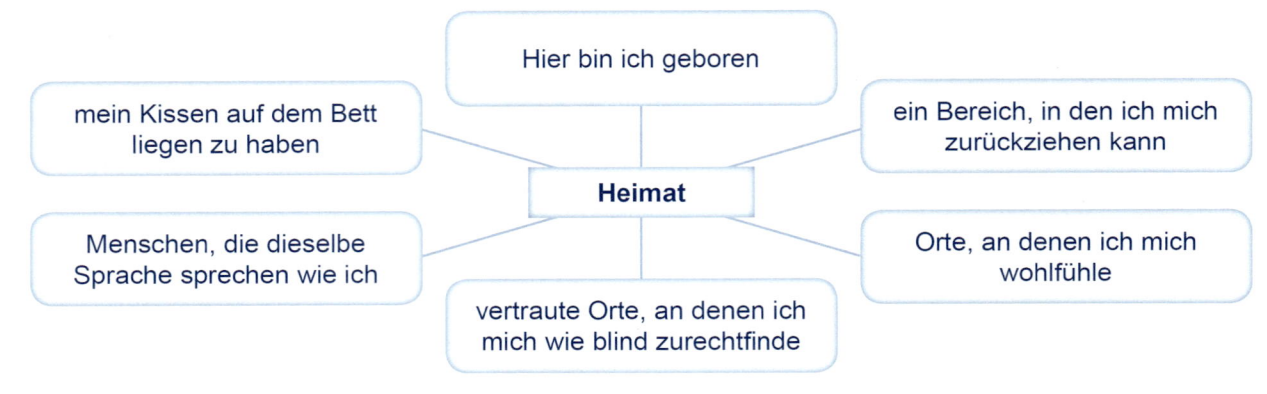

Heimat:
- Hier bin ich geboren
- mein Kissen auf dem Bett liegen zu haben
- ein Bereich, in den ich mich zurückziehen kann
- Menschen, die dieselbe Sprache sprechen wie ich
- Orte, an denen ich mich wohlfühle
- vertraute Orte, an denen ich mich wie blind zurechtfinde

4 Abstrakte Begriffe wie Glück oder Freude sind schwer zu erklären, weil jeder Mensch mit diesen Begriffen etwas anderes verbindet. Unterschiedliche Vorstellungen, Erfahrungen und Empfindungen lassen sich nicht verallgemeinern.

S. 80 Andrea Petkovic: „Es ist wichtig, verortet zu sein"

1 Wer wie Petkovic 40 Wochen im Jahr um den Globus reist, braucht einen Ort, an dem man sich in Ruhe niederlassen und wohlfühlen kann. Dieser Ort ist für Petkovic ihr Eigenheim in Eberstadt.

2 a Konnotationen: Sehnsucht, Geborgenheit, Urlaub

b Anknüpfend an die Aussage Petkovics, dass sie aufgrund ihrer serbischen Wurzeln auch dieses Land als Heimat erlebt, können Schüler/-innen mit Migrationshintergrund über ihre Erfahrungen berichten. Der Tennisplatz ist für Petkovic sogar eine dritte Heimat. Schülerbeiträge können also auch den Aspekt berücksichtigen, dass sie sich z. B. auf dem Fußballplatz besonders wohlfühlen.

3 Auch hier lässt sich der erste Satz als Schlüsselsatz verwenden. Die meiste Zeit des Jahres auf Tour, in Hotels, aus dem Koffer leben: Das macht ihr deutlich, was sie an der Heimat besitzt.

4.2 Heimat – Annäherung an einen schwierigen Begriff

S. 81 Sprache wandelt sich

1 b heimzahlen = sich revanchieren, vergelten

2 a Denotation von Heim: Haus, Wohnort, Heimat

b Die Zusammensetzung „heimleuchten" bedeutet einerseits, jemanden nach Hause geleiten, andererseits – ins Gegenteil gewandelt – jemanden fortjagen.

c Die Aussage stimmt nicht. In den Zusammensetzungen gibt es auch negative Konnotationen, z. B. fortjagen, jemandem Beine machen, überfallen, rächen.

3 a heimlich: Adj. „unauffällig, verstohlen, geheim", ahd. *heimlīh* „häuslich, einheimisch, heimatlich" (11. Jh.), mhd. *heim(e)lich*, auch „vertraut, vertraulich, zahm, geheim, verborgen"
heimisch: Adj. „heimatlich, häuslich, vertraut, gewohnt", ahd. *heimisc* (8. Jh.), mhd. *heim(i)sch*, auch „zahm, nicht wild wachsend"

b Ich gebrauche das Wort, wenn ich etwas so unauffällig tue, dass andere es nicht merken.
Ich gebrauche das Wort, wenn etwas so vertraut ist wie zu Hause.

c <u>Heimlich</u>: Aus der Bedeutung „häuslich, dem begrenzten häuslichen Kreis angehörend" entstand bereits im Mhd. die Bedeutung „fremden Augen entzogen", daher „geheim, versteckt".
<u>Heimisch</u> war bis zur Mitte des 19. Jahrhunderts ein nüchternes Wort, das im juristischen und geografischen Sinne gebraucht wurde. Der Begriff wurde vornehmlich in Amtsstuben wie Polizei und Bürgermeisteramt von Hoheitsdienern und Notaren verwendet, wenn es um den Geburtsort, den Wohnort oder das Herkunftsland ging. Heute ist die Wortbedeutung nicht mehr „ortsgebunden" zu verstehen.

www.wikipedia.de [16.11.2015]

4 a <u>Altenheim</u>: Heim zur Betreuung und Pflege alter Menschen, auch Seniorenheim oder Seniorenresidenz genannt. Wegen des oft hohen Anteils an pflegebedürftigen Bewohnern werden die Begriffe Altenheim und Pflegeheim synonym gebraucht oder auch als Doppelbezeichnung (Alten- und Pflegeheim).
<u>Eigenheim</u>: Frei stehendes Einzelhaus mit ein oder zwei Stockwerken, das dem Bewohner gehört
<u>Flüchtlingsheim</u>: Behelfs- und längerfristige Unterbringung für Flüchtlinge im Zielland
<u>Kinderheim</u>: Heim, in dem Waisenkinder oder Kinder, deren Eltern sich über längere Zeit nicht um sie kümmern können oder wollen, untergebracht sind

S. 82 Fordern und fördern – Üben: Über Begriffsbedeutungen nachdenken

1 a Trotz seines Tors jubelt Lukas Podolski nicht. Stattdessen wirkt er beschämt. Das zeigt sich an seiner Körperhaltung. Er geht mit gesenktem Kopf, das Gesicht hält er mit beiden Händen verdeckt.

b „Ich habe aus Respekt für Polen nicht gejubelt" (Z. 8–9).

2 Als Kind polnischer Einwanderer spielt Podolski für Deutschland. Sein Dilemma heißt: Wurzeln gegen Heimat.

3 Er jubelte nicht, weil er sich auch mit seinem Geburtsland verbunden fühlt.
Synonyme: Wertschätzung, Stolz, Achtung, Ehrerbietung, Rücksicht, Höflichkeit, Anerkennung

4 Beispiel für einen inneren Monolog:
Jetzt habe ich gegen meine alte Heimat ein Tor geschossen. Meine neue Heimat ist aber Deutschland. Polen ist mein Vaterland, Deutschland ist mein Heimatland.
Ich habe nur eine Heimat, und die ist Deutschland. Ich bin aber hin- und hergerissen. Meine neue Heimat ist Deutschland und meine alte ist Polen. Jetzt habe ich gegen meine alte Heimat ein Tor geschossen, das schmerzt. Mit dem Begriff Heimat verbinde ich zwei Dinge: zum einen den Ort meiner Geburt und zum anderen den Ort, wo ich lebe. Die Menschen in Polen werden sicher denken, dass ich nicht mehr an mein Geburtsland denke, weil ich das Tor geschossen habe. Aber gerade weil ich daran gedacht habe, wollte ich das Tor nicht bejubeln.

123

4.3 Projekt: Public Viewing – Sprachtrends auf der Spur

S. 84 Über die Verwendung von Fremdwörtern nachdenken

1. a) Der Text berichtet über die Europäische Nations League, die erstmals 2018 stattfindet. Er besteht überwiegend aus Anglizismen aus dem Bereich Sport.

   b) Z. 1: Teams – Mannschaften
      Z. 2: Topdivision – oberste Spielklasse
      Z. 8: Chancen – Gelegenheiten
      Z. 10: Finalturnier – Endspiele
      Z. 10: neutralem – unparteiisch
      Z. 10: Champion – Meister
      Z. 13: Ranking – Einordnung in eine Rangliste
      Z. 13: Fair-Play-Team – Mannschaft, die die wenigsten Regelverstöße hat
      Z. 13: Trophäe – Pokal
      Z. 14: Topscorer – Spieler, der die meisten Tore geschossen hat
      Z. 14: Keeper – Torwart

   d) Die Wortersetzungen wirken in vielen Fällen schwerfälliger, sogar unverständlicher als die Anglizismen. Die tragen zur Verständlichkeit des Textes kaum etwas bei.

2. a) Teamspirit: Mannschaftsgeist
      Goalgetter: Torjäger
      Chefscout: Spielerbeobachter
      Last-Minute-Sieg: Erfolg in letzter Minute
      Pressing: frühes Angreifen des Gegners, um den Spielaufbau zu unterbinden
      Coach: Trainer
      Playoffs: Ausscheidungsspiele

   b) Sport ist international, die Anglizismen werden meist überall verstanden. Viele Sportarten stammen außerdem aus dem englischsprachigen Raum.

3. a) Die Argumente B und C scheinen am überzeugendsten.

   b) Ein Anglizismus bzw. ein Fremdwort sollte dann übersetzt werden, wenn es ein deutsches Wort gibt bzw. der fremdsprachige Begriff nicht allgemeinverständlich ist.

S. 85 Anglizismen im Übersetzungsbüro

Siehe hierzu die **Folie** „Anglizismen im Alltag" auf der CD-ROM.

1. a) Bahnhof, Einkaufsstraße, Hinweisschild zur öffentlichen Liveübertragung, Coffeeshop
   b) Mögliche Beispiele: Call Center, Sale, Factory Outlet
   c) Informationsstelle, Fabrikverkauf, öffentliche Liveübertragung, Kaffee zum Mitnehmen

2. Public Viewing = öffentliche Leichenschau

Material zu diesem Kapitel

Klassenarbeit
- Einen Text überarbeiten – Ein Beschwerdebrief (Niveau A ohne, B mit Hilfen; Bewertungsbogen auf der CD-ROM)
- Projektvorschlag „Bewusster Sprachgebrauch"

Fordern und fördern
- Einen mundartlichen Songtext untersuchen – Höhner: Echte Fründe (●●●|●○○ mit Lösungshinweisen auf der CD-ROM)
- Ehre: Einen Begriff definieren – „Sie sind Sympathieträger und wunderbares Vorbild" (●●●|●○○ mit Lösungshinweisen auf der CD-ROM)
- Ready zum Blind Date, Baby? – Anglizismen im deutschen Wortschatz (○○○ mit Lösungshinweisen auf der CD-ROM)

Diagnose
- Bedeutung von Wörtern: Sprachwandel – Die kleine süße Dirne und das hehre Weib (mit Lösungshinweisen und Förderempfehlung auf der CD-ROM)
- Situationsgerecht sprechen und schreiben (mit Lösungshinweisen und Förderempfehlung auf der CD-ROM)

PPT-Folien (auf der CD-ROM)
- Kiezdeutsch ist auch Deutsch!
- Anglizismen im Alltag

Deutschbuch Lern- und Arbeitsheft 9
für Lernende mit erhöhtem Förderbedarf im inklusiven Unterricht
- Den richtigen Ton finden, Seite 69–86

Klassenarbeit A – Einen Text überarbeiten

Ein Beschwerdebrief

Aufgabenstellung

Celine fühlt sich beim Abschluss ihres neuen Tarifvertrags für das Smartphone schlecht beraten. Die Rechnung fällt wesentlich höher aus, als man ihr beim Vertragsabschluss gesagt hatte. Nun möchte sie sich schriftlich bei dem Unternehmen beschweren. Aber der Brief muss gründlich überarbeitet werden.

Überarbeite den Brief.

a Ersetze umgangs- und jugendsprachliche Formulierungen. Achte darauf, höflich zu bleiben.
b Formuliere im letzten Absatz einen Wunsch, auf den das Unternehmen vielleicht eher eingehen würde.

Hi,

ich muss Ihnen hiermit mitteilen, dass ich stinksauer bin. Die Beratung für meinen neuen Smartphone-Tarif war echt für die Tonne.
Habe meine erste Rechnung bekommen, das sind krasse Beträge, die ich berappen muss. Hat keiner von Ihren Jungs gesagt, dass es so teuer wird. Fürs Surfen und Talken und so zahle ich Megasummen, so viel Datenvolumen brauche ich aber überhaupt nicht.
Der gesamte Vertrag ist komplett daneben für mich, absolut Schrott. Sie sollten Ihren Beratungsfuzzis mal sagen, wie eine ordentliche Beratung abläuft.

So eine Abzocke hätte ich Ihnen nie zugetraut. Wenn Sie den Vertrag nicht auflösen, gibt es echt Stress.

Ciao
Celine

Deutschbuch 9 — 4 Den richtigen Ton finden – Situationsgerecht sprechen und schreiben

Klassenarbeit B – Einen Text überarbeiten

Ein Beschwerdebrief

Aufgabenstellung

Celine fühlt sich beim Abschluss ihres neuen Tarifvertrags für das Smartphone schlecht beraten. Die Rechnung fällt wesentlich höher aus, als man ihr beim Vertragsabschluss gesagt hatte. Nun möchte sie sich schriftlich bei dem Unternehmen beschweren. Aber der Brief muss gründlich überarbeitet werden.

Überarbeite den Brief.

a Ersetze umgangs- und jugendsprachliche Formulierungen.
   Tipps: Achte darauf, höflich zu bleiben.
   Ändere, wo notwendig, den Text auch inhaltlich.
   Du kannst so beginnen:

   Sehr geehrte Damen und Herren,
   hiermit möchte ich Ihnen mitteilen, dass Sie mich über den neuen Tarif für mein Smartphone schlecht beraten haben.

b Formuliere im letzten Absatz einen Wunsch, auf den die Firma vielleicht eher eingehen würde.
   Du könntest zum Beispiel darum bitten, den Vertrag zu ändern.

Hi,

ich muss Ihnen hiermit mitteilen, dass ich stinksauer bin. Die Beratung für meinen neuen Smartphone-Tarif war echt für die Tonne.
Habe meine erste Rechnung bekommen, das sind krasse Beträge, die ich berappen muss. Hat keiner von Ihren Jungs gesagt, dass es so teuer wird. Fürs Surfen und Talken und so zahle ich Megasummen, so viel Datenvolumen brauche ich aber überhaupt nicht.
Der gesamte Vertrag ist komplett daneben für mich, absolut Schrott. Sie sollten Ihren Beratungsfuzzis mal sagen, wie eine ordentliche Beratung abläuft.

So eine Abzocke hätte ich Ihnen nie zugetraut. Wenn Sie den Vertrag nicht auflösen, gibt es echt Stress.

Ciao
Celine

Einen mundartlichen Songtext untersuchen (1)

Höhner
Echte Fründe

Refrain:
Echte Fründe ston zesamme,
ston zesamme su wie eine Jott un Pott.[1]
Echte Fründe ston zesamme,
5 es och dih Jlück op Jöck[2] un läuf dir fott.
Fründe, Fründe, Fründe en dr Nut
jon 'er hundert, hundert op e Lut.[3]
Echte Fründe ston zesamme
su wie eine Jott un Pott.

10 Do häs Jlück, Erfolg un küss[4] zo Jeld.
Dich kennt he op einmol Jott un alle Welt.
Minsche, die dich vürher nit jekannt,
kumme us de Löcher anjerannt,
sin janz plötzlich all met dir verwandt.

15 *Refrain:*
Echte Fründe ston zesamme, …

Scholderkloppe, Bravo nimm kei Engk.[5]
Mer fingk dich wirklich toll un
drät[6] dich op de Häng.
20 Jlücklich, wä sich do nit blende liet[7]
un nit zo vell op schöne Auge jitt[8],
en jedem Fründe 'ne richtige Fründe och süht.

Refrain:
Echte Fründe ston zesamme, …

25 Do häs Pech; et jeiht dr Birsch erav[9].
Verjesse es all dat, wat do bisher jeschaff.
Minsche, die dich vürher jot jekannt,
jevven dir noch nit ens mih de Hand.
Jetz sühs do, wä met Rääch[10] sich Fründ jenannt.

30 *Refrain:*
Echte Fründe ston zesamme, …

www.songtexte.com/songtext/hohner/echte-frunde-3bd880d8.html
[16.11.2015]; Text: Fröhlich, Jan-Peter / Horn Peters, Peter /
Steinig, Günter / Werner Jates, Peter / Willizil, Franz-Martin;
Copyright: Edition Tebo-Ton, Brühl

---

1 Jot und Pott: Gott und Topf; gemeint ist, dass alle zusammenstehen, weil sie an Gott glauben und aus einem Topf essen.

2 op Jöck: unterwegs

3 op e Lut: auf ein Lot (alte kleine Maßeinheit, ein Lot ist ein dreißigstel Pfund): gemeint ist: In der Not „wiegen" Freunde nur wenig, die meisten taugen nichts.

4 küss: kommst

5 Engk: Ende

6 drät: trägt

7 liet: lässt

8 jitt: gibt

9 Birsch erav: Berg herab

10 met Rääch: mit Recht

Autor: Volker Semmler

Deutschbuch 9 — 4 Den richtigen Ton finden – Situationsgerecht sprechen und schreiben

Einen mundartlichen Songtext untersuchen (2)

1 Lies den Text und schreibe in wenigen Sätzen auf, worum es in dem Song geht.

_____
_____
_____
_____
_____
_____

2 Nenne anhand von Textbeispielen vier Dialektmerkmale der kölschen Mundart.

A keine Verschiebung von ü → eu, u → au Beispiel: _____

B _____ Beispiel: _____

C _____ Beispiel: _____

D Auslassen des Konsonanten am Wortende Beispiel: _____

3 Notiere: Zu welcher mundartlichen Region gehört der kölsche Dialekt?

_____

4 a Übertrage den Song ins Hochdeutsche. Schreibe in dein Heft.
   b Vergleiche deine Übertragung mit dem Original.
   Begründe, ob sich durch die Übertragung die Aussage oder die Stimmung des Songs verändert hat.

Autor: Volker Semmler
Foto: © Monkey Business Images / Corbis

4 Den richtigen Ton finden – Situationsgerecht sprechen und schreiben

Einen mundartlichen Songtext untersuchen (2)

1 Lies den Text und schreibe in weinigen Sätzen auf, worum es im dem Song geht. Vervollständige die Satzanfänge:

In dem Song geht es um das Thema _____. Echte _____

zeigt sich erst dann, wenn man selbst in _____. In Zeiten, in denen es einem

gut geht, _____,

aber diese Freunde _____

_____.

2 Nenne anhand von Textbeispielen vier Dialektmerkmale der kölschen Mundart:

- **A** keine Verschiebung von ü > eu, u > au   Beispiel: _____
- **B** anlautendes g immer als j   Beispiel: _____
- **C** keine Verschiebung von p > f   Beispiel: _____
- **D** Auslassen des Konsonanten am Wortende   Beispiel: _____

3 Kreuze an: Zu welcher mundartlichen Region gehört der kölsche Dialekt?
- ☐ Ostniederdeutsch
- ☐ Bairisch
- ☐ Westmitteldeutsch
- ☐ Ostmitteldeutsch

4 a Übertrage den Song ins Hochdeutsche. Schreibe in dein Heft.
Du kannst so beginnen:

Echte Freunde

Echte Freunde stehn zusammen,
stehn gemeinsam wie ein Gott und ein Topf.
Echte Freunde stehn zusammen,
ist auch dein Glück unterwegs und läuft dir fort.
Freunde, Freunde, Freunde in der Not
Gehen hundert, hundert auf ein Lot.

b Vergleiche deine Übertragung mit dem Original. Begründe, ob sich durch die Übertragung die Aussage oder die Stimmung des Songs verändert hat.

Autor: Volker Semmler
Foto: © Monkey Business Images / Corbis

Ehre – Einen Begriff definieren

„Sie sind Sympathieträger und wunderbares Vorbild"

Große Ehre für Miroslav Klose: Bundeskanzlerin Angela Merkel zeichnete ihn mit dem Integrationspreis „Goldene Victoria" aus. „Ihre Lebensgeschichte erzählt etwas über unser Land", sagte sie.

Weltmeister Miroslav Klose ist am Donnerstag in Berlin mit dem Integrationspreis „Goldene Victoria" geehrt worden. Der gebürtige Pole ist als Fußballspieler nicht nur zum Liebling der deutschen Fans aufgestiegen, er blieb in 13 Jahren Nationalmannschaft auch immer bodenständig und bescheiden. „Heute bekommen Sie einen anderen Pokal. Den haben Sie sich auch dank des Fußballs verdient – aber nicht nur. Sie leben vor, wie wichtig es ist, als Team zu gewinnen", sagte Bundeskanzlerin Angela Merkel in ihrer Laudatio auf den nach der WM in Brasilien zurückgetretenen Nationalspieler und deutschen Rekordtorschützen.

„Sie sind ein starker Sympathieträger und ein wunderbares Vorbild im Fußball. Ihre Lebensgeschichte erzählt etwas über unser Land", sagte die Kanzlerin bei der Festveranstaltung mit rund 600 Gästen im Auswärtigen Amt: „Ihr Team, mit dem Sie den WM-Titel gewonnen haben, ist eine der besten Visitenkarten des Landes."

Klose, der als Achtjähriger aus seinem Geburtsland Polen nach Deutschland gekommen war, sagte: „Es ist eine große Ehre für mich, diesen Preis in Empfang zu nehmen. Das bedeutet mir sehr viel. Die Nationalmannschaft ist das beste Beispiel für Integration."

Seine 137 Länderspiele stehen auch für ein weltoffenes Deutschland, seine 71 Tore im Trikot des nun viermaligen Weltmeisters für Toleranz. Der Fußball habe ihm geholfen, so Klose, in Deutschland heimisch zu werden. „Sie haben sich ins Herz der Nation gespielt", sagte Merkel. Die Deutschlandstiftung Integration wurde 2008 vom Verband Deutscher Zeitschriftenverleger (VDZ) gegründet und setzt sich für die Chancengleichheit von Menschen mit Migrationshintergrund in Deutschland ein.

Die Welt vom 11.09.2015
www.welt.de/sport/fussball/article132162984/Sie-sind-Sympathietraeger-und-wunderbares-Vorbild.html [26.11.2015]

1 Erkläre, warum Miroslav Klose mit der „Goldenen Victoria" ausgezeichnet wurde.

_____
_____

2 In dem Zeitungsartikel taucht zweimal das Wort „Ehre" auf.
Erkläre, welche Hauptbedeutung (Denotation) der Begriff dabei hat.

Denotation: _____

3 Welche Vorstellungen, Erfahrungen und Empfindungen (Konnotationen) verbindest du nach der Lektüre des Zeitungsartikels mit dem Begriff „Ehre"?

_____
_____
_____

4 Erkläre mit Hilfe je eines Beispiels die folgenden Begriffe und Redewendungen:

> Ehrenbürger – bürgerliche Ehrenrechte – Ehrabschneidung – seine Ehre verlieren – Ehrgefühl – jemandem die letzte Ehre erweisen – Ehrentag – Ehrenurkunde

Autor: Volker Semmler

Ehre – Einen Begriff definieren

„Sie sind Sympathieträger und wunderbares Vorbild"

Große Ehre für Miroslav Klose: Bundeskanzlerin Angela Merkel zeichnete ihn mit dem Integrationspreis „Goldene Victoria" aus. „Ihre Lebensgeschichte erzählt etwas über unser Land", sagte sie.

Weltmeister Miroslav Klose ist am Donnerstag in Berlin mit dem Integrationspreis „Goldene Victoria" geehrt worden. Der gebürtige Pole ist als Fußballspieler nicht nur zum Liebling der deutschen Fans aufgestiegen, er blieb in 13 Jahren Nationalmannschaft auch immer bodenständig und bescheiden. „Heute bekommen Sie einen anderen Pokal. Den haben Sie sich auch dank des Fußballs verdient – aber nicht nur. Sie leben vor, wie wichtig es ist, als Team zu gewinnen", sagte Bundeskanzlerin Angela Merkel in ihrer Laudatio auf den nach der WM in Brasilien zurückgetretenen Nationalspieler und deutschen Rekordtorschützen.

„Sie sind ein starker Sympathieträger und ein wunderbares Vorbild im Fußball. Ihre Lebensgeschichte erzählt etwas über unser Land", sagte die Kanzlerin bei der Festveranstaltung mit rund 600 Gästen im Auswärtigen Amt: „Ihr Team, mit dem Sie den WM-Titel gewonnen haben, ist eine der besten Visitenkarten des Landes."

Klose, der als Achtjähriger aus seinem Geburtsland Polen nach Deutschland gekommen war, sagte: „Es ist eine große Ehre für mich, diesen Preis in Empfang zu nehmen. Das bedeutet mir sehr viel. Die Nationalmannschaft ist das beste Beispiel für Integration."

Seine 137 Länderspiele stehen auch für ein weltoffenes Deutschland, seine 71 Tore im Trikot des nun viermaligen Weltmeisters für Toleranz. Der Fußball habe ihm geholfen, so Klose, in Deutschland heimisch zu werden. „Sie haben sich ins Herz der Nation gespielt", sagte Merkel.

Die Deutschlandstiftung Integration wurde 2008 vom Verband Deutscher Zeitschriftenverleger (VDZ) gegründet und setzt sich für die Chancengleichheit von Menschen mit Migrationshintergrund in Deutschland ein.

Die Welt vom 11.09.2015
www.welt.de/sport/fussball/article132162984/Sie-sind-Sympathietraeger-und-wunderbares-Vorbild.html [26.11.2015]

1 Erkläre, warum Miroslav Klose mit der „Goldenen Victoria" ausgezeichnet wurde.
Tipp: Lies noch einmal die Zeilen 34–38.

_____

_____

2 In dem Zeitungsartikel taucht zweimal das Wort „Ehre" auf.
Kreuze an, welche Hauptbedeutung (Denotation) der Begriff dabei hat.

☐ Achtung   ☐ Anerkennung
☐ Auszeichnung   ☐ Bewunderung
☐ Wertschätzung   ☐ Respekt

3 Welche Vorstellungen, Erfahrungen und Empfindungen (Konnotationen) verbindest du nach der Lektüre des Zeitungsartikels mit dem Begriff „Ehre"?

_____

_____

_____

Ready zum Blind Date, Baby?

Anglizismen im deutschen Wortschatz

Der Verein Deutsche Sprache publiziert den Anglizismen-INDEX, „ein Nachschlagewerk für Anglizismen, die in der deutschen Allgemeinsprache verwendet werden; er benennt Synonyme oder liefert Vorschläge für deutsche Entsprechungen. Er wird laufend aktualisiert und weist gegenwärtig rund 7500 Einträge auf".

1 Suche aus dem folgenden Wortspeicher passende deutsche Entsprechungen für die Anglizismen, die in der Tabelle unten aufgeführt sind. Schreibe sie in die mittlere Spalte.

> Verabredung mit unbekannt – Reißer – Pauschalpreis – Abtaster – Kapelle, Musikgruppe – Bildschirmkopie – im Netz schwatzen – Liebelei – Spielgewinn gegen den aufschlagenden Gegner – Hörsequenz – Prallkissen – Netzauftritt – Wohlgefühl, Erholung – sich regelwidrig verhalten

Anglizismus	Vorgeschlagene Entsprechung	Bewertung
Actionfilm		
Airbag		
Audioclip		
Band		
Blind Date		
Break (Tennis)		
chatten		
Flatrate		
foulen		
Flirt		
Scanner		
Screenshot		
Website		
Wellness		

2 Bewerte jeden Anglizismus und verwende eine der drei folgenden Kategorien. Schreibe die entsprechende Ziffer in die rechte Spalte.

1	Deutsches Wort könnte problemlos anstelle des englischen verwendet werden.
2	Deutsches Wort klingt sehr ungewöhnlich, aber mit ein bisschen Gewöhnung könnte es das englische Wort ersetzen.
3	Diese Entsprechung funktioniert auf keinen Fall, das englische Wort kann nicht sinnvoll ersetzt werden.

Diagnose – Bedeutung von Wörtern: Sprachwandel

Die kleine süße Dirne und das hehre Weib

"‚Es war einmal eine kleine süße Dirne, die hatte jedermann lieb, der sie nur ansah …' – was heute beinahe verfänglich klingt, ist der Beginn des Märchens ‚Rotkäppchen' nach der Ausgabe letzter Hand der Gebrüder Grimm (1857). Noch etwas über 30 Jahre später lässt Theodor Fontane in seinem bekannten Gedicht ‚Herr von Ribbeck auf Ribbeck im Havelland' ein junges Mädchen mit ‚lütt Dirn' ansprechen."

siegwalt.de.tl/Sprachgeschichte-d--Abwertung-weiblicher-Bezeichnungen.htm

In heutiger Zeit würde die Anrede „kleine Dirne" zu großem Unverständnis führen und als Beleidigung aufgefasst werden.

In Theodor Storms Novelle „Der Schimmelreiter" heißt es: „… saß der junge Deichgraf mit seinem Weibe zusammen." Heute wird lediglich in der Umgangssprache eine unsympathische, oft primitive Frau abwertend als „Weib" bezeichnet. Als „Frau" bezeichnete man im Mittelalter eine Dame von adligem Stand (heute: „Herrin"). Auch die Bezeichnung „Fräulein" galt seit dem 11. bis ins 19. Jahrhundert nur jungen, unverheirateten adligen Damen. Danach wurde er auch zur Bezeichnung und Anrede unverheirateter bürgerlicher Mädchen benutzt. Seit den 1970er Jahren verschwand die Bezeichnung, weil sie als Verkleinerungsform von „Frau" nicht mehr zeitgemäß erschien.

1 a Lies den Text.
Ergänze in der Tabelle die frühere und die heutige Bedeutung der Wörter. Nutze den Wortspeicher.
Tipp: Nicht alle Wörter bzw. Wortgruppen passen.

> Hebamme – erwachsene weibliche Person – junges Mädchen – adliges Mädchen – unverheiratete adlige Dame – Trachtenkleid – Prostituierte – adlige Dame – abwertende Bezeichnung für eine Frau – unverheiratete junge Frau – Ehefrau eines Handwerkers

b Benenne die jeweilige Art des Bedeutungswandels:

Wort	Frühere Bedeutung	Heutige Bedeutung	Bedeutungswandel
Dirne			
Frau			
Fräulein			
Weib			

Diagnose – Situationsgerecht sprechen und schreiben

1 Welche der folgenden Aussagen sind richtig, welche falsch? Kreuze an.

	richtig	falsch
Vollständige Sätze sind für Umgangssprache typisch.	☐	☐
Merkmale der Jugendsprache sind Anglizismen und Übertreibungen.	☐	☐
Formulierungen der Jugendsprache ändern sich nie.	☐	☐
Geschlechtsneutrale Formulierungen diskriminieren Männer.	☐	☐
Dialekt wird vor allem von älteren Menschen gesprochen.	☐	☐
Nominalisierungen sind Merkmale von Kiezdeutsch.	☐	☐
Vor allem zweisprachig aufgewachsene Jugendliche sprechen Kiezdeutsch.	☐	☐
Mit Erwachsenen spricht man in der Standardsprache, Jugendliche untereinander sprechen in der Jugendsprache.	☐	☐
Hochsprache (Standardsprache) ist die allgemein verbindliche Form unserer Sprache.	☐	☐

2 Bestimme jeweils die Denotation der fett gedruckten Wörter und ergänze drei mögliche Konnotationen.

Feuer

Denotation: _____

Konnotation (3 Beispiele): _____

Herz

Denotation: _____

Konnotation (3 Beispiele): _____

Herbst

Denotation: _____

Konnotation (3 Beispiele): _____

Im Kiez (Berlin)

5 „Meine deutschen Wörter haben keine Kindheit" – Eine zweisprachige Autorin lesen und vorstellen

Konzeption des Kapitels

Emine Sevgi Özdamar ist ein Beispiel für eine anscheinend gelungene Integrationsgeschichte: Als junge Erwachsene aus der Türkei nach Deutschland immigriert, gelang ihr als zunächst fremdsprachige Gastarbeiterin eine erfolgreiche Karriere als Autorin nicht nur in Deutschland, sondern auch in der deutschen Sprache. Sie kann ermutigendes Vorbild für viele Schüler/-innen sein, die sich in ihrer Geschichte wiederfinden, und Vermittlerin zwischen den Welten für die, denen ein empathisches Verständnis für eine andere Kultur und Geschichte schwerfällt. Emine Sevgi Özdamar schreibt vorwiegend in deutscher Sprache. Ihre Texte weisen eine eigenartige Metaphorik auf, die sich dem Verständnis der Muttersprachler teilweise zunächst verschließt, nicht zuletzt bedingt durch die ins Deutsche übertragene türkische Bildersprache, die sich von der des deutschen Sprachraums unterscheidet.

Im ersten Teilkapitel (**„Emine Sevgi Özdamar – Eine Autorin durch Texte kennen lernen und im Porträt vorstellen"**) erschließen die Schüler/-innen Lebensumstände, Lebensgeschichte und Sprachbilder aus Texten von und über Özdamar. Darin enthaltene Informationen werden am Ende des Teilkapitels gesammelt, sortiert und zu einer Ausstellung verarbeitet. Schwerpunkte des Teilkapitels sind Texterschließung und Leseverstehen von informativen und literarischen Texten, Erschließung von Sprachbildern und Gestaltung einer Ausstellung zu verschiedenen thematischen Schwerpunkten. Die beiden Lebenswelten der Autorin bilden dabei einen roten Faden.

Im zweiten Teilkapitel (**„‚Ich verstehe das so!' – Einen literarischen Text erschließen und einen inneren Monolog schreiben"**) verfassen die Schüler/-innen einen inneren Monolog für eine der Figuren in Özdamars Roman „Die Brücke vom Goldenen Horn". Die Methode unterstützt als produktiv-gestaltendes Verfahren die Texterschließung. Das Aufgabenangebot auf zwei Niveaustufen erfordert ebenfalls einen empathischen Perspektivwechsel, diesmal allerdings in Briefform. Abschließend prüfen die Schüler/-innen ihr neu erworbenes Wissen und Können in einem Test.

Im dritten Teilkapitel (**„Fit in …! – Zu einem Textauszug gestaltend schreiben"**) verfassen die Schüler/-innen einen Brief mit Perspektivwechsel. Dazu werden sie schrittweise, am Schreibprozess orientiert, angeleitet. Das Teilkapitel kann als Vorbereitung für eine Kurs- bzw. Klassenarbeit genutzt werden.

Literaturhinweise

- *Baurmann, Jürgen / Berkemeier, Anne:* Präsentieren – multimedial. In: Praxis Deutsch 244 / 2014, S. 4–11
- *Baurmann, Jürgen / Kammler, Clemens:* Interpretationsaufgaben stellen – Interpretationen bewerten. In: Praxis Deutsch 234 / 2014, S. 4–12
- *Baurmann, Jürgen:* Biografien – Lebensbilder für Kinder und Jugendliche. In: Praxis Deutsch 219 / 2010, S. 4–11
- *Brendel-Perpina, Ina:* Nomierungspräsentationen der Jugendjury zum Deutschen Jugendliteraturpreis. Eine Anregung zum Literaturunterricht und zur Leseförderung. In: Praxis Deutsch 244 / 2014, S. 24–29
- *Haas, Gerhard / Menzel, Wolfgang / Spinner, Kaspar H.:* Handlungs- und produktionsorientierter Literaturunterricht. In: Praxis Deutsch 123/1994, S. 17–25
- *Janssen, Bernd & Sabine:* Kreative Methoden für einen lebendigen Deutschunterricht. In: Praxis Deutsch 210/2008
- *Waldmann, Günter:* Produktiver Umgang mit Literatur im Unterricht. Schneider Verlag Hohengehren, Baltmannsweiler, ^{6}2007

5 „Meine deutschen Wörter haben keine Kindheit" – Eine zweisprachige Autorin lesen und vorstellen

Inhalte	Kompetenzen
	Die Schülerinnen und Schüler
S. 87 **5.1 Emine Sevgi Özdamar – Eine Autorin durch Texte kennen lernen und im Porträt vorstellen**	
S. 88 Informationen zu Lebenshintergründen erschließen *Emine Sevgi Özdamar: Rede zur Verleihung des Kleist-Preises am 21.11.2004 (1. Auszug)* S. 89 *Hanne Crolly: Die ersten Gastarbeiter*	– erschließen die Situation von Gastarbeitern – gestalten einen Text szenisch – erkennen sprachliche Gestaltungsmittel in ihren Wirkungszusammenhängen und ihrer historischen Bedingtheit
S. 91 Sprachbilder übersetzen S. 91 *Emine Sevgi Özdamar: Rede zur Verleihung des Kleist-Preises (2. Auszug)*	– ordnen Sprachbildern Deutungsthesen zu – identifizieren Personifikation, Vergleich, Metapher und deuten Sprachbilder
S. 93 Lebensstationen zweier Welten erschließen S. 93 *Das Leben Emine Özdamars* S. 95 *Meryem Korkot: Türkische Filme – Eine Gelegenheit, unsere Kultur besser kennen zu lernen*	– entnehmen Informationen aus Sachtexten – setzen fremde Lebenswelten zu ihrer eigenen in Bezug – veranschaulichen eine Biografie durch einen Zeitstrahl – nutzen Medien für eine Präsentation
S. 96 Ein Autorinnenporträt als Ausstellung planen und gestalten	– recherchieren und ordnen Informationen – gestalten Plakate für eine Ausstellung – erstellen eine Mind-Map zu einem Thema – gestalten einen mediengestützten Vortrag
S. 98 Teste dich!	– überprüfen ihr neu erworbenes Wissen und Können
S. 99 **5.2 „Ich verstehe das so!" – Einen literarischen Text erschließen und einen inneren Monolog schreiben**	
S. 99 *Emine Sevgi Özdamar: Die Brücke vom Goldenen Horn (1. Auszug)*	– erschließen Thema und Wirkung eines literarischen Textes – formulieren Deutungsthesen zu einem literarischen Text – schreiben einen inneren Monolog aus der Perspektive einer literarischen Figur – analysieren und überprüfen selbst verfasste Texte in Partnerarbeit – überarbeiten Texte inhaltlich und sprachlich
S. 102 **Fordern und fördern** – Briefe aus der Sicht einer Figur schreiben und begründen S. 102 *Emine Sevgi Özdamar: Die Brücke vom Goldenen Horn (2. Auszug)*	– erschließen verschiedene sprachliche Stilmittel – schreiben Briefe aus der Sicht einer Figur – reflektieren und begründen ihre Schreibentscheidungen
S. 105 **5.3 Fit in …! – Zu einem Textauszug gestaltend schreiben**	
S. 105 Die Aufgabe richtig verstehen – Planen – Schreiben und überarbeiten S. 105 *Emine Sevgi Özdamar: Die Brücke vom Goldenen Horn (3. Auszug)*	– üben angeleitet das Verfassen eines Briefes aus der Sicht einer literarischen Figur – begründen ihre Schreibentscheidungen

5 „Meine deutschen Wörter haben keine Kindheit" – Eine zweisprachige Autorin lesen und vorstellen

S. 87 Auftaktseite

Das Zitat der Autorin als Kapitelüberschrift bietet, ebenso wie der Untertitel, Anlass für einen Diskurs über Bildsprache, die in Özdamars Texten für uns ungewohnte Ausprägungen zeigt. Dabei spricht die Personifikation im Zitat auch eine affektive Ebene an, die neugierig macht.

1 Die Gegenüberstellung türkischer und deutscher Wahrzeichen (Sultan-Ahmed-Moschee in Istanbul; Brandenburger Tor), Symbole von Terror („Putsch" 1971; vgl. SB S. 91) und kontrastierende Arbeitsumgebungen von Frauen (Arbeiterin und Schriftstellerin / Frau Özdamar) provozieren Vermutungen über für uns ungewöhnliche Lebensumstände. Damit werden sowohl türkischstämmige als auch deutschstämmige Schüler/-innen angesprochen; auch eine Anbindung an (fiktive, klischeehafte) Lebenswelten von Jungen und Mädchen wird hergestellt. Das Leben der Autorin in verschiedenen – teils gegensätzlichen – Welten kann auch Entsprechungen im Leben der Schüler/-innen aufzeigen.

2 a Die verschiedenen Fotos deuten Themen in Özdamars Texten an; hier soll die Verbindung von Leben und Werk der Autorin vorab hergestellt werden, ohne ihre Texte a priori als autobiografisch zu deuten; dennoch haben sie durchweg biografische Hintergründe. Die Frage nach biografischer und fiktiver Literatur kann schon an dieser Stelle gestellt werden, ebenso die damit möglicherweise einhergehenden Erzählhaltungen.

b Die Aufforderung zum gegenseitigen Austausch der Ergebnisse folgt dem Prinzip des – von der Grundhaltung her – kooperativen Arbeitens; durch immer wiederkehrende Aufforderung zur Zusammenarbeit oder zum Austausch wird dieses Prinzip im Bewusstsein der Schüler/-innen gefestigt.

5.1 Emine Sevgi Özdamar – Eine Autorin durch Texte kennen lernen und im Porträt vorstellen

S. 88 Informationen zu Lebenshintergründen erschließen

S. 88 Emine Sevgi Özdamar: **Rede zur Verleihung des Kleist-Preises am 21.11.2004** (1. Auszug)

Diese Rede wird als **Hörtext** mit Arbeitsblatt angeboten (auf der CD-ROM).

1 a Mögliche Wirkungen sind z. B. *lustig, wie im Zirkus, flatterhaft, durcheinander, als wären die Menschen wirr im Kopf.* Hier kann die Wirkungsabsicht von Sprachbildern thematisiert werden: Die Vogel-Metapher suggeriert Unstetigkeit, provoziert die Erwartung von Kurzfristigkeit; der Vergleich des Hinter-den-Wörtern-Hergehens vermittelt z. B. ein Gefühl von Abhängigkeit, Hilflosigkeit.

c Das Zeichnen der Situation nötigt zum genauen Lesen und Auswählen wesentlicher Informationen und Bilder. Gerade schwächeren Schülerinnen und Schülern kann die Skizze bei der Vorstellungsbildung helfen.

d Das Spiel stellt hohe Anforderungen auch an die Lesekompetenz: Was spielbar und darstellbar ist und was nicht, muss zunächst genau erlesen, dann ausprobiert werden. Die Auswahl des Darzustellenden stellt eine spielerische Interpretation des Textes dar: An der dargestellten Spielszene können Sprachbilder thematisiert und reflektiert werden, gerade auch im Vergleich mit den Ergebnissen der Teilaufgabe c. Die Vogel-Metapher verweist auf die Annahme der Kurzlebigkeit der Situation, auf die Fremdheit, die Unverbindlichkeit; die Wörter-Metapher vermittelt sowohl die Fremdheit in der Situation als auch die Außenperspektive der Erzählerin, die wie von oben auf die Menschen sieht. Gerade Letzteres ermöglicht einen Diskurs über das Verhältnis von Erzählperspektive und Bildsprache.

e Die Präsentation erfordert eine begründende Rückanbindung an den Text.

2 Mögliche Lösung:

Die Vogel-Metapher vermittelt den Eindruck, wie die Menschen auf Beobachter wirken und wie sie sich fühlen könnten. Sie wirken rastlos, weil sie sich „nur kurz" auf die Bäume setzen; sie lassen sich nicht dauerhaft nieder, und sie wollen ja auch auf den Bäumen bleiben, statt auf den Boden zu kommen: „um dann weiterzufliegen"; sie gucken von weit oben, von den Baumwipfeln aus auf die Stadt herunter. Sie haben keinen Bodenkontakt; aus diesen Gründen fühlen sie sich auch nicht dazugehörig, nicht wirklich wahrgenommen. Sie fühlen sich weit weg von den anderen, in Berlin ansässigen Menschen. Sie sprechen „Vogelsprachen": Das erinnert an das Zwitschern von Vogelschwärmen, das man nicht versteht und das durcheinander wirkt. Und sie fühlen sich möglicherweise leicht und frei wie Vögel.

S. 89 Hanne Crolly: **Die ersten Gastarbeiter**

1 a Die Situation der damaligen Gastarbeiter ist den meisten Schülerinnen und Schülern sicher nicht bekannt, genauso wenig wie die Entwicklung dieses Ausschnitts der Migrationsgeschichte.

b Das reziproke Lesen hat sich als sehr effektstarke kooperative Texterschließungsmethode erwiesen. Eine mögliche Zusammenfassung des Textes könnte sein:

In dem Zeitungsbericht von Hanne Crolly aus dem Jahr 2011 geht es um die Einwanderung vor allem von türkischen Gastarbeitern nach Deutschland. Die entscheidende Grundlage dafür war das Anwerbeabkommen von 1961. Zunächst sollten die Gastarbeiter nach einiger Zeit wieder in ihre Heimat zurückkehren. Aber die deutschen Arbeitgeber beschweren sich, und so wurden die Aufenthaltsgenehmigungen immer wieder verlängert, schließlich sogar unbefristet erteilt, sodass viele Arbeiter ihre Familien nachholten. Heute leben ca. 2,5 Mio. Menschen mit türkischem Migrationshintergrund in Deutschland.

2 Das Thema des Artikels ist vielschichtig: Sowohl „Besonderheiten der türkischen Migrationsgeschichte in Deutschland" als auch „Unbeabsichtigte Konsequenzen aus kurzsichtigen politischen Entscheidungen" wären Themenformulierungen, die von den Schülerinnen und Schülern aber so kaum zu erwarten sind. „Geschichte der türkischen Einwanderung nach Deutschland" oder „Gründe für die Größe der türkischen Bevölkerungsgruppe in Deutschland" sind eher zu erwarten.

3 Die mit dieser Formulierung einhergehende Abwertung – gerade auch der Aspekt der problemlosen Führung – müsste Widerspruch provozieren: Wieso sollte die (ungebildete?) Landbevölkerung besser zu führen sein? Was heißt das eigentlich konkret? Antworten könnten sein:
– Warum sollten die Anatolier kaum gebildet sein?!
– Ist „problemloser zu führen" gleichbedeutend mit „dümmer"? Das ist arrogant!
– Also sollten die Landbewohner ausgenutzt werden!
– Gerade das „im Gegenteil" zeigt ja, dass die Politiker die Anatolier ausnutzen wollten.
– Das ist menschenverachtend. Sie sollten wohl als „Arbeitstiere" eingesetzt werden.

4 Diese Aufgabe schlägt die Brücke zwischen Sachtext und Metaphorik, überprüft die Aktualität des Begriffs „Gastarbeiter" und legitimiert Özdamars Text als realitätsbezogen.
Mögliche Lösungen (unterstrichen: im SB vorgegebene Formulierungshilfen):

○○ a <u>Die von Özdamar in ihrer Rede verwendete Metapher „Gastvögel" meint, dass</u> die Gastarbeiter ja vorhatten, nach einiger Zeit wieder in ihre Heimat zurückzukehren, und dass sie nicht wirklich „auf dem Boden" ankommen, also keine Heimat finden wollten. <u>Der Zeitungsartikel hingegen beschreibt, dass nach 1973</u> die meisten türkischen Gastarbeiter hier doch ihre (zweite) Heimat gefunden haben. <u>Ein Gast ist aber in der Regel jemand, der</u> nur kurze Zeit bleibt und vielleicht auch versorgt wird; die Gastarbeiter aber waren ja nur zum Arbeiten gekommen. – <u>Aus diesen Gründen bin ich der Meinung, dass</u> die Metapher „Gastvögel" für die damalige Situation zwar stimmt, aber aus heutiger Sicht nicht mehr: Frau Özdamar bezieht sich in ihrer Rede also nur auf die Situation und das Gefühl der Menschen damals, wie diese die Situation und sich damals wahrgenommen haben.

●●● b <u>Ich bin ein neues Blatt in der Stadt. Meine Hoffnungen sind</u> Staub, der von jedem Windhauch weggefegt wird, genau wie ich. – Erläuterung: Ich habe keinen Halt, ich kenne niemanden, ich kenne mich nicht aus, mir bleibt gar nichts übrig, als mich treiben zu lassen. Meine Hoffnungen sind angewiesen auf den guten Willen der anderen und ein günstiges Schicksal.

5 „Meine deutschen Wörter haben keine Kindheit" – Eine zweisprachige Autorin lesen und vorstellen

5 Dass die Arbeitsverträge nur befristet waren und immer wieder verlängert wurden, ist sicher ein Grund für das Gefühl, sich nicht zu Hause zu fühlen, sich nicht auf dieses Land einlassen zu können. Identitätsfindung, Identifikation, Integration sind kaum möglich, wenn man nicht weiß, wo man wie lange bleiben wird.

S. 91 Sprachbilder übersetzen

Diese Rede wird als **Hörtext** mit Arbeitsblatt angeboten (auf der CD-ROM).

S. 91 Emine Sevgi Özdamar: **Rede zur Verleihung des Kleist-Preises am 21.11.2004** (2. Auszug)

1 Der unspezifisch gestellte Arbeitsauftrag ermöglicht die Äußerung verschiedenster Eindrücke:
– Einengung, Angst, Bedrückung
– Unfassbares: für jemanden aus „unserer Welt" kaum vorstellbar
– Irritation über den Verlust der Muttersprache: Was heißt das? Wird jemand stumm?
– Verunsicherung über die Metaphorik: Muttersprache verlieren, ihrer müde werden, Zunge ins Deutsche drehen, Steine sprechen eine neue Sprache
– Theater verspricht eine Utopie?

2 Mögliche Zuordnung:

A	B
Wörter verstecken	Man schweigt aus Angst.
in der Muttersprache müde werden	Die eigene Sprache wird einem fremd.
Steine suchen neue Sprache	Alles ist einander fremd.
Wörter werden verhaftet	Bestimmte Meinungen werden verboten.
Zunge hat keine Knochen	Man kann andere Sprachen lernen.

Siehe hierzu auch die **Folie** „Sprachbilder erkennen und verstehen" auf der CD-ROM.

3 Die Interpretation von Metaphern ist zwar nicht beliebig, aber auch nicht eindeutig. Dies kann besonders an diesen Beispielen – an den Ergebnissen aus den Teilaufgaben a und b – thematisiert werden.

a Verschiedene Zeichnungen können verglichen und begründet werden: Welche Gemeinsamkeiten haben die Zeichnung und die Metapher? Worin liegen ggf. Unterschiede? Welche Zeichnung drückt welchen Aspekt der Metapher am besten aus?

b Mögliche Erklärungen (unterstrichen: im SB vorgegebene Formulierungshilfen):
– <u>Das Sprachbild „die Zunge hat keine Knochen" heißt, dass man die Sprache nicht einfach erstarren lassen kann. Sprache ist wie die Zunge lebendig und</u> gelenkig, sie findet neue Wege, lernt z. B. eine neue Sprache oder neue Sprachbilder, um etwas auszudrücken, was sie nicht direkt sagen darf.
– „Wörter verstecken" verdeutlicht das Verschweigen von Meinungen. Man „versteckt" die Wörter, aber insgeheim behält man seine Meinung.
– „in der Muttersprache müde werden": Wenn die Muttersprache anstrengend geworden ist, weil man nicht mehr sagen kann, was man will, weil man immer aufpassen muss, weil man seine Zunge immer „verbiegen" muss, dann wird das so anstrengend, dass man müde wird und sich in einer anderen Sprache wohler fühlen kann.
– „Steine suchen neue Sprache": Sogar die sprachlosen, stummen Steine brauchen eine neue Sprache, weil sogar ihre „Wörter" verhaftet werden. Damit könnten ihre „Gedanken" gemeint sein: Sogar geheimste Gedanken, die niemand errät, verbieten sich. Selbst Steine fühlen sich fremd, sind nicht mehr in ihrer Muttersprache zu Hause.
– „Wörter werden verhaftet": Bestimmte Wörter, Äußerungen, Sätze, Meinungen werden verboten, bieten Anlass für Verhaftungen.

4 a Mögliche Lösungen:
- „Kranke Wörter" verschwinden langsam, weil sie verboten sind; sie siechen dahin, sterben.
- „Kranke Wörter" leiden, weil sie ihre Botschaft nicht mehr mitteilen können/dürfen; sie verlieren ihre Kraft.
- „Kranke" Wörter sind ansteckend: Sie infizieren andere Menschen, ihre Gedanken, ihre Sprache mit ihren Ideen.

5 a Mögliche Lösung:
Die Eindrücke von Angst und Beklemmung finden sich im Bild der „versteckten Wörter", im Bild der Verhaftung. Die Unfassbarkeit und die Schwierigkeit, sich diese Situation vorzustellen, finden ihren Niederschlag im Bild der „Steine, die eine Sprache suchen", in der Fremdheit, die sich in diesem Bild und in dem des Müdewerdens in der Muttersprache wiederfindet (Z. 29–30).

b Mögliche Ergänzungen (unterstrichen: im SB vorgegebene Formulierungshilfen):

<u>Emine Sevgi Özdamar stellt mit Hilfe von</u> Metaphern <u>und insbesondere Personifikationen einen Zusammenhang zwischen dem Umsturz</u> in ihrer Sprache <u>und ihrem</u> Land (Türkei) <u>her. Die Machtübernahme durch</u> das Militär <u>mit seinen</u> Verhaftungen <u>führte bei Özdamar dazu, dass</u> sie sich in ihrem Land und ihrer Muttersprache fremd fühlte. <u>Deshalb ging sie</u> nach Deutschland. Hier erlernte sie in der Arbeitswelt der Fabrik und des Theaters sowie im Alltag die deutsche Sprache. <u>Sie verwendet dafür das Bild „die Zunge hat keine Knochen" (Z. 33). Es bedeutet,</u> dass sie sich eine neue Sprache suchte, nämlich die deutsche, in der sie sich dann heimisch zu fühlen begann, weil sie darin alles sagen konnte, was sie wollte.
<u>Die genauere Beschäftigung mit diesen Sprachbildern bestätigt meinen ersten</u> Eindruck. <u>Denn</u> gerade die Personifikationen, die ausdrücken, dass Wörter sich verstecken müssen und verhaftet werden, passt zu meinem Ersteindruck von Angst, Beklemmung, Schweigen-Müssen.

Lebensstationen zweier Welten erschließen

Das Leben Emine Sevgi Özdamars (ihre Biografie)

1 Hier spielt die Zugehörigkeit der Stadt zu zwei Kontinenten eine große Rolle, die halb zu Europa und halb zu Asien gehört. Im Kontext mit der Kapitelüberschrift können die Zerrissenheit und weitere mögliche Konfliktpotenziale der Herkunft Özdamars angedeutet werden, auch in Bezug auf die Fotos auf der Auftaktseite.

2 Asien – Europa
Türkei – Deutschland
Türkisch – Deutsch
Istanbul – Berlin
Politik – Theater
Schauspielerin – Fabrikarbeiterin
Schauspielerin – Autorin

3 Beispiele für zwei Welten könnten sein: Eltern – Freunde, Schule – Freizeit; zwei Sprachen, zwei Kulturen (türkisch – deutsch, Mutter – Vater).

a Mögliche Notizen zu „Leben in zwei Welten":
- positiv: Abwechslung; die Wahl haben; mehr und verschiedene Erfahrungen machen
- negativ: sich nicht richtig zugehörig fühlen; Schwierigkeiten in der Vermittlung beider Welten; Zerrissenheit; organisatorische Schwierigkeiten

4 Zeitstrahl zum Leben Emine Özdamars:

Lebensdaten Emine Sevgi Özdamars	
10.08.1946 Geburt	
1958 Theater, Bursa	
1965 Elektrofabrik, Westberlin	Reise nach Berlin (West)
1967–70 Schauspielschule, Istanbul	Besuch der Schauspielschule in Istanbul
[1971 „Putsch"] bis 1976 Theaterrollen, Türkei	Militärgewalt
1976 Regieassistenz, Ostberlin	Reise nach Berlin (Ost)
1978 Schauspielstudium, Paris	Umzug nach Paris
1979–84 Regieassistentin und Schauspielerin, Bochum; 1982 Theaterstück „Karagöz in Alamania" (Autorin)	Reise nach Bochum und Aufenthalt bis 1984
1986 Uraufführung „Karagöz in Alamania" (Regisseurin), Bochum seit 1986 Autorin, Schauspielerin in Berlin	fester Wohnort Berlin
1991 Ingeborg-Bachmann-Preis	
2004 Kleist-Preis	Kleist-Preis
2007 Mitglied der Deutschen Akademie für Sprache und Dichtung	
2014 Gastprofessur für Interkulturelle Poetik, Universität Hamburg	

5 Beşiktaş: Europa; Fenerbahçe: Asien; Galatasaray: Europa

S. 95 Meryem Korkot: **Türkische Filme – Eine Gelegenheit, unsere Kultur besser kennen zu lernen**

1 b Vorteile der im Text angeführten türkischen Filme sind:
– etwas über die türkische Kultur erfahren
– Gefühl, in der kulturellen Atmosphäre (des Heimatlandes) zu sein
– Bewahrung der Heimatkultur in der Fremde
– Möglichkeit der Identifikation
– Einblicke in Sprache, Geschichte, Lebensart, Gesellschaft

c Die Integrationsfrage spielt bei dieser Diskussion eine große Rolle: Auf der einen Seite machen Filme ein Identitätsangebot, verhindern aber möglicherweise auch die Integration in die „andere" Kultur, in der ja faktisch gelebt wird. Sie vermitteln zudem ein zumindest eingeschränktes, wenn nicht verzerrtes Bild der „heimischen" Kultur. Ob die in Filmen dargestellte tatsächlich auch die „reale" Kultur ist, ist von hier aus nicht überprüfbar.
Zwischen Spiel- und Dokumentarfilmen sollte bewusst unterschieden werden, auch wenn Dokumentarfilme nicht unbedingt größeren Anspruch auf Wahrheitsgehalt erheben können (Themenauswahl, Schwerpunktsetzung, Drehorte etc.). Allein die Schwerpunktsetzung auf einen bestimmten Ausschnitt der Wirklichkeit suggeriert dessen Allgemeingültigkeit.

2 Gerade am Thema „Liebe und Beziehung" werden im Jugendalter kulturelle Unterschiede deutlich: Der Anspruch besonders an türkische Mädchen und Jungen ist diesbezüglich sehr unterschiedlich untereinander und unterscheidet sich auch von den Ansprüchen an deutschstämmige Jugendliche. Angehörige anderer Kulturen haben wiederum andere Vorstellungen davon, wie Liebe und Beziehung – gerade im Jugendalter – gelebt werden können oder sollen. Das Thema birgt einigen Zündstoff und bietet gleichzeitig die Gelegenheit, möglicherweise unbewusste oder unbekannte gegenseitige Erwartungen und Vorstellungen deutlich zu machen und zu verstehen.

- a/b Unterschiedliche Verhaltenserwartungen an Jungen und Mädchen, z. B.
  - in Westeuropa: Mädchen sind zurückhaltender, Jungen aktiver.
  - in der Türkei: Mädchen haben ihre „Ehre" zu bewahren, Jungen auf ihre Schwestern aufzupassen; Jungen ergreifen generell die Initiative, Mädchen haben zurückhaltend zu sein.

  Hier können viele Konflikte genannt werden, die mit „Ehre", mit Eifersucht und Reaktionen darauf, mit unterschiedlich strengen Regelkodizes und unterschiedlichen Regeln in verschiedenen Kulturen zu tun haben. Wesentlich bei diesem Unterrichtsgespräch ist sicher das aus der Nennung der Konfliktpotenziale und dem Sprechen über die jeweiligen Vorstellungen entstehende gegenseitige Verständnis bzw. zumindest die Kenntnis der jeweils anderen Erwartungen. Siehe hierzu auch das Arbeitsblatt zu Kapitel 4: „Ehre – Einen Begriff definieren" auf S. 131 f. in diesen HRU.

- c Gerade Besonderheiten hinsichtlich der Erziehung und Religion bedürfen insofern gesteigerter Aufmerksamkeit, als sie stark emotional geprägt und tief verankert sind. Dabei sollten auch Konflikte innerhalb der Herkunftsländer (Sunniten/Schiiten, ethnische Minderheiten wie Armenier, Kurden etc.) beachtet und eine in Gewaltausbrüche eskalierende Auseinandersetzung vermieden werden.

3 Mögliche Lösungsansätze: Kenntnis der jeweils anderen Kultur und ihrer Werte; Akzeptanz der Tatsache, dass es auch andere Wertesysteme gibt; Einsicht in die Schwierigkeiten, jeweils eigene Einstellungen zu überprüfen und evtl. zu ändern

Ein Autorinnenporträt als Ausstellung planen und gestalten

Siehe hierzu auch die Folie „Ein Autorinnenporträt als Mind-Map gestalten" sowie eine mögliche Ausarbeitung der Mind-Map gemäß Aufgabe 1 als **Kopiervorlage** (KV 5) auf der CD-ROM.

Teste dich!

1. A Emine Sevgi Özdamar reiste zum ersten Mal 1965 nach Deutschland, um Geld für ihr Schauspielstudium zu verdienen.
   B Emine Sevgi Özdamar reiste zum zweiten Mal 1976 nach Deutschland, weil sie dort eine Regieassistenz an einem Ostberliner Theater antrat.

2. Emine Sevgi Özdamar fühlte sich in der Türkei nicht mehr wohl, weil sie Angst vor der ungewissen Zukunft hatte. (Hier ist auch die Ergänzung „ihr die eigene Muttersprache fremd wurde" nicht ganz falsch, in der wörtlichen Bedeutung aber auch nicht treffend.)

3. Lösungswort: Emine

4. a C Der Textauszug aus Özdamars „Mutterzunge" handelt von Problemen einer Migrantin.
   b Personifikation: „Ein altes Croissant sitzt müde im Teller." Das Verb *sitzen* beschreibt eine menschliche Haltung, die hier bildhaft auf das Croissant übertragen wird. Die Attribute *alt* und *müde* beschreiben einen Eindruck, den man von einem Menschen haben kann. Ein Croissant hingegen kann zwar alt sein, nicht aber müde.
   Metaphern:
   - „mit meiner gedrehten Zunge": ein Bild für die neue Sprache, für die notwendige Flexibilität, eine neue Sprache – hier: Deutsch – zu lernen
   - „meine Mutterzunge verloren": Sie hat den Kontakt zu ihrer Muttersprache verloren wegen der Redeverbote, wegen der Gefährlichkeit, Wahrheiten in ihrer Heimat in ihrer Sprache auszusprechen.

5 A Geburtsdatum, B evtl. Sterbedatum, E politische und kulturelle Lebensumstände, F ausgewählte Werke, H Themen der Autorin / des Autors, J Leseprobe, K Sprache/Stil, M kritische Stimmen zum Werk, N Ehrungen und Preise

5.2 „Ich verstehe das so!" – Einen literarischen Text erschließen und einen inneren Monolog schreiben

S. 99 Emine Sevgi Özdamar: **Die Brücke vom Goldenen Horn** (1. Textauszug)

1 B Es geht um die Ich-Erzählerin, die sich bei jeder Gelegenheit unnötig entschuldigt.
Begründung: Die Entschuldigungen sind das auffälligste Merkmal des Textes und beleuchten das zentrale Verhalten der Erzählerin den Deutschen gegenüber und ihre besondere Situation, ihre Unterordnung in der ihr fremden Gesellschaft.

2 Mögliche Eindrücke der Schüler/-innen: lustig: wie ein Sketch, komisch, zum Lachen – bedrückend, ängstlich, verunsichernd, vielleicht Ausdruck eines Minderwertigkeitsgefühls – ironisch, provozierend

3 Die Aufgabe provoziert empathischen Perspektivwechsel und Einbezug der bisher bekannten Informationen zu Özdamar, um zu einer verschiedene Informationen einbeziehenden Deutungsthese zu gelangen. Auch hier kann wieder der Unterschied von Autorin und Erzählerin thematisiert werden.

a Mögliche Lösung (unterstrichen: im SB vorgegebene Formulierungshilfen):
<u>Die Entschuldigungsszene verdeutlicht, dass</u> die Ich-Erzählerin sehr unsicher und ängstlich ist: Sie hat sich Entschuldigungsfloskeln gut antrainiert.
Die Szene <u>ist ein Zeichen für</u> das Fremdheitsgefühl der Erzählerin und ihr Bewusstsein, nicht voll integriert zu sein.

b Mögliche Lösung:
Die Entschuldigungsszene will dem Leser die Unsicherheit der Erzählerin vermitteln. Sie wird als sehr freundliche, nette und ängstliche Frau dargestellt, die wegen ihrer Fremdheit immer das Gefühl hat, sie habe sich als Fremde unterzuordnen.
Durch die ständig formelhafte Wiederholung der Ent-Schuldigung kommt nicht nur ihre Ängstlichkeit zum Ausdruck, sondern auch ihr Gefühl, in Deutschland unerwünscht zu sein.

4 a Mögliche Lösung (unterstrichen: im SB vorgegebene Formulierungshilfen):

<u>Komisch, dabei dachte ich, im Deutschen müsste man immer erst mal „Entschuldigung" sagen. Das habe ich ja schließlich so gelernt</u> im Goethe-Institut. Und jetzt will Madame Gutsio, dass ich mich nicht entschuldige. Das verstehe ich nicht: Warum soll ich nicht? Ist das denn hier nicht üblich, sondern nur am Bodensee? Wenn sie nicht will, dass ich mich entschuldige, und ich mich daraufhin dafür entschuldige, dass ich mich entschuldigt habe, warum gefällt ihr das nicht?

b Mögliche Lösung (unterstrichen: im SB vorgegebene Formulierungshilfe):

<u>Die Arme tut mir ja richtig leid; ständig muss sie sich entschuldigen!</u> Als ob sie was dafürkönnte, dass sie neu hier ist, dass sie die Sprache noch nicht perfekt kann, dass sie Türkin ist, dass sie überhaupt da ist! Vielleicht hat sie ja einen Minderwertigkeitskomplex, vielleicht ist sie auch einfach nur so unsicher, weil sie nicht weiß, wie man sich bei uns benimmt. Da entschuldigt sie sich vorsichtshalber für den Fall, etwas falsch gemacht zu haben. Vielleicht ... – ach, keine Ahnung. Auf jeden Fall ist es gut, dass ich es ihr gesagt habe. Und sicher hilft es ihr dabei, selbstbewusster zu werden, wenn sie sich nicht immer entschuldigt. Die Arme! Jedenfalls finde ich diese Dauerentschuldigungerei unerträglich.

5.2 „Ich verstehe das so!" – Einen literarischen Text erschließen und einen inneren Monolog schreiben

S. 102 Fordern und fördern – Briefe aus der Sicht einer Figur schreiben und begründen

S. 102 Emine Sevgi Özdamar: **Die Brücke vom Goldenen Horn** (2. Textauszug)

1 C Es geht um die Mitbewohner, zwischen denen die Ich-Erzählerin ständig vermitteln muss.

2 a Er beschwert sich darüber, dass die Streitereien mit den anderen Bewohnern ihn so viel Kraft kosten, dass er dann keine Kraft mehr für die Arbeit, den Akkord, hat und weniger Geld verdient, ja vielleicht sogar seinen Arbeitsplatz verliert. Deshalb soll die Dolmetscherin (die Erzählerin) die Vermittlung zwischen den Bewohnern übernehmen und Streitigkeiten schlichten.
Anmerkung zu „Akkord": Akkordarbeit verlangt ständige Konzentration und Schnelligkeit und ist sowohl emotional als auch körperlich anstrengend. Mit immer gleichen Bewegungen werden bestimmte Tätigkeiten exakt ausgeführt. Die Bezahlung erfolgt nach Leistung = Stückzahl minus Ausschuss. Handelt es sich um Gruppenarbeit z. B. am Fließband, schadet der langsamere oder schlechter arbeitende Kollege den anderen: Er verursacht einen geringeren Lohn, da die Gesamtstückzahl pro Stunde entscheidend ist und alle den Durchschnittslohn ihrer Gruppe erhalten. Kommt das öfter vor, wird er entweder von der Gruppe ausgeschlossen oder durch die Leistungskontrolle des Werks auf einen anderen Arbeitsplatz versetzt. Auf diese Weise kann er letztlich auch seinen Arbeitsplatz verlieren. – Dies zeigt auch die Bedeutung, die die Ich-Erzählerin in ihrer Rolle als „Dolmetscherin" für ihre Landsleute hat, nämlich auch, diese zu entlasten, Konflikte quasi stellvertretend für sie zu lösen.

b Die metaphorische Redewendung „den Kopf verlieren" (überfordert sein, unüberlegt handeln) ist hier bildlich fortgeführt, als hätte der Mann seinen Kopf tatsächlich verloren und müsste ihn nun suchen. Wenn man eine metaphorische Redewendung / eine Metapher aus einer anderen Sprache verwendet, aber diese Sprache noch nicht sehr gut kann, kennt man die Bedeutungsbreite des Sprachbildes nicht: Aus der Sicht des türkischen Mannes gehört das „seinen Kopf suchen" wahrscheinlich noch zur Redewendung; in der deutschen Sprache gibt es dieses Bild aber eigentlich nicht, auch wenn es eine logische Fortführung der Redewendung wäre. – Es ist damit wohl gemeint, dass der Mann nicht weiß, wie er sich wieder beruhigen soll und wie dieser Konflikt beigelegt werden kann.

3 Es sind verschiedene Lösungen möglich; alle Bausteine treffen in unterschiedlichem Grad zu. Hier kommt es auf den Begründungszusammenhang an und darauf, die Deutungsthese in den richtigen textlichen Kontext zu stellen. Eine der umfassenderen Lösungen könnte lauten:

<u>Mit dem Vergleich als Postmann drückt die Ich-Erzählerin aus, dass</u> sie einen Vermittlerjob für die anderen macht, den sie eigentlich nicht hat. Möglicherweise wird sie dadurch, dass sie immer für andere hin- und herlaufen und Nachrichten überbringen muss, weil die anderen sie als Vermittlerin sehen, ausgenutzt.

4 Mögliche Stichworte:
– Ich bin Dolmetscherin.
– Ich übersetze zwischen Türken und Deutschen in der Fabrik und im Wohnheim – macht Spaß.
– ... zwischen Türken und Türken: Ehepaare, streitende Nachbarn nutzen mich als Vermittlerin aus. Alle brauchen mich, um sich zu einigen.
– meine Gefühle: stolz, zufrieden (werde gebraucht); ärgerlich, wütend (werde ausgenutzt)
– Situation: Streit über Abwasch, ich vermittle, erfolglos, spüle selbst ab

5 Mögliche Lösung (unterstrichen: im SB vorgegebene Formulierungshilfen):

Liebe Mama,

stell dir vor, hier im Wohnheim bin ich Dolmetscherin. Dabei kann ich selbst kaum Deutsch. Meistens sage ich: „Entschuldigung!" Ich übersetze vom Türkischen ins Deutsche und vom Deutschen ins Türkische, damit sich die Gastarbeiter und die Deutschen auf der Arbeit und im Arbeiterwohnheim besser verstehen. Schön daran ist, dass das eigentlich Spaß macht, ich gebraucht werde und viel lerne. Weniger schön ist, dass ich auch zwischen Türken und Türken übersetzen muss: Es gibt viel Streit und Missverständnisse, und ich werde immer um Rat gebeten, wohl deshalb, weil ich mit dem Dolmetschen so etwas wie eine Vermittlerrolle habe. Ich vermittle oft auch zwischen Ehepartnern, weil sie sich selbst nicht einigen können. Leider schaffen es unsere Landsleute nicht, selbst einen Streit zu schlichten. Das ist zwar ein schönes Gefühl, dass sie mich brauchen, aber gleichzeitig fühle ich mich auch ausgenutzt, und das geht mir auf die Nerven. Ich will dir eine ganz bestimmte Situation schildern: Ich werde gerufen, weil sich einige über die Lautstärke der anderen in der Nacht beschweren und mich auffordern, den anderen Bescheid zu sagen, dass sie ruhig sein sollen. Ich trage die Beschwerden von einem Stockwerk zum anderen, am Ende gehen alle ohne ein weiteres Wort in ihre Zimmer. Es ist still, alle schlafen, ich stehe allein, hellwach mitten in der Nacht im Flur, sehe nur Kakerlaken und wundere mich über meine Landsleute. Was kann ich dafür? Sollen sie sich doch selbst streiten und nicht mich vorschieben! Du wirst deshalb verstehen, dass dieses ewige Übersetzen für mich sehr anstrengend und nervenaufreibend ist. Man behandelt mich wie einen Postboten, der die Nachrichten hin- und hertragen und dabei auch noch den Streit schlichten soll. Selbst Ehepaare benutzen mich als Eheberaterin. Das macht mich oft ganz schön wütend. Soll ich mir das gefallen lassen?
Du siehst, liebe Mama, ganz so einfach ist das hier nicht, gerade weil der eigentlich tolle Job als Dolmetscherin so schamlos für alles Mögliche andere ausgenutzt wird. Wenn ich als Dolmetscherin Eheberaterin spielen muss, ist der Job nichts für mich. Ich versuche ständig zu vermitteln und niemand dankt es mir. Später mehr.

Ich drücke und küsse dich
deine Emine

6 Mögliche Begründungen (unterstrichen: im SB vorgegebene Formulierungshilfen):

Die Formulierung „stehe allein, hellwach mitten in der Nacht im Flur und sehe nur Kakerlaken" in meinem Brief bezieht sich darauf, dass die Erzählerin ziemlich einsam sein muss. Das lässt sich im Text an dem Satz „ich blieb allein auf dem Korridor und sah nichts außer einer Kakerlake" (Z. 48-50) ablesen.
Die Ich-Erzählerin ist wütend, bleibt aber nach außen ganz gelassen. Deshalb steht im Brief die Formulierung „wundere mich über meine Landsleute". In der Textvorlage heißt es ganz ähnlich: „Auch die Korridore der unteren Etagen waren Unfallstellen" (Z. 25–26). Das klingt so, als wäre das Verhalten der Menschen – wie das Schicksal – nicht beeinflussbar.

7 Die Erzählerin drückt damit aus, dass sie froh sein kann, dass diese Zeiten vorüber sind, denn sonst wäre sie schon oft getötet worden, weil sie ständig schlechte Nachrichten überbringen muss oder soll. Sie beruhigt sich also selbst damit, dass sie es trotz der anstrengenden und nervenaufreibenden Situation besser hat als Menschen in einer vergleichbaren Lage zu Shakespeares Zeiten.

5.3 Fit in …! – Zu einem Textauszug gestaltend schreiben

S. 105 Die Aufgabe richtig verstehen – Planen – Schreiben und überarbeiten

S. 105 Emine Sevgi Özdamar: **Die Brücke vom Goldenen Horn** (3. Textauszug)

1. Ich soll anstelle der Ich-Erzählerin einen Brief an meine Mutter oder meinen Vater schreiben, in dem ich meine Gefühle in meiner neuen Lebenssituation deutlich mache. Dann soll ich am Beispiel von zwei Briefstellen erklären, warum ich diese Formulierung gewählt habe, und mich dabei auf die entsprechenden Textstellen aus der Vorlage beziehen. Ich soll also indirekt auch die Textstellen erläutern.

2. Mögliche Ergänzungen (unterstrichen: im SB vorgegebene Formulierungshilfen):
   – Lebenssituation:
     Die Erzählerin ist fremd und nimmt die Stadt wie ein riesiges Gebäude wahr, durch dessen Türen sie unablässig gehen muss.
   – Sprache und Wirkung:
     Die Erzählerin behilft sich beim Einkaufen bestimmter Dinge durch Lautmalerei und ahmt Geräusche aus dem Alltag nach, z. B. ein Huhn oder das Geräusch beim Zuckerstreuen. Ein Vergleich dient dazu, das Gefühl des Fremdseins deutlich zu machen, nämlich dass sie Deutschland „wie ein einziges Gebäude" wahrnahm.
   – Gefühlszustand:
     Die Erzählerin ist unsicher, versteht nicht die deutschen Wörter und kennt auch ihre Schreibung noch nicht („Wonaym").

3. Mögliche Formulierungen:
   1. Anrede: Liebe vermisste Mama
   2. Grundsätzliches Gefühl: Ich fühle mich hier in diesem Berlin einsam, verloren, keiner versteht mich, ich komme mir blöd vor, andere verachten mich.
   3. Beschreibung: Hier ist das meiste so komisch und fremd und überfüllt; überall nur Türen, Gänge, Türen, eine enge volle Stadt; aber ich werde mich schon zurechtfinden.
   4. Ein Beispiel: Die Situation im Hertie war so merkwürdig: Wir wollten Eier kaufen und wackelten mit unserem Hintern und machten „Gak gak", damit die Verkäuferin versteht, was wir wollten. Das hat auch geklappt. Aber die Leute haben wirklich komisch geguckt, und ich bin mir ziemlich blöd vorgekommen.
   5. Erwartung: Aber ich glaube, das wird schon gut werden. Ich bin zuversichtlich, dass ich die Sprache bald lerne und dann nicht mehr auf Geräusche und komische Gesten ausweichen muss.
   6. Ich vermisse dich und freue mich darauf, von dir zu hören und dich wiederzusehen. Ganz liebe Grüße und Küsse von …

4. Metapher für Gefühle:
   wechselndes Wetter: Wind, Wolken, Regen, Schneeregen, kurz Sonne …
   → Die Erzählerin ist hin- und hergerissen zwischen spannenden neuen Eindrücken, Trauer über ihr Fremdsein, Angst vor der nahen Zukunft und vor der Fremde, Freude über das Neue, Spannende …
   Vergleich:
   gackern wie dumme Hühner
   → Die Erzählerin kommt sich sehr dumm vor und meint wohl, auch der Verkäuferin sehr dumm vorzukommen.
   Personifikation:
   die Stadt als Monster, als Moloch (eine alles verschlingende Macht), der die Frauen absichtlich verwirrt, einengt und hetzt, verschluckt
   → Die Erzählerin fühlt sich der Stadt ausgeliefert.

5 Möglicher Brief:

> Liebe Mama,
>
> hier in diesem Berlin fühle ich mich ziemlich einsam und verloren. Das meiste hier ist so komisch: Die Stadt ist riesig, und alles ist so voll und kommt mir vor wie ein einziges riesiges Betongebäude, in dem ich mich jeden Moment verirren kann. Sie ist voller Türen, durch die man gehen muss und die einen in den nächsten Gang schleusen. Keiner von den Einheimischen versteht mich und ich verstehe sie auch nicht. Die Situation im Hertie war so merkwürdig: Wir wollten Eier kaufen und wackelten mit unserem Hintern und machten „Gak gak", damit die Verkäuferin verstand, was wir wollten! Das hat auch geklappt. Aber die Leute haben wirklich komisch geguckt, und ich bin mir ziemlich blöd vorgekommen. Trotzdem glaube ich, dass es schon gut werden wird. Ich verstehe mich gut mit einigen anderen Gastarbeiterinnen, das ist ein Stückchen Heimat. Und Deutsch werde ich bestimmt auch bald gelernt haben, zumindest so, dass ich nicht mehr so blöde Sachen machen muss beim Einkaufen wie komische Geräusche und Gesten.
> Ich vermisse dich und freue mich darauf, von dir zu hören und dich wiederzusehen.
>
> Ganz liebe Grüße und Küsse von deiner Emine

6 a Die zweite Begründung „Ich habe den Regen mit Weinen verglichen …" ist gelungener, weil sie eine konkrete Schreibentscheidung mit Deutungsthese und Bezug zum Text verbindet.

Material zu diesem Kapitel

Klassenarbeit
– Einen literarischen Text analysieren und interpretieren: Die Brücke vom Goldenen Horn – Morgens, auf dem Weg zur Arbeit (Niveau A ohne, B mit Hilfen; Bewertungsbogen auf der CD-ROM)
– Einen Brief aus der Perspektive einer Figur schreiben und Schreibentscheidungen begründen: Die Brücke vom Goldenen Horn – Gruppenbildungen im Wohnheim (Niveau A ohne, B mit Hilfen; Bewertungsbogen auf der CD-ROM)

Fordern und fördern
– Einen inneren Monolog schreiben: Die Brücke vom Goldenen Horn – Eine Begegnung (●●|○○ mit Lösungshinweisen auf der CD-ROM)
– Ein komplexes sprachliches Bild erschließen und eine Deutungsthese formulieren / Ein sprachliches Bild verstehen und deuten: Die Brücke vom Goldenen Horn – Eine Begegnung (●●|○○|○○○ mit Lösungshinweisen auf der CD-ROM)

Diagnose
– Sprachbilder analysieren und einen inneren Monolog schreiben (mit Lösungshinweisen und Förderempfehlung auf der CD-ROM)

PPT-Folien (auf der CD-ROM)
– Sprachbilder erkennen und verstehen
– Ein Autorinnenporträt als Mind-Map gestalten

Hörtext (auf der CD-ROM)
– Rede zur Verleihung des Kleist-Preises (Auszüge)

Deutschbuch Lern- und Arbeitsheft 9
für Lernende mit erhöhtem Förderbedarf im inklusiven Unterricht
– „Meine deutschen Wörter haben keine Kindheit", Seite 58–69

Klassenarbeit A – Einen literarischen Text analysieren und interpretieren

Aufgabenstellung

Analysiere und interpretiere den folgenden Romanauszug.
1. Fasse den Inhalt kurz zusammen und beschreibe die Situation, die die Erzählerin darstellt.
2. a Erläutere, mit welchen sprachlichen Gestaltungsmitteln die Erzählerin die Situation und die Stimmung veranschaulicht.
   b Formuliere eine Deutungsthese und beachte dabei besonders, wie sich die Erzählerin in der ihr fremden Welt zurechtfindet.

Emine Sevgi Özdamar: **Die Brücke vom Goldenen Horn** (Textauszug)

Morgens, auf dem Weg zur Arbeit

Die Erzählerin berichtet von ihrer ersten Zeit in Berlin, wo sie eine Arbeitsstelle in einer Leuchtmittelfabrik bekommen hat. Sie wohnt in einem zur Fabrik gehörigen Wohnheim mit anderen
5 *Arbeiterfrauen aus der Türkei.*

In der Stresemannstraße gab es damals, es war das Jahr 1966, einen Brotladen, eine alte Frau verkaufte dort Brot. Ihr Kopf sah aus wie ein Brotlaib, den ein verschlafener Bäckerlehrling
10 gebacken hatte, groß und schief. Sie trug ihn auf den hochgezogenen Schultern wie auf einem Kaffeetablett. Es war schön, in diesen Brotladen hineinzugehen, weil man das Wort Brot nicht sagen musste, man konnte auf das Brot zeigen.
15 Wenn das Brot noch warm war, war es leichter, die Schlagzeilen aus der Zeitung, die draußen auf der Straße in einem Glaskasten hing, auswendig zu lernen. Ich drückte das warme Brot an meine Brust und meinen Bauch und trat mit den Füßen
20 wie ein Storch auf die kalte Straße.
[…]
Zur Morgenzeit hatte das Hebbeltheater keine Lichter an. Nur unsere auf den Bus wartenden Frauenschatten lagen auf dem Schnee. Als der
25 Bus kam und uns aufnahm, blieben auf dem Schnee vor unserem Frauenwonaym[1] nur unsere Schuhspuren und Kaffeeflecken, denn manche Frauen kamen mit ihren vollen Kaffeetassen zur Haltestelle, und wenn der Bus kam und die Tür aufging tisspamp[2], schütteten sie den Rest auf
30 den Schnee. Der Brotladen hatte seine Lichter an, im Zeitungskasten stand heute die Schlagzeile: ER WAR KEIN ENGEL. Aus dem rechten Busfenster sah ich die Zeitung, aus dem linken Busfenster sah ich den Anhalter Bahnhof, der
35 wie das Hebbeltheater gegenüber unserem Wonaym stand. Wir nannten ihn den zerbrochenen Bahnhof. Das türkische Wort für „zerbrochen" bedeutete gleichzeitig auch „beleidigt". So hieß er auch „der beleidigte Bahnhof".
40 Kurz bevor wir in der Fabrik ankamen, musste der Bus eine lange, steile Straße hochfahren. Ein Bus voller Frauen kippte nach hinten. Dann kam eine Brücke, dort kippten wir nach vorne, und dort sah ich an jedem nassen, halbdunklen Mor-
45 gen zwei Frauen Hand in Hand gehen. Ihre Haare waren kurz geschnitten, sie trugen Röcke und Schuhe mit stumpfen Absätzen, ihre Knie froren, hinter ihnen sah ich den Kanal und dunkle Fabrikgebäude. Die Brücke hatte kaputten Asphalt,
50 der Regen sammelte sich in seinen Löchern, im Buslicht warfen die beiden Frauen ihre Schatten auf dieses Regenwasser und auf den Kanal. Die Schatten ihrer Knie zitterten im Regenwasser mehr als ihre echten Knie. Sie schauten nie auf
55 den Bus, schauten aber auch sich selbst nicht an. Eine dieser Frauen war größer als die andere, sie hatte die Hand der kleinen Frau in ihre genom-

---

1 Frauenwonaym: Wohnheim nur für Frauen; „wonaym": Lautschreibung für „Wohnheim"
2 tisspamp: Geräusch, wenn man Flüssigkeit auf Schnee schüttet

men. Es sah aus, als ob sie in dieser Morgenzeit die einzigen Lebenden dieser Stadt wären. Der Morgen, durch den sie so liefen, war wie mit der Nacht aneinandergenäht. […]

Vor der Radiolampenfabrik gingen alle Türen des Busses auf, der Schnee kam mit dem Wind in den Bus hinein und stieg an Frauenhaaren, Wimpern und Mänteln wieder aus. Der Fabrikhof schluckte uns im Dunkeln. Es schneite dichter, die Frauen kamen dichter zusammen, gingen in den leuchtenden Schneeflocken, als ob jemand Sterne auf sie schüttelte. Ihre Mäntel, Röcke flatterten und gaben leise Geräusche zwischen den Fabriksignalen ab. Der Schnee ging mit ihnen bis zur Stechuhr³, mit einer nassen Hand tink tink tink⁴ drückten sie die Karten hinein, mit der anderen schüttelten sie den Schnee von ihren Mänteln. Der Schnee machte die Arbeiterkarten und den Boden vor dem Pförtnerhaus nass. Der Pförtner hob sich ein bisschen aus seinem Stuhl, das war seine Arbeit. Ich übte meinen deutschen Satz, den ich aus der Zeitungsschlagzeile heute gelernt hatte, bei ihm: „Erwarkeinengel". – „Morgenmorgen", sagte er.

Emine Sevgi Özdamar: Die Brücke vom Goldenen Horn. Kiepenheuer & Witsch, Köln 2002, S. 11, 24–25

---

3 Stechuhr: Uhr zur Aufzeichnung von Beginn und Ende der Arbeitszeit, auch „Stempeluhr"
4 tink tink tink: Geräusch beim Abstempeln der Karten, die in die Stechuhr geschoben werden

Klassenarbeit B – Einen literarischen Text analysieren und interpretieren

Aufgabenstellung

Analysiere und interpretiere den folgenden Romanauszug.
1. Fasse den Inhalt kurz zusammen und beschreibe die Situation, die die Erzählerin darstellt.
   Du kannst so beginnen:
   Die Erzählerin stellt den Beginn eines Arbeitstages im Winter und den Weg zur Arbeitsstätte dar. Dabei beschreibt sie …
2. a Erläutere, mit welchen sprachlichen Gestaltungsmitteln (z. B. Vergleich, Personifizierung, Metapher) die Erzählerin die Situation und die Stimmung veranschaulicht.
   b Formuliere eine Deutungsthese und achte dabei auf die sprachlichen Bilder (z. B. *beleidigter Bahnhof*) und die Adjektive, mit denen die Autorin nicht nur beschreibt, sondern auch wertet. Nimm bei der Begründung deiner Deutungsthese Bezug auf den Text. Es soll deutlich werden, wie der Text auf dich wirkt, wie du ihn verstehst.

Emine Sevgi Özdamar: **Die Brücke vom Goldenen Horn** (Textauszug)

Morgens, auf dem Weg zur Arbeit

Die Erzählerin berichtet von ihrer ersten Zeit in Berlin, wo sie eine Arbeitsstelle in einer Leuchtmittelfabrik bekommen hat. Sie wohnt in einem zur Fabrik gehörigen Wohnheim mit anderen Arbeiterfrauen aus der Türkei.

In der Stresemannstraße gab es damals, es war das Jahr 1966, einen Brotladen, eine alte Frau verkaufte dort Brot. Ihr Kopf sah aus wie ein Brotlaib, den ein verschlafener Bäckerlehrling gebacken hatte, groß und schief. Sie trug ihn auf den hochgezogenen Schultern wie auf einem Kaffeetablett. Es war schön, in diesen Brotladen hineinzugehen, weil man das Wort Brot nicht sagen musste, man konnte auf das Brot zeigen. Wenn das Brot noch warm war, war es leichter, die Schlagzeilen aus der Zeitung, die draußen auf der Straße in einem Glaskasten hing, auswendig zu lernen. Ich drückte das warme Brot an meine Brust und meinen Bauch und trat mit den Füßen wie ein Storch auf die kalte Straße.
[…]
Zur Morgenzeit hatte das Hebbeltheater keine Lichter an. Nur unsere auf den Bus wartenden Frauenschatten lagen auf dem Schnee. Als der Bus kam und uns aufnahm, blieben auf dem Schnee vor unserem Frauenwonaym[1] nur unsere Schuhspuren und Kaffeeflecken, denn manche Frauen kamen mit ihren vollen Kaffeetassen zur Haltestelle, und wenn der Bus kam und die Tür aufging tisspamp[2], schütteten sie den Rest auf den Schnee. Der Brotladen hatte seine Lichter an, im Zeitungskasten stand heute die Schlagzeile: ER WAR KEIN ENGEL. Aus dem rechten Busfenster sah ich die Zeitung, aus dem linken Busfenster sah ich den Anhalter Bahnhof, der wie das Hebbeltheater gegenüber unserem Wonaym stand. Wir nannten ihn den zerbrochenen Bahnhof. Das türkische Wort für „zerbrochen" bedeutete gleichzeitig auch „beleidigt". So hieß er auch „der beleidigte Bahnhof".
Kurz bevor wir in der Fabrik ankamen, musste der Bus eine lange, steile Straße hochfahren. Ein Bus voller Frauen kippte nach hinten. Dann kam eine Brücke, dort kippten wir nach vorne, und dort sah ich an jedem nassen, halbdunklen Morgen zwei Frauen Hand in Hand gehen. Ihre Haare waren kurz geschnitten, sie trugen Röcke und Schuhe mit stumpfen Absätzen, ihre Knie froren, hinter ihnen sah ich den Kanal und dunkle Fabrikgebäude. Die Brücke hatte kaputten Asphalt,

---

1 Frauenwonaym: Wohnheim nur für Frauen; „wonaym": Lautschreibung für „Wohnheim"
2 tisspamp: Geräusch, wenn man Flüssigkeit auf Schnee schüttet

der Regen sammelte sich in seinen Löchern, im Buslicht warfen die beiden Frauen ihre Schatten auf dieses Regenwasser und auf den Kanal. Die Schatten ihrer Knie zitterten im Regenwasser mehr als ihre echten Knie. Sie schauten nie auf den Bus, schauten aber auch sich selbst nicht an. Eine dieser Frauen war größer als die andere, sie hatte die Hand der kleinen Frau in ihre genommen. Es sah aus, als ob sie in dieser Morgenzeit die einzigen Lebenden dieser Stadt wären. Der Morgen, durch den sie so liefen, war wie mit der Nacht aneinandergenäht. […]

Vor der Radiolampenfabrik gingen alle Türen des Busses auf, der Schnee kam mit dem Wind in den Bus hinein und stieg an Frauenhaaren, Wimpern und Mänteln wieder aus. Der Fabrikhof schluckte uns im Dunkeln. Es schneite dichter, die Frauen kamen dichter zusammen, gingen in den leuchtenden Schneeflocken, als ob jemand Sterne auf sie schüttelte. Ihre Mäntel, Röcke flatterten und gaben leise Geräusche zwischen den Fabriksignalen ab. Der Schnee ging mit ihnen bis zur Stechuhr[3], mit einer nassen Hand tink tink tink[4] drückten sie die Karten hinein, mit der anderen schüttelten sie den Schnee von ihren Mänteln. Der Schnee machte die Arbeiterkarten und den Boden vor dem Pförtnerhaus nass. Der Pförtner hob sich ein bisschen aus seinem Stuhl, das war seine Arbeit. Ich übte meinen deutschen Satz, den ich aus der Zeitungsschlagzeile heute gelernt hatte, bei ihm: „Erwarkeinengel". – „Morgenmorgen", sagte er.

Emine Sevgi Özdamar: Die Brücke vom Goldenen Horn. Kiepenheuer & Witsch, Köln 2002, S. 11, 24–25

---

3 Stechuhr: Uhr zur Aufzeichnung von Beginn und Ende der Arbeitszeit, auch „Stempeluhr"
4 tink tink tink: Geräusch beim Abstempeln der Karten, die in die Stechuhr geschoben werden

Klassenarbeit A – Einen Brief aus der Perspektive einer Figur schreiben und Schreibentscheidungen begründen

Aufgabenstellung

1. Lies den folgenden Textauszug und versetze dich in die Erzählerin.
   Schreibe aus der Perspektive der Erzählerin einen Brief an deine beste Freundin / deinen besten Freund, in dem du von der Entwicklung im Wohnheim berichtest. Mache dabei auch deutlich, wie du (als Erzählerin) diese Entwicklung beurteilst und wie es dir damit geht. Finde dafür Sprachbilder zur Veranschaulichung deiner Gefühle.
2. Begründe deine Formulierungen und Schreibentscheidungen am Beispiel von zwei Briefstellen. Nimm dabei Bezug auf den Text.

Emine Sevgi Özdamar: **Die Brücke vom Goldenen Horn** (Textauszug)
Gruppenbildungen im Wohnheim

Die Erzählerin berichtet von ihrer ersten Zeit in Berlin, wo sie eine Arbeitsstelle in einer Leuchtmittelfabrik bekommen hat. Sie wohnt in einem zur Fabrik gehörigen Wohnheim mit den anderen Arbeiterfrauen aus der Türkei.

Wenn unser kommunistischer[1] Heimleiter mit einer Frau sprach, fing er seine Sätze immer mit dem Wort „Zucker" an. Wenn er zu mehreren Frauen sprach, sagte er „Zuckers". „Zuckers, geht, setzt euch hin, ich komme gleich", „Zucker, hier ist ein Brief für dich." Die Frauen, die ihn liebten, fingen auch miteinander an, sich mit „Zucker" und „Zuckers" anzusprechen. Die Frauen, die ihn nicht liebten, sagten nicht „Zucker" zueinander. So teilte sich langsam das Frauenwonaym[2] auf in die Frauen, die „Zucker" sagten, und in die Frauen, die nicht „Zucker" sagten. Wenn die Frauen in der Küche mit den Töpfen und Pfannen kochten, verteilten sich auch die Töpfe und Pfannen zwischen den Frauen, die sich mit „Zucker" ansprachen, und denen, die sich nicht mit „Zucker" ansprachen. Die, die „Zucker" zu sich sagten, gaben die Töpfe, nachdem sie mit dem Kochen fertig waren, den Frauen, die auch „Zucker" zu ihnen sagten, und die, die nicht „Zucker" sagten, gaben die Töpfe denen, die nicht „Zucker" sagten.

Die Frauen, die „Zucker" sagten, fanden den Abend. Sie gingen nach der Fabrikarbeit jetzt nicht mehr sofort in die Nacht hinein. So teilte sich das Wonaym noch mal zwischen den Frauen, die ihre Abende hatten, und den Frauen, die über den Abend sofort in die Nacht sprangen. Wenn diese Frauen ins Bett gingen, gingen im Hebbeltheater, das unserem Wonaym gegenüberstand, die Zuschauer langsam ins Theater. Die anderen fingen an, ihre Abende in die Länge zu ziehen. Sie kauften Schallplatten, so kam Beethovens 9. Sinfonie ins Frauenwonaym und ein Schlager: „Junge, komm bald wieder". Im Wonaymsalon lief der Fernseher vor sich hin, sie hörten sich hintereinander ohne Pause den Beethoven und „Junge, komm bald wieder" an, so als ob, wenn sie eine Sekunde ohne diese Töne und Stimmen blieben, der Abend aus ihren Händen wieder abhauen würde. Es war so laut, dass manchmal sogar unser kommunistischer Heimleiter schrie: „Esels, legt euch hin! Esels geht schlafen!" Die Frauen, die nicht „Zucker" sagten, nahmen aber sein neues Wort „Esel" in ihre Münder und schrien jetzt aus ihren Zimmern in den Wonaymsalon: „Esels, legt euch hin!" Wir drei Mädchen gehörten auch zu Esels. Auch der Morgenbus, der uns zur Fabrik brachte, teilte sich in zwei Frauengruppen auf. Die Frauen, die nicht „Zucker" sagten, sondern „Esels, legt euch hin!", setzten sich jetzt als Gruppe vorne in den Bus, und die, die „Zucker" sagten und Esels waren, hinten in den Bus. In der Fabrik aber setzte sich jede an ihren alten Platz.

Emine Sevgi Özdamar: Die Brücke vom Goldenen Horn. Kiepenheuer & Witsch, Köln 2002, S. 37–38

---

1 kommunistisch: Anhänger der kommunistischen Theorie von Marx und Engels
2 Frauenwonaym: Wohnheim nur für Frauen; „wonaym": Lautschreibung für „Wohnheim"

Klassenarbeit B – Einen Brief aus der Perspektive einer Figur schreiben und Schreibentscheidungen begründen

Aufgabenstellung

1. Lies den folgenden Textauszug sorgfältig und beantworte für dich folgende Fragen:
   – Welche Gruppen gibt es im Wohnheim? Wodurch unterscheiden sie sich?
   – In welche Gruppe(n) gehört die Erzählerin?
   – Wie wirken die Bezeichnungen „Zucker" und „Esels" auf dich?
   – Was meint die Erzählerin mit „den Abend finden" und „sofort in die Nacht springen"?
2. Schreibe aus der Perspektive der Erzählerin einen Brief an deine beste Freundin / deinen besten Freund, in dem du von dieser Entwicklung im Wohnheim berichtest. Mache dabei auch deutlich, wie du (als Erzählerin) diese Entwicklung findest und wie es dir damit geht. Finde Sprachbilder (Vergleiche, Metaphern) zur Veranschaulichung deiner Gefühle, z. B.:
   – Regen als Metapher für Trauer, z. B. wegen der Ferne von den Eltern
   – Sonne als Bild für Lebensfreude
   – Stall als Bild für das Gefühl der „Esels"
3. Begründe deine Formulierungen und Schreibentscheidungen am Beispiel von zwei Briefstellen. Nimm dabei Bezug auf den Text.

Emine Sevgi Özdamar: **Die Brücke vom Goldenen Horn** (Textauszug)
Gruppenbildungen im Wohnheim

Die Erzählerin berichtet von ihrer ersten Zeit in Berlin, wo sie eine Arbeitsstelle in einer Leuchtmittelfabrik bekommen hat. Sie wohnt in einem zur Fabrik gehörigen Wohnheim mit den anderen
5 *Arbeiterfrauen aus der Türkei.*

Wenn unser kommunistischer[1] Heimleiter mit einer Frau sprach, fing er seine Sätze immer mit dem Wort „Zucker" an. Wenn er zu mehreren Frauen sprach, sagte er „Zuckers". „Zuckers,
10 geht, setzt euch hin, ich komme gleich", „Zucker, hier ist ein Brief für dich." Die Frauen, die ihn liebten, fingen auch miteinander an, sich mit „Zucker" und „Zuckers" anzusprechen. Die Frauen, die ihn nicht liebten, sagten nicht „Zu-
15 cker" zueinander. So teilte sich langsam das Frauenwonaym[2] auf in die Frauen, die „Zucker" sagten, und in die Frauen, die nicht „Zucker" sagten. Wenn die Frauen in der Küche mit den Töpfen und Pfannen kochten, verteilten sich
20 auch die Töpfe und Pfannen zwischen den Frauen, die sich mit „Zucker" ansprachen, und denen, die sich nicht mit „Zucker" ansprachen. Die, die „Zucker" zu sich sagten, gaben die Töpfe, nachdem sie mit dem Kochen fertig waren, den Frau-
25 en, die auch „Zucker" zu ihnen sagten, und die, die nicht „Zucker" sagten, gaben die Töpfe denen, die nicht „Zucker" sagten.

Die Frauen, die „Zucker" sagten, fanden den Abend. Sie gingen nach der Fabrikarbeit jetzt nicht mehr sofort in die Nacht hinein. So teilte
30 sich das Wonaym noch mal zwischen den Frauen, die ihre Abende hatten, und den Frauen, die über den Abend sofort in die Nacht sprangen. Wenn diese Frauen ins Bett gingen, gingen im Hebbeltheater, das unserem Wonaym gegenüberstand,
35

die Zuschauer langsam ins Theater. Die anderen fingen an, ihre Abende in die Länge zu ziehen. Sie kauften Schallplatten, so kam Beethovens 9. Sinfonie ins Frauenwonaym und ein Schlager: „Junge, komm bald wieder". Im Wonaymsalon lief der Fernseher vor sich hin, sie hörten sich hintereinander ohne Pause den Beethoven und „Junge, komm bald wieder" an, so als ob, wenn sie eine Sekunde ohne diese Töne und Stimmen blieben, der Abend aus ihren Händen wieder abhauen würde. Es war so laut, dass manchmal sogar unser kommunistischer Heimleiter schrie: „Esels, legt euch hin! Esels geht schlafen!" Die Frauen, die nicht „Zucker" sagten, nahmen aber sein neues Wort „Esel" in ihre Münder und schrien jetzt aus ihren Zimmern in den Wonaymsalon: „Esels, legt euch hin!" Wir drei Mädchen gehörten auch zu Esels. Auch der Morgenbus, der uns zur Fabrik brachte, teilte sich in zwei Frauengruppen auf. Die Frauen, die nicht „Zucker" sagten, sondern „Esels, legt euch hin!", setzten sich jetzt als Gruppe vorne in den Bus, und die, die „Zucker" sagten und Esels waren, hinten in den Bus. In der Fabrik aber setzte sich jede an ihren alten Platz.

Emine Sevgi Özdamar: Die Brücke vom Goldenen Horn. Kiepenheuer & Witsch, Köln 2002, S. 37–38

---

1 kommunistisch: Anhänger der kommunistischen Theorie von Marx und Engels
2 Frauenwonaym: Wohnheim nur für Frauen; „wonaym": Lautschreibung für „Wohnheim"

Einen inneren Monolog schreiben (1)

Emine Sevgi Özdamar: **Die Brücke vom Goldenen Horn** (Textauszug)
Eine Begegnung

Die Erzählerin lebt mit Anfang 20 für eine Weile in Paris und studiert Schauspiel an der Universität.

Im Cité-Universitaire-Garten suchte ich die Kantine. Plötzlich pfiff jemand hinter mir, ich trug schwarze Netzstrümpfe. Ich schaute nicht hinter mich, von Istanbul war ich an Männerpfiffe gewöhnt. Aber trotzdem wackelte ich wegen der Pfiffe ein bisschen mit meinem Hintern. Ich lief zwischen den Schatten der Bäume, als ob ich diese Schatten nicht stören wollte. Die Erde zeigte mir meine Beinschatten, sie waren sehr dünn, sehr lang, dann lief ein anderer Beinschatten neben meinem her, ich schaute nur auf die Erde. Dann lief der andere Beinschatten durch meine Beine hindurch. Wir liefen und liefen. Die Kantine hatte eine Schwingtür, dort verschwanden unsere Schatten. Als ich mit meinem leeren Tablett vor der Kantinenfrau stand und zeigte, was ich essen wollte, stieß ein anderes Tablett an meins, und das Wasser im Glas auf meinem Tablett zitterte etwas. Der Junge trug eine Brille, sein Arm berührte meinen, aber auch er schaute nur auf das Essen, das die Kantinenfrau gerade auf seinen Teller tat. Ich setzte mich an einen freien Tisch und sah irgendwann neben meinem Tablett ein weiteres Tablett stehen. Ich sah nur seine Hände, die gleichzeitig mit meinen Händen das Fleisch auf dem Teller schnitten oder das Kartoffelpüree auf den Löffel nahmen. Dann ließ ich meinen Löffel neben dem Kartoffelpüree liegen, er tat das Gleiche. Dann nahm ich das Wasserglas und trank, auch er nahm sein Wasserglas und sprach – das Glas vor seinem Mund – mit mir, als ob er zu seinem Glas sprach. „Pardon", sagte ich, „I cannot speak French." Er trank einen Schluck Wasser, dann sagte er: „Can you speak English?" Ich trank einen Schluck Wasser und sagte: „No, little bit." Auch er trank einen Schluck und sagte: „I cannot speak English too, little bit." Gleichzeitig stellten wir unsere Wassergläser auf die Kantinentabletts. Die Gläser waren beide nur halb ausgetrunken, und das Wasser in beiden Gläsern zitterte etwas. Sein Jackenarm berührte meinen Pulliarm. Mein Pulli aus Mohair[1] ließ an seinem Jackenarm Haare. Hinter uns zählten die Kantinenfrauen auf den Tellern das Kleingeld.

Die Lichter waren an, es war sehr laut in der Kantine. Wenn jemand wegging, bemerkte es niemand. Auch ich merkte nicht, wie ich weggegangen bin. Es war, als ob ich als ein zweites Ich neben mir lief. Der plötzliche Regen kam wie Tausende von leuchtenden Nadeln herunter, und die Wassernadeln spielten auf der Erde weiter miteinander. Der Regen ging durch meine schwarzen Netzstrumpflöcher und machte bald meine Schuhe von innen nass. Das Ich neben mir ging neben dem Jungen, der seinen Regenmantel wie ein Torero[2] über eine Schulter geworfen hatte. Er nahm diesen Regenmantel und hielt ihn über seinen Kopf und über den Kopf des neben mir laufenden Ichs. Sie gingen und gingen, und der Regen machte auf dem Mantelstoff laute Geräusche wie auf einem Zelt. Dann gingen sie in ein Studentenheim, sie hatten Glück, der Pförtner telefonierte gerade mit dem Rücken zum Fenster. Sie rannten die Treppen hoch und kamen in ein Zimmer, ich mit ihnen. Das große Zimmer hatte eine Treppe, oben gab es ein weiteres Zimmer. Ich setzte mich auf die Treppe und schaute mir das Mädchen, das ich sein sollte, und den Jungen an. Der Junge sagte: „I am from Spain." Das Mädchen sagte: „I am türkisch." Der Junge ging zu seinen Büchern, nahm ein Gedichtbuch und las ein Gedicht in Französisch.

Emine Sevgi Özdamar: Die Brücke vom Goldenen Horn. Kiepenheuer & Witsch, Köln 2002, S. 131–132

---

1 Mohair [mohär]: Wolle der Angoraziege, besonders leicht und fein
2 Torero, spanisch: Stierkämpfer

Deutschbuch 9 — 5 „Meine deutschen Wörter haben keine Kindheit" – Eine zweisprachige Autorin lesen und vorstellen

Einen inneren Monolog schreiben (2)

1 Erschließe den Inhalt durch Fragen an den Text:

   a Wer sind die beteiligten Figuren? _____

      Was geschieht? _____

      _____

   b Was erfährst du über die Figuren und ihre Gefühle?

      _____

      _____

   c Welchen weiteren Verlauf vermutest du? _____

      _____

2 Im zweiten Teil der Erzählung geschieht etwas Merkwürdiges.

   a Markiere die betreffende(n) Stelle(n) im Text und erläutere, was daran merkwürdig ist.

      _____

      _____

   b Formuliere, welchen Eindruck diese Entwicklung auf dich macht. Welche Schlüsse ziehst du daraus auf die Erzählerin? Schreibe in dein Heft.

3 Plane den inneren Monolog, indem du dir zu den folgenden Teilaufgaben Notizen ins Heft machst:

   a Mache dir noch einmal klar, was ein innerer Monolog ist und welche Funktion er hat.

   b Versetze dich in die Erzählerin und in ihre Situation: Wie würde es dir gehen? Welche Hoffnungen, Befürchtungen oder Erwartungen hättest du? Was würdest du am liebsten tun?

   c Welche deiner Empfindungen findest du bei der Erzählerin wieder? Worin drückt sich das im Text aus? Benenne Textstellen.

4 Schreibe nun den inneren Monolog und berücksichtige dabei deine Vorüberlegungen.
Du kannst z. B. so anfangen:
Was für ein Idiot! Was soll dieses dumme Gepfeife! – Obwohl: ist ja auch irgendwie ein Kompliment; vielleicht interessiert der sich ja wirklich für mich. Aber wenn ich ihn angucke, dann fasst er das womöglich noch falsch auf! ...

5 Erläutere anhand zweier Stellen deines Monologs deine Schreibentscheidungen, z. B. warum die von dir ausgedrückten Gefühle zur Situation passen, und nimm dabei Bezug auf den Text.
Die Formulierung „...." habe ich gewählt, weil die entsprechende Stelle im Originaltext (Z. ___) so zu verstehen ist, dass ...

ODER:

Im Originaltext spricht die Erzählerin von ihrem „zweiten Ich" (Z. 51), und meine Formulierung im inneren Monolog soll dieses Gefühl von ... ausdrücken.

Autor: Christoph Mann

5 „Meine deutschen Wörter haben keine Kindheit" – Eine zweisprachige Autorin lesen und vorstellen   Deutschbuch 9

Einen inneren Monolog schreiben (2)

1 Erschließe den Inhalt durch Fragen an den Text:

   a Wer sind die beteiligten Figuren? Was ist die äußere Handlung?
   Kreuze die richtigen Antworten an:

☐ Es geht um einen Jungen und ein Mädchen.	☐ Es geht um eine junge Frau und einen jungen Mann.
☐ Es geht um eine Begegnung zwischen einem jungen Mann und zwei Mädchen.	☐ Es geht um eine Begegnung zwischen einem jungen Mann und einer jungen Frau.
☐ Sie gehen zusammen in einem Restaurant essen.	☐ Beide sprechen Französisch.
☐ Sie essen zusammen in der Kantine.	☐ Ein Mädchen trifft einen Jungen in der Kantine.
☐ Sie gehen durch den Regen.	☐ Am Ende der Episode sind sie zu dritt.
☐ Sie trinken nur einen Kaffee zusammen.	☐ Am Ende der Episode sind sie zu zweit.
☐ Das Mädchen spricht Französisch.	☐ Der Junge spricht Französisch.
☐ Sie gehen in ein Studentenheim.	☐ Sie gehen in ein Hotel.

   b Was erfährst du über die Gefühle der Erzählerin? _____
   _____

   c Welchen weiteren Verlauf vermutest du? _____
   _____

2 Im zweiten Teil der Erzählung geschieht etwas Merkwürdiges: Die Erzählerin sieht sich selbst neben sich. Das ist ein erzählerischer Ausdruck von Gefühlen und Empfindungen.
Bringe die im Wortspeicher aufgeführten Formulierungen in eine sinnvolle Reihenfolge und nummeriere sie: Die erste Formulierung ist die, die deinen Eindruck am besten trifft, die letzte die am wenigsten passende. Ergänze die Liste gegebenenfalls.

> ___ steht neben sich   ___ möchte aus der Situation fliehen   ___ kann nicht glauben, was sie tut
> ___ ist unglücklich   ___ kann ihr Glück nicht fassen   ___ hat Angst   ___ ist sehr nervös   ___ weiß nicht, was sie tun soll   ___ ist völlig gefühllos   ___ begreift nicht, was passiert   ___ wagt keinen Kontakt   ___ riskiert etwas   ___ freut sich auf das Kommende   ___ ist völlig außer sich …

3 Plane den inneren Monolog, indem du dir zu den folgenden Teilaufgaben Notizen machst:

   a Mache dir noch einmal klar, was ein innerer Monolog ist und welche Funktion er hat.
   _____

   b Versetze dich in die Erzählerin und in die Situation: Wie würde es dir gehen? Welche Hoffnungen, Befürchtungen oder Erwartungen hättest du? Was würdest du am liebsten tun?
   _____

Autor: Christoph Mann

c Welche deiner Empfindungen findest du bei der Erzählerin wieder?
Worin drückt sich das im Text aus? Notiere Zeilenangaben.

_____

_____

4 Schreibe nun den inneren Monolog und berücksichtige dabei deine Vorüberlegungen. Denke daran, dass in einem inneren Monolog die Gefühle und Gedanken der Figur deutlich werden sollen.
Du kannst z. B. so anfangen:

Was für ein Idiot! Was soll dieses dumme Gepfeife! – Obwohl: ist ja auch irgendwie ein Kompliment; vielleicht interessiert der sich ja wirklich für mich. Wenn ich ihn angucke, dann fasst er das womöglich noch falsch auf! ...

_____

_____

_____

_____

_____

_____

_____

_____

5 Erläutere anhand einer Stelle deines Monologs deine Schreibentscheidung, z. B. warum die von dir ausgedrückten Gefühle zur Situation passen. Nutze folgende Formulierungen:
Die Formulierung „...." habe ich gewählt, weil im Originaltext (Z. ____) ...

ODER:

Im Originaltext spricht die Erzählerin von ihrem „zweiten Ich" (Z. 51), und meine Formulierung im inneren Monolog soll dieses Gefühl von ... ausdrücken.

_____

_____

_____

_____

_____

Autor: Christoph Mann

Ein komplexes sprachliches Bild erschließen und eine Deutungsthese formulieren (1)

Emine Sevgi Özdamar: **Die Brücke vom Goldenen Horn** (Textauszug)
Eine Begegnung

Die Erzählerin lebt mit Anfang 20 für eine Weile in Paris und studiert Schauspiel an der Universität.

Im Cité-Universitaire-Garten suchte ich die Kantine. Plötzlich pfiff jemand hinter mir, ich trug schwarze Netzstrümpfe. Ich schaute nicht hinter mich, von Istanbul war ich an Männerpfiffe gewöhnt. Aber trotzdem wackelte ich wegen der Pfiffe ein bisschen mit meinem Hintern. Ich lief zwischen den Schatten der Bäume, als ob ich diese Schatten nicht stören wollte. Die Erde zeigte mir meine Beinschatten, sie waren sehr dünn, sehr lang, dann lief ein anderer Beinschatten neben meinem her, ich schaute nur auf die Erde. Dann lief der andere Beinschatten durch meine Beine hindurch. Wir liefen und liefen. Die Kantine hatte eine Schwingtür, dort verschwanden unsere Schatten. Als ich mit meinem leeren Tablett vor der Kantinenfrau stand und zeigte, was ich essen wollte, stieß ein anderes Tablett an meins, und das Wasser im Glas auf meinem Tablett zitterte etwas. Der Junge trug eine Brille, sein Arm berührte meinen, aber auch er schaute nur auf das Essen, das die Kantinenfrau gerade auf seinen Teller tat. Ich setzte mich an einen freien Tisch und sah irgendwann neben meinem Tablett ein weiteres Tablett stehen. Ich sah nur seine Hände, die gleichzeitig mit meinen Händen das Fleisch auf dem Teller schnitten oder das Kartoffelpüree auf den Löffel nahmen. Dann ließ ich meinen Löffel neben dem Kartoffelpüree liegen, er tat das Gleiche. Dann nahm ich das Wasserglas und trank, auch er nahm sein Wasserglas und sprach – das Glas vor seinem Mund – mit mir, als ob er zu seinem Glas sprach. „Pardon", sagte ich, „I cannot speak French." Er trank einen Schluck Wasser, dann sagte er: „Can you speak English?" Ich trank einen Schluck Wasser und sagte: „No, little bit." Auch er trank einen Schluck und sagte: „I cannot speak English too, little bit." Gleichzeitig stellten wir unsere Wassergläser auf die Kantinentabletts. Die Gläser waren beide nur halb ausgetrunken, und das Wasser in beiden Gläsern zitterte etwas. Sein Jackenarm berührte meinen Pulliarm. Mein Pulli aus Mohair[1] ließ an seinem Jackenarm Haare. Hinter uns zählten die Kantinenfrauen auf den Tellern das Kleingeld.

Die Lichter waren an, es war sehr laut in der Kantine. Wenn jemand wegging, bemerkte es niemand. Auch ich merkte nicht, wie ich weggegangen bin. Es war, als ob ich als ein zweites Ich neben mir lief. ==Der plötzliche Regen kam wie Tausende von leuchtenden Nadeln herunter, und die Wassernadeln spielten auf der Erde weiter miteinander.== Der Regen ging durch meine schwarzen Netzstrumpflöcher und machte bald meine Schuhe von innen nass. Das Ich neben mir ging neben dem Jungen, der seinen Regenmantel wie ein Torero[2] über eine Schulter geworfen hatte. Er nahm diesen Regenmantel und hielt ihn über seinen Kopf und über den Kopf des neben mir laufenden Ichs. Sie gingen und gingen, und der Regen machte auf dem Mantelstoff laute Geräusche wie auf einem Zelt. Dann gingen sie in ein Studentenheim, sie hatten Glück, der Pförtner telefonierte gerade mit dem Rücken zum Fenster. Sie rannten die Treppen hoch und kamen in ein Zimmer, ich mit ihnen. Das große Zimmer hatte eine Treppe, oben gab es ein weiteres Zimmer. Ich setzte mich auf die Treppe und schaute mir das Mädchen, das ich sein sollte, und den Jungen an. Der Junge sagte: „I am from Spain." Das Mädchen sagte: „I am türkisch." Der Junge ging zu seinen Büchern, nahm ein Gedichtbuch und las ein Gedicht in Französisch.

Emine Sevgi Özdamar: Die Brücke vom Goldenen Horn. Kiepenheuer & Witsch, Köln 2002, S. 131–132

---

1 Mohair [mohär]: Wolle der Angoraziege, besonders leicht und fein
2 Torero, spanisch: Stierkämpfer

Ein komplexes sprachliches Bild erschließen und eine Deutungsthese formulieren (2)

1 Lies den ganzen Text und achte besonders auf die grau unterlegte Textstelle. Dieses sprachliche Bild besteht aus drei miteinander verbundenen sprachlichen Bildern.

2 Benenne jedes der folgenden Sprachbilder mit dem richtigen Fachbegriff:

— wie Tausende von leuchtenden Nadeln _____

— Wassernadeln _____

— Wassernadeln spielten miteinander _____

3 Deute die grau unterlegte Textstelle als Hinweis auf eine innere Handlung (Gefühle, Empfindungen der Erzählerin), indem du folgendermaßen vorgehst:

   a Notiere in einer Liste oder in einem Cluster zu den einzelnen Elementen des Sprachbildes: „Regen", „Nadeln/Wassernadeln", „Tausende", „leuchtend", „spielen" deine Assoziationen, z. B.:

      stechen, nass, Tränen, Lebensfreude.

      Schreibe in dein Heft.

   b Ordne den einzelnen Elementen des Sprachbildes folgende weitere Assoziationen zu:

      gefährlich, überwältigend, tanzen.

   c Bewerte nun die Assoziationen, ob sie dir angenehm oder unangenehm sind. Markiere sie in verschiedenen Farben.

   d Lies noch einmal den Text und entscheide, welches der Bildelemente dir in dem Erzählzusammenhang besonders wichtig erscheint. Begründe deine Entscheidung unter Bezug auf den Text.

4 Formuliere eine Deutungsthese. Du kannst dabei folgende Formulierungen verwenden:

> Die äußere Handlung des plötzlichen Regens ist eine Metapher für die innere Handlung, nämlich für die … der Erzählerin. – Dabei werden Empfindungen in verschiedenen sprachlichen Bildern ausgedrückt, z. B.: … – Insgesamt wird deutlich, dass die Erzählerin …

5 „Meine deutschen Wörter haben keine Kindheit" – Eine zweisprachige Autorin lesen und vorstellen   Deutschbuch 9

Ein komplexes sprachliches Bild erschließen und eine Deutungsthese formulieren (2)

1. Lies den ganzen Text und achte besonders auf die grau unterlegte Textstelle. Dieses sprachliche Bild besteht aus drei miteinander verbundenen sprachlichen Bildern.

2. Verbinde die drei Sprachbilder mit der jeweils zutreffenden Definition.

Sprachbilder	Definition
wie Tausende von leuchtenden Nadeln	Metapher
Wassernadeln	Personifikation
Wassernadeln spielten miteinander	Vergleich

3. Deute die Textstelle als Hinweis auf eine innere Handlung (Gefühle, Empfindungen der Erzählerin), indem du folgendermaßen vorgehst:

    a Notiere deine Assoziationen zu den einzelnen Elementen des Sprachbildes:
    Regen: nass, kalt …
    Nadeln/Wassernadeln: stechen, tun weh …
    Tausende: zu viele, bedrohlich …
    leuchtend: schön, Sternschnuppen …
    spielen: Spaß, mit anderen zusammen sein …

    b Ergänze deine Liste durch folgende Assoziationen:
    gefährlich, unangenehm, Lebensfreude, überwältigend, trübsinnig, tanzen.

    c Bewerte die Assoziationen danach, ob sie dir angenehm oder unangenehm sind, indem du sie in verschiedenen Farben markierst.

    d Versetze dich in die Situation aus der Sicht der Erzählerin. Überlege, welche der im Wortspeicher genannten Assoziationen zur Gefühlslage der Erzählerin passen könnten, und unterstreiche sie.

> ängstlich – angespannt – freudige Erregung – traurig – Neugier – zwiegespalten –
> der einen/anderen Seite – spielen – zwar/aber – Regen – Gefühle

4. Formuliere eine Deutungsthese, indem du den Lückentext durch passende Begriffe aus dem Wortspeicher oben ergänzt (du musst nicht alle Wörter verwenden).

Das Bild des _____ ist eine Metapher für die innere Handlung, nämlich für die

_____ der Ich-Erzählerin. Auf _____ ist sie

_____ und _____, was sich im Bild der Nadeln aus-

drückt, auf _____ empfindet sie _____

_____ und _____, was in dem Sprachbild durch das Verb

_____ vermittelt wird. Insgesamt sind ihre Gefühle _____.

Autor: Christoph Mann

162   KV 2, Seite 3

Deutschbuch 9 5 „Meine deutschen Wörter haben keine Kindheit" – Eine zweisprachige Autorin lesen und vorstellen

Ein sprachliches Bild verstehen und deuten

1 Lies den folgenden Text aufmerksam. Beachte vor allem den Satz von Emine Sevgi Özdamar.

Die Erzählerin, eine junge Türkin von ungefähr 20 Jahren, trifft in der Kantine einen ihr unbekannten jungen Mann, der mit ihr Kontakt aufnehmen möchte. Sie geht wie unter Zwang mit ihm mit. Sie treten auf die Straße.

> Der plötzliche Regen kam wie Tausende von leuchtenden Nadeln herunter, und die Wassernadeln spielten auf der Erde weiter miteinander.
> *Emine Sevgi Özdamar*

Dieses sprachliche Bild besteht aus drei einzelnen Bildern.

2 Verbinde jedes Sprachbild mit der jeweils zutreffenden Definition.

Sprachbilder	Definition
wie Tausende von leuchtenden Nadeln	Metapher
Wassernadeln	Personifikation
Wassernadeln spielten miteinander	Vergleich

3 a Betrachte die Bilder.
Entscheide: Welches Bild gibt die Stimmung der Erzählerin am besten wieder? Kreuze an.

b Wähle für deine Entscheidung eine passende Begründung aus:
- ☐ …, weil die große Menge an Regentropfen deutlich wird.
- ☐ …, weil die „leuchtenden Nadeln" gut sichtbar sind.
- ☐ …, weil die Regentropfen wie Nadeln aussehen.
- ☐ …, weil das Spiel der „Wassernadeln" deutlich wird.
- ☐ …, weil der überraschende plötzliche Regen zu sehen ist.
- ☐ …, weil man das Unangenehme des Regens an den Reaktionen der Menschen sieht.
- ☐ …, weil die Lebensfreude der Erzählerin deutlich wird.

Autor: Christoph Mann
Illustration: © Sulu Trüstedt, Berlin

c Ergänze den folgenden Satz:

Dieses Bild trifft meiner Meinung nach die Stimmung des Satzes am besten,

_____

_____

4 Deute die Textstelle als Hinweis auf die **innere Handlung** (Gefühle, Empfindungen) der Erzählerin. Kreuze dazu die Deutungen an, die nach deiner Meinung hier zutreffen.

> Der plötzliche Regen kam wie Tausende von leuchtenden Nadeln herunter, und die Wassernadeln spielten auf der Erde weiter miteinander.
> *Emine Sevgi Özdamar*

☐ Die Metapher des Regens verdeutlicht gut die schlechte Stimmung der Erzählerin.

☐ Die „Tausenden Nadeln" wirken bedrohlich. Das ist eine Metapher für die Angst der Erzählerin, die sich vor dem weiteren Verlauf des Abends fürchtet.

☐ Die Wassernadeln spielten miteinander: Das erzeugt den Eindruck von Harmlosigkeit und Lebensfreude.

☐ Das Bild der Wassernadeln ist widersprüchlich: Einerseits sind sie gefährlich („Nadeln") und andererseits harmlos („spielen"). Das Sprachbild spiegelt die Gefühle der Erzählerin wider, die zwischen Angst und Freude hin- und hergerissen ist.

☐ Das Leuchten der Nadeln erinnert an leuchtende Sterne, die eine romantische Atmosphäre andeuten.

Deutschbuch 9 — 5 „Meine deutschen Wörter haben keine Kindheit" – Eine zweisprachige Autorin lesen und vorstellen

Diagnose – Sprachbilder analysieren und einen inneren Monolog schreiben

1 Benenne die folgenden Sprachbilder. Kreuze die jeweils richtige Antwort an:

Sprachbilder	Vergleich	Personifikation	Metapher
die Mutterzunge verlieren	☐	☐	☐
arm wie eine Kirchenmaus	☐	☐	☐
Das schlechte Wetter verfolgte sie.	☐	☐	☐
ein toter Bahnhof	☐	☐	☐
Die Straßen erwachten.	☐	☐	☐
Der Regen kam wie Tausende von Nadeln herunter.	☐	☐	☐

2 Formuliere die **Bedeutung** dieser Sprachbilder.

die Mutterzunge verlieren	
arm wie eine Kirchenmaus	
ein toter Bahnhof	
Die Straßen erwachten.	
Der Regen kam wie Tausende von Nadeln herunter.	

3 Nenne die **Merkmale eines inneren Monologs**. Kreuze dazu die jeweils richtige Antwort an.

Ein innerer Monolog ist …	☐ ein lautes Selbstgespräch	☐ ein stummes Selbstgespräch
Er kann dazu dienen, …	☐ eine literarische Figur besser zu verstehen	☐ sich selbst besser zu verstehen
Innere Monologe beinhalten …	☐ sachliche Aussagen	☐ emotionale Ausrufe
	☐ Ich-Form	☐ Er-Form
	☐ schlüssige Argumentationen	☐ Gedankensprünge
	☐ Umgangssprache	☐ gehobene Sprache

4 Beschreibe, wie man eine **Deutungsthese** aufstellt, indem du den folgenden Text ergänzt.

Der Begriff „Deutungsthese" leitet sich vom Fremdwort „These" für _____ ab.

Mit einer Deutungsthese formuliert man in wenigen Sätzen, was die _____

_____ eines Textes sein könnte. In der anschließenden _____

_____ beweist oder widerlegt man die Deutungsthese.

Autor: Christoph Mann

165 KV 4, Seite 1

Kopiervorlage

6 In allen Lebenslagen zueinanderstehen – Kurzgeschichten interpretieren

Konzeption des Kapitels

Die Schüler/-innen vertiefen und erweitern in diesem Kapitel ihr Wissen über Kurzgeschichten. Sie begegnen verschiedenen Autoren klassischer und aktueller Kurzgeschichten und trainieren aufbauend auf ihrem Vorwissen die Analyse von Kurzgeschichten. Einen wichtigen Bestandteil stellt die Beschäftigung mit der Kommunikation von Figuren und ihrer Wirkung dar, d. h., die Schüler/-innen lernen Merkmale verbaler und nonverbaler Kommunikation in ihrer Bedeutung für die Verständigung kennen und integrieren ihr neu erworbenes Wissen in ihre Analyse.

Das erste Teilkapitel (**„Menschen in Beziehungen – Kurze Geschichten lesen und verstehen"**) führt in verschiedene Aspekte der interpretativen Erarbeitung von Kurzgeschichten ein, wie „Figuren charakterisieren und ihr Verhältnis zueinander beschreiben", „Die äußere und innere Handlung untersuchen". Ebenso werden die Kenntnisse über die typischen Merkmale einer Kurzgeschichte ergänzt und vertieft sowie einzelne Untersuchungsschritte einer Textanalyse vorbereitet. Als Hinführung erhalten die Schüler/-innen Anregungen, deutende Zugriffe auf Kurzgeschichten in Hypothesen zu fassen und diese anhand von Textbelegen zu überprüfen. Die klassische Kurzgeschichte „Das Brot" vertieft die Analyse der Merkmale in der Zusammenschau. Ein Test zu den Merkmalen einer Kurzgeschichte rundet das erste Teilkapitel mit der Überprüfung des neu erworbenen Wissens ab.

Im Mittelpunkt des zweiten Teilkapitels (**„Unerwartete Familienbande – Die Kommunikation in einer Geschichte untersuchen"**) steht die Untersuchung der Kommunikationsmöglichkeiten zwischen Figuren auf der Sach- und Beziehungsebene. Die Schüler/-innen bauen diese Erkenntnisse in die Analyse einer Kurzgeschichte ein, um die Aussageabsicht des Autors zu erkennen. Die Untersuchung der Gesprächssituation zwischen Figuren stellt einen für Schüler/-innen häufig schwer zugänglichen Unterrichtsgegenstand dar. Deshalb wurde auf den Differenzierungsseiten die genauere Analyse je einer gelungenen und nicht gelungenen Kommunikation zum Schreibgegenstand gewählt.

Das dritte Teilkapitel (**„Fit in …! – Eine Kurzgeschichte analysieren"**) präsentiert abschließend weiteres Übungsmaterial in Form einer Klassenarbeit zur Einübung der Analyse einer Kurzgeschichte. Die Vorgabe der einzelnen Arbeitsschritte erleichtert den Schülerinnen und Schülern das Verständnis und die Bearbeitung der Aufgabenstellung.

Literaturhinweise

- *Albus, Hubert:* Kurzgeschichten. Schicksalhafte Lebenssituationen verstehen. Brigg Pädagogik, Augsburg 2011
- *Bellmann, Werner (Hg.):* Klassische deutsche Kurzgeschichten. Interpretationen. Reclam, Stuttgart 2004
- *Bonnes, Barbara / Melander, Randi:* Kurzgeschichten handlungsorientiert vermitteln. AOL, Buxtehude 2010
- *Fuchs, Herbert / Mittelberg, Ekkehart (Hg.):* Klassische und moderne Kurzgeschichten. Variantenkreativer Umgang – Interpretationsmethoden. Handreichungen für den Unterricht. Cornelsen, Berlin ^{6}2005
- *Hotz, Karl / Krischker, Gerhard C. (Hg.):* Geschichten aus unserer Zeit – Interpretationen zu Geschichten aus unserer Zeit. 4 Bde. Buchner, Bamberg 1994–2007
- *Klippert, Heinz:* Deutsch – Kurzgeschichten untersuchen. Kreativ schreiben. Auer, Donauwörth 2012
- *Kraft, Thomas:* Zeitgenössische Literatur. Panorama der deutschen Literatur. Cornelsen, Berlin 2002 (CD-ROM)
- Kurze Prosa. Deutsch 5–10, Heft 25/2010
- Kurzgeschichten kennen. Deutsch 5–10, Heft 13/2007:
- *Langbein, Elvira / Lange, Rosemarie:* Rund um kurze Geschichten. Kopiervorlagen. Cornelsen, Berlin 2004
- Literarische Inhalte wiedergeben. Deutsch 5–10, Heft 38/2014
- *Mattenklott, Gundel:* Verkommene Väter, missratene Mütter. Familiendesaster in der Kinder- und Jugendliteratur. In: Deutschunterricht 1/2003
- *Nayhauss, Hans-Christoph von (Hg.):* Theorie der Kurzgeschichte (Arbeitstexte für den Unterricht). Reclam, Stuttgart 2004
- Neue kurze Prosa. Praxis Deutsch 206/2007

Weitere Literaturhinweise siehe Seite 182 am Ende dieses Kommentars.

Inhalte	Kompetenzen
	Die Schülerinnen und Schüler
S. 108 6.1 Menschen in Beziehungen – Kurze Geschichten lesen und verstehen	
S. 108 Figuren charakterisieren und ihr Verhältnis zueinander beschreiben S. 108 *Marlene Röder: Scherben*	– benennen die Hauptaussage / das Thema – erarbeiten Figurenmerkmale und belegen sie – charakterisieren das Verhältnis der Figuren zueinander – benennen Figurenmerkmale und belegen sie
S. 111 Die äußere und innere Handlung untersuchen S. 111 *Jennifer Wiener: Mut ist …*	– beschreiben das äußere Geschehen – untersuchen die Entwicklung der Figuren
S. 113 Merkmale einer Kurzgeschichte analysieren S. 113 *Wolfgang Borchert: Das Brot*	– erarbeiten die Merkmale der Kurzgeschichte – unterscheiden sprachliche Besonderheiten – stellen den Wendepunkt der Handlung fest – analysieren das Leitmotiv
S. 116 Teste dich!	– prüfen und üben ihr neu erworbenes Wissen über Kurzgeschichten
S. 117 6.2 Unerwartete Familienbande – Die Kommunikation in einer Geschichte untersuchen	
S. 117 *Annette Weber: Der neue Bruder (1)* S. 118 *Annette Weber: Der neue Bruder (2)*	– erläutern das Thema der Geschichte – untersuchen das Verhältnis der Figuren zueinander – analysieren die Kommunikation zwischen den Figuren
S. 122 **Fordern und fördern –** Üben: Die Kommunikation zwischen Figuren untersuchen S. 122 *Annette Weber: Der neue Bruder (3)*	– untersuchen Passagen verbaler und nonverbaler Kommunikation – spielen Szenen nach – unterscheiden zwischen Sach- und Beziehungsebene – entwickeln einen Deutungsansatz und untermauern ihn durch Zitate – stellen die Deutung angemessen schriftlich dar
S. 124 6.3 Fit in …! – Eine Kurzgeschichte analysieren	
S. 124 *Kurt Marti: Happy End* S. 124 Die Aufgabe richtig verstehen – Planen – Schreiben – Überarbeiten	– trainieren für eine Klassenarbeit – untersuchen die Kommunikation zwischen den Figuren – überprüfen Merkmale der Kurzgeschichte – verfassen eine aspektorientierte Deutung

6 In allen Lebenslagen zueinanderstehen – Kurzgeschichten interpretieren

S. 107 Auftaktseite

Kurze szenische Momentaufnahmen aus verschiedenen Kurzgeschichten dienen als motivierender Erstzugang.

Siehe hierzu auch die **Folie** „Aus Bildern die Figurenkonstellation erschließen" auf der CD-ROM.

1 a/b Auf den Bildausschnitten dargestellte Situationen:
- links oben: Jung und Alt im Badezimmer / zerstörter Wandspiegel / Scherben auf dem Boden / vermutlich aggressive Auseinandersetzung (Konflikt) zwischen den Figuren / evtl. wurde ein Gegenstand in den Spiegel geworfen / ältere Person: niedergeschlagen, ratlos / jüngere Person: wütend, sauer, aufgebracht
- rechts oben: ältere Personen / Begegnung nachts in der Küche / im Nachthemd / Lampe brennt / ältere Möbel: Küchenschrank, Lampe / evtl. Hunger in der Nacht, schlaflose Nacht / die beiden Personen scheinen miteinander zu sprechen, traurige Stimmung
- unten: zwei Jugendliche in der Wohnküche / Mädchen hält ein Handy in der Hand / Junge wirkt überrascht, freudig; sie wirkt eher kühl; Foto auf dem Schrank: evtl. Vater / Freund / älterer Bruder; Personen sind evtl. Geschwister, die sich nicht so gut verstehen

Im Sinne eines „Advance Organizer" veranlasst diese Aufgabe die Schüler/-innen, ihr Vorwissen über die literarische Interpretation zu aktivieren. Im Hinblick auf erzählende Texte (Epik) sollten sie aus der Klasse 8 die folgenden analytischen Begriffe kennen:
- Figuren, Hauptfiguren (die charakterisiert werden können)
- Leitmotiv(e)
- Wendepunkt
- sprachliche Gestaltungsmittel wie veranschaulichende Adjektive, ausdrucksstarke Verben und sprachliche Bilder (Vergleich, Metapher)

Im Hinblick auf die Inhaltsangabe literarischer Texte sollte den Schülerinnen und Schülern aus Klasse 8 bekannt sein, dass diese
- mit Angaben zu Autor/Autorin, Titel, Textsorte und Thema eingeleitet wird,
- im Hauptteil den Inhalt sachlich (in eigenen Worten) im Präsens wiedergibt und in der Regel keine wörtliche Rede enthält.

2 An dieser Stelle könnte die Gelegenheit genutzt werden, um ein *Erzählcafé* oder ein *Klassenfrühstück* zu organisieren, bei dem Kurzgeschichten erzählt werden. Darüber hinaus ließe sich ebenso eine *Hitliste* der aktuellen Klassenlektüren der Schüler/-innen erstellen oder eine *Bücher-Tauschbörse* durchführen. Auch eine *Leseliste* weiterer Kurzgeschichten für Kurzporträts könnte vorgestellt werden.
Hinweis: Bei der Erstellung der Leseliste sollten die in den Klassenarbeiten und Arbeitsblattvorlagen verwendeten Kurzgeschichten ausgeklammert werden, siehe S. 183 in diesen HRU.
Anregungen für eine Leseliste:
- Ernest Hemingway: Ein Tag Warten
- Marlene Röder: Schwarzfahren für Anfänger
- Günther Weisenborn: Zwei Männer
- Ilse Aichinger: Das Fenstertheater
- Marlen Haushofer: Der erste Kuss
- Günter Kunert: Mann über Bord
- Wolf Wondratschek: Mittagspause
- Sibylle Berg: Vera sitzt auf dem Balkon
- Wolfgang Borchert: Die Kirschen
- Marlene Röder: Wie man ein Klavier loswird
- Christine Nöstlinger: Liebeskummer

6.1 Menschen in Beziehungen – Kurze Geschichten lesen und verstehen

S. 108 **Figuren charakterisieren und ihr Verhältnis zueinander beschreiben**

S. 108 Marlene Röder: **Scherben** (2011)

Auf der beigefügten CD-ROM wird diese Kurzgeschichte als **Hörtext** mit Arbeitsblatt angeboten.

1 a Mögliche Lösung:
In der Geschichte „Scherben" von Marlene Röder geht es um einen fast 14-jährigen Jungen, der als Pflegekind in einer Pfarrersfamilie aufgenommen wird und dort mit seiner Lebenssituation nicht zurechtkommt.

b Die Konfliktsituation, in die der Ich-Erzähler gerät, entsteht in dem Augenblick, als er von seinen Pflegeeltern das Zimmer des verstorbenen Sohnes der Familie bekommt. Der Konflikt eskaliert im Badezimmer: Er hat die Badezimmertür nicht verschlossen, sodass plötzlich die Tochter der Familie im Bad steht und ihn mit nacktem Oberkörper vor dem Spiegel antrifft. Auf seinem Rücken bemerkt sie Spuren der gewalttätigen Erziehung (Striemen). Darüber gerät der Ich-Erzähler derart in Wut, dass er das Badezimmer demoliert. Er wirft Gegenstände nach dem Mädchen und durch den Raum, schließlich zerbricht er den Badezimmerspiegel, in dem er das Gesicht des Mädchens und ihre Reaktion (Erschrecken und Mitleid) beobachten konnte.

2 a Möglicher Hefteintrag:
Charakterisierung des Ich-Erzählers
Seine äußere Erscheinung:
- Alter: „Ich bin fast vierzehn …" (Z. 9)
- Aussehen: „Boxershorts" (Z. 52); Striemen auf dem Rücken (vgl. Z. 57)

Seine Sprache:
- Jugendsprache: „Neulich kam der Pfarrer himself ins Zimmer, um irgendwelches Gerichtszeug mit mir zu besprechen." (Z. 39–41); „… und Alter, wie die dabei geguckt hat" (Z. 11–12); „meine Alten" (Z. 17)
- Umgangssprache: „Toll, das Zimmer von 'nem Toten." (Z. 33); „… fängt er an zu flennen oder scheuert mir eine …" (Z. 43–44); „… 'ne Runde ausruhen" (Z. 91); „Das war's wohl mit dem Pfarrershaus." (Z. 94); „ich kapiere" (Z. 117); „kapiert!" (Z. 125)
- Gassensprache: „Scheißflugzeuge" (Z. 13), „Scheißmuseum" (Z. 36); „Muskeln flutschen zurück" (Z. 25–26); „… wo der Arsch …" (Z. 57)

Seine Eigenschaften und sein Verhalten:
- misstrauisch, nicht sehr sozial eingestellt: „… ich hätte ein Problem damit, wenn meine Alten einfach jemand in meinem Zimmer pennen lassen würden …" (Z. 16–19)
- Es fällt ihm schwer, Mitleid, Empathie auszudrücken: „Bestimmt hätte ich da was sagen sollen, irgendwas mit herzlich …" (Z. 29–30)
- bringt statt Mitgefühl seinen Unmut zum Ausdruck: „Toll, das Zimmer von 'nem Toten." (Z. 33)
- drückt sein Unwohlgefühl durch aggressives Verhalten aus: „… um die Pfarrersippschaft zu ärgern" (Z. 37–38)
- ärgert sich, dass er „weichere" Verhaltenszüge entwickelt, da ihm die häusliche Gewalttätigkeit fehlt: „Kein Wunder, dass man da lasch wird … Zu Hause wär mir das nie passiert." (Z. 47–51)
- kommt aus einem gewalttätigen Elternhaus: „… die Striemen, wo der Arsch mich mit dem Gürtel … Und meine Mutter, die zugesehen hat, bisschen geflennt, aber zugesehen" (Z. 57–60)
- schämt sich; fühlt sich an der verwundbarsten Stelle entdeckt; will nicht, dass andere das wissen: „Und jetzt sieht das Mädchen das alles … hab mich noch nie so scheißnackt gefühlt." (Z. 60–63)
- will ihr Mitleid nicht; kann mit Mitgefühl nicht umgehen, kennt nur Gewalt als Form der Zuneigung: „… sie guckt mich an wie etwas, was runtergefallen und kaputtgegangen ist, schade drum … oh, tut mir so leid für dich …" (Z. 69–73)

169

- explodiert vor Wut und Aggression, verliert jede Selbstkontrolle, will das ihm entgegengebrachte Mitgefühl vernichten: „… und am liebsten würde ich sie schlagen … stattdessen schreie ich sie an und schmeiße …, dass der Schreck das andere in ihren Augen auslöscht." (Z. 73–76)
- möchte gern aus seiner Haut heraus, ein anderer sein, aber es gelingt ihm nicht: „Ich will meine Haut ausziehen und das alte, zerknüllte Ding in den Korb für die schmutzige Wäsche schmeißen … mich hinlegen … Aber das geht nicht, alles voller Scherben." (Z. 87–93)
- kann mit Fürsorge, Hilfsbereitschaft, Nächstenliebe nicht umgehen, weiß aber sehr genau, wie gemein er sich seiner Pflegefamilie gegenüber verhalten hat: „Aus irgendeinem Grund muss ich an das halbfertige Modellflugzeug denken …" (Z. 97–98)
- fühlt, dass die verständnisvolle und gütige Reaktion des Pfarrers in ihm Scham über seine Untat hervorruft, die schlimmer als jede gewalttätige Strafe ist: „Aus irgendeinem Grund tut das mehr weh, als wenn er mich geschlagen hätte." (Z. 119–121)
- ist verunsichert, beschämt und kann nur mit Wut und Verletzungen reagieren: „… suche nach Worten und finde welche, mit denen ich ihn schlagen kann …" (Z. 122–124)

Charakterisierung der Pfarrersfamilie
- Z. 5: „Sie haben mir ein Zimmer gegeben mit Modellflugzeugen …" / Z. 10: „Das ist das Zimmer von meinem Bruder, hat das Mädchen gesagt …" → Die Familie ist sozial engagiert und großherzig; sie nimmt den Jungen auf und gibt ihm, einem Fremden, das Zimmer des Sohnes.
- Z. 19–21: „Aber diese Pfarrerskinder, die sind wohl sozial erzogen. Nächstenliebe und so was." → Sich gegenseitig und anderen zu helfen ist auch der Tochter selbstverständlich.
- Z. 22–23: „Er ist tot … hatte Muskelschwund" → Der Sohn der Pfarrersfamilie ist an einer schweren und langwierigen Krankheit verstorben, die Familie hat sicher lange mit ihm gelitten. Er bastelte offensichtlich gern Modellflugzeuge, die er in seinem Zimmer aufhängte.
- Z. 45–46: „… und dann hat er versucht zu lächeln" → Der Pfarrer freut sich, dass dem Pflegesohn die Modellflugzeuge seines verstorbenen Sohnes auch gefallen.
- Z. 65–68: „… und wie kann das sein, dass sie morgens schon so aussieht, mit dem langen, rotbraunen Haar, das ihr über die Schulter fällt, makellos, ja, das ist das Wort." → Die „makellose" Tochter einer vorbildlichen christlichen Familie mit gutherzigen, freundlichen Eltern, hübschen, wohlerzogenen Kindern.
- Z. 103–104: „,Es klopft an der Badezimmertür. Kann ich reinkommen?', fragt eine Männerstimme." → Der Pfarrer/Vater ist immer höflich und wohlerzogen, selbst in dieser Situation kann ihn nichts aus der Ruhe bringen, er ist stets als vorbildlicher Erzieher seiner „Schäfchen" tätig.
- Z. 110–112: „Bestimmt ist er wütend, weil ich sie [die Tochter] mit Sachen beworfen habe, aber sein Gesicht bleibt ganz ruhig." → Der Pfarrer wird nicht wütend; trotz des angerichteten Schadens zeigt er als „Hirte" Verständnis für den Jungen und seine Aggressionen.
- Z. 116–119: „Da breitet er linkisch die Arme aus und ich kapiere, dass er mich hochheben will, mich über die Scherben hinwegtragen wie einen kleinen Jungen." → Mit diesem fast biblischen Bild vom guten Hirten, der das verlorene Schaf auf seinen Schultern nach Hause trägt, wird der Familienvater als Gegenfigur zum Vater des Pflegesohnes dargestellt. Statt ihn zu bestrafen, will der Seelsorger den Jungen in seiner grenzenlosen Aggression auffangen, ihm helfen, ihn vor seelischen und körperlichen Verletzungen bewahren.
- Z. 127–129: „Die Arme des Pfarrers sinken langsam herab, auch in seinem Gesicht sinkt etwas …" → Der Familienvater ist im Innersten verletzt, enttäuscht, ratlos. Der Schmerz über den Tod seines Sohnes nimmt ihm die Kraft.

3 a „Und dann gräbt sich diese Furche in ihre Stirn – oh, tut mir so leid für dich – und am liebsten würde ich sie schlagen." (Z. 71–74) – Mögliche Lösung:
Gedanken und Gefühle des Ich-Erzählers
Er stellt sich vor, was in ihr vorgeht. Denkt, was sie möglicherweise sagen wird, dass es ihr leidtue, dass er von seinen Eltern so schlecht behandelt, verprügelt wurde. Er will ihr Mitgefühl aber nicht, er kann gar nicht damit umgehen; er kennt so etwas aus seiner Erziehung offensichtlich nicht. Seine Form der Zuwendung ist das „Schlagen", so würde er gerade in diesem Augenblick auch reagieren wollen. Er will gar nicht, dass das Mädchen ihm so nahekommt, ihn so intensiv kennen lernt, so viel weiß über ihn.

Gedanken und Gefühle des Mädchens
Das Mädchen erstarrt zunächst vor Entsetzen („Ihre Augen sind geweitet", Z. 69), bis in ihr der Gedanke auftaucht („Und dann gräbt sich diese Furche in ihre Stirn", Z. 71–72), woher die Striemen vermutlich kommen könnten. Sie wird sicher zum ersten Mal damit konfrontiert, dass Eltern so gewalttätig und grausam sein und ihre Kinder derartig schlagen können, dass sie am Rücken blutige Striemen haben. Das trifft und schmerzt sie; ihre Mimik bringt ihr Mitgefühl zum Ausdruck: Sie spürt den tatsächlichen Schmerz förmlich nach, sie fühlt mit ihm. Dieses Mitgefühl teilt sie ihm durch ihre Körpersprache mit.

b „Nur weil dein Sohn tot ist … Ich brauch niemanden, der mich rettet, kapiert!" (Z. 124–126)
Der Ich-Erzähler
Er kann sich nicht vorstellen, dass Menschen so ruhig, so verständnisvoll sind, obwohl er gerade das Badezimmer zertrümmert hat. Er will und kann den toten Sohn des Pfarrers nicht ersetzen, nicht dessen Position einnehmen. Offensichtlich war er bisher immer Einzelkämpfer, wurde nie in die Arme genommen und „gerettet". Mit solchen positiven Gefühlen der Zuwendung kann der Ich-Erzähler nicht umgehen, da er dies in seiner Kindheit nicht kennen gelernt hat.

Der Pfarrer
Der Pfarrer will helfen, bleibt ruhig und zeigt Verständnis für den Jungen. Allerdings trifft ihn dieser mit seiner absichtlich verletzenden Abwehr auch deshalb so tief, weil sich der Pfarrer schon ein bisschen erhofft, dass der Junge die Stelle seines toten Sohnes einnehmen könnte. Er ist vor den Kopf gestoßen und enttäuscht durch die Handlung und vor allem durch die Äußerung des Jungen.

4 a Mögliche Lösung:
Ich spüre die Glasscherben unter meinen Schuhen und höre ihr Knirschen. Der Junge steht wie angewurzelt im Badezimmer mitten in den Scherben. „Bleib ruhig", sage ich mir, „er hat genug gelitten." Ich will ihn heil aus dem Badezimmer bringen und breite meine Arme aus, um ihn über die Scherben zu heben. Aber da weicht er doch tatsächlich zurück, will sich gar nicht helfen lassen und riskiert eher Schnittverletzungen an den Füßen. Und dann behauptet er doch tatsächlich, ich wolle ihm nur helfen, weil mein Sohn tot ist. Was für eine Enttäuschung!

c Der Perspektivwechsel erlaubt einen tieferen Einblick in das, was in dem Pfarrer vorgeht. Seine Enttäuschung wird noch deutlicher, weil man nicht nachvollziehen kann, was in dem Jungen in dem Augenblick vor sich geht.

S. 111 Die äußere und innere Handlung untersuchen

S. 111 Jennifer Wiener: **Mut ist …** (2004)

1 Hier können die Lernenden Textstellen, die ihnen aufgefallen und in Erinnerung geblieben sind, zitieren oder paraphrasieren.

2 Aussage A fasst den Inhalt am besten zusammen.

3 „Sie wusste, dass sie ihn angerufen hatte, und sie wusste, dass es das zehnte Mal war." (Z. 2–4)
Mögliche Lösungen:

a Antwort B fasst die innere Handlung gut zusammen: Livia ist zu aufgeregt, um mit Peter zu sprechen.

b Nun wählt sie schon zum zehnten Mal seine Nummer, aber sie schafft es nicht, mit ihm am Telefon zu sprechen. Was mag Peter von dem Anrufer denken, der sich nie meldet? Hält er sie für verrückt? Sie traut sich einfach nicht, sie will nicht den ersten Schritt machen. Hätte sie doch den Mut, ihn ganz locker anzusprechen. Es geht doch erst einmal um nichts. Einen Korb kann er ihr ja immer noch geben. Sie sollte es versuchen.

4 Möglicher Hefteintrag mit vertikalem Zeitstrahl:

Äußere Handlung	Innere Handlung
Schon zum zehnten Mal ruft Livia bei Peter an, meldet sich aber nicht am Telefon.	Livia ist zu aufgeregt, um mit Peter am Telefon zu sprechen.
Die Eltern sollen eine Nachhilfe mit Peters Eltern absprechen.	Livia ist aufgeregt, schiebt die Eltern vor, traut sich nicht, ist gehemmt, ängstlich.
Peter lehnt ab, weil er keine Zeit hat.	Sagt er die Wahrheit, lügt er? Dies fragt sich Livia. Ob er sie hasst? Oder will er, dass sie ihn selbst anspricht?
In der Deutschstunde kommen Livia und Peter zufällig in eine Partner-Arbeitsgruppe für ein Projekt.	Livia könnte vor Freude in die Luft springen. So einfach spielt ihr der Zufall ein Treffen mit Peter zu.
Livia ruft Peter an, um eine Verabredung für das Projekt zu treffen.	Livia schiebt ein Sachargument (Schulaufgabe) vor, dabei rutscht ihr der innerste Wunsch nach einem Treffen „nicht nur wegen des Projekts" raus.
Peter sagt sofort zu, beide verabreden sich für ein sofortiges Treffen. Livia läuft in ihr Zimmer, zieht sich um und schreibt in ihr Tagebuch.	Livia ist aufgeregt und freut sich; sie ist auch stolz, dass sie den Mut aufgebracht hat, ihre Liebe zu gestehen.

S.113 Merkmale einer Kurzgeschichte analysieren

S.113 Wolfgang Borchert: **Das Brot** (1946)

Auf der beigefügten CD-ROM wird diese Kurzgeschichte als **Hörtext** mit Arbeitsblatt angeboten.

Als einer der bekanntesten Vertreter der deutschen Kurzgeschichte aus der Nachkriegszeit gilt Wolfgang Borchert (1921–1947). In seinen Kurzgeschichten (darunter „Das Brot", „Die Kirschen", „Nachts schlafen die Ratten doch", „Die traurigen Geranien", „Die Küchenuhr" und „An diesem Dienstag") deutet er seelische Verletzungen oder Katastrophen meist in eher beiläufigen Gesten an.

Siehe die **Folie** „Eine Kurzgeschichte untersuchen: Das Brot" auf der CD-ROM.

2 a Textstellen, in denen Gedanken und Empfindungen der Figuren sowie der Zustand ihrer ehelichen Beziehung zum Ausdruck kommen, sind z. B.:
– „Das war es, was es so besonders still gemacht hatte; sein Atem fehlte." (Z. 7–8)
  Zum Leben der Frau gehört der Atem ihres Ehemanns in der Nacht, sie spürt ihn auch im Schlaf, sie vermisst ihn selbst im Schlaf sofort.
– „Und sie sah von dem Teller weg." (Z. 22–23)
  Sie will ihrem Mann nicht das Gefühl geben, auf frischer Tat ertappt worden zu sein.
– „ ‚Ich dachte, hier wäre was', sagte er … ‚Ich habe auch was gehört', sagte sie." (Z. 24–26)
  Er schämt sich vor seiner Frau; seine Ausrede wirkt wie eine Bitte an sie, ihm seine Schwäche nicht vorzuwerfen. Sie hilft ihm, indem sie ihn bestätigt, sich verbal an seine Seite stellt.
– „… dabei fand sie, dass er nachts im Hemd doch schon recht alt aussah … Sie sieht doch schon recht alt aus, dachte er, im Hemd sieht sie doch ziemlich alt aus." (Z. 27–31)
  Die beiden sind sich durch viele gemeinsame Jahre hindurch so ähnlich geworden, dass ihnen zur selben Zeit die gleichen Gedanken, die gleichen Worte durch den Kopf gehen. Voll stiller, inniger Zärtlichkeit nehmen sie den anderen in seiner realen Erscheinung wahr und nehmen ihn, als müssten sie sich dafür entschuldigen, sofort in Schutz: „Tagsüber sah er manchmal jünger aus." (Z. 29–30) – Entsprechend überlegt ihr Mann voll Zärtlichkeit: „Aber das liegt vielleicht an den Haaren. Bei den Frauen liegt das nachts immer an den Haaren. Die machen dann auf einmal so alt." (Z. 32–34)

– „Sie sah ihn nicht an, weil sie nicht ertragen konnte, dass er log." (Z. 37–38)
  Sie will sich nicht anmerken lassen, dass sie die Situation längst durchschaut hat.

b Mögliche Lösungen:
– „Ich dachte, hier wäre was … ich hörte hier was … dachte ich, hier wäre was." (Z. 40–43)
  Der Mann sucht verzweifelt nach einer plausiblen Ausrede in der für ihn peinlichen Situation, was sich auch in seiner Körpersprache zeigt, denn er schaut dabei „sinnlos von einer Ecke in die andere". (Z. 41–42)
– „Sie stellte den Teller vom Tisch und schnippte die Krümel von der Decke." (Z. 45–46) – „Ich muss das Licht jetzt ausmachen, sonst muss ich nach dem Teller sehen, dachte sie." (Z. 53–55)
  Sie entfernt die Beweise für seine Schwäche und sorgt dafür, dass die Sache im Dunkeln bleibt, um so ihren Mann aus dieser für ihn peinlichen Situation herauszuhelfen.

Weitere Beispiele:
– „Es war sicher die Dachrinne. Bei Wind klappert sie immer." (Z. 59–60) – „Ja, es war wohl die Dachrinne." (Z. 67–68)
  Beide sind erleichtert. Die Frau hat eine sehr gute Ausrede gefunden, er bestätigt sie, wiederholt dankbar ihre Worte.
– „Er sagte das, als ob er schon halb im Schlaf wäre." (Z. 70–71)
  Er täuscht vor einzuschlafen, um auch seine Frau zum Schlafen zu bringen, damit er dann heimlich das abgeschnittene Brot essen kann.
– „Sie atmete absichtlich tief und gleichmäßig." (Z. 80–81)
  Sie merkt, dass er lügt, aber sie will ihm Gelegenheit geben, das Brot heimlich zu essen, damit er endlich aus der peinlichen Situation herauskommt.
– „,Du kannst ruhig vier [Scheiben Brot] essen', sagte sie und ging von der Lampe weg. ,Ich kann dieses Brot nicht so recht vertragen.'" (Z. 88–90)
  Sie wird von nun an auf eine Scheibe Brot verzichten und gibt zu ihrem großherzigen Geschenk noch eine Erklärung dazu, die ihn vor Scham und Dankbarkeit bewahren soll. Dazu geht sie aus der Lampe, um im Dunkeln zu sein, damit er sie bei ihrer Lüge nicht sehen kann.
  (Das folgende Textbeispiel ist das Ende der Kurzgeschichte, siehe Aufgabe 6, Text A:)
– „Sie sah, wie er sich tief über den Teller beugte. Er sah nicht auf." (Z. 1–2)
  Auch der Mann verbirgt sein Gesicht, damit die peinliche Angelegenheit unausgesprochen bleiben kann. Er weiß, dass sie lügt, für ihn auf das Brot verzichtet und doch selbst auch Hunger hat.
– „In diesem Augenblick tat er ihr leid." (Z. 2–3)
  Sie verzeiht ihm seine Schwäche und seine Lüge, sie liebt ihn.
– „,Du kannst doch nicht nur zwei Scheiben essen', sagte er auf seinem Teller. ,Doch, abends vertrag ich das Brot nicht gut. Iss man. Iss man.'"
  Sie drängt ihn, endlich das Brot zu essen, er tut ihr unendlich leid. Er dankt ihr, indem er ausspricht, was er denkt: dass sie für ihn hungert, indem sie auf ein Drittel ihrer Ration verzichtet.

3 Die Kurzgeschichte beleuchtet einen Moment im Leben eines *Ehe*paars, einen Moment in Zeiten großer Armut und *Not* in der Nachkriegszeit, als große Lebensmittelknappheit herrschte und kaum jemand satt wurde. Auch in dieser Zeit ständigen *Hungers* will die Frau ihren Mann nach 39 Ehejahren nicht bloßstellen, weil sie ihn trotz seiner Lüge liebt.

4 a Textstellen, an denen das Motiv des Brotes vorkommt:
– Z. 14–17: „Sie sah, dass er sich Brot abgeschnitten hatte … auf der Decke lagen Brotkrümel."
– Z. 85–87: „Als er am nächsten Abend nach Hause kam, schob sie ihm vier Scheiben Brot hin. Sonst hatte er immer nur drei essen können."

Erste Textstelle: Der alte Mann wird durch materielle Not zur Lüge getrieben. *Heimlich* schleicht er sich in die Küche, um über seine Ration hinaus noch Brot zu essen. *Krümel* auf dem Küchentisch verraten ihn, aber die Frau lässt sich nicht anmerken, dass sie ihren Mann durchschaut hat.
Zweite Textstelle: Sie verzichtet sogar in der Folge auf Teile ihrer Ration, sodass sie ihrem Mann abends eine *ganze* Scheibe Brot zusätzlich auf den Teller legt. Dies tut sie aus Liebe zu ihm.
Das Motiv Brot zeigt sich zunächst im Wort „Krümel" als Zeichen für Hunger und Not. Die „vier Scheiben Brot" können als Hinweis auf die Großherzigkeit und Liebe der Frau verstanden werden.

b In Borcherts Kurzgeschichte mit dem Titel: „Das Brot" tauchen mehrere Leitmotive auf. „Küche", „Teller" und „Brot" stehen dabei in direktem Zusammenhang. Als Ort der Begegnung stellt die *Küche* ein Motiv für Zuflucht, Geborgenheit dar. Ebenso bedeutsam ist der *Teller*, der für die Nahrungsaufnahme steht und damit genauso wie *„das Brot"* als Symbol für den Selbsterhaltungstrieb angesehen werden kann. Der alte Mann benutzt ein *Messer*, das als Bedrohung für diese vertraute, sichere, geborgene Situation interpretiert werden kann. Materielle Not treibt den alten Mann zur *Lüge*. Aus Liebe und langjährigem Zusammensein verzichtet die Ehefrau auf Brot und macht ihrem Mann auch keine Vorwürfe.

5 Licht – Dunkelheit bzw. hell – dunkel sind Gegensatzpaare, die auch auf diese Kurzgeschichte zutreffen. Parallelen zur Dunkelheit stellen dar: Kälte / Draußen / ungeschützter, feindlicher Raum / Angst, Lüge, Misstrauen.
Das Licht / Die Helligkeit steht für Wahrheit, Ehrlichkeit, auch: Wirklichkeit; das grelle Licht der Küchenlampe entblößt die Lüge.
In der Küchenszene wird dies in Borcherts Kurzgeschichte besonders deutlich. Die Frau kann den Lichtschein in der Küche nicht ertragen, da sie von der Lüge ihres Mannes weiß. Erst am Ende der Kurzgeschichte ist sie wieder in der Lage, sich an den Tisch unter die Lampe zu setzen, da sich die Situation zum Guten gewendet hat.

6 Vorschlag A ist das originale Ende, da hier der Wendepunkt der Kurzgeschichte seine Vertiefung erhält und eine Abrundung in der Schlussszene „im Schein der Lampe am Tisch" stattfindet.
Text B enthält einen inhaltlichen Fehler: Das Licht brennt schon die ganze Zeit. Zudem wäre das kein wirklicher Wendepunkt, sondern bestenfalls ein Kompromiss zwischen den Figuren. Sprachlich betrachtet passt die bestimmte Ausdrucksweise „Ich lasse nicht zu …" nicht zur Sprache des Mannes.

7 Die Überraschung besteht darin, dass die Frau behauptet, sie würde abends das Brot nicht vertragen. Mit einer „Notlüge" hilft sie ihrem Mann, sein Gesicht nicht zu verlieren.

8 Die Aussagen A, B und C geben die typischen Merkmale einer Kurzgeschichte wieder.
A keine Namen: Figuren stellen Alltagsmenschen dar
B ohne Schluss: offenes Ende regt Leser zur Lösung an
C ohne Umschweife im Geschehen: unvermittelter Anfang führt mitten ins Geschehen

Teste dich!

1 a/b Die richtigen Aussagen ergeben von unten nach oben gelesen folgendes Lösungswort:
SH OR TS TO RY → Shortstory.
Die falsche Fährte ergibt von oben nach unten gelesen das Lösungswort: WE ND EP UN KT.

2 a Möglicher Hefteintrag:

Merkmal	trifft zu	Textbeleg
unvermittelter Beginn	ja	„Diese Tussi! Denkt wohl …" (Z. 1)
aussagekräftiger Abschnitt aus Leben und Alltag einer Figur	ja	Eifersucht zwischen zwei Mädchen, die einen Jungen nett finden; Szene in einer Diskothek
wenige Figuren stehen im Mittelpunkt	ja	zwei Mädchen (Kirsten und Ich-Erzählerin), ein Junge
Wendepunkt	ja	„Sollen wir gehen?" (Z. 25)
offenes Ende	ja	Bleiben sie zusammen? Taucht Kirsten doch wieder auf?
Leitmotive kommen wiederholt vor	ja	das Auge sieht (Z. 6, 7), schöne Augen (Z. 11), hingucken (Z. 15), sehe ich in den Spiegel (Z. 19), meine Augen (Z. 20)

6.2 Unerwartete Familienbande – Die Kommunikation in einer Geschichte untersuchen

S. 117 Annette Weber: **Der neue Bruder** (2012) – Teil 1

1 a Sarah kommt nach der Schule heim. Ihre Mutter und sie wohnen nun mit Jürgen, dem neuen Freund der Mutter, und dessen Sohn Oliver zusammen. Sarah mag Oliver offensichtlich überhaupt nicht, zumal er sich überall in der Wohnung breitmacht, seine Sachen herumliegen und das Essen im Ofen anbrennen lässt. Sarah kocht vor Zorn, als Michael, ein Freund Olivers, anruft und sie bittet, ihren „Halbbruder" ans Telefon zu holen.

b Die beiden Figuren stehen in keinem verwandtschaftlichen Verhältnis zueinander. Oliver ist der Sohn des neuen Freundes der Mutter von Sarah. Sie wohnen zusammen.

2 Möglicher Hefteintrag:

Rollen und Rollenerwartungen		
von	**an Sarah**	**an Oliver**
Sarahs Mutter	<u>Tochter</u>; sie soll Olivers Vater als ihren neuen Lebenspartner akzeptieren und mit Oliver freundschaftlich, im Idealfall wie mit einem Bruder, auskommen.	<u>Sohn des Lebenspartners</u>; er soll sie als neue Frau an der Seite seines Vaters akzeptieren und mit Sarah freundschaftlich, im Idealfall wie mit einer Schwester, auskommen.
	ihr Verhältnis zu Sarah: vertraut, bezüglich Jürgen und Oliver anderer Meinung	*ihr Verhältnis zu Oliver:* findet ihn lieb
Jürgen, Olivers Vater	<u>Tochter der Lebenspartnerin</u>; sie soll ihn als neuen Mann an der Seite ihrer Mutter akzeptieren und mit Oliver freundschaftlich, im Idealfall wie mit einem Bruder, auskommen.	<u>Sohn</u>; er soll Sarahs Mutter als seine Lebenspartnerin akzeptieren und sich mit ihr und ihrer Tochter gut verstehen.
	sein Verhältnis zu Sarah: unbekannt	*sein Verhältnis zu Oliver:* unbekannt, vermutlich gut
Sarah		<u>Sohn von Jürgen, neues Familienmitglied</u>; soll sich in den Haushalt einfügen, seine Sachen aufräumen, sein Essen so zubereiten, dass er niemanden stört, sich nicht in der Küche breitmachen
		ihr Verhältnis zu Oliver: hält ihn für einen blöden Typen, distanziert sich von ihm, betrachtet ihn als Eindringling
Oliver	<u>Tochter der netten Lebenspartnerin seines Vaters</u>; möchte von Sarah akzeptiert werden, wie er ist, und ein neues Zuhause finden, fände es schön, wenn sie ihn als neues Familienmitglied, evtl. als eine Art Bruder, freundlich aufnehmen würde	
	sein Verhältnis zu Sarah: spürt, dass er von ihr abgelehnt wird, bleibt höflich und cool, wenn sie ihn beschimpft	

3 a Sarah mag Oliver überhaupt nicht. Sie nimmt ihn als Eindringling in ihre Familie wahr und nennt ihn einen „blöden Typ[en] mit seinem bescheuerten Vater" (Z. 6). Oliver lässt z. B. seine dicken schwarzen „Adidas-Treter" im Flur herumliegen und eine Fertigpizza anbrennen. Er breitet seine Hefte und Bücher in der Küche aus, lässt den Müll (leerer Joghurtbecher) herumstehen. Sarah sagt: „Mit diesem blöden Typen, der in unserer Wohnung lebt, habe ich nichts zu tun" (Z. 27–29). Sie spricht über ihn wie über einen unwillkommenen Fremden. Wenn Olivers Freunde ihn als ihren „Halbbruder" bezeichnen, rauscht es in ihren Ohren vor Wut. „Wortlos und ohne ihn anzusehen" (Z. 32) verweigert sie jeden Kontakt mit ihm. Diese Geste drückt ihr Verhältnis zu ihm aus: Sie fragt sich, mit welchem Recht er hier lebe, wie das weitergehen solle.

b Beispiele für Sarahs nonverbale Reaktionen:
Z. 2–3: „war ihr Puls gleich wieder auf hundertachtzig"
Z. 14: „Sarah stöhnte leise."
Z. 17: „Sarah warf ihre Schultasche in die Ecke."
Z. 22: „Sarah spürte, wie sie rote Ohren bekam."
Z. 26: „In Sarahs Ohren rauschte es."
Z. 32: „Wortlos, und ohne ihn anzusehen, reichte sie Oliver den Hörer und ging in die Küche."
Z. 40: „Sarah kochte vor Zorn."

4 Beispiele für mögliche Fortsetzungen:
— Sarah und Oliver streiten sich.
— Beide finden als Freunde zueinander.
— Vater und Sohn ziehen wieder aus.
— Sarah zieht zu ihrem Vater.
— Oliver zieht zu seiner Mutter.

Der neue Bruder – Teil 2

5 Vgl. die Lösung zu Aufgabe 4 oben (SB S. 117).

6 a Sarah glaubt, dass Oliver sämtliche Aussagen am Telefon über sie macht:

Oliver am Telefon	Sarah, die das Gespräch verfolgt
Hab's echt nicht einfach im Moment	Sarah horchte. Jammerte er jetzt womöglich seinem Freund auch noch die Ohren voll? – Sie bezieht diese Mitteilung Olivers auf ihre Beziehung zu ihm.
Wenn ich dieses Breitarschgesicht nur vor mir sehe …	Breitarschgesicht? Über wen redeten sie denn da? – Offensichtlich spricht er doch über jemand anderen, geht ihr zunächst durch den Kopf.
Mit dieser Lupe auf der Nase und den drei Bauchrollen bis zu den Knien … Nee, Alter, das ist echt die Hölle.	Sarah stieß einen leisen Schrei aus. Klar! Sie klatschten über sie! Breitarschgesicht mit Lupe auf der Nase. Unwillkürlich berührte Sarah ihre Brille. – Es ist ihr klar: Oliver spricht über sie.

b Z. 60–70: Oliver begrüßt Sarah freundlich; er will nett zu ihr sein. Sarah reagiert wegen des Missverständnisses aber sehr schroff, ironisch, sarkastisch.
Z. 72–85: Olivers Einladung zum Pizzaessen und seine lustige, witzige Bemerkung stoßen auf Ablehnung bei Sarah, die frech, beleidigt das Gespräch beendet.
Z. 105–125: Oliver steht ein wenig genervt vor der Badezimmertür und meldet freundlich, aber etwas salopp seinen Wunsch, das Bad benutzen zu können. Sarah antwortet nicht. Sie verlässt kurz darauf gestylt und attraktiv das Bad, sodass Oliver sein Erstaunen, seine Bewunderung auch sprachlich zum Ausdruck bringt. Er möchte sie in die Schule begleiten. – Sarah ist gemein zu ihm, sie öffnet ein Ventil an Olivers Rad, sodass er nicht mit ihr zur Schule fahren kann. Sie rächt sich für seine vermeintliche Beleidigung am Telefon.

Z. 134–143: Oliver will eigentlich nur freundlich zu Sarah sein, sie lässt ihm aber keine Gelegenheit, zu Ende zu sprechen. Sarah überhäuft ihn mit ihren Vorwürfen. Sie ist gereizt. Oliver tut, was sie von ihm verlangt.

Z. 144–156: Gereiztes Gespräch in der Küche. Olivers Essenseinladung wird von Sarah als „elendes Hundefutter" bezeichnet. Verletzt und betroffen wirft er die Spaghetti weg und deutet seinen Abschied an. Dabei weist er auf Sarahs mangelnde Bereitschaft hin, mit ihm Kontakt aufzunehmen, seit er in der Familie ist: „Du hast eigentlich nie etwas von mir angenommen, schade."

Z. 165–186: Sarah will wissen, was Oliver vorhat. Sie fährt ihn gereizt an, wiederholt im Befehlston ihre Frage. Als Oliver nicht reagiert, spricht sie ihren Gedanken aus: Er wolle vermutlich weg von hier. Oliver bestätigt ihre Vermutung und teilt mit, dass er zu seiner Mutter zieht.

Z. 187–215: Auf dem Boden sitzend kommt es zur Aussprache zwischen den beiden. Oliver ist unglücklich wegen der Situation. Er will eigentlich nicht zu seiner Mutter. Er versteht überhaupt nicht, warum Sarah ihn so schlecht behandelt.

Sarah kann verstehen, wie Oliver sich fühlt. Sie fühlt sich allerdings nicht schuldig an seiner Situation in ihrer Familie: „Ich bin jedenfalls nicht daran schuld, dass hier alles so blöd gelaufen ist", und wirft ihm den Ausdruck „Breitarschgesicht" vor. Oliver ist sehr erstaunt über diesen Vorwurf, er weiß nicht gleich, was sie damit meint.

7 A: Ihr „Auftritt" strahlt Lässigkeit, Coolness, Stolz, Siegesgefühl aus; kann aber auch als Abwehrhaltung verstanden werden und zeigen, dass sie sich im Innersten getroffen fühlt und tief gekränkt ist.

B: Der Tritt gegen die Adidas-Schuhe steht symbolisch für Sarahs Haltung Oliver gegenüber. Sie will ihn weghaben, ihm am liebsten einen Tritt versetzen, damit er verschwindet wie die Schuhe unter dem Schrank.

C: Oliver verlässt aufrecht die Küche, obwohl er sich sehr verletzt fühlt. Er hat auch seinen Stolz. Daher wirft er – wie zuvor Sarah – seine Locken nach hinten. Er missachtet Sarah, er nimmt mit ihr keinen Blickkontakt mehr auf, er ignoriert sie.

8 a/b Beispiele für die Einfügung nonverbaler Ausdrucksmittel in den Zeilen 134–156:

Sarah ging *(mit energischem Schritt)* in die Küche. Auch hier waren, wie immer, Hefte und Bücher auf dem Küchentisch verstreut, daneben stand ein Teller mit Spaghetti Bolognese.

„Hi, Sarah!" Oliver betrat *(lächelnd, mit bewundernden Blicken)* die Küche. „Ich wollte nur …" *(zeigt auf die Nudeln)*.

„Deine Sachen wegräumen, was?", fuhr ihn Sarah *(wütend, die Hände auf den Hüften)* an.

„Ja, das auch …" *(betroffen, schuldbewusst blickend und sprechend)*.

Oliver war verwirrt. *(Er runzelt die Stirn, blickt sie fragend an.)* Das brachte Sarah noch mehr auf die Palme. „Mir stinkt dein Chaos nämlich total!", fuhr sie ihn weiter an *(wird immer lauter, schreit)*.

Wortlos räumte Oliver *(sich schämend, mit gesenktem Kopf, wohl wissend, dass seine Unordnung tatsächlich sein Problem ist)* seine Schulsachen beiseite.

„Und was ist mit diesem elenden Hundefutter?", fluchte Sarah weiter und zeigte *(verächtlich, herabwürdigend)* auf die Spaghetti. Oliver zögerte *(sprachlos, verständnislos, überrascht)* einen Moment lang. Dann nahm er den Teller mit dem Essen und beförderte ihn in den Biomüll. „War eigentlich für dich gedacht", murmelte er dabei *(enttäuscht, verletzt, mit leise aufkeimender Wut)*. Jetzt war Sarah an der Reihe, verwirrt zu sein. „Für mich? Was soll das heißen?" *(zögernd, verständnislos, aus dem Konzept gebracht; fragende, Unsicherheit ausdrückende Körperhaltung)*.

Oliver stellte den leeren Teller *(mit Nachdruck)* in die Spülmaschine. „War mein Abschiedsgeschenk für dich *(beleidigt, verletzt)*. Passt aber, dass du es nicht annimmst. Du hast eigentlich nie etwas von mir angenommen, schade" *(resignierend)*.

10 a

> **B** Sarah: „Ich habe in der Pause die Europakarte aus dem Kartenraum geholt, dem Lehrer die Tasche getragen und danach den Schulhof gefegt." (Z. 67–70)

Sachebene

Sarah teilt mit, dass sie in der Schule unterschiedliche Tätigkeiten verrichtet habe, die allerdings eher den Eindruck machen, als seien sie erfunden.

Beziehungsebene

Sarah will Oliver zu verstehen geben, dass es ihn gar nichts angeht, was sie in der Schule macht. Da sie ihn ablehnt und nichts mit ihm zu tun haben will, soll er auch nichts über ihr alltägliches Schulleben erfahren.

b Mögliche Lösungen:

> **1** Sarah: „Danke, ich lege keinen Wert auf deine Gesellschaft." (Z. 83–84)

Sachebene

Sarah teilt mit, dass sie ungestört sein will und nicht mit Oliver zusammen zu Mittag essen möchte.

Beziehungsebene

Sarah will Oliver zu verstehen geben, dass sie möglichst wenig Zeit mit ihm zusammen in einem Raum verbringen möchte.

> **2** Oliver: „Wow! … Dafür hat es sich ja echt gelohnt, zu warten." (Z. 109–110)

Sachebene

Oliver teilt mit, dass er von Sarahs gutem Aussehen begeistert ist und dass er ihr gern die Zeit im Badezimmer zugesteht.

Beziehungsebene

Oliver will Sarah zu verstehen geben, dass er sie mag und gern mit ihr zusammen sein möchte. In diesem konkreten Fall möchte er sie in die Schule begleiten, um mit dem hübschen Mädchen zusammen wahrgenommen zu werden.

> **3** Sarah: „Wo du hinwillst, habe ich gefragt." (Z. 169–170)

Sachebene

Sarah teilt mit, dass sie wissen möchte, was Oliver vorhat, wohin er gehen will.

Beziehungsebene

Sarah will Oliver zu verstehen geben, dass sie überrascht wahrnimmt, dass er das Haus offensichtlich für immer verlassen will. Eigentlich tut ihr dies ein wenig leid.

> **4** Sarah: „Du willst hier weg, nicht wahr?" (Z. 176)

Sachebene

Sarah stellt Oliver eine Suggestivfrage, bei der die erwartete Antwort schon vorgegeben ist; sie drückt ihren Verdacht / ihre Vermutung aus: Er wird wohl für immer weggehen.

Beziehungsebene

Der traurige Klang ihrer Stimme bringt ihre Gefühle zum Ausdruck. Sarah will offensichtlich, dass er bleibt, vielleicht mag sie ihn sogar. Sie ist selbst darüber erstaunt.

6.2 Unerwartete Familienbande – Die Kommunikation in einer Geschichte untersuchen

5 Oliver: „Okay, um die Wahrheit zu sagen: Ich gehe wirklich. Zu meiner Mutter zurück. Zufrieden?" (Z. 181–183)

Sachebene
Oliver teilt mit, dass er packt, um zurück zu seiner Mutter zu gehen. Er verlässt die aktuelle Patchworkfamilie.

Beziehungsebene
Oliver will Sarah zu verstehen geben, dass sie gewonnen hat. Es ist ihr gelungen, ihn aus dem Haus zu vertreiben.

S. 122 Fordern und fördern – Üben: Die Kommunikation zwischen den Figuren untersuchen

S. 122 Der neue Bruder – Teil 3

1 B: Sarah schämt sich, weil sie Olivers Aussage falsch verstanden hat. Sie hat Olivers Aussagen auf sich bezogen.
D: Sarah ärgert sich darüber, dass es zu einem Missverständnis gekommen ist. Nicht sie war gemeint, sondern die Englischlehrerin.
E: Oliver erkennt lachend, dass Sarah wütend auf ihn war, weil sie sich verletzt fühlte. Er hatte nicht geahnt, dass sie das Schimpfwort auf sich bezog.
F: Oliver merkt, dass Sarah seine Äußerung über die Englischlehrerin auf sich bezogen hat, und findet dies lustig. Denn nicht sie war gemeint, sondern seine alte Englischlehrerin Frau Albrecht.

2 a Mögliche Erläuterung der Textstelle: „Und dann … wollen wir einfach noch einmal zusammen Spaghetti kochen? Okay?" (Z. 249–250)

Sachebene	Beziehungsebene
Olivers Frage verdeutlicht, dass er … – mit Sarah zusammen kochen will. – als Stiefbruder mit seiner Stiefschwester Spaghetti zubereiten will.	Im Hinblick auf ihre Beziehung heißt das, dass … – Oliver ein Friedensangebot macht. – Oliver ausdrücken will, dass er Sarah mag und gern ein besseres Verhältnis zu ihr hätte. – Oliver das Missverständnis durch eine gemeinsame Aktivität wieder gutmachen möchte.

Richtige Zuordnung der Aussagen:

Sachebene	Beziehungsebene
Oliver will mit Sarah zusammen kochen.	Oliver macht ein Versöhnungsangebot. Oliver will ausdrücken, dass er Sarah mag und gern ein besseres Verhältnis zu ihr hätte.
Der Stiefbruder will mit seiner Stiefschwester Spaghetti zubereiten.	Oliver möchte das Missverständnis durch eine gemeinsame Aktivität wiedergutmachen.

6 In allen Lebenslagen zueinanderstehen – Kurzgeschichten interpretieren

b Beispiele für im Text verwendete nonverbale Ausdrucksmittel (Zitate):
Z. 216–217: Sarah konnte Oliver ansehen, dass sein Gehirn auf Hochtouren arbeitete.
Z. 220: Sarah spürte, wie sie rot wurde.
Z. 225: Sarah spürte, wie sie wütend wurde.
Z. 225–226: Sie beugte sich zu Oliver hinüber und schubste ihn.
Z. 232: … es kam kein Wort über ihre Lippen.
Z. 238–239: Seine Augen blitzten und sein Gesicht war immer noch so verdammt nah.
Z. 240–241: … ihre Stimme klang kratzig.
Z. 246: Ziemlich dicht.
Z. 251–254: Oliver strich ihr kurz über den Arm. Ganz kurz nur. Aber die Berührung reichte aus, eine Gänsehaut über ihren ganzen Körper kriechen zu lassen.

3 Das maßgebliche Missverständnis setzt mit dem Telefonat zwischen Oliver und seinem Freund Michael ein, das Sarah mithört. Von Anfang an mochte Sarah Oliver nicht. Sie war nicht einverstanden mit der Entscheidung der Mutter, dieses Modell der Patchworkfamilie zu realisieren. Sarah empfindet Oliver deshalb von vornherein als „blöden Typen" (Z. 27), der stört und in ihr Familienleben eindringt. Bei dem Telefonat bezieht sie die Äußerungen Olivers auf sich (Brillenträgerin, drei Bauchrollen).

6.3 Fit in …! – Eine Kurzgeschichte analysieren

S. 124 Kurt Marti: **Happy End** (1960)

S. 124 **Die Aufgabe richtig verstehen – Planen – Schreiben – Überarbeiten**

1 Richtige Aussagen und Lösungswort: KI NO FI LM

2 Mögliches Tafelbild:

Wer sind die handelnden Figuren?	ein Ehepaar, anonym, ohne Namen → Allgemeingültigkeit
Wo spielt die Handlung (Handlungsort)?	in der Straße vor einem Kino
Welche Zeitspanne wird dargestellt?	nach dem Filmende, auf dem Heimweg
Worum geht es in dieser Kurzgeschichte?	um Paarbeziehungen im Film und im wirklichen Leben
Was ist das Thema?	nicht gelingende Kommunikation, Verständnis- und Lieblosigkeit, Sehnsucht nach Liebe

3 a Möglicher Hefteintrag:

	der Mann (Zitate)	die Frau (Zitate)
Was sie denken:	[…] geht voll Zorn […] (Z. 7) […] so eine Gans […] und wie sie nun keucht in ihrem Fett. (Z. 17–18)	Was für ein Klotz, denkt sie, was für ein Klotz. (Z. 25–26)
Was sie tun:	Zornig schiebt er sich zum Ausgang. (Z. 3–4); Er tritt auf die Straße, bleibt aber nicht stehen und geht, ohne sie abzuwarten […] (Z. 5–7); […] er geht […] (Z. 10); Schweigend geht er und voller Wut […] (Z. 16–17)	[…] seine Frau bleibt im Gedränge … weit hinter ihm. (Z. 4–5); Atemlos, mit kleinen, verzweifelten Schritten holt sie ihn ein. (Z. 9/10); […] sie holt ihn wieder ein und keucht. (Z. 10); Sie keucht. (Z. 14); Sie keucht noch immer (Z. 15); Sie schweigt und geht und keucht. (Z. 25)

Was sie sagen:	Eine Schande, [...] wie du geheult hast. Mich nimmt nur wunder warum, sagt er. (Z. 11-14) Ich hasse diese Heulerei, [...] ich hasse das. (Z. 14-15) Schön, [...] dieser elende Mist, dieses Liebesgewinsel, das nennst du schön, dir ist ja nun wirklich nicht mehr zu helfen. (Z. 22-24)	Ich kann doch nichts dafür, sagt sie endlich, ich kann wahrhaftig nichts dafür, es war so schön, und wenn's schön ist, muss ich halt heulen. (Z. 19-22)

b Schon die räumliche Distanz zwischen den beiden Figuren zeigt, wie weit sich das Paar voneinander entfernt hat: Mann und Frau bewegen sich in einem deutlichen Abstand, denn der Ehemann läuft wutentbrannt in die Dunkelheit hinaus, „ohne sie abzuwarten" (Z. 7), obwohl er weiß, dass seine Frau wegen ihrer Körperfülle nicht so schnell nachkommen kann. Das weist darauf hin, dass die beiden – über die räumliche Entfernung hinaus – auch in ihrer Beziehung voneinander abgerückt sind.

Den Film bezeichnet der Mann als „Liebesgewinsel" (Z. 23), während er für seine Frau „schön" (Z. 21) und anrührend gewesen ist und sie wahrscheinlich an ihre frühere Liebe erinnert hat. Der Mann nennt seine Frau in Gedanken eine „Gans" (Z. 17), denn er findet es albern und unerträglich, wie sie der Liebe, die zwischen ihnen offensichtlich abgekühlt ist, theatralisch hinterherweint. Andererseits denkt die Frau, ihr Mann sei ein „Klotz" (Z. 26). Mit diesem sprachlichen Bild bringt sie zum Ausdruck, dass er zu Gefühlen nicht mehr fähig sei. Damit weist sie ihm die Schuld daran zu, dass ihr Verhältnis abgekühlt ist.

Dem Satz „Das Kino ist aus" (Z. 3) kommt damit eine doppelte Bedeutung zu: Wörtlich meint er, dass der Film auf der Leinwand zu Ende ist, und im übertragenen Sinn bedeutet er, dass die Liebe beendet ist.

c 1. Happy End im Film: Im Kino, nach einem Konflikt, fällt sich das Paar auf der Leinwand in die Arme, der Film ist zu Ende.
2. In der Realität: kein Happy End, sondern Streit auf der Straße
Der Mann verlässt wütend das Kino, wartet nicht auf seine Frau; läuft ihr immer wieder weg, wenn sie ihn gerade keuchend eingeholt hat; schimpft, weil sie im Kino geweint hat; er verachtet sie, findet den Film verlogen. Ihr hat der Liebesfilm gefallen, sie hält ihren Mann für gefühllos, kalt, einen „Klotz". Im wirklichen Leben gibt es für die beiden kein Happy End. Vielleicht weint die Frau auch deshalb, weil die Lösung so einfach wäre: Ihr Mann könnte sie umarmen und an sich drücken und „alles [wäre] wieder gut" (Z. 1).

4 Möglicher Einleitungssatz:

In der Kurzgeschichte „Happy End" von Kurt Marti, die 1960 erschienen ist, geht es um Paarbeziehungen im Film und in der Wirklichkeit.

5 Mögliche Inhaltsangabe:

Der erste Teil der Geschichte, auf den sich der Titel bezieht, stellt eine Situation im Kino vor. Darin endet ein Liebesfilm mit einem Happy End. Gezeigt wird ein Paar, das sich nach offensichtlich konfliktreichen Ereignissen wieder versöhnt in den Armen liegt.

Dem Happy End auf der Leinwand folgt ein heftiger Streit eines – vermutlich älteren – Ehepaars, das den Film gemeinsam gesehen hat. Der Mann verlässt wütend das Kino, ohne auf seine Frau zu warten. Sie kann ihm nur mit Mühe folgen, da sie offensichtlich korpulent ist, und sobald sie ihn eingeholt hat, läuft er ihr wieder davon, denn er ist erbost, dass sie während des Films geweint hat. Er schimpft mit seiner Frau und verachtet sie, weil sie von einem Film gerührt ist, den er für verlogen hält. Die Frau hingegen verteidigt sich, ihr habe der Film gefallen und sie habe weinen müssen, weil er so schön gewesen sei. In Gedanken hält sie ihren Mann für gefühllos.

6 Mögliche Beschreibung der Kommunikation:

Von Beginn an wird das nonverbale Verhalten des Mannes als rücksichtslos und abweisend dargestellt. So drängt er sich einfach aus dem Kino auf die Straße, ohne auf seine Frau zu warten. Die Atmosphäre zwischen den Figuren ist angespannt und gereizt. Beide rennen über eine Straße. Die korpulente Frau keucht ihrem Mann hinterher. Vermutlich schämt er sich für seine Frau, denn er nennt sie auch abfällig „Gans".

Seine Frau wird dagegen als gefühlsbetont dargestellt. Sie weint in romantischen Liebesfilmen. Vermutlich deshalb, weil eine solche Liebe für sie im wirklichen Leben unerreicht bleibt. Ihre Verzweiflung verdeutlicht sich durch ihre Körpersprache: Sie bleibt im Gedränge stecken, sie keucht und versucht, mit kleinen schnellen Schritten mit ihrem Mann Schritt zu halten, was ihr aber nicht gelingt. Sie hat eine völlig andere Vorstellung von Liebe als ihr Mann. Sie wehrt sich gegen seine Verletzungen nicht mit Worten. Für sie ist er ein gefühlloser Klotz. All dies zeigt, dass es in der Beziehung der beiden kein Happy End gibt.

7 a/b Mögliche Lösung:

A Die handelnden Figuren stellen Menschen aus dem Alltag dar. → Trifft zu.

Begründung: Mann/Frau, er/sie – namenlos → Menschen aus dem Alltag, kann auf viele Paare zutreffen, hier vermutlich älteres Ehepaar → Allgemeingültigkeit

B Der Anfang ist unvermittelt: Die Geschichte springt mitten hinein ins Geschehen. → Trifft zu.

Begründung: Der Leser erfährt nicht, was das für ein Paar ist, das sich – offensichtlich nach einem Konflikt – umarmt. Dass es sich um das Ende eines Kinofilms handelt, weiß man erst in Zeile drei.

C Die Kurzgeschichte hat ein offenes Ende. → Trifft zu.

Begründung: Die Geschichte umspannt nur wenige Minuten im Leben zweier Figuren. Was sich anschließend noch abspielen wird, erfährt der Leser nicht. Das Ende bleibt offen.

Literaturhinweise (Fortsetzung von S. 166 zu Beginn dieses Kapitels)
Neueste Kurzprosa. Praxis Deutsch 249/2015
Rund um kurze Geschichten. Cornelsen, Berlin 2005
Schulze-Knitter, Uta: Kurzgeschichten lesen, hören und verstehen. 8./9. Klasse. Persen, Buxtehude 2010

Material zu diesem Kapitel

Klassenarbeit
- Eine Kurzgeschichte analysieren – Peter Bichsel: Der Milchmann (Niveau A ohne, B mit Hilfen; Bewertungsbogen auf der CD-ROM)
- Eine Kurzgeschichte analysieren – Julia Franck: Streuselschnecke (Niveau A ohne, B mit Hilfen; Bewertungsbogen auf der CD-ROM)
- Nur auf der CD-ROM: Eine Kurzgeschichte analysieren – Walter Helmut Fritz: Augenblicke (Niveau A ohne, B mit Hilfen; Bewertungsbogen)

Fordern und fördern
- Eine Kurzgeschichte zusammenfassen und analysieren – William M. Harg: Der Retter (●●○|●○○ mit Lösungshinweisen auf der CD-ROM)
- Eine Kurzgeschichte zusammenfassen und analysieren – Angelika Domhof: Er hat alles, was er braucht (●●●|●○○ mit Lösungshinweisen auf der CD-ROM)
- Eine Kurzgeschichte rekonstruieren und fortsetzen (○○○ mit Lösungshinweisen auf der CD-ROM)

Diagnose
- Merkmale einer Kurzgeschichte überprüfen – Wolfdietrich Schnurre: Beste Geschichte meines Lebens (mit Lösungshinweisen und Förderempfehlung auf der CD-ROM)

PPT-Folien (auf der CD-ROM)
- Aus Bildern die Figurenkonstellation erschließen
- Eine Kurzgeschichte untersuchen: Das Brot

Hörverstehen (auf der CD-ROM)
- Marlene Röder: Scherben (mit Arbeitsblatt und Lösungen)
- Wolfgang Borchert: Das Brot (mit Arbeitsblatt und Lösungen)

Deutschbuch Arbeitsheft 9
- Eine Kurzgeschichte verstehen – Joschi und Caroline, S. 35–39
  Irmela Brender: Caroline, über Wiesen laufend
    ●○○ Was alles passiert – Innere und äußere Handlung unterscheiden
    ●●● Der Ton macht die Musik – Sprache und Inhalt in Beziehung setzen

Deutschbuch Lern- und Arbeitsheft 9
für Lernende mit erhöhtem Förderbedarf im inklusiven Unterricht
- In allen Lebenslagen zueinanderstehen, Seite 70–81

Klassenarbeit A – Eine Kurzgeschichte analysieren

Aufgabenstellung

1. Analysiere und interpretiere die Kurzgeschichte „Der Milchmann" von Peter Bichsel.
   a Fasse den Inhalt kurz zusammen.
   b Untersuche die Figuren und ihr Verhältnis zueinander. Beachte dabei auch ihre besondere Art der Kommunikation.
2. Welche Merkmale einer Kurzgeschichte treffen auf „Der Milchmann" zu? Belege am Text.

Peter Bichsel: **Der Milchmann** (1964)

Der Milchmann schrieb auf einen Zettel: „Heute keine Butter mehr, leider." Frau Blum las den Zettel und rechnete zusammen, schüttelte den Kopf und rechnete noch einmal, dann schrieb sie:
5 „Zwei Liter, hundert Gramm Butter, Sie hatten gestern keine Butter und berechneten sie mir gleichwohl."
Am andern Tag schrieb der Milchmann: „Entschuldigung." Der Milchmann kommt morgens
10 um vier, Frau Blum kennt ihn nicht, man sollte ihn kennen, denkt sie oft, man sollte einmal um vier aufstehen, um ihn kennenzulernen.
Frau Blum fürchtet, der Milchmann könnte ihr böse sein, der Milchmann könnte schlecht den-
15 ken von ihr, ihr Topf ist verbeult.
Der Milchmann kennt den verbeulten Topf, es ist der von Frau Blum, sie nimmt meistens 2 Liter und 100 Gramm Butter. Der Milchmann kennt Frau Blum. Würde man ihn nach ihr fragen,
20 würde er sagen: „Frau Blum nimmt 2 Liter und 100 Gramm, sie hat einen verbeulten Topf und eine gut lesbare Schrift." Der Milchmann macht sich keine Gedanken, Frau Blum macht keine Schulden. Und wenn es vorkommt – es kann ja
25 vorkommen –, daß 10 Rappen¹ zu wenig daliegen, dann schreibt er auf einen Zettel: „10 Rappen zu wenig." Am andern Tag hat er die 10 Rappen anstandslos und auf dem Zettel steht: „Entschuldigung." ‚Nicht der Rede wert' oder
30 ‚keine Ursache', denkt dann der Milchmann, und würde er es auf den Zettel schreiben, dann wäre das schon ein Briefwechsel. Er schreibt es nicht.
Den Milchmann interessiert es nicht, in welchem Stock Frau Blum wohnt, der Topf steht unten an der Treppe. Er macht sich keine Gedanken, wenn 35 er nicht dort steht. In der ersten Mannschaft spielte einmal ein Blum, den kannte der Milchmann, und der hatte abstehende Ohren.
Vielleicht hat Frau Blum abstehende Ohren. Milchmänner haben unappetitlich saubere Hän- 40 de, rosig, plump und verwaschen. Frau Blum denkt daran, wenn sie seine Zettel sieht. Hoffentlich hat er die 10 Rappen gefunden. Frau Blum möchte nicht, daß der Milchmann schlecht von ihr denkt, auch möchte sie nicht, daß er mit der 45 Nachbarin ins Gespräch käme. Aber niemand kennt den Milchmann, in unserem Quartier niemand. Bei uns kommt er morgens um vier. Der Milchmann ist einer von denen, die ihre Pflicht tun. Wer morgens um vier die Milch bringt, tut 50 seine Pflicht, täglich, sonntags und werktags. Wahrscheinlich sind Milchmänner nicht gut bezahlt und wahrscheinlich fehlt ihnen oft Geld bei der Abrechnung. Die Milchmänner haben keine Schuld daran, daß die Milch teurer wird. 55
Und eigentlich möchte Frau Blum den Milchmann gern kennenlernen.
Der Milchmann kennt Frau Blum, sie nimmt 2 Liter und 100 Gramm und hat einen verbeulten Topf. 60

Peter Bichsel: Eigentlich möchte Frau Blum den Milchmann kennenlernen. 21 Geschichten. © Suhrkamp Verlag, Frankfurt a. M. 1993

---
1 100 Rappen = 1 Schweizer Franken

Klassenarbeit B – Eine Kurzgeschichte analysieren

Aufgabenstellung

1. Analysiere und interpretiere die Kurzgeschichte „Der Milchmann" von Peter Bichsel.
   a Fasse den Inhalt kurz zusammen.
   b Untersuche die Figuren und ihr Verhältnis zueinander. Beachte dabei auch ihre besondere Art der Kommunikation. Gehe so vor:
      – Schreibe eine informative Einleitung (Autor, Gattung, Titel, Thema).
      – Fasse die Handlungsschritte in eigenen Worten kurz zusammen.
      – Schreibe im Präsens.
      – Gib direkte Rede in indirekter Rede wieder.
      – Beschreibe, wie sich das Verhältnis zwischen dem Milchmann und Frau Blum im Laufe der Geschichte entwickelt. Belege deine Aussagen mit Zitaten aus dem Text.
      Tipp: Beachte, was die Figuren voneinander denken und wie sie aufeinander reagieren.
2. Welche Merkmale einer Kurzgeschichte treffen auf „Der Milchmann" zu? Belege am Text.

Peter Bichsel: **Der Milchmann** (1964)

Der Milchmann schrieb auf einen Zettel: „Heute keine Butter mehr, leider." Frau Blum las den Zettel und rechnete zusammen, schüttelte den Kopf und rechnete noch einmal, dann schrieb sie: „Zwei Liter, hundert Gramm Butter, Sie hatten gestern keine
5   Butter und berechneten sie mir gleichwohl."
Am andern Tag schrieb der Milchmann: „Entschuldigung." Der Milchmann kommt morgens um vier, Frau Blum kennt ihn nicht, man sollte ihn kennen, denkt sie oft, man sollte einmal um vier aufstehen, um ihn kennenzulernen.
10 Frau Blum fürchtet, der Milchmann könnte ihr böse sein, der Milchmann könnte schlecht denken von ihr, ihr Topf ist verbeult.
Der Milchmann kennt den verbeulten Topf, es ist der von Frau Blum, sie nimmt meistens 2 Liter und 100 Gramm Butter. Der Milchmann kennt Frau Blum. Würde man ihn nach ihr fragen,
15 würde er sagen: „Frau Blum nimmt 2 Liter und 100 Gramm, sie hat einen verbeulten Topf und eine gut lesbare Schrift." Der Milchmann macht sich keine Gedanken, Frau Blum macht keine Schulden. Und wenn es vorkommt – es kann ja vorkommen –, daß 10 Rappen[1] zu wenig daliegen, dann schreibt er auf einen
20 Zettel: „10 Rappen zu wenig." Am andern Tag hat er die 10 Rappen anstandslos und auf dem Zettel steht: „Entschuldigung." ‚Nicht der Rede wert' oder ‚keine Ursache', denkt dann der Milchmann, und würde er es auf den Zettel schreiben, dann wäre das schon ein Briefwechsel. Er schreibt es nicht.
25 Den Milchmann interessiert es nicht, in welchem Stock Frau Blum wohnt, der Topf steht unten an der Treppe. Er macht sich keine Gedanken, wenn er nicht dort steht. In der ersten Mannschaft spielte einmal ein Blum, den kannte der Milchmann, und der hatte abstehende Ohren.

30 Vielleicht hat Frau Blum abstehende Ohren. Milchmänner haben unappetitlich saubere Hände, rosig, plump und verwaschen. Frau Blum denkt daran, wenn sie seine Zettel sieht. Hoffentlich hat er die 10 Rappen gefunden. Frau Blum möchte nicht, daß der Milchmann schlecht von ihr denkt, auch möchte sie nicht, daß er
35 mit der Nachbarin ins Gespräch käme. Aber niemand kennt den Milchmann, in unserem Quartier niemand. Bei uns kommt er morgens um vier. Der Milchmann ist einer von denen, die ihre Pflicht tun. Wer morgens um vier die Milch bringt, tut seine Pflicht, täglich, sonntags und werktags. Wahrscheinlich sind
40 Milchmänner nicht gut bezahlt und wahrscheinlich fehlt ihnen oft Geld bei der Abrechnung. Die Milchmänner haben keine Schuld daran, daß die Milch teurer wird.
Und eigentlich möchte Frau Blum den Milchmann gern kennenlernen.
45 Der Milchmann kennt Frau Blum, sie nimmt 2 Liter und 100 Gramm und hat einen verbeulten Topf. R

Peter Bichsel: Eigentlich möchte Frau Blum den Milchmann gerne kennenlernen. 21 Geschichten.
© *Suhrkamp Verlag, Frankfurt a.M. 1993*

---

1 100 Rappen = 1 Schweizer Franken

Klassenarbeit A – Eine Kurzgeschichte analysieren

Aufgabenstellung

1. Analysiere und interpretiere Julia Francks Kurzgeschichte „Streuselschnecke".
   a Fasse den Inhalt kurz zusammen.
   b Untersuche die Figuren und ihr Verhältnis zueinander. Beschreibe dabei insbesondere das Verhältnis der Ich-Erzählerin zu ihrem Vater. Belege deine Aussagen mit Zitaten aus dem Text.

Julia Franck: **Streuselschnecke** (2002)

Der Anruf kam, als ich vierzehn war. Ich wohnte seit einem Jahr nicht mehr bei meiner Mutter und meinen Schwestern, sondern bei Freunden in Berlin. Eine fremde Stimme meldete sich, der Mann nannte seinen Namen, sagte mir, er lebe in Berlin, und fragte, ob ich ihn kennen lernen wolle. Ich zögerte, ich war mir nicht sicher. Zwar hatte ich schon viel über solche Treffen gehört und mir oft vorgestellt, wie so etwas wäre, aber als es so weit war, empfand ich eher Unbehagen. Wir verabredeten uns. Er trug Jeans, Jacke und Hose. Ich hatte mich geschminkt. Er führte mich ins Café Richter am Hindemithplatz, und wir gingen ins Kino, ein Film von Rohmer. Unsympathisch war er nicht, eher schüchtern. Er nahm mich mit ins Restaurant und stellte mich seinen Freunden vor. Ein feines, ironisches Lächeln zog er zwischen sich und die anderen Menschen. Ich ahnte, was das Lächeln verriet. Einige Male durfte ich ihn bei seiner Arbeit besuchen. Er schrieb Drehbücher und führte Regie bei Filmen. Ich fragte mich, ob er mir Geld geben würde, wenn wir uns treffen, aber er gab mir keins, und ich traute mich nicht, danach zu fragen. Schlimm war das nicht, schließlich kannte ich ihn kaum, was sollte ich da schon verlangen? Außerdem konnte ich für mich selbst sorgen, ich ging zur Schule und putzen und arbeitete als Kindermädchen. Bald würde ich alt genug sein, um als Kellnerin zu arbeiten, und vielleicht wurde ja auch noch eines Tages etwas Richtiges aus mir.

Zwei Jahre später, der Mann und ich waren uns noch immer etwas fremd, sagte er mir, er sei krank. Er starb ein Jahr lang, ich besuchte ihn im Krankenhaus und fragte, was er sich wünsche. Er sagte mir, er habe Angst vor dem Tod und wolle es so schnell wie möglich hinter sich bringen. Er fragte mich, ob ich ihm Morphium besorgen könne. Ich dachte nach, ich hatte einige Freunde, die Drogen nahmen, aber keinen, der sich mit Morphium auskannte. Auch war ich mir nicht sicher, ob die im Krankenhaus herausfinden wollten und würden, woher es kam. Ich vergaß seine Bitte. Manchmal brachte ich ihm Blumen. Er fragte nach dem Morphium, und ich fragte ihn, ob er sich Kuchen wünsche, schließlich wusste ich, wie gerne er Torte aß. Er sagte, die einfachen Dinge seien ihm jetzt die liebsten – er wolle nur Streuselschnecken, nichts sonst. Ich ging nach Hause und buk Streuselschnecken, zwei Bleche voll. Sie waren noch warm, als ich sie ins Krankenhaus brachte. Er sagte, er hätte gerne mit mir gelebt, es zumindest gern versucht, er habe immer gedacht, dafür sei noch Zeit, eines Tages – aber jetzt sei es zu spät. Kurz nach meinem siebzehnten Geburtstag war er tot. Meine kleine Schwester kam nach Berlin, wir gingen gemeinsam zur Beerdigung. Meine Mutter kam nicht. Ich nehme an, sie war mit anderem beschäftigt, außerdem hatte sie meinen Vater zu wenig gekannt und nicht geliebt.

Aus: Bauchlandung. Geschichten zum Anfassen.
DuMont Verlag, Köln 2000

Klassenarbeit B – Eine Kurzgeschichte analysieren

Aufgabenstellung

1. Analysiere und interpretiere Julia Francks Kurzgeschichte „Streuselschnecke".
   Gehe dabei so vor:
   – Schreibe eine informative Einleitung (Autor, Gattung, Titel, Thema).
   – Fasse die Gedanken der Tochter und das dargestellte Verhältnis zu ihrem Vater in eigenen Worten zusammen.
   – Schreibe im Präsens.
2. Untersuche die Figuren und ihr Verhältnis zueinander. Beschreibe dabei insbesondere das Verhältnis der Ich-Erzählerin zu ihrem Vater. Belege deine Aussagen mit Zitaten aus dem Text. Beachte dabei:
   – Wann lernen die beiden sich zum ersten Mal kennen?
   – Welche Absichten verfolgt der Vater?
   – Welche Rolle spielt das Alter der Tochter?

Julia Franck: **Streuselschnecke** (2002)

Der Anruf kam, als ich vierzehn war. Ich wohnte seit einem Jahr nicht mehr bei meiner Mutter und meinen Schwestern, sondern bei Freunden in Berlin. Eine fremde Stimme meldete sich, der Mann nannte seinen Namen, sagte mir, er lebe in Berlin, und fragte, ob ich ihn kennen lernen wolle. Ich zögerte, ich war mir nicht sicher. Zwar hatte ich schon viel über solche Treffen gehört und mir oft vorgestellt, wie so etwas wäre, aber als es so weit war, empfand ich eher Unbehagen. Wir verabredeten uns. Er trug Jeans, Jacke und Hose. Ich hatte mich geschminkt. Er führte mich ins Café Richter am Hindemithplatz, und wir gingen ins Kino, ein Film von Rohmer. Unsympathisch war er nicht, eher schüchtern. Er nahm mich mit ins Restaurant und stellte mich seinen Freunden vor. Ein feines, ironisches Lächeln zog er zwischen sich und die anderen Menschen. Ich ahnte, was das Lächeln verriet. Einige Male durfte ich ihn bei seiner Arbeit besuchen. Er schrieb Drehbücher und führte Regie bei Filmen. Ich fragte mich, ob er mir Geld geben würde, wenn wir uns treffen, aber er gab mir keins, und ich traute mich nicht, danach zu fragen. Schlimm war das nicht, schließlich kannte ich ihn kaum, was sollte ich da schon verlangen? Außerdem konnte ich für mich selbst sorgen, ich ging zur Schule und putzen und arbeitete als Kindermädchen. Bald würde ich alt genug sein, um als Kellnerin zu arbeiten, und vielleicht wurde ja auch noch eines Tages etwas Richtiges aus mir.

Zwei Jahre später, der Mann und ich waren uns noch immer etwas fremd, sagte er mir, er sei krank. Er starb ein Jahr lang, ich besuchte ihn im Krankenhaus und fragte, was er sich wünsche. Er sagte mir, er habe Angst vor dem Tod und wolle es so schnell wie möglich hinter sich bringen. Er fragte mich, ob ich ihm Morphium besorgen könne. Ich dachte nach, ich hatte einige Freunde, die Drogen nahmen, aber keinen, der sich mit Morphium auskannte. Auch war ich mir nicht sicher, ob die im Krankenhaus herausfinden wollten und würden, woher es kam. Ich vergaß seine Bitte. Manchmal brachte ich ihm Blumen. Er fragte nach dem Morphium, und ich fragte ihn, ob er sich Kuchen wünsche, schließlich wusste ich, wie gerne er Torte aß. Er sagte, die einfachen Dinge seien ihm jetzt die liebsten – er wolle nur Streuselschnecken, nichts sonst. Ich ging nach Hause und buk Streuselschnecken, zwei Bleche voll. Sie waren noch warm, als ich sie ins Krankenhaus brachte. Er sagte, er hätte gerne mit mir gelebt, es zumindest gern versucht, er habe immer gedacht, dafür sei noch Zeit, eines Tages – aber jetzt sei es zu spät. Kurz nach meinem siebzehnten Geburtstag war er tot. Meine kleine Schwester kam nach Berlin, wir gingen gemeinsam zur Beerdigung. Meine Mutter kam nicht. Ich nehme an, sie war mit anderem beschäftigt, außerdem hatte sie meinen Vater zu wenig gekannt und nicht geliebt.

Aus: Bauchlandung. Geschichten zum Anfassen.
DuMont Verlag, Köln 2000

Eine Kurzgeschichte zusammenfassen und analysieren (1)

William M. Harg: **Der Retter**

Der Schoner „Christoph" ging so sanft unter, dass Senter, der einzige Mann am Ausguck, nichts empfand als Staunen über das Meer, das zu ihm emporstieg. Im nächsten Augenblick war er klatschnass, das Wasser schlug über ihm zusammen, und das Takelwerk, an das er sich klammerte, zog ihn in die Tiefe. Also ließ er es los. Senter schwamm benommen und verwirrt, wie ein Mensch, dessen Welt plötzlich verschwunden ist. Mit einem Mal erhob sich, wie aus der Kanone geschossen, eine Planke mit einem Ende aus dem Wasser und fiel dröhnend zurück. Er schwamm darauf zu und ergriff sie. Er sah, dass noch etwas auftauchte, und das musste einer seiner acht Kameraden sein. Als aber der Kopf sichtbar wurde, war es nur der Hund. Senter mochte den Hund nicht, und da er erst so kurze Zeit zur Schiffsmannschaft gehörte, erwiderte das Tier seine Abneigung. Doch jetzt hatte er die Planke erblickt. Er mühte sich ab, sie zu erreichen, und legte die Vorderpfoten darauf. Dadurch sank das eine Ende tiefer ins Wasser. Senter überkam die furchtbare Angst, sie könnte ganz untergehen. Er zog verzweifelt an seinem Ende, die Pfoten des Hundes rutschten ab und er versank. Aber der Hund kam wieder hoch, und wieder schwamm er schweigend, ohne Hass oder Nachträglichkeit, zur Planke zurück und legte seine Pfoten darauf. Wieder zog Senter an seinem Ende, und wieder versank der Hund. Das wiederholte sich ein Dutzend Mal, bis Senter, vom Ziehen ermüdet, mit Entsetzen und Verzweiflung erkannte, dass der Hund es länger aushalten konnte als er.

Senter wollte nicht mehr an das Tier denken. Er stützte die Ellenbogen auf die Planke und hob sich, so weit es ging, aus dem Wasser empor, um sich umzusehen. Der Schrecken seiner Lage überwältigte ihn. Er war Hunderte von Meilen vom Land entfernt. Selbst unter den günstigsten Umständen konnte er kaum hoffen, aufgefischt zu werden. Mit Verzweiflung sah er, was ihm bevorstand. Er würde sich einige Stunden an der Planke festhalten können – nur wenige Stunden. Dann würde sich sein Griff vor Erschöpfung lösen und er würde versinken. Dann fiel sein Blick auf die geduldigen Augen des Hundes. Wut erfüllte ihn, weil der Hund offenbar nicht begriff, dass sie beide sterben mussten. Seine Pfoten lagen am Rande der Planke. Dazwischen hatte er die Schnauze gestützt, sodass die Nase aus dem Wasser ragte und er atmen konnte. Sein Körper war nicht angespannt, sondern trieb ohne Anstrengung auf dem Wasser.

Er war nicht aufgeregt wie Senter. Er spähte nicht nach einem Schiff, dachte nicht daran, dass sie kein Wasser hatten, machte sich nicht klar, dass sie bald in ein nasses Grab versinken mussten. Er tat ganz einfach, was im Augenblick getan werden musste.

In der halben Stunde, seit sie sich beide an der Planke festhielten, war Senter bereits ein Dutzend Mal gestorben, aber der Hund würde nur einmal sterben. Plötzlich war es Senter klar: Wenn er selbst zum letzten Mal ins Wasser rutschte, würde der Hund noch immer oben liegen. Er wurde böse, als er das begriff, und zog sich die Hose aus und band sie zu einer Schlinge um die

Planke. Dann streckte er die Arme durch und legte den Kopf auf die Planke, genau wie der Hund. Und er triumphierte, denn er wusste, so konnte er es länger aushalten. Dann aber warf er einen Blick auf die See und Entsetzen fasste ihn aufs Neue. Schnell sah er den Hund an und versuchte, so wenig an die Zukunft zu denken wie das Tier. Am Nachmittag des zweiten Tages begannen die Pfoten des Hundes von der Planke abzurutschen. Mehrere Male schwamm er mit Anstrengung zurück, aber jedes Mal war er schwächer. Und jetzt wusste Senter, dass der Hund ertrinken musste, obschon er selbst es noch nicht ahnte. Aber er wusste auch, dass er ihn nicht entbehren konnte. Ohne diese Augen, in die er blicken konnte, würde er an die Zukunft denken und den Verstand verlieren. Er zog sich das Hemd aus, schob es vorsichtig auf der Planke vorwärts und band die Pfoten des Tieres fest.

Am vierten Abend kam ein Frachter vorüber. Senter schrie mit heiserer, sich überschlagender Stimme, so laut er konnte. Der Hund bellte schwach. Aber auf dem Dampfer bemerkte man sie nicht. Als er vorüber war, ließ Senter in seiner Verzweiflung und Enttäuschung nicht ab zu rufen. Aber als er merkte, dass der Hund aufgehört hatte zu bellen, da hörte er auch auf zu rufen. Danach wusste er nicht mehr, was geschah, ob er lebendig war oder tot. Aber immer suchten seine Augen die Augen des Hundes …

Der Arzt des Passagierdampfers „Vermont", der zur Freude und Aufregung von Passagieren und Mannschaft einen jungen Seemann und einen Hund auf der See entdeckt und auffischen hatte lassen, schenkte den abgerissenen Fieberfantasien des jungen Menschen keinen Glauben. Denn danach hätten die beiden sechs Tage lang auf dem Wasser getrieben – und das war offensichtlich unmöglich. Er stand an der Koje und betrachtete den jungen Seemann, der den Hund in den Armen hielt, sodass seine Decke sie beide wärmte. Man hatte ihn erst beruhigen können, als auch der Hund gerettet war. Jetzt schliefen beide friedlich.

„Können Sie das verstehen", fragte der Arzt den neben ihm stehenden Ersten Offizier, „warum in aller Welt ein junger Bursche, der den gewissen Tod vor Augen sah, sich solche Mühe gab, das Leben eines Hundes zu retten?"

Hans B. Wagenseil (Hg.): Erzähler von drüben. 1. Band: Amerikaner. Limes, Wiesbaden 1946

Eine Kurzgeschichte zusammenfassen und analysieren (2)

Plane und schreibe eine Inhaltsangabe zur Handlung der Kurzgeschichte „Der Retter" von William M. Harg. Erläutere anschließend, wie sich das Verhältnis zwischen Senter und dem Hund im Laufe der Geschichte entwickelt. Überlege dabei auch, wer in dieser Geschichte wen rettet.

1 a Erschließe den Inhalt der Geschichte mit Hilfe von W-Fragen.

Wer ist am Geschehen beteiligt?

Senter, _____

Wo spielt die Geschichte?

Senter ist mit seinem Schoner „Christoph" auf hoher See.

Welchen Zeitraum umfasst die Kurzgeschichte? _____

Was ist das zentrale Ereignis?

_____

Welche Folgen hat dieses Ereignis für Senter?

Obwohl Senter keine Hunde mag, muss er erkennen _____

b Kläre die Bedeutung der unterstrichenen Wörter. Nutze die Randlinie für Notizen.

2 Worum geht es in der Kurzgeschichte (Thema)? Kreuze an.
Es geht um
☐ die Auswirkungen des Wettergeschehens auf Seeleute.
☐ das Verhalten von Hunden und Seeleuten im Meer.
☐ das Ende einer Schifffahrt auf hoher See.
☐ ein ungewöhnliches Zueinanderfinden von Mensch und Hund in einer Extremsituation.

3 Gliedere die Geschichte in sieben Handlungsschritte. Gib zunächst die jeweiligen Zeilen an und fasse den Inhalt jedes Mal in wenigen kurzen Sätzen oder in Stichworten zusammen. Ergänze Zwischenüberschriften.

(1) Z. 1–21: _Die einzigen Überlebenden_ _____

_____

_____

(2) Z. 22–34: _____

_____

_____

(3) Z. _____: _____

(4) Z. _____: _____

(5) Z. 56–62: Missglückte Rettung

(6) Z. _____: _____

(7) Z. _____: Der Hund als Lebensretter?

4 Verfasse nun mit Hilfe deiner Vorarbeiten die Inhaltsangabe. Schreibe in dein Heft.

a Beginne mit einer informierenden Einleitung. Mache darin Angaben zu Textart, Autor, Titel und Thema.

b Schreibe anschließend den Hauptteil der Inhaltsangabe, indem du die Handlung der Geschichte knapp und in eigenen Worten darstellst.
Tipps: Verwende dazu die Handlungsschritte aus Aufgabe 3.
Verdeutliche Zusammenhänge durch passende Satzverknüpfungen und Satzanfänge.
Denke an die richtige Zeitform (Präsens).

Du kannst so beginnen:
Den tragischen Untergang des Schoners „Christoph" überleben nur …

5 Sammle für den weiterführenden Schreibauftrag einige Textstellen, mit denen du belegen kannst, wie sich das Verhältnis zwischen Senter und dem Hund im Laufe der Geschichte entwickelt.

	Senter	Hund
1. Tag	„Als aber der Kopf sichtbar wurde, war es nur der Hund. Senter mochte den Hund nicht ..." (Z. 9–10)	„erwiderte das Tier seine Abneigung" (Z. 11–12)
2./3. Tag		
4. Tag	„Senter schrie" (Z. _____)	„Der Hund bellte schwach." (Z. _____)
6. Tag	Senter hielt „den Hund in den Armen ..." (Z. _____)	

6 Stelle nun deine Ergebnisse zu der weiterführenden Aufgabe in einem zusammenhängenden Text dar. Schreibe in dein Heft.
Tipps: Nutze deine Stichworte aus Aufgabe 5, um zu beschreiben, wie die beiden Schiffbrüchigen aufeinander angewiesen sind.
Belege deine Aussagen mit Zitaten aus der Kurzgeschichte.
Du kannst die folgenden Formulierungen verwenden:

> Bereits die Wahl der Überschrift weist auf die Bedeutung des Hundes für ... hin. Die anfängliche Abneigung gegenüber dem Hund verändert sich ... Senters Wut verflüchtigt sich immer mehr ...

Eine Kurzgeschichte zusammenfassen und analysieren (2)

Plane und schreibe eine Inhaltsangabe zur Handlung der Kurzgeschichte „Der Retter" von William M. Harg. Erläutere anschließend, wie sich das Verhältnis zwischen Senter und dem Hund im Laufe der Geschichte entwickelt. Überlege dabei auch, wer in dieser Geschichte wen rettet.

1 a Erschließe den Inhalt der Geschichte mit Hilfe von W-Fragen.

Wer ist am Geschehen beteiligt?

Senter, ein _____ und die Besatzung _____

Wo spielt die Geschichte?

Senter ist mit seinem Schoner „Christoph" auf hoher See.

Wann? Welchen Zeitraum umfasst die Kurzgeschichte? _____

Was ist das zentrale Ereignis? _____

_____

Welche Folgen hat dieses Ereignis für Senter?

Obwohl Senter keine Hunde mag, muss er erkennen

_____

b Kläre die Bedeutung der unterstrichenen Wörter. Nutze die Randlinie für Notizen.

2 Worum geht es in der Kurzgeschichte (Thema)? Kreuze an.
Es geht um
- ☐ die Auswirkungen des Wettergeschehens auf Seeleute.
- ☐ das Verhalten von Hunden und Seeleuten im Meer.
- ☐ das Ende einer Schifffahrt auf hoher See.
- ☐ ein ungewöhnliches Zueinanderfinden von Mensch und Hund in einer Extremsituation.

3 Gliedere die Geschichte in sieben Handlungsschritte. Gib zunächst die jeweiligen Zeilen an und fasse den Inhalt jedes Mal in wenigen kurzen Sätzen oder in Stichworten zusammen.
Die Zwischenüberschriften sind bereits vorgegeben.

(1) Z. 1–21: Die einzigen Überlebenden

_____

_____

(2) Z. _____: Die Lage wird immer ernster

_____

_____

(3) Z. _____: Ruhe vor dem Sturm?

_____

_____

(4) Z. _____: Gegenseitige Abhängigkeit

_____

_____

(5) Z. _____: Missglückte Rettung

_____

_____

(6) Z. _____: Rettung nur ein Fieberwahn?

_____

_____

(7) Z. _____: Der Hund als Lebensretter?

_____

_____

4 Verfasse nun mit Hilfe deiner Vorarbeiten die Inhaltsangabe. Schreibe in dein Heft.

a Beginne mit einer informierenden Einleitung.
Mache darin Angaben zu Textart, Autor, Titel und Thema.

_____

_____

_____

b Schreibe anschließend den Hauptteil der Inhaltsangabe, indem du die Handlung der Geschichte knapp und in eigenen Worten darstellst.
Tipps: Verwende dazu die Handlungsschritte aus Aufgabe 3.
Verdeutliche Zusammenhänge durch passende Satzverknüpfungen und Satzanfänge.
Denke an die richtige Zeitform (Präsens).

Du kannst den Hauptteil so beginnen:
Den tragischen Untergang des Schoners „Christoph" überleben nur …

Schreibe in dein Heft.

Autoren: Friedrich Dick / Marianna Lichtenstein

5 Sammle für den weiterführenden Schreibauftrag einige Textstellen, mit denen du belegen kannst, wie sich das Verhältnis zwischen Senter und dem Hund im Laufe der Geschichte entwickelt.
Ergänze die Tabelle.

	Senter	**Hund**
1. Tag	„Als aber der Kopf sichtbar wurde, war es nur der Hund. Senter mochte den Hund nicht …" (Z. 9–10)	„erwiderte das Tier seine Abneigung" (Z. 11–12)
2./3. Tag	„Senter wollte nicht mehr …" (Z. 22)	„Sein Körper war nicht angespannt …" (Z. 33)
4. Tag	„Senter schrie" (Z. 56)	„Der Hund bellte schwach." (Z. 57)
6. Tag	Senter hielt „den Hund in den Armen"; seine Decke wärmt beide. „Man hatte ihn erst beruhigen können …" (Z. 68–70)	

6 Stelle nun deine Ergebnisse zu der weiterführenden Aufgabe in einem zusammenhängenden Text dar. Schreibe in dein Heft.

Tipps: Nutze deine Stichworte aus Aufgabe 5, um zu beschreiben, wie die beiden Schiffbrüchigen aufeinander angewiesen sind.
Belege deine Aussagen mit Zitaten aus der Kurzgeschichte.

Du kannst die folgenden Formulierungen verwenden:

> Bereits die Wahl der Überschrift weist auf die Bedeutung des Hundes für … hin. Die anfängliche Abneigung gegenüber dem Hund verändert sich … Senters anfängliche Wut verflüchtigt sich immer mehr und wandelt sich um in … Bedrohlich wirkt die Schilderung der missglückten Rettung im … Textabschnitt. Hier … Eine direkte Anspielung auf die Bedeutung der gemeinsamen Rettung findet sich ebenfalls …

Eine Kurzgeschichte zusammenfassen und analysieren (1)

Angelika Domhof: **Er hat alles, was er braucht** (1987)

Sie hatte ihn besucht. Er war krank. Irgendjemand hatte ihr erzählt, dass er krank sei. Er selbst hätte sie deswegen nicht angerufen, nicht um ihren Besuch gebeten.

Sie hatte sich Sorgen gemacht, war gleich zu ihm gegangen, hatte ihn bettlägerig angetroffen.

Er freute sich nicht über ihren Besuch.

Komm mir nicht so nahe, hatte er gesagt, du wirst dich anstecken.

Ich habe keine Angst vor Ansteckung, hatte sie gesagt, ich bleibe auch nicht lange. Ich wollte nur sehen, wie es dir geht.

Sie hatte sich einen Stuhl in die Nähe seines Bettes gezogen, versuchte, die Befangenheit, seine und ihre, zu überspielen, indem sie ihm etwas Belangloses erzählte.

Sie spürt, dass ihr Besuch ihm nicht angenehm ist. Er teilt seine Hilflosigkeit nicht gern, schon gar nicht mit ihr.

Die Blumen sind hübsch, sagt er, lieb von dir.

Ja, sagt sie, ich habe sie gestern gekauft, eigentlich für mich. Ich hatte sonst nichts, was ich dir hätte mitbringen können.

Sie fühlt sich nicht wohl, wünscht plötzlich, nicht gekommen zu sein. Ich hätte anrufen sollen, denkt sie. Es wäre einfacher gewesen.

Sie sieht das Tablett auf seinem Nachttisch: Mineralwasser, eine nicht zu Ende gegessene Brotschnitte, Fieberthermometer, Medikamente. Er war mit den Augen ihren Blicken gefolgt.

Ich habe alles, was ich brauche, sagt er, ich komme zurecht.

Ja, ich sehe, sagt sie und steht auf, um sich zu verabschieden.

Ach bitte, sagt er, als sie schon an der Tür ist, stell die Vase mit den Blumen so, dass ich sie sehen kann.

Weigand, Ingeborg (Hg.): Tee und Butterkekse. Prosa von Frauen. München, Schwiftinger Galerieverlag 1982

Eine Kurzgeschichte zusammenfassen und analysieren (2)

Plane und schreibe eine Inhaltsangabe zur Handlung der Kurzgeschichte „Er hat alles, was er braucht"
von Angelika Domhof.
Untersuche die Figuren und deren Verhältnis zueinander. Beachte besonders, wie sie verbal und non-
verbal miteinander kommunizieren und was dies über ihre Beziehung aussagt.

1 Erschließe den Inhalt der Geschichte mit Hilfe folgender W-Fragen:

Wer sind die handelnden Figuren?

Ein Mann, der _____

_____

Wo spielt die Geschichte? _____

Worüber unterhalten sich die beiden? _____

_____

Worin besteht die überraschende Wende? _____

2 Mache dir klar, worum es in der Kurzgeschichte geht (Thema). Kreuze an:

Es geht um
- ☐ einen unliebsamen Krankenhausbesuch einer Frau bei einem Mann.
- ☐ das Verhalten verschiedener Menschen im Krankenhaus.
- ☐ das Ende einer langen Liebesbeziehung durch den drohenden Tod.
- ☐ Zuspruch und Unterstützung in einer schwierigen Lebenssituation.

3 Gliedere die Geschichte in Handlungsschritte. Gib zunächst die jeweiligen Zeilen an und fasse den Inhalt jedes Mal in wenigen kurzen Sätzen oder in Stichworten zusammen.

(1) Z. 1–_____: Die Nachricht von der Krankheit

_____

_____

(2) Z. _____: _____

_____

_____

(3) Z. _____: _____

_____

_____

Autoren: Friedrich Dick / Marianna Lichtenstein

Deutschbuch 9 | 6 In allen Lebenslagen zueinanderstehen – Kurzgeschichten interpretieren

(4) Z. _____ : _____

_____

_____

4 Verfasse nun mit Hilfe deiner Vorarbeiten die Inhaltsangabe. Schreibe in dein Heft.

a Beginne mit einer informierenden Einleitung.

b Schreibe anschließend den Hauptteil der Inhaltsangabe, indem du die Handlung der Geschichte knapp und in eigenen Worten darstellst.
   Tipps:
   – Verwende dazu die Handlungsschritte aus Aufgabe 3.
   – Verdeutliche Zusammenhänge durch passende Satzverknüpfungen und Satzanfänge.
   – Denke an die richtige Zeitform (Präsens).
   – Umschreibe die wörtliche Rede oder wandle sie in indirekte Rede um.
   Du kannst so beginnen:
   Die Kurzgeschichte kann man in vier Abschnitte gliedern ...

5 In der Kurzgeschichte wird deutlich, dass die Beziehung der beiden etwas ungewöhnlich ist.
Sammle für den weiterführenden Schreibauftrag einige Zitate, mit denen du belegen kannst, wodurch die Beziehung gekennzeichnet ist.

Sie	Er
„Sie hatte ihn besucht. Er war krank." (Z. 1)	„Er selbst hätte sie ... nicht um ihren Besuch gebeten." (Z. 2–3)

6 Stelle nun deine Ergebnisse zu der weiterführenden Aufgabe in einem zusammenhängenden Text dar. Schreibe in dein Heft.
   – Nutze deine Stichworte aus Aufgabe 5, um zu erklären, wodurch die Beziehung zwischen den Figuren geprägt ist.
   – Belege deine Aussagen mit Zitaten aus der Kurzgeschichte.
   Du kannst die folgenden Formulierungen verwenden:

> Die Beziehung der beiden ist geprägt durch Befangenheit ... Bei diesem „Paar" könnte es sich um ein ehemaliges Liebespaar oder z. B. um eine erwachsene Frau und ihren alten Vater handeln ...

Autoren: Friedrich Dick / Marianna Lichtenstein

6 In allen Lebenslagen zueinanderstehen – Kurzgeschichten interpretieren   Deutschbuch 9

Eine Kurzgeschichte zusammenfassen und analysieren (2)

Plane und schreibe eine Inhaltsangabe zur Handlung der Kurzgeschichte „Er hat alles, was er braucht"
von Angelika Domhof.
Untersuche die Figuren und deren Verhältnis zueinander. Beachte besonders, wie sie verbal und non-
verbal miteinander kommunizieren und was dies über ihre Beziehung aussagt.

1 Erschließe den Inhalt der Geschichte mit Hilfe der folgenden W-Fragen:

Wer sind die handelnden Figuren?

Ein Mann, der _____

_____

Wo spielt die Geschichte? _____

Worüber unterhalten sich die beiden? _____

_____

Worin besteht die überraschende Wende? _____

_____

2 Mache dir klar, worum es in der Kurzgeschichte geht (Thema). Kreuze an:
Es geht um
☐ einen unliebsamen Krankenhausbesuch einer Frau bei einem Mann.
☐ das Verhalten verschiedener Menschen im Krankenhaus.
☐ das Ende einer langen Liebesbeziehung durch den drohenden Tod.
☐ Zuspruch und Unterstützung in einer schwierigen Lebenssituation.

3 Gliedere die Geschichte in Handlungsschritte. Gib zunächst die jeweiligen Zeilen an und fasse den
Inhalt jedes Mal in wenigen kurzen Sätzen oder in Stichworten zusammen.
Die Zwischenüberschriften sind bereits vorgegeben.

(1) Z. 1–_____: Die Nachricht von der Krankheit

_____

_____

(2) Z. _____: Die Abwehrhaltung

_____

_____

(3) Z. _____: Eine unangenehme Situation

_____

_____

Autoren: Friedrich Dick / Marianna Lichtenstein

(4) Z. _____ : Zuwendung

_____

_____

4 Verfasse nun mit Hilfe deiner Vorarbeiten die Inhaltsangabe. Schreibe in dein Heft.

a Beginne mit einer informierenden Einleitung.

b Schreibe anschließend den Hauptteil der Inhaltsangabe, indem du die Handlung der Geschichte knapp und in eigenen Worten darstellst.

Tipps:
- Verwende dazu die Handlungsschritte aus Aufgabe 3.
- Verdeutliche Zusammenhänge durch passende Satzverknüpfungen und Satzanfänge.
- Denke an die richtige Zeitform (Präsens).
- Umschreibe die wörtliche Rede oder wandle sie in indirekte Rede um.
  Du kannst so beginnen:
  Die Kurzgeschichte kann man in vier Abschnitte gliedern: Der erste Abschnitt (Z. 1–…) erwähnt „Die Nachricht von der Krankheit" …

5 In der Kurzgeschichte wird deutlich, dass die Beziehung der beiden etwas ungewöhnlich ist. Sammle für den weiterführenden Schreibauftrag einige Zitate, mit denen du belegen kannst, wodurch die Beziehung gekennzeichnet ist.

Sie	Er
„Sie hatte ihn besucht. Er war krank." (Z. 1)	„Er selbst hätte sie … nicht um ihren Besuch gebeten." (Z. 2–3)
	„Er freute sich nicht …" (Z. _____)
	„Komm mir nicht so nahe …" (Z. _____)

6 Stelle nun deine Ergebnisse zu der weiterführenden Aufgabe in einem zusammenhängenden Text dar. Schreibe in dein Heft.
- Nutze deine Stichworte aus Aufgabe 5, um zu erklären, wodurch die Beziehung zwischen den Figuren geprägt ist.
- Belege deine Aussagen mit Zitaten aus der Kurzgeschichte.
  Du kannst die folgenden Formulierungen verwenden:

> Die Beziehung der beiden ist geprägt durch Befangenheit … Bei diesem „Paar" könnte es sich um ein ehemaliges Liebespaar oder z. B. um eine erwachsene Frau und ihren alten Vater handeln … Die Figuren sprechen nicht wirklich miteinander … Sie haben keine persönliche Beziehung … werden nicht namentlich benannt … Ihre Kommunikation wirkt sehr sachlich, höflich, oberflächlich …

6 In allen Lebenslagen zueinanderstehen – Kurzgeschichten interpretieren — Deutschbuch 9

Eine Kurzgeschichte rekonstruieren und fortsetzen

1
  a Bringe die nachfolgenden Sätze der Geschichte von Franz Hohler in die richtige Reihenfolge. Nummeriere dazu die Textstreifen.

  b Überlege dir eine passende Überschrift und trage sie auf die freie Zeile ein.

☐ Ja, rief der Mann aus seinem Arbeitszimmer, ich muss nur noch den Brief zu Ende schreiben.

☐ Als der Vater mit dem Brief fertig war und ins Kinderzimmer trat, schliefen die Kinder schon.

☐ Kommst du den Kindern noch gute Nacht sagen?, rief die Frau ihrem Mann zu, als sie um acht aus dem Kinderzimmer kam.

☐ Er kommt gleich, sagte die Mutter zu den Kindern, die beide noch aufgerichtet in ihren Betten saßen, weil sie dem Vater zeigen wollten, wie sie die Stofftiere angeordnet hatten.

Kurz und bündig. Die schnellsten Geschichten der Welt. Hg. v. Daniel Kampa. Diogenes, Zürich 2007, S. 110 (Autor: Franz Hohler, Titel siehe Lösung)

2 Schreibe in **einem** Satz, worum es in der Kurzgeschichte geht:

Die Kurzgeschichte von Franz Hohler handelt von _____

_____

3 Schreibe die Sätze in dein Heft und ergänze die fehlenden Satzzeichen der wörtlichen Rede.

  a Markiere in unterschiedlichen Farben die jeweiligen Sätze der sprechenden Figuren.

  b Handelt es sich bei den Sprechenden um Alltagsmenschen? Begründe.

_____

  c Suche dir einen Lernpartner / eine Lernpartnerin. Lest den Text laut mit verteilten Rollen oder spielt die Situation nach.

4 Wähle Aufgabe a **oder** b und schreibe einen kurzen Text. Setze die Zeichen der wörtlichen Rede.

  a Die Frau spricht später am Abend mit ihrem Mann und erkundigt sich danach, ob er den Kindern noch gute Nacht gesagt hat.

  b Am nächsten Morgen sprechen die Kinder beim Frühstück mit ihrem Vater und wollen wissen, warum er ihnen am Vorabend nicht gute Nacht gesagt hat.

Diagnose – Merkmale einer Kurzgeschichte überprüfen

Wolfdietrich Schnurre: **Beste Geschichte meines Lebens**

1 Arbeite die typischen Merkmale einer Kurzgeschichte heraus.
Lies dazu die folgende Auflistung und kreuze die richtigen Aussagen an:

1	☐ A	Sie erzählt einen aussagekräftigen Abschnitt aus dem Leben einer Figur.
	☐ B	Sie erzählt einen stets wiederkehrenden Abschnitt aus dem Leben einer Figur.
2	☐ A	Die handelnden Figuren stellen meist berühmte Persönlichkeiten dar.
	☐ B	Die handelnden Figuren stellen meist Alltagsmenschen dar.
3	☐ A	Der Anfang wird durch eine Vorgeschichte ausführlich vorbereitet.
	☐ B	Der Anfang ist unvermittelt: Die Geschichte springt mitten ins Geschehen.
4	☐ A	Die Handlung erfährt einen Wendepunkt, der oftmals überraschend erfolgt.
	☐ B	Die Handlung ist vorhersehbar und führt zum erwarteten Ende der Geschichte.
5	☐ A	Leitmotive können wiederholt vorkommen und haben eine besondere Bedeutung.
	☐ B	Leitmotive tauchen wegen der Allgemeingültigkeit der Handlung nicht auf.
6	☐ A	Das Ende ist offen. Die Leser müssen selbst über den Fortgang nachdenken.
	☐ B	Das Ende ist geschlossen. Der Autor lässt beim Leser kein eigenes Nachdenken zu.

2 Lies die folgende Geschichte und überprüfe sie auf die typischen Merkmale einer Kurzgeschichte.
  a Übertrage dazu die Übersicht in dein Heft und ergänze sie mit deinen Lösungen aus Aufgabe 1.
  b Begründe deine Entscheidung mit Beispielen aus dem Text.

Merkmal	Begründung/Textbelege
1 A aussagekräftiger Abschnitt	…

Beste Geschichte meines Lebens. Anderthalb Maschinenseiten vielleicht. Autor vergessen; in der Zeitung gelesen. Zwei Schwerkranke im selben Zimmer. Einer an der Türe liegend, einer am Fenster. Nur der am Fenster kann hinaussehen. Der andere hat keinen größeren Wunsch, als das Fensterbett zu erhalten. Der am Fenster leidet darunter. Um den anderen zu entschädigen, erzählt er ihm täglich
5 stundenlang, was draußen zu sehen ist, was draußen passiert. Eines Nachts bekommt er einen Erstickungsanfall. Der an der Tür könnte die Schwester rufen. Unterlässt es; denkt an das Bett. Am Morgen ist der andere tot; erstickt. Sein Fensterbett wird geräumt; der bisher an der Tür lag, erhält es. Sein Wunsch ist in Erfüllung gegangen. Gierig erwartungsvoll wendet er das Gesicht zum Fenster. Nichts, nur eine Mauer.

Wolfdietrich Schnurre: Der Schattenfotograf. Berlin-Verlag, Berlin 2010

7 „Du bist mein und ich bin dein" – Liebesgedichte erschließen

Konzeption des Kapitels

Das Thema, um das die Gedanken und Gespräche der Schüler/-innen in der 9. Jahrgangsstufe pausenlos kreisen, ist: Liebe – in allen Variationen des Erlebens, als Leid- und Glückserfahrung. Grund genug, um den Unterricht zu diesem Kapitel in besonderer Weise sensibel und schülernah zu gestalten. Lyrik und Liebe gehören zusammen. Die Texte dieses Kapitels sind mit dem Ziel zusammengestellt, dass die Schüler/-innen diesem ihre Erlebniswelt bestimmenden Gefühl in der Lyrik begegnen und daraus für sich ein Stück Identitätsbildung gewinnen können. Dazu bedarf es der Kompetenz der Texterschließung, die in diesem Kapitel angeleitet wird.

Im ersten Teilkapitel (**„Liebesglück und Liebesleid – Sprache in Gedichten untersuchen"**) vertiefen die Schüler/-innen ihr Wissen über sprachliche Gestaltungsmöglichkeiten. Sie untersuchen und vergleichen Motive und Sprachbilder in Gedichten verschiedener Epochen, setzen sich mit Sprach- und Sprechrhythmus auseinander und erproben deren Wirkung durch gestaltendes Vortragen. In einem abschließenden Test prüfen sie ihr Wissen und Können.

Das zweite Teilkapitel (**„Vom Verstehen zum Schreiben – Eine Gedichtanalyse verfassen"**) kombiniert die Kompetenzbereiche „Textverstehen" und „Schreiben". In diesem Teilkapitel wenden die Schüler/-innen die Erschließungsstrategien des ersten Teilkapitels an und verfassen angeleitet eine Gedichtanalyse in sieben Schritten. Diese kleinschrittige Vorgehensweise ist ihnen weitgehend aus der Textanalyse und den entsprechenden Klassenarbeiten bekannt: Klärung von Fragen an den Text, Untersuchung des Zusammenspiels von Inhalt und Sprache, Erstellung eines Schreibplans in Form einer Mind-Map, Schreiben und Überarbeiten des eigenen Textes. Hinzu kommen lyrikspezifisch das Verständnis des formalen Aufbaus und des Sprachrhythmus im dritten Schritt der Erarbeitung sowie die genaue Untersuchung formaler und sprachlicher Besonderheiten mit ihren inhaltlichen Verknüpfungen im vierten Schritt. Anschließend erarbeiten sie mit unterschiedlicher Hilfestellung eine Gedichtanalyse auf zwei Niveaustufen.

Das dritte Teilkapitel (**„Fit in …! – Ein Gedicht analysieren"**) leitet die Schüler/-innen schrittweise zur Auseinandersetzung mit einem typischen Aufgabenformat an und bereitet auf eine Klassenarbeit vor. Neben der Grundkompetenz, eine Aufgabe richtig zu verstehen, trainiert es, wie bereits in der vorhergehenden Jahrgangsstufe, vor dem eigentlichen Schreiben und der Textüberarbeitung die Analyse sorgfältig zu planen.

Literaturhinweise

- *Anders, Petra:* Lyrische Texte im Deutschunterricht. Friedrich Verlag. Seelze 2013
- *Langbein, Elvira / Lange, Rosemarie (Hg.):* Rund um Lyrik. Cornelsen, Berlin 2010
- Lyrik. Deutschunterricht (Westermann) 1/2004
- Lyrik verstehen. Praxis Deutsch 213/2009
- *Sander, Gabriele (Hg.):* Blaue Gedichte. Stuttgart, Reclam 2012
- *Spinner, Kaspar H.:* Umgang mit Lyrik. Schneider Verlag Hohengehren, Baltmannsweiler 2010

7 „Du bist mein und ich bin dein" – Liebesgedichte erschließen

Inhalte	Kompetenzen
	Die Schülerinnen und Schüler
S. 128 **7.1 Liebesglück und Liebesleid – Sprache in Gedichten untersuchen**	
S. 128 Motive erkennen und vergleichen S. 128 *Tim Bendzko: In dein Herz* S. 129 *Dû bist mîn, ich bin dîn*	– erschließen lyrische Texte inhaltlich und formal – vergleichen sprachliche Gestaltungsprinzipien – erarbeiten formale Strukturen – setzen sprechgestaltende Mittel zur Interpretation von Texten ein
S. 130 Sprachbilder verstehen S. 130 *Heinrich Heine:* *Mit deinen blauen Augen* *Christoph Derschau: Traumtrip* S. 131 *Erich Fried: Was es ist* *Ernst Stadler: Glück*	– erkennen gattungsspezifische und sprachliche Besonderheiten – erfassen Inhalte und Wirkungsweisen durch die Analyse sprachlicher Besonderheiten – bauen ein zusammenhängendes Textverständnis auf
S. 132 Das Metrum erkennen und in Bezug zum Inhalt setzen S. 132 *Johann Wolfgang Goethe:* *Rastlose Liebe*	– erschließen lyrische Texte auch unter Einbeziehung historischer Fragestellungen – überprüfen und festigen ihr Wissen über Versmaß und Rhythmus – stellen einen Zusammenhang zwischen Metrum und Inhalt her – vergleichen Metrum und Leserhythmus
S. 133 Ein Gedicht vortragen und ein Lyrikbuch erstellen S. 133 *Detlev von Liliencron: Glückes genug*	– erproben die Wirkung von Sprechgestaltung (Versmaß, Sprechrhythmus, Lautstärke, Betonung, Tonfall und Pausen) auf den Inhalt
S. 134 Teste dich! S. 134 *Ulla Hahn: Nie mehr*	– prüfen ihr Wissen über Form, Sprache und Sprachbilder im Zusammenhang mit dem Inhalt
S. 135 **7.2 Vom Verstehen zum Schreiben – Eine Gedichtanalyse verfassen**	
S. 135 *Joseph von Eichendorff:* *Glück (Liedchen)*	– erschließen auf der Grundlage fachlichen und methodischen Wissens lyrische Texte und stellen ihre Ergebnisse in Form eines zusammenhängenden und strukturierten, deutenden Textes dar
S. 141 **Fordern und fördern –** Üben: Gedichte analysieren S. 141 *Heinrich Heine:* *Du bist wie eine Blume*	– üben mit unterschiedlichen Hilfen das Schreiben einer Gedichtanalyse auf zwei Niveaustufen
S. 143 **7.3 Fit in …! – Gedichte analysieren und interpretieren**	
S. 143 Die Aufgabe richtig verstehen – Planen – Schreiben – Überarbeiten S. 143 *Johann Wolfgang Goethe:* *Willkommen und Abschied*	– planen komplexe Schreibprozesse – schreiben eine Gedichtanalyse – überarbeiten das eigene Schreibprodukt

7 „Du bist mein und ich bin dein" – Liebesgedichte erschließen

S. 127 Auftaktseite

Das Foto sensibilisiert die Schüler/-innen für das Thema „Liebe" und bietet die Möglichkeit, an ihre eigene Lebenswirklichkeit anzuknüpfen.

1 Die gezeigte Geste steht nicht nur für Liebe, sondern auch für Situationen, an denen man in positiver Weise emotional stark beteiligt ist.

2 Der Bezug zwischen der Herz-Geste und der Kapitelüberschrift reduziert die möglichen Situationsvarianten der Aufgabe 1 auf eine Liebesbeziehung.

3 a Es ist damit zu rechnen, dass die Schüler/-innen nicht nur positive Erwartungen an das Thema „Liebesgedichte" formulieren, sondern auch, je nachdem welche Liebeserfahrungen sie in jüngster Vergangenheit gemacht haben, eine Auseinandersetzung mit dem Thema ablehnen. An dieser Stelle sollten auch vereinzelte sexualisierende Reaktionen nicht überraschen.

7.1 Liebesglück und Liebesleid – Sprache in Gedichten untersuchen

S. 128 Motive erkennen und vergleichen

1 a Antwort B ist richtig: Das lyrische Ich möchte unbedingt zurückgeliebt werden.

b Die Intention dieser Aufgabe ist, dass sich die Schüler/-innen innerlich auf das Thema einlassen. Insofern sollten sie nicht dazu angehalten werden, von sich persönlich zu sprechen. Die Reaktionen auf das im Song vorgestellte Liebeswerben werden naturgemäß unterschiedlich sein. Durchgehend in dem Kapitel werden auch geschlechterabhängige unterschiedliche Reaktionen hervorgerufen werden.

c Der Austausch sollte in geschütztem und vertrauensvollem Partnergespräch erfolgen.

2 a Der Song „In dein Herz" von Tim Bendzko besteht in der abgedruckten Version aus fünf Strophen, die mit drei bis fünf Versen unterschiedlich lang sind und nach der 1., 3. und 4. Strophe von einem Refrain unterbrochen werden.

b Durch den Binnenreim „Schmerz – Herz" (V. 5, 7) wird das Nomen „Herz" in besonderer Weise betont.

c Der Begriff „Herz" steht stellvertretend für die Liebe des anderen Menschen.

3 Ein Antwortsong könnte folgendermaßen beginnen:

Ich habe dich ausgewählt? Ich kann mich nicht erinnern.
Du hättest ruhig Nein sagen können.
Ich bin mir nicht sicher, ob dich dir vertrauen kann,
wenn du so besitzergreifend bist.

Du kannst nicht in mein Herz. Noch nicht.
Es ist noch besetzt. Aber ich arbeite dran,
dass es dich nicht schmerzt. Es braucht
seine Zeit. Ich verstehe dich gut.
Noch kannst du nicht in mein Herz. Lass es
mich erst reparieren.
…

4 Im Zweifelsfall sollte sich die Lehrkraft im Vorfeld nach den Liebessongs erkundigen, da nicht ausgeschlossen werden kann, dass einzelne Schüler/-innen hier die Gelegenheit zur Provokation nutzen.

7.1 Liebesglück und Liebesleid – Sprache in Gedichten untersuchen

S. 129 Dû bist mîn, ich bin dîn

Siehe hierzu auch die **Folie** „Motive erkennen und erläutern" auf der CD-ROM.

Dieses Gedicht wird auf der CD-ROM auch als **Hörtext** mit Arbeitsblatt angeboten.

1 Alternativ kann den Schülerinnen und Schülern der Text auch vorgelesen werden, sodass sie ihn als Hörverstehensübung entschlüsseln.

2 a Die Schülerübersetzung des Gedichts könnte lauten:
Du bist mein und ich bin dein,
dessen sollst du sicher sein.
Du bist eingeschlossen in meinem Herzen,
das Schlüsselchen habe ich verloren:
Nun musst du immer darinnen sein.

3 a Die zentrale Herz-Metapher erklärt das Gedicht eindeutig zu einem Liebesgedicht.

b Die Abbildung passt aus zweierlei Gründen zu dem Gedicht: Einerseits stellt es auf der gestalterischen Ebene eine mittelalterliche und damit zur Sprache passende Malerei dar. Andererseits wird durch die Figuren und die Pflanzenwuchsform in dem Bild inhaltlich auf die Thematik der Liebe zwischen Mann und Frau angespielt: Das Wappen wird von dem Rosenbaum herzförmig umschlungen.

4 a Die Aufgabe erwartet keine Übereinstimmung von Schülervorstellungen mit dem vorgegebenen Text. Im Gegenteil, sie soll eine Differenzerfahrung ermöglichen.

b In beiden Texten ist das Herz zentrales Motiv für die Liebe zwischen zwei Menschen. Während der Song durch die Darstellung, dass das lyrische Ich um jeden Preis in das Herz des angesprochenen Du möchte, eine noch unerfüllte, werbende Liebe thematisiert, wird in dem Gedicht *Dû bist mîn, ich bin dîn* das Herz als Ort der Gewissheit gegenseitiger Liebe beschrieben, der für den anderen sowohl Schutzraum als auch Gefängnis werden kann.

5 a Mögliche Erklärung:
Mit der Formulierung „verlorn ist daz sluzzelîn" kündigt das lyrische Ich an, dass die Liebe zum angesprochenen Du unveränderlich bestehen wird.

b Die Auseinandersetzung über unterschiedliche Konzeptionen von Liebe, zu der die Texte in diesem Kapitel immer wieder einladen, dienen der Identitätsfindung der Jugendlichen.

S. 130 Sprachbilder verstehen

S. 130 Heinrich Heine: Mit deinen blauen Augen / Christoph Derschau: Traumtrip

1 Bei der Formulierung erster Leseeindrücke ist grundsätzlich jede Aussage erlaubt. Hier geht es nicht um ein Richtig oder Falsch, sondern um eine erste, unverkrampfte Annäherung an den Text.

2 a „Ein Meer von blauen Gedanken / Ergießt sich über mein Herz." (V. 7–8) Mögliche Ergänzung:
Die „blauen Gedanken" beziehen sich auf die „blauen Augen", die bereits im Titel und in den Versen 1 und 5 genannt sind.

b Indem sich die „blauen Gedanken", die sich auf die blauen Augen der Geliebten beziehen, wie ein Meer ins Herz ergießen, wird deutlich, dass das Herz des lyrischen Ichs mit der Geliebten angefüllt ist.

c Ein Meer verbildlicht Unendlichkeit. Wenn sich Gedanken wie ein Meer in ein Herz ergießen, bedeutet dies, dass dieses Herz völlig mit den Gedanken an die Geliebte ausgefüllt ist; nichts anderes hat dort mehr Platz.

3 a Denkbare Ziele eines Traumtrips sind wohl immer mit einer gewissen Sehnsucht verbunden. Die Schüler/-innen werden als Ziele ihrer Traumtrips wohl vor allem ferne Städte und Länder angeben.

7 „Du bist mein und ich bin dein" – Liebesgedichte erschließen

b **Mögliche Lösung:**
Wenn das lyrische Ich formuliert, dass es „in die Stille / deiner Augen verreist", dann ist damit keine wirkliche Reise gemeint. Der Ort der Sehnsucht, zu dem die Reise des lyrischen Ichs führt, sind die Augen als Tor zur Seele der Geliebten. Diese Reise vollzieht sich offensichtlich ohne Worte.

c Das lyrische Ich hat sich „verfahren". Als Grund nennt es die Sehnsucht, der es gefolgt ist.

4 a In beiden Gedichten tauchen „Augen" als Spiegel der Seele des geliebten Gegenübers auf. Während sie bei Heine mit der romantischen Farbe der Sehnsucht (Blau) konnotiert werden, benennt das lyrische Ich *Sehnsucht* dagegen ausdrücklich als irreführendes Gefühl.

b In beiden Gedichten kommt zum Ausdruck, dass von den Augen eine gewaltige Wirkung ausgeht, die entweder, wie bei Derschau, das Gegenüber in den Bann ziehen oder, wie bei Heine, die Seele des lyrischen Ichs völlig erfüllen.

S. 131 Erich Fried: **Was es ist** / Ernst Stadler: **Glück**

Diese Gedichte werden auf der CD-ROM auch als **Hörtexte** mit Arbeitsblatt angeboten.

1 a Das Nomen, das in Frieds Gedicht jeweils am Ende der Strophen fehlt, lautet: Liebe.

b/c Der Aussage, das Gedicht wirke wie eine Diskussion, kann zugestimmt werden, da sämtliche an dem Gefühlszustand eines verliebten Menschen beteiligten Gefühle in personifizierter Form eine Bewertung des Verliebtseins abgeben.

2 a **Mögliche Lösung:**
Die Vögel, die in Stadlers Gedicht vorkommen, werden mit der Vorstellung vom Fliegen und dadurch mit dem Gefühl der Sehnsucht verbunden. Sie verhalten sich ruhig, sind geborgen, zufrieden und träumen, schlafen.

b Die Stimme des Glücks hat die Macht, diese Sehnsucht zu vertreiben, die das lyrische Ich ehemals in die Ferne gelockt hat. Am Ende des Gedichts vergleicht sich das lyrische Ich mit einem träumenden Vogel.
Man kann den Vögeln, die in dem Gedicht vorkommen, unterschiedliche Begriffe zuordnen:
Die Vögel in Vers 2 werden als „Sehnsuchtsvögel" bezeichnet. Damit verbinden sich Vorstellungen von *Verlangen, Unruhe, Fernweh*. In den Versen 15 bis 18 hingegen ist es eine Art Seelenvogel, der sich zufrieden ins flaumige Gefieder zurückzieht. Damit verbinden sich Vorstellungen wie *innerer Friede und Geborgenheit*.

3 a „In deine Liebe bin ich / wie in einen Mantel eingeschlagen".
Es handelt sich bei diesem Sprachbild um einen Vergleich, den man an der Vergleichskonjunktion „wie" erkennt.

b Ein Mantel hat eine vor Kälte schützende und wärmende Funktion. In diesem Sinne schützt und wärmt die Liebe des Gegenübers das lyrische Ich.

S. 132 Das Metrum erkennen und in Bezug zum Inhalt setzen

S. 132 Johann Wolfgang Goethe: **Rastlose Liebe**

1 a/b Die Aufgabe regt über die verzögerte Textwahrnehmung eine erste Auseinandersetzung an, indem sie Assoziationen und Erfahrungen aus der eigenen Lebenswirklichkeit abruft, die – auch bereits im Sinne erster Hypothesenbildung – in einem zweiten Rezeptionsprozess am Text überprüft werden können.

2 a Indem die Schüler/-innen die ersten Verse mehrmals hintereinander leise für sich lesen, wird sich bei den meisten der natürliche Leserhythmus einstellen. Die Aufmerksamkeit sollte an dieser Stelle lediglich darauf gelenkt werden, dass wir bei mehrsilbigen Wörtern Hebungen und Senkungen im Sprechrhythmus ganz natürlich vornehmen.

b Die Lektüre des Informationsspeichers sollte mit der Lehrkraft gemeinsam, am besten in experimentierender Weise, vorgenommen werden, damit die Schüler/-innen ein Gefühl für Hebungen und Senkungen entwickeln. Im Anschluss werden sie in der ersten Strophe einen Wechsel von Jambus (V. 1–4) zum Anapäst (V. 5–6) ausmachen, während die beiden folgenden Strophen, von Ausnahmen (V. 9, 10, 12) abgesehen, im Daktylus verfasst sind.

c Die Schüler/-innen erfahren die „Rastlosigkeit" im gehetzt wirkenden Wechsel zwischen Jambus und Anapäst der ersten Strophe sowie die Entwicklung zum ruhigeren Daktylus, der ab der zweiten Strophe dominiert, und erkennen, dass die rhythmische Gestaltung der Strophen mit der inhaltlichen Entwicklung korrespondiert.

3 Die Aufgabe schult die Aufmerksamkeit der Schüler/-innen. Indem sie im eigenen Leserhythmus experimentell das Versmaß variieren, erfahren sie die veränderte Wirkung, die von der Sprechweise ausgeht.

Ein Gedicht vortragen und ein Lyrikbuch erstellen

Detlev von Liliencron: **Glückes genug**

1 Das Liebesglück wird sicher unterschiedlich wahrgenommen. Jugendliche unterliegen noch eher klischeehaften Vorstellungen, die sich mit zunehmender Erfahrung im Erwachsenenalter relativieren. Der Text bietet den Schülerinnen und Schülern in diesem Sinne die Möglichkeit zur Differenzerfahrung.

2 a Die Aufgabe leitet zum Sprechexperiment an. Indem die einzelnen Vortragskomponenten variiert werden, erfahren die Schüler/-innen eine veränderte Textwirkung.

b Das Gedicht ist, mit Ausnahme des jeweils letzten Verses „Glückes genug", durchgehend im Jambus verfasst.

c Einer Bestimmung des Versmaßes sollte dann besondere Aufmerksamkeit geschenkt werden, wenn eine Veränderung desselben auch einen inhaltlichen Akzent setzt. In diesem Gedicht fällt der Vers „Glückes genug" aus dem durchgehenden Jambus und setzt damit einen solchen Akzent: Nach der Erinnerung an glückliche Situationen („Wenn …" / „Und wenn …, Wenn …") folgt die Bewertung: [dann ist das] „Glückes genug", mehr Glück kann der Mensch nicht haben.

d Der jeweils letzte Vers könnte z. B. von einem zweiten Sprecher vorgetragen werden in der ruhigen Intonation einer zufriedenen Feststellung, auch die Aufteilung der Verse 1 bis 4 und 6 bis 9 auf mehrere Sprecher wäre möglich und würde in diesem Fall ein gemeinsames Erinnern darstellen, das von einer „inneren" Stimme bewertet würde. Auch andere Varianten sind zulässig, sofern sie der inhaltlichen Auseinandersetzung dienen.

3 Die Arbeit, Originaltexte durch Verfälschungen zu verfremden, dient der Aufmerksamkeitsschulung für den Zusammenhang von formaler bzw. sprachlicher Gestaltung und dem Inhalt von Gedichten. Wenn Wortwahl (V. 1 „sanft → zart"), Reimschema und Perspektive (V. 7–9) verändert werden, verändert dies auch die inhaltliche Aussage und die Wirkung.

Teste dich!

Ulla Hahn: **Nie mehr**

1 a Die Aufgabe verfolgt nicht das Ziel einer inhaltlichen Zusammenfassung einzelner Strophen und des gesamten Gedichts. Die Aufforderung, „Vers für Vers" zu erläutern, zielt vielmehr auf eine relativ detailgetreue Texterfassung, die Voraussetzung für die Teilaufgabe b ist.
Die Schüler/-innen könnten das Gedicht auch in die Alltagssprache „übersetzen", z. B.: Das wollte ich nie mehr tun: / darauf warten, dass das Telefon klingelt; aus dem Fenster schauen, ob er/sie kommt; / zu Hause bleiben, damit ich ihn/sie nicht verpasse; zur Tür eilen, weil ich denke, es hätte geläutet / Das wollte ich nie wieder tun!

b Lösungswort: SEHNSÜCHTE

7.2 Vom Verstehen zum Schreiben – Eine Gedichtanalyse verfassen

S. 135 Joseph von Eichendorff: **Glück (Liedchen)**

1. Die Aufgabe dient einer ersten vorläufigen Hypothesenbildung. In diesem Sinne gibt es an dieser Stelle noch keine richtigen oder falschen Antwortmöglichkeiten.

2. Die Lektüre des Gedichts wird zu einer vertieften Auseinandersetzung mit den eigenen Erwartungen führen und befördert damit den Verstehensprozess.

3. Die Schüler/-innen gehen meist immer noch davon aus, dass die Kürze des Leseprozesses mit der Kürze des Verstehensprozesses korrelieren muss. Diesen Irrtum gilt es in diesem Kapitel aufzulösen. Gleichwohl haben die Jugendlichen bereits eigene Erfahrungen gemacht, wie man Gedichte inhaltlich erschließen kann. Diese können erfragt und mit den folgenden vier Schritten verglichen werden:

S. 136 **1. Schritt: Mit dem Gedicht ins Gespräch kommen**

1. In der ersten Auseinandersetzung reagiert der Leser auf alle Auffälligkeiten. Dazu gehören sowohl formale oder sprachliche Besonderheiten wie das Ausrufezeichen als auch inhaltliche Unklarheiten, beispielsweise warum das lyrische Ich glücklich ist, die der Leser im weiteren Leseprozess zu klären versucht.

2/3. Die Schüler/-innen sollten an dieser Stelle dazu ermutigt werden, ihr Vorwissen zu nutzen und aufzuschreiben, aber auch Fragen zu notieren. Um diesen notwendigen Vorverstehensprozess sinnvoll durchführen zu können, benötigen sie unbedingt ausreichend Zeit.
Beispiele für Vorteile: Inhalte klären, Textverständnis sichern, Zusammenhang mit persönlichem Erleben / eigener Lebenswelt herstellen, Empathie ermöglichen.

S. 136 **2. Schritt: Das Gedicht inhaltlich befragen**

4.
A Wer spricht? – Es spricht ein lyrisches Ich.
B Über wen oder was wird gesprochen? – Das lyrische Ich spricht über:
– seinen eigenen Gefühlszustand (1. Strophe)
– Menschen um sich herum, deren kluge Reden es wegen seiner Fröhlichkeit nicht versteht (2. Strophe)
– die Enge des Zimmers im Gegensatz zur weiten Natur (3. Strophe)
– die eigene Freude, die nach außen, zur Liebsten, drängt (4. Strophe)
– das Wiedersehen mit seinem Liebchen als Grund seiner Freude (5. Strophe)
C In welcher Situation befindet sich das lyrische Ich? – Es befindet sich in einer emotional aufgeregten Verfassung.
D Was macht das lyrische Ich im Einzelnen? – Das lyrische Ich ist so sehr von Glück erfüllt, dass es die Menschen um sich herum nicht versteht. Es empfindet das Zimmer als zu eng, weil die übergroße Freude nach außen drängt, bis hin zu dem Wunsch, ein Pferd zu besitzen, um so schnell wie möglich bei der Liebsten zu sein. Seine Freude erklärt sich aus der Erwartung, seine Liebste zu sehen.
E Wie fühlt sich das lyrische Ich? Wie wird das Gefühl beschrieben? – Zunächst wird die Seele des lyrischen Ichs in den Mittelpunkt gerückt: Sie jauchzt und singt. Das lyrische Ich ist glücklich und fröhlich. Die Freude, die es empfindet, bricht sich Bahn in die Natur.
F Welche weiteren Figuren tauchen auf? – Das lyrische Ich nimmt um sich herum Menschen wahr, die es nicht versteht. Darüber hinaus erfährt der Leser von seinem „Liebchen", das allerdings nicht als Figur auftritt.

5. Die Aufgabe führt im Sinne einer vertiefenden Anschlusskommunikation zur Überprüfung des Textverständnisses. Die Schüler/-innen sollten in diesem Zusammenhang zu genauer Textwahrnehmung angehalten werden.

S. 137 3. Schritt: Das Gedicht formal verstehen

6 a Untersucht wurden: Aufbau (Strophe, Vers), Reimschema (Kreuzreim), Versmaß (Daktylen).

b Abgesehen davon, dass ein Kreuzreim in der Schreibweise abab notiert wird, ist der Schüler zu richtigen Ergebnissen gekommen.

7 Die Ergebnisse der formalen Untersuchung lassen sich in einen Bezug zum Gedichttitel setzen. Die schlichte formale Gestaltung unterstützt nämlich den in der Überschrift bereits genannten Liedcharakter. Dem entspricht nicht nur der liedhafte Strophenbau, sondern auch der gleichbleibende Rhythmus der einzelnen Verse, durch den das Jauchzen und Singen in besonderer Weise betont wird.

S. 137 4. Schritt: Die Gedichtsprache untersuchen

8 Der Vergleich von Gedichtstrophe und Leserbemerkung lenkt die Aufmerksamkeit auf die sprachliche Gestaltung des Gedichts.

9 a Zuerst ist die Freude noch in der Seele. Allerdings nimmt sie das lyrische Ich so gefangen, dass es an nichts anderes mehr denken kann. Es kann sich nicht mehr auf die Menschen um sich herum konzentrieren. Dann kann das lyrische Ich es in der Enge des Zimmers nicht mehr aushalten. Die Freude drängt das lyrische Ich hinaus in die Natur und versetzt es in einen solchen Gefühlsüberschwang, dass es sich ein Pferd wünscht, um so schnell wie möglich bei der Liebsten zu sein.

b Die Freude bezieht sich hier auf die Erwartung, die Liebste zu sehen. Insofern entspringt die Freude einem Glücksgefühl in Vorahnung der Verabredung mit dem „Liebchen":

Mit „Freude" ist hier die Liebessehnsucht gemeint.

c Bei dem Sprachbild handelt es sich um eine Metapher. Die Freude erscheint so mächtig, dass sie in der Lage ist, Riegel und Schloss zu durchbrechen.

d Der Versvergleich lenkt die Aufmerksamkeit der Schüler/-innen auf die Wortwahl. Dem „zarten Schleichen" wird als Bewegung das „gepresste Brechen" gegenübergestellt. Die sehr viel stärkere Dynamik, die in der Wortwahl zum Ausdruck kommt, verleiht dem Gefühl der Freude eine höhere Intensität.

e Die Aufgabe zielt auf Anschlusskommunikation im Sinne eines vertiefenden Verstehensprozesses.

10 Der Wunsch „Ach, hätt ich ein Ross" entspringt der kraftvollen Bewegungsdynamik, in die die Freude das lyrische Ich versetzt.

S. 138 5. Schritt: Einen Schreibplan erstellen

11 a Der Schüler berücksichtigt bei der Gestaltung seines Schreibplans alle Untersuchungsergebnisse, die sich aus den Schritten 1 bis 4 ergeben haben, und sortiert diese nach den Kategorien: Inhalt, Sprache und formale Gestaltung.

b Ein Schreibplan ist eine Art Spickzettel. Zunächst hat er eine Erinnerungsfunktion. Darüber hinaus kann man in ihm aber auch alle Untersuchungsergebnisse sortieren und Zusammenhänge herstellen. Insofern bietet er auf anschauliche Weise einen Überblick und stellt für den Schreibprozess eine gute Orientierungshilfe dar. Zudem hilft er dabei, beim Schreiben nichts zu vergessen.

12 An dieser Stelle sei angemerkt, dass die Schüler/-innen sich nicht an das Ordnungsprinzip des im Schülerbuch vorgegebenen Schreibplans halten müssen. Sie können diesen zwar übernehmen, sollten aber ausdrücklich dazu ermutigt werden, auch eigene Organisationsformen zu finden. Entscheidend sollte sein, dass sie den bevorstehenden Schreibprozess entlasten, indem sie in einer sinnvollen Weise Untersuchungsaspekte organisieren und vernetzt im Überblick darstellen.

7 „Du bist mein und ich bin dein" – Liebesgedichte erschließen

13

Inhalt
- 1. Strophe: Beschreibung des Glücksgefühls des lyrischen Ichs
- 2. Strophe: Das lyrische Ich inmitten anderer Menschen
- 3. Strophe: Aus dem Zimmer heraus in die Natur
- 4. Strophe: Voll grenzenloser Freude und Ungeduld
- 5. Strophe: Der Grund des übermächtigen Glücksgefühls

Joseph von Eichendorff „Glück (Liedchen)"

formale Gestaltung
- Reimschema: Kreuzreim
- Metrum: v. a. Daktylus
- Wirkung: beschwingt
- regelmäßig und lebendig
- melodisch
- beschwingt

Sprache
- Titel: Liedchen: Verniedlichung (Sprachspiel: Liedchen — Liebchen/V. 19)
- Auswahl der Verben: singen, jauchzen
- Ausrufezeichen = Nachdruck des Gefühls (V. 2, 12, 16)
- Sprachbild: Personifikation von „Seele" (V. 1 f.) und „Freude" (V. 13 f.)
- Verben voller Energie: „drehen" (V. 5), „press(en)" (V. 13), „bricht" (V. 13)

Foto: © Glow images

S. 139 6. Schritt: Eine Gedichtanalyse schreiben

14 Joseph von Eichendorffs <u>Gedicht</u> mit dem <u>Titel</u> „Glück (Liedchen)" aus dem Jahr <u>1811/12</u> handelt von <u>dem Glücksgefühl des lyrischen Ichs, das sich auf das bevorstehende Treffen mit der Liebsten freut</u>.

15 a Bei einem Vergleich der beiden Hauptteile A und B fällt auf, dass der Text A die einzelnen Untersuchungsbefunde miteinander vernetzt und, soweit es geht, im Zusammenhang darstellt. Dagegen stellt Text B eine Aufzählung einzelner zusammenhangloser Aspekte dar.

b/c Mögliche Lösung:

Text A	Text B
– Schilderung des Glücksgefühls in Strophe 1 – Seele ist personifiziert (jauchzt, singt) – Verben „jauchzen" und „singen" <u>passen zum Titel und zum Glücksgefühl</u> – Ausrufezeichen am Ende der ersten beiden Verse → <u>Betonung des Gefühls</u> – Metrum: Daktylus → <u>beschwingter Rhythmus unterstreicht das Jauchzen</u>	– Schilderung des Glücksgefühls in Strophe 1 – Seele ist personifiziert – Verben wie „jauchzen" und „singen" – Ausrufezeichen nach erster Aussage – Metrum: Daktylus

16 Mögliche Lösung:
Die zweite und auch die folgenden Strophen zeigen denselben beschwingten Rhythmus und unterstreichen dadurch den Liedcharakter, der bereits im Titel anklingt. Passend zu diesem Liedcharakter erscheint es, dass in der zweiten Strophe „rings Menschen sich drehen". Die dritte Strophe setzt die Enge des Zimmers in einen Kontrast zur Weite der Natur. Dabei wird an der Wortwahl deutlich, dass die Enge der häuslichen Welt im Vergleich zur Natur als weniger wertvoll wahrgenommen wird, denn das Feld „glänzet" und Täler erscheinen „voll Schimmer". In diese Natur hinaus „bricht die Freude", die – an dieser Stelle personifiziert – so gewaltig ist, dass „Riegel und Schloss" sie nicht aufzuhalten vermögen. Kaum scheint das lyrische Ich dem dynamischen Drängen seiner eigenen Freude hinterherzukommen, denn es formuliert den Wunsch „Ach, hätt ich ein Ross!". Sich selbst und dem Leser gibt das lyrische Ich erst in der letzten Strophe Auskunft über den Grund dieser unbändigen Freude: „Mein Liebchen […] soll ich heut sehn."

S. 140 7. Schritt: Den eigenen Text überarbeiten

18 a „sagt": Das ist kein Fehler; allerdings sollten die Schüler/-innen über Varianten für die gängigsten Verben innerhalb einer Gedichtanalyse verfügen.
„rausmöchte": Der Ausdruck sollte präzisiert werden. (Aus was möchte jemand hinaus? Wohin möchte jemand?)
„Wortwahl": An dieser Stelle fehlen die Textbelege.
„zeikt": Rechtschreibstrategie Verlängern: zei**g**en
„das": *dass-/das*-Schreibung wiederholen
„grottigen": jugendsprachlicher Ausdruck

b Kriterien für eine Textüberarbeitung:
sachliche Richtigkeit, Schlüssigkeit in der Gedankenführung, Verknüpfung der Analyseaspekte, abwechslungsreiche Wortwahl, abwechslungsreiche Satzanfänge, Genauigkeit im Ausdruck, Zeichensetzung, Rechtschreibung, Grammatik, sachlicher Stil, Textbelege

19 a In der dritten Strophe schildert das lyrische Ich, dass es aus dem Zimmer in die Natur möchte, weil es dort so schön ist wie auch in ihm selbst. Dies wird an der Wortwahl deutlich, denn die Natur „glänzet" und ist „herrlich". Der Gegensatz zwischen der Enge des Zimmers und der Weite der Welt zeigt, dass das lyrische Ich nicht länger in seiner einengenden Umgebung bleiben möchte.

b Durch die Belege und die präzise Ausdrucksweise ist der Text für den Leser in der Gedankenführung nachvollziehbarer geworden und erscheint sachlicher. Darüber hinaus ist der Text nun auch formalsprachlich korrekt.

c Richtige Zuordnung:

Richtiges Schreiben	Genauigkeit im Ausdruck	Grammatik	Sachlicher Stil	Zitate als Belege
– Verlängern: zei**g**t → zei**g**en	– schildert – aus dem Zimmer in die Natur	– dass	– „grottig": Jugendsprachliches streichen	– Die Natur „glänzet" (V. 10) und ist „herrlich" (V. 12).

20 Für die Bearbeitung dieser und der folgenden Aufgabe sollte hinreichend Zeit zur Verfügung gestellt werden. Die Bearbeitung sollte nicht als Hausaufgabe gegeben werden, denn eine stille Schreibzeit während des Unterrichts hat den Vorteil, dass die Lehrkraft die Lernenden bei der Überarbeitung individuell unterstützen kann.

7 „Du bist mein und ich bin dein" – Liebesgedichte erschließen

S. 141 Fordern und fördern – Üben: Gedichte analysieren

S. 141 Heinrich Heine: **Du bist wie eine Blume**

2 a Auch Schüler/-innen der Jahrgangsstufe 9 neigen immer noch zu dem Missverständnis, der Kürze eines Gedichts entspreche auch die Rezeptionsdauer. In diesem Sinne sollen die Aufgaben dazu anleiten, dem Rezeptionsprozess hinreichend viel Zeit einzuräumen.
Beantwortung der in Spiegelstrichen formulierten Fragen:
– Es spricht ein lyrisches Ich. Es beschreibt das geliebte Gegenüber und seine Haltung zum Du.
– Es wird über die Geliebte gesprochen.
– Das lyrische Ich spricht mit großer Zärtlichkeit über die andere Figur. Es verwendet Vergleiche, um dessen Schönheit und Schutzbedürfnis zu formulieren.
– Das lyrische Ich empfindet offenbar Liebe für das Du.
– Das Empfinden wird über sprachliche Bilder ausgedrückt.

b Mögliche Lösung:
Das Gedicht „Du bist wie eine Blume" von Heinrich Heine besteht aus zwei Strophen mit jeweils vier Versen, von denen der 2. und 4. sowie der 6. und 8. Vers einen Kreuzreim bilden. Es ist nahezu durchgehend im Jambus verfasst. Lediglich der 7. Vers fällt mit einem Daktylus aus diesem Metrum heraus, wodurch diesem Vers eine besondere Bedeutung zukommt.

c Mögliche Lösung:
Das vom lyrischen Ich angesprochene Du wird mit einer Blume verglichen. Der Vergleich veranschaulicht, wie sehr sich das lyrische Ich von der Natürlichkeit des angesprochenen Du angezogen fühlt. Beim Betrachten seines Gegenübers „schleicht" ein Gefühl von Traurigkeit in sein Herz. Die Personifikation veranschaulicht, wie sehr das lyrische Ich von dem Gefühl eingenommen wird.

3 Mögliche Lösung:

Inhalt	Formale Gestaltung	Sprache
Titel: Gleichsetzung des Du mit einer Blume Thema: Beschreibung der Beziehung zum geliebten Gegenüber 1. Strophe: Das lyrische Ich vergleicht sein Gegenüber mit einer Blume; es empfindet wegen dessen Verletzbarkeit ein Gefühl von Traurigkeit. 2. Strophe: Das lyrische Ich hat das Bedürfnis, das Gegenüber in seiner Einzigartigkeit zu schützen.	– 2 Strophen – je 4 Verse – 2./4. sowie 6./8. Vers im Kreuzreim – Jambus – Metrumwechsel in den Daktylus, um die segnende Geste (V. 5–6) und das Gebet (V. 7) hervorzuheben	– Sprachbilder: *bist wie eine Blume* (V. 1) und *als ob ich die Hände* (V. 5) = Vergleiche; *schleicht* (V. 4) = Personifikation – Wiederholung: Auffällige Adjektive „hold", „schön", „rein" (V. 2) werden im letzten Vers in umgekehrter Reihenfolge wiederholt. – auffälliges Verb: *beten* (V. 7) – Klang: Kumulation (Häufung) dunkler Vokale: *o, u, au*

4 Mögliche Lösungen:

a Heinrich Heines Gedicht mit dem Titel „Du bist wie eine Blume" aus dem Jahr 1827 handelt von der Liebe zu einem jungen Mädchen.

b Das Gedicht ist formal in zwei Strophen zu jeweils vier Versen unterteilt, von denen der 2. und 4. sowie der 6. und 8. Vers einen Kreuzreim bilden.
In der ersten Strophe beschreibt das lyrische Ich sein Gegenüber. Es wählt dafür den Vergleich „wie eine Blume". Die Schönheit der Blume wird mit den Adjektiven „hold", „schön" und „rein" beschrie-

ben, womit in besonderer Weise die Natürlichkeit des geliebten Du unterstrichen wird. Indem das lyrische Ich dieses Gegenüber betrachtet, wird es traurig. In veranschaulichender Weise beschreibt es seinen Gemütszustand mit der Personifikation, dass die Wehmut ihm ins Herz „schleicht". Die Beschreibung seines Zustands setzt sich in der zweiten Strophe mit einem Vergleich fort. Bei der Betrachtung des geliebten Gegenübers überkommt es ein übermächtiges Bedürfnis, seine „Blume" zu beschützen und Gott um seine Hilfe zu bitten. Die Dringlichkeit dieses Vorhabens erfährt durch den Metrumwechsel vom Jambus zum Daktylus in den Versen 5 und 7 einen besonderen Akzent.

Das Gedicht endet mit der Auflistung der beschreibenden Adjektive aus Vers 2 in umgekehrter Reihenfolge, wodurch die Wehmut und das Schutzbedürfnis als Kreislauf von Neuem beginnen könnten.

a Passender Einleitungssatz:

B Das 1827 von Heinrich Heine verfasste Gedicht „Du bist wie eine Blume" beschreibt ein reines Liebesgefühl und die Hoffnung, dass die Geliebte so wunderbar bleibt.

b Das Gedicht besteht aus zwei Strophen zu je vier Versen. Das Reimschema ist abcb, ein Kreuzreim im 2. und 4. bzw. 6. und 8. Vers. Es weist in der Regel ein Metrum namens Jambus auf. In den Versen 5 und 7 ändert sich das Metrum in einen Daktylus. Dadurch wird die Bedeutung dieser Verse besonders herausgestellt.

Während das lyrische Ich in der ersten Strophe beschreibt, wie schön und rein die Geliebte ist, handelt die zweite Strophe von der Vorstellung und dem Wunsch, dass Gott sie beschützen und ihre Schönheit und Reinheit erhalten möge.

Im Titel und in Vers 1 findet sich das folgende Sprachbild: „wie eine Blume".

Es handelt sich um einen Vergleich. Dieser veranschaulicht, wie sehr das lyrische Ich eingenommen ist.

Die Personifikation in Vers 3 und 4 verbildlicht, wie sehr das lyrische Ich vom Gefühl eingenommen wird. Das Motiv „jemandem die Hände auf das Haupt legen" in Vers 5 und 6 steht für die Geste des Segnens und Behütens.

5 Auch hier gilt es, der Textüberarbeitung hinreichend Zeit – während des Unterrichts – zur Verfügung zu stellen, damit den Schülerinnen und Schülern die Bedeutung dieses Arbeitsschritts bewusst wird und die Lehrkraft den Überarbeitungsprozess in beratender Funktion begleiten kann.

7.3 Fit in …! – Gedichte analysieren und interpretieren

S. 143 Johann Wolfgang Goethe: **Willkommen und Abschied**

Siehe hierzu auch die **Folie** „Ein Gedicht gestaltend vortragen" sowie den **Hörtext** auf der CD-ROM.

Dieses Gedicht wird auf der CD-ROM auch als **Hörtext** mit Arbeitsblatt angeboten.

S. 143 **Die Aufgabe richtig verstehen – Einen Schreibplan erstellen – Schreiben – Den eigenen Text überarbeiten**

1 Das Lösungswort lautet RH YT HM US.

2 b Die Aufgabe sollte im kleinschrittigen Unterrichtsgespräch bearbeitet werden, da sie recht anspruchsvoll ist und daher intensiv angeleitet werden muss. Die Ergebnisse zu Inhalt, formaler und sprachlicher Gestaltung sind richtig. Die Markierung der Zusammenhänge zwischen den Untersuchungsergebnissen durch verschiedene Unterstreichungen soll die Schüler/-innen darauf hinweisen, Analysebefunde ebenfalls im Zusammenhang darzustellen. Sie bieten zudem Überleitungen.

c Ergänzungen für den Schreibplan:

Inhalt	Formale Gestaltung	Sprache
3. Strophe: – Situation: Die Nacht ist vorüber, das lyrische Ich begegnet der Geliebten. – Das lyrische Ich ist überglücklich. – Natur und Mensch sind im Einklang: Das Gesicht der Geliebten erstrahlt im rosafarbnen Frühlingswetter, das lyrische Ich ist überglücklich.	– acht Verse, Kreuzreim: abab cdcd → Ineinanderverwobensein der beiden Liebenden, Harmonie – Metrumwechsel: Daktylus statt Jambus zu Beginn (= im Auftakt) der ersten drei Verse → Betonung von „Dich" (V. 17), Ausdruck von Freude, Lebendigkeit, Überschwang der Gefühle – Metrum V. 20–21: vierhebiger Jambus → Ruhe, glückliche Geborgenheit, Liebe	– Das Pronomen „Dich" steht am Strophenanfang, leitet die Begegnung ein und verändert alles: Die bedrohliche Natur der ersten beiden Strophen verwandelt sich in einen heiteren „rosafarbnen Frühlingstag". – Das lyrische Ich steht im Einklang mit der erwachenden Natur: Harmonie, Liebe. – Metapher: „mein Herz an deiner Seite" veranschaulicht die emotionale Nähe zur Geliebten. – „jeder Atemzug für dich" = Atem symbolisiert das Leben → Das lyrische Ich lebt nur noch für den Augenblick mit seiner Geliebten. – Metapher: rosafarbnes Frühlingswetter = veranschaulicht Unschuld, Erwachen von Neuem → umrahmt und überträgt sich auf das Gesicht der Geliebten, fließt über auf das lyrische Ich. – Ausrufe: !! unterstreichen die Begeisterung, den Überschwang der Gefühle. – Adjektive/Nomen: mild, süß, rosafarben, lieblich; Freude, Frühling, Zärtlichkeit
4. Strophe: – traurig-sehnsuchtsvoller Abschied von der Geliebten – überschwänglich; freudige Erinnerung an das Glück der Liebe	– acht Verse, durchgehender Kreuzreim abab cdcd – Metrumwechsel zum vierhebigen Jambus in Strophe 3, Vers 20: „Und jeder Atemzug für dich"	– Gegensatz: „Doch" am Strophenanfang kündigt das Ende der Begegnung und damit des Glücks an. – „ach": Der Klagelaut verstärkt die Erwartung von Leid und Schmerz. – Gegensatz auch in der Wortwahl: „Wonne" und „Schmerz" in aufeinanderfolgenden Versen – Anapher: In deinen Küssen / In deinem Auge → unterstreicht den Gegensatz – Ellipse/Ausruf: In deinen Küssen welche Wonne! → zeigt die Hochstimmung des lyrischen Ichs. – Wiederholung: sahst zur Erden / sahst mir nach mit nassem Blick → Trauer, Tränen, Einsamkeit – Gegensatz: „Und doch" – korrespondiert mit dem „Doch" am Strophenanfang, verweist aber weg von der Trauer auf das Glück, geliebt zu werden und zu lieben, der Blick, der zur Erde gesenkt war, hebt sich nach oben, zu den Göttern. – Wiederholung des Wortes „Glück" in den letzten beiden Versen, Gedicht endet mit „Glück". – Reihungsstil/gleiche Versanfänge in den letzten drei Versen/Anapher: „Und sahst ... / Und doch ... / Und lieben ..." → Atemlos, aufgewühlt, grenzenlos glücklich in der Erinnerung an die Liebesnacht reitet das lyrische Ich davon – und lässt die Geliebte mit tränennassen Augen einsam zurück. – Ellipse/Ausruf: ... welch Glück, geliebt zu werden / Und lieben, Götter, welch ein Glück! → Ausdruck starker Gefühle, Glücksgefühl in der Erinnerung an die Begegnung, knüpft an V. 27 an.

3 Das Gedicht „Willkommen und Abschied", das Johann Wolfgang Goethe 1810 verfasst hat, thematisiert die sehnsuchtsvolle Begegnung und den schmerzvollen Abschied zwischen dem lyrischen Ich und seiner Geliebten.

4 a Mögliche Bewertung:

Ich finde Text A gelungen, weil er im Gegensatz zu Text B einem bestimmten Muster folgt: Zunächst beschreibt der Verfasser, welche Wirkung von dem Gedicht ausgeht. In einem nächsten Schritt erklärt er, wodurch diese Wirkung entsteht, beispielsweise durch sprachliche Bilder, und belegt diese Wirkung mit Beispielen aus dem Text. Dadurch gewinnt sein Aufsatz an Überzeugungskraft, denn seine Gedanken sind schlüssig und nachvollziehbar dargelegt. Darüber hinaus integriert er alle Untersuchungsbefunde in seinen Text; er arbeitet also sehr ausführlich. Dabei verknüpft er die Analyseergebnisse auch geschickt miteinander. Dazu verwendet er beispielsweise Formulierungen wie „nicht nur, sondern auch". Als letzten Punkt möchte ich den sachlichen und präzisen Ausdruck nennen. Der Text gewinnt auch dadurch an Überzeugungskraft, denn durch Fachbegriffe wie „Adjektiv", „Adverb" oder „Nomen" erhöht sich die Qualität des Aufsatzes.

b Text A integriert nicht alle Ergebnisse der Analyse; allerdings bietet der Aufsatz auch ohne diese Vollständigkeit bereits ein hohes Maß an Textbefunden, die im Zusammenhang und sehr schlüssig dargestellt sind. Die Schüler/-innen sollten nicht den Eindruck gewinnen, dass Vollständigkeit das entscheidende Kriterium für die Qualität eines Aufsatzes ist.

c Beispiele:
- Naturelemente werden personifiziert und wirken dadurch besonders lebendig. „Der Mond" beispielsweise kann sehen, „die Winde" können mit Flügeln schlagen, während „die Nacht (…) tausend Ungeheuer" schafft.
- Adjektive wie „kläglich", „leise" oder „schauerlich", aber auch Nomen wie „Ungeheuer" verstärken diesen Eindruck.
- Die Wiederholung des Konsonanten *w* oder des dunklen Doppelvokals *au* in den Formulierungen „Winde schwangen" und „Umsausten schauerlich" wirken unheimlich.
- Das Adverb „Doch" kündigt einen Gegensatz an.
- Ihm (dem lyrischen Ich) werden Nomen wie „Mut", „Feuer" und „Glut" zugeordnet.

d Beispiele:
- Diese Wirkung entsteht, weil … Dadurch wirken sie …
- Für die Atmosphäre sind jedoch nicht nur …, sondern auch … ebenso wie …
- … kündigt an … und tatsächlich wird …
- Unterstützt wird dieser Eindruck durch …

5 Tipps für das Verfassen einer Gedichtanalyse:
- Gedicht mehrmals lesen
- erste Eindrücke festhalten
- das Gedicht inhaltlich gründlich erschließen
- Untersuchungsergebnisse zu Inhalt, Form und Sprache in einem Schreibplan festhalten, ordnen und Zusammenhänge kennzeichnen
- eine Einleitung verfassen
- sich beim Verfassen des Hauptteils am Schreibplan orientieren
- Formulierungshilfen nutzen

Mögliche Gedichtanalyse:

Das Gedicht „Willkommen und Abschied", das Johann Wolfgang Goethe 1810 verfasst hat, thematisiert die sehnsuchtsvolle Begegnung und den schmerzvollen Abschied zwischen dem lyrischen Ich und seiner Geliebten.

Es besteht aus vier Strophen zu jeweils acht Versen, die durchgehend im Kreuzreim und nahezu durchgehend im vierhebigen Jambus verfasst sind.

In der ersten Strophe schildert ein aufgeregtes lyrisches Ich die es umgebende bedrohliche Natur. Dämmerung zieht auf, was durch die Metapher „der Abend wiegte schon die Erde" veranschaulicht wird. Dieser an sich noch harmonische Eindruck wird zunehmend bedrohlicher gestaltet. Insbesondere diese zunehmende Bedrohung wird durch sprachliche Bilder unterstützt. So hängt beispielsweise die Nacht bereits an den Bergen. Eine Eiche erscheint gespenstisch im „Nebelkleid" und wirkt umso angsteinflößender, als sie mit einem „aufgetürmte(n) Riese(n)" verglichen wird. Zum Schluss der Strophe ist es völlig finster. Dabei wird die „Finsternis" personifiziert, denn sie blickt mit „hundert Augen" aus „dem Gesträuche".

Auch in der zweiten Strophe wird der Weg des lyrischen Ichs durch die nächtliche Natur zur Geliebten beschrieben. Die Natur erscheint bedrohlich und gespenstisch. Diese Wirkung entsteht, weil einzelne Naturelemente personifiziert werden. Dadurch wirken sie besonders lebendig. „Der Mond" beispielsweise kann sehen, „die Winde" können mit Flügeln schlagen, während „die Nacht tausend Ungeheuer" schafft. Für die bedrohliche Atmosphäre sind jedoch nicht nur diese Sprachbilder verantwortlich. Adjektive wie „kläglich", „leise" oder „schauerlich", aber auch Nomen wie „Ungeheuer" verstärken diesen Eindruck ebenso wie die klangliche Gestaltung. Die Wiederholung des Konsonanten *w* oder des dunklen Doppelvokals *au* in den Formulierungen „Winde schwangen" und „umsausten schauerlich" wirken unheimlich. Das Adverb „Doch" in Vers 14 kündigt einen Gegensatz an. Und tatsächlich wird das lyrische Ich im Gegensatz zur schaurigen Atmosphäre sehr positiv beschrieben. Ihm werden Nomen wie „Mut", „Feuer" und „Glut" zugeordnet, um seine Tatkraft zu unterstreichen. Unterstützt wird dieser Eindruck ebenfalls klanglich, beispielsweise durch die Formulierung mit hellen Vokalen wie in „frisch und fröhlich".

Die dritte Strophe beschreibt den Anblick der Geliebten und die gegenseitige Freude bei der Begegnung der beiden Liebenden. Bis jetzt ist das Gedicht durchgehend im Kreuzreim verfasst, was das Ineinanderverwobensein der beiden Liebenden unterstreicht. Nun allerdings wechselt das Metrum. Der bisher vorherrschende Jambus weicht in den ersten drei Versen im Auftakt einem Daktylus. Die Begegnung der beiden Liebenden wird durch das Pronomen „Dich" am Strophenanfang eingeleitet. Dieses „Dich" erfährt durch den Daktylus eine besondere Betonung. Von nun an geht es also um das Du und die Beziehung zum Du. Dabei veranschaulicht die Metapher „mein Herz an deiner Seite" die emotionale Nähe zur Geliebten. Die Formulierung „jeder Atemzug für dich" symbolisiert, dass der Geliebte in diesem Augenblick nur noch für seine Geliebte lebt. Sie wird im Gegensatz zu der zuvor noch bedrohlichen Natur von einer positiven Naturerscheinung umrahmt: „rosafarbnes Frühlingswetter" veranschaulicht nicht nur die Unschuld der Geliebten, sondern das Nomen kündigt auch einen Neubeginn, das Erwachen einer Liebe an. Dabei unterstreichen die Ausrufe das intensive Gefühl des lyrischen Ichs.

Die vierte Strophe beschreibt einen traurig-sehnsuchtsvollen Abschied, gleichzeitig aber auch das Glück der Liebe. Nun geht das Gedicht wieder in den gewohnten Jambus über. Das Adverb „Doch" kündigt erneut einen Gegensatz zum vorherigen Glücksempfinden an. Und tatsächlich folgt ein Klagelaut, „ach", der im Leser eine negative Erwartung für die folgende Handlung hervorruft. Nun kontrastieren Nomen wie „Wonne" und „Schmerz". Im Stil einer Aneinanderreihung „und", „und", „und" wird die hohe Emotionalität des lyrischen Ichs deutlich, das nun seinen traurigen Abschied nimmt, im Kontrast dazu aber auch das Glück der Liebe preist. „Glück" ist dementsprechend auch das letzte Wort des Gedichts.

6 a/b Wie bereits im Vorfeld gelten auch hier dieselben Anmerkungen zum Prozess der Textüberarbeitung: Sie benötigt hinreichend Zeit, auch während des Unterrichts, damit den Schülerinnen und Schülern die Bedeutung dieses Arbeitsschritts bewusst wird und die Lehrkraft den Überarbeitungsprozess in beratender Funktion begleiten kann.

Material zu diesem Kapitel

Klassenarbeit
- Ein Gedicht untersuchen – Johann Wolfgang Goethe: Neue Liebe, neues Leben (Niveau A ohne, B mit Hilfen; Bewertungsbogen auf der CD-ROM)
- Ein Gedicht untersuchen – Bettina Wegner: Lass uns unsern Abschied nehmen (Niveau A ohne, B mit Hilfen; Bewertungsbogen auf der CD-ROM)

Fordern und fördern
- Ein Gedicht untersuchen – Erich Kästner: Sachliche Romanze (●●○|●○○|○○○ mit Lösungshinweisen auf der CD-ROM)
  Diese Kopiervorlage kann alternativ als differenzierte Zusatzstation verwendet werden.
- Zusatzstation 1: Detlev von Liliencron: Einen Sommer lang (mit Lösungshinweisen auf der CD-ROM)
- Zusatzstation 2: Reiner Kunze: Die Liebe (mit Lösungshinweisen auf der CD-ROM)

PPT-Folien (auf der CD-ROM)
- Motive erkennen und erläutern
- Ein Gedicht gestaltend vortragen

Hörverstehen (auf der CD-ROM)
- Unbekannter Verfasser: Du bist mîn, ich bin dîn (mit Arbeitsblatt und Lösungen)
- Erich Fried: Was es ist (mit Arbeitsblatt und Lösungen)
- Ernst Stadler: Glück (mit Arbeitsblatt und Lösungen)
- Johann Wolfgang Goethe: Willkommen und Abschied (mit Arbeitsblatt und Lösungen)

Deutschbuch Arbeitsheft 9
- Ein Liebesgedicht untersuchen – „Herbst im Herzen", S. 44–47
  Mascha Kaléko: Weil du nicht da bist
  - ●○○ „Die Maiennacht ruft" – Personifikationen erkennen und verstehen
  - ●●● „Winter im Gemüt" – Metaphern erkennen und verstehen

Deutschbuch Lern- und Arbeitsheft 9
für Lernende mit erhöhtem Förderbedarf im inklusiven Unterricht
- „Du bist mein und ich bin dein", Seite 127–146

Klassenarbeit A – Ein Gedicht untersuchen

Aufgabe

Lies Johann Wolfgang Goethes Gedicht „Neue Liebe, neues Leben" aufmerksam durch.
1. Analysiere und interpretiere das Gedicht. Gehe dabei so vor:
   – Formuliere einen Einleitungssatz und benenne das Thema des Gedichts.
   – Fasse mit eigenen Worten den Inhalt des Gedichts zusammen.
   – Beschreibe die Gestaltung der äußeren Form.
2. Untersuche die sprachliche Gestaltung des Themas und erläutere die Wirkung, die davon ausgeht.

Johann Wolfgang Goethe: **Neue Liebe, neues Leben**

Herz, mein Herz, was soll das geben?
Was bedränget dich so sehr?
Welch ein fremdes, neues Leben –
Ich erkenne dich nicht mehr.
5 Weg ist alles, was du liebtest,
Weg, worum du dich betrübtest,
Weg dein Fleiß und deine Ruh –
Ach, wie kamst du nur dazu?

Fesselt dich die Jugendblüte,
10 Diese liebliche Gestalt,
Dieser Blick voll Treu und Güte
Mit unendlicher Gewalt?
Will ich rasch mich ihr entziehen,
Mich ermannen[1], ihr entfliehen,
15 Führet mich im Augenblick
– Ach – mein Weg zu ihr zurück.

Und an diesem Zauberfädchen,
Das sich nicht zerreißen lässt,
Hält das liebe lose[2] Mädchen
20 Mich so wider Willen fest.
Muss in ihrem Zauberkreise
Leben nun auf ihre Weise;
Die Veränd'rung, ach, wie groß!
Liebe, Liebe, lass mich los!

*J. W. von Goethe. Werke in 14 Bänden. Bd. 1, Gedichte und Epen I.
DTV, München 1998 [Hamburger Ausgabe], S. 96;
© C. H. Becksche Verlagsbuchhandlung, München 1981*

---

1 ermannen: sich aufraffen, Mut zu etwas fassen
2 lose: schelmisch, keck, schlagfertig

Klassenarbeit B – Ein Gedicht untersuchen

Aufgabe

Lies Johann Wolfgang Goethes Gedicht „Neue Liebe, neues Leben" aufmerksam durch.
1. Untersuche das Gedicht, bevor du einen Text verfasst, und kläre dabei Folgendes:
   Inhalt:
   – Wer spricht über wen und über was?
   – In welcher Situation befindet sich das lyrische Ich?
   – Was geschieht in den einzelnen Strophen?
   – Um welches Thema geht es?
   Aufbau:
   – Wie ist die äußere Form des Gedichts gestaltet?
     Verwende die Begriffe „Strophe", „Vers", „Reim", „Metrum".
   Sprache:
   – Welche sprachlichen Bilder werden zur Gestaltung des Themas verwendet?
   – Welche Wirkung geht von diesen sprachlichen Bildern aus?

2. Analysiere und interpretiere das Gedicht. Verfasse dazu einen Text, in dem du deine Untersuchungsergebnisse schlüssig darlegst. Gehe dabei so vor:
   – Formuliere einen Einleitungssatz.
   – Benenne das Thema des Gedichts.
   – Fasse den Inhalt mit eigenen Worten zusammen.
   – Beschreibe die Gestaltung der äußeren Form.
   – Untersuche die sprachliche Gestaltung des Themas und erläutere die Wirkung, die davon ausgeht.

Johann Wolfgang Goethe: **Neue Liebe, neues Leben**

Herz, mein Herz, was soll das geben?
Was bedränget dich so sehr?
Welch ein fremdes, neues Leben –
Ich erkenne dich nicht mehr.
5 Weg ist alles, was du liebtest,
Weg, worum du dich betrübtest,
Weg dein Fleiß und deine Ruh –
Ach, wie kamst du nur dazu?

Fesselt dich die Jugendblüte,
10 Diese liebliche Gestalt,
Dieser Blick voll Treu und Güte
Mit unendlicher Gewalt?
Will ich rasch mich ihr entziehen,
Mich ermannen[1], ihr entfliehen,
15 Führet mich im Augenblick
– Ach – mein Weg zu ihr zurück.

Und an diesem Zauberfädchen,
Das sich nicht zerreißen lässt,
Hält das liebe lose[2] Mädchen
20 Mich so wider Willen fest.
Muss in ihrem Zauberkreise
Leben nun auf ihre Weise;
Die Veränderung, ach, wie groß!
Liebe, Liebe, lass mich los!

J. W. von Goethe. Werke in 14 Bänden. Bd. 1, Gedichte und Epen I. DTV, München 1998 [Hamburger Ausgabe], S. 96; © C. H. Becksche Verlagsbuchhandlung, München 1981

---

1 ermannen: sich aufraffen, Mut zu etwas fassen
2 lose: schelmisch, keck, schlagfertig

Autorin: Frauke Hoffmann

Klassenarbeit A – Ein Gedicht untersuchen

Aufgabe

Lies Bettina Wegners Gedicht „Lass uns unsern Abschied nehmen" aufmerksam durch.
1. Analysiere und interpretiere das Gedicht. Gehe dabei so vor:
   – Formuliere einen Einleitungssatz und benenne das Thema des Gedichts.
   – Fasse mit eigenen Worten den Inhalt des Gedichts zusammen.
   – Beschreibe die Gestaltung der äußeren Form.
2. Untersuche die sprachliche Gestaltung des Themas und erläutere die Wirkung, die davon ausgeht.

Bettina Wegner: **Lass uns unsern Abschied nehmen**

Sag doch, was hab' ich verbrochen
dass du jetzt so anders bist.
Was ist da in uns zerbrochen
dass du mich nun anders siehst.

5 Früher waren unsre Hände
warm und weich und gut.
Heute starrn wir auf die Wände
in uns wohnt die Wut.

Unsre Worte kriechen leise
10 und verzerrt aus unserm Mund
drehn sich in verkehrter Weise
machen zornig ohne Grund.

Und was damals für mich sprach
was du schön gefunden
15 scheint dir heute dumm und flach
kann dich nur verwunden.

Sicher bin ich noch die Gleiche
und bin trotzdem nicht mehr so
dass ich dir die Hände reiche
20 mit dir rede, gut und froh.

Lass uns unsern Abschied nehmen
ohne Wut und ohne Hass
lass uns aneinanderlehnen
und dann trennen müd und blass.

Bettina Wegner: Wenn meine Lieder nicht mehr stimmen.
Rowohlt Taschenbuch Verlag, Reinbek bei Hamburg 1979

Klassenarbeit B – Ein Gedicht untersuchen

Aufgabe

Lies Bettina Wegners Gedicht „Lass uns unsern Abschied nehmen" aufmerksam durch.

1. Untersuche das Gedicht, bevor du einen Text verfasst, und kläre dabei Folgendes:
   Inhalt:
   – Wer spricht über wen und über was?
   – In welcher Situation befindet sich das lyrische Ich?
   – Was geschieht in den einzelnen Strophen?
   – Um welches Thema geht es?
   Aufbau:
   – Wie ist die äußere Form des Gedichts gestaltet? Verwende die Begriffe „Strophe", „Vers", „Reim".
   Sprache:
   – Welche sprachlichen Bilder werden zur Gestaltung des Themas verwendet?
   – Welche Wirkung geht von diesen sprachlichen Bildern aus?

2. Analysiere und interpretiere das Gedicht. Verfasse dazu einen Text, in dem du deine Untersuchungsergebnisse schlüssig darlegst. Gehe dabei so vor:
   – Formuliere einen Einleitungssatz.
   – Benenne das Thema des Gedichts.
   – Fasse den Inhalt mit eigenen Worten zusammen.
   – Beschreibe die Gestaltung der äußeren Form.
   – Untersuche die sprachliche Gestaltung des Themas und erläutere die Wirkung, die davon ausgeht.

Bettina Wegner: **Lass uns unsern Abschied nehmen**

Sag doch, was hab' ich verbrochen
dass du jetzt so anders bist.
Was ist da in uns zerbrochen
dass du mich nun anders siehst.

5 Früher waren unsre Hände
warm und weich und gut.
Heute starrn wir auf die Wände
in uns wohnt die Wut.

Unsre Worte kriechen leise
10 und verzerrt aus unserm Mund
drehn sich in verkehrter Weise
machen zornig ohne Grund.

Und was damals für mich sprach
was du schön gefunden
15 scheint dir heute dumm und flach
kann dich nur verwunden.

Sicher bin ich noch die Gleiche
und bin trotzdem nicht mehr so
dass ich dir die Hände reiche
20 mit dir rede, gut und froh.

Lass uns unsern Abschied nehmen
ohne Wut und ohne Hass
lass uns aneinanderlehnen
und dann trennen müd und blass.

Bettina Wegner: Wenn meine Lieder nicht mehr stimmen.
Rowohlt Taschenbuch Verlag, Reinbek bei Hamburg 1979

Ein Gedicht untersuchen

Erich Kästner: **Sachliche Romanze**

1 Als sie einander acht Jahre kannten

   kam ihre Liebe plötzlich abhanden.

2 Sie waren traurig, betrugen sich heiter,

   und sahen sich an und wussten nicht weiter.

3 Vom Fenster aus konnte man Schiffen winken.

   und Zeit, irgendwo Kaffee zu trinken.

4 Sie gingen ins kleinste Café am Ort
   und rührten in ihren Tassen.

   Sie saßen allein, und sie sprachen kein Wort

Nebenan übte ein Mensch Klavier.

Er sagte, es wäre schon Viertel nach vier

Wie andern Leuten ein Stock oder Hut.

und konnten es einfach nicht fassen.

(und man darf sagen, sie kannten sich gut),

versuchten Küsse, als ob nichts sei,

Am Abend saßen sie immer noch dort.

Da weinte sie schließlich. Und er stand dabei.

Erich Kästner: Sachliche Romanze. In: Deutsche Liebeslyrik.
Hg. v. Hans Wagener, Reclam, Stuttgart 1995

1. Lies die Verse in der linken Spalte aufmerksam durch und ordne jeder der vier Strophen zwei fehlende Verse zu.
   Tipp: Das Gedicht ist im Kreuzreim verfasst.

2. Untersuche das Gedicht inhaltlich.
   a Formuliere die Erwartungen, die du aufgrund des Titels an das Gedicht hast.
   b Liste auf, welche Informationen der Leser zu den Fragen *Wer?, Wo?, Was?, Wie?, Warum?* erhält.

3. Untersuche, wie die Liebesbeziehung der beiden Figuren in dem Gedicht dargestellt wird.
   a Charakterisiere die Grundstimmung des Gedichts durch Adjektive, die dir passend erscheinen.
   b Begründe die Wahl deiner Adjektive am Text.
   c Unterstreiche Textstellen, mit denen die Beziehung der beiden Figuren beschrieben wird, und erläutere die Wirkung, die davon ausgeht.
   d Setze den Inhalt des Gedichts in Bezug zum Titel.

4. Ersetze den vierten Vers der letzten Strophe durch: *Sie saßen allein, und sie sprachen in einem fort.*
   Gestalte diesen Dialog und achte dabei auf einen erkennbaren Bezug zum Text.
   Tragt den Dialog in der Lerngruppe vor.

Ein Gedicht untersuchen

Erich Kästner: **Sachliche Romanze**

1 Als sie einander acht Jahre kannten
(und man darf sagen sie kannten sich gut),
kam ihre Liebe ??? abhanden.
Wie andern Leuten ein ??? oder Hut.

2 Sie waren ???, betrugen sich heiter,
versuchten Küsse, als ob nichts sei,
und sahen sich an und wussten nicht weiter.
Da ??? sie schließlich. Und er stand dabei.

3 Vom Fenster aus konnte man Schiffen winken.
Er ???, es wäre schon Viertel nach vier
und Zeit, irgendwo ??? zu trinken.
Nebenan übte ein Mensch ???.

4 Sie gingen ins kleinste Café am Ort
und rührten in ihren Tassen.
Am ??? saßen sie immer noch dort.
Sie saßen allein, und sie ??? kein Wort
und konnten es einfach nicht fassen.

*Erich Kästner: Sachliche Romanze. In: Deutsche Liebeslyrik.
Hg. v. Hans Wagener, Reclam, Stuttgart 1995*

1 Lies das Gedicht aufmerksam und fülle die Lücken mit passenden Wörtern aus dem Wortspeicher.

> Abend – nächsten Tag – sprachen – redeten – Flöte – Schnaps – fragt – Klavier – Kaffee – sagte – weinte – jammerte – wütend – traurig – Stock – Hund – später – plötzlich

2 Untersuche das Gedicht inhaltlich.
  a Beantworte mit Hilfe des Textes folgende Fragen:
     Wer kommt in dem Gedicht vor?
     Wo spielt die Handlung?
     Was tun die Figuren des Gedichts?
     Wie verhalten sich die Figuren?
     Welche Gründe gibt es für das Verhalten der Figuren?
  b *Was* verbindest du mit dem Wort „Romanze" im Titel des Gedichts?
  c *Welche* Wirkung geht vom Titel des Gedichts aus?

Autorin: Frauke Hoffmann

7 „Du bist mein und ich bin dein" – Liebesgedichte erschließen — Deutschbuch 9

3 Untersuche, wie die Liebesbeziehung der beiden Figuren in dem Gedicht dargestellt wird.

a Ordne dem Gedicht Adjektive zu, die dir passend erscheinen, z. B.:

witzig, heiter, sachlich, romantisch, traurig, gruselig.

b Begründe die Wahl deiner Adjektive am Text.

c Unterstreiche Textstellen, mit denen die Beziehung der beiden beschrieben wird, und erläutere die Wirkung, die davon ausgeht, z. B.:

Textstelle	Wirkung
„Wie andern Leuten ein Stock oder Hut." (V. 4)	Einen Stock oder Hut kann man im Alltag aus Unaufmerksamkeit vergessen. Durch diesen Vergleich wirkt der Verlust der Liebe wie etwas ganz Alltägliches.

d „Der Titel erklärt schon das halbe Gedicht!" – Erläutere, inwieweit du dieser Aussage zustimmen kannst, und begründe deine Position am Text.

4 Ersetze den vierten Vers durch die Worte: *Sie saßen allein, und sie sprachen in einem fort.*
Gestalte einen anschließenden Dialog. Gehe dabei so vor:

a Lege das Ziel fest, das das Paar am Ende seines Gesprächs erreichen soll.

b Liste Themen auf, die das Paar zum Gegenstand eines Gesprächs machen könnte.

c Verfasse einen Dialog zwischen den beiden. Achte dabei auf einen erkennbaren Bezug zum Gedicht.

d Tragt den Dialog in der Lerngruppe vor.

Autorin: Frauke Hoffmann

Ein Gedicht untersuchen

Erich Kästner: **Sachliche Romanze**

1 Als sie einander acht Jahre kannten
(und man darf sagen sie kannten sich gut),
kam ihre Liebe ??? abhanden.
Wie andern Leuten ein ??? oder Hut.

2 Sie waren ??? , betrugen sich heiter,
versuchten Küsse, als ob nichts sei,
und sahen sich an und wussten nicht weiter.
Da ??? sie schließlich. Und er stand dabei.

3 Vom Fenster aus konnte man Schiffen winken.
Er ??? , es wäre schon Viertel nach vier
und Zeit, irgendwo ??? zu trinken.
Nebenan übte ein Mensch ??? .

4 Sie gingen ins kleinste Café am Ort
und rührten in ihren Tassen.
Am ??? saßen sie immer noch dort.
Sie saßen allein, und sie ??? kein Wort
und konnten es einfach nicht fassen.

*Erich Kästner: Sachliche Romanze. In: Deutsche Liebeslyrik.
Hg. v. Hans Wagener, Reclam, Stuttgart 1995*

1 Lies das Gedicht aufmerksam und fülle die Lücken mit passenden Wörtern aus dem Wortspeicher.

> Kaffee – Abend – sprachen – Klavier – sagte – traurig – Stock – weinte – plötzlich

2 Untersuche das Gedicht inhaltlich.
  a Beantworte dazu folgende Fragen:
     – *Wer* kommt in dem Gedicht vor?
     – *Wo* befinden sich die Figuren?
     – *Was* tun die Figuren?
     – *Wie* fühlen sich die Figuren?
  b Unter dem Wort „Romanze" versteht man eine kurze romantische Liebesbeziehung.
     Überlege: Passt der Titel zu dem Gedicht?
     Begründe deine Meinung mit Hilfe einer passenden Verszeile.

7 "Du bist mein und ich bin dein" – Liebesgedichte erschließen

3 Untersuche, wie die Liebesbeziehung der beiden in dem Gedicht dargestellt wird.

a Ordne dem Gedicht ein Adjektiv zu, das die Stimmung am ehesten wiedergibt, z. B.:

witzig, sachlich, romantisch, gruselig.

b Schreibe eine Verszeile heraus, die zu deinem Adjektiv besonders gut passt.

_____

c In den folgenden Textstellen wird die Beziehung der beiden beschrieben. Lies die Verse aufmerksam und schreibe in die Spalte daneben, welche Wirkung der Vers auf dich hat.

Textstelle	Wirkung
„Wie andern Leuten ein Stock oder Hut." (V. 4)	Einen Stock oder Hut kann man im Alltag aus Unaufmerksamkeit vergessen. Durch diesen Vergleich wirkt der Verlust der Liebe wie etwas ganz Alltägliches.
„Sie waren traurig, betrugen sich heiter" (V. 5)	
„Da weinte sie schließlich. Und er stand dabei." (V. 8)	
„Sie saßen allein, und sie sprachen kein Wort" (V. 16)	

4 Ersetze den vierten Vers durch die Worte:
Sie saßen allein, und sie sprachen in einem fort.

Gestalte ein anschließendes Gespräch. Gehe dabei so vor:

a Gib dem Gespräch einen positiven Ausgang.

b Tausche dich mit deinem Lernpartner / deiner Lernpartnerin aus, worüber die beiden sprechen sollten, um ihrer Liebesbeziehung eine Chance zu geben.

c Verfasse einen Dialog zwischen den beiden.

d Tragt den Dialog in der Lerngruppe vor.

Autorin: Frauke Hoffmann

Zusatzstation 1

Ein Gedicht untersuchen und den Kontext ändern

Detlev von Liliencron: **Einen Sommer lang**

Zwischen Roggenfeld und Hecken
Führt ein schmaler Gang;
Süßes, seliges Verstecken,
Einen Sommer lang.

5 Wenn wir uns von ferne sehen,
Zögert sie den Schritt,
Rupft ein Hälmchen sich im Gehen,
Nimmt ein Blättchen mit.

Hat mit Ähren sich das Mieder[1]
10 Unschuldig geschmückt,
Sich den Hut verlegen nieder
In die Stirn gerückt.

Finster kommt sie langsam näher,
Färbt sich rot wie Mohn;
15 Doch ich bin ein feiner Späher[2],
Kenn die Schelmin[3] schon.

Noch ein Blick in Weg und Weite,
Ruhig liegt die Welt,
Und es hat an ihre Seite
20 Mich der Sturm gesellt[4].

Zwischen Roggenfeld und Hecken
Führt ein schmaler Gang;
Süßes, seliges Verstecken,
Einen Sommer lang.

---

1 Mieder: Kleidoberteil, Ausschnitt

2 Späher: Beobachter, Spion
3 Schelmin: Spitzbübin
4 sich zu jemandem gesellen: jemanden begleiten, sich ihm anschließen

Detlev von Liliencron: Gedichte. Philipp Reclam Jun., Stuttgart 1986

1 Lies das Gedicht aufmerksam.
  a In welchem Verhältnis stehen die beiden Figuren zueinander?
  b Unterstreiche Textstellen, an denen erkennbar wird, dass es sich hier um ein Liebesgedicht handelt. Vergleiche und besprich deine Ergebnisse mit deinem Lernpartner / deiner Lernpartnerin.

2 Der Titel des Gedichts lautet: „Einen Sommer lang".
   Inwiefern ist der Titel passend zum Gedicht gewählt? Begründe deine Meinung am Text.

3 a Beschreibe den Ort, wo sich die beiden Figuren treffen.
   b Tausche dich mit deinem Lernpartner / deiner Lernpartnerin darüber aus, welche Bedeutung der Ort für die Liebesbeziehung hat. Diskutiert, ob die Handlung auch in einer anderen Umgebung denkbar wäre.

4 Bildet zwei Gruppen A und B. Gestaltet zu diesem Gedicht jeweils eine Collage.
   A Wählt für eure Collage Material, das aus dem <u>ländlichen</u> Umfeld kommt und der im Gedicht dargestellten Szenerie entspricht. Platziert in der Collage das Gedicht.
   B Wählt für eure Collage Material, das der im Gedicht beschriebenen Szene entspricht, aber aus dem <u>städtischen</u> Umfeld kommt. Platziert in die Collage das Gedicht.
   Lest das Gedicht laut vor und betrachtet die beiden Collagen. Beschreibt die unterschiedliche Wirkung, die von ihnen ausgeht.

Zusatzstation 2

Sprache und Wirkung eines Gedichts untersuchen

Reiner Kunze: **Die Liebe**

Die liebe
ist eine wilde rose in uns
Sie schlägt ihre wurzeln
in den augen,
5 wenn sie dem blick des geliebten begegnen
Sie schlägt ihre wurzeln
in den wangen,
wenn sie den hauch des geliebten spüren
Sie schlägt ihre wurzeln
10 in der haut des armes,
wenn ihn die hand des geliebten berührt
Sie schlägt ihre wurzeln,
wächst wuchert
und eines abends
15 oder eines morgens
fühlen wir nur:
sie verlangt
raum in uns

Die liebe
20 ist eine wilde rose in uns,
unerforschbar vom verstand
und ihm nicht untertan
Aber der verstand
ist ein messer in uns

25 Der verstand
ist ein messer in uns,
zu schneiden der rose
durch hundert zweige
einen himmel

Reiner Kunze: Brief mit blauem Siegel. Reclam, Leipzig 1973, S. 10

Deutschbuch 9   7 „Du bist mein und ich bin dein" – Liebesgedichte erschließen

1 Lies zunächst nur den Titel des Gedichts.

   a Überlege: Was ist die Liebe für dich? Vervollständige folgenden Satz:

      Die Liebe ist wie …

   b Vergleiche dein Ergebnis mit dem deiner Lernpartnerin / deines Lernpartners.

2 Lies nun das ganze Gedicht aufmerksam durch.

3 Erschließe die Bildersprache der Liebe.

   a Benenne, womit die Liebe in dem Gedicht verglichen wird.

   b Erläutere, inwiefern sich der Vergleich innerhalb des Gedichts von deinem Vergleich unterscheidet.

   c Liste auf, wo die Rose ihre Wurzeln schlägt.

   d Das „Wurzelschlagen" ist in dem Gedicht konditional („wenn …" – „dann …") formuliert. Notiere, wovon das „Wurzelschlagen" jeweils abhängig ist.

   e Erläutere, wie das Bild des „Wurzelschlagens" auf dich wirkt.

4 Der Verstand wird in diesem Gedicht zunächst als Gegensatz zur Liebe formuliert.

   a Erkläre, warum der Verstand als Gegensatz zur Liebe formuliert wird.

   b Benenne, womit der Verstand verglichen wird.

   c Erläutere, wie dieser Vergleich auf dich wirkt.

   d Beschreibe, welche Funktion das Messer in der letzten Strophe erhält.

   e Erläutere die Bedeutung des letzten Wortes in dem Gedicht.

Autorin: Frauke Hoffmann

Zusatzstation 2, Seite 2

8 „Andorra" – Ein Drama untersuchen

Konzeption des Kapitels

Max Frischs Drama „Andorra" (1961) gehört zu den Klassikern moderner Literatur. Auch für den Unterricht ist dieses Stück auf Grund seiner Vielschichtigkeit und Aktualität bestens geeignet. Die Geschichte des jungen Andri, der von den Andorranern als Jude verspottet wird und selbst doch nur ein ganz normales Leben führen will, bietet viele Identifikationsmöglichkeiten für die Schüler/-innen. Denn so außergewöhnlich Andris Situation – als jüdisches Waisenkind in einem fremden Land – auf den ersten Blick erscheint, so ist sie bei näherer Betrachtung eine recht alltägliche. Die Figur des Andri verkörpert einen jungen Mann, der gerade dabei ist, seine Interessen und Vorlieben zu entdecken. Sei es sein Wunsch, Tischler zu werden oder seine große Liebe Barblin zu heiraten – Andri befindet sich in jenem Entwicklungsstadium, in dem er beginnt, seine Persönlichkeit und Identität kennen zu lernen. Dass sein Umfeld ihn davon abbringen will, sich selbst zu entfalten, ist ein Konflikt des Stücks, den die Schüler/-innen mit- und nachempfinden können.

Ein weiterer wichtiger Aspekt des Dramas ist der thematisierte Antisemitismus, der die Hauptursache für Andris Identitätskrise darstellt. Andri wird genau dann als Jude typisiert, als er ganz „normal" und nicht anders sein möchte. In dem Augenblick, in dem er sich selbst als Jude zu akzeptieren beginnt, erfährt er, dass er kein Jude ist, sondern der uneheliche Sohn des Lehrers, also ein Andorraner. Andri darf nie er selbst sein. Folglich kann er sich nicht selbst annehmen, sondern bleibt bis zu seinem tragischen Ende sich selbst ein Fremder. Auf diese Weise werden einerseits stereotype Vorstellungen als Humbug entlarvt und andererseits ihre negativen Auswirkungen am Beispiel von Andris Schicksal vorgeführt. Dabei sind die antisemitischen Stereotype exemplarisch für jede Form der Ausgrenzung und Diskriminierung. Daher können vom Drama ausgehend gerade in mehrsprachlichen und multikulturellen Klassen ähnliche Erfahrungen mit Rassismus und Sexismen besprochen werden, sodass das Drama nicht nur aktuelle gesellschaftspolitische, sondern vor allem lebensweltliche Relevanz erhält. Häufig in den Theaterhäusern gespielt, bietet das Drama „Andorra" immer wieder Gelegenheit, sich gemeinsam mit den Schülerinnen und Schülern eine Theateraufführung anzuschauen. Die einfache Sprache des Stücks und die übersichtlichen Szeneneinteilungen ermöglichen eine gute Verständlichkeit und erleichtern das erste Einüben von Dramenanalysen.

Das erste Teilkapitel (**„'Pass auf, was du sagst' – Dramatische Szenen lesen, verstehen und spielen"**) widmet sich der thematischen Erschließung der Dramenhandlung durch szenische, produktive und analytische Verfahren. Im Fokus stehen das Untersuchen des Handlungsortes, der Figuren und ihrer Handlungsmotivation. Ebenso werden die im Stück handlungstragenden Konflikte behandelt. So erhalten die Schüler/-innen durch das erste Teilkapitel einen Einblick in Handlung, Figuren und Konflikt des Dramas. Am Ende des Teilkapitels untersuchen und verfassen sie jeweils eine Theaterkritik (alternativ auch Filmkritik) zu „Andorra".

Das Verfassen schriftlicher Dramenanalysen wird im zweiten Teilkapitel (**„Wie konnte es dahin kommen? – Dramenszenen schriftlich analysieren"**) an kleineren, exemplarischen Szenen aus „Andorra" eingeübt. Hier wird u. a. auf zwei Niveaustufen der klar strukturierte Aufbau einer Dramenanalyse schrittweise angeleitet.

Im dritten Teilkapitel (**„Fit in …! – Dramenszenen analysieren und interpretieren"**) kann in einer Klassenarbeitssimulation die Analyse einer Dramenszene noch einmal vertiefend erprobt werden.

Literaturhinweise

- *Scheller, Ingo:* Basisartikel „Szenische Interpretation". In: Praxis Deutsch 136/1996, S. 22–32
- *Ders.:* Szenisches Spiel. Handbuch für die pädagogische Praxis. Cornelsen-Scriptor, Berlin 1998
- Theater! Deutschunterricht 5/2013
- Kommentierte Linkliste zum szenischen Interpretieren: www.lehrerfreund.de/schule/1s/szenische-interpretation

Hinweis: Das Stück wird in Youtube in der Inszenierung des Düsseldorfer Schauspielhauses von 1985 angeboten: https://www.youtube.com/watch?v=QbFOUE9OhcU

Inhalte	Kompetenzen
	Die Schülerinnen und Schüler
S. 148 **8.1 „Pass auf, was du sagst" – Dramatische Szenen lesen, verstehen und spielen**	
S. 148 Den Handlungsort und die Figuren untersuchen S. 148 *Max Frisch: Andorra –* *Erstes Bild / Drittes Bild (Auszüge)* S. 158 Eine Theateraufführung besuchen	– erfassen inhaltlich einen Bühnentext – erstellen ein dem Handlungsort entsprechendes Bühnenbild – charakterisieren die Figuren und deuten ihre Beziehung zueinander – deuten die Figuren entsprechend ihrer Handlungsmotive – erschließen eine Theaterkritik hinsichtlich beschreibender und wertender Aussagen – verfassen eine eigene Theaterkritik zu einer Aufführung / einem Film
S. 159 Teste dich! Eine Dramenszene inhaltlich erschließen S. 159 *Max Frisch: Andorra –* *Viertes Bild (Auszug 1)*	– überprüfen ihre Textkenntnisse – überprüfen ihre Kenntnisse hinsichtlich der Deutung wichtiger Handlungsmotive der Figuren
S. 160 **8.2 Wie konnte es dahin kommen? – Dramenszenen schriftlich analysieren**	
S. 160 Eine Dramenszene zusammenfassen und einordnen S. 160 *Max Frisch: Andorra –* *Viertes Bild (Auszug 2)*	– fassen die Szene in eigenen Worten zusammen – ordnen die bisherigen Szenen in den Handlungsverlauf ein
S. 163 Einen Schreibplan zu einer Dramenanalyse anfertigen	– konzipieren mit Hilfe eines Schreibplans eine folgende Analyse
S. 164 **Fordern und fördern** – Eine Dramenszene schriftlich analysieren	– strukturieren ihre Dramenanalyse in Einleitung, Hauptteil und Schluss – untersuchen eine Dramenszene hinsichtlich Gesprächssituation, -absicht und -verlauf – beschreiben das Figurenverhalten und ihre Beziehung zueinander – üben das richtige Zitieren von passenden Textstellen
S. 166 **8.3 Fit in …! – Dramenszenen analysieren und interpretieren**	
S. 166 *Max Frisch: Andorra –* *Neuntes Bild (Auszug)* S. 167 Die Aufgabe richtig verstehen – Planen – Schreiben und überarbeiten	– strukturieren ihre Analyse in Einleitung, Hauptteil und Schluss – fassen die Dramenszene zusammen – ordnen sie in den Handlungsverlauf ein – untersuchen und deuten die Szene hinsichtlich des Figurenverhaltens

8 „Andorra" – Ein Drama untersuchen

S. 147 Auftaktseite

Siehe hierzu auch die **Folie** „,Andorra' – Ein Bühnenbild untersuchen" auf der CD-ROM.

1 Zur Strukturierung des Unterrichtsgesprächs können folgende Leitfragen vorgegeben werden:
- Wo und wann habt ihr ein Theaterstück gesehen? Aus welchem Anlass?
- Wie war der Titel des Stücks?
- Wovon handelte es?
- Was hat dir persönlich gefallen / nicht gefallen?
- Würdest du deinen Mitschülern einen Theaterbesuch empfehlen? Warum (nicht)?

2 a Mögliche Schüleräußerungen: Das Bild vermittelt eine traurige, schlechte Stimmung. Zwei Personen versuchen, auf einen jungen Mann einzureden, ihn von etwas zu überzeugen. Es geht um eine Diskussion – eine Beleidigung – einen Streit – einen Konflikt.

b Mögliche Lösungen:
Gestik/Mimik der Schauspieler:
- Mann rechts im Bild: offene Arme, linke Hand an Tisch gekrallt, Blick zum Mann im Anzug, ernster Gesichtsausdruck, leicht nach vorn gebeugt, rechter Fuß in Startposition
- Frau: offene Arme, Blick zum Mann im Anzug, Hand auf der Schulter des Mannes, freundlich lächelnd
- Mann links im Anzug: Arme verschränkt, schaut von den anderen beiden Figuren weg, ernster Gesichtsausdruck, sitzt breitbeinig da
- Frau im Hintergrund: beide Ellbogen auf den Tisch aufgestützt, Hände an den Schläfen, Blick nach unten, gequälter Gesichtsausdruck

Positionen auf der Bühne:
- um einen Tisch herum, eine Frau steht, alle anderen sitzen
- Frau mit weißer Schürze in der Mitte; junger Mann im Vordergrund schräg mit dem Rücken zum Publikum

Kostüme und Requisiten:
- Tisch, Stühle, Geschirr (Topf, Teller, Löffel …)
- Frau in der Mitte: Kleid und weiße Küchenschürze
- Mann links: Brille und schwarzer Anzug
- Mann im Vordergrund: Werkmütze, Weste und Arbeitshose, Turnschuhe
- Frau im Hintergrund: Kleid und Armreif

Bühnenlicht: Licht von vorn, Hintergrund eher dunkel

3 Mögliche Vermutungen: Gasthaus: Streit der Gäste, z. B. Essen schmeckt nicht – Familienstreit: Vater ist beleidigt, Sohn und Mutter reden auf ihn ein. – Sohn ist beleidigt, die Eltern versuchen ihn zu trösten.

8.1 „Pass auf, was du sagst" – Dramatische Szenen lesen, verstehen und spielen

S. 148 Den Handlungsort und die Figuren untersuchen

Das Drama wird in der Inszenierung des Düsseldorfer Schauspielhauses (1985) auf Youtube angeboten.

1 Mögliche erste Eindrücke (Tafelbild):
- sehr frommes Land (Sankt Georgstag, Pater)
- Soldat unverschämt
- Angst vor den „Schwarzen"
- angekündigte Verfolgung Andris
- Beschreibung von „Andorra" als friedliches Land passt nicht zum Benehmen des Soldaten.
- Barblin scheint zu lügen: Einmal sagt sie, sie sei verlobt (zum Soldaten), und ein anderes Mal schweigt sie darüber (gegenüber dem Pater).

8.1 „Pass auf, was du sagst" – Dramatische Szenen lesen, verstehen und spielen

2 a–c Mögliche Inhaltsangabe:
Die erste Szene von Max Frischs Drama „Andorra" (1961) beginnt damit, dass Barblin die Hauswände für den Sankt Georgstag weiß streicht. Ein Soldat belästigt Barblin, weil sie keinen Verlobungsring hat. Doch Barblin besteht darauf, verlobt zu sein. Als der Pater kommt, äußert Barblin ihre Angst vor einem Überfall der „Schwarzen" in Andorra. Der Pater sagt ihr, dass ihre Sorgen unbegründet seien, weil Andorra ein armes, friedliches Land sei, wo es nichts zu holen gebe.

3 Mögliches Tafelbild:

Der Handlungsort „Andorra"
vor einem andorranischen Haus … die schmale und hohe Mauer (Z. 1–2)
ein weißes Andorra … ein schneeweißes Andorra (Z. 46–47)
unsere weißen Häuser (Z. 66–67)
Hinweis auf eine Pinte (Z. 81)
unsere Täler sind eng, unsere Äcker sind steinig und steil (Z. 108–109)
ein schönes Land, aber ein armes Land (Z. 114–115)
ein friedliches Land, ein schwaches Land – ein frommes Land (Z. 115–116)

5 a Mögliche Vermutungen:
Die Handlung spielt in einem erfundenen Land, denn:
- „Andorra" steht dadurch für jedes beliebige Land,
- jeder soll sich angesprochen fühlen,
- das Stück soll dadurch unrealistisch und fiktiv wirken,
- es kann so auf Geschehnisse in der Vergangenheit oder in der Zukunft verweisen.

b Mögliche Schülerantworten:
Ich würde nach Andorra reisen, weil …
- es ein schönes, friedliches Land ist.
- ich mir die Feier zum Sankt Georgstag anschauen würde.
- die Menschen sehr fromm sind und Gott fürchten.
- die weißen Häuser bestimmt hübsch aussehen.
- der Pater eine schöne Landschaft mit Oliven, Tälern und Äckern beschreibt.

Ich würde <u>nicht</u> nach Andorra reisen, weil …
- man einen Überfall der „Schwarzen" befürchten muss.
- die Soldaten unverheiratete Mädchen belästigen.
- die Menschen in Andorra in Angst leben.

6 Mögliche Lösung:
- Barblin wird von einem Soldaten belästigt; dieser akzeptiert ihre Ablehnung nicht. (Z. 30–38)
- Barblins Angst vor einem Überfall durch die „Schwarzen", ihren Panzern und Fallschirmen (Z. 64–71)
- Des Paters Wut auf den Lehrer / Barblins Vater, der an einen Überfall durch die „Schwarzen" glaubt und Gerüchte verbreitet (Z. 76–92)
- Des Paters Hinweis, niemand verfolge Andri und keiner habe ihm ein Haar gekrümmt (Z. 93–96)

S. 151 Andorra – Erstes Bild (Auszug 2)

1 a Mögliche Zusammenfassung:
Die zweite Szene aus Max Frischs „Andorra" beginnt mit dem Soldaten, der auf den Küchenjungen Andri trifft. Der Soldat fragt Andri nach Barblin. Als er ihm nicht antwortet, stellt er ihm ein Bein und beschimpft ihn als Juden. Andri ekelt sich vor dem Soldaten, der offensichtlich betrunken ist, und möchte weitergehen. Doch der Soldat hört nicht auf, Andri zu beleidigen und zu provozieren. Als der Soldat im Begriff ist, zu Barblin zu gehen, teilt Andri ihm mit, dass Barblin seine Braut sei. Der Soldat lacht Andri aus. Andri beschimpft den Soldaten zum Schluss als „Vieh" und geht.

235

b Vermutliche Wirkung der Szene:
Die Szene wirkt bedrohlich, Unheil scheint sich anzukündigen: Andri steht allein und schwach dem Soldaten gegenüber, der ihn und Barblin bedroht. Andri zeigt sich zwar mutig und tapfer und er ist dem Soldaten geistig überlegen. Auch versucht er bis zuletzt, seine Barblin zu schützen, was aber auf den Soldaten keinen Eindruck macht, umso weniger, als Andri nur ein „Jud" ist. Es könnte sich sowohl eine Vergewaltigung Barblins als auch eine Verfolgung von Juden ankündigen.

2 **a/b** Mögliche Ergänzung der Tabelle:

Andris Verhalten gegenüber dem Soldaten	Äußerungen des Soldaten zu Andri
A Andri erhebt sich wortlos. (Z. 14) **G** Kann ich jetzt gehen? (Z. 41) **F** Andri beherrscht sich mit Mühe, dann bückt er sich und sammelt die Münzen auf dem Pflaster. (Z. 56–57) **C** Barblin ist meine Braut. (Z. 99)	**D** Ich bin Soldat […] und du bist Jud. (Z. 13) **E** So'n Jud denkt alleweil nur ans Geld. (Z. 55) **H** Ein Andorraner ist nicht feig. (Z. 68) **B** Aber du hast Angst! Weil du feig bist. (Z. 91–92) **J** Dann nehm ich sie [Barblin] von hinten! (Z. 107)

3 **a** Mögliche Lösung:
Soldat:
- aggressiv (stellt ihm ein Bein, Z. 10)
- frech (lacht Andri aus, als er stürzt, Z. 11)
- verachtend („Pfui Teufel!", Z. 50)
- dümmlich (Er versucht den eigenen Atem zu riechen. „Ich riech nichts.", Z. 30–31)
- überheblich („Ich bin Soldat, das steht fest, und du bist Jud.", Z. 13)

Andri:
- bescheiden („Ich bin kein Herr!", Z. 43)
- beherrscht (beherrscht sich mit Mühe, Z. 56; „Ich habe kein Wort gesagt.", Z. 86)
- intelligent („Was steht fest?", Z. 67; „Wer wird ein blaues Wunder erleben?", Z. 74)
- unsicher („Wieso bin ich feig?", Z. 93)
- verachtend („Du bist ein Vieh.", Z. 108)

b Mögliche Diskussionsergebnisse:

Welche Ziele/Zwecke verfolgen die Figuren?	
Der Soldat möchte – von Andri wissen, wo Barblin ist. – Andri provozieren. – seine Überlegenheit zeigen. – Andri als „feigen Juden" darstellen.	Andri möchte – vom Soldaten in Ruhe gelassen werden. – Barblin vor dem Soldaten schützen.

→ Der Soldat ist in dem Gespräch überlegen, weil er seine Überlegenheit zeigen und Andri demütigen kann.
→ Andri ist in diesem Gespräch überlegen, weil er trotz der Provokation durch den Soldaten ruhig und sachlich bleibt und einem möglichen Gewaltausbruch am Ende aus dem Weg geht.

4 Mögliche Lösung:
Mit dem Wort „deinesgleichen" (Z. 62) wird signalisiert, dass der Soldat antijüdische Vorurteile/Stereotype auf Andri überträgt. Peider unterstellt Andri alle vermeintlichen Eigenschaften von Juden, z. B. dass sie feige seien (vgl. Z. 94) und nur ans Geld denken würden (vgl. Z. 55).

5   a/b Beispiele für Rollenbiografien:

Andri
Name: Andri Geschlecht: männlich Alter: 21 Wohnort: Andorra Nationalität: Jude Beruf: (früher) Küchenjunge; (jetzt) Tischlerlehrling Aussehen: schmal; mit Küchenschürze/Kittel Charakter: bescheiden, nachdenklich, ruhig, friedlich, mutig, intelligent Moral: sucht keinen Streit, kann sich beherrschen, ist stolz auf seine Leistungen Lebenseinstellung: voller Hoffnung, klare Zukunftsvorstellung: möchte Tischler werden und Barblin heiraten Ängste/Sorgen: Angst um Barblin; Angst, als Außenseiter nicht anerkannt/akzeptiert zu werden

Soldat
Name: Peider Geschlecht: männlich Alter: unbekannt Wohnort: Andorra Nationalität: Andorraner Beruf: Soldat Aussehen: groß, kräftig, Uniform Charakter: dümmlich, aggressiv, unverschämt, überheblich, voller Vorurteile (Juden) Moral: sucht gern Streit, ist stolz auf Andorra, möchte Andorra vor Feinden verteidigen Lebenseinstellung: als Soldat viel trinken, Mädchen haben, ein Held sein Ängste/Sorgen: will nicht Untertan der „Schwarzen" sein

S. 154 **Andorra – Drittes Bild** (Auszug)

1   Da die Szene recht lang ist, empfiehlt es sich, im Vorfeld die Schüler/-innen ihre Sprechrolle mehrmals leise und laut üben zu lassen. Dadurch können sie sich besser in die jeweilige Rolle einfühlen und die Handlungsmotive der Figuren nachvollziehen.

2   a   Es wäre einfacher, Argumente dafür zu finden, warum der Tischlergeselle unsympathisch ist, aber es soll die Änderung seiner Handlungsmotive und damit die Entwicklung seines Verhaltens im Lauf der Szene berücksichtigt werden.
Mögliches Tafelbild:

Der Tischlergeselle	
ist sympathisch, weil er – keine Vorurteile gegenüber Andri hat. – Andri in die Fußballmannschaft aufnehmen möchte.	ist unsympathisch, weil er – Andri nicht gegen den Tischlermeister verteidigt. – nur an seinen eigenen Vorteil denkt. – selbst Angst vor dem Tischlermeister hat und deswegen lügt. – sich nicht wie ein wahrer Freund verhält, sondern Andri im Stich lässt. – über die rassistischen und antisemitischen Äußerungen des Tischlermeisters lacht.

   b   Mögliche Lösung:
Anfangs ist der Tischlergeselle sehr freundlich zu Andri. Er möchte ihn in seine Fußballmannschaft aufnehmen und bezeichnet ihn als seinen Freund. Er selbst hat auch keine Vorurteile gegenüber dem Juden Andri. Als Prader, der Tischlermeister, hinzukommt, ändert sich sein Verhalten. Er lügt den Tischler an und behauptet, der gute Stuhl sei von ihm selbst verzapft worden. Er betrügt Andri, seinen angeblichen Freund, um seinen Erfolg, indem er den Meister nicht auf seinen Irrtum hinweist. Als der Tischlermeister seine Vorurteile bestätigt sieht und Andri klarmacht, dass er zum Handwerker ungeeignet ist, steht er ihm nicht bei, sondern denkt nur an seinen eigenen Vorteil.

3 a Antisemitische Aussagen und Vorurteile des Tischlers:
Z. 55: „Wenn du wenigstens den Schneid hättest –" → Vorurteil: Juden seien angeblich feige.
Z. 69–71: „… lobpreiset eure Zedern vom Libanon, aber hierzuland wird in andorranischer Eiche gearbeitet, mein Junge." → Der Tischlermeister möchte Andri damit klarmachen, dass er als Fremder in Andorra angesehen wird und dass hier andere Gesetze gelten als in seiner „Heimat".
Z. 102–104: „Nichts als Ärger hat man mit dir, das ist der Dank, wenn man deinesgleichen in die Bude nimmt, ich hab's ja geahnt." → Vorurteil: Andri wird als Schmarotzer, als undankbarer Nichtskönner angesehen.
Z. 124–125: „Aber ich hab's ja gewußt, du gehörst nicht in die Werkstatt." → Vorurteil: Juden seien nicht geeignet für ein „ehrliches" Handwerk, sondern könnten angeblich besonders gut mit Geld umgehen, sie seien geldgierig und geizig.
Z. 146: „Schnorr nicht soviel." → Vorurteil: Juden könnten zwar nicht arbeiten, aber gut reden.
Z. 148: „Erstens ist hier keine Klagemauer." → Der Tischlermeister macht sich hier über die jüdische Religion lustig auf Grund des Vorurteils, dass Juden ständig klagen und jammern würden.
Z. 158–160: „Für jede Bestellung, die du hereinbringst mit deiner Schnorrerei, verdienst du ein halbes Pfund." – Z. 162–165: „Das ist's, was deinesgleichen im Blut hat, glaub mir, und jedermann soll tun, was er im Blut hat. Du kannst Geld verdienen, Andri, viel Geld …" → Vorurteil: Juden seien von Natur aus nur für Geldgeschäfte geeignet, weil sie geldgierig und geizig wären.

b Richtig ist Aussage B: Die Aussagen des Tischlers sind judenfeindlich, weil sie nur Vorurteile wiederholen, z. B. Zeilen 162–165: „Das ist's, was deinesgleichen im Blut hat, glaub mir …" Der Tischler bedient das Vorurteil, dass Juden geldgierig und geizig seien.

4 Die Schüler/-innen können nun von eigenen Erfahrungen mit Formen des Rassismus berichten. Dadurch können sie sich einerseits besser in Andris Lage hineinversetzen, andererseits wird der Beispielcharakter des Stücks deutlich. Mögliche Aspekte, die weiterführend angesprochen und diskutiert werden können, sind folgende Anlässe für rassistische Diskriminierung:
– Hautfarbe
– Herkunft (z. B. aus Flüchtlingsregionen: Afrika, Syrien, Afghanistan)
– Religion (z. B. Islam, Judentum)
– Aussehen und Kleidung (z. B. Kopftuch oder Vollbart)
– Geschlecht (z. B. Benachteiligung von Mädchen)
– Sexualität (z. B. Homophobie)
– Inklusion (z. B. Umgang mit Kindern und Jugendlichen mit besonderem Förderbedarf)

5 Diese Aufgabe dient der Vertiefung und kann für besonders leistungsstarke Schüler/-innen genutzt werden. Anhand der Aussage von Max Frisch über sein Drama „Andorra" wird noch einmal der exemplarische Charakter des Dramas deutlich. Mögliche Erläuterungen:
– Max Frisch meint damit, dass nicht nur der Antisemitismus zu Stereotypen und Vorurteilen führt, sondern jede Form von Rassismus und Sexismus.
– Am Beispiel des Antisemitismus zeigt Max Frisch, dass Vorurteile und Stereotype in einer Gesellschaft existieren und wie sie erkannt werden.
– Andris Schicksal ist beispielhaft dafür, wie Vorurteile das Schicksal eines Menschen beeinflussen und ihn demütigen können. Dies ist beim Antisemitismus genauso der Fall wie bei sonstigen rassistischen und sexistischen Vorurteilen.
– Am Antisemitismus wird besonders deutlich, dass stereotype Vorurteile gegenüber Menschen oder Menschengruppen vollkommen willkürlich und irrational sind.

S. 157 Andorra – Vor siebentem Bild / Vor achtem Bild

1 a Mögliche Vermutungen:
– Andri wird sterben.
– Andri scheint gar kein Jude zu sein.
– Der Soldat scheint in Andris Todesfall verstrickt zu sein.
– Der Pater und Andri führen noch ein gemeinsames Gespräch.
– Andri wird zum Tode verurteilt.

b Mögliche Lösung:
Der Soldat kann Andri nicht leiden, hält ihn immer noch für einen Juden, versucht sich zu rechtfertigen, sucht die Schuld nicht bei sich. → Er hat seine Einstellung gegenüber Andri nicht geändert.
Der Pater fühlt sich Andri gegenüber schuldig, bereut sein Verhalten gegenüber Andri. → Er hat seine Einstellung gegenüber Andri insoweit geändert, als er gemerkt hat, dass auch er Vorurteile ihm gegenüber hatte.

2 a Mögliche Lösung:
- Can, der Lehrer, hätte Andri und allen anderen Andorranern sofort die Wahrheit über Andris Herkunft sagen müssen.
- Die Andorraner hätten Andri vorurteilsfrei nach seinem Charakter und seinen Leistungen bewerten und als einen von ihnen akzeptieren sollen.
- Die Señora hätte nicht ermordet werden dürfen.
- Die Andorraner hätten gegenüber den „Schwarzen" Zivilcourage zeigen und Andri beschützen müssen.

b Mögliche Schülerantworten:
Schuld an Andris Tod sind …
die Andorraner (Soldat, Tischler, Geselle etc.), weil sie Andri nicht vor den „Schwarzen" beschützt, sondern ihn verdächtigt haben, den Mord an der Señora begangen zu haben. Sie wollten Andri als Juden loswerden und haben ihn als Sündenbock den „Schwarzen" geopfert. Sie sind aber auch deshalb schuldig, weil sie dem Stereotyp des „Juden" gefolgt sind und Andri in seiner Persönlichkeit nicht wahrgenommen und akzeptiert haben.
der Lehrer Can, weil er seinem leiblichen Sohn die Wahrheit verheimlicht und ihn im Glauben gelassen hat, Jude zu sein. Zudem hat er tatenlos zugesehen, wie Andri als vermeintlicher Jude von der Bevölkerung diskriminiert wurde.
der Pater, weil er Andri eingeredet hat, er solle es akzeptieren, Jude zu sein, und weil er die Ablehnung durch die Andorraner nicht wahrhaben wollte, sie kleingeredet, als „Gerücht" bezeichnet hat.
die „Schwarzen", weil sie Andri ermordet haben.

S. 158 Eine Theateraufführung besuchen

1 a/b Die Schüler/-innen lernen hier Aufbau und Merkmale einer Theaterkritik kennen. Sie erfahren, dass sie sich wie ein Bericht an den W-Fragen orientiert, den Inhalt des Stücks kurz zusammenfasst, die Einzelleistungen von Darstellern und Regisseur bewertet und die Reaktion des Publikums in ihr Urteil einbezieht.
Mögliches Tafelbild:

Max Frischs „Andorra" – Aufbau und Elemente einer Theaterkritik

Elemente eines Berichts:
Wann? – Freitag, 16. Dezember (Z. 1)
Wer? – Schülerinnen und Schüler der 9. und 10. Klasse (Z. 1)
Was? – Theateraufführung des Stücks „Andorra" von Max Frisch (Z. 2)
Wie (genau)? – Theatergruppe, vier Schauspieler, textnah (Z. 10), finaler Part ausgelassen (Z. 12), heimatnahe Volksmusik (Z. 17)
Welche Folgen? – Darsteller mit Beifall belohnt (Z. 22), Publikumsliebling Andri tosender Applaus (Z. 22–23)
Elemente einer Zusammenfassung: (Z. 5–9)
Elemente einer Beurteilung:
„Umsetzung […] verwirrend" (Z. 16), „eher unangebrachte Heiterkeit" (Z. 18–19), „fehl am Platz" (Z. 20); „doch überzeugend" (Z. 21), „unterhaltsame Umsetzung" (Z. 24), „durch ihre Aussagekraft zu beeindrucken wusste" (Z. 25)

8 „Andorra" – Ein Drama untersuchen

2 Mögliche Stellungnahmen:
Ich würde mir die Vorstellung anschauen, weil …
- sie ganz unterhaltsam zu sein scheint.
- wir das Drama auch im Unterricht besprechen.
- die Kritik insgesamt positiv ausfällt.
- die Schauspieler doch überzeugend waren.

Ich würde mir die Vorstellung nicht anschauen, weil …
- die Aufführung sehr verwirrend erscheint.
- ich Volksmusik bei dem Stück auch albern finde.
- das ein ernstes Stück ist und ich es nicht mag, wenn die Leute dann lachen.

3 a/b *Hinweis:* Eine Theateraufführung als Film zu „Andorra" (1986, Düsseldorfer Schauspielhaus, Regie: Peter Heusch, Laufzeit: 97 Minuten) kann in Youtube angesehen werden (s. Literaturhinweise).

4 Bei dieser Aufgabe ist darauf zu achten, dass die Schüler/-innen sowohl berichtende und zusammenfassende als auch wertende Elemente in ihrer Kritik verwenden. Die Theaterkritik des Schülerbands dient als Vorlage.

S.159 Teste dich! – Eine Dramenszene inhaltlich erschließen

S.159 Andorra – Viertes Bild (Auszug 1)

1 Die richtigen Aussagen sind:
S Der Doktor weiß nicht, dass Andri Jude ist.
Z Andri fühlt sich durch die Aussagen des Doktors über Juden gekränkt.
E Die Mutter hält die Äußerungen des Doktors für unangemessen.
N Der Doktor versteht die ganze Aufregung nicht.
E Die Mutter macht sich Sorgen um Andri.
Lösungswort: SZENE

2 a Mögliche Textbeispiele:
„… so muß es tönen, daß jeder Jud in den Boden versinkt, wenn er den Namen unseres Vaterlands hört." (Z. 10–13)
„Ich kenne den Jud. Wo man hinkommt, da hockt er schon, der alles weiß, und du, ein schlichter Andorraner, kannst einpacken." (Z. 20–23)
„Das Schlimme am Jud ist sein Ehrgeiz." (Z. 23–24)
„Auch ich habe Juden gerettet, obschon ich sie nicht riechen kann. Und was ist der Dank? Sie sind nicht zu ändern." (Z. 28–30)

b Mögliche Antworten:
Die Regieanweisung „Andri zuckt" (Z. 13) soll zeigen, wie die Rede des Doktors Andri verletzt, und bewirken, dass das Publikum mit Andri mitfühlt.

8.2 Wie konnte es dahin kommen? – Dramenszenen schriftlich analysieren

S.160 Eine Dramenszene zusammenfassen und einordnen

S.160 Andorra – Viertes Bild (Auszug 2)

1 Mögliche Leseeindrücke:
- Beim Lesen der Szene fällt mir auf, dass Andri sich mit dem Lehrer nicht gut versteht.
- Mir fällt besonders die ablehnende Haltung des Lehrers auf, und zwar aus folgendem Grund: Er hat keine wirklichen Argumente gegen die Heirat von Andri und Barblin, ist aber trotzdem dagegen.

- Ich finde es seltsam, dass Andri sofort den Lehrer verdächtigt, gegen Juden zu sein.
- Die Szene zeigt, dass Andri sich von seinen Pflegeeltern auch nicht verstanden fühlt.
- Das Verhältnis zwischen Andri und seinen Eltern scheint zwiespältig zu sein. Während seine Pflegemutter ihn unterstützt, führt die ablehnende Haltung des Lehrers zum Streit.

2 a/b Richtige Zuordnung der vorgegebenen Zwischenüberschriften:
Z. 6–45: Andri hält um Barblins Hand an.
Z. 46–68: Der Vater ist gegen die Hochzeit.
Z. 69–104: Mutter und Andri suchen nach Gründen für Cans Ablehnung.
Eine weitere mögliche Gliederung (●●●) wäre z. B.:
Z. 4–20: Andri hält bei seinen Pflegeeltern um die Hand Barblins an.
Z. 21–47: Der Lehrer will von einer Heirat nichts hören.
Z. 48–68: Andri verteidigt seinen Antrag, Barblin ist verzweifelt und geht.
Z. 69–86: Die Mutter steht auf Andris Seite und spricht auf den Lehrer ein.
Z. 87–104: Andris Vermutung bringt den Lehrer aus der Fassung.

3 a/b Mögliche Lösung:

> Barblin weißelt die andorranischen Mauern für den Sanktgeorgstag. Sie wird von Soldaten belästigt. Dem Pater gesteht sie ihre Angst vor den „Schwarzen".
> ↓
> Andri als Küchenjunge in der Kneipe. Der Soldat stellt Andri ein Bein. Er beleidigt ihn mit judenfeindlichen Sprüchen. Da der Soldat Barblin nachstellt, bricht ein Streit um Barblin zwischen dem Soldaten und Andri aus.
> ↓
> Andri freundet sich mit dem Tischlergesellen an. Dessen Stuhl geht bei einer Probe des Tischlermeisters kaputt. Der Tischler verdächtigt Andri, den schlechten Stuhl angefertigt zu haben. Er sagt, dass Juden besser im Verkauf seien. Der Tischlergeselle hilft Andri nicht.
> ↓
> Andri wird von einem Arzt untersucht, der ebenfalls viele Vorurteile gegenüber Juden hat.
> ↓
> Andri möchte Barblin heiraten und hält beim Lehrer um ihre Hand an.

4 Im vierten Bild spitzen sich die Konflikte weiter zu und erreichen ihren Höhe- und Wendepunkt. Andri hat bereits viele Vorurteile gegenüber Juden zu spüren bekommen, erst vom Soldaten, dann vom Tischler und zuletzt vom Doktor. Da er Barblin nicht heiraten darf, vermutet er auch bei seinem Vater, dem Lehrer, Judenfeindlichkeit und fühlt sich nun sogar von seiner Familie ausgegrenzt. Andri steht am Ende des vierten Bildes allein da.

Siehe hierzu auch die **Folie** „Szenenbilder dem Handlungsverlauf zuordnen" auf der CD-ROM.

5 a Gründe gegen die Heirat von Andri und Barblin:
Der Lehrer meint, Barblin sei zu dumm für Andri: „Sie ist ein Huhn. Laß sie! Du findest noch Mädchen genug." (Z. 61–62) Außerdem sei Barblin zu jung für Andri: „Barblin ist ein Kind –." (Z. 82)
Die Mutter vermutet, Can sei eifersüchtig auf das Glück der beiden: „Du schweigst in dich hinein, weil du eifersüchtig bist, Can, auf die Jungen und auf das Leben überhaupt und daß es jetzt weitergeht ohne dich." (Z. 76–79)
Andri hingegen glaubt, Can sei gegen die Heirat, weil er, Andri, ein Jude ist: „Weil ich Jud bin." (Z. 87), „So sagt es doch." (Z. 89), „Das ist es doch." (Z. 91)

b Mögliche Lösung:
Der Satz „Jetzt sind alle auseinander" (Z. 110) markiert den Höhepunkt des Stücks. Die Familie des Lehrers, Andris letzter Zufluchtsort, ist zerbrochen. Der Konflikt zwischen Andri und dem Lehrer wird sich nicht mehr lösen lassen. Andri wird auch zu Barblin keine Beziehung mehr aufbauen können.

8 „Andorra" – Ein Drama untersuchen

S. 163 Einen Schreibplan zu einer Dramenanalyse anfertigen

1 a Mögliche Lösung:

A Einleitung
- Autor/-in: Max Frisch
- Titel (Uraufführung): Andorra (1961)
- Textsorte: Drama, viertes Bild
- Thema des Dramas: Vorurteile und ihre Auswirkungen auf das Leben des vermeintlich jüdischen Waisenjungen Andri
- erster Leseeindruck: In dieser Szene zeigt sich, dass Andri sich von seinen Zieheltern auch nicht verstanden fühlt.

B Hauptteil
1. Einordnung der Szene in den Handlungsverlauf: Konflikt, steigende Spannung bis Höhepunkt (Zuspitzung des Konflikts)
2. Inhalt der Szene: Heiratswunsch Andris, Vater ist dagegen, Mutter und Andri suchen nach Gründen; Andri vermutet, dass er Barblin nicht heiraten darf, weil er Jude ist.
3. Genaue Analyse
   - des Gesprächsverlaufs
     → Vater: anfangs erschrocken, später wütend
     → Andri: anfangs freudig entschlossen, später abweisend, am Ende: verzweifelt, sucht nach einer Erklärung, hat kein Vertrauen mehr
     → Mutter: anfangs aufgeschlossen, in ihrer Erwartung bestätigt; später: versucht zu beruhigen, sucht nach Gründen; am Ende: allein
   - des Figurenverhaltens
     → Vater: ablehnend, verschlossen, wütend
     → Andri: fassungslos, abweisend, verzweifelt
     → Mutter: verständnisvoll, fragend, streng, verständnislos
   - der Figurenbeziehung
     → Vater ↔ Andri: Konfrontation, Streit
     → Mutter ↔ Andri: verständnisvoll, aber: Andri lässt Mutter allein zurück
     → Vater ↔ Mutter: verständnislos, Vater lässt Mutter allein zurück

C Schluss
Zusammenfassung der Ergebnisse:
- Gesprächsverlauf → von familiärer, harmonischer Situation zu einem unlösbaren Konflikt innerhalb der Familie
- Figurenverhalten/-beziehung → Andri fühlt sich von seiner Familie zurückgestoßen: Der Vater benimmt sich seltsam und ist, ohne Argumente hervorbringen zu können, gegen Andris Heiratspläne; Die Mutter versucht zu vermitteln, bleibt aber am Ende allein zurück.

Fazit/Schlusswort: Die Szene verdeutlicht, wie sich Andri innerhalb des Dramas von den Andorranern immer mehr isoliert und diskriminiert fühlt. Dieses Gefühl der Ausgrenzung geht sogar so weit, dass er sich selbst von seiner Familie nicht mehr akzeptiert fühlt und sich auch von ihr abwendet.

b Mögliche Zitate

zu Andris Verhalten:

Z. 6–10: „Ich weiß nicht, wie man so etwas sagt: – Ich werde einundzwanzig, und Barblin ist neunzehn …" […] „Wir möchten heiraten." → Man erkennt Andris Entschlossenheit.

Z. 63 (Regieanweisung): *Andri reißt sich von ihm los.* → verdeutlicht Andris Ablehnung gegenüber dem Lehrer.

Z. 87–91: „Weil ich Jud bin. […] So sagt es doch. […] Das ist es doch." → zeigen Andris furchtbare Erkenntnis, dass er sogar in seiner Familie abgelehnt wird.

zum Verhalten der Mutter:

Z. 24 ff.: „Deswegen brauchst du das Brot nicht fallen zu lassen. *Die Mutter nimmt das Brot vom Boden.* Sie lieben einander." → lässt erkennen, dass sie den Heiratswunsch als etwas ganz Natürliches und Normales begreift.

Z. 49: „Wieso nicht?" → signalisiert Verständnislosigkeit gegenüber ihrem Mann.

Z. 51–56: „Schrei nicht! […] Und du heul nicht gleich! […] Und red keinen Unfug!" → stellen dar, wie die Mutter die Lage zu beruhigen versucht, es allerdings nicht schafft.

2 Mögliche Analyse:

[Einleitung] Das Drama „Andorra" (1961) von Max Frisch thematisiert Vorurteile und ihre Auswirkungen auf das Leben des vermeintlich jüdischen Waisenjungen Andri. Das vierte Bild des Dramas zeigt, dass sich Andri nicht nur von den Andorranern, sondern auch von seinen Pflegeeltern nicht verstanden fühlt.

[Hauptteil/Zusammenfassung] In dieser Szene steigt die Spannung und der Konflikt spitzt sich zu. Daher markiert sie den Übergang von der Exposition zum Höhepunkt des Dramas. Zu Beginn der Szene hält Andri während des gemeinsamen Mittagessens beim Lehrer um Barblins Hand an. Doch der Vater ist gegen die Hochzeit, ohne plausible Argumente vorbringen zu können. Während Barblin verzweifelt den Raum verlässt, suchen Mutter und Andri nach Gründen für Cans Ablehnung. Andri vermutet, dass er Barblin nicht heiraten darf, weil er Jude ist. Der Lehrer verneint dies zwar, kann aber immer noch keine Gründe benennen, die gegen eine Heirat sprechen. Wütend verlässt er den Familientisch. Auch Andri geht und die Mutter bleibt allein zurück.

[Verhaltensweisen der Figuren, Gesprächssituation, -absicht, -verlauf] Innerhalb des Gesprächsverlaufs zeigen die Figuren unterschiedliche Verhaltensweisen. Zu Beginn der Szene sitzen alle harmonisch am Mittagstisch. Der **Vater** schneidet das Brot, und die Mutter schöpft eine Suppe (Z. 2–3). Als Andri nun um Barblins Hand anhält, lässt der Vater das Brot fallen (Z. 11). Dies verdeutlicht, wie sehr der Vater bei dieser Mitteilung erschrickt. Im weiteren Verlauf wandelt sich sein Schrecken in Wut. Diese steigert sich bis zum Ende: „Er geht und knallt die Tür zu" (Z. 107).

Bei **Andri** hingegen erkennt man eine leichte Verlegenheit, die sich in Entschlossenheit wandelt: „Ich weiß nicht, wie man so etwas sagt: – Ich werde einundzwanzig, und Barblin ist neunzehn. […] Wir möchten heiraten" (Z. 6–10). Auf Grund der ablehnenden Haltung des Vaters wird er ebenfalls abweisend: *Andri reißt sich von ihm los* (Z. 63, Regieanweisung). Da der Vater keine Gründe anführen kann, die gegen eine Heirat der beiden sprechen (vgl. Z. 85–86), wächst Andris Verzweiflung und sein Misstrauen gegenüber dem Vater. Für ihn bleibt nur eine Erklärung: „Weil ich Jud bin" (Z. 87). Diese Erklärung ist für ihn die einzig plausible: „Das ist es doch" (Z. 91). Hier zeigt sich, dass er zu seinem Vater kein Vertrauen mehr hat. Dieser scheint ihn abzulehnen und will ihn diskriminieren wie alle anderen Andorraner auch.

Diese Schlussfolgerung zieht die **Mutter** jedoch nicht. Sie zeigt von Anfang an Verständnis für die Heiratswünsche Andris und hält sie sogar für recht natürlich: „Sie lieben einander" (Z. 26). Auch versucht sie während des Gesprächs die Gemüter zu beruhigen: „Schrei nicht!" (Z. 51) oder „Und du heul nicht gleich" (Z. 54). Sie spricht dabei nur in Aufforderungssätzen, was verdeutlicht, dass sie aufgeregt ist. Ähnlich wie Andri sucht auch sie nach Gründen für Cans Ablehnung. Doch sie kommt zu anderen Schlüssen: „Bist du eifersüchtig?" (Z. 70), die aber ebenfalls von Can unbeantwortet bleiben. Ihr ständiges Nachfragen scheint ihm unangenehm zu sein: *Lehrer schweigt, dann nimmt er seinen Hut* (Z. 104–105).

Es wird deutlich, dass in der Beziehung zwischen dem Ehepaar die Mutter keinen Einfluss auf das Verhalten des Vaters hat. Eher herrscht zwischen den beiden Verständnislosigkeit. Bei dem Verhältnis zwischen Mutter und Andri wird zwar das Verständnis der Mutter gegenüber Andri deutlich, aber auch Andri lässt sich kaum von ihr beeinflussen und lässt sie ebenfalls allein zurück. So kann die Mutter die zunehmende Konfrontation zwischen Vater und Sohn weder aufhalten noch mildern. An ihrer Figur wird deutlich, wie sehr die Familie zerstritten ist: „Jetzt sind alle auseinander" (Z. 110).

Anhand des Gesprächsverlaufs lässt sich erkennen, wie es aus einer familiären, harmonischen Situation zu einem unlösbaren Konflikt innerhalb der Familie kommt. Andri fühlt sich von seiner Familie zurückgestoßen, der Vater benimmt sich seltsam und ist, ohne Argumente vorbringen zu können, gegen Andris Heiratspläne; die Mutter versucht zu vermitteln, bleibt aber am Ende allein zurück.

Die Szene verdeutlicht zum einen, wie sich Andri innerhalb des Dramas von den Andorranern immer mehr isoliert und diskriminiert fühlt. Zum anderen zeigt sich das tiefe Misstrauen, das Andri auch gegenüber seinem Vater hegt. Dieses Gefühl der Ausgrenzung geht sogar so weit, dass er sich von seiner Familie nicht mehr akzeptiert fühlt und sie verlässt.

S. 164 Fordern und fördern – Eine Dramenszene schriftlich analysieren

Die Einleitung

1 Mögliche Ergänzung: Das Drama „Andorra" (1961), geschrieben von Max Frisch, handelt von einem Jungen, der als „Jude" aus der Gesellschaft ausgegrenzt wird.

Hier gibt es keine falsche Lösung. Vielmehr geht es darum, den Schülerinnen und Schülern unterschiedliche Anregungen zum Schreiben eines Einleitungssatzes zu bieten. Beispiellösung:
In Max Frischs Drama „Andorra" (1961) geht er um einen Juden namens Andri, der von den Dorfbewohnern Andorras als „der Jude" ausgegrenzt wird.

Der Hauptteil

2 Mögliche Lösung (die im SB vorgegebenen Formulierungshilfen sind unterstrichen):

<u>Die Szene steuert auf den Höhepunkt des Dramas zu. Vor der Szene</u> ist Andri von mehreren Andorranern bereits als Jude diskriminiert worden. Der Soldat hat ihn mehrmals beleidigt und ihm ein Bein gestellt. Auch darf er kein Tischler werden, weil er Jude ist. Selbst der Doktor äußert Juden gegenüber rassistische Vorurteile. <u>Nach der Szene</u> stellt sich heraus, dass Andri doch kein Jude ist, sondern der Sohn des Lehrers mit einer „Schwarzen". Als der Pater in einem Gespräch ihm dies mitteilen will, glaubt Andri ihm jedoch nicht mehr.
<u>Die</u> vierte <u>Szene beginnt mit Andris Familie, die am Mittagstisch sitzt und isst. Andri verkündet, dass er und Barblin heiraten wollen. Nachdem der Vater dies gehört hat, sagt er Andri, dass</u> dies auf keinen Fall ginge. <u>Die Mutter hingegen</u> hält den Heiratswunsch der beiden für natürlich. Aber der Vater ist von Andris und Barblins Wunsch geradezu schockiert. Andri vermutet, dass der Vater ebenfalls Vorurteile gegenüber Juden hat. Der Vater kann keine weiteren Gründe nennen. Am Ende verlässt der Vater wütend den gemeinsamen Mittagstisch. Auch Andri geht/entfernt sich. Nur die Mutter bleibt allein zurück.

3 Mögliche Lösung:

<u>Die Gesprächssituation</u>: Anlass des Gesprächs zwischen Andri und seinen Eltern ist, dass die Familie gemeinsam am Mittagstisch sitzt.
<u>Die Gesprächsabsicht</u>: Andri möchte Barblin heiraten. Er nennt gute Gründe, warum es nun Zeit dafür ist, z. B. würde es nach der Heirat kein Soldat mehr wagen, Barblin zu belästigen. Doch der Vater ist dagegen. Er kann aber keine wirklichen Gründe nennen, die gegen eine Heirat sprechen. Dadurch wirkt er wenig überzeugend. Selbst die Mutter ist für eine Heirat der beiden. Auch sie hat gute Gründe dafür, z. B. dass die beiden einander lieben und sie Andri gut kennen und schätzen. Sie versucht vergeblich, den Vater zu überzeugen.

Der Gesprächsverlauf: Zu Beginn wirkt die Szene harmonisch. Es wird ein Familienidyll gezeigt, z. B. schneidet der Vater das Brot und die Mutter schöpft die Suppe. Die Szene endet im Streit zwischen Vater und Andri. Der Konflikt spitzt sich so zu, dass zum Schluss die Mutter allein auf der Bühne steht.

4 Mögliche Lösung:

Der Vater verhält sich Andri gegenüber erst entsetzt, später sogar wütend. Er herrscht Andri gegen Ende wütend an. Auch als er keine wirklichen Argumente hervorbringen kann, bleibt er stur bei seiner Ablehnung der Heirat.

Andri reagiert auf das Nein des Vaters erst einmal ruhig. Doch da der Vater nicht umzustimmen ist und auch keine Gründe für sein Nein benennen kann, sucht Andri das Motiv darin, dass er Jude ist. Er tritt dem Vater nun wissend gegenüber.

Die Mutter hingegen wirkt eher verwirrt und fragend. Sie kann das Nein des Vaters nicht verstehen und fordert von ihm Gründe. Auch versucht sie, zwischen Andri und Vater zu vermitteln, wobei sie ganz klar Position für Andri bezieht.

5 Lösung zu A:
→ zitieren: Der Lehrer führt als ein Grund an, dass Barblin noch zu jung für die Heirat ist: „Barblin ist ein Kind –." (Z. 82)
→ indirekte Rede: Der Lehrer führt als Grund für sein Nein an, Barblin sei noch ein Kind. (Z. 82)
→ zitieren: Andri gibt als vermutlichen Grund für die Ablehnung des Vaters an: „Weil ich Jud bin." (Z. 87)
→ indirekte Rede: Andri vermutet, der wahre Grund für die Ablehnung des Vaters liege darin, dass er Jude ist. (Z. 87)

Der Schluss

6 Mögliche Lösung:
Zusammenfassend lässt sich sagen, dass Andri sich immer stärker ausgegrenzt fühlt.

8.3 Fit in …! – Dramenszenen analysieren und interpretieren

S. 166 Andorra – Neuntes Bild (Auszug)

S. 167 Die Aufgabe richtig verstehen – Planen – Schreiben und überarbeiten

1 a/b Folgende Aussagen sind richtig:
Ich soll …
– eine Einleitung formulieren.
– das Verhalten der Figuren beschreiben.
– meine Aussagen mit Zitaten belegen oder in der indirekten Rede wiedergeben.
– die Szene in das Gesamtdrama einordnen.
– am Schluss meine Ergebnisse zusammenfassen.
Lösungswort: PATER

Planen

2 Mögliche Lösung:

> Der Pater spricht mit Andri über seine Herkunft.
> ↓
> Er erklärt Andri, dass die Señora seine Mutter ist.
> ↓
> Doch Andri glaubt dem Pater nicht.
> ↓
> Der Pater möchte Andri beschwichtigen.
> ↓
> Andri hält daraufhin einen Monolog darüber, dass alle Vorurteile ihm gegenüber wahr seien. Er fühlt sich als Jude und möchte nun als solcher angenommen werden.

3 Möglicher Schreibplan:

A Einleitung
- Autor/-in: – Max Frisch
- Titel: – Andorra
- Erscheinungsjahr: – 1961 (Uraufführung)
- Textsorte: – Drama, neuntes Bild
- Thema: – Vorurteile und ihre Auswirkungen auf den vermeintlich jüdischen Waisenjungen Andri
- erster Leseeindruck: – In dieser Szene wird deutlich, dass Andri nicht mehr zwischen Wahrheit und Lüge unterscheiden kann.

B Hauptteil

1 Einordnung der Szene in den Handlungsverlauf: Wendepunkt, fallende Handlung: Andri wird nicht mehr davon zu überzeugen sein, dass er kein Jude ist.

2 Inhalt der Szene: Der Pater, Andris Herkunft, Señora = leibliche Mutter, Andri zweifelt, Monolog, alle Vorurteile wahr, fühlt sich als Jude

3 Genaue Analyse
- **des Gesprächsverlaufs**: Andri anfangs gesprächsbereit, dann abweisend; Ende: monologisierend
Pater anfangs: versucht mit Andri zu reden; dann: stockend, viele rhetorische Fragen; am Ende pathetisch, beschwörend
- **des Figurenverhaltens**: Andri: aufgeregt, zynisch, durcheinander
Pater: unsicher, verzweifelt
- **der Figurenbeziehung**: Andri abweisend und verachtend gegenüber dem Pater
Pater möchte auf Andri zugehen, ist aber unsicher

C Schluss
- Zusammenfassung der Ergebnisse: Andri vertraut keinem mehr, auch nicht dem Pater, den er nicht mehr als Autorität akzeptiert.
- Fazit/Schlusswort: Pater hat keinen Einfluss mehr auf Andri; dieser besteht darauf, dass er ihn endlich als Juden akzeptiert.

Schreiben und überarbeiten

4 Mögliche Lösung für den Einleitungssatz:
Max Frischs Drama „Andorra" (1961) handelt von Vorurteilen gegenüber Juden und ihre Auswirkungen auf den vermeintlich jüdischen Waisenjungen Andri.

5 Für die Bearbeitung dieser Aufgabe ist die Kenntnis des Textauszugs auf dem Arbeitsblatt KV1 hilfreich (Dialog Señora – Vater). Mögliche Lösung:
Die Szene befindet sich als Wendepunkt in der Mitte des Dramas. **Vor der Szene** versucht der Lehrer Andri erfolglos davon zu überzeugen, dass er sein leiblicher Sohn ist. Als die Señora, eine „Schwarze", nach Andorra kommt, hilft sie Andri bei einer Schlägerei mit einigen Andorranern. Es wird klar, dass Andri der leibliche Sohn der Señora ist, aber dies nicht ahnt.
Nach der Szene wird die Señora tot aufgefunden. Sie wurde mit einem Stein erschlagen. Man verdächtigt sofort Andri als Mörder, obwohl er ein Alibi hat.
Die Szene beginnt mit Andri und dem Pater, der mit ihm über seine Herkunft sprechen möchte. Er erklärt Andri, dass die Señora seine Mutter ist. Doch Andri glaubt dem Pater nicht. Im weiteren Verlauf beschwört der Pater Andri, ihm zu glauben, denn er sage die Wahrheit. Daraufhin hält Andri einen Monolog darüber, dass alle Vorurteile gegen Juden auch auf ihn zuträfen. Andri fühlt sich als Jude und möchte als solcher vom Pater akzeptiert werden.

6 Die richtigen Aussagen sind:
A Er ist dem Pater gegenüber misstrauisch und glaubt nicht, was dieser berichtet.
  Beleg: „PATER: Du glaubst nicht, was ich dir sage? ANDRI: Nein." (Z. 12–13)
C Er erwartet vom Pater, dass er ihn so akzeptiert, wie er sich selbst sieht.
  Beleg: „Hochwürden haben gesagt, man muß das annehmen, und ich hab's angenommen. Jetzt ist es an Euch, Hochwürden, Euren Jud anzunehmen." (Z. 56–60)
D Andri akzeptiert nun, ein Jude zu sein.
  Beleg: „Und es ist so, Hochwürden, ich bin anders." (Z. 35–36)
E Andri ist tief verletzt und vertraut keinem mehr.
  Beleg: „Wie viele Wahrheiten habt ihr? [...] Das könnt ihr nicht machen mit mir." (Z. 24–26)

7 Mögliche Lösung:
Mit Andris Aussage „Euch habe ich ausgeglaubt" (Z. 28) wird deutlich, wie zynisch Andri den Andorranern gegenüber geworden ist. Das Wortspiel „ausgeglaubt" bezieht sich darauf, dass die Aussagen des Paters im Widerspruch zu den vorherigen Aussagen der Andorraner stehen. Sie haben ihm gesagt, wie er als Jude zu sein hat, jetzt soll er mit einem Mal keiner mehr sein.

8 Mögliche Lösung:
Zusammenfassend lässt sich sagen, dass in dieser Szene Andri seine Identität als Jude annimmt. Die Behauptung des Paters, er sei der Sohn der Señora, widerspricht den vorherigen Aussagen der Andorraner und auch der des Paters. Er glaubt dem Pater daher nicht mehr, sondern erwartet nun von ihm, ihn so zu akzeptieren, wie er sich selbst sieht.

8 „Andorra" – Ein Drama untersuchen

Material zu diesem Kapitel

Klassenarbeit
– Die Beziehung zweier Dramenfiguren analysieren – Max Frisch: Andorra / Sechstes Bild (Niveau A ohne, B mit Hilfen; mit Bewertungsbogen auf der CD-ROM)
– Eine Dramenszene analysieren – Max Frisch: Andorra / Siebtes Bild (Niveau A ohne, B mit Hilfen; mit Bewertungsbogen auf der CD-ROM)

Fordern und fördern
– Mit Hilfe einer Dramenszene einen Monolog verfassen – Max Frisch: Andorra (●●○|●○○|○○○ mit Lösungshinweisen auf der CD-ROM)
Hinweis: Diese Szene ist zwischen dem 8. und 9. Bild wie eine „Zeugenschranke" eingefügt. Die Kenntnis dieser Szene ist auch für die Bearbeitung von Aufgabe 5 auf Seite 168 im Schülerband hilfreich; siehe die Aufgabenlösung auf Seite 247 in diesen HRU.
– Eine Figurenkonstellation erstellen (●●○|●○○ mit Lösungshinweisen auf der CD-ROM)

Diagnose
– Ein Drama untersuchen – Fachbegriffe kennen und verwenden (mit Lösungshinweisen und Förderempfehlung auf der CD-ROM)

PPT-Folien (auf der CD-ROM)
– „Andorra" – Ein Bühnenbild untersuchen
– Szenenbilder dem Handlungsverlauf zuordnen

Deutschbuch Arbeitsheft 9
– Eine Dramenszene verstehen – Andri und Barblin, S. 40–43
  Max Frisch: Andorra (Zweites Bild)
   ●○○ Eine Liebesszene? – Dialoge untersuchen (Teil 1)
   ●●● Laut nachgedacht – Dialoge untersuchen (Teil 2)

Deutschbuch Lern- und Arbeitsheft 9
für Lernende mit erhöhtem Förderbedarf im inklusiven Unterricht
– „Andorra", Seite 147–168

Möglicher Medieneinsatz
Film Max Frisch: Andorra. https://www.youtube.com/watch?v=QbFOUE9OhcU
Verfilmung der werkgetreuen Aufführung des Düsseldorfer Schauspielhauses 1985, Regie: Peter Heusch.

Hörbuch Max Frisch: Andorra. In der Inszenierung der Uraufführung des Schauspielhauses Zürich, Regie: Kurt Hirschfeld, Aufnahme: Radio Zürich. Deutsche Grammophon: Literatur. ISBN 3-8291-1421-4 (2 CDs)

Klassenarbeit A – Die Beziehung zweier Dramenfiguren analysieren

Aufgabe

1. Untersuche im folgenden Szenenauszug aus „Andorra" die Beziehung zwischen dem Lehrer und Andri, indem du …
   – den Gesprächsverlauf wiedergibst und
   – das Figurenverhalten genau untersuchst.
2. Ordne die Beziehung der beiden Figuren in das Gesamtdrama ein.

Max Frisch: **Andorra** – Sechstes Bild (Auszug)

Auftritt des Lehrers
LEHRER: Mein Sohn!
ANDRI: Ich bin nicht dein Sohn.
LEHRER: Ich bin gekommen, Andri, um dir die Wahrheit zu sagen, bevor es wieder Morgen ist …
ANDRI: Du hast getrunken.
LEHRER: Deinetwegen. Andri, deinetwegen. *Andri lacht.* Mein Sohn –
ANDRI: Laß das!
LEHRER: Hörst du mich an?
ANDRI: Halt dich an einem Laternenpfahl, aber nicht an mir, ich rieche dich. *Andri macht sich los.* Und sag nicht immer: Mein Sohn! Wenn du blau bist. *Lehrer wankt.* Deine Tochter hat geriegelt, sei beruhigt.
LEHRER: Andri –
ANDRI: Du kannst nicht mehr stehen.
LEHRER: Ich bin bekümmert …
ANDRI: Das ist nicht nötig.
LEHRER: Sehr bekümmert …
ANDRI: Mutter weint und wartet auf dich.
LEHRER: Damit habe ich nicht gerechnet …
ANDRI: Womit hast du nicht gerechnet?
LEHRER: Daß du nicht mein Sohn sein willst. *Andri lacht.* Ich muß mich setzen …
ANDRI: Dann gehe ich.
LEHRER: Also du willst mich nicht anhören? *Andri nimmt die Kerze.* Dann halt nicht.
ANDRI: Ich verdanke dir mein Leben. Ich weiß. Wenn du Wert darauf legst, ich kann es jeden Tag einmal sagen: Ich verdanke dir mein Leben: Sogar zweimal am Tag: Ich verdanke dir mein Leben. Einmal am Morgen, einmal am Abend: Ich verdanke dir mein Leben, ich verdanke dir mein Leben.
LEHRER: Ich hab getrunken, Andri, die ganze Nacht, um dir die Wahrheit zu sagen – ich hab zuviel getrunken …
ANDRI: Das scheint mir auch.
LEHRER: Du verdankst mir dein Leben …
ANDRI: Ich verdanke es.
LEHRER: Du verstehst mich nicht. *Andri schweigt.* Steh nicht so da, wenn ich dir von meinem Leben erzähle … *Hähne krähen.* Also mein Leben interessiert dich nicht?
ANDRI: Mich interessiert mein eigenes Leben. *Hähne krähen.* Jetzt krähen schon die Hähne. *Lehrer wankt.* Tu nicht, als ob du noch denken könntest.
LEHRER: Du verachtest mich … [R]

Max Frisch: Andorra. Suhrkamp, Frankfurt a. M. 1961, S. 53–55

Klassenarbeit B –
Die Beziehung zweier Dramenfiguren analysieren

Aufgabe

1. Untersuche im folgenden Szenenauszug aus „Andorra" die Beziehung zwischen dem Lehrer und Andri. Gehe dabei so vor:
   - Schreibe einen Einleitungssatz, in dem du Autor, Titel und Thema des Dramas benennst.
   - Erläutere kurz, was du über die Beziehung zwischen dem Lehrer und Andri weißt.
   - Beantworte nun folgende Fragen in ganzen Sätzen und belege sie jeweils mit einem Zitat:
     - Wie verhält sich der Lehrer gegenüber Andri?
     - Wie reagiert Andri auf den Lehrer?
     - Inwiefern ist das Verhalten der beiden Figuren typisch für dieses Drama?
2. Beurteile die Beziehung zwischen Andri und dem Lehrer in einem Schlusssatz.

Max Frisch: **Andorra** – Sechstes Bild (Auszug)

Auftritt des Lehrers
LEHRER: Mein Sohn!
ANDRI: Ich bin nicht dein Sohn.
LEHRER: Ich bin gekommen, Andri, um dir die Wahrheit zu sagen, bevor es wieder Morgen ist …
ANDRI: Du hast getrunken.
LEHRER: Deinetwegen. Andri, deinetwegen. *Andri lacht.* Mein Sohn –
ANDRI: Laß das!
LEHRER: Hörst du mich an?
ANDRI: Halt dich an einem Laternenpfahl, aber nicht an mir, ich rieche dich. *Andri macht sich los.* Und sag nicht immer: Mein Sohn! Wenn du blau bist. *Lehrer wankt.* Deine Tochter hat geriegelt, sei beruhigt.
LEHRER: Andri –
ANDRI: Du kannst nicht mehr stehen.
LEHRER: Ich bin bekümmert …
ANDRI: Das ist nicht nötig.
LEHRER: Sehr bekümmert …
ANDRI: Mutter weint und wartet auf dich.
LEHRER: Damit habe ich nicht gerechnet …
ANDRI: Womit hast du nicht gerechnet?
LEHRER: Daß du nicht mein Sohn sein willst. *Andri lacht.* Ich muß mich setzen …
ANDRI: Dann gehe ich.
LEHRER: Also du willst mich nicht anhören? *Andri nimmt die Kerze.* Dann halt nicht.
ANDRI: Ich verdanke dir mein Leben. Ich weiß. Wenn du Wert darauf legst, ich kann es jeden Tag einmal sagen: Ich verdanke dir mein Leben: Sogar zweimal am Tag: Ich verdanke dir mein Leben. Einmal am Morgen, einmal am Abend: Ich verdanke dir mein Leben, ich verdanke dir mein Leben.
LEHRER: Ich hab getrunken, Andri, die ganze Nacht, um dir die Wahrheit zu sagen – ich hab zuviel getrunken …
ANDRI: Das scheint mir auch.
LEHRER: Du verdankst mir dein Leben …
ANDRI: Ich verdanke es.
LEHRER: Du verstehst mich nicht. *Andri schweigt.* Steh nicht so da, wenn ich dir von meinem Leben erzähle … *Hähne krähen.* Also mein Leben interessiert dich nicht?
ANDRI: Mich interessiert mein eigenes Leben. *Hähne krähen.* Jetzt krähen schon die Hähne. *Lehrer wankt.* Tu nicht, als ob du noch denken könntest.
LEHRER: Du verachtest mich …

Max Frisch: Andorra. Suhrkamp, Frankfurt a. M. 1961, S. 53–55

Klassenarbeit A – Eine Dramenszene analysieren

Aufgabe

Analysiere den folgenden Textauszug aus „Andorra":
- Untersuche den Gesprächsverlauf zwischen dem Pater und Andri. Erläutere besonders, wie sich Pater und Andri zueinander verhalten.
- Beurteile zum Schluss, inwiefern der Pater an Andris Schicksal schuldig ist. Beziehe sprachliche Auffälligkeiten in deine Betrachtungen mit ein.

Max Frisch: **Andorra** – Siebtes Bild (Auszug)

Sakristei, der Pater und Andri [...]
PATER: Jetzt hör mich einmal an!
ANDRI: Was, Hochwürden, will man von mir?
PATER: Warum so mißtrauisch?
ANDRI: Alle legen ihre Hände auf meine Schulter.
PATER: Weißt du, Andri, was du bist? *Der Pater lacht.* Du weißt es nicht, drum sag ich es dir. *Andri starrt ihn an.* Ein Prachtkerl! In deiner Art. Ein Prachtskerl! Ich habe dich beobachtet, Andri, seit Jahr und Tag –
ANDRI: Beobachtet?
PATER: Freilich.
ANDRI: Warum beobachtet ihr mich alle?
PATER: Du gefällst mir, Andri, mehr als alle andern, ja, grad weil du anders bist als alle. Was schüttelst du den Kopf? Du bist gescheiter als sie. Jawohl! Das gefällt mir an dir, Andri, und ich bin froh, daß du gekommen bist und daß ich es dir einmal sagen kann.
ANDRI: Das ist nicht wahr.
PATER: Was ist nicht wahr?
ANDRI: Ich bin nicht anders. Ich will nicht anders sein. Und wenn er dreimal so kräftig ist wie ich, dieser Peider, ich hau ihn zusammen vor allen Leuten auf dem Platz, das hab ich mir geschworen –
PATER: Meinetwegen.
ANDRI: Das hab ich mir geschworen –
PATER: Ich mag ihn auch nicht.
ANDRI: Ich will mich nicht beliebt machen. Ich werde mich wehren. Ich bin nicht feig – und nicht gescheiter als die andern, Hochwürden, ich will nicht, daß Hochwürden das sagen.
PATER: Hörst du mich jetzt an?
ANDRI: Nein. *Andri entzieht sich.* Ich mag nicht immer eure Hände auf meinen Schultern ...
Pause
PATER: Du machst es einem wirklich nicht leicht. *Pause* Kurz und gut, deine Pflegemutter war hier. Mehr als vier Stunden. Die gute Frau war ganz unglücklich. Du kommst nicht mehr zu Tisch, sagt sie, und bist verstockt. Sie sagt, du glaubst nicht, daß man dein Bestes will.
ANDRI: Alle wollen mein Bestes!
PATER: Warum lachst du?
ANDRI: Wenn er mein Bestes will, warum, Hochwürden, warum will er mir alles geben, aber nicht seine eigene Tochter?
PATER: Es ist sein väterliches Recht –
ANDRI: Warum aber? Warum? Weil ich Jud bin.
PATER: Schrei nicht! *Andri schweigt.* Kannst du nichts andres mehr denken in deinem Kopf? Ich habe dir gesagt, Andri, als Christ, daß ich dich liebe – aber eine Unart, das muß ich leider schon sagen, habt ihr alle: Was immer euch widerfährt in diesem Leben, alles und jedes bezieht ihr nur darauf, daß ihr Jud seid. Ihr macht es einem wirklich nicht leicht mit eurer Überempfindlichkeit. *Andri schweigt und wendet sich ab.* Du weinst ja.
Andri schluchzt, Zusammenbruch.

Max Frisch: Andorra. Suhrkamp, Frankfurt a. M. 1961, S. 61–63

Klassenarbeit B – Eine Dramenszene analysieren

Aufgabe

Analysiere den folgenden Szenenauszug aus „Andorra":
1. Untersuche vor allem den Gesprächsverlauf zwischen dem Pater und Andri. Gehe dabei so vor:
   – Schreibe einen Einleitungssatz, in dem du Autor, Titel und Thema des Dramas benennst.
   – Fasse den Szenenauszug knapp zusammen.
   – Erläutere, wie Andri auf den Pater reagiert. Belege deine Aussagen mit Zitaten.
   – Erläutere, inwiefern der Pater seine Einstellung gegenüber Andri verändert. Belege deine Aussagen mit Zitaten.
2. Beurteile zum Schluss, ob der Pater auch Vorurteile gegenüber Andri hat.

Max Frisch: **Andorra** – Siebtes Bild (Auszug)

Sakristei, der Pater und Andri [...]
PATER: Jetzt hör mich einmal an!
ANDRI: Was, Hochwürden, will man von mir?
PATER: Warum so mißtrauisch?
ANDRI: Alle legen ihre Hände auf meine Schulter.
PATER: Weißt du, Andri, was du bist? *Der Pater lacht.* Du weißt es nicht, drum sag ich es dir. *Andri starrt ihn an.* Ein Prachtkerl! In deiner Art. Ein Prachtskerl! Ich habe dich beobachtet, Andri, seit Jahr und Tag –
ANDRI: Beobachtet?
PATER: Freilich.
ANDRI: Warum beobachtet ihr mich alle?
PATER: Du gefällst mir, Andri, mehr als alle andern, ja, grad weil du anders bist als alle. Was schüttelst du den Kopf? Du bist gescheiter als sie. Jawohl! Das gefällt mir an dir, Andri, und ich bin froh, daß du gekommen bist und daß ich es dir einmal sagen kann.
ANDRI: Das ist nicht wahr.
PATER: Was ist nicht wahr?
ANDRI: Ich bin nicht anders. Ich will nicht anders sein. Und wenn er dreimal so kräftig ist wie ich, dieser Peider, ich hau ihn zusammen vor allen Leuten auf dem Platz, das hab ich mir geschworen –
PATER: Meinetwegen.
ANDRI: Das hab ich mir geschworen –
PATER: Ich mag ihn auch nicht.
ANDRI: Ich will mich nicht beliebt machen. Ich werde mich wehren. Ich bin nicht feig – und nicht gescheiter als die andern, Hochwürden, ich will nicht, daß Hochwürden das sagen.
PATER: Hörst du mich jetzt an?
ANDRI: Nein. *Andri entzieht sich.* Ich mag nicht immer eure Hände auf meinen Schultern …
Pause
PATER: Du machst es einem wirklich nicht leicht. *Pause* Kurz und gut, deine Pflegemutter war hier. Mehr als vier Stunden. Die gute Frau war ganz unglücklich. Du kommst nicht mehr zu Tisch, sagt sie, und bist verstockt. Sie sagt, du glaubst nicht, daß man dein Bestes will.
ANDRI: Alle wollen mein Bestes!
PATER: Warum lachst du?
ANDRI: Wenn er mein Bestes will, warum, Hochwürden, warum will er mir alles geben, aber nicht seine eigene Tochter?
PATER: Es ist sein väterliches Recht –
ANDRI: Warum aber? Warum? Weil ich Jud bin.
PATER: Schrei nicht! *Andri schweigt.* Kannst du nichts andres mehr denken in deinem Kopf? Ich habe dir gesagt, Andri, als Christ, daß ich dich liebe – aber eine Unart, das muß ich leider schon sagen, habt ihr alle: Was immer euch widerfährt in diesem Leben, alles und jedes bezieht ihr nur darauf, daß ihr Jud seid. Ihr macht es einem wirklich nicht leicht mit eurer Überempfindlichkeit. *Andri schweigt und wendet sich ab.* Du weinst ja.
Andri schluchzt, Zusammenbruch.

Max Frisch: Andorra. Suhrkamp, Frankfurt a. M. 1961, S. 61–63

Deutschbuch 9 — 8 „Andorra" – Ein Drama untersuchen

Mit Hilfe einer Dramenszene einen Monolog verfassen

Der Lehrer und die Senora vor dem weißen Haus wie zu Anfang.

SENORA: Du hast gesagt, unser Sohn sei ein Jude. *Lehrer schweigt.* Warum hast du diese Lüge in die Welt gesetzt? *Lehrer schweigt.* Eines Tages kam ein andorranischer Krämer vorbei, der überhaupt viel redete. Um Andorra zu loben, erzählte er überall eine rührende Geschichte von einem andorranischen Lehrer, der damals, zur Zeit der großen Morde, ein Judenkind gerettet habe, das er hege und pflege wie einen eignen Sohn. Ich schickte sofort einen Brief: Bist du dieser Lehrer? Ich forderte Antwort. Ich fragte: Weißt du, was du getan hast? Ich wartete auf Antwort. Sie kam nicht. Vielleicht hast du meinen Brief nie bekommen. Ich konnte nicht glauben, was ich befürchtete. Ich schrieb ein zweites Mal, ein drittes Mal. Ich wartete auf Antwort. So verging die Zeit … Warum hast du diese Lüge in die Welt gesetzt?

LEHRER: Warum, warum, warum!

SENORA: Du hast mich gehasst, weil ich feige war, als das Kind kam. Weil ich Angst hatte vor meinen Leuten. Als du an die Grenze kamst, sagtest du, es sei ein Judenkind, das du gerettet hast vor uns. Warum? Weil auch du feige warst, als du wieder nach Hause kamst. Weil auch du Angst hattest vor deinen Leuten. *Pause* War es nicht so? *Pause* Vielleicht wolltest du zeigen, daß ihr so ganz anders seid als wir. Weil du mich gehasst hast. Aber sie sind hier nicht anders, du siehst es, nicht viel. *Lehrer schweigt.*

Max Frisch: Andorra. Stück in zwölf Bildern. Suhrkamp, Frankfurt a. M. 1961, S. 77–78

1 Markiere in dieser Szene alle Textpassagen,
– die erklären, was damals mit Andri passiert ist, mit einem gelben Leuchtstift.
– die Gründe nennen, warum der Lehrer seinen Sohn Andri verleugnet hat, mit einem blauen Stift.

2 Stelle dir vor, der Lehrer wird wie der Pater oder der Soldat als Zeuge vor Gericht geladen. Schreibe seine Rede als Monolog in die Sprechblase.

Mit Hilfe einer Dramenszene einen Monolog verfassen

Der Lehrer und die Senora vor dem weißen Haus wie zu Anfang.

SENORA: Du hast gesagt, unser Sohn sei ein Jude. *Lehrer schweigt.* Warum hast du diese Lüge in die Welt gesetzt? *Lehrer schweigt.* Eines Tages kam ein andorranischer Krämer vorbei, der überhaupt viel redete. Um Andorra zu loben, erzählte er überall eine rührende Geschichte von einem andorranischen Lehrer, der damals, zur Zeit der großen Morde, ein Judenkind gerettet habe, das er hege und pflege wie einen eignen Sohn. Ich schickte sofort einen Brief: Bist du dieser Lehrer? Ich forderte Antwort. Ich fragte: Weißt du, was du getan hast? Ich wartete auf Antwort. Sie kam nicht. Vielleicht hast du meinen Brief nie bekommen. Ich konnte nicht glauben, was ich befürchtete. Ich schrieb ein zweites Mal, ein drittes Mal. Ich wartete auf Antwort. So verging die Zeit … Warum hast du diese Lüge in die Welt gesetzt?

LEHRER: Warum, warum, warum!

SENORA: Du hast mich gehasst, weil ich feige war, als das Kind kam. Weil ich Angst hatte vor meinen Leuten. Als du an die Grenze kamst, sagtest du, es sei ein Judenkind, das du gerettet hast vor uns. Warum? Weil auch du feige warst, als du wieder nach Hause kamst. Weil auch du Angst hattest vor deinen Leuten. *Pause* War es nicht so? *Pause* Vielleicht wolltest du zeigen, daß ihr so ganz anders seid als wir. Weil du mich gehasst hast. Aber sie sind hier nicht anders, du siehst es, nicht viel. *Lehrer schweigt.*

Max Frisch: Andorra. Stück in zwölf Bildern. Suhrkamp, Frankfurt a. M. 1961, S. 77–78

1 Finde jeweils eine weitere Textpassage,
 – die erklärt, was damals mit Andri passiert ist. Markiere sie in blauer Farbe.
 – die Gründe nennt, warum der Lehrer nie zugegeben hat, dass Andri sein Sohn ist. Markiere diese Textstelle gelb.

2 Stelle dir vor, der Lehrer wird wie der Pater oder der Soldat als Zeuge vor Gericht geladen. Schreibe seine Rede als kurzen Monolog in die Sprechblase.
Du kannst folgende Wortbausteine verwenden:

~~Grenze~~ – Judenkind – eigenes Kind – mit Senora – Angst – Feigheit – anders sein – Fehler – Schuld

Damals habe ich gelogen. Ich habe an der andorranischen Grenze behauptet, dass Andri …

Deutschbuch 9 — 8 „Andorra" – Ein Drama untersuchen

Mit Hilfe eines Textauszugs einen Monolog schreiben

> SENORA: Du hast gesagt, unser Sohn sei ein Jude. Warum hast du diese Lüge in die Welt gesetzt? […] Als du an die Grenze kamst, sagtest du, es sei ein Judenkind, das du gerettet hast vor uns. Warum? **Weil auch du feige warst, als du wieder nach Hause kamst.** Weil auch du Angst hattest vor deinen Leuten. War es nicht so? Vielleicht wolltest du zeigen, daß ihr so ganz anders seid als wir. Weil du mich gehasst hast. Aber sie sind hier nicht anders, du siehst es, nicht viel.
>
> Max Frisch: Andorra. Stück in zwölf Bildern. Suhrkamp, Frankfurt a. M. 1961, S. 78; gekürzt

1 Lies aufmerksam durch, was die Senora sagt.

2 Warum wollte der Lehrer nicht zugeben, dass Andri sein Sohn ist?
Lies den markierten Satz. Markiere alle weiteren Gründe mit einem gelben Leuchtstift.
Tipp: Die Senora nennt <u>drei</u> weitere Gründe.

3 Schreibe die Gründe hier auf:

1. Weil auch du feige warst, als du wieder nach Hause kamst.

2. Weil _____

3. _____

4. _____

Ich habe damals gelogen, weil auch ich feige war, als _____

_____
_____
_____
_____
_____
_____

4 Schreibe anhand deiner Notizen die Antwort des Lehrers in ganzen Sätzen auf.
Achtung: Das Personalpronomen (du) und das Verb (warst, kamst) ändern sich dabei:

Weil auch <u>du</u> feige <u>warst</u>, als <u>du</u> wieder nach Hause <u>kamst</u>. →
Weil auch <u>ich</u> feige <u>war</u>, als <u>ich</u> nach Hause <u>kam</u>.

Autorin: Julie Chatzistamatiou
Illustration: Uta Bettzieche, Leipzig

Kopiervorlage — KV 1, Seite 3

Eine Figurenkonstellation erstellen

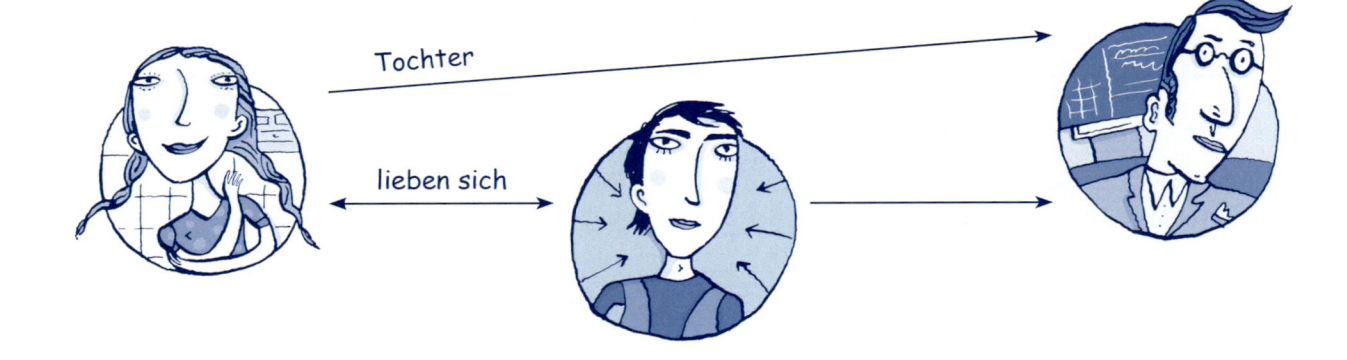

1 Hier siehst du einige Figuren aus dem Drama „Andorra" von Max Frisch. Welche Figuren hast du noch kennen gelernt? Schreibe sie auf.

_____

2 In welcher Beziehung stehen die Figuren zueinander?

   a Vervollständige die Figurenkonstellation.

   b Notiere alle Verbindungen, in denen Konflikte zwischen den Figuren sichtbar sind. Schreibe in dein Heft.

3 Stelle deine Figurenkonstellation deiner Lernpartnerin / deinem Lernpartner vor und ergänze sie gegebenenfalls.

Deutschbuch 9 | 8 „Andorra" – Ein Drama untersuchen

Eine Figurenkonstellation erstellen

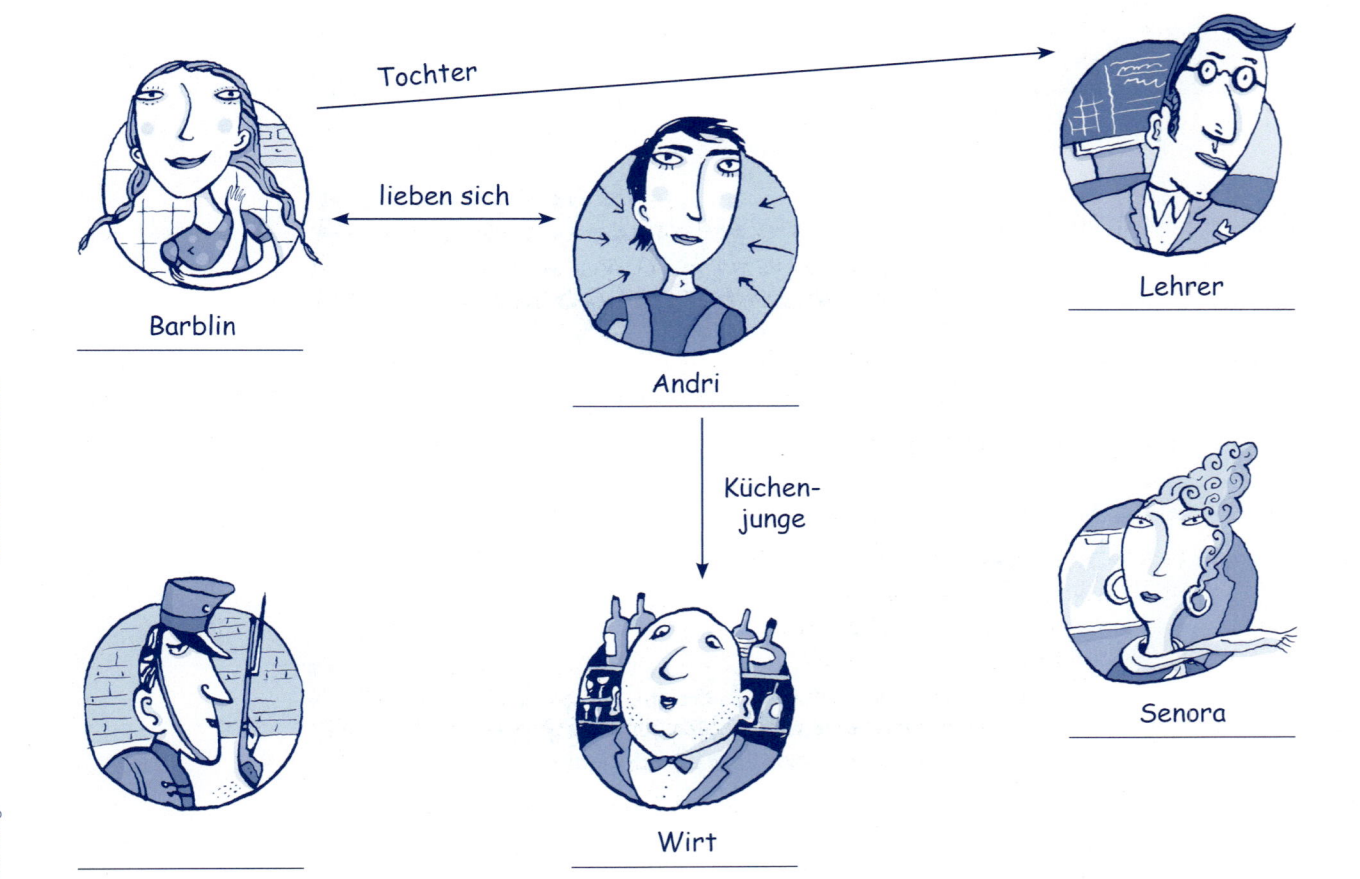

(Figurenkonstellation mit Bildern:)

- (oben links, unbeschriftet)
- (oben Mitte, unbeschriftet)
- (oben rechts, unbeschriftet)

- Barblin —Tochter→ (Lehrer)
- Barblin ←lieben sich→ Andri
- Andri ←— (Lehrer)
- Andri —Küchenjunge→ Wirt
- (unten links, unbeschriftet)
- Wirt
- Senora

1 Im Rahmen oben siehst du einige Figuren aus dem Drama „Andorra" von Max Frisch. Schreibe die Namen der Figuren unter das passende Bild.

2 In welcher Beziehung stehen die Figuren zueinander? Vervollständige die Figurenkonstellation. Die Wörter aus dem Wortspeicher helfen dir:

> Sohn – gemeinsames Kind – Küchenjunge – Ausbildung/Lehre – will helfen – glaubt nicht – eifersüchtig – belästigt – tötet – lügt – beschuldigt

3 Stelle deine Figurenkonstellation deiner Lernpartnerin / deinem Lernpartner vor und ergänze sie gegebenenfalls.

Autorin: Julie Chatzistamatiou
Illustration: Uta Bettzieche, Leipzig

Diagnose – Ein Drama untersuchen

Fachbegriffe kennen und verwenden

1 Kreuze an, welche Fachbegriffe zur Theatersprache gehören.

☐ der Dialog	☐ die Novelle	☐ die Szene
☐ das Bühnenbild	☐ der Monolog	☐ das Diagramm
☐ die Regieanweisung	☐ das Ressort	☐ der Lebenslauf
☐ das Metrum	☐ das Requisit	☐ die Rolle
☐ die Recherche	☐ die Premiere	☐ die Begründung

2 Schreibe nun jeweils den passenden Fachbegriff zu folgenden Erklärungen:

1. Ein Gespräch zwischen zwei oder mehreren Figuren: _____

2. Das Selbstgespräch oder die längere Rede einer Figur: _____

3. Die Erstaufführung eines Dramas: _____

4. Hinweise zum Verhalten und zur Betonung: _____

5. Strukturelle Einteilung des Dramas: _____

6. Gegenstand auf der Bühne: _____

7. Schauspielerische Darstellung einer Figur: _____

8. Gestaltung der Bühne: _____

3 Die Handlung von Dramen verläuft meist nach einem vorgegebenen Schema.
Schreibe den Text ab und ergänze die Lücken mit den Begriffen im Wortspeicher.

Ein Drama beginnt meist mit einer [?], in der die Figuren und ihre Charaktereigenschaften vorgestellt werden. Grundlage einer jeden Dramenhandlung ist [?], der die Handlung der Figuren leitet und vorantreibt. Sobald erste Konflikte sichtbar werden, [?] die Spannung. Die Zuspitzung des Konflikts wird im [?] bzw. [?] deutlich. Werden Lösungsversuche unternommen, [?] die Spannung. Ist die Auflösung der Handlung traurig, dann spricht man von einer [?]. Das Drama wird dann auch [?] genannt. Bei einem [?] hingegen spricht man von einer [?].

> (die) Katastrophe, steigt, (die) Tragödie, der Konflikt, (der) Höhepunkt, fällt, (die) Komödie, (das) Happy End, (die) Exposition/Einleitung, (der) Wendepunkt

Deutschbuch 9 | 8 „Andorra" – Ein Drama untersuchen

4 Wenn man eine Figur in einem Drama untersuchen möchte, muss man zunächst möglichst viele Informationen über sie sammeln. Ordne die folgenden Figurenmerkmale der jeweils passenden Kategorie zu. Ergänze gegebenenfalls weitere Merkmale.

> Name – Körpergröße – Kleidung – Lebenseinstellung – Alter – Wohnort – Ängste – Wünsche – Nationalität – Beruf – Moralvorstellung – Vorlieben – Abneigungen – Geschlecht – Statur – Religionszugehörigkeit

a) Allgemeine Informationen: _____

b) Äußeres Erscheinungsbild: _____

c) Charaktereigenschaften: _____

5 Verbinde die jeweiligen Regieanweisungen mit dem passenden Oberbegriff.

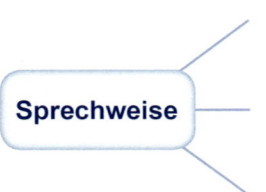

- **Gestik**
- **Mimik**
- **Sprechweise**

Grinst

Lacht laut auf

Kopfschüttelnd

Geht auf und ab

Setzt sich auf den Stuhl

Grölt

Bricht in Schluchzen aus

Starrt ihn an

Wäscht sich die Hände

Autorin: Julie Chatzistamatiou

9 Kommunikation in den Medien – Sachtexte verstehen und analysieren

Konzeption des Kapitels

Die Schüler/-innen lernen in diesem Kapitel Sachtexte aus dem Bereich der Medien kennen. Sie erfahren Grundlagen über informierende und meinungsbildende Sachtexte sowie Unterschiede in der Darstellung eines Themas in verschiedenen Medien. Zentral werden sie mit der schriftlichen Analyse eines Sachtextes vertraut gemacht. Sowohl analytische als auch produktive Aufgaben dienen der Annäherung und dem Umgang mit Möglichkeiten der Kommunikation in unterschiedlichen Medien.

Im ersten Teilkapitel (**„‚Durchgehend online' – Sachtextformate bestimmen und untersuchen"**) werden zunächst inhaltlich unterschiedliche Sachtexte, die informierend oder meinungsbildend sind, mit ihren charakteristischen Merkmalen vorgestellt. Es schließt sich eine vergleichende Analyse eines konkreten Themas in verschiedenen Medien an. Die Schüler/-innen werden noch einmal mit Grundbegriffen der Medienanalyse vertraut gemacht. Dazu gehört auch das Kennenlernen von Onlinetexten und Radiobeiträgen sowie die Merkmalsbestimmung eines Fernsehfeatures. Die angebotenen Texte verdeutlichen die Breite journalistischer Textsorten sowie medialer Präsentationsmöglichkeiten und bieten zahlreiche Untersuchungs- und Schreibanlässe. Ein kurzer Test rundet zur Überprüfung des neu erworbenen Wissens das erste Teilkapitel ab.

Im zweiten Teilkapitel (**„Nett im Netz – Einen Sachtext analysieren"**) stehen der Aufbau eines Sachtextes sowie die Struktur der Argumentation neben einer sprachlichen Analyse im Zentrum der Betrachtung. Die Schüler/-innen verfassen – angeleitet in übersichtlicher Schrittfolge – selbst eine Sachtextanalyse. Da die Sachtextanalyse einen wesentlichen Bestandteil des Deutschunterrichts bis hin zur zentralen Abschlussprüfung darstellt, wurde für die Differenzierungsseiten ein weiteres Beispiel zur Analyse gewählt.

Das dritte Teilkapitel (**„Fit in …! – Einen Sachtext analysieren"**) präsentiert abschließend weiteres Übungsmaterial in Form einer Klassenarbeit zur Einübung der schriftlichen Analyse eines Sachtextes. Die Vorgabe der einzelnen Arbeitsschritte erleichtert den Schülerinnen und Schülern das Verständnis und die Bearbeitung der Aufgabenstellung bei einer Klassenarbeit.

Literaturhinweise

- *Fix, Martin / Jost, Roland:* Sachtexte im Deutschunterricht. Schneider, Baltmannsweiler 2005
- *Groeben, Norbert / Hurrelmann, Bettina (Hg.):* Medienkompetenz. Voraussetzungen, Dimensionen, Funktionen. Juventa, Weinheim/München 2002
- Lernen durch Schreiben. Praxis Deutsch 210/2008
- Meinungen bilden. Praxis Deutsch 211/2008
- Mit Sachtexten umgehen. Deutschunterricht 4/2007
- *Möller, Erik:* Die heimliche Medienrevolution – Wie Weblogs, Wikis und freie Software die Welt verändern. Heise, Hannover 2006
- Sachbücher und Sachtexte lesen. Praxis Deutsch 189/2005 Sachtexte
- Schreiben und Umschreiben. Deutschunterricht 1/2005 (u. a. Fachtexte)

9 Kommunikation in den Medien – Sachtexte verstehen und analysieren

Inhalte	Kompetenzen
	Die Schülerinnen und Schüler
S. 170 9.1 „Durchgehend online" – Sachtextformate bestimmen und untersuchen	
S. 170 Informierende und meinungsbildende Texte S. 170 *Nina Pauer und Kilian Trotier: Ihr checkt's net* S. 171 Ein Diagramm lesen und auswerten S. 172 Selfies – Fotos auf Armlänge S. 173 Ein Thema in verschiedenen Medien unterscheiden S. 173 Möglichkeiten von Onlinetexten bestimmen S. 174 Ein Radiointerview lesen und hören S. 175 Merkmale eines Fernsehfeatures bestimmen	– erkennen den Nutzen von Sachtexten – unterscheiden zwischen Informationsvermittlung und Meinungsbildung in Sachtexten – untersuchen und verstehen ein Diagramm und wenden dabei elementare Begriffe zur Beschreibung an – analysieren sprachliche Mittel, die in Sachtexten zur Meinungsbildung verwandt werden – unterscheiden und vergleichen unterschiedliche Medienformate der Information (Bericht, Interview, Online-Sachtext und Feature) – bestimmen die Merkmale der journalistischen Textsorten – vergleichen und bewerten Gemeinsamkeiten und Unterschiede der Informationsvermittlung in den untersuchten Medien
S. 177 Teste dich!	– prüfen ihr Wissen über informierende und meinungsbildende Sachtexte
S. 178 9.2 Nett im Netz – Einen Sachtext analysieren	
S. 178 *Johanna Heinz: Nett im Netz* S. 179 Mit dem Text „ins Gespräch kommen" („talking to the text") S. 179 Die Argumentationsstruktur untersuchen S. 180 Die sprachlichen Mittel und deren Wirkung untersuchen S. 181 Die Sachtextanalyse verfassen S. 181 Die Sachtextanalyse überarbeiten	– verfassen eine materialgestützte Analyse eines Sachtextes – realisieren die Struktur der Argumentation in einem Sachtext – ermitteln in Sachtexten benutzte sprachliche Mittel hinsichtlich deren Wirkung auf den Leser – sind in der Lage, die Bestandteile einer Sachtextanalyse zielgerichtet in einem Fließtext zu formulieren
S. 183 **Fordern und fördern –** Üben: Einen Sachtext analysieren S. 183 *Astrid Herbold: Führen Chats, Smileys und Kurznachrichten zum Verfall der Sprache?*	– wenden ihr erworbenes Wissen auf einen weiteren Text an
S. 186 9.3 Fit in …! – Einen Sachtext analysieren	
S. 186 *Paul Zimmermann: Lehrer und Schüler – Facebookfreunde?* S. 187 Die Aufgabe richtig verstehen – Planen – Schreiben und überarbeiten	– vertiefen ihr Wissen durch Anwendung – trainieren für eine Klassenarbeit – erarbeiten die Aufgabenstellung, untersuchen mit Hilfestellung einen Sachtext, schreiben und überarbeiten ihren Text anhand einer Checkliste

9 Kommunikation in den Medien – Sachtexte verstehen und analysieren

S. 169 Auftaktseite

Das Auftaktfoto soll als Motivation dienen, das Thema Kommunikation mit Hilfe einer Darstellung unterschiedlicher Medien in der Klasse erstmalig zu thematisieren. Die Aufgaben sollen die Schüler/-innen dazu anleiten, über ihren Umgang mit Medien nachzudenken.

1 a/b Die Schüler/-innen können das Bild nutzen, um das Thema abzustecken. Indem sie die Collage beschreiben, werden sie unterschiedliche Beobachtungen verbalisieren, z. B.: unterschiedliche Kommunikationsmedien; neue/alte, typische/untypische, gebräuchliche/weniger gebräuchliche, bekannte/unbekannte, zeitlose/überalterte Formen der Kommunikation.
Tabellarisch ließen sich die Beobachtungen/Gegenüberstellungen der Schüler weiterhin sortieren nach: Medien zur Informationsnutzung – Medien zur Unterhaltung – Medien, eher genutzt von Jüngeren / von Älteren. Vielleicht vergleichen sie die Elemente der Collage mit ihnen bekannten Situationen zu Hause, bei Freunden und Verwandten.

2 a/b Die individuellen Schülerantworten können an der Tafel in Form einer Strichliste festgehalten werden, damit abschließend eine komplexe Übersicht mit möglichen Schwerpunkten dokumentiert ist, z. B.:
- Aktualität der Berichterstattung ist garantiert
- Überall und zu jeder Zeit können Informationen abgerufen werden
- Schnelle Information der Familie, Freunde und Gruppen in sozialen Medien
- Recherchemöglichkeiten: online auch unterwegs
- Vergnügen, Freizeitgestaltung, Spiele

In einer Umfrage können die Schüler/-innen die Mediennutzung der Mitschüler/-innen erfassen. Dies würde die Umsetzung in diskontinuierliche Texte auf der Grundlage selbst erhobener Daten ermöglichen. Unterschiedliche Diagramme sind denkbar; angesichts der unterschiedlichen Kriterien (welches Medium? – Häufigkeit der Nutzung? – Junge/Mädchen?), die bei einer Befragung untersucht werden könnten, ist eine breite Varianz der Gruppenaufteilung bzw. Themenverteilung und damit auch der Darstellung gewährleistet.

3 a/b Je nach medialer Ausstattung zu Hause werden die Schüler/-innen unterschiedliche Zugriffsmöglichkeiten auf Sachtexte in den Medien benennen.
Hiermit können die folgenden Medien gemeint sein:
- Zeitungen/Zeitschriften: Print/online
- Nachschlagewerke: Print/online
- Lehrbuchtexte: eher Print, online noch ungebräuchlich
- Wissenschaftliche Arbeiten: eher Print, zunehmend auch online möglich
- Gebrauchsanweisungen, Spielregeln, Kochrezepte: Print/online

9.1 „Durchgehend online" – Sachtextformate bestimmen und untersuchen

S. 170 Informierende und meinungsbildende Texte

Nina Pauer und Kilian Trotier: **Ihr checkt's net**

1 Als erfahrene Medienspezialisten und Youtube-Fans werden sicherlich einige Schüler/-innen „Die Lochis" kennen und ihr Vorwissen/Hintergrundwissen einbringen können. Daher könnte eine vorbereitende Hausaufgabe in diesem Zusammenhang hilfreich sein, um eine breite Informationsdichte zu erlangen. Das Einspielen eines Youtube-Videos könnte ebenso überdacht werden, um die Schüler/-innen für das Thema zu motivieren.

9.1 „Durchgehend online" – Sachtextformate bestimmen und untersuchen

2
a Sachinformationen des Textes über die Lochis in Stichworten:
Zwillinge: Heiko und Roman Lochmann, 14 Jahre alt; Karriere auf YouTube als „Die Lochis"; deutschlandweit berühmt; über 600 000 Abonnenten auf ihrem Kanal; ihre Videos bereits Millionen Mal geklickt; laden wöchentlich ein Video ins Netz: Parodien, selbst komponierte Lieder, Telefonstreiche; beantworten Fragen der Fans auf Twitter; ihr größter Erfolg heißt: „Durchgehend online"; gedreht wird zu Hause, in ihren Zimmern, draußen oder vor der Frankfurter Skyline; sind offizielle Partner von YouTube; Mediakraft hilft bei großen Drehs.

b Der Text ist ein Sachtext, da er gebündelt über „Die Lochis" informiert. Es werden sachliche Angaben z. B. zu den Personen und ihren Tätigkeiten oder beruflichen Aktivitäten gemacht und dem Leser Tatsachen und keine erfundenen Geschichten präsentiert. Einige wenige „reportageartige" Elemente durchziehen den Text, z. B. Z. 21–30: wörtliche Rede.

c Die Schüler/-innen tauschen sich z. B. in Partnerarbeit über ihre Arbeitsergebnisse aus: Partner A liefert Textbeispiele/Zitate, die Partner B bereits allgemein zusammengefasst hat. Abschließend kann in der Großgruppe das Phänomen „Die Lochis" auf seine Bedeutung z. B. für Zuschauer, Medienwelt, Sinn, Ziel, Wirkung, Vorbildcharakter besprochen werden.

S. 171 Ein Diagramm lesen und auswerten

Wichtiger Hinweis: In der Liste der zu analysierenden Sachtexte darf ein Diagramm nicht fehlen, da hier auf der Grundlage von empirisch erhobenen Daten informiert wird.

Siehe hierzu auch die **Folie** „Mit einem Diagramm arbeiten" auf der CD-ROM.

1
a/b Vermutlich wird die Mehrheit der Schüler/-innen bereits einmal Bilder oder Texte ins Internet gestellt haben – zumindest im Bereich sozialer Gemeinschaften. Gefahren, die sich hierdurch ergeben, werden in Schulen sehr häufig im Rahmen von Projektwochen, Medienscout-Einsätzen, Info-Veranstaltungen o. Ä. thematisiert.
Insbesondere gilt, es noch einmal zu erarbeiten, dass z. B.
– hochgeladene Bilder nur mit dem Einverständnis der abgebildeten Personen im Netz veröffentlicht werden dürfen
– die Urheberschaft der Texte geklärt sein muss, d. h., dass man sich nicht mit fremden Federn schmücken darf
– der Inhalt der Texte „angemessen" sein muss, d. h., dass keine Person dadurch beleidigt oder kompromittiert wird

2
a Die Grafik informiert anhand einer umfangreichen Merkmalliste, welche persönlichen Daten 12- bis 19-Jährige im Zeitraum von 2011 bis 2013 im Netz hinterlegten.
b Bei der Grafik handelt es sich um ein Balkendiagramm

3 Die Aussagen A und C treffen zu.
Aussage B korrigiert: Nur 5 % der Befragten veröffentlichen 2013 eigene Telefon-/Handynummern.
Aussage D korrigiert: Während 2013 nur 4 % eigene Blogs/Internettagebücher schrieben, gaben 43 % ihre eigene E-Mail-Adresse bekannt.

4
a Die Grafik „Hinterlegte persönliche Daten im Internet 2011–2013" informiert mittels einer umfangreichen Merkmalliste, was 12- bis 19-Jährige im angegebenen Zeitraum als persönliche Daten im Netz hinterlegten/posteten.
Für das Jahr 2013 fällt auf, dass eigene Fotos/Filme sowie Informationen über Hobbys und andere Tätigkeiten von jeweils 67 % bzw. 62 % der Befragten ins Netz gestellt wurden. 43 % der Jugendlichen gaben dabei ihre E-Mail-Adresse an – allerdings nur 5 % ihre Telefon- oder Handynummer. Sehr beliebt bei den Aktivitäten scheint das Hochladen von Fotos/Filmen von Freunden oder Familienmitgliedern zu sein. 43 % der 1170 befragten Jugendlichen taten dies 2013. Weniger beliebt sind eigene Blogs/Internettagebücher oder Twitter. Hier waren nur 6 % der befragten Jugendlichen aktiv. Ebenso selten werden eigene Instant-Messenger-Nummern hochgeladen; offensichtlich handelt es sich hierbei um mediale Möglichkeiten, die unter Jugendlichen noch unüblich sind.

b Die Grafik „Hinterlegte persönliche Daten im Internet 2011–2013" informiert mittels einer umfangreichen Merkmalliste, was 12- bis 19-Jährige im angegebenen Zeitraum als persönliche Daten im Netz hinterlegten (posteten).
Beliebte Formen der Mitteilung im Netz haben leicht zugenommen: Während 2011 65 % der befragten Jugendlichen eigene Fotos oder Filme ins Netz hochgeladen hatten, waren es im Jahr 2013 67 %. Fotos/Filme von Freunden oder Familienmitgliedern wurden häufiger hinterlegt: 2011 waren es 40 % der Befragten, bis 2013 stieg ihr Anteil auf 43 %. Zurückhaltender wurden die Jugendlichen bei Informationen über Hobbys und andere Tätigkeiten. Hier ist ein Rückgang um 11 % in den Jahren 2011 (73 %) bis 2013 (62 %) zu verzeichnen. Während 2011 noch 46 % und 2012 sogar die Hälfte der befragten Jugendlichen die eigene E-Mail-Adresse angaben, waren es im Jahre 2013 nur 43 %. Allerdings nahm in diesem Zeitraum die Bekanntgabe der eigenen Handy-/Telefonnummer leicht zu (von 3 % auf 5 %). Ebenfalls etwas weniger häufig wurden in dem Zeitraum eigene Blogs/Internettagebücher hochgeladen (2011: 5 %, 2013: 4 %). Einen ganz deutlichen Rückgang zeigt die Veröffentlichung der eigenen Instant-Messenger-Nummern: Von 2011 bis 2012 halbierte sich diese Art der Nutzung bei den Befragten von 14 auf 7 % und sank im Jahr 2013 um weitere 2 %. Hier zeigt sich das gesteigerte Sicherheitsbewusstsein im Umgang mit persönlichen Daten.

Zur Vertiefung der Arbeit mit einem Diagramm eignet sich das Arbeitsblatt „Ein Schaubild untersuchen und in Worte fassen" mit der dazu passenden gleichnamigen **Folie** auf der CD-ROM.

S. 172 Selfies – Fotos auf Armlänge

1 a Hier sind v. a. Berichte über Reaktionen aus sozialen Netzwerken zu erwarten.

b Der Autor hält das Veröffentlichen von Selfies für peinlich und lächerlich zugleich. Es geht ihm zu weit, dass viele Menschen das Gefühl haben, nur zu existieren, wenn sie für ihre Selfies Anerkennung aus dem Netz erhalten.

2 a Mögliches Tafelbild:

Rhetorische Frage	Ausruf	Direkte Wertung
– Wer kennt diese Fotos nicht? – Doch müssen wir es Stars und Sternchen aus Film und Fernsehen gleichtun …? – Müssen wir die Trainingsfortschritte … verfolgen? – Ist es nicht geschmacklos, auf der Beerdigung der Oma ein Selfie hochzuladen …?	– Sonst nicht! – Ob Selfies die Realität abbilden, bleibt jedoch fraglich!	– Ist es nicht geschmacklos auf der Beerdigung der Oma …? – Offenbar haben viele Menschen das Gefühl, dass sie nur existieren, wenn sie über das Selfie Lob und Anerkennung aus der digitalen Welt erhalten. – Ob Selfies die Realität abbilden, bleibt jedoch fraglich! – Jegliche Schamgrenze fallen zu lassen … das ist peinlich und lächerlich zugleich.

b Mögliche Lösung:

Im Text „Selfies – Fotos auf Armlänge" werden unterschiedliche sprachliche Mittel genutzt. Besonders häufig tauchen rhetorische Fragen auf. Damit wird der Leser aufgefordert, sich selbst diese Fragen zu beantworten. Die Meinung des Autors wird allerdings an verschiedenen Stellen durch direkte Wertungen deutlich, sodass bei dem vorliegenden Sachtext eindeutig die Intention beobachtet werden kann, die Leser von der Unsinnigkeit und Peinlichkeit von Selfies zu überzeugen.

9.1 „Durchgehend online" – Sachtextformate bestimmen und untersuchen

3 a Mögliche Lösung: Ein „Selfie" ist ein Foto, das man – meist mit dem Handy – mit ausgestrecktem Arm von sich selbst aufnimmt.

b Möglicher Kommentar: Selfies machen Spaß und tun gut!
Selfies von sich zu schießen macht vor allem Spaß: allein, zu zweit oder gar in der Gruppe! Man rückt vor der Linse eng zusammen und bringt das Gefühl des Augenblicks zum Ausdruck. So erinnert man sich später ganz schnell an den Ort, an dem das Selfie aufgenommen wurde, an die Personen und an die Stimmung. Selfies verraten viel über die Persönlichkeit desjenigen, der es erstellt. Sie geben z. B. Einblick in Hobbys, Beschäftigungen, Reiseziele.
Wenn zufällig kein Passant vorhanden ist, kann man ein Foto von sich und einer kulturellen oder landschaftlichen Besonderheit erstellen. Selfies tun einfach gut. Besonders wenn man sie mit Freunden teilt, Likes bekommt und nette Kommentare.

c In Partnerarbeit oder in der Kleingruppe können die Schüler/-innen ihre Ergebnisse in einem „geschützten" Raum vorstellen. Mutige können ihre Textproduktionen vor der Klasse präsentieren.

S. 173 Ein Thema in verschiedenen Medien unterscheiden

S. 173 Möglichkeiten von Onlinetexten bestimmen

1 a Das Thema des Textes aus einer Onlinezeitung ist die Erfindung einer neuen App „Menthal", die das tägliche Medienverhalten von Smartphonebesitzern misst und auf eine mögliche Sucht untersucht.

b Mögliches Tafelbild:

PRO-Argumente	KONTRA-Argumente
– Jeder hängt heute immer und überall über seinem Handy. – Die App misst in Zahlen, wie oft das Gerät für welche Funktion genutzt wurde. – Zahlen machen deutlich, wie hoch der Abhängigkeitsfaktor ist. – Die App bewegt den Nutzer vielleicht dazu, sein Smartphone weniger häufig zu nutzen. – …	– Die Feststellung von Suchtverhalten sollte jedem selbst überlassen werden. – Spielerei, erhöht nur die Nutzung des Internets durch Lesen der App-Ergebnisse. – Die App ist überflüssig, das weiß ich auch so. – …

2 a 1: Man kann sich den Text vorlesen lassen.
2: Es können Kommentare zum Artikel gelesen oder auch selbst online gestellt werden.
3: Man kann den Text jemandem empfehlen.
4: Es besteht die Möglichkeit, den Artikel jemandem per Mail zu senden.
5: Eine Twitter-Nachricht kann erstellt werden.
6: Man kann den Artikel ausdrucken.

b Der Hypertext, den man durch Anklicken erhält, eröffnet dem Leser eine weitere Möglichkeit, sich über das Thema eingehend zu informieren. So vernetzt sich auch das Wissen um die App „Menthal" beim Leser immer umfassender.

S. 174 Ein Radiointerview lesen und hören

1 a Durch das Lesen in verteilten Rollen üben die Schüler/-innen das Vorlesen, versetzen sich in eine Interviewsituation und trainieren das Hörverständnis.

c Die Merkfähigkeit wird durch unterschiedliche Faktoren beeinflusst, z. B.:
– persönliche Betroffenheit
– technisches Vorstellungsvermögen des Einzelnen
– anschauliche, bildliche Schilderung des Interviewten
– Länge der Antworten
– Wortwahl der Interviewpartner

2 Mögliches Tafelbild:

Vorteile	Nachteile
– anschaulich – lebendig – Tonfall unterstützt die Aussageabsicht – Originalsprache der Spezialisten bzw. Wissenschaftler ist zu hören – nonverbale Botschaften durch Sprechweise (Hervorhebung, Nebenbemerkung, Bewertung), die durch Verschriftlichung verloren gehen – …	– Inhalt nach einmaligem Hören nicht mehr greifbar – Vergewissern durch Nachlesen unmöglich – pausenlose Konzentration auf Interview unabdingbar, keine Ablenkung durch Umwelteinflüsse – einzige Informationsquelle; keine Möglichkeit von „Hyper-Hörtexten" – …

S. 175 Merkmale eines Fernsehfeatures bestimmen

1 Aus den vorangegangenen Texten des Kapitels haben die Schüler/-innen bereits eine Basis für Argumente, die sie auch gegebenenfalls wiederholen können. Auf dieser Grundlage werden eigene Fragen möglich.

2 a Mögliches Tafelbild:

Wer spricht?	Funktion der Wortbeiträge
Sprecherin	(Z. 1–8) Moderation und Kommentar: stellt das Thema „Onlinesucht" in seiner Bandbreite vor; wertet, ironisiert, appelliert; (Z. 12–15) Kommentar: ironisiert/übertreibt, stellt Ausgangsposition für Notwendigkeit der App fest; (Z. 22–26) Information, Kommentar: beschreibt Software, entkräftet ein mögliches Gegenargument; (Z. 27–36) Information, Appell, Kommentar/Moderation: gibt Erklärungen zum parallel eingeblendeten Bildmaterial, wertet App als Möglichkeit zur Problemlösung, kommentiert Intention der Wissenschaftler, schließt mit Appell zur Nutzung der App
Prof. Markowetz	(Z. 9–11) Kommentar/Wertung: ironisiert, übertreibt, stellt rhetorische Frage, beantwortet sie mit Pauschalurteil, weckt Aufmerksamkeit beim Zuschauer
Mark (Student)	(Z. 16–21) Information, Kommentar: stellt das Thema anschaulich und bildlich vor; wertet indirekt: „und die Waage lügt nicht"

b Die Bilder veranschaulichen das Gesagte. Der Zuschauer kann über unterschiedliche Zugangskanäle das Thema in seinen Facetten erfassen. Die Bilder erläutern, motivieren, veranschaulichen, stellen Personen vor, machen begreifbarer, nachvollziehbarer.

c <u>Bild 1</u>: Die neue App ist auf der Abbildung zu erkennen – hier wird der Text der Sprecherin veranschaulicht.
<u>Bild 2</u>: Die Abbildung zeigt den Wissenschaftler in seiner universitären Umgebung, zusammen mit eingeblendetem Namen und Titel werden Sachkompetenz und Weitsicht vermittelt.
<u>Bild 3</u>: Hier sieht man die geöffnete App: Damit unterstützt Mark seine Erklärung und auch die Ausführungen der Sprecherin; so kann man sich konkreter vorstellen, was die App misst (z. B. App-Nutzung, Anrufe, SMS).
<u>Bild 4</u>: Es unterstützt bildlich die Aussage „übermäßiger Handygebrauch hinterlässt Spuren im Gehirn".

3 a Mögliches Tafelbild:

Gemeinsamkeiten	Unterschiede
– Ein zentrales Thema wird angesprochen. – Sachinformationen werden gegeben. – Bandbreite der Thematik wird angeschnitten. – Ein neues Problemfeld wird vorgestellt. – Verschiedene Eingangskanäle werden angesprochen. – …	– Die Informationstiefe ist in den jeweiligen Medien unterschiedlich (vgl. Interview – Hypertexte einer Onlinezeitung). – Je mehr Eingangskanäle angesprochen werden, desto höher sind der Informationsgehalt und die Möglichkeit, Informationen zu behalten. – Manche Medien sind ansprechender als andere. – Nicht alle Informationsquellen sind ständig oder immer wieder verfügbar – …

Teste dich!

1 Informierender Sachtext: A, C, D, F
Meinungsbildender Sachtext: B, E, G, H

2 Möglicher Hefteintrag:

TEXT A: meinungsbildend	TEXT B: informierend
Autor stellt rhetorische Fragen, wertet direkt und indirekt, stellt konkrete Forderungen …	Autor informiert, nennt Zahlen und Fachbegriffe, wertet nicht …
Z. 4–6: „Dass man Antworten auf die Frage des Lehrers googeln soll, klingt befremdlich. Aber schult nicht gerade …" Z. 6–7: „Jedes Kind müsste wissen, dass man wütende Lehrer …" Z. 8–9: „Dennoch ist das in Schulen leider so sehr Alltag wie …" Z. 9: „Hier sind die Lehrer gefragt."	Z. 1–2: Austausch von Kurznachrichten nimmt zu Z. 2–3: neue Bezeichnung: „Head-down-Generation" oder „Generation Kopf unten" Z. 4–5: „Eltern sind besorgt darüber …" Z. 5–6: mehr als 35 Millionen Abrufe des YouTube-Beitrags „Look Up"

9.2 Nett im Netz – Einen Sachtext analysieren

Johanna Heinz: **Nett im Netz**

1 Zu zweit werden die Schüler/-innen schnell auf den Umgang miteinander im Internet kommen, zumal die meisten von ihnen sicherlich Mitglieder in sozialen Netzwerken sind und bestimmt schon einmal mit dem Gegenteil von „Nett im Netz" Erfahrungen gemacht oder zumindest davon gehört haben.

2 a/b Methodische Hinweise:
– Eine Kopie des Textes ist ratsamer, da eine Folie häufig verrutscht oder anschließend verschmiert bzw. nur in einer Klarsichthülle weiterhin verwendet werden kann.
– Auf der Kopie können die Schüler/-innen auch mit unterschiedlichen Farben arbeiten – je nach Aspekt der Untersuchung. Der Rand eröffnet die Chance für Anmerkungen (Fragen, Erklärungen, Symbole, Feststellungen …).

3 Unbekannte Begriffe könne auch an den Rand des Textes geschrieben oder in ein im Heft geführtes Glossar übernommen werden.

9 Kommunikation in den Medien – Sachtexte verstehen und analysieren

4 a/b Vorschläge für eine Zusammenfassung der einzelnen Textabschnitte:

1. Abschnitt: Negative Erscheinungsformen rund um das Internet
2. Abschnitt: Vorzüge, die das Internet den Nutzern bietet
3. Abschnitt: Zusammenschluss Gleichgesinnter zur sozialen Netzwerk-Gruppe „Nett-Werk-Bonn"
4. Abschnitt: Strenge und klare Regeln innerhalb der Gruppe
5. Abschnitt: Zielsetzung der Nett-Werker

Abschließend können die Schüler/-innen einen Merksatz zum Umgang im Netz formulieren, z. B.:
Wie im wahren Leben sollte man auch im Internet höflich sein – auch wenn man kein direktes Gegenüber aus Fleisch und Blut hat!

5 Die grafische Darstellung B bildet die Argumentationsstruktur des Sachtextes richtig ab. Im Vergleich mit den Ergebnissen aus Aufgabe 4 kann dies eindeutig begründet werden.

6 a/b Der meinungsbildende Sachtext ist sehr engagiert geschrieben, der Standpunkt der Autorin, auch im Netz müssten Umgangsformen beachtet werden, kommt klar zum Ausdruck. Der Argumentationsaufbau mit Beispielen, wertenden Zitaten in wörtlicher Rede (Z. 25–27, 32–33) und abschließender Entkräftung eines gedachten Gegenarguments bestätigen den überwiegend meinungsbildenden Charakter, in dem der Leser allerdings anhand treffender Beispiele sehr viele Informationen erhält. Dabei wird die Initiative der Nett-Werker aus Bonn besonders herausgestellt und detailliert beschrieben. Die Autorin möchte ihre Leserschaft davon überzeugen, dass grundsätzlich auch im Internet ein freundlicher und netter Umgangston herrschen sollte.

Die Aussage „aber das ist zum Glück nur ein Teil der Wahrheit" (Z. 6–7) macht deutlich, dass die Autorin in ihrer Betroffenheit ein positives Beispiel für das Verhalten der Nutzer im Netz anfügen will. Mit der wertenden Bemerkung „… das wäre fraglos genauso engstirnig wie …" (Z. 36) sagt sie ganz offen ihre Meinung. Hier wertet sie sehr emotional und nimmt die Bewertung des Lesers vorweg. Beide Zitate weisen auf einen meinungsbildenden Text hin.

7 a Die Antwort A stimmt, weil die Autorin am Beispiel der Bonner Nett-Werker verdeutlicht, wie man sich im Internet verhalten sollte und dass auch dort die Kommunikation festen Regeln unterliegt.

b Das Zitat macht deutlich, dass die Autorin das Internet nicht als „Lösung aller Alltagsprobleme" sehen möchte. Sie plädiert für ein gesundes Maß zwischen Techniseinsatz und persönlicher Begegnung. Nett sollte es sowohl hier wie dort zugehen.

8 a Richtige Zuordnung: A2, B3, C4, D1

b Weitere Beispiele:

Sprachliche Mittel	Beispiele aus dem Text
Fachsprache zeigt, dass man sich auskennt	– an den Pranger stellen (Z. 2) – die Onlineenzyklopädie Wikipedia (Z. 12)
Aufzählung verdeutlicht die Sachkenntnis der Autorin/des Autors	– Pöbeleien, üble Beleidigungen, Shitstorms (Z. 1) – in Foren und sozialen Netzwerken (Z. 4–5) – den Glauben an die Intelligenz und Güte der Menschen (Z. 5–6); Nie war es so einfach … (Z. 9); Niemals so einfach – Gleichgesinnte oder Leidensgenossen (Z. 10) – Wer möchte … Vorlesung besuchen … asiatische Küche … englische Computerfreaks … (Z. 13–16)
Zitat verdeutlicht einen wichtigen Punkt	– „Danke, bitte, eine nette Anrede: Für mich macht das einen angenehmen Ton" (Z. 32–33)
Neologismus wirkt auffällig und weckt Interesse	– Barbarei im World Wide Web (Z. 3)

9 **a** Im ersten Abschnitt finden sich viele Wörter mit negativer Konnotation, z. B.: Pöbeleien, üble Beleidigungen, Shitstorms, brutale Härte, entgegenschlagen, an den Pranger stellen, Barbarei. Dadurch wird das schlechte Verhalten der Internetnutzer anschaulich vorgestellt.

b Im zweiten Abschnitt finden sich viele Wörter mit positiver Konnotation, z. B.: Nettigkeit, nie war es so einfach, in Kontakt treten, Wissen teilen, kostenlos. Hierdurch unterstützt die Autorin die von ihr benannten Vorteile, die das Internet bietet.

10 Mögliche Lösung:

Die Sachtextanalyse besteht aus drei Teilen. Zunächst formuliert man eine Einleitung, woran sich der Hauptteil der Analyse anschließt. In ihm legt man die Argumentationsstruktur des Autors/der Autorin des Textes dar und geht auf die Sprache und die sprachlichen Mittel sowie deren Wirkung ein. Zum Schluss formuliert man eine kurze Stellungnahme.

11 Mögliche Lösung:

In ihrem meinungsbildenden Text „Nett im Netz" vom 24./25. Mai 2014 geht die Autorin Johanna Heinz auf Nachteile und besonders auf Vorteile der Internetkommunikation ein.

12 Mögliche Lösung:

Zu Beginn werden viele Vorbehalte gegenüber dem Internet und Beispiele für schlechtes Benehmen dargelegt. In Anschluss daran präsentiert die Autorin positive Beispiele für den Umgang der Nutzer im Internet. Hierauf aufbauend führt sie die Vorzüge des Internets am Beispiel einer Gruppe in einem sozialen Netzwerk an. Dass diese Nutzer sich dabei an bestimmte Kommunikationsregeln halten müssen, wird im anschließenden Absatz aufgezeigt. Die Autorin beendet ihre Ausführungen mit dem Fazit, dass das Internet sicherlich nicht als Lösungsmöglichkeit aller Alltagsprobleme angesehen werden darf.

13 Mögliche Lösung:

Die Verfasserin verwendet in ihrem Artikel viele Fachbegriffe, z. B. „World Wide Web" (Z. 3), „Onlineenzyklopädie" (Z. 12), „Administratoren" (Z. 27), um zu zeigen, dass sie sich mit dem Internet gut auskennt und sich umfassend über das Thema informiert hat. Darüber hinaus benutzt sie Wortneuschöpfungen, z. B. „Nett-Werk", „Nett-Werker", um das Interesse des Lesers zu wecken. Auch durch zahlreiche Aufzählungen, z. B. „Pöbeleien. Üble Beleidigungen. Shitstorms" (Z. 1) wird die Sachkenntnis der Autorin deutlich. Sehr vielfältig beleuchtet sie die Fragestellung. Durch Zitate hebt die Autorin für sie wichtige Aspekte hervor, z. B. „Danke, bitte, eine nette Anrede ..." (Z. 32–33). Experten werden ebenfalls im Text zitiert, um die Aussage auch durch deren Meinung zu unterstützen und um noch glaubhafter zu erscheinen.

14 Methodischer Hinweis: Leistungsschwächere Lerngruppen können vorab Argumente für und gegen die Position der Autorin sammeln, sodass sie nur noch ausgewählt und auf Grund eigener Erfahrungen begründet werden müssen.

S. 183 Fordern und fördern – Üben: Einen Sachtext analysieren

S. 183 Astrid Herbold: **Führen Chats, Smileys und Kurznachrichten zum Verfall der Sprache?**

1 Die richtige Aussage ist D.

2 Ausgangs-/Titelfrage: Führen Chats, Smileys und Kurznachrichten zum Verfall der Sprache? Abschließende Beantwortung der Frage: Die Forschung zeigt also: Chats belegen das Gegenteil von Sprachverfall (Z. 71–72).

3 Die richtige Abfolge lautet: 1C, 2E, 3D, 4B, 5A.

4 a Richtig zugeordnet ergeben sich die Sätze 1A, 2B, 3B, 4B:

- 1A Durch die Verwendung von Aufzählungen, z. B. bereits in der Überschrift (Chasts, Smileys, Kurznachrichten) und in Zeile 1–2, wird verdeutlicht, dass das Thema vielfältig ist und viele Menschen betrifft.
- 2B Mit Hilfe von Zitaten einiger Experten, z. B. „Man könnte deshalb sogar von einer gestiegenen Schriftkompetenz sprechen" (Z. 60–62), werden die Aussagen fachkundig unterstützt.
- 3B Die rhetorische Frage in Zeile 16–17 soll den Leser zum Nachdenken anregen.
- 4B Auch die Fachsprache, die dem Leser z. B. durch Wörter wie WhatsApp, Twitter, Facebook, SMS auffällt, unterstreicht, dass die Autorin gut informiert ist.

5 Ich stimme mit der Autorin überein, dass es durch die modernen Kommunikationsformen nicht zu einem Verfall der Sprache kommt. Ganz besonders möchte ich unterstreichen, dass die Sprache meiner Meinung nach in Chats oder bei Kurznachrichten viel kreativer ist als ihr Gebrauch in Schulaufsätzen.

9.3 Fit in …! – Einen Sachtext analysieren

S. 186 Paul Zimmermann: **Lehrer und Schüler – Facebookfreunde?**

S. 187 **Die Aufgabe richtig verstehen – Planen – Schreiben und überarbeiten**

1 Richtige Reihenfolge und Lösungswort: DATE – NSCH – UTZ / Datenschutz

2 a/b Möglicher Hefteintrag:

Textabschnitte	Hauptargumente	Beispiel
1. Abschnitt, Z. 1–14	Französisch-Lehrerin nutzt Facebookgruppe mit ihren Schülern für ihren Unterricht.	ja
2. Abschnitt, Z. 15–23	Umfrage bestätigt positive Wirkung von Onlinediskussionen Lehrer – Schüler.	nein
3. Abschnitt, Z. 24–36	Problem: Private und berufliche Nutzung der Onlinedienste können sich durchmischen.	ja
4. Abschnitt, Z. 37–45	Durch Onlinefreundschaft geht die professionelle Distanz zwischen Lehrer und Schüler verloren.	ja
5. Abschnitt, Z. 46–56	Es müssen strikte Regeln für die Onlinekommunikation aufgestellt werden.	ja

3 a Mögliche Lösung:

Die Empfehlung des Autors besteht darin, dass die Rollenverteilung zwischen Lehrer und Schüler auf jeden Fall klar geregelt sein muss. Beide haben darauf zu achten, dass Dienstliches und Privates stets strikt getrennt bleibt. Zusätzlich muss sehr sorgfältig, verantwortungsvoll und sensibel mit den (ausgetauschten) Daten umgegangen werden.

b Mögliche Lösung:

Ja, ich stimme dem Autor zu. Grundsätzlich ist nichts gegen eine Onlinefreundschaft oder eine Onlinezusammenarbeit zwischen Lehrer und Schüler einzuwenden. Hierbei darf es allerdings nicht zu einem Missbrauch der ausgetauschten Daten, z. B. von Mails, Telefonnummern, Adresse, kommen.

4 Möglicher Hefteintrag:

Textbeispiel	Sprachliches Mittel	Wirkung
„Im sozialen Netzwerk trifft sie sich wie in einer Nachhilfestunde …" (Z. 5–7)	Vergleich/Beispiel	Darstellung wird anschaulich, konkret vorstellbar.
Französischstunde, 9. Klasse, eine Gesamtschule in NRW (Z. 1–2)	Aufzählung, Reihung	Argument wird durch ein Beispiel genauer verdeutlicht.
Soziales Netzwerk (Z. 5–6), Facebookgruppe (Z. 8), Links (Z. 10), Internetplattform (Z. 11–12) …	Fachbegriffe	Sachkenntnis des Autors wird unterstützt; Begriffe signalisieren, dass er gut informiert ist.
Aber können Lehrer und Schüler wirklich befreundet sein? (Z. 12–13)	rhetorische Frage	Leser wird zum Nachdenken angeregt.
„Soziale Netzwerke sind reine Freundschaftsplattformen. Lehrer und Schüler sind keine Freunde. Sollte man nicht …" (Z. 31–35)	Zitat	Expertenmeinung unterstützt die Aussage.

5 In Paul Zimmermanns Sachtext „Lehrer und Schüler – Facebookfreunde?", veröffentlicht am 24.7.2014, geht es um die Frage, inwieweit Lehrer und Schüler auf der Onlineplattform Facebook befreundet sein können.

6 a Mögliche Wiedergabe der Argumente:

Im ersten Abschnitt berichtet der Autor von einer Französisch-Lehrerin, die eine Facebookgruppe nutzt, um auch nach dem Unterricht noch mit ihren Schülern arbeiten zu können. Hieran knüpft sich das Argument des zweiten Textabschnitts, das davon ausgeht, dass laut einer Umfrage eine positive Wirkung von Onlinediskussionen zwischen Lehrer und Schülern zu beobachten ist. Im dritten Textabschnitt wird auf das Problem der Durchmischung von privater und beruflicher Nutzung der Onlinedienste hingewiesen. Durch eine Onlinefreundschaft geht die professionelle Distanz zwischen Lehrer und Schüler verloren, lautet die Kernaussage im vierten Textabschnitt. Abschließend hebt der Autor hervor, dass auf jeden Fall strikte Regeln für die Onlinekommunikation zwischen Lehrern und Schülern aufgestellt werden müssen.

b Mögliche Lösung (mit Unterstreichung der vorgegebenen Wendungen):

Der Autor verwendet in seinem Sachtext verschiedene sprachliche Mittel.
Mit <u>Expertenzitaten</u> möchte er seine Aussagen stützen. Sie wirken wissenschaftlich und verleihen den Ausführungen mehr Nachdruck und Glaubhaftigkeit, z. B.: „Soziale Netzwerke sind reine Freundschaftsplattformen. Lehrer und Schüler sind keine Freunde. Sollte man nicht …" (Z. 32–36). <u>Rhetorische Fragen</u>, z. B. „Aber können Lehrer und Schüler wirklich befreundet sein?" (Z. 13–14), führen dazu, dass der Leser zum Nachdenken angeregt wird. Der <u>Vergleich</u> „Im sozialen Netzwerk trifft sie sich wie in einer Nachhilfestunde …" (Z. 6–8) veranschaulicht das Thema auf eine einfache und überzeugende Weise. Die verwendete <u>Fachsprache</u>, z. B. Soziales Netzwerk (Z. 6), Facebookgruppe (8–9); Links (11), Internetplattform (12), unterstützt die Sachkenntnis des Autors und belegt, dass er gut informiert ist.

7 Mögliche Stellungnahme:

Genauso wie im Artikel „Lehrer und Schüler – Facebookfreunde?" dargelegt, bin ich der Meinung, dass eine große Gefahr der Vermischung zwischen Schule/Arbeit und Freizeit/Freundschaft besteht. Grundsätzlich ist nichts gegen eine solche Onlinefreundschaft einzuwenden, die ja eigentlich, wie das Beispiel zeigt, eine Onlinezusammenarbeit ist. Dem Autor ist aber zuzustimmen, wenn er darauf hinweist, dass es nicht zu einem Missbrauch der ausgetauschten Daten, z. B. Mails, Telefonnummern, Adresse, kommen darf. Insofern kann ich Paul Zimmermann gut verstehen, wenn er für strikte Regeln in der Onlinefreundschaft zwischen Lehrern und Schülern eintritt.

Material zu diesem Kapitel

Klassenarbeit
- Einen Sachtext analysieren – Achim Wüsthof: Geh doch mal raus! (Niveau A ohne, B mit Hilfen; Bewertungsbogen auf der CD-ROM)
- Sachtexte untersuchen und Stellung nehmen – Juliane von Wedemeyer: Klick-Clique (Niveau A ohne, B mit Hilfen; Bewertungsbogen auf der CD-ROM)

Fordern und fördern
- Ein Schaubild untersuchen und in Worte fassen (●●●|●○○ mit Lösungshinweisen auf der CD-ROM)
- Einen Sachtext untersuchen und zusammenfassen – Safer Internet Day: Digitaler Exhibitionismus in Zeiten der Netzpubertät (●●○|●○○ mit Lösungshinweisen auf der CD-ROM)
- Einen Sachtext ordnen und verstehen – Netter Zeitvertreib mit Gefahren (○○○ mit Lösungshinweisen auf der CD-ROM)

Diagnose
- Sachtexte verstehen und analysieren (Lösungshinweise und Förderempfehlung auf CD-ROM)

PPT-Folien (auf der CD-ROM)
- Mit einem Diagramm arbeiten
- Ein Schaubild untersuchen und in Worte fassen

Deutschbuch Arbeitsheft 9
- Einen Zeitungskommentar analysieren – Spielefreaks, Seite 26–29
  Melanie Striese: Nützliches aus der virtuellen Welt
    - ●○○ Geschickt angeordnet – Den Aufbau der Argumentation ermitteln
    - ●●● Geschickt formuliert – Sprache und Autorenposition untersuchen
- Sachtexte zusammenfassen – Generation „Kopf unten", Seite 30–34
  Gefahrenquelle Smartphone
    - ●○○ Wie gehe ich vor? – Einen Onlineartikel zusammenfassen
    - ●●● Was andere schrieben – Eine Zusammenfassung überarbeiten
    - ●○○ Mobiles Surfen – Grafiken verstehen und auswerten (Teil 1)
    - ●●● Apps für alle Situationen – Grafiken verstehen und auswerten (Teil 2)

Deutschbuch Lern- und Arbeitsheft 9
für Lernende mit erhöhtem Förderbedarf im inklusiven Unterricht
- Kommunikation in den Medien, Seite 106–117

Klassenarbeit A – Einen Sachtext analysieren

Aufgabenstellung

1. Untersuche und beschreibe den folgenden Sachtext.
   a Stelle die Argumentationsstruktur dar und erläutere die Position des Autors.
   b Benenne auffällige sprachliche Mittel und beschreibe ihre Wirkung.
2. Nimm im Schlussteil deines Textes Stellung zu folgender Frage:
   Führen Computerspiele in der virtuellen Gemeinschaft zur Spielsucht?

Achim Wüsthof: **Geh doch mal raus!**

1 Keinen einzigen seiner Freunde kennt Louis[1] persönlich. Sie begegnen ihm nur auf dem Bildschirm, um mit ihm gegen das Böse zu kämpfen. Wenn der 17-Jährige nicht zur Schule geht, spielt er bis in die Nacht im Internet *World of Warcraft*. Jede Spielpause macht ihn zum Verlierer, und er möchte seine Mitspieler nicht enttäuschen. Dabei merkt der Junge nicht, wie er langsam aus dem realen Leben aussteigt.

2 Der Jugendliche erfüllt mit seinem Verhalten die Kriterien einer Computerspielabhängigkeit, wie sie vor knapp zwei Jahren von der amerikanischen Psychiatervereinigung in den offiziellen Katalog psychischer Erkrankungen aufgenommen wurde. Dazu gehört, dass die Onlinespiele zur dominierenden[2] Aktivität des alltäglichen Lebens werden, dass sie benutzt werden, um negative Emotionen[3] zu lindern, oder dass die Betroffenen Entzugssymptome[4] wie Gereiztheit zeigen. All dies trifft auf Louis zu.

3 Genau diese Suchtkriterien hat das Kriminologische Forschungsinstitut Niedersachsen (KFN) für eine aktuelle Studie in der Fachzeitschrift *Addiction*[5] berücksichtigt. Darin wurden 11 000 Jugendliche mit einem Durchschnittsalter von 14,9 Jahren zu ihren Computergewohnheiten befragt. Ergebnis: 2 Prozent der Jungen und 0,3 Prozent der Mädchen zeigen ein suchtartiges Verhalten und verbringen täglich im Schnitt 6 Stunden mit Computerspielen. Gymnasiasten hängen durchschnittlich 72 Minuten pro Tag vor dem Bildschirm, Hauptschüler 132 Minuten. Die vor dem PC verbrachte Zeit allein reicht nicht für Aussagen darüber, ob jemand süchtig ist. „Das Risiko für eine Abhängigkeit ist vor allem dann besonders hoch, wenn die Jugendlichen plötzlich Hobbys aufgeben oder trotz offensichtlicher Nachteile wie zum Beispiel schlechter Noten nicht vom Spielen ablassen können", sagt Florian Rehbein, Leiter des Projekts Computerspiel- und Internetabhängigkeit am KFN.

4 Louis hat Glück. Er kommt in das Therapiezentrum *Teen Spirit Island* in Hannover – die bundesweit erste Klinik, die auf computersuchtkranke Jugendliche spezialisiert ist.

---

1 Name geändert
2 dominierenden: beherrschenden
3 Emotionen: Gefühle
4 Entzugssymptome: Entzugserscheinungen
5 addiction (engl.): Sucht, Abhängigkeit

Autoren: Friedrich Dick / Marianna Lichtenstein

„Die Jugendlichen müssen zunächst lernen, wieder mit anderen Menschen in Kontakt zu treten und ihren Körper überhaupt wahrzunehmen", sagt Klinikchef Christoph Möller. Seine Patienten haben oft ein sehr geringes Selbstwertgefühl, Erfolgserlebnisse bekommen sie nur durch Computerspiele. Möller zeigt ihnen in seiner Einrichtung attraktive Alternativen. So treiben die Patienten viel Sport, spielen etwa Volleyball oder machen körperliches Training: „Sie müssen durch reale Erlebnisse Glücksgefühle entdecken."

5 Louis ist mittlerweile 19 Jahre alt und hat wieder Fuß gefasst im Leben. Er ist froh, das Fachabitur gemacht zu haben, und beginnt demnächst ein Studium. Computerspiele betrachtet er heute als normalen Zeitvertreib. Viel mehr Spaß machen ihm die Proben mit seiner Band, er spielt Gitarre.

DIE ZEIT Nr. 9 vom 26. Februar 2015, S. 36 (Wissen kompakt)

Klassenarbeit B – Einen Sachtext analysieren

Aufgabenstellung

Untersuche und beschreibe den folgenden Sachtext.

1. a Stelle die Argumentationsstruktur dar und erläutere die Position des Autors.
      Tipp: Beachte bei der Beschreibung der Argumentation die fünf Textabschnitte.
   b Benenne auffällige sprachliche Mittel und beschreibe ihre Wirkung.
      Tipp: Achte z. B. auf Zitate (→ Glaubwürdigkeit), Fachsprache (→ sachliche Richtigkeit, Expertenwissen), bildhafte Ausdrücke …
2. Nimm im Schlussteil deines Textes Stellung zu folgender Frage:
   Führen Computerspiele in der virtuellen Gemeinschaft in die Spielsucht?
   Tipp: Füge Beispiele aus fremden oder eigenen Erfahrungen an. Berücksichtige auch das Foto in deinen Ausführungen.

Achim Wüsthof: **Geh doch mal raus!**

1 Keinen einzigen seiner Freunde kennt Louis[1] persönlich. Sie begegnen ihm nur auf dem Bildschirm, um mit ihm gegen das Böse zu kämpfen. Wenn der 17-Jährige nicht zur Schule geht, spielt er bis in die Nacht im Internet *World of Warcraft*. Jede Spielpause macht ihn zum Verlierer, und er möchte seine Mitspieler nicht enttäuschen. Dabei merkt der Junge nicht, wie er langsam aus dem realen Leben aussteigt.

2 Der Jugendliche erfüllt mit seinem Verhalten die Kriterien einer Computerspielabhängigkeit, wie sie vor knapp zwei Jahren von der amerikanischen Psychiatervereinigung in den offiziellen Katalog psychischer Erkrankungen aufgenommen wurde. Dazu gehört, dass die Onlinespiele zur dominierenden[2] Aktivität des alltäglichen Lebens werden, dass sie benutzt werden, um negative Emotionen[3] zu lindern, oder dass die Betroffenen Entzugssymptome[4] wie Gereiztheit zeigen. All dies trifft auf Louis zu.

3 Genau diese Suchtkriterien hat das Kriminologische Forschungsinstitut Niedersachsen (KFN) für eine aktuelle Studie in der Fachzeitschrift *Addiction*[5] berücksichtigt. Darin wurden 11 000 Jugendliche mit einem Durchschnittsalter von 14,9 Jahren zu ihren Computergewohnheiten befragt. Ergebnis: 2 Prozent der Jungen und 0,3 Prozent der Mädchen zeigen ein suchtartiges Verhalten und verbringen täglich im Schnitt 6 Stunden mit Computerspielen. Gymnasiasten hängen durchschnittlich 72 Minuten pro Tag vor dem Bildschirm, Hauptschüler 132 Minuten. Die vor dem PC verbrachte Zeit allein reicht nicht für Aussagen darüber, ob jemand süchtig ist. „Das Risiko für eine Abhängigkeit ist vor allem dann besonders hoch, wenn die Jugendlichen plötzlich Hobbys aufgeben oder trotz offensichtlicher Nachteile

---

[1] Name geändert
[2] dominierenden: beherrschenden
[3] Emotionen: Gefühle
[4] Entzugssymptome: Entzugserscheinungen
[5] addiction (engl.): Sucht, Abhängigkeit

wie zum Beispiel schlechter Noten nicht vom Spielen ablassen können", sagt Florian Rehbein, Leiter des Projekts Computerspiel- und Internetabhängigkeit am KFN.

4 Louis hat Glück. Er kommt in das Therapiezentrum *Teen Spirit Island* in Hannover – die bundesweit erste Klinik, die auf computersuchtkranke Jugendliche spezialisiert ist.

„Die Jugendlichen müssen zunächst lernen, wieder mit anderen Menschen in Kontakt zu treten und ihren Körper überhaupt wahrzunehmen", sagt Klinikchef Christoph Möller. Seine Patienten haben oft ein sehr geringes Selbstwertgefühl, Erfolgserlebnisse bekommen sie nur durch Computerspiele. Möller zeigt ihnen in seiner Einrichtung attraktive Alternativen. So treiben die Patienten viel Sport, spielen etwa Volleyball oder machen körperliches Training: „Sie müssen durch reale Erlebnisse Glücksgefühle entdecken."

5 Louis ist mittlerweile 19 Jahre alt und hat wieder Fuß gefasst im Leben. Er ist froh, das Fachabitur gemacht zu haben, und beginnt demnächst ein Studium. Computerspiele betrachtet er heute als normalen Zeitvertreib. Viel mehr Spaß machen ihm die Proben mit seiner Band, er spielt Gitarre.

DIE ZEIT Nr. 9 vom 26. Februar 2015, S. 36 (Wissen kompakt)

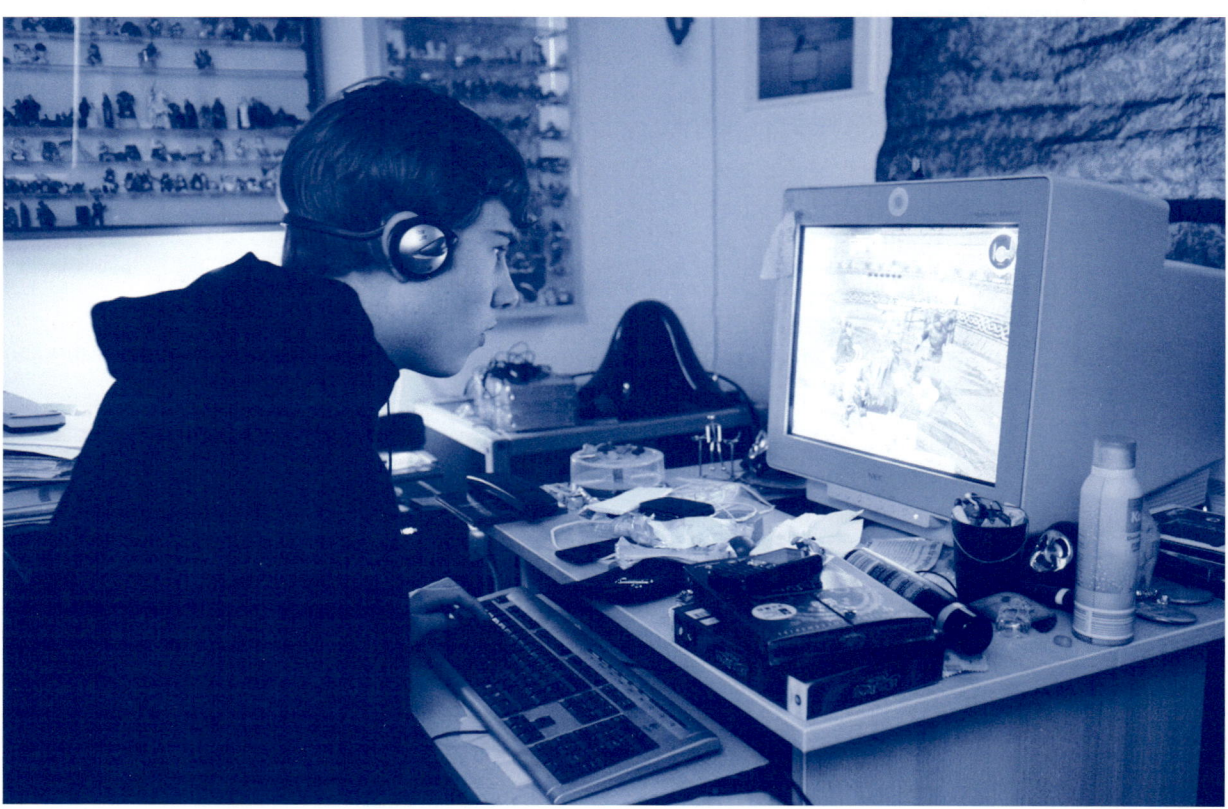

Klassenarbeit A – Sachtexte untersuchen und Stellung nehmen

Aufgabenstellung

Untersuche die vorliegenden Materialien.

1. a Bestimme die Textsorten und formuliere das Thema, um das es in beiden Materialien geht.
   b Stelle die wesentlichen Informationen der Materialien M1 und M2 knapp dar und bringe die Aussagen in einen Zusammenhang.
2. Nimm abschließend Stellung zu dem Phänomen, dass Smartphone-Nutzer immer jünger werden.

M1

Juliane von Wedemeyer: **Klick-Clique**

Für ein Kind im Jahr 2015 ist es anscheinend so: Entweder man liest die äußerst schwer auffindbaren Allgemeinen Geschäftsbedingungen im Handy – und stellt dann fest, dass man das Chat-Programm Whatsapp gar nicht installieren darf, weil man noch nicht 16 Jahre alt ist. Oder man pfeift drauf und beginnt munter zu chatten. Mit Freunden, Fremden oder den Jungen aus der letzten Reihe, die über Whatsapp auch solche Videos verschicken, die ein flaues Gefühl im Magen auslösen und die man zu Hause nie sehen dürfte. Wer hätte es gedacht: Der Nachwuchs entscheidet sich in aller Regel für die zweite Möglichkeit. 82 Prozent aller Kinder, die ein Handy mit Apps besitzen, haben Whatsapp installiert.

Das belegt eine Untersuchung, die so genannte KIM-Studie 2014, zum Umgang von 6- bis 13-jährigen Kindern mit Medien. […] 1200 Kinder und ihre Eltern wurden befragt. Die Studie zeigt deutlich, dass Smartphones inzwischen von immer jüngeren Kindern genutzt werden – jene Handymodelle also, die Apps und Internetzugang bieten. Der Anteil der 6- bis 13-Jährigen, die ein Smartphone haben, ist innerhalb der vergangenen zwei Jahre von 7 auf 25 Prozent gestiegen.

Innerhalb dieser Gruppe sind es die Älteren, die Fünftklässler, die richtig loslegen – unter den 12-Jährigen hat heute fast jeder ein Handy, die Hälfte ein Smartphone. Wer gerade erst eingeschult wurde, besitzt laut der Studie eher noch kein Gerät. […] Dabei ist ein eigenes Gerät nicht nur der Wunsch vieler Kinder, sondern häufig auch einer der Eltern. Das vermutet Sabine Feierabend von der SWR-Medienforschung, die an der Studie beteiligt war. Je größer der Aktionsradius eines Kindes wird, desto wichtiger ist eine gute Erreichbarkeit für Eltern – denn sie bietet ihnen ein Gefühl von Sicherheit. Der Sprung zum Smartphone, der oft zeitlich mit dem Wechsel auf eine weiterführende Schule zusammenfällt, ist allerdings Segen und Fluch. Möglich wird dadurch nämlich nicht nur der brave Anruf bei den besorgten Eltern, sondern auch die besagte Whatsapp-Kommunikation und jeder Blödsinn, der im Internet vorhanden ist. […]

Spätestens dann sind im Elternhaus Gespräche über die Risiken des Alleskönners in der Hosentasche angebracht. Neben den Inhalten, die auf die Kinder einströmen – von anderen Schülern, von Facebook, Twitter und Instagram –, muss es auch um die Daten gehen, die Kinder selbst zurück ins Netz schicken. […] Angebote wie schau-hin.info helfen mit Rat; so sollten Eltern und Kinder etwa gemeinsam die Einstellungen zum Datenschutz festlegen. Ein Anfang. Man muss ja nicht gleich verlangen, dass der Nachwuchs die Allgemeinen Geschäftsbedingungen liest.

Süddeutsche Zeitung Nr. 43 vom 21./22. Februar 2015, S. 1

M2

Smartphones schon für Kinder?

Umfrage unter Eltern in Deutschland
Angaben in Prozent

Ab welchem Alter ist ein Smartphone für Kinder sinnvoll?

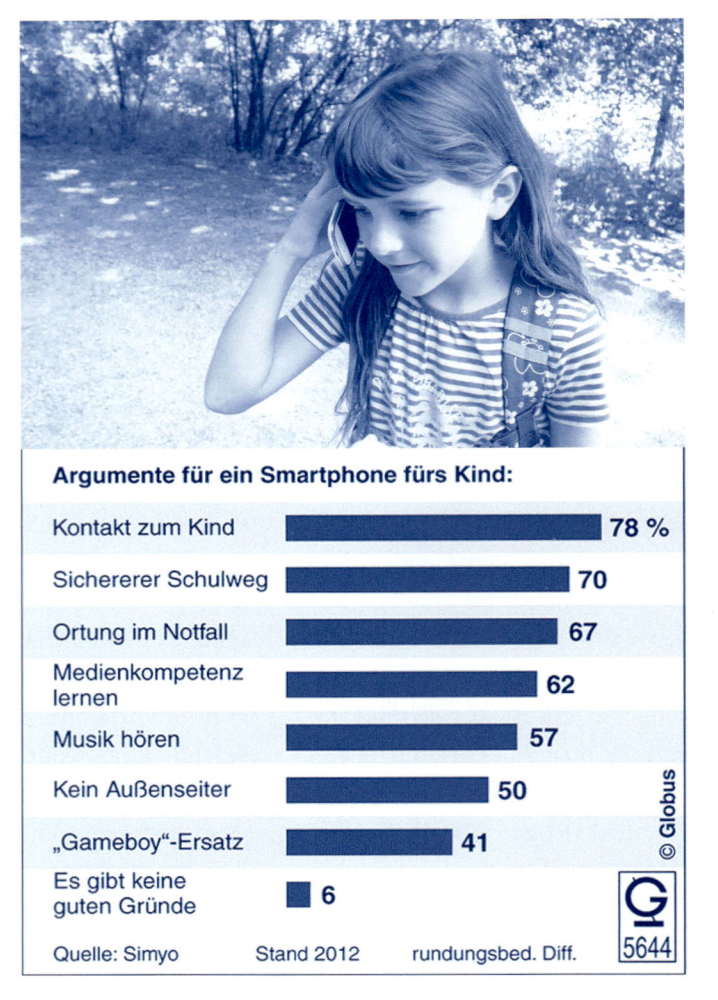

Argumente für ein Smartphone fürs Kind:

Argument	Prozent
Kontakt zum Kind	78 %
Sichererer Schulweg	70
Ortung im Notfall	67
Medienkompetenz lernen	62
Musik hören	57
Kein Außenseiter	50
„Gameboy"-Ersatz	41
Es gibt keine guten Gründe	6

Quelle: Simyo Stand 2012 rundungsbed. Diff.

© Globus 5644

Klassenarbeit B – Sachtexte untersuchen und Stellung nehmen

Aufgabenstellung

Untersuche die vorliegenden Materialien.

1. a Bestimme die Textsorten und formuliere das Thema, um das es in beiden Materialien geht.
   Tipp: Man unterscheidet z. B. Erzähltexte, Sachtexte, Diagramme, Abbildungen.
   b Stelle die wesentlichen Informationen der Materialien M1 und M2 in eigenen Worten knapp dar und bringe die Aussagen in einen Zusammenhang.
   Tipp: Lege dar, inwieweit M2 das Material M1 unterstützt.
2. Nimm abschließend Stellung zu folgender Frage: Warum werden Smartphone-Nutzer immer jünger?
   Tipp: Argumentiere sachlich unter Einbeziehung von Beispielen aus fremden oder eigenen Erfahrungen.

M1

Juliane von Wedemeyer: **Klick-Clique**

Für ein Kind im Jahr 2015 ist es anscheinend so: Entweder man liest die äußerst schwer auffindbaren Allgemeinen Geschäftsbedingungen im Handy – und stellt dann fest, dass man das Chat-Programm Whatsapp gar nicht installieren darf, weil man noch nicht 16 Jahre alt ist. Oder man pfeift drauf und beginnt munter zu chatten. Mit Freunden, Fremden oder den Jungen aus der letzten Reihe, die über Whatsapp auch solche Videos verschicken, die ein flaues Gefühl im Magen auslösen und die man zu Hause nie sehen dürfte. Wer hätte es gedacht: Der Nachwuchs entscheidet sich in aller Regel für die zweite Möglichkeit. 82 Prozent aller Kinder, die ein Handy mit Apps besitzen, haben Whatsapp installiert.

Das belegt eine Untersuchung, die so genannte KIM-Studie 2014, zum Umgang von 6- bis 13-jährigen Kindern mit Medien. […] 1200 Kinder und ihre Eltern wurden befragt. Die Studie zeigt deutlich, dass Smartphones inzwischen von immer jüngeren Kindern genutzt werden – jene Handymodelle also, die Apps und Internetzugang bieten. Der Anteil der 6- bis 13-Jährigen, die ein Smartphone haben, ist innerhalb der vergangenen zwei Jahre von 7 auf 25 Prozent gestiegen.

Innerhalb dieser Gruppe sind es die Älteren, die Fünftklässler, die richtig loslegen – unter den 12-Jährigen hat heute fast jeder ein Handy, die Hälfte ein Smartphone. Wer gerade erst eingeschult wurde, besitzt laut der Studie eher noch kein Gerät. […] Dabei ist ein eigenes Gerät nicht nur der Wunsch vieler Kinder, sondern häufig auch einer der Eltern. Das vermutet Sabine Feierabend von der SWR-Medienforschung, die an der Studie beteiligt war. Je größer der Aktionsradius eines Kindes wird, desto wichtiger ist eine gute Erreichbarkeit für Eltern – denn sie bietet ihnen ein Gefühl von Sicherheit. Der Sprung zum Smartphone, der oft zeitlich mit dem Wechsel auf eine weiterführende Schule zusammenfällt, ist allerdings Segen und Fluch. Möglich wird dadurch nämlich nicht nur der brave Anruf bei den besorgten Eltern, sondern auch die besagte Whatsapp-Kommunikation und jeder Blödsinn, der im Internet vorhanden ist. […]

Spätestens dann sind im Elternhaus Gespräche über die Risiken des Alleskönners in der Hosentasche angebracht. Neben den Inhalten, die auf die Kinder einströmen – von anderen Schülern, von Facebook, Twitter und Instagram –, muss es auch um die Daten gehen, die Kinder selbst zurück ins Netz schicken. […] Angebote wie schau-hin.info helfen mit Rat; so sollten Eltern und Kinder etwa gemeinsam die Einstellungen zum Datenschutz festlegen. Ein Anfang. Man muss ja nicht gleich verlangen, dass der Nachwuchs die Allgemeinen Geschäftsbedingungen liest.

Süddeutsche Zeitung Nr. 43 vom 21./22. Februar 2015, S. 1

M2

Smartphones schon für Kinder?

Umfrage unter Eltern in Deutschland
Angaben in Prozent

Ab welchem Alter ist ein Smartphone für Kinder sinnvoll?

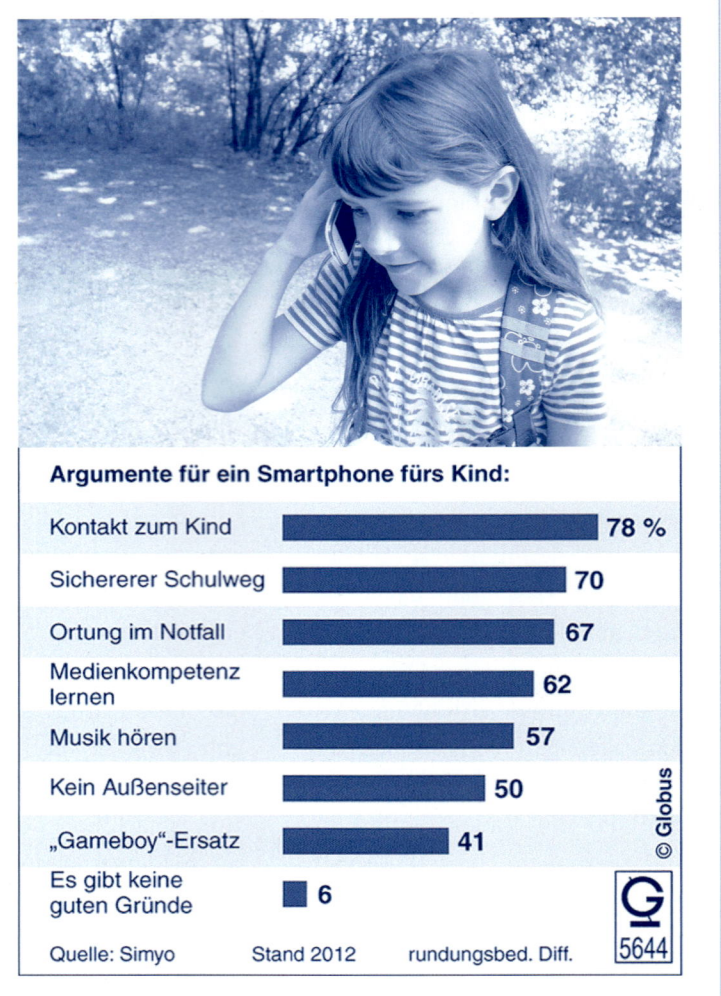

Argumente für ein Smartphone fürs Kind:

Argument	Prozent
Kontakt zum Kind	78 %
Sichererer Schulweg	70
Ortung im Notfall	67
Medienkompetenz lernen	62
Musik hören	57
Kein Außenseiter	50
„Gameboy"-Ersatz	41
Es gibt keine guten Gründe	6

Quelle: Simyo   Stand 2012   rundungsbed. Diff.

© Globus 5644

Deutschbuch 9 — 9 Kommunikation in den Medien – Sachtexte verstehen und analysieren

Ein Schaubild untersuchen und in Worte fassen

1 Schau die Grafik genau an. Worum geht es?

a Wähle einen passenden Titel. Kreuze an:

A Wer nutzt das Internet?
B www – Wer wählt was?
C Zwischen 51 und 97 im Netz unterwegs
D Immer mehr Kinder surfen

b Begründe deine Wahl: _____

_____

_____

2 Schreibe zu dem Schaubild einen kurzen Begleittext. Du kannst so beginnen:

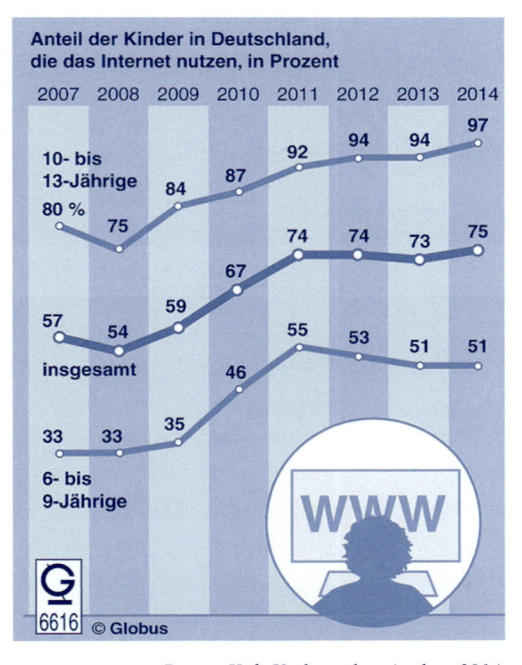

Anteil der Kinder in Deutschland, die das Internet nutzen, in Prozent

Jahr	2007	2008	2009	2010	2011	2012	2013	2014
10- bis 13-Jährige	80	75	84	87	92	94	94	97
insgesamt	57	54	59	67	74	74	73	75
6- bis 9-Jährige	33	33	35	46	55	53	51	51

Daten: Kids Verbraucher Analyse 2014

Das Schaubild zeigt, wie hoch der Anteil …

_____

_____

_____

_____

_____

_____

_____

_____

Autoren: Friedrich Dick / Marianna Lichtenstein
Grafik: © picture alliance/dpa-Infografik

Ein Schaubild untersuchen und in Worte fassen

1 Schau die Grafik genau an. Worum geht es?

   a Wähle einen passenden Titel. Kreuze an:

      A Wer nutzt das Internet?
      B www – Wer wählt was?
      C Zwischen 51 und 97 im Netz unterwegs
      D Immer mehr Kinder surfen

   b Begründe deine Wahl: _____

_____

_____

2 Vervollständige den Lückentext mit Angaben aus dem Schaubild.

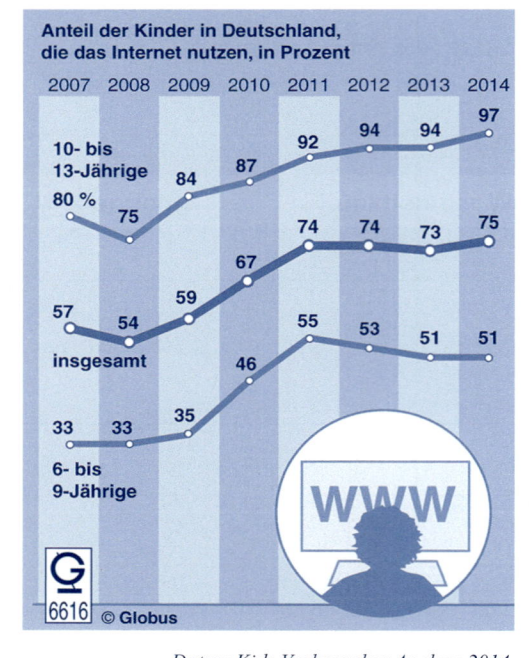

Anteil der Kinder in Deutschland, die das Internet nutzen, in Prozent

Jahr	2007	2008	2009	2010	2011	2012	2013	2014
10- bis 13-Jährige	80 %	75	84	87	92	94	94	97
insgesamt	57	54	59	67	74	74	73	75
6- bis 9-Jährige	33	33	35	46	55	53	51	51

Daten: Kids Verbraucher Analyse 2014

Das Schaubild zeigt, inwieweit sich der Anteil der _____ in Deutschland, die das Internet nutzen, im Zeitraum 2007 bis _____ verändert hat. Insgesamt sind es in den sieben Jahren des Untersuchungszeitraums immer mehr Kinder geworden, die online unterwegs waren. Der Anteil stieg von _____ im Jahr 2007 auf 75 % im Jahr _____. Insbesondere ist der Anteil der 6- bis 9-jährigen Internetnutzer rapide angewachsen. Waren es im Jahre 2007 noch _____, so ist dieser Anteil im Jahr 2014 auf _____ angestiegen. Bei den _____ Jährigen ist eine Veränderung in den angegeben Jahren von 80 % auf 97 % zu beobachten. Das heißt, dass fast alle in dieser Altersklasse das _____ nutzen.

Bei den 6- bis 9-Jährigen liegt der Anteil bei knapp über _____.

Einen Sachtext untersuchen und zusammenfassen (1)

Analysiere den folgenden Text.

1 Lies den Text aufmerksam durch und markiere pro Textabschnitt wichtige Aussagen.

Stefan Krempl

Safer Internet Day: Digitaler Exhibitionismus[1] in Zeiten der Netzpubertät

1 Der heutige Aktionstag für mehr Sicherheit im Internet war für Justizminister Heiko Maas Anlass, an die Internetindustrie zu appellieren, ein größeres Interesse am Datenschutz zu entwickeln. „Wir brauchen die Privatsphäre auch im Netz bitter", betonte Bundesjustiz- und Verbraucherminister Heiko Maas am Dienstag auf der zentralen hiesigen Konferenz zum Safer Internet Day in Berlin. […]

2 Maas kündigte bis Ende April einen Referentenentwurf[2] an, um Verbraucherschutzorganisationen die Möglichkeit für Unterlassungsklagen gegen Datenschutzsünder in der Wirtschaft zu geben. „Wer die Privatsphäre seiner Kunden verletzt, kann nicht mehr hoffen, dass er ungeschoren davonkommt." Auf EU-Ebene begrüßte Maas „viele gute Ideen" in der Initiative für eine Datenschutzverordnung wie die, einfache Informationen für die Nutzer darüber bereitzustellen, wie ihre Daten verwendet werden. […]

3 Um das Vertrauen der Nutzer in Onlinedienste zu stärken, riet der Minister Internetfirmen, „das größte Interesse am Datenschutz" zu entwickeln. So sollten sie den „technischen Schutz durch Verschlüsselung von E-Mails" verbessern. Dabei sei klar, dass komplizierte Technik niemandem helfe. Auch müsse mehr über Privatheit im Netz geforscht werden, da künftig wohl nur noch Dienste akzeptiert würden, die ein „Vergessen im Netz oder Daten mit Verfallsdatum" zuließen.

4 Den „digitalen Exhibitionismus" mancher Onliner wertete Maas als eines der Phänomene[3] der Pubertätsphase, in der sich das Internet offenbar noch befinde. „Diese Sorglosigkeit wird verfliegen", glaubt der Sozialdemokrat. Um die Fähigkeiten der Nutzer zum Selbstdatenschutz zu vergrößern, müssten die Anbieter mehr Transparenz schaffen. Auch viele Onlinefirmen befänden sich aber wohl noch in den „digitalen Flegeljahren". Als eine der großen Gefahren für die Privatsphäre im Netz bezeichnete es Maas, „wenn Unternehmer Daten unvorhergesehen ausbeuten". […]

5 Die einzelne Person hat laut Frederik Richter, Vorstand der Stiftung Datenschutz, dennoch an Gestaltungsmacht „viel in der Hand", da sie oft „am Anfang der Kette steht" und personenbezogene Informationen über sich freigebe. Es gelte, einen „gesunden Datengeiz zu entwickeln" und ohne Selbstzensur oder Enthaltsamkeit vor der Veröffentlichung von Details über sich selbst kurz darüber nachzudenken. […]

www.heise.de/newsticker/meldung/Safer-Internet-Day-Digitaler-Exhibitionismus-in-Zeiten-der-Netzpubertaet-2110930.html vom 11.02.2014 [13.07.2015], gekürzt

---

1 Exhibitionismus: krankhafte Neigung, sich nackt zur Schau zu stellen
2 Referentenentwurf: von Experten verfasster Gesetzesentwurf
3 Phänomen: Merkmal

2 Formuliere in einem Satz, wovon der Text handelt.

Der Zeitungsartikel „Safer Internet Day: Digitaler Exhibitionismus in Zeiten der Netzpubertät"

von _____ , online erschienen am _____ , handelt von

Einen Sachtext untersuchen und zusammenfassen (2)

3 Zwischenüberschriften helfen bei einer Textzusammenfassung.

  a Ordne die nachfolgenden Überschriften den Textabschnitten zu und übertrage die Nummer des jeweils passenden Textabschnitts in die Spalte neben den Überschriften.

  b Ergänze fehlende Zwischenüberschriften.

Nummer des Textabschnitts	Zwischenüberschrift
	Maßnahmen zum Vertrauensgewinn der Onlinenutzer
	Appell des Justizministers an die Internetindustrie
	Sorglosigkeit mancher Nutzer, die digital alles von sich preisgeben

4 Fasse nun den Text insgesamt zusammen.

  a Ordne dazu die durcheinandergeratene Zusammenfassung in der richtigen Reihenfolge.

  b Ergänze sie.

	Danach wird beschrieben, dass Datenschutzsündern in Zukunft Klagen drohen könnten.
	Im dritten Textabschnitt bekommt der Leser Hinweise darüber, wie Maßnahmen zum Vertrauensgewinn der Onlinenutzer aussehen können.
	In dem Zeitungsartikel „Internet Day: Digitaler Exhibitionismus in Zeiten der Netzpubertät" von Stefan Krempl, online erschienen am 11.02.2014, geht es um Internetfragen anlässlich des Safer Internet Day.
	Im vierten Abschnitt _____
	Der erste Abschnitt berichtet vom Appell des Justizministers an die Internetindustrie, im Bereich des Datenschutzes eine viel größere Sorgfalt zu entwickeln.
	Der Text weist am Ende _____

5 Wie verstehst du die Behauptung: „In Zeiten der „Netzpubertät" müssen die Nutzer einen „gesunden Datengeiz entwickeln"? Formuliere in eigenen Worten.

Deutschbuch 9 — 9 Kommunikation in den Medien – Sachtexte verstehen und analysieren

Einen Sachtext untersuchen und zusammenfassen (2)

3 Zwischenüberschriften helfen bei einer Textzusammenfassung.
Ordne die nachfolgenden Überschriften den Textabschnitten zu. Schreibe dann die Nummer des jeweils passenden Textabschnitts in die Kästchen neben den Text.

Nummer des Textabschnitts	Zwischenüberschrift
	Appell an die Nutzer: Nachdenken vor Freigabe!
	Maßnahmen zum Vertrauensgewinn der Onlinenutzer
	Appell des Justizministers an die Internetindustrie
	Sorglosigkeit mancher Nutzer, die digital alles von sich preisgeben
	Datenschutzsündern drohen Klagen

4 Fasse nun den Text insgesamt zusammen.
  a Ordne dazu die durcheinandergeratene Zusammenfassung in der richtigen Reihenfolge.
  b Ergänze die fehlende Zusammenfassung für den letzten Abschnitt.

	Danach wird beschrieben, dass Datenschutzsündern in Zukunft Klagen drohen könnten.
	Im dritten Textabschnitt bekommt der Leser Hinweise darüber, wie Maßnahmen zum Vertrauensgewinn der Onlinenutzer aussehen können.
	In dem Zeitungsartikel „Internet Day: Digitaler Exhibitionismus in Zeiten der Netzpubertät" von Stefan Krempl, online erschienen am 11.02.2014, geht es um Internetfragen anlässlich des Safer Internet Day.
	Im vierten Abschnitt wird zentral die allzu große Sorglosigkeit mancher Internetnutzer beklagt, die leider häufig von Onlinefirmen ausgenutzt wird.
	Der erste Abschnitt berichtet vom Appell des Justizministers an die Internetindustrie, im Bereich des Datenschutzes eine viel größere Sorgfalt zu entwickeln.
	Der Text weist am Ende _____ _____ _____

5 Wie verstehst du die Behauptung: „In Zeiten der „Netzpubertät" müssen die Nutzer einen „gesunden Datengeiz entwickeln"? Kreuze an:

A Das Internet ist insgesamt in seiner Entwicklung noch recht jung, deshalb sollte man im Umgang mit ihm noch vorsichtig sein mit dem, was man z. B. ins Netz setzt, oder mit den Spuren, die man als Nutzer im Netz hinterlässt.	**B** Besonders Jugendliche in der Pubertät sind noch viel zu unkritisch und besonders großzügig in ihrem Umgang mit dem Internet. Sie sollten viel geiziger beim Teilen ihrer Informationen sein.

Autoren: Friedrich Dick / Marianna Lichtenstein

Einen Sachtext ordnen und verstehen

Netter Zeitvertreib mit Gefahren

1 Der folgende Zeitungsartikel ist durcheinandergeraten.

a Lies ihn aufmerksam durch.

b Nummeriere die Textstreifen in der richtigen Reihenfolge.

○ Wenn man zum Beispiel etwas postet, können die Freunde von Freunden und deren Freunde dies ebenfalls lesen. Die Kommunikation in Facebook ist gut und schnell. Man kann schnell Nachrichten vermitteln. Es gibt aber auch Fake-Profile, hinter denen sich beispielsweise auch Personen verstecken können, die bösartige Absichten verfolgen.

○ Heute kommunizieren viele Jugendliche über soziale Netzwerke. Sehr beliebt ist Facebook. Doch das hat nicht nur Vorteile. Zwar findet man alte Bekannte wieder und baut somit Kontakte auf. Doch nicht immer weiß jeder, wer was alles liest.

○ Außerdem können Hacker sich in ein Profil hacken und private Bilder reinstellen. Das ist sogar dem Erfinder von Facebook, Mark Zuckerberg, passiert. Alles in allem ist Facebook ein amüsanter Zeitvertreib, aber es gibt viele Gefahren, die man nicht auf Anhieb erkennt.

○ Auch Mobbing ist nicht ausgeschlossen. Viele Jugendliche werden in Facebook runtergemacht, weil sich andere hinter ihrem Computer versteckt eher trauen, fiese Sachen zu sagen.

www.general-anzeiger-bonn.de/dialog/klasse/klasse/netter-zeitvertreib-mit-gefahren-article769850.html vom 24.05.2012 [13.07.2015], geringfügig geändert

2 In dem Zeitungsartikel sind einige Wörter markiert. Was bedeuten sie?
Ziehe eine Linie von den Begriffen in der linken Spalte zu den passenden Erklärungen in der rechten Spalte.

A	„postet" kommt von dem Verb „posten"
B	Fake-Profil
C	kommunizieren
D	Facebook
E	Hacker/hacken
F	Mobbing

1	ein anderes Wort für „miteinander sprechen"
2	wenn ein Fremder versucht, in deinen Computer vorzudringen
3	im Internet Fragen, Antworten, Bemerkungen hochladen
4	jemanden dadurch quälen/ärgern, dass man etwas Böses über ihn verbreitet
5	wörtlich: falsches Profil; jemand gibt sich als eine Person aus, die er gar nicht ist
6	Name einer Internetgruppe, die sich untereinander austauscht

Diagnose – Sachtexte verstehen und analysieren

Sachtexte erschließen und bewerten

1 Wie gehst du vor, wenn du einen Sachtext erschließen und zur Textaussage Stellung nehmen sollst? Nummeriere die nachfolgenden Karten in der Reihenfolge, in der du vorgehst.

Lies den Text ein zweites Mal ganz genau.	Gliedere den Text in Abschnitte.	Überfliege beim ersten Lesen den Text.	Erkläre einzelne Textaussagen.
Stelle sicher, dass du alles verstanden hast.	Finde Überschriften für jeden Absatz.	So erhältst du einen Eindruck von seinem Inhalt.	Nutze deine eigenen Worte.
Bewerte die Textaussage(n).	Unterstreiche wichtige Wörter.	Untersuche den Text genauer. Welche sprachlichen Mittel fallen auf?	Lies noch einmal deine Stichworte durch.
Nimm dazu einen eigenen Standpunkt ein.	Notiere Stichworte zu jedem Absatz.	Wie wirken diese?	Fasse den Text anhand der Stichworte kurz zusammen.

Informierende und meinungsbildende Texte unterscheiden

2 Gelingt es dir, meinungsbildende von informierenden Textsorten zu unterscheiden? Entscheide dich durch Ankreuzen der nachfolgenden Aussagen.

Meinungsbildende Sachtexte zeichnen sich aus durch …	stimmt	stimmt nicht
A … eine sachliche und objektive Berichterstattung.	☐	☐
B … persönliche und wertende Aussagen.	☐	☐
C … einen umfangreichen Informationskern.	☐	☐
D … Antworten auf möglichst viele W-Fragen.	☐	☐
E … die Bezugnahme auf ein meist aktuelles Ereignis.	☐	☐
F … eine bewusst subjektive Stellungnahme.	☐	☐
G … Angabe des Verfassers / der Verfasserin des Kommentars.	☐	☐
H … sprachliche Auffälligkeiten, die zum Lachen anregen.	☐	☐
I … umfangreiches zusätzliches Bild- und Datenmaterial.	☐	☐

Autoren: Friedrich Dick / Marianna Lichtenstein

10 „On the road" – Einen Roman und einen Film untersuchen

Konzeption des Kapitels

In diesem Kapitel geht es um einen Roman und einen Film, die durch das Genre „Roadmovie" verklammert sind. Wolfgang Herrndorfs Roman „Tschick" handelt von zwei jugendlichen Außenseitern, die aus ihrem Alltag ausbrechen und während ihrer Reise mit einem gestohlenen Auto Erfahrungen machen, die ihnen neue Perspektiven auf sich selbst und andere eröffnen. Im Film „Vincent will Meer" stehen drei Außenseiter im Mittelpunkt, die sich ebenfalls mit einem gestohlenen Auto auf den Weg machen und sich während ihres Unterwegsseins für neue Wahrnehmungen und Denkmuster öffnen. Der Reiz sowohl des Romans als auch des Films besteht darin, dass die Protagonisten typisch jugendliche Probleme in einer besonderen Art und Weise repräsentieren. Nöte und Sehnsüchte der Jugendlichen werden in sensibler und zugleich lebendiger und witziger Weise aufgegriffen und sind von großer Motivationskraft. Darüber hinaus erlauben beide Gegenstände, Erzählstrukturen des Romans und Gestaltungsmittel des Films zu untersuchen.

Das erste Teilkapitel (**",Tschick' – Einen Jugendroman untersuchen"**) bietet verschiedene Auszüge aus dem Jugendroman. Die Schüler/-innen untersuchen Figuren und Figurenbeziehungen, wobei sie ihren Blick auch für erzählerische Vermittlungsweisen schulen wie etwa für die direkte und indirekte Charakterisierung von Figuren. Zudem analysieren sie Spannung erzeugende Erzählmittel. In einem Test überprüfen die Lernenden ihre erworbenen Kompetenzen zur Textanalyse.

Im zweiten Teilkapitel (**",Vincent will Meer' – Die Wirkung filmischer Mittel verstehen"**) werden die Schüler/-innen dazu angeleitet, das Roadmovie im Hinblick auf filmische Gestaltungsmittel zu untersuchen. Zunächst setzen sie sich mit der Exposition auseinander, um daran anschließend einzelne Szenen zu analysieren. Dabei werden Kenntnisse über Einstellungsgrößen und Kameraperspektiven wiederholt und um weitere filmsprachliche Mittel ergänzt (Schnitt, Montage und Kamerabewegung). Mit den Seiten „Fordern und fördern" werden die Schüler/-innen dazu befähigt, die Mise en Scène eines Filmbildes zu erschließen, indem sie dafür erforderliche Untersuchungsaspekte zunächst auf ein Gemälde und anschließend auf ein Filmbild beziehen.

Im dritten Teilkapitel (**„Projekt – Eine Filmszene drehen"**) wenden die Schüler/-innen ihre Kompetenzen zur Filmanalyse in einem eigenen Filmprojekt an.

Literaturhinweise

- *Beicken, Peter:* Wie interpretiert man einen Film? Reclam, Stuttgart 2007
- *Bergala, Alain:* Kino als Kunst. Filmvermittlung an der Schule und anderswo. Hg. von der Bundeszentrale für politische Bildung. Berlin 2006
- Filmdidaktik. Der Deutschunterricht 3/2008
- Filmisches Erzählen. Deutsch 5–10, 17/2008
- Filme verstehen. Kunst und Unterricht 386/2014
- *Fitz, Florian-David:* Vincent will Meer. Ein Drehbuch. Deutsche Filmakademie e. V. 2011

Inhalte	Kompetenzen
	Die Schülerinnen und Schüler
S. 190 **10.1 „Tschick" – Einen Jugendroman untersuchen**	
S. 190 Die Hauptfiguren kennen lernen und charakterisieren S. 190 *Wolfgang Herrndorf: Tschick (Auszug 1)* S. 192 *Wolfgang Herrndorf: Tschick (Auszug 2)*	– formulieren erste Leseeindrücke zu einer Figur – charakterisieren eine Figur – kennzeichnen die Erzählweise einer Figur – unterscheiden direkte und indirekte Figurencharakterisierungen
S. 194 Einen Romandialog lesen und verstehen *Wolfgang Herrndorf: Tschick (Auszug 3)*	– erschließen einen Romandialog – untersuchen einzelne Redebeiträge – formulieren einen möglichen Handlungsverlauf
S. 196 Figurenbeziehungen untersuchen *Wolfgang Herrndorf: Tschick (Auszug 4, 5)*	– untersuchen Figurenbeziehungen – vertiefen ihr Verständnis von Figurenbeziehungen durch Standbilder
S. 198 Den Aufbau von Spannung untersuchen *Wolfgang Herrndorf: Tschick (Auszug 6)*	– untersuchen äußere und innere Handlung – analysieren Spannung erzeugende Mittel – entwickeln Ideen für eine filmische Umsetzung – ordnen den Roman einem Romantyp(us) zu
S. 200 Teste dich!	– überprüfen ihre erworbenen Kompetenzen
S. 201 **10.2 „Vincent will Meer" – Die Wirkung filmischer Mittel verstehen**	
S. 201 Die Exposition des Films untersuchen	– untersuchen die Exposition des Films – analysieren filmsprachliche Mittel und ihre Wirkungen
S. 202 Einen Filmdialog erschließen	– untersuchen einen Filmdialog – analysieren die Beziehung zwischen Figuren
S. 203 Einstellungsgröße und Kameraperspektive untersuchen	– bestimmen Einstellungsgröße und Kameraperspektive und beschreiben deren Wirkungen – vergleichen Roman und Film – sammeln Ideen für eine filmische Umsetzung
S. 204 Schnitt, Montage und Kamerabewegung beschreiben	– untersuchen Schnitte und Kamerabewegungen und beschreiben deren Wirkung
S. 205 Eine Filmszene untersuchen	– untersuchen die filmischen Gestaltungsmittel und ihre Wirkung am Beispiel einer Filmszene
S. 206 **Fordern und fördern** – Die Mise en Scène erkennen und untersuchen	– untersuchen aspektorientiert ein Gemälde und ein Filmbild im Hinblick auf die jeweilige Inszenierung und beschreiben die Wirkung
S. 208 **10.3 Projekt – Eine Filmszene drehen**	
S. 208 Ideen sammeln – Einen Drehplan erstellen – Die Filmszene drehen und das Filmmaterial aufbereiten – Die Filmszenen präsentieren	– sammeln Ideen, schreiben einen Drehplan, drehen den Film und bereiten das Material auf

10 „On the road" – Einen Roman und einen Film untersuchen

S. 189 Auftaktseite

1 Das Titelbild des Romans und das Szenenbild aus dem Film zeigen jeweils eine Landschaft, die mit dem Himmel verschmilzt, sodass der Horizont sehr weit erscheint. Auf beiden Abbildungen ist im Vordergrund eine Straße zu sehen. Diese wird auf dem Buchcover durch Randstreifen angedeutet; auf dem Filmbild sind auf der Straße auch zwei fahrende Autos zu sehen, wobei die Menschen darin nicht zu erkennen sind. Das Buchcover wird durch kräftige Farben bestimmt (grau, grün, gelb), während die Farben des Filmbilds sepiafarben gehalten sind (hellbeige, beigebraun, schwarzbraun).

2 Sowohl Cover als auch Szenenfoto drücken aus, dass es um das Thema „Unterwegssein" geht. Die sichtbare Weite der Landschaft könnte evtl. als Hinweis auf Freiheit gedeutet werden.
Die Schüler/-innen könnten vermuten, dass es in Roman und Film darum geht, dass Jugendliche aus ihrer Umgebung und ihrem Alltag ausbrechen und auf Reisen gehen. Dabei werden sie wahrscheinlich viele Menschen kennen lernen und in besondere Situationen geraten, die vielleicht manchmal auch etwas brenzlig werden könnten. Roman und Film werden eine spannende Handlung haben.

10.1 „Tschick" – Einen Jugendroman untersuchen

S. 190 Die Hauptfiguren kennen lernen und charakterisieren

S. 190 Wolfgang Herrndorf: **Tschick** (2010) – Auszug 1

Dieser Romanauszug wird auf der beigefügten CD-ROM als **Hörtext** mit Arbeitsblatt und Lösungen angeboten (Tschick_1: SB S. 190, Tschick_2: SB S. 191).

1 Der Textauszug ist so gewählt, dass die Lernenden ein erstes Bild von der Figur Maik Klingenberg erhalten. Vermutlich werden die Schüler/-innen folgende Eindrücke formulieren:
- Maik könnte ein Einzelgänger und vielleicht sogar eine Art Loser sein, da er kaum Freunde hat.
- Maik wird von den Mitschülerinnen und Mitschülern nicht beachtet.
- Er schafft es auch nicht, die Aufmerksamkeit des Mädchens zu bekommen, in das er verliebt ist.
- Maik spricht ziemlich locker und umgangssprachlich; manchmal klingt es lustig, wie er sich selbst bezeichnet (z. B. „psychotische Schlaftablette", Z. 89).

2 a Steckbrief zu Maik:
- Name: Maik Klingenberg
- Alter: 14 Jahre
- Beruf: Schüler in der 7. Klasse
- Aussehen: gehört zu den Kleinsten in der Klasse
- Eigenschaften: sportlich, eigenbrötlerisch
- Lebensumstände: ziemlich alleine, keine Freunde, verliebt in Tatjana

b Charakterisierung von Maik:
Maik besucht in der Schule die 7. Klasse, in der er zu den Kleinsten gehört. Er hat anscheinend keine Freunde und fürchtet, dass er für andere zu langweilig ist. Maik ist verliebt in Tatjana und würde sie gerne näher kennen lernen. Sein Versuch, Tatjana durch seine sportlichen Leistungen auf sich aufmerksam zu machen, scheitert: Tatjana beachtet ihn nicht einmal.

3 a Maiks Erzählweise:
- lebendig, z. B.: „Ich sprang überhaupt nicht, ich segelte über die Anlage wie ein Flugzeug, ich stand in der Luft, ich schwebte. Maik Klingenberg, der große Leichtathlet." (Z. 70–74)
- jugendtypisch, z. B.: „seine endbescheuerte Mutter" (Z. 26), „Aber in der Siebten hatte ich sie auf einmal voll auf dem Schirm …" (Z. 34–35), „Scheißhochsprung" (Z. 93)
- übertrieben, z. B.: „… wenn ein Mehlsack unter der Latte durchrutscht" (Z. 98–99)
- gefühlsbetont, z. B.: „… und ich merkte schon beim Anlauf, das ist mein Tag" (Z. 67–68), „Ich hatte dieses Triumphgefühl schon beim Absprung" (Z. 69–70)

10.1 „Tschick" – Einen Jugendroman untersuchen

b Mögliche Lösung:
Maiks Erzählweise erscheint teilweise wie mündliches Erzählen. Seine Sprache wirkt lebendig, unkompliziert und authentisch, vor allem auf Jugendliche. Manchmal kann man über Maiks Ausdrucksweise auch lachen. Maiks Sprache vermittelt das Gefühl, dass er einem unmittelbar gegenübersteht und dass man ihn gut verstehen kann. Auf Erwachsene aber könnte Maiks Sprache sehr befremdend wirken.

S. 192 Tschick – Auszug 2

Siehe hierzu auch die **Folie** „Eine literarische Figur charakterisieren" auf der CD-ROM.

Dieser Romanauszug wird auf der beigefügten CD-ROM auch als **Hörtext** mit Arbeitsblatt und Lösungen angeboten (Tschick_3).

1 Mögliche Schülereindrücke zur Figur Tschick:
- wirkt auf den ersten Blick eher unsympathisch
- erscheint wie ein Asi (Maiks Sicht) und fällt insbesondere durch seine Sprache mit russischem Akzent sowie seine schlechten Umgangsformen auf
- verhält sich nicht wie erwartet: weigert sich, selbst etwas über seine Herkunft zu erzählen, und überlässt es dem Geschichtslehrer
- ist unbeeindruckt vom Lehrer; wirkt ziemlich unangepasst und unkonventionell

2 Informationen über Tschick:
- Herkunft/Familie: Russland, deutschstämmige Familie, vor vier Jahren mit dem Bruder nach Deutschland gekommen
- Schulerfahrung: Förderschule, Hauptschule, Realschule, Gymnasium
- Verhalten und Sprache: entspricht mit seinem gleichgültigen und distanzierten Verhalten sowie seinem nachlässigen Sprachverhalten nicht den Erwartungen an einen Schüler
- Wirkung auf die Klasse: möglicherweise ziemlich cool

3 a Beispiele für eine direkte Charakterisierung Tschicks:
- Z. 2–3: „Tschick war ein Asi, und genau so sah er auch aus."
- Z. 24–27: „Und jetzt ging die erste Veränderung mit Tschick vor. Er drehte den Kopf leicht zur Seite, als hätte er Wagenbach erst in diesem Moment bemerkt."
- Z. 49–51: „Er betonte jede Silbe einzeln, mit einem ganz komischen Akzent."
- Z. 67–68: „Die Einleitung machte keinen Eindruck auf Tschick. Er rührte sich nicht."

b Beispiele für indirekte Charakterisierungen Tschicks:
- Z. 46–47: „‚Beginnen Sie', sagte Tschick und machte eine Handbewegung."
  → Tschick erteilt dem Lehrer das Wort und untermauert dies mit einer wortlosen Geste. Das Verhalten ist ungewöhnlich, weil Tschick dem Lehrer eine Anweisung gibt.
- Z. 3–4: „Wagenbach schleppte ihn nach Ostern in die Klasse …"
  → Die Tatsache, dass Tschick in die Klasse geschleppt wird, deutet darauf hin, dass Tschick nur widerwillig in die neue Klasse geht.
- Z. 13–14: „‚Tschichatschow', sagte der Russe, ohne Wagenbach anzusehen."
  → Tschick blickt den Lehrer nicht an. Er demonstriert damit sein Desinteresse an ihm und möglicherweise an der ganzen Situation in der Klasse.
- Z. 31–33: „Wagenbach nickte ernst und sagte: ‚Du willst nicht erzählen, wo du herkommst?' ‚Nein', sagte Tschick, ‚mir egal.' "
  → Tschick verweigert sich der Aufforderung des Lehrers und drückt damit aus, dass er keine Lust hat, etwas über sich preiszugeben. Zudem macht es ihm wohl nichts aus, unhöflich zu sein.

S. 194 Einen Romandialog lesen und verstehen

S. 194 Tschick – Auszug 3

2
a Tschick schlägt vor, mit dem geklauten Lada wegzufahren. Da sich Maik sträubt, möchte er die Entscheidung über den Trip vom Ausgang eines Computerspiels (zwischen Maik und ihm) abhängig machen.

b Maik weist darauf hin, dass es nicht rechtens sei, mit einem geklauten Auto „Urlaub" zu machen.

3
a Für Tschick ist die Walachei ein Ort, den es wirklich gibt. Es handelt sich um ein Gebiet im heutigen Rumänien. Für Maik ist die Walachei ein Ort, den es gar nicht gibt. Sie wird im Deutschen umgangssprachlich als Bezeichnung für entfernte Gegenden verwendet.

b Mögliche Antwort:
„Stopp Maik, du meinst, dass es die Walachei nicht gibt. Doch das stimmt nicht. Die Walachei ist ein Gebiet im heutigen Rumänien. Tschicks Großvater wohnt wirklich dort. Allerdings wird das Wort Walachei in der Umgangssprache verwendet, in der es aber eine andere Bedeutung annimmt. Walachei steht dann in einem übertragenen Sinn für eine weit entfernte Gegend. Euer Missverständnis kommt daher, dass Tschick das Wort in einem konkreten Sinn gebraucht, Maik aber in einem übertragenen."

c Das Missverständnis wirkt wahrscheinlich komisch auf die Leser, weil die beiden Figuren aneinander vorbeireden.

4 Mögliche Bedeutung der Reise:
– für Maik: Ausbruch aus dem Alltag; Abenteuer; Aufbruch in ein Land, über das er nichts weiß und das für ihn fremd ist; Einblick in etwas Neues
– für Tschick: Abenteuer und Kurzweil; Besuch eines Landes bzw. Gebiets, das mit Herkunft verbunden ist; evtl. Erkundung des Gebiets und Kontakt zum Großvater als Möglichkeit zum besseren Verständnis der Familienherkunft und -geschichte

5 Die Aufgabe erlaubt es den Schülerinnen und Schülern, über die Entwicklung der Handlung zu spekulieren. Sie können eigene Ideen entwickeln, wobei sie beachten sollten, dass Tschick sich wahrscheinlich – zumindest zunächst – etwas unkonventioneller und mutiger verhalten wird als Maik.

S. 196 Figurenbeziehungen untersuchen

S. 196 Tschick – Auszug 4 und 5

1
a Isa tritt als ein ungewöhnliches Mädchen in Erscheinung, das im Freien zu leben scheint und Regeln missachtet. Es können etwa folgende Eindrücke zu Isa erwartet werden:
– Sie verhält sich forsch und frech gegenüber Maik und Tschick. Sie hat keine Angst vor ihnen und beleidigt sie sogar.
– Isa ist kriminell. Sie beteiligt sich an dem Diebstahl von Benzin.
– Isa ist clever und kann Benzin aus dem Tank saugen.
– Isa wirkt bestimmt; Maik und Tschick müssen sie mitnehmen.
– Isas Sprache ist sehr gewöhnlich/ordinär.

b Die Schüler/-innen werden in ihrem Standbild zum Ausdruck bringen, dass Maik und Tschick Distanz zu Isa halten. Sie stellen sich entfernt von ihr auf; evtl. stehen beide Isa gegenüber. Isa nimmt eine Pose ein, die Dominanz zeigt und Selbstbewusstsein ausdrückt.

2 Vermutlich äußern die Schüler/-innen, dass sich die drei Figuren auf der gemeinsamen Fahrt einander annähern. Evtl. wird auch auf die Möglichkeit einer Liebesgeschichte hingewiesen.

3
a Das Standbild zeigt, dass sich die Beziehung zwischen den Figuren verändert hat. Es wird deutlich, dass die drei Jugendlichen zu einer Art Gemeinschaft geworden sind. Isa und Maik stehen besonders nahe beieinander.

S. 198 Den Aufbau von Spannung untersuchen

S. 198 Tschick – Auszug 6

1 a Zusammenfassung der äußeren Handlung:
Maik und Tschick befinden sich auf ihrer letzten Fahrt mit dem Lada und werden in einen Unfall verwickelt. Maik sitzt am Steuer und sieht einen Schweinetransporter in einer Schlangenlinie vor sich herfahren. Er denkt, dass es sich bei dem Transporter um ein Hindernis wie in der PlayStation handelt, und hält darauf zu. Anders als Maik erkennt Tschick den Ernst der Lage: Der Lastwagen gerät ins Schlingern, kippt um und blockiert die Autobahn. Tschick brüllt, dass Maik bremsen solle. Der tut es auch, allerdings rutschen Maik und Tschick im Lada auf den Lkw zu und krachen in ihn hinein. Als der Lada zum Stillstand gekommen ist, taucht die Polizei auf.

b Wahrnehmung der Situation
– durch Maik: Er erkennt zunächst nicht, was auf der Straße passiert. Er deutet das Schlangenlinienfahren des Lkw nicht richtig und erfasst nicht die Gefahr, die davon ausgeht. Er versteht daher auch zunächst Tschicks Aufforderung zum Bremsen nicht.
– durch Tschick: Er realisiert sofort, dass der Lkw dabei ist, sich quer zu stellen und umzukippen, damit die Straße zu blockieren und einen Unfall auszulösen.

2 a/b Gruppe A: Mögliches Flussdiagramm:

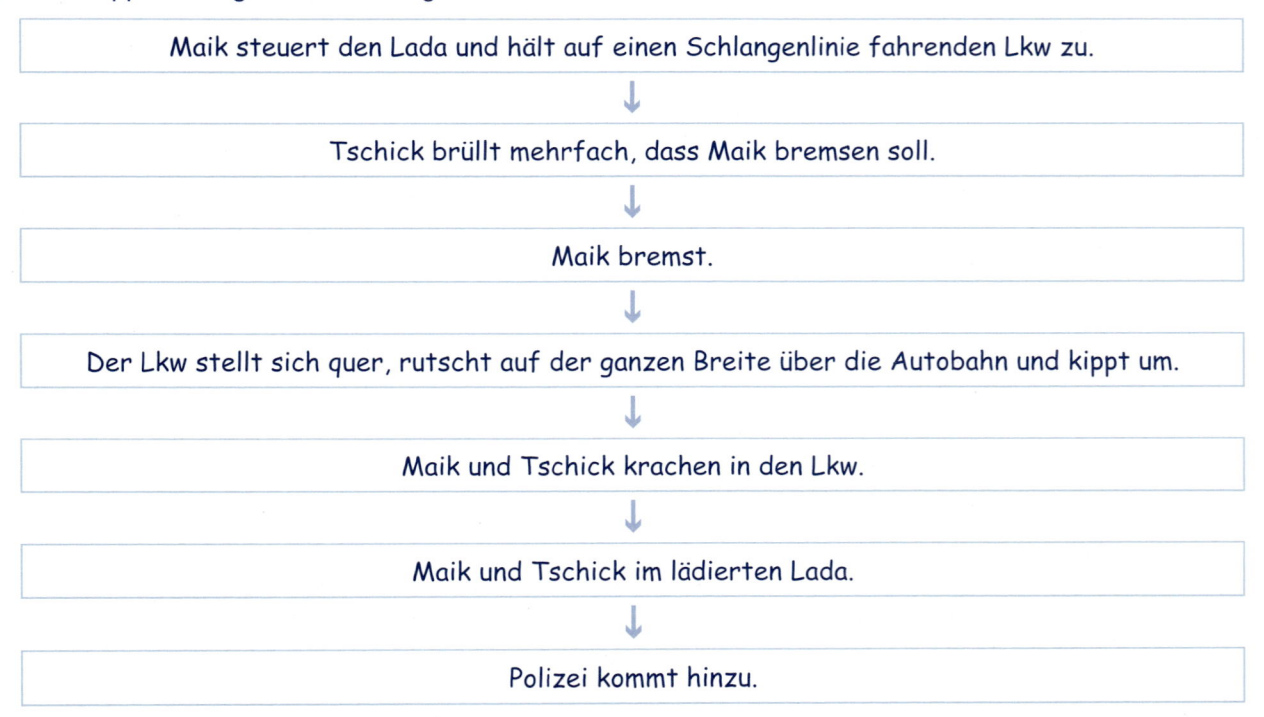

> Maik steuert den Lada und hält auf einen Schlangenlinie fahrenden Lkw zu.
> ↓
> Tschick brüllt mehrfach, dass Maik bremsen soll.
> ↓
> Maik bremst.
> ↓
> Der Lkw stellt sich quer, rutscht auf der ganzen Breite über die Autobahn und kippt um.
> ↓
> Maik und Tschick krachen in den Lkw.
> ↓
> Maik und Tschick im lädierten Lada.
> ↓
> Polizei kommt hinzu.

Gruppe B: Beispiele für Spannung erzeugende sprachliche Mittel:
– Tschick brüllt mehrfach, dass Maik bremsen soll. Die Aufforderung wird in Großbuchstaben gedruckt. Das deutet hör- und sichtbar auf eine große Gefahr hin.
– Maik denkt beim Schlangenlinie fahrenden Lkw an ein Hindernis aus PlayStation. Man versteht, dass er die Gefahr nicht erkennt, und man befürchtet, dass er einen Unfall bauen könnte.
– Es wird genau beschrieben, wie der Lkw ins Rutschen gerät und zum Hindernis auf der Straße wird. Die Spannung wird durch die genaue Beschreibung des Vorgangs erhöht; man sieht das Hindernis geradezu vor sich und fiebert mit Maik und Tschick mit.
– Das Erscheinen der Polizei steigert die Spannung. Wie wird es für Maik und Tschick ausgehen? Diese Frage stellt sich der Leser.
– In dem Textauszug gibt es Einblicke in innere Abläufe von Maik. Dadurch bekommt man das Gefühl, hautnah dabei zu sein.

3 Beispiel für eine filmische Umsetzung der Handlung:

Einstellung	Bild	Kameraeinstellung, Kameraperspektive, Musik
1	Maik hinterm Steuer, leicht träumerischer Blick	Einstellungsgröße: halbnah Kameraperspektive: Normalsicht ruhige Musik
2	Schlangenlinie fahrender Lkw	Einstellungsgröße: Totale Kameraperspektive: Normalsicht ruhige Musik
3	Tschick auf dem Beifahrersitz mit entsetztem Gesichtsausdruck	Einstellungsgröße: nah Kameraperspektive: Normalsicht schneller werdende Musik
4	rutschender Lkw	Einstellungsgröße: Totale Kameraperspektive: Normalsicht lauter werdende Musik
5	umgekippter Lkw	Einstellungsgröße: halbnah Kameraperspektive: leichte Untersicht Stille
6	Lada rutscht in den Lkw	Einstellungsgröße: Totale Kameraperspektive: Aufsicht Stille
7	Maik und Tschick im ramponierten Lada	Einstellungsgröße: halbnah Kameraperspektive: leichte Aufsicht Stille
8	Polizei, die auftaucht	Einstellungsgröße: Totale Kameraperspektive: Normalsicht einsetzende Musik

4 „Tschick" kann beiden Romantypen zugeordnet werden.
Im Roman finden sich sowohl Elemente einer Roadnovel (Unterwegssein der Protagonisten, Straße als zentraler Handlungsort, Suche nach etwas) als auch Elemente einer Coming-of-Age-Story (Maiks Entwicklung zu einem selbstbewussteren und unabhängigeren Jugendlichen).

S. 200 Teste dich!

1 Zutreffende Aussagen: D, E, G, H

2 a A = indirekte Charakterisierung, B = direkte Charakterisierung

b A = indirekte Charakterisierung, weil man von Tschicks Verhalten und seinen Redebeiträgen auf seinen Charakter schließen muss
B = direkte Charakterisierung, weil der Erzähler (Maik) Tschick beurteilt

3 Spannung wird bereits dadurch erzeugt, dass ein Polizist Tschick beim Lada sieht. Man möchte wissen, ob Tschick davonkommt. Es wird zweimal gesagt, dass der Polizist in Tschicks Richtung schaut, und es wird beschrieben, dass der Polizist kurz innehält, wodurch die Spannung noch weiter steigt. Es scheint, als würde dem Polizisten gerade klar, dass mit Tschick (und dem Lada) etwas nicht stimmen könnte und dass er meint, ihn verfolgen zu müssen.

10.2 „Vincent will Meer" – Die Wirkung filmischer Mittel verstehen

S. 201 Die Exposition des Films untersuchen

1 a Bild 1 zeigt den Pfarrer, der hinter dem Altar steht und die Trauerfeier eröffnet.
Auf Bild 2 sieht man Vincent und neben ihm einen Mann im Vordergrund sowie weitere Trauergäste im Hintergrund. Vincent hält sich die rechte Hand vor den Mund. Wahrscheinlich möchte er damit verhindern, dass er noch weitere ungewollte Schimpfwörter ruft. Der Mann neben ihm ist vermutlich sein Vater. Er blickt in Vincents Richtung, wobei er aber Vincent nicht ansieht, sondern an ihm vorbeischaut. Der Mann hält die Arme verschränkt, was eine abwehrende Haltung signalisiert. Die weiteren Trauergäste haben ihren Blick fast alle auf Vincent gerichtet.
Bild 3 zeigt, dass Vincent die Trauerfeier verlässt. Er befindet sich in der Kirchentür, die noch ein wenig geöffnet ist. Es sind zwei weitere Trauergäste sichtbar. Einer sieht ernst und betroffen aus, der andere (Vincents Vater?) wendet seinen Blick von Vincent ab.
Auf Bild 4 sieht man Vincent draußen vor der Kirchentür sitzen mit einem betrübten Gesichtsausdruck.

b Vincent fühlt sich vermutlich sehr unglücklich. Es ist ihm unangenehm, dass er sich in der Kirche nicht unter Kontrolle hatte und Schimpfwörter rief. Vincent wollte die Trauerfeier für seine Mutter nicht weiter stören und hat daher die Kirche verlassen. Es tut ihm wahrscheinlich sehr weh, dass er nicht weiter an der Trauerfeier teilnehmen kann.

2 Es könnte sich ein Konflikt zwischen Vincent und seinem Vater entwickeln. Dieser könnte wütend darüber sein, dass Vincent sich nicht unter Kontrolle hatte, und möchte vermutlich, dass Vincent therapiert wird.

3 Exposition des Films:

Figuren	Musik	Kameraperspektiven	Einstellungsgrößen
Pfarrer hält in ernster und getragener Weise die Trauerrede; die Situation wirkt feierlich und traurig.	Musik untermalt die andächtige Stimmung.	Normalperspektive bewirkt, dass die Zuschauer sich unmittelbar am Geschehen beteiligt fühlen.	Totale: Umgebung ist sichtbar, Situation wird deutlich: Trauerfeier in einer Kirche.
Vincent bekommt einen Anfall; er stößt dabei Laute aus.	Musik	Normalperspektive	Halbnah: Man sieht die zentralen Figuren (Vincent, Vincents Vater und dessen Freundin) und auch die unmittelbare Umgebung.
Vincents Vater und weitere Trauergäste wirken peinlich berührt.	Musik	Normalperspektive	Nah: Gesichtsausdrücke sind gut erkennbar.
Vincent verlässt die Kirche fluchtartig; Trauergäste scheinen entrüstet zu sein.	Musik	Normalperspektive	Halbnah: Man sieht Vincents Flucht und auch die verwunderten und empörten Blicke der anderen Trauergäste.
Vincent vor der Kirche; er wirkt verzweifelt, traurig, ratlos und einsam. Andeutung eines Konflikts zwischen Vater und Sohn	Musik	Vogelperspektive lässt Vincent klein und evtl. isoliert erscheinen; Normalperspektive erlaubt genaue Wahrnehmung von Vincents Regungen.	Totale, Halbnah- und Nah-Aufnahme Vincents Bewegungen sind gut sichtbar; insbesondere ist in der Naheinstellung seine Mimik gut erkennbar, die seine Gefühlslage verdeutlicht.

S. 202 Einen Filmdialog erschließen

1 Roberts Vater bringt seinen Sohn in ein Heim. Das zeigt, dass er sich mit seinem kranken Sohn wahrscheinlich überfordert fühlt, evtl. will er ihn einfach nur abschieben. Vielleicht braucht Vincent aber auch professionelle Hilfe, die er nur in einem Heim bekommen kann. Vermutlich ist das Verhältnis zwischen Vater und Sohn ziemlich belastet und spannungsreich.

2 a Möglicher Dialog:
VINCENT: Wo liegt eigentlich San Vicente? Mutter wollte doch so gerne noch einmal dorthin. Aber sie hat sich ja nicht getraut, dich darum zu bitten.
VATER: Gib mir sofort das Foto zurück! Wann hat Mutter denn gesagt, dass sie noch einmal nach San Vicente will?
VINCENT: Wann ist das Foto denn gemacht worden?
VATER: Das ist vor deiner Geburt entstanden.
VINCENT: Sag mal, wirst du jetzt mit deiner Freundin in unserem Haus leben?
VATER: Nein. Ich werde das Haus verkaufen. Was ist das denn hier? Ein Koffer mit Kleidern deiner Mutter! Warum hast du denn den Koffer gepackt?
VINCENT: Ich wollte Mutter doch nach San Vicente begleiten.
VATER: Du? Ausgerechnet du wolltest sie ans Meer begleiten?
VINCENT: Ja, ich. Du warst ja schließlich nicht zu Hause.
VATER: Du? Du würdest ja noch nicht einmal bis zum Bäcker gehen.

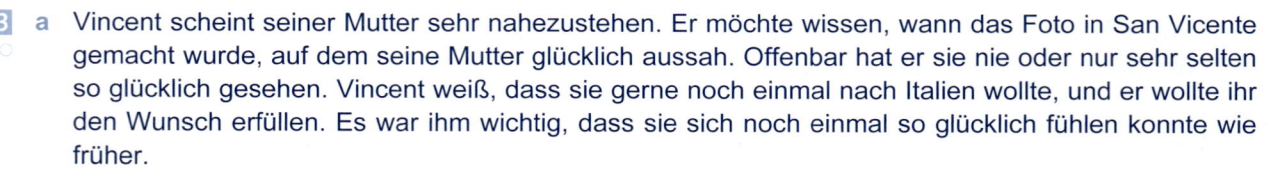

3 a Vincent scheint seiner Mutter sehr nahezustehen. Er möchte wissen, wann das Foto in San Vicente gemacht wurde, auf dem seine Mutter glücklich aussah. Offenbar hat er sie nie oder nur sehr selten so glücklich gesehen. Vincent weiß, dass sie gerne noch einmal nach Italien wollte, und er wollte ihr den Wunsch erfüllen. Es war ihm wichtig, dass sie sich noch einmal so glücklich fühlen konnte wie früher.

b Das Verhältnis zwischen Vincent und seinem Vater ist weniger gut. Dem Vater gefällt es vermutlich nicht, dass Vincent das Foto mit der glücklichen Mutter betrachtet. Er möchte, dass Vincent das Foto aus der Hand gibt. Auf Vincents Frage, wann das Foto gemacht wurde, antwortet der Vater knapp mit dem Hinweis, dass es vor Vincents Geburt entstanden sei. Die Antwort wird Vincent verletzen, weil er nun annehmen muss, dass das Unglück seiner Mutter, evtl. auch der ganzen Familie, durch ihn entstanden ist. Der Vater scheint seinem Sohn überhaupt nichts zuzutrauen, nicht seine Mutter ans Meer zu begleiten und auch nicht einfach nur bis zum Bäcker zu gehen. Robert Galler macht seinem Sohn klar, dass er nicht viel von ihm hält.

4 Mögliche Gedanken oder Gefühle der beiden Figuren:
– Vincent: Wie glücklich meine Mutter früher einmal war. So froh wie auf diesem Bild habe ich sie eigentlich fast nie gesehen. Bestimmt ist sie wegen mir so traurig geworden, weil ich immer diese Tics bekommen habe. Und dann immer dieser Streit mit meinem Vater. Er hatte sich so sehr einen perfekten Sohn gewünscht, aber der bin ich nun mal nicht.
Mein Vater konnte nie akzeptieren, dass ich eben anders bin als andere. Immer hat er nur erwartet, dass ich meine Tics unterdrücke, aber je mehr er das erwartet hat, desto schlimmer wurden sie nur. Und er hat nie verstanden, dass meine Mutter Verständnis für mich hatte.
– Vater: Ach je, jetzt wird Vincent nur wieder viele Fragen zu früher stellen. Ich habe aber eigentlich gar keine Lust dazu, über die alten Zeiten zu sprechen. Na klar war damals alles viel einfacher, als Vincent noch nicht geboren war. Oder als er noch ein kleines Kind war. Es ist eben schwierig, mit einem Sohn umzugehen, der so anders ist als andere. Vincent hat mir eigentlich immer ziemlich leidgetan. Aber ich wollte ihm das nicht zeigen und habe mich immer um einen normalen Umgang mit ihm bemüht. Leider ist mir das aber nicht gelungen. Vincent hat gespürt, dass er mir im Grunde zu schaffen macht, und hat sich deshalb auch von mir abgewandt. Wie gerne würde ich das Verhältnis zwischen ihm und mir wieder verbessern.

Einstellungsgröße und Kameraperspektive untersuchen

1 **Bild 1** zeigt Vincent. Er steht hinter einem Drahtzaun. Das Bild veranschaulicht, dass Vincent nicht frei ist. Für das Bild wurde die Einstellungsgröße „nah" gewählt. Auf diese Weise sind seine Haltung und vor allem sein Gesicht gut erkennbar. Man erkennt, wie verzweifelt oder vielleicht auch wütend er ist. Er scheint etwas zu rufen und krallt seine Hände in den Drahtzaun. Die Kamera ist auf Augenhöhe. Diese Perspektive nennt man Normalperspektive. Der Zuschauer bekommt dadurch das Gefühl, dass er Vincent direkt gegenübersteht.

Auf **Bild 2** sieht man Marie, Vincent und Alexander im Auto sitzen: Alexander hinterm Steuer, Marie neben ihm auf dem Beifahrersitz und Vincent auf der Rückbank. Auch für dieses Bild wurde die Einstellungsgröße „nah" gewählt, die Kamera ist wieder auf Augenhöhe. Man sieht die Blicke der Figuren genau: Alexanders Blick ist gebannt auf das Lenkrad gerichtet, weil er sich vermutlich sehr auf das Fahren konzentrieren muss. Marie blickt aus dem Fenster und scheint die Umgebung genau wahrzunehmen. Vincent wiederum beobachtet Marie; offenbar möchte er ihr Verhalten bzw. ihre Reaktionen genau mitbekommen.

Bild 3 zeigt eine Autobahn, die von Bäumen gesäumt wird. Außerdem sieht man drei fahrende Autos. Das Bild veranschaulicht, dass sich die drei Figuren nun auf der Reise in Richtung Süden befinden. Als Einstellungsgröße wurde die Totale gewählt und als Kameraperspektive die Vogelperspektive. Dadurch bekommt man als Zuschauer einen guten Eindruck vom Geschehen. Es wird betont, dass Marie, Vincent und Alexander nun „on the road" sind.

Bild 4 zeigt eine Tankstelle. Links im Vordergrund sieht man das Auto, mit dem Marie, Vincent und Alexander abhauen wollen. In der Mitte steht der Tankwart; rechts von ihm ist eine Tanksäule zu sehen. Die Einstellungsgröße ist wieder die Totale; die Kameraperspektive ist die Normalperspektive. Wieder bekommt man dadurch einen guten Überblick über den Schauplatz und man versteht das Geschehen.

2 Beobachtungsaufgaben:
- Wie entwickelt sich die Handlung nach der Flucht aus der Klinik?
  → Während der Reise entwickelt sich ein Zusammenhalt zwischen Vincent, Marie und Alexander. Allerdings droht ihre Flucht vorzeitig zu scheitern. Immer wieder geraten sie in brenzlige Situationen, z. B.: An einer Tankstelle kann Vincent nicht mit seiner EC-Karte bezahlen, weil sein Vater sie inzwischen hat sperren lassen. Dr. Rose und Robert Galler verfolgen Vincent, Marie und Alexander und spüren sie auf; eine erneute Flucht ist erforderlich. Vincent, Marie und Alexander sind orientierungslos. Alexander stiehlt an einer Tankstelle eine Straßenkarte. Beeindruckt von einem Bergpanorama beschließen die drei Protagonisten, auf einen Berg und sogar auf ein Gipfelkreuz zu klettern. Beim Abstieg vom Berg stürzt Marie; Vincent trägt sie zurück und die beiden kommen sich näher. In Italien angekommen, bricht Streit zwischen Vincent, Marie und Alexander aus. Alexander analysiert die Gruppenbeziehung in schonungsloser Weise, worauf sich Vincent und Alexander prügeln; allerdings kommt es danach auch zu einer ehrlichen Aussprache. Die drei fahren gemeinsam ans Meer; als sie auf dem Weg zum Strand sind, bricht Marie zusammen und wird in ein Krankenhaus gebracht. Dort treffen Vincent und Alexander auch Dr. Rose und Robert Galler wieder, die ebenfalls nach turbulenten Ereignissen in Italien angekommen sind. Vincent führt im Krankenhaus ein Gespräch mit Marie, entscheidet sich aber, sie erst einmal gegen ihren Willen in ärztlicher Obhut zu lassen. Robert Galler und Vincent versöhnen sich; auf dem Rückweg nach Deutschland überlegt es sich Vincent aber anders: Er möchte sich um die kranke Marie kümmern. Alexander begleitet ihn.
- Wie verändert sich die Beziehung zwischen Vincent und Marie im weiteren Verlauf?
  → Während der Reise sorgt sich Vincent um Marie, zu der er sich von Anfang an hingezogen gefühlt hat. Er ringt ihr das Versprechen ab, etwas zu essen. Als Marie beim Abstieg vom Berggipfel einen Schwächeanfall hat, trägt er sie. Vincent und Marie sehnen sich danach, miteinander zu schlafen. Doch der Versuch scheitert, weil körperliche Nähe für beide unmöglich ist. Auch wenn Vincent Maries Wunsch, den sie in Italien in der Klinik äußert, zunächst nicht erfüllt, so entscheidet er sich aber am Ende doch dafür, Marie zur Seite zu stehen.

– Wie verhält sich Alexander im Laufe des Films?
→ Alexander, der unter einem Ordnungs- und Kontrollzwang leidet, tut sich auf der gemeinsamen Autofahrt anfänglich noch schwer. Er legt sein zwanghaftes Verhalten zunächst einmal nicht ab. Alexander beobachtet die Annäherung von Vincent und Marie kritisch und versucht sogar, Vincent vor Marie zu warnen. Allerdings wird es ihm zunehmend wichtiger, sich in die Gruppe zu integrieren. Deshalb inszeniert er sich vor Vincent und Marie als Held: Er begeht einen Diebstahl, setzt sich nach der Bergtour von den beiden anderen ab, lässt die Situation in der Gruppe eskalieren. Allerdings sorgt Alexander durch sein Verhalten auch für eine ehrliche Aussprache in der Gruppe. Er trägt damit nicht nur zur Klärung der Verhältnisse bei, sondern überwindet damit auch seine Scheu vor Nähe und beginnt, sein Außenseitertum aufzubrechen. Schließlich entscheidet er sich, Vincent in Bezug auf die kranke Marie zu unterstützen.
– Wie werden die Verfolger Dr. Rose und Robert Galler im Handlungsverlauf gezeigt?
→ Robert Galler erscheint zunächst als wenig empathiefähig. Er verhält sich gegenüber Dr. Rose eine Zeit lang ziemlich bestimmend und auch besserwisserisch. Allerdings geraten die beiden Figuren auf der Reise nach Italien immer wieder in Situationen, in denen sie sich über Vincent austauschen. Durch die Gespräche lernt Robert Galler, seine Sicht auf Vincent zu verändern.
– Wie verändert sich die Beziehung zwischen Vincent und seinem Vater?
→ Durch die Gespräche mit Dr. Rose lernt Robert Galler, Vincent gegenüber Verständnis aufzubringen, sodass Vater und Sohn sich am Ende versöhnen können.

3 a Gemeinsamkeiten zwischen dem Roman „Tschick" und dem Film:
  – Aufbruch der Protagonisten zu einer Reise
  – Ort der Handlung: Straße
  – Unterwegssein mit einem Auto
  – Besonderheit der Figuren: Außenseiter, die auf der Suche (nach ihrer Identität) sind
  – Entstehen von Freundschaften
 b Ideen zur Verfilmung der Tankszene:

Figuren	Musik	Kameraperspektiven	Einstellungsgrößen
Isa, Maik, Tschick befinden sich auf dem Parkplatz, Maik und Tschick zwischen den Autos, Isa entfernt von ihnen stehend.	Musik	Totale zeigt den Handlungsort und die Figuren.	Vogelperspektive: Man sieht von oben auf den Schauplatz und die Figuren.
Isa brüllt den beiden etwas entgegen.	Isas Stimme	Normalperspektive	Nah: Isas Gesichtsausdruck ist gut sichtbar.
Tschick schreit zurück.	Tschicks Stimme	Normalperspektive	Nah: Tschicks Gesichtsausdruck ist gut erkennbar.
Isa befindet sich beim Auto und saugt am Schlauch.	Musik	Normalperspektive	Halbnah: Man sieht Isa in Aktion.
Benzin läuft durch den Schlauch aus dem Autotank in den Kanister.	Musik	leichte Vogelperspektive	Detail: Die Öffnung des Kanisters mit dem Schlauch wird gezeigt; Isas Aktion funktioniert.
Maik und Tschick schauen auf Autotank, Schlauch und Kanister.	Stille	Normalperspektive	Nah: Maiks und Tschicks Überraschung ist auf ihren Gesichtern ablesbar.

10.2 „Vincent will Meer" – Die Wirkung filmischer Mittel verstehen

S. 204 Schnitt, Montage und Kamerabewegung beschreiben

1 Die erste Filmreihe zeigt die Gesichter von Vincent, Marie und Robert. Vincents und Maries Gesichtsausdruck lassen Verzweiflung und Misstrauen erkennen. Dadurch dass jeder Blick in Großaufnahme gezeigt wird, wird angedeutet, dass den Figuren etwas durch den Kopf geht, über das sie nicht sprechen. Aber sie scheinen sich ohne Worte zu verständigen. Wahrscheinlich wollen Vincent und Marie signalisieren, dass sie nicht dazu bereit sind, ihre Flucht aufzugeben.

2 a Die zweite Bildreihe vermittelt einen genauen Eindruck von der Fluchtsituation. Die Bilder wirken spannend. Der Zuschauer möchte wissen, ob es Alexander wohl gelingen wird, in das fahrende Auto zu springen.

b Durch die Kamerafahrt bekommt man als Zuschauer das Gefühl, dass man die Geschwindigkeit des Autos spüren und die Flucht besonders gut nachvollziehen kann.

S. 205 Eine Filmszene untersuchen

1 Die Bilder zeigen, dass Vincent, Marie und Alexander ein Kreuz erklimmen, das sich auf einem Berggipfel befindet. Zuerst klettert Vincent auf das Kreuz und zeigt von dort in eine bestimmte Richtung, vermutlich dorthin, wo er Italien vermutet. Die beiden anderen folgen ihm und setzen sich zu ihm auf das Kreuz.

2 a **Bild 1** zeigt ein Kreuz, das sich auf einem Berggipfel befindet. Das graubraune Kreuz ragt in den Himmel. Auf dem Bild sind im blauen, wolkenlosen Himmel Lichtreflexe zu sehen. Das Kreuz wird halbnah aus der Untersicht (Froschperspektive) gezeigt. Dadurch wirkt es sehr groß und eindrucksvoll.
Bild 2 stellt dar, wie Vincent auf das Kreuz steigt. Im Hintergrund sieht man den blauen Himmel und rechts am Bildrand einige Leitungen. Es sind wieder Lichtreflexe zu sehen, die diesmal zwischen Vincent und dem Gipfelkreuz durchscheinen. Die Einstellungsgröße ist halbnah, die Kameraperspektive normal. Das Bild vermittelt den Eindruck, dass Vincent dem Himmel bzw. seinem Ziel ganz nah ist. Die Lichtreflexe unterstreichen das Besondere des Moments.

b Auf **Bild 3** sieht man Vincent, der auf dem Gipfelkreuz sitzt. Im Hintergrund sind Berggipfel erkennbar. Vincent wird halbnah aus der Normalperspektive gezeigt. Man sieht, wie er mit seinem rechten Arm das Kreuz umklammert und mit dem linken in die Ferne zeigt. Kopf und Blick sind in dieselbe Richtung gewandt wie sein linker Arm. Vincent trägt ein orangefarbenes T-Shirt und hebt sich damit von dem Hintergrund des Himmels und der Gebirgsketten ab. Er wirkt selbstbewusst.
Bild 4 zeigt alle drei Figuren auf dem Querbalken des Gipfelkreuzes, den man komplett sieht. In der Mitte hockt Vincent, rechts und links von ihm sitzen Marie und Alexander. Vincent hat sich etwas höher positioniert als die anderen. Alle drei Figuren, die sich deutlich vom Himmel abheben, schauen in dieselbe Richtung. Das Kreuz mit den Figuren wird in der Totale aus der Untersicht gezeigt. Die Figuren scheinen nun über allem zu schweben. Sie haben ihr Ziel erreicht und wirken sicher und entspannt.

3 a Einordnung der Situation in den Filmkontext:
<u>Vorausgegangene Handlung</u>: Nachdem Alexander an einer Tankstelle eine Straßenkarte gestohlen hat, übernachten Vincent, Marie und Alexander im Auto auf einem Parkplatz am Sattel eines Bergpasses. Am nächsten Morgen schlägt Vincent vor, den Berggipfel zu ersteigen. Der Weg fällt Marie schwer, aber sie bemüht sich, mit den anderen mitzuhalten, und schafft es bis zum Gipfelkreuz.
<u>Folgende Handlung</u>: Als die drei den Berghang wieder hinunterlaufen, fällt Marie hin. Als Vincent sie zurückträgt, versuchen beide, miteinander zu schlafen. Nach dem Abstieg kommt es zu einer Krise zwischen den drei Protagonisten, aber auch zur Klärung ihrer Beziehungssituation. Sie setzen den Weg nach Italien fort. Dort angekommen bricht die völlig geschwächte Marie zusammen und wird ins Krankenhaus eingeliefert, wo sich auch Vincents Vater und Dr. Rose eingefunden haben. Marie bittet Vincent, mit ihr wegzugehen, aber Vincent lehnt das ab. Vater und Sohn versöhnen sich, beide treten den Rückweg an. Allerdings entschließt sich Vincent am Ende, doch nicht mit seinem Vater nach Deutschland zurückzufahren, sondern sich um die kranke Marie zu kümmern.

b Vincent ist vermutlich stolz darauf, dass er es geschafft hat, das Kreuz zu erklimmen. Er wird darin bestärkt, dass er einen Wunsch auch in die Tat umsetzen kann. Vincent erweist sich als durchsetzungsfähig und mutig, spornt damit auch Marie und Alexander an, auf das Kreuz zu steigen.
Marie stellt unter Beweis, dass sie mit Vincent und Alexander mithalten kann. Sie fühlt sich nun ebenfalls stark.
Alexander zeigt, dass er sich auch anders als zwanghaft verhalten kann. Er schafft es, gemeinsam mit den anderen nach oben zu gelangen. Er fühlt sich dadurch mit Vincent und Marie stärker verbunden und von ihnen akzeptiert.
Alle drei Figuren sind aus ihrem bisherigen Leben ausgebrochen und haben Neues gewagt. Sie haben das höchste Ziel, den Berggipfel und das Gipfelkreuz, erreicht. Damit haben sie sich von Gewohntem entfernt und können nun vielleicht eine neue Perspektive auf ihr Leben einnehmen.

c Dialog:
VINCENT: Ich glaube ... ich kann – ich kann das Meer sehen!
MARIE *(haucht leise)*: Oh, wow.
ALEXANDER: Das ist nicht das Meer.
MARIE: Ist doch egal.
VINCENT *(euphorisch)*: Seht ihr es?!
Vincent ist stolz darauf, dass er auf das Gipfelkreuz gestiegen ist. Er überblickt die Berge und glaubt sogar, das Meer sehen zu können. Das zeigt, dass er sich ziemlich sicher ist, das Ziel der Reise auch erreichen zu können. Marie teilt Vincents Begeisterung. Alexanders skeptischen Einwand, dass es sich nicht um das Meer handeln könne, wehrt Marie ab. Sie macht deutlich, dass es gar nicht so schlimm ist, wenn das Ziel der Reise noch nicht in Sicht ist. Es ist ihr viel wichtiger, dass durch die Reise für die drei Figuren viel in Bewegung gekommen ist: Alle drei sind aus ihrem grauen und problembeladenen Alltag aufgebrochen und erleben, wie sie auf der Fahrt ihr Leben selbst in die Hand nehmen und auch Beziehungen eingehen können. Das hat eine befreiende Wirkung und stärkt ihr Selbstvertrauen.

d Die Bilder zeigen, dass es den drei Figuren gelingt, ihr Ziel (Gipfelkreuz) zu erreichen.
Vincent, Marie und Alexander haben etwas aus freien Stücken erreicht und dadurch mehr Selbstbewusstsein erlangt. Sie erscheinen auf den Bildern, als seien sie „on top of the world", was auch durch die Farben und Lichtverhältnisse unterstützt wird.
Im Dialog macht Marie deutlich, dass die drei auf ihrer Fahrt schon eine ganze Menge erlebt haben, was sie persönlich weitergebracht hat, sodass es auf das eigentliche Ziel gar nicht mehr ankommt.

Fordern und fördern – Die Mise en Scène erkennen und untersuchen

Siehe hierzu auch die **Folie** „Eine Mise en Scène erkennen und beschreiben" auf der CD-ROM.

1 Die Schüler/-innen können Eindrücke zu verschiedenen Aspekten formulieren, z. B. zur Größe der Figur, zum Größenverhältnis zwischen Frau und Landschaft, zum Strahlen der Sonne, zur Farbgebung und ruhigen Atmosphäre.

2 a Gestaltung des Gemäldes: Auf dem Bild sieht man eine Frau, die als Rückenfigur gezeigt wird. Die Frau befindet sich auf einem Weg durch eine Landschaft, der unvermittelt abzubrechen scheint. Sie blickt auf einen Berg, hinter dem die Sonne untergeht. Die Frau hat beide Arme leicht ausgebreitet. Es scheint, als wolle sie etwas empfangen. Sie wirkt allerdings etwas leblos oder silhouettenhaft.
Das Bild ist folgendermaßen aufgebaut: Im Vordergrund des Bildes sieht man die Frau auf einem Weg. Der Weg wird gesäumt von Wiesen, auf denen einige Felsblöcke erkennbar sind. In der Mitte des Bildes sieht man einen lang gestreckten Berg, hinter dem die Sonne untergangen ist, aber deren Strahlen noch erkennbar sind. Im Hintergrund sieht man den Abendhimmel.
Die vorherrschenden Farben des Bildes sind Braun, Grün und Orange, das in verschiedenen Abstufungen über die Hälfte des Bildes ausmacht. Zu den Lichtverhältnissen lässt sich festhalten, dass der Vordergrund eher dunkel gehalten, der Hintergrund vom Licht der Sonnenstrahlen bestimmt wird.

b Das Bild wirkt insgesamt ruhig und friedlich. Die Frau scheint in das Naturschauspiel der untergehenden Sonne versunken zu sein. Dadurch, dass der Himmel hell erscheint, wirkt die hereinbrechende Nacht überhaupt nicht düster oder bedrohlich.

3 Das Filmbild zeigt die Figuren Vincent und Alexander, die sich am Rand einer Straße befinden, die durch ein Gebirge führt. Sie sind als Rückenfiguren im Vordergrund zu sehen. Beide Figuren blicken hoch zu den Bergen. Die Mitte des Bildes wird von der Bergwelt beherrscht, über der einige Wolkenfetzen und Nebelschwaden liegen. Im Hintergrund ist der Himmel zu sehen, an dem sich ebenfalls Wolken befinden.
Die vorherrschenden Farben auf dem Bild sind das Blau des Himmels, das Weiß der Wolken, das Dunkel der Berge, das Grün der Sträucher. Farblich hebt sich besonders Vincents orangefarbenes T-Shirt ab. Die Lichtverhältnisse sind vom Sonnenschein geprägt, der die Wolken hell leuchten lässt.
Für das Bild wurde als Kameraeinstellung die Totale gewählt. Bei der Kameraperspektive handelt es sich um die Froschperspektive. Kameraeinstellung und -perspektive haben den Effekt, dass der Zuschauer die Landschaft ähnlich wahrnimmt wie Vincent und Alexander.
Insgesamt wirkt das Bild sehr beeindruckend, vor allem durch die große und gewaltige Berglandschaft und die klein gezeigten Figuren Vincent und Alexander. Man kann gut nachvollziehen, dass die beiden von der sie umgebenden Natur sehr beeindruckt sind. Aber auch, dass sie möglicherweise den Wunsch bekommen, einen Gipfel zu besteigen.

10.3 Projekt – Eine Filmszene drehen

S. 208 Ideen sammeln – Einen Drehplan erstellen – Die Filmszene drehen und das Filmmaterial aufbereiten – Die Filmszenen präsentieren

2 a/b Die Schüler/-innen sammeln Ideen für eine Filmszene, die sie in einem Cluster oder in einer Mind-Map festhalten, und entscheiden, welche Ideen sie umsetzen wollen. Es muss auf die Umsetzbarkeit der Ideen geachtet werden. Auch ist der Hinweis auf die Dauer der Filmszene von ca. 3 Minuten wichtig.

3 Bei der Gestaltung des Drehplans sollte im Auge behalten werden, dass die Ideen ohne zu viel Aufwand umgesetzt werden können. Die Schüler/-innen müssen die Dialoge verschriftlichen, damit sie für den Dreh und eventuelle Wiederholungen des Drehs zur Verfügung stehen.

4 a Beim Verteilen der Aufgaben ist darauf zu achten, dass die Schüler/-innen unterschiedliche Fähigkeiten haben, die bei der Übernahme der Aufgaben berücksichtigt werden sollten.
Beispiele:
– Für die Bedienung der Kamera ist es notwendig, dass man sich mit technischen Geräten auskennt.
– Für die Rolle der Schauspielerin / des Schauspielers sind vorherige Erfahrungen, z. B. beim darstellenden Spiel, von Nutzen.

b Mit dem zwei- oder dreimaligen Dreh üben die Schüler/-innen in der praktischen Umsetzung, was sie im zweiten Teilkapitel über filmsprachliche Mittel gelernt haben.

c Im letzten Schritt wird der Film mit Hilfe eines Schnittprogramms geschnitten. Musik bzw. Geräusche werden gegebenenfalls ergänzt.

5 a/b Zu den gedrehten Szenen sollten die Schüler/-innen ein klar strukturiertes Feedback erhalten, indem ausgehend von Gelungenem konstruktive Kritik geäußert werden kann.

Material zu diesem Kapitel

Klassenarbeit
- Einen literarischen Text mit Hilfe von Fragen untersuchen – Wolfgang Herrndorf: Tschick (Niveau A ohne, B mit Hilfen; mit Bewertungsbogen auf der CD-ROM)
- Einen Filmdialog untersuchen – Florian David Fitz: Vincent will Meer (Niveau A ohne, B mit Hilfen; mit Bewertungsbogen auf der CD-ROM)

Fordern und fördern
- Einen Romanauszug untersuchen – Wolfgang Herrndorf: Tschick (●●○|●○○ mit Lösungshinweisen auf der CD-ROM)
- Eine Filmszene untersuchen – Vincent will Meer (●●●|●○○|○○○ mit Lösungshinweisen auf der CD-ROM)

Diagnose
- Einen Jugendroman untersuchen – Wolfgang Herrndorf: Tschick (mit Lösungshinweisen und Förderempfehlung auf der CD-ROM)

PPT-Folien (auf der CD-ROM)
- Eine literarische Figur charakterisieren
- Eine Mise en Scène erkennen und beschreiben

Hörverstehen (auf der CD-ROM)
- Wolfgang Herrndorf: Tschick (mit Arbeitsblatt und Lösungen)
  Tschick_1: SB S. 190; Tschick_2: SB S. 191; Tschick_3: SB S. 192–193

Deutschbuch Lern- und Arbeitsheft 9
für Lernende mit erhöhtem Förderbedarf im inklusiven Unterricht
- „On the road", Seite 189–208

Deutschbuch 9 — 10 „On the road" – Einen Roman und einen Film untersuchen

Klassenarbeit A –
Einen literarischen Text mit Hilfe von Fragen untersuchen

Aufgabenstellung

1. Fasse die äußere Handlung des Romanauszugs zusammen.

2. Untersuche die Textstelle genauer. Charakterisiere dazu die beiden Hauptfiguren Tschick und Maik. Beachte bei der Charakterisierung von Maik auch, was in ihm vorgeht.

Wolfgang Herrndorf: **Tschick** (Auszug)

Maik und Tschick sind fast die Einzigen der Klasse, die Tatjana nicht zu ihrer Geburtstagsparty eingeladen hat. Allerdings hatte Maik – in der Hoffnung auf eine Einladung – schon ein Geschenk für Tatjana vorbereitet. Tschick erfährt davon und überredet Maik, zu Tatjana zu fahren, um ihr das Geschenk persönlich zu übergeben.

[…] und dann sahen wir schon das Haus. Rot geklinkert, ein Vorgarten voller Fahrräder, vom See her ein Riesengeschrei. Noch hundert Meter entfernt. Ich rutschte von meinem Sitz hinunter in den Fußraum, während Tschick das Fenster runterkurbelte, lässig einen Ellenbogen raushängte und mit achteinhalb Stundenkilometern an der ganzen Gesellschaft vorbeifuhr. Ungefähr ein Dutzend Leute stand im Vorgarten und in der offenen Haustür, Leute mit Gläsern und Flaschen und Handys und Zigaretten in den Händen. Unmengen hinten im Garten. Bekannte und unbekannte Gesichter, aufgedonnerte Mädchen aus der Parallelklasse. Und mittendrin war Tatjana. Wenn sie schon die größten Trottel und Russen nicht eingeladen hatte, hatte sie doch sonst alles eingeladen, was laufen konnte. Das Haus blieb langsam hinter uns zurück. Keiner hatte uns gesehen, und mir fiel ein, dass ich ja überhaupt keinen Plan hatte, wie ich Tatjana die Zeichnung geben sollte. Ich dachte ernsthaft darüber nach, sie während der Fahrt aus dem Fenster zu werfen. Irgendwer würde sie schon finden und zu ihr bringen. Aber bevor ich noch irgendwas Bescheuertes tun konnte, bremste Tschick schon

Autorin: Mechthild Stüber
Illustrator: Peter Menne, Potsdam

Klassenarbeit 1, Seite 1

und stieg aus. Entsetzt sah ich ihm hinterher. Ich weiß nicht, ob Verliebtsein immer so peinlich ist, aber anscheinend habe ich kein großes Talent dafür. Während ich mit mir kämpfte, ob ich endgültig im Fußraum versinken und mir die Jacke über den Kopf ziehen oder zurück auf den Sitz klettern und ein unbeteiligtes Gesicht machen sollte, schoss hinterm rot geklinkerten Haus eine Rakete in den Himmel und explodierte rot und gelb, und fast alle rannten in den Garten zum Feuerwerk. Allein André mit seinem Mountainbike und Tatjana, die ihn begrüßen gekommen war, standen noch auf dem Bürgersteig.

Und Tschick.

Tschick stand jetzt direkt vor ihnen. Sie starrten ihn an, als ob sie ihn nicht erkennen würden, und wahrscheinlich erkannten sie ihn wirklich nicht. Denn Tschick hatte meine Sonnenbrille auf. Außerdem trug er eine Jeans von mir und mein graues Jackett. Wir hatten den ganzen Tag meinen Kleiderschrank ausgeräumt, und ich hatte Tschick drei Hosen und ein paar Hemden und Pullover und so was geschenkt, mit dem Ergebnis, dass er nun nicht mehr aussah wie der letzte Russenarsch, sondern wie ein Kleiderständer aus „Gute Zeiten, schlechte Zeiten". Wobei das keine Beleidigung sein soll. Aber er sah sich einfach selbst nicht mehr ähnlich, und dann hatte er auch noch eine Ladung Gel im Haar. Ich konnte sehen, wie er Tatjana ansprach und sie antwortete – irritiert antwortete. Tschick winkte mir hinter seinem Rücken mit der Hand. Wie hypnotisiert stieg ich aus, und was dann passierte – frag mich nicht. Ich weiß es nicht mehr. Plötzlich stand ich mit der Zeichnung neben Tatjana, und ich glaube, sie guckte mich genauso irritiert an wie vorher Tschick. Aber ich hab's eigentlich nicht gesehen.

Ich sagte: „Hier."

Ich sagte: „Beyoncé."[1]

Ich sagte: „Eine Zeichnung."

Ich sagte: „Für dich."

Tatjana starrte die Zeichnung an, und bevor sie wieder von der Zeichnung hochgucken konnte, hörte ich schon, wie Tschick zu André sagte: „Nee, keine Zeit. Wir haben noch was zu erledigen." Er stieß mich an, ging zum Auto zurück, und ich hinterher – und den Motor gestartet und ab.

Wolfgang Herrndorf: Tschick. Rowohlt, Berlin 2010, S. 91–93

---

1 Beyoncé: Künstlername, eigentlich Giselle Knowles-Carter; US-amerikanische Popsängerin, Schauspielerin und Songwriterin

Klassenarbeit B –
Einen literarischen Text mit Hilfe von Fragen untersuchen

Aufgabenstellung

1. Fasse die äußere Handlung des Romanauszugs zusammen. Kläre dazu:
   – Wo spielt das Geschehen?
   – Wann spielt das Geschehen?
   – Wer ist am Geschehen beteiligt?
   – Was passiert?

2. Untersuche, was man in dieser Textstelle über den Charakter von Tschick und Maik erfährt.
   Gehe dabei so vor:
   – Unterstreiche in zwei Farben, wie Tschick und Maik sich verhalten.
   – Beschreibe Tschicks Verhalten.
   – Beschreibe Maiks Verhalten und Gefühle.
   – Erläutere, welche Eigenschaften von Tschick und Maik hier deutlich werden.

Wolfgang Herrndorf: **Tschick** (Auszug)

Maik und Tschick sind fast die Einzigen der Klasse, die Tatjana nicht zu ihrer Geburtstagsparty eingeladen hat. Allerdings hatte Maik – in der Hoffnung auf eine Einladung – schon ein
5 *Geschenk für Tatjana vorbereitet. Tschick erfährt davon und überredet Maik, zu Tatjana zu fahren, um ihr das Geschenk persönlich zu übergeben.*

[…] und dann sahen wir schon das Haus. Rot
10 geklinkert, ein Vorgarten voller Fahrräder, vom See her ein Riesengeschrei. Noch hundert Meter entfernt. Ich rutschte von meinem Sitz hinunter in den Fußraum, während Tschick das Fenster runterkurbelte, lässig einen Ellenbogen raushängte und mit achteinhalb Stundenkilometern 15
an der ganzen Gesellschaft vorbeifuhr. Ungefähr ein Dutzend Leute stand im Vorgarten und in der offenen Haustür, Leute mit Gläsern und Flaschen und Handys und Zigaretten in den Händen. Unmengen hinten im Garten. Bekannte und unbe- 20
kannte Gesichter, aufgedonnerte Mädchen aus

der Parallelklasse. Und mittendrin war Tatjana. Wenn sie schon die größten Trottel und Russen nicht eingeladen hatte, hatte sie doch sonst alles eingeladen, was laufen konnte. Das Haus blieb langsam hinter uns zurück. Keiner hatte uns gesehen, und mir fiel ein, dass ich ja überhaupt keinen Plan hatte, wie ich Tatjana die Zeichnung geben sollte. Ich dachte ernsthaft darüber nach, sie während der Fahrt aus dem Fenster zu werfen. Irgendwer würde sie schon finden und zu ihr bringen. Aber bevor ich noch irgendwas Bescheuertes tun konnte, bremste Tschick schon und stieg aus. Entsetzt sah ich ihm hinterher. Ich weiß nicht, ob Verliebtsein immer so peinlich ist, aber anscheinend habe ich kein großes Talent dafür. Während ich mit mir kämpfte, ob ich endgültig im Fußraum versinken und mir die Jacke über den Kopf ziehen oder zurück auf den Sitz klettern und ein unbeteiligtes Gesicht machen sollte, schoss hinterm rot geklinkerten Haus eine Rakete in den Himmel und explodierte rot und gelb, und fast alle rannten in den Garten zum Feuerwerk. Allein André mit seinem Mountainbike und Tatjana, die ihn begrüßen gekommen war, standen noch auf dem Bürgersteig.

Und Tschick.

Tschick stand jetzt direkt vor ihnen. Sie starrten ihn an, als ob sie ihn nicht erkennen würden, und wahrscheinlich erkannten sie ihn wirklich nicht. Denn Tschick hatte meine Sonnenbrille auf. Außerdem trug er eine Jeans von mir und mein graues Jackett. Wir hatten den ganzen Tag meinen Kleiderschrank ausgeräumt, und ich hatte Tschick drei Hosen und ein paar Hemden und Pullover und so was geschenkt, mit dem Ergebnis, dass er nun nicht mehr aussah wie der letzte Russenarsch, sondern wie ein Kleiderständer aus „Gute Zeiten, schlechte Zeiten". Wobei das keine Beleidigung sein soll. Aber er sah sich einfach selbst nicht mehr ähnlich, und dann hatte er auch noch eine Ladung Gel im Haar. Ich konnte sehen, wie er Tatjana ansprach und sie antwortete – irritiert antwortete. Tschick winkte mir hinter seinem Rücken mit der Hand. Wie hypnotisiert stieg ich aus, und was dann passierte – frag mich nicht. Ich weiß es nicht mehr. Plötzlich stand ich mit der Zeichnung neben Tatjana, und ich glaube, sie guckte mich genauso irritiert an wie vorher Tschick. Aber ich hab's eigentlich nicht gesehen.

Ich sagte: „Hier."

Ich sagte: „Beyoncé."[1]

Ich sagte: „Eine Zeichnung."

Ich sagte: „Für dich."

Tatjana starrte die Zeichnung an, und bevor sie wieder von der Zeichnung hochgucken konnte, hörte ich schon, wie Tschick zu André sagte: „Nee, keine Zeit. Wir haben noch was zu erledigen." Er stieß mich an, ging zum Auto zurück, und ich hinterher – und den Motor gestartet und ab.

Wolfgang Herrndorf: Tschick. Rowohlt, Berlin 2010, S. 91–93

---

1 Beyoncé: Künstlername, eigentlich Giselle Knowles-Carter; US-amerikanische Popsängerin, Schauspielerin und Songwriterin

Klassenarbeit A – Einen Filmdialog untersuchen

Aufgabenstellung

Untersuche den Dialog aus dem Film „Vincent will Meer".

1. a Fasse den Inhalt kurz zusammen.
   b Worum geht es in dem Dialog? Nenne das Thema.

2. Erläutere, welche Absicht Dr. Rose in dem Gespräch verfolgt und wie Robert auf Dr. Roses Gesprächsbeiträge reagiert. Beachte dabei auch die Hinweise, die im Drehbuchauszug zu den Handlungen der Figuren enthalten sind.

Florian David Fitz: **Vincent will Meer** (Drehbuchauszug)

Nachdem Vincent, Marie und Alexander dem Vater und Dr. Rose entkommen sind, teilt Vincent seinem Vater noch per Handy mit, dass er sich für immer auf und davon mache. Im Anschluss daran führen Vincents Vater und Dr. Rose, die beim Saab zurückgeblieben sind, folgendes Gespräch:

ROSE:	Was hat er gesagt?
ROBERT:	Nichts.
ROSE:	Nicht, was er vorhat?

Robert schüttelt den Kopf. Er setzt sich in den Saab und kramt in den Sachen, die noch herumliegen. Rose denkt nach.

ROSE:	Was würden Sie tun?
ROBERT:	Bitte?
ROSE:	An seiner Stelle.
ROBERT:	Was ist denn das für eine Frage?
ROSE:	Ihr Vater sagt Ihnen, dass Sie ein Nichts sind. Eine Null. Was würden Sie tun?
ROBERT:	Das kann man überhaupt nicht vergleichen. Ich bin keine Null.
ROSE:	Nein.

Robert beginnt den Wagen zu durchsuchen.

ROBERT:	Mein Vater hat mich immer respektiert.
ROSE:	Und wenn das anders gewesen wäre?
ROBERT:	Hätte ich ihm das Gegenteil bewiesen …

Robert findet in Vincents Parka das SX-70-Polaroid von Vincents Mutter.

ROBERT:	Er will nach Italien, der Schwachkopf.
ROSE:	Herr Galler, bitte! Wer ist das?
ROBERT:	Seine Mutter.

Robert gibt Rose das Polaroid und macht sich am Lenkrad zu schaffen, während Rose das Bild betrachtet.

ROBERT:	Wo ist denn bei Ihnen das Zündschloss?
ROSE:	Auf der Mittelkonsole.
ROBERT:	Tatsächlich. *Robert beginnt an der Abdeckung zu reißen.*
ROSE:	Darf ich fragen, was Sie vorhaben?
ROBERT:	Ich versuche den Wagen kurzzuschließen … Das sind zwei Kabel, die verbindet man einfach.

Autorin: Mechthild Stüber

Die Abdeckung bricht splitternd. Wir sehen eine Menge Kabel.

ROBERT: Oh …

ROSE: Ah ja … Und was ist mit dem Lenkradschloss?

35 *Robert schaut kurz zu Rose, dann ergreift er mit beiden Händen das Lenkrad. Er dreht es bis zum Widerstand – bereit, das Schloss mit roher Gewalt aufzuhebeln.*

ROSE *(schnell)*: Das machen Sie jetzt bitte nicht! Ich meine, geht das nicht anders? Ohne Gewalt? Ich häng an dem Wagen …

Robert schüttelt den Kopf – nee! Rose nickt, gibt sich geschlagen.

40 **ROBERT:** Sie müssen ja nicht hinschauen.

Rose dreht sich weg. Mit zwei, drei Anläufen gelingt es Robert, das Lenkradschloss BRUTAL zu knacken. Es gibt ein fürchterliches Geräusch – Rose muss tief durchatmen.

Florian David Fitz: Vincent will Meer. Ein Drehbuch. Klett, Stuttgart 2012, S. 80–82; © Olga Film GmbH/Constantin Film Verleih GmbH, München 2012 / © Ernst Klett Sprachen GmbH, Rotebühlstraße 77, 70178 Stuttgart 2012

Klassenarbeit B – Einen Filmdialog untersuchen

Aufgabenstellung

In dem Filmdialog aus „Vincent will Meer" geht es um den Versuch Dr. Roses, Robert zu mehr Verständnis für seinen Sohn Vincent zu bewegen.

1. Untersuche den Filmdialog genauer, indem du auf folgende Aspekte eingehst:
   a Frau Dr. Roses Kritik an Robert,
   b Roberts Reaktion auf diese Kritik.

2. Erläutere, inwiefern die Handlungen (Regieanweisungen) zum Charakter der Figuren und zu ihren Äußerungen passen.

Florian David Fitz: **Vincent will Meer** (Drehbuchauszug)

Nachdem Vincent, Marie und Alexander dem Vater und Dr. Rose entkommen sind, teilt Vincent seinem Vater noch per Handy mit, dass er sich für immer auf und davon mache. Im Anschluss daran führen Vincents Vater und Dr. Rose, die beim Saab zurückgeblieben sind, folgendes Gespräch:

    ROSE: Was hat er gesagt?
5 **ROBERT:** Nichts.
    ROSE: Nicht, was er vorhat?
Robert schüttelt den Kopf. Er setzt sich in den Saab und kramt in den Sachen, die noch herumliegen. Rose denkt nach.
    ROSE: Was würden Sie tun?
10 **ROBERT:** Bitte?
    ROSE: An seiner Stelle.
    ROBERT: Was ist denn das für eine Frage?
    ROSE: Ihr Vater sagt Ihnen, dass Sie ein Nichts sind. Eine Null. Was würden Sie tun?
    ROBERT: Das kann man überhaupt nicht vergleichen. Ich bin keine Null.
15 **ROSE:**   Nein.
Robert beginnt den Wagen zu durchsuchen.
    ROBERT: Mein Vater hat mich immer respektiert.
    ROSE: Und wenn das anders gewesen wäre?
    ROBERT: Hätte ich ihm das Gegenteil bewiesen …
20 *Robert findet in Vincents Parka das SX-70-Polaroid von Vincents Mutter.*
    ROBERT: Er will nach Italien, der Schwachkopf.
    ROSE: Herr Galler, bitte! Wer ist das?
    ROBERT: Seine Mutter.
Robert gibt Rose das Polaroid und macht sich am Lenkrad zu schaffen, während Rose das Bild
25 *betrachtet.*
    ROBERT: Wo ist denn bei Ihnen das Zündschloss?
    ROSE: Auf der Mittelkonsole.
    ROBERT: Tatsächlich. *Robert beginnt an der Abdeckung zu reißen.*
    ROSE: Darf ich fragen, was Sie vorhaben?
30 **ROBERT:** Ich versuche den Wagen kurzzuschließen … Das sind zwei Kabel, die verbindet man einfach.

Die Abdeckung bricht splitternd. Wir sehen eine Menge Kabel.
ROBERT: Oh …
ROSE: Ah ja … Und was ist mit dem Lenkradschloss?
35 *Robert schaut kurz zu Rose, dann ergreift er mit beiden Händen das Lenkrad. Er dreht es bis zum Widerstand – bereit, das Schloss mit roher Gewalt aufzuhebeln.*
ROSE *(schnell)*: Das machen Sie jetzt bitte nicht! Ich meine, geht das nicht anders? Ohne Gewalt? Ich häng an dem Wagen …
Robert schüttelt den Kopf – nee! Rose nickt, gibt sich geschlagen.
40 **ROBERT:** Sie müssen ja nicht hinschauen.
Rose dreht sich weg. Mit zwei, drei Anläufen gelingt es Robert, das Lenkradschloss BRUTAL zu knacken. Es gibt ein fürchterliches Geräusch – Rose muss tief durchatmen.

Florian David Fitz: Vincent will Meer. Ein Drehbuch. Klett, Stuttgart 2012, S. 80–82; © Olga Film GmbH/Constantin Film Verleih GmbH, München 2012 / © Ernst Klett Sprachen GmbH, Rotebühlstraße 77, 70178 Stuttgart 2012

Einen Romanauszug untersuchen (1)

Wolfgang Herrndorf: **Tschick** (Auszug 1)

„Er begreift es nicht." Mein Vater drehte sich zu meiner Mutter um und sagte: „Er begreift es nicht, er ist zu dumm!"

Ich saß auf einem Stuhl, und er saß mir gegenüber auf einem Stuhl und beugte sich so weit vor, dass sein Gesicht direkt vor meinem Gesicht war und seine Knie von außen gegen meine drückten, und ich konnte bei jedem Wort, das er schrie, sein Rasierwasser riechen. Aramis. Geschenk von meiner Mutter, zum hundertsiebzigsten Geburtstag.

„Du hast mächtig Scheiße gebaut, ist dir das klar!"

Ich antwortete nicht. Was sollte ich antworten? Klar war mir das klar. Und er sagte es ja auch nicht zum ersten, sondern zum ungefähr hundertsten Male heute, und was er jetzt noch von mir hören wollte, wusste ich nicht.

Er sah meine Mutter an, und meine Mutter hustete.

„Ich glaube schon, dass er's begreift", sagte sie. Sie rührte mit dem Strohhalm den Amaretto um.

Mein Vater packte mich an den Schultern und schüttelte mich. „Weißt du, wovon ich rede? Sag gefälligst was!"

„Was soll ich denn sagen? Ich hab doch ja gesagt, ja, es ist mir klar. Ich hab's verstanden."

„Gar nichts hast du verstanden! Gar nichts ist dir klar! Er denkt, es geht um Worte. Ein Idiot!"

„Ich bin kein Idiot, nur weil ich zum hundertsten Mal –"

Zack, scheuerte er mir eine.

„Josef, lass doch." Meine Mutter versuchte aufzustehen, verlor aber sofort das Gleichgewicht und ließ sich zurück in den Sessel neben der Amarettoflasche sinken.

Mein Vater beugte sich ganz dicht zu mir vor. Er zitterte vor Aufregung. Dann verschränkte er die Arme vor der Brust und ich versuchte mit meinem Gesicht eine Art Zerknirschung auszudrücken, weil mein Vater das vermutlich erwartete und weil ich wusste, dass er die Arme nur verschränkte, weil er kurz davor war, mir noch eine zu scheuern. Bis dahin hatte ich einfach nur gesagt, was ich dachte. Ich wollte nicht lügen. Diese Zerknirschung war die erste Lüge, die ich mir an diesem Tag leistete, um die Sache abzukürzen.

„Ich weiß, dass wir Scheiße gebaut haben, und ich weiß –"

Mein Vater holte mit dem Arm aus, und ich zog den Kopf ein. Diesmal brüllte er aber nur: „Nein, nein, nein! Ihr habt überhaupt keine Scheiße gebaut, du Vollidiot! Dein asiger Russenfreund hat Scheiße gebaut! Und du bist so dämlich, dich da reinziehen zu lassen. Du bist doch allein zu blöd, um an unserm Auto den Rückspiegel zu verstellen!", rief mein Vater, und ich machte ein genervtes Gesicht, weil ich ihm schon ungefähr zehntausend Mal erklärt hatte, wie es wirklich gewesen war, auch wenn er's nicht hören wollte.

„Glaubst du, du bist allein auf der Welt? Glaubst du, das fällt nicht auf uns zurück? Was meinst du, wie ich jetzt dastehe? Wie soll ich den Leuten Häuser verkaufen, wenn mein Sohn ihre Autos klaut?"

„Du verkaufst doch keine Häuser mehr. Deine Firma ist doch –"

Zack, krachte es in mein Gesicht, und ich fiel zu Boden. Alter Finne. Auf der Schule heißt es ja immer, Gewalt ist keine Lösung. Aber Lösung mein Arsch. Wenn man einmal so eine Handvoll in der Fresse hat, weiß man, dass das sehr wohl eine Lösung ist.

Meine Mutter schrie, ich rappelte mich auf, und mein Vater sah zu meiner Mutter und dann irgendwo in den Raum, und dann sagte er: „Klar. Ganz klar. Ist auch egal. Setz dich. Ich hab gesagt, setz dich, du Idiot. Und hör genau zu. Du hast nämlich gute Chancen, mit einem blauen Auge davonzukommen. Das weiß ich vom Schuback. Außer du stellst dich so dämlich an wie jetzt und erzählst dem Richter, wie toll du ein Auto kurzschließen kannst mit der Dreißig auf die Fünfzig und holla-holla. Das machen die gerne beim Jugendgericht, dass sie das Verfahren gegen einen einstellen, damit er als Zeuge gegen den anderen aussagen muss. Und normal bist du derjenige, gegen den das Verfahren eingestellt wird, außer du bist zu scheißedämlich. Aber verlass dich drauf: Dein asiger Russe ist nicht so dämlich wie du. Der kennt das schon. Der hat schon eine richtige kriminelle Karriere hinter sich, Ladendiebstahl mit seinem Bruder, Schwarzfahren, Betrug und Hehlerei. Ja, da guckst du. Die ganze asige Sippschaft ist so. Hat er dir natürlich nicht erzählt. […] Und der wird morgen versuchen, um jeden Preis seine Haut zu retten – ist dir das klar? Der hat seine Aussage schon gemacht. Der gibt dir die ganze Schuld. Das ist immer so, da gibt jeder Idiot dem anderen die Schuld."

„Und das soll ich also auch machen?"

„Das sollst du nicht, das *wirst* du machen. Weil sie dir nämlich glauben. Verstehst du? Du kannst von Glück sagen, dass der Typ von der Jugendgerichtshilfe hier so begeistert war. Wie der das Haus gesehen hat. Wie der allein den Pool gesehen hat! Das hat er ja auch gleich gesagt, dass das hier ein Elternhaus ist mit den besten Möglichkeiten und allem Pipapo." Mein Vater drehte sich zu meiner Mutter um, und meine Mutter linste in ihr Glas. „Du bist da reingerissen worden von diesem russischen Asi. Und das erzählst du dem Richter, egal, was du der Polizei vorher erzählt hast, capisce? Capisce? […]"

Aber, wie gesagt, der Richter interessierte sich sowieso mehr für andere Dinge.

„Was mich mal interessieren würde, wer von euch beiden genau hat die Idee zu dieser Reise gehabt?" Die Frage ging an mich.

„Na, der Russe, wer sonst!", kam es halblaut von hinten.

Mein Vater, der Idiot.

„Die Frage geht an den Angeklagten!", sagte der Richter. „Wenn ich Ihre Meinung wissen wollte, würde ich Sie fragen."

„Wir hatten die Idee", sagte ich. „Wir beide."

„Quatsch!", meldete sich Tschick zu Wort.

„Wir wollten einfach ein bisschen rumfahren", sagte ich, „Urlaub wie normale Leute und –"

„Quatsch", meldete sich Tschick zu Wort.

„Du bist nicht dran", sagte der Richter. „Warte, bis ich zu dir komme."

Da war er ganz eisern, dieser Richter. Reden durfte immer nur, wer dran war. Und als Tschick dran war, erklärte er sofort, dass das mit der Walachei seine Idee gewesen wäre und dass er mich geradezu ins Auto hätte zerren müssen. Er erzählte, woher er wüsste, wie man Autos kurzschließt, während ich keine Ahnung hätte und das Gaspedal nicht von der Bremse unterscheiden könnte. Er erzählte völligen Quatsch, und ich sagte dem Richter, dass das völliger Quatsch ist, und da sagte der Richter jetzt zu mir, dass ich nicht dran wäre, und im Hintergrund stöhnte mein Vater.

Wolfgang Herrndorf: Tschick.
Rowohlt, Berlin 2010, S. 227–235

Einen Romanauszug untersuchen (2)

1 Formuliere deinen ersten Eindruck von Herrn Klingenberg.

_____
_____
_____

2 Formuliere, worum es in dem Gespräch zwischen Herrn Klingenberg und Maik (Z. 77–116) geht.

_____
_____
_____

3 Erläutere, wie sich der Vater von Maik in dem Gespräch verhält und welches Verhalten er von Maik vor dem Jugendgericht erwartet.

_____
_____
_____

4 Untersuche, in welcher Gefühlslage sich Maik in dem Gespräch mit seinem Vater befindet.

  a Finde weitere Textstellen, in denen Maik beschreibt, was er fühlt und denkt.

  Beispiel:

  „[…] ich versuchte, mit meinem Gesicht eine Art Zerknirschung auszudrücken, weil mein Vater das vermutlich erwartete und weil ich wusste, dass er die Arme nur verschränkte, weil er kurz davor war, mir noch eine zu scheuern." (Z. 39–44)

  _____
  _____
  _____

  b In dem Gespräch gibt es nur wenige Redebeiträge von Maik. Untersuche folgende Redebeiträge und ergänze, was Maik dabei wohl denken könnte.
  A „Ich weiß, dass wir Scheiße gebaut haben, und ich weiß –"
  B „Du verkaufst doch eh keine Häuser mehr. Deine Firma ist doch –"
  C „Und das soll ich also auch machen?"

  _____
  _____
  _____

Autorin: Mechthild Stüber

5 Beschreibe die Beziehung zwischen Maik und seinem Vater.
Nutze die Ergebnisse aus Aufgabe 3 und 4.

_____

_____

_____

_____

_____

_____

6 a Erläutere das Verhalten der drei Figuren vor dem Richter.

Herr Klingenberg:
_____

Maik:
_____

_____

Tschick:
_____

_____

b Was hältst du von den drei Figuren? Beurteile ihr Verhalten.

_____

_____

_____

_____

_____

Einen Romanauszug untersuchen (2)

1 Formuliere deinen ersten Eindruck von Herrn Klingenberg. Wähle dazu treffende Formulierungen aus den folgenden aus:

> besorgt um Maik – egoistisch – kommunikativ – aggressiv – übellaunig – auf seinen eigenen Ruf bedacht – verlogen – darauf aus, den Schein zu wahren – möchte Maik einen guten Rat geben

Herr Klingenberg wirkt _____

_____

2 Worum geht es in dem Gespräch zwischen Herrn Klingenberg und Maik? Kreuze die treffende Aussage an.

- ☐ **A** Herr Klingenberg klärt Maik über Tschicks Familienverhältnisse auf.
- ☐ **B** Herr Klingenberg möchte in dem Gespräch erfahren, warum sich Maik mit Tschick auf die Reise begeben hat.
- ☐ **C** Herr Klingenberg möchte Maik klarmachen, dass er einfach nur dumm ist.
- ☐ **D** Herr Klingenberg möchte Maik einbläuen, wie er sich vor dem Jugendrichter verhalten soll, damit er möglichst glimpflich davonkommt.

3 a Wie verhält sich Maiks Vater in dem Gespräch? Setze die folgenden Satzanfänge fort:

Maiks Vater ist sehr wütend auf seinen Sohn und tritt ihm gegenüber sehr _____

_____. Er zeigt keinerlei _____ für Maik und es interessiert ihn

überhaupt nicht, warum _____.

Er macht Maik Vorhaltungen und bringt wiederholt zum Ausdruck, _____.

_____ Er attackiert Maik nicht nur mit Worten, sondern _____.

_____

b Welches Verhalten erwartet Herr Klingenberg von Maik? Vervollständige den Satz.

Herr Klingenberg erwartet, dass Maik vor dem Jugendrichter _____,

_____ um möglichst _____.

_____

10 „On the road" – Einen Roman und einen Film untersuchen — Deutschbuch 9

4 a In welcher Gefühlslage befindet sich Maik während des Gesprächs mit seinem Vater? Erläutere das folgende Zitat.

„[…] Ich versuchte, mit meinem Gesicht eine Art Zerknirschung auszudrücken, weil mein Vater das vermutlich erwartete und weil ich wusste, dass er die Arme nur verschränkte, weil er kurz davor war, mir noch eine zu scheuern." (Z. 39–44)

Das Zitat zeigt, dass Maik genau spürt, wie wütend sein Vater ist. Er versucht daher, ihn zu

beschwichtigen, indem er _____.

b In dem Gespräch gibt es nur wenige Redebeiträge von Maik. Untersuche folgenden Redebeitrag und ergänze, was Maik dabei wohl denken könnte:
„Und das soll ich also auch machen?"

_____

_____

5 Beschreibe die Beziehung zwischen Maik und seinem Vater. Nutze folgende Satzbausteine:

> auf dem Tiefpunkt – kein Versuch, Maiks Beweggründe zu verstehen –
> Kopf aus der Schlinge ziehen – es mit der Wahrheit nicht so genau nehmen – emotional gestört

_____

_____

_____

_____

_____

6 Beschreibe das Verhalten der drei Figuren vor dem Richter.

Herr Klingenberg:

_____

_____

Maik:

_____

_____

_____

Tschick:

_____

_____

Autorin: Mechthild Stüber
Illustration: Peter Menne, Potsdam

Eine Filmszene untersuchen (1)

Vincent will Meer

Szene auf dem Weg zurück nach Hause am Ende des Films

Nachdem Vincent, Marie und Alexander in Italien am Meer angekommen sind, bricht Marie zusammen und wird ins Krankenhaus gebracht. Vincents Vater und Dr. Rose sind inzwischen auch eingetroffen und begeben sich ins Krankenhaus zu Marie. Als Vincent Marie besucht, fleht sie ihn an, mit ihr fortzugehen. Doch Vincent lehnt ihre Bitte ab und macht sich mit den anderen auf den Rückweg nach Deutschland. Auf der Rückfahrt bittet Vincent seinen Vater anzuhalten. Der Vater hält an einer Parkbucht auf einer Küstenstraße an, Vincent steigt aus.

1 		*Vincent steht am Wagen und lächelt Robert an.* **VINCENT:** Ich komm nach. **ROBERT:** Gibst du sie mir? *Vincent weiß nicht, was er meint.*
2 		**ROBERT** *(streckt die Hand aus):* Ich weiß, wo sie hinwill. *Vincent zögert einen Moment, dann holt er die Bonbondose aus der Tasche und gibt sie Robert.*
3 		*Dann geht Vincent los, mit seiner Tasche. Er geht auf den Tunnel zu.*
4 		*Vincent und Alexander gehen weiter in den Tunnel.*

Autorin: Mechthild Stüber
Illustrator: Peter Menne, Potsdam

Eine Filmszene untersuchen (2)

1 Untersuche die skizzierten Filmbilder im Hinblick auf ihre Filmsprache (Kameraeinstellung und Kameraperspektive) und erkläre die Wirkung.

Bild 1: _____

_____

Bild 2: _____

_____

Bild 3: _____

_____

Bild 4: _____

_____

2 In dieser Szene entscheidet sich Vincent, (noch) nicht mit seinem Vater nach Deutschland zurückzukehren. Erläutere seine Entscheidung.

_____

_____

_____

3 Betrachte Bild 2 und erkläre die besondere Bedeutung der Situation. Berücksichtige dabei deine Kenntnis des gesamten Films.

_____

_____

_____

4 Der Titel des Films lautet „Vincent will Meer".

a Erkläre, inwiefern dieser Titel eine doppelte Bedeutung hat.

_____

_____

b Formuliere deine Einschätzung zu der Frage, inwiefern Vincent sein Ziel am Ende des Films erreicht hat.

_____

_____

Autorin: Mechthild Stüber

Eine Filmszene untersuchen (2)

1 a Untersuche die skizzierten Filmbilder im Hinblick auf ihre Filmsprache (Kameraeinstellung und Kameraperspektive). Wähle aus:

Einstellung: ☐ Totale ☐ Halbnah ☐ Nah ☐ Groß/Detail

Perspektive: ☐ Normalperspektive ☐ Vogelperspektive ☐ Froschperspektive

Bild 1: _____

_____

Bild 2: _____

_____

Bild 3: _____

_____

Bild 4: _____

_____

b Erkläre die Wirkung der Kameraeinstellung und -perspektive. Vervollständige dazu die folgenden Satzanfänge:

Bild 1 zeigt Vincent und seinen Vater _____.

Sie stehen sich _____.

Dadurch dass beide Figuren _____ und aus der _____perspektive gezeigt

werden, bekommt man den Eindruck, dass sich Vater und Sohn _____.

Bild 2 stellt dar, wie Vincent _____.

Die gewählte Einstellung _____ unterstreicht _____.

Durch die _____ perspektive wird noch einmal deutlich, dass _____.

Bild 3 zeigt Vincents Vater am Straßenrand und Vincent, der _____.

Einstellungsgröße _____ und Perspektive _____ veranschaulichen

_____.

Bild 4 zeigt Vincent und Alexander, die _____.

Durch die Einstellungsgröße der _____ und die _____ perspektive wird der Eindruck

erzeugt, dass die beiden Figuren _____.

Autorin: Mechthild Stüber

10 „On the road" – Einen Roman und einen Film untersuchen   Deutschbuch 9

2 In dieser Szene entscheidet sich Vincent, (noch) nicht mit seinem Vater nach Deutschland zurückzukehren. Erläutere seine Entscheidung. Greife dazu auf folgende Satzbausteine zurück:

> Obwohl sich Vincent mit seinem Vater versöhnt hat, möchte … – Die Ereignisse während der Reise haben Vincent verändert. Beispielsweise … – Da Marie …, entschließt sich Vincent dazu, …

_____
_____
_____
_____
_____

3 Betrachte Bild 2 und erläutere die besondere Bedeutung der Situation. Berücksichtige dabei deine Kenntnis des gesamten Films. Gehe so vor:

a Markiere im Wortspeicher die Anregungen für deine Erläuterung.
Achtung: Nicht alle Anregungen sind brauchbar!

> Mutter wichtige Bezugsperson – Seebestattung in Italien – Dose mit der Asche der Mutter – Andenken an die Mutter – Mutter gehört auch zu Robert Galler – in Italien Versöhnung mit dem Vater – Übergabe der Asche – Vertrauen

b Formuliere nun eine zusammenhängende Erläuterung.

_____
_____
_____
_____
_____

4 Der Titel des Films lautet „Vincent will Meer".

a Kläre die doppelte Bedeutung des Titels. Suche dazu ein Wort, das genauso ausgesprochen, aber anders geschrieben wird.

„Meer"
↙ ↘
Meer _____ _____
Nomen   Adverb

b Inwiefern hat Vincent am Ende des Films sein Ziel erreicht? Kreuze die zutreffende Aussage an.

☐ **A** Vincent hat es geschafft, in ein italienisches Seebad zu gelangen.
☐ **B** Vincent ist durch die Reise von seinem Vater unabhängig geworden und hat diesem bewiesen, dass er selbstständig und verantwortungsbewusst handeln kann.

Autorin: Mechthild Stüber

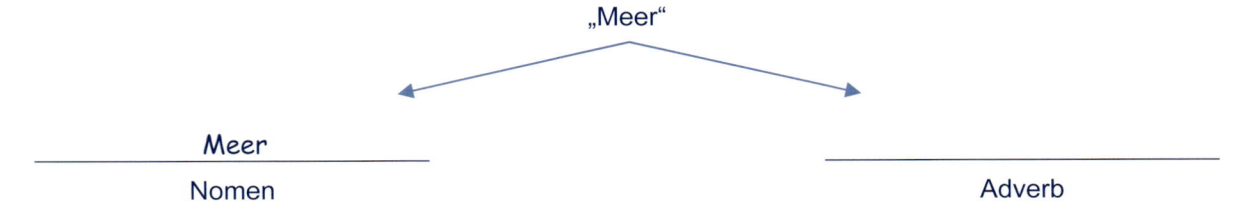

Eine Filmszene untersuchen (2)

1 Kreuze an, welche Kameraeinstellung für die vier Bilder gewählt wurde.

Bild 1	☐ Totale	☐ Halbnah	☐ Nah	☐ Groß/Detail
Bild 2	☐ Totale	☐ Halbnah	☐ Nah	☐ Groß/Detail
Bild 3	☐ Totale	☐ Halbnah	☐ Nah	☐ Groß/Detail
Bild 4	☐ Totale	☐ Halbnah	☐ Nah	☐ Groß/Detail

2 In dieser Szene entscheidet sich Vincent, noch nicht mit seinem Vater nach Deutschland zurückzukehren. Wähle den Grund aus.

☐ **A** Vincent möchte noch Ferien am Meer machen.
☐ **B** Vincent möchte lieber mit Alexander weiterfahren.
☐ **C** Vincent weiß nicht, was er in Deutschland machen soll.
☐ **D** Vincent möchte sich um die zurückgelassene Marie kümmern.

3 Beschreibe Bild 2. Ergänze die Lücken.

Auf Bild 2 sieht man die Hände von _____.

Vincent gibt seinem Vater _____.

Durch die Kameraeinstellung „groß" werden die beiden Hände _____.

Man erkennt, dass sich Vater und Sohn _____.

4 Untersuche Bild 4.

Was siehst du auf dem Bild? _____

_____

Wie wirkt die Kameraeinstellung? _____

_____

_____

5 Was hat Vincent am Ende des Films erreicht? Kreuze an.

☐ **A** Vincent ist in Italien angekommen.
☐ **B** Vincent hat durch die Reise mehr Unabhängigkeit von seinem Vater gewonnen.
☐ **C** Vincent ist mutiger geworden.
☐ **D** Vincent hat gelernt, Verantwortung für Freunde zu übernehmen.

Autorin: Mechthild Stüber

Diagnose – Einen Jugendroman untersuchen

Wolfgang Herrndorf: **Tschick** (Auszug)

Ich hatte meinen Arm aus dem Fenster gehängt und den Kopf darauf gelegt. Wir fuhren Tempo 30 zwischen Wiesen und Feldern hindurch, über denen langsam die Sonne aufging, irgendwo hinter Rahnsdorf, und es war das Schönste und Seltsamste, was ich je erlebt habe. Was daran seltsam war, ist schwer zu sagen, denn es war ja nur eine Autofahrt, und ich war schon oft Auto gefahren. Aber es ist eben ein Unterschied, ob man dabei neben Erwachsenen sitzt, die über Waschbeton und Angela Merkel reden, oder ob sie eben nicht da sitzen und niemand redet. Tschick hatte sich auf seiner Seite auch aus dem Fenster gehängt und steuerte den Wagen mit der rechten Hand eine kleine Anhöhe hinauf. Es war, als ob der Lada von alleine durch die Felder fuhr, es war ein ganz anderes Fahren, eine andere Welt. Alles war größer, die Farben satter, die Geräusche Dolby Surround, und ich hätte mich ehrlich gesagt, nicht gewundert, wenn auf einmal Tony Soprano, ein Dionsaurier oder ein Raumschiff vor uns aufgetaucht wäre.

Wir waren auf dem direktesten Weg aus Berlin rausgefahren, den Frühverkehr hinter uns lassend, und steuerten durch die Vororte und über abgelegene Wege und einsame Landstraßen. Wo sich als Erstes bemerkbar machte, dass wir keine Landkarte hatten. Nur einen Straßenplan von Berlin.

„Landkarten sind für Muschis", sagte Tschick, und da hatte er logisch Recht. Aber wie man es bis in die Walachei schaffen sollte, wenn man nicht mal wusste, wo Rahnsdorf ist, deutete sich da als Problem schon mal an. Wir fuhren deshalb erst mal Richtung Süden. Die Walachei liegt nämlich in Rumänien, und Rumänien ist im Süden.

Das nächste Problem war, dass wir nicht wussten, wo Süden ist. Schon am Vormittag zogen schwere Gewitterwolken auf, und man sah keine Sonne mehr. Draußen waren mindestens vierzig Grad, Es war noch heißer und schwüler als am Tag davor. […]

„Also, ich würde sagen, wenn wir nicht genau wissen, wo Süden ist, fahren wir einfach Sandpiste", sagte Tschick.

Wolfgang Herrndorf: Tschick.
Rowohlt, Berlin 2010, S. 104–109

1 a Wer erzählt die Handlung? Kreuze die richtige Aussage an.
  ☐ **A** Ein Er-Erzähler berichtet über die Ereignisse.
  ☐ **B** Maik erzählt die Handlung.

b Begründe deine Entscheidung, indem du im Text zwei geeignete Stellen markierst.

Notiere die Zeilenangaben: _____

2 Wähle den Satz aus, der Maiks Stimmung am besten zum Ausdruck bringt.
  ☐ **A** Maik ist sehr angespannt, weil er und Tschick orientierungslos sind.
  ☐ **B** Maik ist sehr gut gelaunt, weil er zusammen mit seinem Kumpel Tschick zu etwas Neuem aufbricht.

3 a In dem Textauszug gibt es zwei Redebeiträge von Tschick (Z. 30 und 44–46), die etwas über seinen Charakter aussagen. Kreuze an, um welche Art der Charakterisierung es sich dabei handelt.
  ☐ direkte Charakterisierung   ☐ indirekte Charakterisierung

b Begründe deine Entscheidung.

_____
_____

c Erkläre, welche Eigenschaften von Tschick hier deutlich werden.

_____
_____
_____
_____

4 Welche der folgenden Beschreibungen treffen auf die Beziehung zwischen Maik und Tschick in diesem Romanauszug am ehesten zu?
Markiere die treffende Aussage und führe Belegstellen an (Zeilenangaben).
  ☐ **A** Die Beziehung ist angespannt, weil Maik seinem Freund Orientierungslosigkeit vorwirft.
  ☐ **B** Das Verhältnis ist gut, weil die beiden es (offenbar) genießen, gemeinsam unterwegs zu sein.

Belegstellen: _____

Autorin: Mechthild Stüber

11 Grammatiktraining – Stil und Ausdruck

Konzeption des Kapitels

Das vorliegende Kapitel bietet den Schülerinnen und Schülern die Möglichkeit, ihren Stil und Ausdruck zu verbessern. Dabei wiederholen sie wichtige Regeln rund um Wörter und Sätze und üben das treffende und abwechslungsreiche Formulieren. Das Kapitel folgt einer integrativen und funktionalen Zugangsweise: Die grammatischen Phänomene sind an das Formulieren offizieller Schreiben (Briefe und Praktikumsberichte) angebunden, sodass sie im Hinblick auf ihre Funktion in authentischen sprachlichen Zusammenhängen betrachtet werden können.

Am Ende der Teilkapitel 11.1 und 11.2 findet sich jeweils ein Selbsttest, der den Lernenden die Möglichkeit gibt, selbstständig zu erschließen, auf welchem Niveau sie weiterüben sollten. Daran schließt sich umfassendes Übungsmaterial auf jeweils zwei verschiedenen Kompetenzstufen an.

Im ersten Teilkapitel (**"[Un-]Sachliche Briefe – Wortarten richtig und sinnvoll einsetzen"**) wiederholen die Schüler/-innen wichtige Wortarten und in diesem Zusammenhang den Gebrauch des richtigen Kasus und Numerus sowie Tempus, Genus verbi und Modus. Die jeweiligen Übungen sind in der Regel so konzipiert, dass die Lernenden einen vorgegebenen Brief im Hinblick auf das entsprechende grammatische Phänomen untersuchen und ggf. überarbeiten. Daran schließen sich vertiefende Übungen an.

In Kapitel 11.2 (**"Praktikumsberichte – Sätze treffend formulieren"**) geht es darum, Sätze in Praktikumsberichten möglichst sachlich und genau zu formulieren und dabei auch Regeln des guten Stils zu berücksichtigen. Einleitend werden dafür die Textsortenmerkmale eines Praktikumsberichts wiederholt. Auszüge aus weiteren Praktikumsberichten bieten die Grundlage, um über treffende und stilistisch ansprechende Formulierungen nachzudenken. Dabei geht es zunächst um den sinnvollen Gebrauch von Adverbialsätzen und Relativsätzen. Im Anschluss daran werden im Sinne einer Verbesserung des Stils die Anwendung von Proben und die Verwendung des Nominal- bzw. Verbalstils thematisiert.

Im letzten Teilkapitel (**"Fit in …! – Einen Text überarbeiten"**) üben die Lernenden, in einer Klassenarbeit einen Brief im Hinblick auf die zuvor erlernten Phänomene zu überarbeiten: Kasus, Numerus, Plusquamperfekt, Konjunktiv I/II und Proben. In dem Kapitel werden die Schüler/-innen Schritt für Schritt angeleitet, indem sie erst die Aufgabenstellung klären, dann die Teilaufgaben bearbeiten und abschließend ihre Überarbeitung prüfen.

Literaturhinweise

- *Bredel, Ursula:* Sprachbetrachtung und Grammatikunterricht. Schöningh, Paderborn 2008
- *Dürscheid, Christa:* Syntax. Verlag für Sozialwissenschaften, Wiesbaden 2005
- Grammatisches Lernen. Praxis Deutsch 3/2016
- *Müller, Astrid (Hg.):* Wörter und Sätze. Praxis Deutsch. Sonderheft. Friedrich, Seelze 2008
- *Reiners, Ludwig:* Stilfibel: Der sichere Weg zu gutem Deutsch. Deutscher Taschenbuch Verlag, München 2007
- *Schneider, Wolf:* Deutsch für junge Profis. Wie man gut und lebendig schreibt. Rowohlt, Berlin [6]2011
- *Ders.:* Deutsch für Profis. Wege zu gutem Stil. Goldmann, München 2001
- *Steinig, Wolfgang / Huneke, Hans-Werner:* Sprachdidaktik Deutsch. Erich Schmidt, Berlin [2]2004
- Wortarten und Satzglieder. Deutschunterricht 1/2010

Inhalte	Kompetenzen
	Die Schülerinnen und Schüler
S. 210 **11.1 (Un-)Sachliche Briefe – Wortarten richtig und sinnvoll einsetzen**	
S. 210 Den richtigen Kasus finden	– erläutern die Bedeutung von fehlerfreien und gut formulierten offiziellen Schreiben – bilden Sätze mit Präpositionen und dem richtigen Kasus von Nomen und Pronomen
S. 211 Der Numerus – Einzahl oder Mehrzahl?	– bilden Sätze mit dem richtigen Numerus von Subjekt und Prädikat
S. 212 Vergangenes durch Verben ausdrücken	– verwenden an den richtigen Stellen das Präteritum und das Plusquamperfekt
S. 213 Verben im Aktiv und Passiv unterscheiden	– unterscheiden das Aktiv und Passiv – verwenden das Aktiv und Passiv in Sätzen funktional
S. 214 Den Konjunktiv I und II erkennen und anwenden	– erkennen den Konjunktiv I als Signal für indirekte Rede – erläutern, wann in der indirekten Rede Konjunktiv I, Konjunktiv II und die *würde*-Ersatzform verwendet werden – formen Sätze in wörtlicher Rede in indirekte Rede um
S. 216 Teste dich!	– überprüfen ihr Wissen zu Kasus, Numerus, Tempusgebrauch, Aktiv/Passiv und indirekter Rede
S. 217 **Fordern und fördern –** Üben: Wortarten richtig einsetzen	– vertiefen ihre Fähigkeiten durch umfassende Übungen auf zwei Niveaustufen
S. 221 **11.2 Praktikumsberichte – Sätze treffend formulieren**	
S. 221 Die Textsorte beachten	– kennen Merkmale eines Praktikumsberichts – überarbeiten einen Praktikumsbericht und beachten dabei die Textsortenmerkmale
S. 222 Mit Adverbialsätzen nähere Umstände ausdrücken	– nutzen und bestimmen Adverbialsätze – ersetzen Adverbialsätze durch adverbiale Bestimmungen – bilden selbst Satzgefüge mit Adverbialsätzen
S. 224 Mit Attributen und Relativsätzen genau beschreiben	– erkennen und untersuchen Relativsätze – formen Attribute in Relativsätze um
S. 225 Mit Proben den Stil verbessern	– stellen Sätze so um, dass die Satzanfänge abwechslungsreich sind (Umstellprobe) – streichen in Sätzen umständliche und überflüssige Formulierungen (Weglassprobe) – ergänzen in Sätzen genaue Angaben (Erweiterungsprobe) – nutzen Synonyme (Ersatzprobe)

11 Grammatiktraining – Stil und Ausdruck

S. 227 Nominal- und Verbalstil verwenden	– unterscheiden den Nominalstil und den Verbalstil – bilden selbst Sätze im Verbalstil
S. 228 Teste dich! – Adverbialsätze	– überprüfen ihr Wissen zu Adverbialsätzen und Proben
S. 229 **Fordern und fördern –** Üben: Adverbialsätze bilden und bestimmen Üben: Proben anwenden	– vertiefen ihre Fähigkeiten durch umfassende Übungen auf zwei Niveaustufen
S. 233 **11.3 Fit in …! – Einen Text überarbeiten**	
S. 233 Die Aufgabe richtig verstehen – Den Text Schritt für Schritt überarbeiten – Die Überarbeitung prüfen	– üben für eine mögliche Klassenarbeit – verstehen die Aufgabenstellung – wenden Methoden der Textüberarbeitung an (richtiger Kasus und Numerus, Plusquamperfekt, Konjunktiv I/II, Proben)

11.1 (Un-)Sachliche Briefe – Wortarten richtig und sinnvoll einsetzen

S. 209 Auftaktseite

1 a Mögliche weitere Fehler:
falscher Kasus oder Numerus, Fehler bei Tempus oder Modus, überflüssige Füllwörter, Wortwiederholungen am Satzanfang, zu viele Sätze im Nominalstil

b Mögliche Lösung:
In offiziellen Schreiben ist es besonders wichtig, auf die Grammatik und den Ausdruck zu achten, weil diese viel über den Verfasser des Schreibens verraten.

2 a Man sollte besonders bei offiziellen Schreiben, also z. B. auch bei Bewerbungsschreiben, Entschuldigungs-, Beschwerdebriefen, schriftlichen Anfragen, Unfallmeldungen, Leserbriefen, auf Grammatik und Ausdruck achten. Auch bei Klassenarbeiten sind Grammatik und Ausdruck wichtig, weil die Darstellungsleistung Einfluss auf die Note hat.

b Mögliche Tipps: Kasus und Numerus prüfen, Proben (Umstell-, Weglass-, Erweiterungs-, Ersatzprobe)

11.1 (Un-)Sachliche Briefe – Wortarten richtig und sinnvoll einsetzen

S. 210 Den richtigen Kasus finden

1 a Frau Lehmann sollte Meikes Verspätung eher nicht entschuldigen, weil ihre Begründung sehr abenteuerlich und nur wenig glaubwürdig klingt.

b Meike verwendet immer wieder den falschen Kasus: bei <u>Herrn</u> Huller, nach <u>dem</u> Klingeln, in <u>den</u> falschen Bus, außerhalb <u>des Ortes</u>, aus dem <u>Automaten</u>, mangels <u>geeigneter</u> Alternativen

c in der ersten Stunde = Dativ
aus folgenden Gründen = Dativ
bei Herrn Huller = Dativ
nach dem Klingeln = Dativ
in den falschen Bus = Akkusativ
außerhalb des Ortes = Genitiv
für die Rückfahrt = Akkusativ
aus dem Automaten = Dativ
mangels geeigneter Alternativen = Genitiv
in der Schule = Dativ

2 a A Ich musste <u>auf den Lieferanten</u> meines Päckchens warten. = Akkusativ
B Ich konnte erst <u>nach der Pause</u> kommen, weil ich mich verlaufen hatte. = Dativ
C <u>Innerhalb eines Tages</u> habe ich mich dreimal verspätet. = Genitiv

b Mögliche Lösung:
Ich bin aus Versehen <u>ohne Schuhe</u> losgegangen und musste deshalb noch einmal umkehren. = Akkusativ
Ich bin <u>nach dem Klingeln</u> des Weckers wieder eingeschlafen. = Dativ
Ich bin nicht auf die Idee gekommen, meine Jeans <u>außerhalb des Kleiderschranks</u> zu suchen. = Genitiv
Ich habe mich <u>mit meiner Schwester</u> gestritten und darüber die Zeit vergessen. = Dativ

c Bei offiziellen Schreiben sollte man den Genitiv verwenden. Umgangssprachlich ist auch die Verwendung des Dativs möglich.

S.211 Der Numerus – Einzahl oder Mehrzahl?

1. In dem Entschuldigungsschreiben stimmen Subjekt und Prädikat in einigen Fällen im Numerus nicht überein.

2. a *Die große Menge an Hausaufgaben* hat mich gestern den ganzen Nachmittag gekostet. Danach haben *Ronja und ich* es nicht mehr geschafft, auch noch das Referat vorzubereiten.

   b Wir hatten daher Angst, dass *einer von uns* vom Stuhl fällt. *Mein Vater und meine Mutter* haben das auch so gesehen.

   c Man muss beachten, dass Subjekt und Prädikat im gleichen Numerus stehen. Dabei gelten Subjekte, die aus einer Reihung mit *und* bestehen, in der Regel als Plural.

3. a **A** Die meisten Schüler/-innen haben sich schon einmal eine Ausrede für nicht gemachte Hausaufgaben ausgedacht.
   B Ein Schüler erzählte sogar, dass einer seiner beiden Hunde sein Arbeitsheft gefressen hat.

   b **C** Eine große Anzahl von Schülerinnen und Schülern behaupten, das Heft zu Hause vergessen zu haben.

   c *Viele* Schülerinnen und Schüler behaupten, das Heft zu Hause vergessen zu haben.

S.212 Vergangenes durch Verben ausdrücken

1. Die Verfasser des Briefes müssen noch entscheiden, welche Verben im Präteritum und welche im Plusquamperfekt stehen müssen.

2. a Zuerst wurde strahlender Sonnenschein vorhergesagt und dann regnete es.

   b Der 2. Teilsatz steht im Präteritum: „regnete es zwei Tage lang".
   Der 1. Teilsatz steht im Plusquamperfekt: „Nachdem Sie letzte Woche strahlenden Sonnenschein vorhergesagt hatten".

   c Man verwendet normalerweise das Präteritum. Wenn ein Ereignis aber vor einem vergangenen Ereignis liegt, verwendet man das Plusquamperfekt.

3. a Wir wurden auf dem Schulweg mehrmals nass, weil wir keinen Schirm mitgenommen hatten. Außerdem konnte unser Fußballturnier, das wir extra auf diese Tage gelegt hatten, nicht draußen stattfinden. Wir mussten es in die Halle verlegen.

   b Vorgestern standen wir wieder vor einem Problem: Unsere Klassenarbeit sollte in der siebenten Stunde stattfinden. Bevor wir dafür lernten, hatten wir Ihren Wetterbericht gesehen. Nachdem Sie darin Temperaturen von 30 Grad vorhergesagt hatten, war klar, dass die Klassenarbeit wegen Hitzefrei ausfallen wird. Dann waren es aber nur 20 Grad und die Klassenarbeit fand statt, obwohl wir nicht gelernt hatten.

S.213 Verben im Aktiv und Passiv unterscheiden

1. Herr Blaubach wird die Beschwerde kaum akzeptieren, weil Jan und Timur sich über Erlebnisse beschweren, mit denen man bei einem Freibadbesuch rechnen muss.

2. a Selbst unsere Haare wurden vom Wasser nicht verschont.

   b Das Passiv wird aus der Personalform des Hilfsverbs „werden" und dem Partizip II gebildet.

   c Schon nach kurzer Zeit wurden wir vom Wasser völlig durchnässt. Er wurde für uns vom Bademeister extra geöffnet. Jedem von uns wurde von einer freundlichen Frau eine Portion Pommes verkauft.

3. Der Text wird abwechslungsreicher, wenn man zwischen Aktiv und Passiv abwechselt. Beim zweiten und dritten markierten Satz ist es dennoch sinnvoller, das Aktiv zu verwenden, weil der Handlungsträger bekannt ist und seine Handlung für den Beschwerdebrief auch eine gewisse Bedeutung hat.

11.1 (Un-)Sachliche Briefe – Wortarten richtig und sinnvoll einsetzen

S. 214 Den Konjunktiv I und II erkennen und anwenden

Siehe hierzu auch die **Folie** „Konjunktiv I und II richtig verwenden" auf der CD-ROM.

1 Der Verfasser müsste bei der Redewiedergabe Konjunktiv I verwenden.

2 a Mögliche Lösung (hier: Redebegleitsatz unterstrichen, Verbformen im Konjunktiv I fett):
<u>Er sagte</u>, das Fahren in die falsche Richtung **sei** auch für Radfahrer verboten und ich **müsse** eine Strafe zahlen.

b Der Konjunktiv I wird gebildet, indem an den Stamm des Verbs die entsprechende Personalendung angehängt wird.

c Es wurde der Konjunktiv I verwendet, weil der Verfasser des Textes deutlich machen möchte, dass es sich um Aussagen des Polizisten handelt.

3 In den folgenden Sätzen ist ebenfalls der Konjunktiv I zu verwenden:
Ich erklärte, ich **müsse** schnell zur Schule und **sei** deshalb auf dem falschen Radweg gefahren. Der Polizist antwortete, diese Begründung akzeptiere er nicht, ich **solle** zehn Euro bezahlen. Weil ich nur wenig Taschengeld bekomme, schlug ich vor, ich **könne** den Betrag auch bei der Stadt abarbeiten. Ich erklärte, ich **sei** bereit, selbst für ein paar Stunden auf der Polizeiwache auszuhelfen. Er entgegnete, er **dürfe** und **wolle** diesen Vorschlag nicht akzeptieren.

4 a Das Verb „müsse" steht im Konjunktiv I. Bei „achte" kann man nicht erkennen, ob es im Konjunktiv I oder im Indikativ Präsens steht.

b Man weiß nicht, ob eine fremde Aussage wiedergegeben wird.

c Ich <u>achtete</u> sonst aber immer auf den richtigen Radweg.
Ich <u>würde</u> sonst aber immer auf den richtigen Radweg <u>achten</u>.

d Hier ist die *würde*-Ersatzform geeigneter, weil der Konjunktiv II sich nicht vom Indikativ Präteritum unterscheidet.

5 a A Der Polizist erklärte, er könne der Schülerin in dieser Sache auch nicht helfen.
B Der Polizist sagte, Strafzettel müssten immer bezahlt werden.
C Auf besondere Umstände würden sie bei der Polizei keine Rücksicht nehmen.
D Er komme mit zu den Eltern, damit sie das Bußgeld bezahlen.

b E Der Polizist erklärte, er könne der Schülerin keinen Job anbieten, damit sie ihre Schulden abarbeitet.
F Er sagte, sie hätten bei der Polizei genügend Mitarbeiter und würden keine Hilfe benötigen.
G Die Schülerin müsse sich also selbst überlegen, wie sie das Geld beschafft.
H Dabei könne er ihr nicht helfen.

7 a Der Text ist stilistisch nicht schön, weil der Satzbau sehr eintönig ist und viele Nebensätze mit „dass" eingeleitet werden.

b Mögliche Lösung: Ich erklärte, ich sei zu spät, weil ich aufgehalten wurde. […] Ich erzählte also, ich sei mit dem Fahrrad auf der falschen Seite gefahren und dabei dann von einem Polizisten erwischt worden. […] Sie meinte, ich solle künftig früher von zu Hause losfahren, um nicht noch einmal zu spät zu kommen.

S. 216 Teste dich!

Der Selbsttest ist für Partnerarbeit angelegt. Bei falschen Antworten erhalten die Schüler/-innen in der rechten Spalte Hinweise zur Wiederholung des Stoffes. Vom Ergebnis des Tests hängt es ab, ob der Schüler / die Schülerin mit Übungen des einfachen Niveaus (Schülerband S. 185 und 186) oder des mittleren Niveaus (Schülerband S. 187 und 188) weiterarbeiten sollte.

11 Grammatiktraining – Stil und Ausdruck

S. 217 Fördern und fordern – Üben: Wortarten richtig einsetzen

Die Übungsseiten sind so angelegt, dass die Lernenden selbsttätig damit arbeiten können. Lösungen sind angegeben. Prinzipiell hat jeder Schüler / jede Schülerin je nach Testergebnis einen Satz von Übungsaufgaben zu bewältigen. Es ist aber möglich, zwischen den Niveaus zu wechseln oder auch Aufgaben aus beiden Niveaustufen zu erledigen.

11.2 Praktikumsberichte – Sätze treffend formulieren

S. 221 Die Textsorte beachten

Siehe hierzu auch die **Folie** „Adverbialsätze nutzen" auf der CD-ROM.

2 a Unsachlich: „Das sind echt megacoole Tiere!" (Z. 6–7); „der ziemlich strange war" (Z. 8); „weil die wirklich krass gefährlich sind." (Z. 11–12); „ganz chillig" (Z. 16); „voll spannend!" (Z. 17)

b Job: Aufgabe, krass gefährlich: sehr gefährlich, ganz chillig: gemütlich, zugucken: zuschauen

3 a Zutreffend: Die Ereignisse sind nicht in der chronologischen Reihenfolge wiedergegeben und es wird nicht immer das Präteritum verwendet.

b Am zweiten Tag lernte ich verschiedene Aufgaben rund um den Verkauf kennen. Am Morgen half ich dem Souvenirverkäufer, seine Regale mit Stofftieren, Programmheften etc. aufzufüllen. Außerdem schaute ich der Frau von der Süßwarenbude beim Herstellen von Schokobananen, gebrannten Mandeln und Popcorn zu. Am Vormittag und am Nachmittag durfte ich der Frau des Zirkusdirektors beim Ticketverkauf helfen.

S. 222 Mit Adverbialsätzen nähere Umstände ausdrücken

2 a Mein erster Praktikumstag beim Bundestrainer der deutschen Fußballnationalmannschaft der Männer begann um 10.30 Uhr, <u>nachdem die Mannschaft gefrühstückt hatte</u>. Ich durfte zunächst bei der ersten Trainingseinheit zuschauen, <u>obwohl ich selbstverständlich nur von den Zuschauerplätzen aus zusehen durfte</u>. [...] Es gibt immer sehr gesundes Essen, <u>damit die Spieler fit bleiben</u>. Am Nachmittag hatte ich frei, <u>weil der Nachmittag auch den Spielern zur freien Verfügung steht</u>. [...]

b „weil der Nachmittag auch den Spielern zur freien Verfügung steht" = Kausalsatz
„damit die Spieler fit bleiben" = Finalsatz
„nachdem die Mannschaft gefrühstückt hatte" = Temporalsatz
„obwohl ich selbstverständlich nur von den Zuschauerplätzen aus zusehen durfte" = Konzessivsatz

c Mögliche Lösung: Die Adverbialsätze tragen zum näheren Textverständnis bei, weil sie die genaueren Umstände (Grund, Zweck usw.) erläutern.

3 a **A** <u>Nach dem Mittagessen</u> stand den Spielern und mir der Nachmittag zur freien Verfügung.
B <u>Durch regelmäßiges Training</u> bereitet sich die Mannschaft bestens auf das Spiel vor.
C <u>Wegen des Endes der zweiten Trainingseinheit um 19 Uhr</u> endete [...] auch mein Praktikumstag.

b A adverbiale Bestimmung der Zeit, B adverbiale Bestimmung der Art und Weise, C adverbiale Bestimmung des Grundes

c Bei den Sätzen A und B ist die Verwendung der adverbialen Bestimmung zu bevorzugen, weil sie kurz, knapp und verständlich ist. Bei Satz C hingegen ist die adverbiale Bestimmung durch die zwei Genitive so sperrig, dass hier ein Adverbialsatz günstiger wäre.

4 a/b An meinem zweiten Praktikumstag durfte die deutsche Mannschaft ausschlafen, <u>weil sie ein Spiel hatte</u>. (Kausalsatz)
Um 11.30 Uhr gab es nur ein leichtes Training, <u>damit die Mannschaft vor dem Spiel nicht zu erschöpft ist</u>. (Finalsatz)

Ich durfte die Spieler dabei nur von einem Platz aus beobachten, <u>wo mich niemand sehen konnte</u>. (Lokalsatz)

Die Mannschaftsbesprechung fand um 14 Uhr statt, <u>nachdem die Spieler ein leichtes Mittagessen eingenommen hatten</u>. (Temporalsatz)

••• c/d <u>Weil die Mannschaft am Nachmittag Ruhezeit hatte</u>, konnte sie danach ausgeruht ins Spiel gehen. (Kausalsatz)

Der Trainer bereitete seine Mannschaft um 16 Uhr ein letztes Mal vor, <u>indem er sie auf das Spiel einschwor</u>. (Modalsatz)

Beim Spiel durfte ich gleich hinter der Trainerbank sitzen, <u>weil ich von dort eine sehr gute Sicht auf das Spielfeld hatte</u>. (Kausalsatz)

S. 224 Mit Attributen und Relativsätzen genau beschreiben

2 a Relativsätze kann man daran erkennen, dass sie durch die Relativpronomen *der, die, das, welcher, welche, welches* eingeleitet werden.

b/c Mögliches Tafelbild:

Relativsatz	Wichtige Angaben über
..., die von 9 bis 13 Uhr dauerte (Z. 1–2)	– Beginn und Dauer der Vormittagsschicht
..., der eine große Reisetasche trug (Z. 3)	– Verhalten/Auffälligkeit des Mannes
..., der sich hektisch umsah (Z. 4)	– Verhalten des Mannes
..., der dem Dieb Hausverbot erteilte und bei der Polizei Anzeige erstattete (Z. 7–8)	– Reaktion des Abteilungsleiters
..., die im Büro des Detektivs stattfand (Z. 8–9)	– Ort der Nachmittagsschicht

3 a den Mann, der eilig weglief; der Detektiv, der umsichtig war

••• b Mögliche Lösung:
eine Reisetasche, die groß war (Z. 3)
in der Lederwarenabteilung, die fast leer war (Z. 4–5)
mehrere Geldbörsen, die teuer aussahen (Z. 5)

c Einzelne Adjektive sollte man eher als Attribute verwenden und nicht in Relativsätze umformen, weil die Sätze sonst eher unübersichtlich werden. Bestehen die Attribute hingegen aus größeren Wortgruppen, ist es in der Regel sinnvoller, sie in einen Relativsatz umzuformen.

S. 225 Mit Proben den Stil verbessern

S. 225 Mein erster Praktikumstag

1 b Im ersten Absatz sind die Satzanfänge immer gleich, im zweiten Absatz sind einige Wendungen überflüssig bzw. klingen umständlich. Im letzten Absatz fehlen genaue Angaben.

2 a Mögliche Lösung:
An meinem ersten Praktikumstag durfte ich den Darsteller der Fernsehserie den gesamten Drehtag lang begleiten. Der Drehtag begann um 10 Uhr. Zuerst habe ich dabei zugesehen, wie der Schauspieler in der Maske geschminkt und frisiert wurde und sich umgezogen hat. Dann bin ich mit ihm und den anderen Darstellern zum eigentlichen Drehort, dem Studio, gegangen. Ich war sehr erstaunt festzustellen, dass alle Häuser aus der Serie nur Kulissen sind. Wir mussten noch eine Weile warten, weil noch nicht alle Kamera- und Tonleute im Studio waren. Weil beim Dreh alles gut funktionieren soll, haben die Darsteller die Szenen zunächst noch mehrere Male geprobt. Dabei durfte ich zusehen.

b Der Text wird abwechslungsreicher, wenn die Satzanfänge nicht immer gleich sind. Außerdem kann man das Satzglied an den Anfang stellen, das besonders wichtig ist, z. B. um die Chronologie der Ereignisse (mit „zuerst" und „dann") zu betonen.

3 Endlich wurde die Szene zum ersten Mal gedreht. Der Regisseur kontrollierte, was noch verändert werden musste. Daraufhin musste die Szene noch einmal gedreht werden. Insgesamt passierte das viermal, bis der Regisseur zufrieden und mit der Szene einverstanden war. Danach sind wir zusammen zum Mittagessen gegangen.

4 a Mögliche Lösung: Am Nachmittag wurden die nächsten Szenen gedreht. Währenddessen musste mehrmals umgebaut werden, um das Studio an die jeweilige Szene anzupassen. Beim Drehen der Szenen zuzuschauen war wegen der vielen Wiederholungen allerdings nicht mehr so interessant. Am Ende des Drehtags um 19 Uhr bin ich wieder nach Hause gefahren.

b Mögliche Lösung: Man macht in einem Praktikumsbericht möglichst genaue Angaben über Ort, Zeit, Gründe usw., weil ein Praktikumsbericht möglichst detailliert über das Praktikum informieren soll.

S. 226 Mein vierter Praktikumstag

1 Der Bericht wirkt eintönig, weil häufig die Verben „sagen" und „dürfen" verwendet werden.

2 a Beispiele für geeignete Synonyme zu „sagen":
erklären, erzählen, erläutern, berichten, beschreiben, schildern, meinen

b Mögliche Auswahl: erlaubte, genehmigte, konnte
Mögliche weitere Synonyme: die Möglichkeit haben, müssen, sollen, zeigen

3 Mögliche Lösung: Mein vierter Praktikumstag war besonders interessant, weil ich da <u>die Möglichkeit hatte</u>, Komparse zu sein. Das heißt, dass ich in einer kurzen Szene durch das Bild laufen <u>durfte</u>. Der Tag begann damit, dass ich selbst in die Maske <u>musste</u>. Dort wurde ich geschminkt und frisiert. Anschließend wurde mir <u>gesagt</u>, dass ich mein Kostüm anziehen <u>soll</u>. Dann wurde mir genau <u>gezeigt</u>, was ich machen muss. Der Regisseur <u>erklärte</u> mir, in welchem Moment ich über den Marktplatz laufen soll. Außerdem <u>beschrieb</u> er, welchen Weg ich nehmen soll. Dann <u>konnte</u> ich die Szene einmal proben. Der Regisseur <u>erläuterte</u> mir, was ich noch verbessern kann. Anschließend wurde die Szene mehrmals gedreht. Alle <u>meinten</u>, dass ich meine Rolle sehr gut gespielt habe. Nach der Mittagspause war ich froh, dass ich nicht mehr selbst spielen musste, sondern den anderen Schauspielern in Ruhe beim Dreh zusehen <u>durfte</u>.

S. 227 Nominal- und Verbalstil verwenden

1 a Auszug A wirkt sperriger, weil darin viele Nomen und Nominalisierungen verwendet werden.

b **A** Nominalstil: „das Lernen der Rolle und das Proben", „das Drehen der Szenen", „wegen der häufigen Wiederholungen", „die Notwendigkeit zu Geduld und Kritikfähigkeit", „das Spielen"
B Verbalstil: „seine Rollen zu lernen und zu proben", „mehrmals gedreht werden", „geduldig und kritikfähig sein", „zu spielen"

c Auszug B ist leichter lesbar, weil er weniger Nomen und Nominalisierungen enthält.

2 a **A** Bevor die Dreharbeiten beginnen, werden die Schauspieler geschminkt und frisiert.
B Nachdem die Maske besucht wurde, verkleiden sich die Schauspieler.
C Die einzelnen Szenen müssen fast immer mehrmals gedreht werden.
D Gründe dafür sind z. B., dass die Szenen falsch beleuchtet wurden oder die Schauspieler sich versprechen.

b Eine Daily Soap zu drehen ist für Schauspieler eine besondere Herausforderung. Pro Tag muss eine ganze Serienfolge angefertigt werden. Daher bleibt nur wenig Zeit, um lange zu proben oder einzelne Szenen häufig zu wiederholen. Das heißt, dass die Schauspieler unbedingt professionell arbeiten müssen.

11.3 Fit in …! – Einen Text überarbeiten

S. 228 Teste dich!

Der Selbsttest ist für Partnerarbeit angelegt. Bei falschen Antworten erhalten die Schüler/-innen in der rechten Spalte Hinweise zur Wiederholung des Stoffes. Vom Ergebnis des Tests hängt es ab, ob der Schüler / die Schülerin mit Übungen des einfachen Niveaus (Schülerband S. 229 f.) oder des mittleren Niveaus (Schülerband S. 231 f.) weiterarbeiten sollte.

S. 229 Fordern und fördern –
Üben: Adverbialsätze bilden und bestimmen/Proben anwenden

Die Übungsseiten sind so angelegt, dass die Lernenden selbsttätig damit arbeiten können. Lösungen sind angegeben. Prinzipiell hat jeder Schüler / jede Schülerin je nach Testergebnis einen Satz von Übungsaufgaben zu bewältigen. Es ist aber möglich, zwischen den Niveaus zu wechseln oder auch Aufgaben aus beiden Niveaustufen zu erledigen.

S. 233 11.3 Fit in …! – Einen Text überarbeiten

1 Z. 1–5: B, Z. 6–12: C und E, Z. 13–18: A und D

3 a <u>Präpositionen</u> bestimmen den Kasus des folgenden Nomens oder Pronomens.
<u>Subjekt</u> und <u>Prädikat</u> müssen im Numerus übereinstimmen.

b „in <u>Ihren</u> Verlag", „innerhalb <u>diesen</u> beiden Wochen"

c weil das Reisen, das Schreiben und das Gestalten von Reiseführern mich sehr <u>interessiert</u>",
<u>waren</u> die Enttäuschung groß

d Mögliche Lösung: Sehr geehrte Damen und Herren, ich habe in der Zeit vom 1. bis zum 15. April ein Praktikum in Ihrem Verlag absolviert, weil das Reisen, das Schreiben und das Gestalten von Reiseführern mich sehr <u>interessieren</u>. Innerhalb diese<u>r</u> beiden Wochen habe ich leider nichts von dem erlebt, was ich mir erhofft hatte. Stattdessen <u>war</u> die Enttäuschung groß.

4 a Das Plusquamperfekt verwendet man, wenn etwas <u>vor</u> dem Ereignis im Präteritum stattgefunden hat.

b „Bevor ich die Bewerbung an sie <u>abgeschickt hatte</u>" – „Weil Sie damit mein Interesse <u>geweckt hatten</u>"

c ich darf → ich dürfe (Z. 10), ich kann → ich könne (Z. 11), ich habe → ich habe → ich hätte (Z. 12)

d Zunächst möchte ich Ihnen schildern, wie ich zu dem Praktikumsplatz bei Ihnen kam. Bevor ich die Bewerbung an Sie <u>abgeschickt hatte</u>, las ich gründlich Ihre Praktikumsanzeige. Darin wiesen Sie darauf hin, dass man bei Ihnen Einblicke in die Arbeit eines Redakteurs bekommen könnte. Weil Sie damit mein Interesse <u>geweckt hatten</u>, rief ich bei Ihrem Verlag an, um mich über die genauen Tätigkeiten zu informieren. Sie erklärten mir, ich <u>dürfe</u> bei Ihnen zu ausgewählten Themen selbstständig recherchieren und <u>könne</u> auch ein paar kleinere Texte selbst schreiben. Außerdem <u>hätte</u> ich auch die Möglichkeit, bei der Auswahl geeigneter Fotos zu helfen.

5 a Durch die Umstellprobe sollten die zahlreichen Satzanfänge mit „ich" vermieden werden. Außerdem sollen Synonyme für „dürfen" und „müssen" gefunden werden.

b Alle Sätze beginnen mit „ich". Man könnte sie so umstellen, dass man die Reihenfolge der Ereignisse betont (z. B. mit „anschließend", „danach" am Satzanfang) oder sinnvoll an den vorhergehenden Satz anknüpft (z. B. mit „stattdessen", „aber")

c dürfen: die Möglichkeit haben, können, die Erlaubnis haben …
müssen: sollen, verpflichtet sein …

d Während des Praktikums musste ich leider feststellen, dass Sie keines Ihrer Versprechen eingehalten haben. Ich durfte weder selbst etwas recherchieren noch etwas schreiben und auch keine Fotos auswählen. Stattdessen sollte ich den ganzen Tag lang am Kopierer stehen oder den Müll hinaustragen. Außerdem war ich ständig dazu verpflichtet, für die Redakteure Kaffee zu kochen. Aber ich bekam nicht die Möglichkeit, zum Mittagessen mit in die Kantine zu gehen. So konnte ich keinerlei Einblicke in die Arbeit eines Redakteurs bekommen und bin deshalb von Ihrem Verlag sehr enttäuscht.

Material zu diesem Kapitel

Klassenarbeit
- Einen Text überarbeiten – Klassenfahrt: Ein Beschwerdebrief (Niveau A ohne, B mit Hilfen; Bewertungsbogen auf der CD-ROM)
- Einen Text überarbeiten – Ein Entschuldigungsschreiben (Niveau A ohne, B mit Hilfen; Bewertungsbogen auf der CD-ROM)

Fordern und fördern
- Kasus, Numerus, Tempora (●●●|●○○|○○○ mit Lösungshinweisen auf der CD-ROM)
- Adverbialsätze (●●●|●○○|○○○ mit Lösungshinweisen auf der CD-ROM)
- Proben anwenden (●●●|●○○|○○○ mit Lösungshinweisen auf der CD-ROM)

Diagnose
- Grammatiktraining (mit Lösungshinweisen und Förderempfehlung auf der CD-ROM)

PPT-Folien (auf der CD-ROM)
- Konjunktiv I und II richtig verwenden
- Adverbialsätze nutzen

Deutschbuch Arbeitsheft 9
- Das kann ich schon! – Wortarten, Zeitformen, Satzarten, S. 48
- Wortarten unterscheiden – Richtig schreiben, S. 50–53
  Nomen, Artikel, Adjektive und Präpositionen
  Mit Pronomen Wiederholungen vermeiden
  Mit Verben im Aktiv und Passiv abwechslungsreich formulieren
  Teste dich! – Wortarten
- Das Tempus des Verbs – Schulnamen, S. 54–57
  Gegenwärtiges, Zukünftiges und Vergangenes ausdrücken
  Verbformen im Präteritum verwenden
  Vorzeitiges mit dem Plusquamperfekt ausdrücken
  Teste dich! – Das Tempus
- Der Modus des Verbs – Die Welt verändern, S. 58–65
  Den Konjunktiv II erkennen und verwenden
  ●○○|●●● Meine Traumstadt (Teil 1) – Den Konjunktiv II verwenden
  ●○○|●●● Auf die Räder! (Teil 1) – Den Konjunktiv I verwenden
  Teste dich! – Der Konjunktiv I in der indirekten Rede
- Sätze und Satzglieder – Im Praktikum, S. 66–77
  Satzglieder bestimmen und verwenden
  Mit Satzreihen und Satzgefügen inhaltliche Zusammenhänge ausdrücken
  ●○○|●●● Im Praktikum (Teil 1) – Mit Satzreihen und Satzgefügen umgehen
  Mit Attributen und Relativsätzen genaue Angaben machen
  dass-Sätze verwenden
  Mit Adverbialsätzen nähere Umstände ausdrücken
  ●○○|●●● Auf dem Weg ins Berufsleben (Teil 1) – Adverbialsätze verwenden
  Teste dich! – Satzbau

Deutschbuch Lern- und Arbeitsheft 9
für Lernende mit erhöhtem Förderbedarf im inklusiven Unterricht
- Grammatiktraining, Seite 130–141

Klassenarbeit A – Einen Text überarbeiten

Klassenfahrt: Ein Beschwerdebrief

Aufgabenstellung

1. Der folgende Brief muss überarbeitet werden, bevor er abgeschickt werden kann.
   a Z. 2–7: Setze alle Wörter in den richtigen Kasus (Fall) und Numerus (Anzahl).
   b Z. 8–13: Verwende an den richtigen Stellen das Plusquamperfekt und den Konjunktiv I oder II.
   c Z. 14–19: Wende die Umstellprobe an und finde Synonyme für *außerdem* und *können*.

VORSICHT FEHLER!

Sehr geehrte Damen und Herren,

wir sind gestern von unsere Klassenfahrt nach Italien zurückgekehrt und möchten uns hiermit wegen einige Unannehmlichkeiten beschweren. Die Probleme begannen schon auf dem Weg von Flughafen zum Hotel. Denn wir wurden von einen Busfahrer abgeholt, der nur Italienisch konn-
5 te! Meine Klassenkameraden und ich hatte keine Ahnung, wie wir uns mit ihm verständigen sollten. Unsere Lehrerin und unser Lehrer war auch ratlos. Zum Glück haben uns eine Gruppe von Italienisch-Studenten geholfen.

Auch mit dem Strand waren wir unzufrieden. Niemand sagte uns vor Reisebeginn, dass wir mit feinem Sand und Algen* im Meer rechnen müssen. Demzufolge war unsere Kleidung ständig vol-
10 ler Sand und einige von uns wurden von den Algen* so erschreckt, dass sie nicht mehr ins Meer wollten. Unsere Lehrerin meinte, das ist ganz normal und man muss mit so etwas rechnen, aber wir sehen das anders. Am schrecklichsten war jedoch, dass einige von uns von Mücken gestochen wurden, obwohl im Reisekatalog nicht davor gewarnt wurde.

Wir waren außerdem mit unserem Hotel unzufrieden. Wir konnten nämlich draußen am Pool die
15 Sonne gar nicht richtig genießen, weil es keine Klimaanlage gab und uns viel zu warm war. Wir waren außerdem mit der Größe der Zimmer nicht einverstanden. Wir hatten beispielsweise ein Zweibettzimmer, das viel kleiner war als das Vierbettzimmer unserer Klassenkameraden, sodass sich nicht alle Mitschüler gleichzeitig in unserem Zweibettzimmer aufhalten konnten. Wir wurden außerdem jeden Morgen von lauten Gästen gestört und konnten so nicht ausschlafen.

20 Mit freundlichen …

* Algen: Seegras, Tang; hier: Meeresalgen, die meist unter der Wasseroberfläche wachsen

Klassenarbeit B – Einen Text überarbeiten

Klassenfahrt: Ein Beschwerdebrief

Aufgabenstellung

1. Der folgende Brief muss überarbeitet werden, bevor er abgeschickt werden kann.
   a Z. 2–7: Setze alle Wörter in den richtigen Kasus (Fall) und Numerus (Anzahl).
      Tipp: Im ersten Satz sind die Fehler schon unterstrichen.
   b Z. 8–13: Verwende an den richtigen Stellen das Plusquamperfekt und den Konjunktiv I oder II.
      Tipps: Das Plusquamperfekt wird verwendet, wenn etwas vor einem vergangenen Ereignis lag.
      Die Sätze in indirekter Rede sind unterstrichen.
   c Z. 14–19: Wende die Umstellprobe an, sodass nicht alle Satzanfänge gleich sind.
      Finde Synonyme für *außerdem* und *können*, z. B. *darüber hinaus* oder *die Möglichkeit haben*.

Sehr geehrte Damen und Herren,

wir sind gestern von <u>unsere</u> Klassenfahrt nach Italien zurückgekehrt und möchten uns hiermit wegen <u>einige</u> Unannehmlichkeiten beschweren. Die Probleme begannen schon auf dem Weg von Flughafen zum Hotel. Denn wir wurden von einen Busfahrer abgeholt, der nur Italienisch konn-

5 te! Meine Klassenkameraden und ich hatte keine Ahnung, wie wir uns mit ihm verständigen sollten. Unsere Lehrerin und unser Lehrer war auch ratlos. Zum Glück haben uns eine Gruppe von Italienisch-Studenten geholfen.

Auch mit dem Strand waren wir unzufrieden. Niemand sagte uns vor Reisebeginn, dass wir mit feinem Sand und Algen* im Meer rechnen müssen. Demzufolge war unsere Kleidung ständig vol-

10 ler Sand und einige von uns wurden von den Algen* so erschreckt, dass sie nicht mehr ins Meer wollten. Unsere Lehrerin meinte, <u>das ist ganz normal und man muss mit so etwas rechnen</u>, aber wir sehen das anders. Am schrecklichsten war jedoch, dass einige von uns von Mücken gestochen wurden, obwohl im Reisekatalog nicht davor gewarnt wurde.

Wir waren außerdem mit unserem Hotel unzufrieden. Wir konnten nämlich draußen am Pool die

15 Sonne gar nicht richtig genießen, weil es keine Klimaanlage gab und uns viel zu warm war. Wir waren außerdem mit der Größe der Zimmer nicht einverstanden. Wir hatten beispielsweise ein Zweibettzimmer, das viel kleiner war als das Vierbettzimmer unserer Klassenkameraden, sodass sich nicht alle Mitschüler gleichzeitig in unserem Zweibettzimmer aufhalten konnten. Wir wurden außerdem jeden Morgen von lauten Gästen gestört und konnten so nicht ausschlafen.

20 Mit freundlichen …

---

* Algen: Seegras, Tang; hier: Meeresalgen, die meist unter der Wasseroberfläche wachsen

Autorin: Deborah Mohr

Klassenarbeit A – Einen Text überarbeiten

Ein Entschuldigungsschreiben

Aufgabenstellung

1. Der folgende Brief muss überarbeitet werden, bevor er abgeschickt werden kann.
    a Z. 2–6: Setze alle Wörter in den richtigen Kasus (Fall) und Numerus (Anzahl).
    b Z. 7–13: Verwende an den richtigen Stellen das Plusquamperfekt und den Konjunktiv I oder II.
    c Z. 14–21: Wende die Umstellprobe an und finde Synonyme für *auch* und *sollen*.

VORSICHT FEHLER!

Sehr geehrter Herr …

seit dem Praktikum in Ihre Konditorei sind nun zwei Wochen vergangen und ich habe noch einmal über den Ereignissen nachgedacht. Dabei ist mir aufgefallen, dass ich mich während die Zeit bei Ihnen nicht immer besonders gut verhalten habe. Darüber hat Sie und die stellvertretende Filialleiterin sich sicherlich geärgert. Ich fürchte außerdem, dass auch eine große Zahl
5 Ihrer Mitarbeiterinnen und Mitarbeiter mit meinen Verhalten nicht zufrieden waren.

So kam ich z. B. häufig nicht pünktlich zur Arbeit, obwohl Sie mich zu Beginn meines Praktikums um pünktliches Erscheinen baten. Ich behauptete, mein Bus ist zu spät gekommen oder ausgefallen, aber das war nur eine faule Ausrede. In Wirklichkeit wollte ich einfach ein bisschen länger schlafen. Außerdem räumte ich nach der Arbeit meinen Arbeitsplatz nicht richtig auf und
10 erklärte, meine Mutter und ich haben einen dringenden Termin. Auch das stimmte nicht. Nachdem ich am ersten Tag aufräumte, wurde mir klar, dass ich auf diese Arbeit keine Lust habe und mich künftig davor drücken werde.

Ich hätte mir auch bei der sonstigen Arbeit etwas mehr Mühe geben sollen. Ich sollte z. B. die
15 Zutaten für die Kuchenteige abwiegen. Ich hatte dazu keine große Lust und die Mengenangaben lieber einfach geschätzt. Ich war auch bei der Zubereitung der Teige nicht viel sorgfältiger. Ich beachtete die Reihenfolge der Zutaten, die ich unbedingt einhalten sollte, einfach nicht. Ich missachtete auch Ihren Hinweis, ich solle genau auf die Backzeit achten, sodass die Kuchen manchmal etwas dunkler wurden, als sie sein sollten. Ich habe mittlerweile eingesehen, dass
20 diese Arbeitshaltung unangemessen war und ich meine Arbeit künftig ernster nehmen sollte. Ich möchte mich bei Ihnen und Ihren Mitarbeitern für mein Verhalten entschuldigen.

Mit freundlichen …

Klassenarbeit B – Einen Text überarbeiten

Ein Entschuldigungsschreiben

Aufgabenstellung

1. Der folgende Brief muss überarbeitet werden, bevor er abgeschickt werden kann.
   a Z. 2–6: Setze alle Wörter in den richtigen Kasus (Fall) und Numerus (Anzahl).
      Tipp: Im ersten Satz sind die Fehler schon unterstrichen.
   b Z. 7–13: Verwende an den richtigen Stellen das Plusquamperfekt und den Konjunktiv I oder II.
      Tipps: Das Plusquamperfekt wird verwendet, wenn etwas vor einem vergangenen Ereignis lag.
      Die Sätze in indirekter Rede sind unterstrichen.
   c Z. 14–21: Wende die Umstellprobe an, sodass nicht alle Satzanfänge gleich sind.
      Finde Synonyme für *auch* und *sollen*, z. B. *ebenfalls* oder *die Aufgabe haben*.

Sehr geehrter Herr …,

seit dem Praktikum in Ihre Konditorei sind nun zwei Wochen vergangen und ich habe noch einmal über den Ereignissen nachgedacht. Dabei ist mir aufgefallen, dass ich mich während die Zeit bei Ihnen nicht immer besonders gut verhalten habe. Darüber hat Sie und die stellvertretende Filialleiterin sich sicherlich geärgert. Ich fürchte außerdem, dass auch eine große Zahl Ihrer Mitarbeiterinnen und Mitarbeiter mit meinem Verhalten nicht zufrieden waren.

So kam ich z. B. häufig nicht pünktlich zur Arbeit, obwohl Sie mich zu Beginn meines Praktikums um pünktliches Erscheinen baten. Ich behauptete, mein Bus ist zu spät gekommen oder ausgefallen, aber das war nur eine faule Ausrede. In Wirklichkeit wollte ich einfach ein bisschen länger schlafen. Außerdem räumte ich nach der Arbeit meinen Arbeitsplatz nicht richtig auf und erklärte, meine Mutter und ich haben einen dringenden Termin. Auch das stimmte nicht. Nachdem ich am ersten Tag aufräumte, entschied ich, dass ich auf diese Arbeit keine Lust habe und mich künftig davor drücken werde.

Ich hätte mir auch bei der sonstigen Arbeit etwas mehr Mühe geben sollen. Ich sollte z. B. die Zutaten für die Kuchenteige abwiegen. Ich hatte dazu keine große Lust und die Mengenangaben lieber einfach geschätzt. Ich war auch bei der Zubereitung der Teige nicht viel sorgfältiger. Ich beachtete die Reihenfolge der Zutaten, die ich unbedingt einhalten sollte, einfach nicht. Ich missachtete auch Ihren Hinweis, ich solle genau auf die Backzeit achten, sodass die Kuchen manchmal etwas dunkler wurden, als sie sein sollten. Ich habe mittlerweile eingesehen, dass diese Arbeitshaltung unangemessen war und ich meine Arbeit künftig ernster nehmen sollte. Ich möchte mich bei Ihnen und Ihren Mitarbeitern für mein Verhalten entschuldigen.

Mit freundlichen …

Kasus, Numerus, Tempora

1
a Überlege bei den Sätzen A bis C, in welchem Kasus die Nomen stehen müssen.
   Ergänze die richtigen Endungen.
   Tipp: Auf einige Linien musst du nichts schreiben.
b Schreibe bei den Sätzen D bis F die Verben im richtigen Numerus auf die Linien.
c Entscheide bei den Sätzen G bis I, ob die Verben jeweils im Präteritum oder im Plusquamperfekt stehen müssen, und schreibe sie richtig auf die Linien.

A Bei mein_____ letzte_____ Besuch_____ in Ihr_____ Kino_____ war ich sehr unzufrieden.

B Auf de_____ Weg_____ zu Ihnen musste ich innerhalb wenig_____ Minute_____ feststellen,

dass ich viel länger brauchte, als wenn ich ins Wohnzimmer zu unsere_____ Fernseher_____

gegangen wäre.

C Im Kino ging der Ärger dann weiter, weil ich mich mangels ein_____ besser_____ Alternative

_____ an d_____ Kasse_____ in ein_____ lang_____ Schlange_____ anstellen musste.

D Hinzu kam, dass Popcorn und Cola viel teurer _____ (sein), als ich es aus dem

Supermarkt gewohnt bin.

E Während des Films hatte ich dann noch nicht einmal meine Ruhe, weil ständig ein Popcornesser

rechts neben mir oder ein Chipsesser links neben mir mit seiner Tüte laut _____

(knistern).

F Außerdem _____ (können) meine Freundin und ich nicht in Ruhe miteinander kuscheln,

weil die Zahl der anderen Besucher so groß _____ (sein), dass wir nie unbeobachtet waren.

G Bevor ich mich für den Kinobesuch _____ (entscheiden),

_____ ich natürlich _____ (überlegen), was alles auf mich zukommen kann.

H Aber all diese Schwierigkeiten _____ ich nicht _____ (vorhersehen).

I Erst nachdem ich die Karten _____ _____ (kaufen), _____

ich _____ (ahnen), was alles auf mich zukommt.

Sehr geehrte Damen und Herren,

mit meinem Besuch in Ihrem Freizeitpark am letzten Wochenende war ich in keiner Weise zufrieden. Alles begann damit, dass ich mit der Geisterbahn gefahren bin. ① <u>Schon nach wenigen Sekunden erschreckte mich ein riesiges Skelett</u>. Und kurz darauf fuhr die Bahn so plötzlich und unerwartet in die Tiefe, dass mir fast das Herz stehen blieb. Als ich mich am Ausgang bei einem Ihrer Mitarbeiter darüber beschwerte, erklärte dieser mir: „Damit muss man in einer Geisterbahn rechnen. Schließlich wollen die Besucher sich erschrecken." Das habe ich schon eingesehen. Ich würde Ihnen aber dennoch empfehlen, Begleitpersonen einzustellen, die ängstliche Besucher wie mich während der Fahrt ein wenig beruhigen können.

Während der Fahrt mit der Achterbahn gingen die Probleme weiter. Mir ist aufgrund der vielen Kurven und Loopings so schlecht geworden, dass ich mich beinahe übergeben musste. Die Mitarbeiterin am Ausgang meinte: „Das ist normal. Die Kurven und Loopings machen die Achterbahn ja erst interessant." Trotzdem hätte ich einen Vorschlag: ② <u>Beim weiteren Ausbau des Freizeitparks könnten Sie für Besucher wie mich eine Achterbahn ohne Loopings und Kurven bauen</u>.

In Ihrem Park hatte ich außerdem das Pech, dass es den Tag über immer wieder regnete. ③ <u>Der Regen durchnässte meine Kleidung völlig</u>. Aber auch dafür habe ich einen Lösungsvorschlag. ④ <u>Sie sollten über Ihren Freizeitpark ein riesiges Glasdach bauen</u>. Dann könnte Regen den Besuchern nichts mehr anhaben.

Falls Sie zu meinen Vorschlägen noch Rückfragen haben, stehe ich Ihnen dafür gerne zur Verfügung.

Mit freundlichen Grüßen …

2 a Forme die Sätze 1 bis 4 ins Passiv um.

b Forme die Sätze in direkter Rede in die indirekte Rede um. Prüfe jeweils, ob du den Konjunktiv I, den Konjunktiv II oder die *würde*-Ersatzform verwenden solltest.

Kasus, Numerus, Tempora

1
a Überlege bei den Sätzen A bis C, in welchem Kasus die Nomen stehen müssen. Streiche die falschen Wörter oder Wortgruppen durch.
b Streiche bei den Sätzen D bis F die Verben im falschen Numerus durch.
c Entscheide bei den Sätzen G bis I, ob die Verben jeweils im Präteritum oder im Plusquamperfekt stehen müssen, und schreibe sie richtig auf die Linien.
Tipp: Drei Verben müssen im Plusquamperfekt stehen.

A Bei *meinem/meinen* letzten Besuch in *Ihren/Ihrem* Kino war ich sehr unzufrieden.

B Auf *den/dem* Weg zu Ihnen musste ich innerhalb *wenigen/weniger Minute/Minuten* feststellen, dass ich viel länger brauchte, als wenn ich ins Wohnzimmer zu *unserem/unseren* Fernseher gegangen wäre.

C Im Kino ging der Ärger dann weiter, weil ich mich mangels *eine/einer besserer/besseren Alternative/Alternativen* an *der/die* Kasse in *eine/einer langen/lange* Schlange anstellen musste.

D Hinzu kam, dass Popcorn und Cola viel teurer *war/waren*, als ich es aus dem Supermarkt gewohnt bin.

E Während des Films hatte ich dann noch nicht einmal meine Ruhe, weil ständig ein Popcornesser rechts neben mir oder ein Chipsesser links neben mir mit seiner Tüte laut *knisterte/knisterten*.

F Außerdem *konnte/konnten* meine Freundin und ich nicht in Ruhe miteinander kuscheln, weil die Zahl der anderen Besucher so groß *war/waren*, dass wir nie unbeobachtet waren.

G Bevor ich mich für den Kinobesuch _____ (entscheiden), _____ ich natürlich _____ (überlegen), was alles auf mich zukommen kann.

H Aber all diese Schwierigkeiten _____ ich nicht _____ (vorhersehen).

I Erst nachdem ich die Karten _____ _____ (kaufen), _____ ich _____ (ahnen), was alles auf mich zukommt.

11 Grammatiktraining – Stil und Ausdruck   Deutschbuch 9

Sehr geehrte Damen und Herren,

mit meinem Besuch in Ihrem Freizeitpark am letzten Wochenende war ich in keiner Weise zufrieden. Alles begann damit, dass ich mit der Geisterbahn gefahren bin. ① Schon nach wenigen Sekunden erschreckte mich ein riesiges Skelett. Und kurz darauf fuhr die Bahn so plötzlich und unerwartet in die Tiefe, dass mir fast das Herz stehen blieb. Als ich mich am Ausgang bei einem Ihrer Mitarbeiter darüber beschwerte, erklärte dieser mir: „Damit muss man in einer Geisterbahn rechnen. Schließlich wollen die Besucher sich erschrecken." Das habe ich schon eingesehen. Ich würde Ihnen aber dennoch empfehlen, Begleitpersonen einzustellen, die ängstliche Besucher wie mich während der Fahrt ein wenig beruhigen können.

Während der Fahrt mit der Achterbahn gingen die Probleme weiter. Mir ist aufgrund der vielen Kurven und Loopings so schlecht geworden, dass ich mich beinahe übergeben musste. Die Mitarbeiterin am Ausgang meinte: „Das ist normal. Die Kurven und Loopings machen die Achterbahn ja erst interessant." Trotzdem hätte ich einen Vorschlag: ② Beim weiteren Ausbau des Freizeitparks könnten Sie für Besucher wie mich eine Achterbahn ohne Loopings und Kurven bauen.

In Ihrem Park hatte ich außerdem das Pech, dass es den Tag über immer wieder regnete. ③ Der Regen durchnässte meine Kleidung völlig. Aber auch dafür habe ich einen Lösungsvorschlag. ④ Sie sollten über Ihren Freizeitpark ein riesiges Glasdach bauen. Dann könnte Regen den Besuchern nichts mehr anhaben.

Falls Sie zu meinen Vorschlägen noch Rückfragen haben, stehe ich Ihnen dafür gerne zur Verfügung.

Mit freundlichen Grüßen …

2 a Forme die Sätze 1 bis 4 ins Passiv um.

1 Schon nach wenigen Sekunden wurde ich _____

_____

_____

_____

_____

b Markiere die Sätze in direkter Rede und forme sie in die indirekte Rede um. Verwende bei den unterlegten Verben die *würde*-Ersatzform und bei den übrigen Verben den Konjunktiv I.

Kasus, Numerus, Tempora

1
  a Überlege bei den Sätzen A bis C, in welchem Kasus (Fall) die Nomen stehen müssen.
     Streiche die falschen Wörter oder Wortgruppen durch.
  b Notiere hinter den Sätzen D bis F, ob die unterstrichenen Verben im Singular (Einzahl) oder Plural (Mehrzahl) stehen.
  c Setze bei den Sätzen G bis I die Verben ins Präteritum (z. B.: Ich <u>freute</u> mich) oder ins Plusquamperfekt (z. B.: Ich <u>hatte</u> mich <u>gefreut</u>).

A Bei *meinem/meinen* letzten Besuch in Ihrem Kino war ich sehr unzufrieden.

B Auf *den/dem* Weg zu Ihnen musste ich innerhalb *wenigen/weniger* Minuten feststellen, dass ich viel länger brauchte, als wenn ich ins Wohnzimmer zu *unserem/unseren* Fernseher gegangen wäre.

C Im Kino ging der Ärger dann weiter, weil ich mich mangels *eine/einer* besseren Alternative an *der/die* Kasse in *eine/einer* langen Schlange anstellen musste.

D Hinzu kam, dass Popcorn und Cola viel teurer <u>waren</u> _____, als ich es aus dem Supermarkt gewohnt bin.

E Während des Films hatte ich dann noch nicht einmal meine Ruhe, weil ständig ein Popcornesser rechts neben mir oder ein Chipsesser links neben mir mit seiner Tüte laut <u>knisterte</u>. _____

F Außerdem <u>konnten</u> _____ meine Freundin und ich nicht in Ruhe miteinander kuscheln, weil die Zahl der anderen Besucher so groß <u>war</u> _____, dass wir nie unbeobachtet waren.

G Bevor ich mich für den Kinobesuch _____ (entscheiden/Präteritum), _____ ich natürlich _____ (überlegen/Plusquamperfekt), was alles auf mich zukommen kann.

H Aber all diese Schwierigkeiten _____ ich nicht _____ (vorhersehen/Plusquamperfekt).

I Erst nachdem ich die Karten _____ _____ (kaufen/Plusquamperfekt), _____ ich _____ (ahnen/Präteritum), was alles auf mich zukommt.

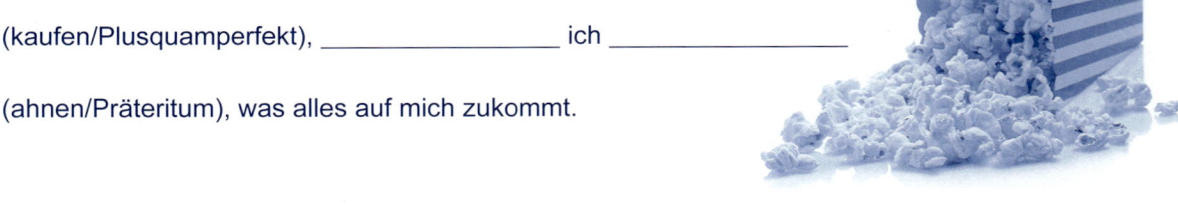

11 Grammatiktraining – Stil und Ausdruck

Sehr geehrte Damen und Herren,

mit meinem Besuch in Ihrem Freizeitpark am letzten Wochenende war ich in keiner Weise zufrieden. Alles begann damit, dass ich mit der Geisterbahn gefahren bin. ① <u>Schon nach wenigen Sekunden erschreckte mich ein riesiges Skelett</u>. Und kurz darauf fuhr die Bahn so plötzlich und unerwartet in die Tiefe, dass mir fast das Herz stehen blieb. Als ich mich am Ausgang bei einem Ihrer Mitarbeiter darüber beschwerte, erklärte dieser mir: „Damit **muss** man in einer Geisterbahn rechnen. Schließlich **wollen** die Besucher sich erschrecken." Das habe ich schon eingesehen. Ich würde Ihnen aber dennoch empfehlen, Begleitpersonen einzustellen, die ängstliche Besucher wie mich während der Fahrt ein wenig beruhigen können.

Während der Fahrt mit der Achterbahn gingen die Probleme weiter. Mir ist aufgrund der vielen Kurven und Loopings so schlecht geworden, dass ich mich beinahe übergeben musste. Die Mitarbeiterin am Ausgang meinte: „Das ist normal. Die Kurven und Loopings **machen** die Achterbahn ja erst interessant." Trotzdem hätte ich einen Vorschlag: ② <u>Beim weiteren Ausbau des Freizeitparks könnten Sie für Besucher wie mich eine Achterbahn ohne Loopings und Kurven bauen</u>.

In Ihrem Park hatte ich außerdem das Pech, dass es den Tag über immer wieder regnete. ③ <u>Der Regen durchnässte meine Kleidung völlig</u>. Aber auch dafür habe ich einen Lösungsvorschlag. ④ <u>Sie sollten über Ihren Freizeitpark ein riesiges Glasdach bauen</u>. Dann könnte Regen den Besuchern nichts mehr anhaben.

Falls Sie zu meinen Vorschlägen noch Rückfragen haben, stehe ich Ihnen dafür gerne zur Verfügung.

Mit freundlichen Grüßen …

2 **a** Forme die Sätze 1 bis 4 ins Passiv um.

1 Schon nach wenigen Sekunden wurde ich _____

2 Beim weiteren Ausbau des Freizeitparks könnte für Besucher _____

_____ gebaut _____

3 Meine Kleidung wurde _____

4 Über Ihren Freizeitpark sollte _____ gebaut _____

b Forme die folgenden Sätze in direkter Rede in die indirekte Rede um. Verwende bei den fett gedruckten Verben die *würde*-Ersatzform (z. B.: „würde können") und bei den markierten Verben den Konjunktiv I (z. B.: „könne").

Als ich mich am Ausgang bei einem Ihrer Mitarbeiter darüber beschwerte, erklärte dieser mir,

damit _____ man in einer Geisterbahn rechnen. Schließlich w_____

die Besucher sich erschrecken _____. Die Mitarbeiterin am Ausgang

meinte, das _____ normal. Die Kurven und Loopings _____

die Achterbahn ja erst interessant _____.

Autorin: Deborah Mohr

Adverbialsätze

1 **a** Verknüpfe die Sätze A bis D zu sinnvollen Satzgefügen mit Adverbialsätzen.
   b Notiere hinter den Sätzen in Klammern, um welchen Adverbialsatz es sich handelt.

A Am ersten Praktikumstag durfte ich alle Eissorten probieren. Ich kann die Kunden gut beraten.

_____

_____

B Schon am ersten Tag habe ich dem Besitzer der Eisdiele viel Arbeit abgenommen. Ich habe ihm beim Verkaufen geholfen.

_____

_____

C Am nächsten Tag wollte ich in der Küche zusehen. Das Eis wird hergestellt.

_____

D Ich wollte wissen, wie Eis hergestellt wird. Das Arbeiten dort war mir besonders wichtig.

_____

2 **a** Ersetze die Adverbialsätze durch adverbiale Bestimmungen.
   b Notiere hinter den Sätzen in Klammern, um welche adverbiale Bestimmung es sich handelt.

E Während ich das Praktikum in der Eisdiele gemacht habe, habe ich viel gelernt.

_____

F Weil es viele Möglichkeiten gibt, neue Eissorten herzustellen, hat mir das Praktikum besonders viel Spaß gemacht.

_____

_____

G Indem ich beim Herstellen und Verkaufen von Eis geholfen habe, konnte ich einen realistischen Einblick in den Beruf gewinnen.

_____

_____

Adverbialsätze

1
a Verknüpfe die Sätze zu A bis D zu sinnvollen Satzgefügen mit Adverbialsätzen. Nutze dafür die Konjunktionen *indem, damit, weil* und *wo*.
b Notiere hinter den Sätzen in Klammern, um welchen Adverbialsatz es sich handelt.
Tipp: Es gibt einen Kausalsatz, einen Finalsatz, einen Lokalsatz und einen Modalsatz.

A Am ersten Praktikumstag durfte ich alle Eissorten probieren. Ich kann die Kunden gut beraten.

_____

_____

B Schon am ersten Tag habe ich dem Besitzer der Eisdiele viel Arbeit abgenommen. Ich habe ihm beim Verkaufen geholfen.

_____

_____

C Am nächsten Tag wollte ich in der Küche zusehen. Das Eis wird hergestellt.

_____

D Ich wollte wissen, wie Eis hergestellt wird. Das Arbeiten dort war mir besonders wichtig.

_____

2
a Ersetze die unterstrichenen Adverbialsätze durch adverbiale Bestimmungen („während der Ferien", „wegen Krankheit", „aufgrund …").
b Notiere hinter den Sätzen in Klammern, um welche adverbiale Bestimmung (der Art und Weise, des Grundes, der Zeit) es sich handelt.

E <u>Während ich das Praktikum in der Eisdiele gemacht habe</u>, habe ich viel gelernt.

_____

_____

F <u>Weil es viele Möglichkeiten gibt, neue Eissorten herzustellen</u>, hat mir das Praktikum besonders viel Spaß gemacht.

_____

_____

G <u>Indem ich beim Herstellen und Verkaufen von Eis geholfen habe</u>, konnte ich einen realistischen Einblick in den Beruf gewinnen.

_____

_____

Adverbialsätze

1 a Verknüpfe die Sätze A bis D zu sinnvollen Satzgefügen mit Adverbialsätzen. Nutze dafür die Konjunktionen in den Klammern.

   b Notiere hinter den Sätzen in Klammern, ob es sich um einen Kausalsatz (des Grundes), einen Finalsatz (des Zwecks), einen Lokalsatz (des Ortes) oder einen Modalsatz (der Art und Weise) handelt.

   A Am ersten Praktikumstag durfte ich alle Eissorten probieren. Ich kann die Kunden gut beraten. (damit)

   _____

   _____

   B Schon am ersten Tag habe ich dem Besitzer der Eisdiele viel Arbeit abgenommen. Ich habe ihm beim Verkaufen geholfen. (indem)

   _____

   _____

   C Am nächsten Tag wollte ich in der Küche zusehen. Das Eis wird hergestellt. (wo)

   _____

   D Ich wollte wissen, wie Eis hergestellt wird. Das Arbeiten dort war mir besonders wichtig. (weil)

   _____

2 a Ersetze die unterstrichenen Adverbialsätze durch adverbiale Bestimmungen.

   b Notiere hinter den Sätzen in Klammern, um welche adverbiale Bestimmung (der Art und Weise, des Grundes, der Zeit) es sich handelt.

   E <u>Während ich das Praktikum in der Eisdiele gemacht habe</u>, habe ich viel gelernt.

   Während des _____ habe _____

   F <u>Weil es viele Möglichkeiten gibt, neue Eissorten herzustellen</u>, hat mir das Praktikum besonders viel Spaß gemacht.

   Wegen der _____

   hat _____

   G <u>Indem ich beim Herstellen und Verkaufen von Eis geholfen habe</u>, konnte ich einen realistischen Einblick in den Beruf gewinnen.

   Durch das Helfen beim _____

   _____

11 Grammatiktraining – Stil und Ausdruck

Proben anwenden

Ich durfte an meinem dritten Praktikumstag den Modedesigner persönlich kennen lernen. Ich habe mich sehr darüber gefreut, dass er mir seine aktuelle Kollektion gezeigt hat. Ich hatte anschließend die Möglichkeit, ihm ein wenig bei der Arbeit zuzusehen. Ich war besonders beeindruckt davon, wie schnell er seine Ideen zu Papier bringen kann. Ich durfte mit seinen Stiften auch ein Kleid skizzieren, aber das sah nicht annähernd so professionell aus.

1 Stelle in dem Textauszug die Sätze so um, dass sie unterschiedliche Satzanfänge haben. Überlege jeweils, welches Satzglied am besten am Anfang stehen sollte.

_____
_____
_____
_____
_____
_____
_____

2 Notiere über den Verben „sagen" und „achten auf" jeweils passende Synonyme.

Am fünften Praktikumstag durfte ich das Team zu einer Modenschau begleiten. Eine Mitarbeiterin des Designers sagte mir, worauf an einem solchen Tag besonders zu achten sei. Sie sagte, dass sie besonders darauf zu achten habe, dass die Models blitzschnell ihre Kleider wechseln, damit sie wieder auf den Laufsteg gehen können. Dabei sei auch darauf zu achten, dass Kleider, Frisuren und Schminke in einem tadellosen Zustand sind. Außerdem sagte die Mitarbeiterin, dass sie darauf achten müsse, dass auf dem Laufsteg die richtige Reihenfolge der Models eingehalten wird. Sie sagte, das sei aber meistens kein Problem, weil die Modenschau vorher mehrmals geprobt werde.

Proben anwenden

Ich durfte an meinem dritten Praktikumstag den Modedesigner persönlich kennen lernen. Ich habe mich sehr darüber gefreut, dass er mir seine aktuelle Kollektion gezeigt hat. Ich hatte anschließend die Möglichkeit, ihm ein wenig bei der Arbeit zuzusehen. Ich war besonders beeindruckt davon, wie schnell er seine Ideen zu Papier bringen kann. Ich durfte mit seinen Stiften auch ein Kleid skizzieren, aber das sah nicht annähernd so professionell aus.

1 Stelle in dem Textauszug die Sätze so um, dass nicht alle Sätze mit *ich* beginnen. Stelle immer ein Satzglied an den Anfang, das besonders wichtig ist.

An meinem dritten Praktikumstag _____

_____

_____

_____

_____

_____

_____

2 Notiere über den folgenden Verben jeweils passende Synonyme:
„sagen", z. B.: *beschreiben, meinen*
„achten auf", z. B.: *Sorge tragen für, sich kümmern um*

Am fünften Praktikumstag durfte ich das Team zu einer Modenschau begleiten. Eine Mitarbeiterin des Designers sagte mir, worauf an einem solchen Tag besonders zu achten sei. Sie sagte, dass sie besonders darauf zu achten habe, dass die Models blitzschnell ihre Kleider wechseln, damit sie wieder auf den Laufsteg gehen können. Dabei sei auch darauf zu achten, dass Kleider, Frisuren und Schminke in einem tadellosen Zustand sind. Außerdem sagte die Mitarbeiterin, dass sie darauf achten müsse, dass auf dem Laufsteg die richtige Reihenfolge der Models eingehalten wird. Sie sagte, das sei aber meistens kein Problem, weil die Modenschau vorher mehrmals geprobt werde.

11 Grammatiktraining – Stil und Ausdruck
Deutschbuch 9

Proben anwenden

Ich durfte <u>an meinem dritten Praktikumstag</u> den Modedesigner persönlich kennen lernen. <u>Ich</u> habe mich sehr darüber gefreut, dass er mir seine aktuelle Kollektion gezeigt hat. Ich hatte <u>anschließend</u> die Möglichkeit, ihm ein wenig bei der Arbeit zuzusehen. Ich war <u>besonders</u> beeindruckt davon, wie schnell er seine Ideen zu Papier bringen kann. Ich durfte mit seinen Stiften <u>auch</u> ein Kleid skizzieren, aber das sah nicht annähernd so professionell aus.

1 Stelle in dem Textauszug die Sätze so um, dass nicht alle Sätze mit *ich* beginnen. Stelle immer das unterstrichene Satzglied an den Satzanfang.

An meinem dritten Praktikumstag _____

_____

Ich habe _____

_____

Anschließend hatte ich _____

_____

_____

2 Notiere über „sagen" jeweils passende Wörter mit ähnlicher Bedeutung, z. B. *beschreiben, meinen, erklären, einräumen.*

Am fünften Praktikumstag durfte ich das Team zu einer Modenschau begleiten. Eine Mitarbeiterin des

                beschrieb
Designers sagte mir, worauf an einem solchen Tag besonders zu achten sei. Sie sagte, dass sie besonders aufpassen müsse, dass die Models blitzschnell ihre Kleider wechseln, damit sie wieder auf den Laufsteg gehen können. Dabei habe sie dafür Sorge zu tragen, dass Kleider, Frisuren und Schminke in einem tadellosen Zustand sind. Außerdem sagte die Mitarbeiterin, dass sie sich darum kümmern müsse, dass auf dem Laufsteg die richtige Reihenfolge der Models eingehalten wird. Sie sagte, das sei aber meistens kein Problem, weil die Modenschau vorher mehrmals geprobt werde.

Diagnose: Grammatiktraining

Kasus und Numerus

1 Setze bei den folgenden Sätzen die Wörter in Klammern im richtigen Kasus bzw. Numerus ein. Schreibe in dein Heft.

  A Ich konnte nicht für (der Vokabeltest) lernen, weil gestern eine Gruppe von Aliens in (unser Garten) gelandet (sein).
  B Mein Vater und meine Mutter (meinen), es sei wichtiger, für (unsere Gäste) etwas zu essen zu machen und mit (sie) zu Abend zu essen.
  C Ich verspreche aber, die Vokabeln innerhalb (die nächste Woche) zu lernen.

Verben

2 Forme den unterstrichenen Satz ins Passiv um.
Ich konnte dir das Geld nicht zurückgeben, <u>weil man mich auf dem Rückweg von der Bank überfallen hat.</u>

3 Setze in den folgenden Text jeweils Verben im Präteritum oder Plusquamperfekt ein. Schreibe in dein Heft.
Nachdem ich die Bank (verlassen), ich mich auf den Weg nach Hause (machen). Plötzlich ein maskierter Mann auf mich zu (rennen) und mir die Geldbörse aus der Hand (reißen). Bevor ich (realisieren), was passiert war, er sich aus dem Staub (machen).

4 Schreibe den folgenden Text in die indirekte Rede um. Entscheide, ob du den Konjunktiv I, den Konjunktiv II oder die *würde*-Ersatzform verwenden musst.

Der herbeigerufene Polizist sagte: „Ich kann dir so schnell nicht helfen. Du musst mit deinen Eltern zur Polizeiwache gehen. Dort helfen die Kollegen dir weiter."

Adverbialsätze

5 a Übertrage den folgenden Text in dein Heft und lass dabei rechts einen Rand für Notizen frei.
  b Unterstreiche alle Adverbialsätze und schreibe an den Rand, um welche Art von Adverbialsatz es sich jeweils handelt.
  A Man sollte sich den Praktikumsberuf gut überlegen, weil man damit mehrere Wochen verbringen wird.
  B Damit das Praktikum ein Erfolg wird, sollte man offen und engagiert an die Arbeit gehen.
  C Während man das Praktikum absolviert, kann man viel lernen.
  D Wenn man beim Praktikum einen guten Eindruck macht, kann man dort möglicherweise auch eine Ausbildungsstelle bekommen.

Proben

6 Notiere unten, wie man die folgenden Proben nennt.
  A Man verwendet für ein häufig vorkommendes Wort Synonyme.
  B Man streicht überflüssige Wörter.
  C Man sorgt dafür, dass nicht alle Satzanfänge gleich sind.
  D Man ergänzt etwas, damit die Aussage genauer oder anschaulicher wird.

A _____ B _____

C _____ D _____

12 Rechtschreibung – Texte überarbeiten

Konzeption des Kapitels

Teilkapitel 12.1 behandelt die an Strategien orientierte Rechtschreibung auf der Ebene der Laut-Buchstaben-Zuordnung sowie der wortbezogenen Regelungen, während Teilkapitel 12.2 die satzbezogenen Regelungen der Zeichensetzung in den Mittelpunkt stellt. Zu Beginn des 3. Teilkapitels können die Lernenden Arbeitsschwerpunkte ermitteln, zu denen sie individuell an Stationen arbeiten. Schüler/-innen, die keine erkennbaren Defizite in der Rechtschreibung aufweisen, können mittels Zusatzaufgaben an den Stationen ihr Rechtschreibwissen weiterentwickeln.

Gemeinsam ist allen Teilkapiteln der erforschende Ansatz, der rechtschreibliche Probleme ins Blickfeld rückt, zu denen die Schüler/-innen an Beispielen Lösungen entwickeln, die sie auf andere Bereiche übertragen können. Diese Aufgaben werden konsequent auf zwei bis drei Niveaus angeboten. Die kooperative Anlage der Aufgaben ermöglicht allen am Unterricht Beteiligten, sich auf den unterschiedlichen Niveaus über die Lösungswege auszutauschen, über den Einsatz der Strategien zu reflektieren und sich auch gegenseitig ihre Arbeit vorzustellen. Dadurch wird die Reflexion verstärkt, wodurch sich die Sicherheiten um das Rechtschreibwissen weiter erhöhen.

Im Band 9 wird auf dem Wissen aufgebaut, das die Schüler/-innen in den Jahrgängen vorher erworben haben – ihre Kenntnisse erweitern sich kumulativ.

Im Teilkapitel 12.1 (**„Mach mit! – Strategien und Regeln anwenden"**) werden die wesentlichen Rechtschreibstrategien wiederholt, die für die Weiterarbeit zentral sind. Die Symbole für die einzelnen Strategien werden für die Schüler/-innen im Überblick zusammengetragen:

– Das Wort deutlich in **Silben** mitsprechen, dabei jeden Buchstaben lesen, ausgehend vom richtig geschriebenen Wort. Diese Strategie bezieht sich auf das **Prinzip der Lauttreue**, orientiert sich am Silbenprinzip der deutschen Sprache und verhindert Buchstabenfehler bei der Laut-Buchstaben-Zuordnung.
– **Verlängern** ist die Strategie für Einsilber und unklare Auslaute. Verlängern heißt, das Wort um eine Silbe länger machen. Dann ist das Wort wieder deutlich in Silben lesbar.
– **Zerlegen** bezieht sich auf Komposita und Wortbildungen mit Prä- und Suffixen. In ihnen können sich Verlängerungswörter verstecken. Man findet sie, wenn man das Wort in seine einzelnen Bestandteile zerlegt und prüft, wo man verlängern muss. Zerlegen ist also eine übergeordnete Strategie.
– **Ableiten** gilt für die *ä*- und *äu*-Schreibung. Während man *e* und *eu* regelhaft schreibt, schreibt man *ä* und *äu*, wenn man verwandte Wörter mit *a* und *au* findet. Das gilt auch für Komposita, die man unter Umständen zerlegen muss, um die Ableitungswörter zu finden.

Auf der Basis der regelhaften Schreibweisen im Deutschen kann man über die Schreibweisen von Fremdwörtern reflektieren, die besondere Laut-Buchstaben-Zuordnungen aufweisen, vor allem das *h* bei *th*, *ph* sowie das *y*. Nicht so regelhaft sind Schreibweisen englischer Wörter, die man gut erkennen kann, sich aber häufig merken muss.

Die **Getrennt- bzw. Zusammenschreibung** wird oft intuitiv vorgenommen. Steht sie im Zentrum des Unterrichts, müssen verlässliche Regeln erarbeitet werden: Zusammengesetzte Wörter, die eine neue Verbindung eingehen, schreibt man zusammen. Verbindungen in Wortgruppen, in denen die Einzelwörter ihre Bedeutung behalten, schreibt man getrennt. Das sind vor allem Gruppen mit Verben. Insgesamt kommt man bei diesem Problem nicht ohne Wortartenwissen aus.

Um **Nomen und Nominalisierungen** in Texten erkennen zu können, wenden die Schüler/-innen drei hilfreiche Proben an: 1. Nomen haben einen **Artikel**, 2. man kann sie **zählen** und 3. durch ein **Adjektiv** beschreiben. Diese funktionalen Proben schaffen eine verstehbare Ordnung im Dickicht der vielfältigen Nomenbegleiter und sind auch für Nominalisierungen von Verben und Adjektiven gut nutzbar. Nomen werden häufig erkennbar begleitet, unbegleitete Nomen könnten aber durch Begleiter ergänzt werden, ohne dass sich der Satz von der Grammatik her ändert.

Eine Seite „Fordern und fördern" rundet das Kapitel ab, das mit einer anschließenden Selbstdiagnose endet.

Im Teilkapitel 12.2 (**„Meinungen begründen – Zeichensetzung üben"**) steht die Interpunktion im Mittelpunkt der Arbeit. Dabei sollte reflektiert werden, dass ihre Funktion im Wesentlichen darin besteht, Sätze und Texte leichter erschließbar bzw. verstehbar zu machen. Damit ist sie aber auch beim Schreiben zur Durchgliederung der Sätze nutzbar. Zwar setzt die Zeichensetzung ein Wissen über die Syntax voraus, dennoch scheint ein komplexes Grammatikwissen nicht automatisch zu einer besseren Zeichensetzung zu führen. Erfolgversprechender scheint zu sein, an Funktionen, Signalstellen und Satzbaumustern zu arbeiten (vgl. Basisartikel in Praxis Deutsch 191/2006, S. 11). Deshalb wird in diesem Kapitel die Funktion der Zeichensetzung in den Mittelpunkt gestellt, nämlich
– Sätze und Satzteile nebeneinander zu ordnen,
– Sätze unterzuordnen.
Dazu kommen in Klasse 9 die Kennzeichnung von Zitaten und die Bindestrichschreibung.

Im dritten Teilkapitel (**„Fit in …! – Richtig schreiben"**) werden Übungsschwerpunkte zu den zentralen Schwerpunkten der Arbeit aus den Teilkapiteln 12.1 und 12.2 angeboten. Mit Hilfe der Tests zu Beginn des Teilkapitels können die Schüler/-innen selbst festlegen, zu welchen Aufgabenschwerpunkten sie arbeiten sollten. Sie können also über ihr eigenes Vorgehen mitentscheiden, wodurch ihre Förderbedarfe verstehbar und transparent werden. Damit lässt der Test Diagnosen zu und macht auch individuelle Förderung, losgelöst vom Unterricht, möglich.
Das Rechtschreibkapitel berücksichtigt, dass die Leistungsschere in der 9. Klasse weiter auseinandergeht. Es weist daher *Differenzierungsmöglichkeiten* auf drei Ebenen aus:
– Bei den Ein-Punkt-Aufgaben handelt es sich im Wesentlichen um Übungsaufgaben zur Festigung des Erarbeiteten für Schüler/-innen, denen noch basale Fähigkeiten fehlen.
– Die Zwei-Punkt-Aufgaben fordern neben der Anwendung des Gelernten weiterführende Kompetenzen.
– Die Drei-Punkt-Aufgaben weisen immer einen Reflexionsanteil aus und dienen dem Transfer des erworbenen Strategie- und Regelwissens.

Die thematische Einbindung der Rechtschreibung ermöglicht einen Austausch zwischen Lernern aller Niveaus. Statt einer Niveaufestlegung ergibt sich die Chance auf das Lernen von- und miteinander.

Sinnvoll ist es, anhand der Überarbeitung fremder Texte eine Überarbeitungskompetenz zu erwerben, weil man in Fremdtexten aufgrund der ausreichenden Distanz Fehler leichter findet. Um dies bewertbar zu machen, werden Klassenarbeiten angeboten, die das kriterienorientierte Überarbeiten von Texten fordern. Aus Gründen der Nachhaltigkeit sollte aber von den Schülerinnen und Schülern auch erwartet werden, ihre eigenen Texte gezielt zu überarbeiten und Fehlerschwerpunkte zu finden. Auch bei Textproduktionen im Rahmen der Leistungsüberprüfung sollte ihnen (am besten mit zeitlichem Abstand) Gelegenheit gegeben werden, ihre Texte strategieorientiert zu überarbeiten. Diese Überarbeitung kann ein Kriterium der Leistungsbewertung sein.

Literaturhinweise

- *Fulde, Agnes:* Rechtschreiben erforschen. Cornelsen, Berlin 2006 (mit Lehrerheft)
- Herausforderung Rechtschreiben. Praxis Deutsch 248/2014
- *Michel, Hans-Joachim (Hg.):* FRESCH. Freiburger Rechtschreibschule. AOL, Lichtenau 2002
- *Müller, Astrid:* Rechtschreiben lernen. Die Schriftstruktur entdecken. Klett/Kallmeyer, Stuttgart/Seelze 2010
- Rechtschreiben erforschen. Praxis Deutsch 170/2001
- Standardorientierte Unterrichtsentwicklung. Moderatorenmanual Deutsch. Modul 3, Teil 2. Soest 2006
- Zeichen setzen. Praxis Deutsch 191/2005

12 Rechtschreibung – Texte überarbeiten

Inhalte	Kompetenzen
	Die Schülerinnen und Schüler
S. 236 **12.1 Mach mit! – Strategien und Regeln anwenden**	
S. 236 Mitmachaktion der Welthungerhilfe: „Die Welt isst nicht gerecht"	– wiederholen die grundlegenden Rechtschreibstrategien an Beispielen – korrigieren Fehler und ordnen sie Rechtschreibstrategien zu – führen eine Fehleranalyse durch
S. 237 Rechtschreibstrategien wiederholen	– wiederholen die Rechtschreibstrategien und reflektieren ihre Anwendungsbereiche
S. 238 Fremdwörter erkennen und richtig schreiben	– setzen sich mit Fremdwörtern und ihrer Herkunft auseinander – reflektieren die Wirkung von Fremdwörtern in Texten – erarbeiten die Bedeutung von Fremdwörtern – ordnen Fremdwörter ihrer Herkunft zu und erarbeiten typische Schreibweisen – vergleichen Fremdwörter in Bezug auf Ähnlichkeiten und Unterschiede
S. 240 Zusammen- und Getrenntschreibung	– informieren sich anhand eines Lexikoneintrags über Grundsätze der Zusammen- und Getrenntschreibung von Wortgruppen mit Verben – wenden ihre Erkenntnisse für Schreibentscheidungen an
S. 242 Nomen und Nominalisierungen schreibt man groß	– identifizieren Nomenbegleiter – führen an Nomen ohne Begleiter Nomenproben durch – reflektieren die Groß- und Kleinschreibung bei Tageszeiten und Wochentagen – wenden ihre Erkenntnisse für Schreibentscheidungen und zur Textüberarbeitung an
S. 244 **Fordern und fördern –** Strategie- und Regelwissen trainieren	– korrigieren Fehler und ordnen sie Fehlerschwerpunkten zu – finden und korrigieren Fehler in einem Text, indem sie Strategie- und Regelwissen anwenden
S. 245 Teste dich!	– überprüfen ihr Strategie- und Regelwissen – ordnen den Regeln Beispielwörter zu

S. 246	**12.2 Meinungen begründen – Zeichensetzung üben**	
S. 246	Kommas in Satzgefügen setzen	– untersuchen vergleichend zwei Einleitungen zu argumentierenden Texten und formulieren die unterschiedlichen Positionen – setzen Kommas in Satzgefügen und begründen sie – identifizieren die Nebensätze
S. 247	Das Komma in *das/dass*-Sätzen	– identifizieren Merkmale entkräftender Argumente – setzen die Kommas – treffen Schreibentscheidungen zu „das" oder „dass"
S. 248	Zitate richtig kennzeichnen	– benennen Kriterien für die Zeichensetzung bei Zitaten – setzen die fehlenden Zeichen bei Zitaten
S. 249	Der Bindestrich verbindet, was zusammengehört	– ordnen Wortverbindungen mit Bindestrichen nach ihrer Zusammensetzung – ersetzen gemeinsame Wörter in Wortverbindungen durch einen Bindestrich
S. 250	**Fordern und fördern –** Zeichensetzung trainieren	– wenden ihr Rechtschreibwissen über die Kommasetzung zur Textüberarbeitung an
S. 251	Teste dich!	– prüfen ihr Wissen und Können über Zeichensetzung und Bindestrich
S. 252	**12.3 Fit in …! – Richtig schreiben**	
S. 252	*Helmut Luther:* *Das Basislager auf der Nockeralm*	– nutzen ihr Wissen zur Textüberarbeitung – finden ihre Arbeitsschwerpunkte mittels Fehleranalyse

S. 254	Arbeit an Stationen	– arbeiten je nach individuellem Schwerpunkt an Stationen zur
		  – Strategiesicherheit
		  – Getrennt- und Zusammenschreibung
		  – Großschreibung
		  – Kommasetzung in Satzgefügen
		  – *das/dass*-Schreibung

12 Rechtschreibung – Texte überarbeiten

S. 235 Auftaktseite

1
a Erreicht werden soll eine Veränderung des eigenen Umgangs mit Nahrungsmitteln.
b „Ist nicht gerecht" ist die Beschreibung des Zustands, „isst" verweist auf die Ursache.

2
a „Ist" ist ein nicht verlängerbares Merkwort, „isst" kann man verlängern zu „essen".
b „Ändern" kommt von „anders machen".
c Diese Teilaufgabe dient der Aktivierung des Vorwissens. Weitere Strategien sind: deutlich in Silben sprechen, Wörter verlängern, zerlegen bzw. ableiten und Merkstellen finden.

12.1 Mach mit! – Strategien und Regeln anwenden

Hier wiederholen die Schüler/-innen ihr Wissen über die Basisstrategien in der Rechtschreibung.
Auf einfacherem Niveau sollen sie passende Wörter im Text finden und den Strategien zuordnen. Hierbei finden sie Erklärungsstrategien für die Schreibung von Wörtern.
Schwieriger ist es, markierte Fehler zu korrigieren und den Strategien zuzuordnen, die sich somit als Korrekturstrategien erweisen.
Auf dem anspruchvollsten Leistungsniveau werden die Fehler korrigiert und den Strategien zugeordnet. Indem ein Beweiswort für die Schreibung gefunden werden muss, werden die Strategien hier über die Korrekturstrategie hinaus zur Verstehensstrategie.
Zu den einzelnen Strategien gibt es Übungen zur Vertiefung.

Vorschlag für ein Tafelbild:

Übersicht über die Rechtschreibstrategien	
Schwingen =	deutlich in Silben sprechen
Verlängern =	das Wort um eine Silbe länger machen
Zerlegen =	zusammengesetzte Wörter in ihre Einzelwörter aufteilen und suchen, wo man verlängern bzw. ableiten muss
Ableiten =	bei *ä*- und *äu*-Schreibung verwandte Wörter mit *a* und *au* suchen

S. 236 Mitmachaktion der Welthungerhilfe: „Die Welt isst nicht gerecht"

2
a Beispiele für
– Schwingen: gerecht, die Deutschen, ein Drittel, Afrika, Medikament
– Verlängern: isst, übergewichtig, lebt, wird, Geld, halb
– Zerlegen: Nahrungsmittel
– Ableiten: ändern, die Hälfte, unterernährt

b Richtige Einordnung in die Tabelle:
– Schwingen: auffordern, zugenommen, sollen
– Verlängern: Umfang, muss, kommt
– Zerlegen: Fettansammlung
– Ableiten: ändern, aussagekräftiger, unterernährt, Nahrungsergänzungsmittel

c Richtige Zuordnung und mögliche Beweiswörter:
– Schwingen: auffordern, zugenommen, sollen
– Verlängern: Umfang – die Umfänge, muss – müssen, kommt – kommen
– Zerlegen: Fett|ansammlung – die Fette
– Ableiten: ändern – anders, aussagekräftiger – die Kraft, unterernährt – die Nahrung, Nahrungsergänzungsmittel – Ergänzung, ergänzen – ganz

S. 237 Rechtschreibstrategien wiederholen

Siehe hierzu auch die gleichnamige **Folie** auf der CD-ROM.

1 Verlängert werden: er kommt – kommen, der Zug – die Züge, der Sarg – die Särge, der Tod – die Tode, es bleibt – bleiben, der Tipp – tippen, der Bann – bannen, der Anzug – die Anzüge.

2 a Verlängert werden: gehst, bringst, den Weg.

b Bei „weiß (ich nicht)" würde das Verlängern zu einem Fehler führen, denn „weiß – wissen" hat eine wechselnde Schreibung in der Wortfamilie.

3 a/b die Sicherheits|auflagen – denn: die Sicherheiten, die Auflagen; Auflagen zur Gewährung der Sicherheit
der Bann|kreis – denn: der Bann, der Kreis / die Kreise; der Kreis zum Bannen/Fernhalten von etwas
der Bar|fuß|gang – denn: die Gänge, die Füße; ein Gang, den man mit bloßen Füßen geht (bar jeder Schuhe)
die Hand|reichung – denn: die Hände, reichen; etwas, das man in die Hand reicht

4 die Veränderung – denn: anders, die Erklärung – denn: klar, die Erläuterung – denn: laut (oder Merkwort), die Betätigung – denn: die Tat, das Versäumnis – denn: der Saum, die Behälter – denn: behalten, das Ärgernis – denn: arg, die Äußerlichkeit – denn: außen, die Gefährlichkeit – denn: die Gefahr, die Säuberung – denn: sauber, die Lähmung – denn: lahm

5 Richtige Zuordnung der Wörter:
– Schwingen: der Gerichtstermin
– Verlängern: der Abschluss, der Gerichtsbeschluss
– Zerlegen: die Kann|bestimmung, der Hang|weg, der Berg|hang
– Ableiten: die Monatsgehälter – denn: Gehalt
– Merken: der Pr**ä**sident – kein ableitbares *ä*, der Fa**h**rer – Dehnungs-*h*, die Fa**h**rkartenausgabe – Dehnungs-*h*, A**b**schluss – nicht verlängerbarer Einsilber: *b* ist als *p* hörbar

S. 238 Fremdwörter erkennen und richtig schreiben

Auf dieser Doppelseite werden die Schüler/-innen für die besonderen Schreibweisen von Fremdwörtern sensibilisiert:
– Während bei Fremdwörtern die Schreibweise der Herkunftsländer übernommen wird, wird sie bei Lehnwörtern der deutschen Sprache angepasst.
– Bei Wörtern aus dem Lateinischen und Griechischen kann es helfen, die Wörter deutlich zu sprechen, allerdings muss man typische Laut-Buchstaben-Kombinationen kennen.
– Auch Wörter aus dem Englischen kann man erkennen, allerdings sind die Laut-Buchstaben-Zuordnungen weniger regelhaft und man muss die Wörter lernen.

Vorschlag für ein Tafelbild:

Typische Schreibweisen von Fremdwörtern		
Griechisch	Latein	Englisch
Theater, **Ph**ysik, Phys**ik**	nai**v**, Kavalle**rie**, Stad**ion**	**c**ity, **sh**opping

1 a Foodsharer wollen verhindern, dass viele Nahrungsmittel unnötigerweise vernichtet werden. Sie wollen sie an andere Menschen kostenlos verteilen.

b Die Texte informieren und appellieren an Verbraucher. Die Fremdwörter erzeugen die Wirkung von Modernität und Expertenwissen (Fachwörter).

12 Rechtschreibung – Texte überarbeiten

2 a Mögliche Lösung:
Foodsharing = Teilen von Lebensmitteln
online = im Internet
Facebook-Account = Zugangsberechtigung zu Facebook
E-Mail = elektronische Post
Passwort = Kennwort
fairteilen (fair + teilen) = anständig, den Regeln entsprechend
Flyer = Handzettel (to fly = fliegen; eigentlich: Flugzettel)
Sticker = Aufkleber
Poster = großformatiges Bild

b Mögliche Lösung:
aktiv = tätig, eifrig
Kooperation = Zusammenarbeit
Produkt = Erzeugnis
koordinieren = aufeinander abstimmen
Quote = Anteil, der bei einer Aufteilung auf einen Einzelnen oder auf eine Einheit entfällt
mobil = beweglich
Informatiker = Beruf, der sich mit der digitalen Informationsverarbeitung beschäftigt, z. B. Programmierer, Softwareentwickler

3 a Bedeutung der Fremdwörter:
Realityshow = Fernsehsendung, in der Geschehenes live gezeigt wird
Kavallerie = Reitertruppe beim Militär
Thermometer = Temperaturmessgerät
Soap = Seifenoper
Hydrant = Zapfstelle zur Entnahme von Wasser
Karies = Zahnfäule
Publicity = Öffentlichkeitswirksamkeit
Defensive = Verteidigung
Alphabet = Abc
Catering = Verpflegung, die nach Hause geliefert wird
offensiv = angreifend
chillen = entspannen
outdoor = draußen
Break = Pause
Pyjama = Schlafanzug
Peanuts = Erdnüsse, Kleinigkeiten
Triumph = großer Sieg, Erfolg
City = Innenstadt
Trenchcoat = Mantelart
Station = Haltestelle
Evolution = allmählich fortschreitende Entwicklung
Querulant = Quertreiber
Rhabarber = Gemüse
Labyrinth = Irrgarten
Physik = Wissenschaft von der Struktur und der Bewegung der unbelebten Materie
Container = genormter Großbehälter
Shop = Laden

b Genaues Lesen in Silben hilft bei: Karies, Station.

d Fremdwörter haben bestimmte Buchstabenkombinationen, die man nicht hören kann. Englische Wörter muss man kennen.

4 Richtige Zuordnung:

Griechisch	Englisch	Latein
Thermometer, Hydrant, Alphabet, Triumph, Labyrinth, Physik	Realityshow, Soap, Publicity, Catering, Pyjama, Break, Peanuts, outdoor, City, Trenchcoat, Container, Shop	Kavallerie, Karies, Defensive, offensiv, Station, Evolution, Querulant

5 a–c Photographie, Fotografie = Lichtbild
Joghurt, Jogurt = Milchprodukt
Portemonnaie, Portmonee = Geldbörse
Phantasie, Fantasie = Vorstellungskraft
Reaktion = Folge einer Aktion
Mayonnaise, Majonäse = weiße Soße
Delphin, Delfin = Meeressäuger
Spaghetti, Spagetti = Nudelform

6 a Der Vorteil ist, dass man schnell Bedeutungen zuordnen kann und deshalb leichter versteht.
b Weitere Beispielwörter:

Latein	Deutsch	Spanisch	Englisch
communia	die Kommune	la comuna	the community
ozeanus	der Ozean	el ozeano	the ocean
aspectus	der Aspekt	el aspecto	the aspect

7 Mögliche Tipps:
Schwingen, da lauttreu = das Gemüt, der Kindergarten
Zerlegen, da mit Verlängerungsstellen = der Ru**ck**|sack, das Glocken|sp**iel**
Verlängern = der Ersa**tz**
Merken = der Ko**h**lrabi

S. 240 Zusammen- und Getrenntschreibung

Bei der Zusammen- bzw. Getrenntschreibung kommt es darauf an, mit den Schülerinnen und Schülern zu reflektieren, dass man immer dann zusammenschreibt, wenn die Verbindung eine neue Bedeutung erlangt. Dadurch wird ersichtlich, dass Verbindungen mit Nomen und Adjektiven fast immer zusammengeschrieben werden. Anders ist es bei Verbindungen mit Verben, die man in der Regel getrennt schreibt. Deshalb soll der Schwerpunkt der Arbeit auf den Beispielen liegen, in denen man die Verbindung mit Verben zusammenschreibt. Das ist der Fall, wenn
– sie eine Verbindung mit unveränderlichen Wörtern eingehen,
– wenn nicht jedes Wort seine eigentliche Bedeutung beibehält, sondern wenn die Wörter miteinander eine neue Bedeutung eingehen.

12 Rechtschreibung – Texte überarbeiten

Vorschlag für ein Tafelbild:

Verbindungen mit Verben
Verbindungen mit Verben schreibt man in der Regel getrennt. Ausnahmen: – Verb + unveränderliches Wort: zurück + fahren = zurückfahren – Verb + Adjektiv mit neuer Bedeutung: eine Aufgabe kann schwerfallen = nicht heftig fallen, sondern mühsam sein Nominalisierungen: Beim Zurückfahren passierte der Unfall.

2 a zurückbehalten, zurückblättern, zurückbleiben, zurücklegen, zurücktreten, zurückrudern, zurückstellen, zurückweichen, zurückweisen, zurückwollen, zurückzahlen, zurückstehen, zurück sein, zurückblicken, zurückmüssen, zurückgezogen

b Mögliche Lösung:
wiederholen, wiederkäuen, wiedergeben, wiederbeleben, wiedererkennen
– Wir müssen den Stoff bis zur Arbeit noch mehrmals wiederholen.
– Kühe fressen Gras und müssen es wiederkäuen.
– Ich kann nicht wiedergeben, was er gesagt hat.
– Bei Herzstillstand muss der Arzt den Patienten wiederbeleben.
– Am Geruch können Tierkinder ihre Mütter wiedererkennen.

3 a Mögliche Begründungen:
– *klarmachen* = hier: sich bewusst machen, deutlich machen; „klar machen" in getrennter Schreibweise gibt es nur in dem Ausdruck: „klar Schiff machen" = eine Angelegenheit bereinigen
– *schwer fallen* = wörtliche Bedeutung: heftig hinfallen; *schwerfallen* = neue Bedeutung, es fällt nicht leicht, ist nicht einfach
– *davon kommen* = wörtliche Bedeutung: vom Essen verursacht sein; *davonkommen* = neue Bedeutung: keine Folgen haben, (einer Gefahr) entrinnen

b/c – Man kann eine Klassenarbeit *krank schreiben*. Man kann sich vom Arzt *krankschreiben* lassen (eine Bescheinigung besorgen).
– Bei einem Vortrag sollte man *frei sprechen*.
– Der Richter kann einen von der Anklage *freisprechen* (für unschuldig erklären).
– Man kann in der Gruppe *zusammenhalten* (gemeinschaftlich handeln). Man kann einen schweren Gegenstand *zusammen halten*, damit er nicht hinfällt.
– In der Schule lernt man, sich mit der rechten Schreibung *auseinanderzusetzen* (beschäftigen).
– Ohne die Bedeutung zu prüfen, kann man nicht *sicher sein*, wie das Wort zu schreiben ist.
– Bei Nominalisierungen ist das *Zusammenschreiben* immer richtig.

S. 241 Heimwegtelefondienst

2 Mögliche Erklärungen:
gut besucht = Bedeutung der einzelnen Wörter bleibt erhalten, Zusammensetzung mit Ableitung
gehen will = Zwei Verben werden in der Regel auseinandergeschrieben.
durchlaufen = neue Bedeutung: Unveränderliches Wort mit Verb wird zusammengeschrieben.
zusehen = neue Bedeutung, hier: sich anstrengen, Sorge tragen, sich bemühen
herauskommt = neue Bedeutung, hier: (einer Gefahr) entrinnen

3 a vorgenommen, zu finden, <u>durchqueren</u>, ins Leben gerufen, <u>anrufen können</u>, <u>verfolgt fühlen</u>, mitteilen, aufhält, hinwill, stattfinden, angekommen ist, abgefragt, verfolgt werden kann, durchgegeben werden, abschreckt, heranzumachen

12.1 Mach mit! – Strategien und Regeln anwenden

b Hefteintrag siehe Aufgabe 3a.
durchqueren = unveränderliches Wort + Verb
anrufen können = zwei Verben, die ihre Bedeutung behalten
verfolgt fühlen = zwei Verben, die ihre Bedeutung behalten

c Hefteintrag siehe Aufgabe 3a.
Am häufigsten kommt die Verbverbindung mit unveränderbarem Wortbestandteil vor.

S. 242 Nomen und Nominalisierungen schreibt man groß

Ob ein Wort großgeschrieben wird, hängt vom Satz ab. Im Mittelpunkt der Reflexion stehen deshalb die Proben, mit denen man Nomen und Nominalisierungen gleichermaßen identifizieren kann. Wichtig ist dabei der Hinweis, dass sich die Satzstruktur durch die Proben nicht ändern darf.

Vorschlag für ein Tafelbild:

Nomen und Nominalisierungen erkennen
Ich muss einen Brief schreiben. Eigentlich macht mir (das) Schreiben keinen Spaß.
Ich mag schöne Kleider. **Das** Schöne daran ist, dass sie oft tolle Farben haben.
→ Der Satz darf sich durch die Proben nicht ändern.

1 a Mögliche Lösung:
- Artikel als Begleiter: in der Stadt, das Leben, ein Schüler („ein": auch Numerale)
- Numerale als Begleiter: ohne Hindernisse, vieler Betroffener, alle Mitbürger, viele Menschen, ein Schüler („ein": auch Artikel), drei Wochen
- Adjektiv als Begleiter: digitaler Stadtplan, behindertengerechte Orte, bundesweites Projekt

b die Rollstuhlfahrer, nette Orte, die Rollstuhltauglichkeit

2 Wie findet man interessante Mitmachprojekte, z. B. die Wheelmap? Darüber kann man sich im Internet <u>informieren</u>. Dort findet man schnell <u>das Neueste</u> an Entwicklungen. <u>Beim Lesen</u> kann man sofort <u>feststellen</u>, ob <u>Mitmachen</u> für einen selbst in Frage kommt. <u>Zur Suche</u> sollte man treffende Suchwörter für die Bereiche <u>eingeben</u>, die einen <u>interessieren</u>. <u>Das Eingeben</u> zielführender Wörter erspart viel Zeit <u>beim Finden</u> <u>des Gewünschten</u>. Immerhin bietet das Internet sehr viele Informationsquellen. Dadurch ist <u>das Vergleichen</u> von Ergebnissen sehr gut möglich. Man findet <u>das Gesuchte</u> eigentlich immer.

3 a Möglicher Hefteintrag:

Großschreibung der Tageszeiten	Kleinschreibung
des Abends, am Abend, den ganzen Abend über, guten Abend, in der Nacht, gestern Abend, am frühen Morgen, zur Nacht, am späten Abend, zu Mittag, am späten Nachmittag	abends, von morgens bis abends, immer morgens, spätabends, mittags, nachmittags

b Möglicher Tipp: Man schreibt klein, wenn die Tageszeit keinen Begleiter für Nomen hat und an das Wort ein *s* angehängt ist.

4 a Mögliche Lösung:
<u>Am frühen Morgen</u> arbeite ich gerne, denn <u>morgens</u> ist es ruhig.
<u>In der Nacht</u> hatten wir ein Gewitter, dabei habe ich <u>nachts</u> immer Angst.
Ich habe in den Ferien <u>von morgens bis abends</u> etwas zu tun.
Ich besuche dich <u>am späten Nachmittag</u>.
Ich mag <u>mittags</u> nichts essen.

S. 243 Sozialhelden und ihre Projekte

1 Die Idee der Sozialhelden ist, möglichst viele Menschen dazu zu bewegen, etwas Gutes zu tun.

2 a die Sozialhelden, vor zehn Jahren, die beiden Gründer, mit vielen Ideen, ein großes Netzwerk, an Freiwilligen, verschiedenen Projekten, ins [= in das] Leben, die Welt, zum Umdenken, [die] Ideen, [die] Kraft, [die] Geduld, ein starkes Team, soziales Engagement, [der] Spaß, [die] Aufmerksamkeit, ein Fünkchen, [der] Witz, ein bisschen Querdenkerei, einen ansprechenden Namen, ein/eine Sozialheld/-in, in jedem Menschen, verborgene Kräfte, [die] Informationen

b ein Ampelsystem; ein Ort; der ersten Projekte; der Sozialhelden; im Internet; die … verfügbare Karte; die Mithilfe; 400 000 Cafés, Bibliotheken, Schwimmbäder; zugängliche Orte; ein weiteres Projekt; (die) Gutscheine; nette Menschen; der Gutschein; zum Gutsein; seinen (den) Besitzer; einer Person; von fünf Tagen; etwas Gutes; seinen (den) Gutschein; dem Menschen; eine gute Tat; einem Fremden; beim Beladen; seines (des) Autos; der Lieblingsverkäuferin; ein Stück Torte; in der Nacht; verlorenen Seelen; nach Hause

c Möglicher Hefteintrag:

Nomen	Nominalisierungen	Tageszeiten
die Sozialhelden die beiden Gründer ein großes Netzwerk	etwas Gutes beim Beladen zum Umdenken	in der Nacht
Erkennbar an: Artikel, Numerale oder Adjektiv als Begleiter	Erkennbar an: Nomenbegleiter zeigen die Nominalisierung an (Numerale, Präposition + Artikel: bei dem, zu dem).	Erkennbar an: Nomenbegleiter zeigen die Nominalisierung an.

S. 244 Fordern und fördern – Strategie- und Regelwissen trainieren

1 Felix wurde durch ein Buch von Al Gore, durch den Unterricht und vor allem durch die Aktion von Wangari Maathai angeregt, selbst etwas für die Umwelt zu tun.

2 Siehe die Tabelle zu Aufgabe 4.

3 Das Ziel der Bewegung: Kinder sollen weltweit 1 Mio. Bäume pflanzen.

2/4 Möglicher Hefteintrag:

Strategiefehler	Fremdwortfehler	Großschreibung	zusammen/getrennt
Text A: blätterte lasst schnell Städten	das Thema scannte Recherche Website	die Wahrheit Millionen Organisation zur Pflanzung	geliehen hatte
Text B: fand verändern Energieträger bekämpft	Flyer Thema aktiv	das Bäumepflanzen die Vorträge	machen würden sein könnten umzusetzen

12.1 Mach mit! – Strategien und Regeln anwenden

S. 245 Teste dich!

2 a Folgende Aussagen sind richtig:

S **Beim Ableiten** sucht man bei Wörtern mit *ä* und *äu* verwandte Wörter mit *a* und *au* (▶ S. 236–237, 303).
Beispiel: säubern

E **Wortgruppen mit „sein"** müssen immer getrennt geschrieben werden (▶ S. 240–241).
Beispiel: fertig sein

P **Verbindungen mit Verben**, die eine neue Bedeutung haben, schreibt man zusammen (▶ S. 240–241).
Beispiel: zusammenfalten

T **Verbindungen mit Verben**, deren erster Bestandteil nicht veränderbar ist, schreibt man zusammen (▶ S. 240–241).
Beispiel: hinschauen

E **Tageszeiten** schreibt man groß, wenn sie einen Begleiter haben. Man schreibt sie klein, wenn sie ohne Begleiter sind und ein *s* angehängt wird (▶ S. 242–243).
Beispiel: am frühen Morgen, morgens

M **Nominalisierte Verben und Adjektive** kann man durch eine Nomenprobe sicher erkennen (▶ S. 242–243).
Beispiel: beim Denken, viel Schönes

B **Zerlegen:** Man zerlegt zusammengesetzte Wörter und verlängert dann den Einsilber (▶ S. 236–237, 303).
Beispiel: die Wandtafel

E **Nomen** erkennt man am Begleiter oder man findet sie mit Hilfe einer Nomenprobe (▶ S. 242–243).
Beispiel: die Häfen, ein schönes Tuch

R **Wortgruppen aus Verb und Verb** werden in der Regel getrennt geschrieben (▶ S. 240–241).
Beispiel: laufen können

b Hefteintrag:
L Verlängern muss man <u>einsilbige</u> Wörter und <u>zweisilbige</u> Wörter mit unklarem Auslaut (▶ S. 236–237, 302). Beispiele: der Bussard, krumm
N Fremdwörter haben besondere Merkstellen, die man beim Sprechen nicht hören kann, z. B. die Physik.

12.2 Meinungen begründen – Zeichensetzung üben

Thema des 2. Teilkapitels ist die Zeichensetzung. Sie wird anhand der Überarbeitung argumentierender Textausschnitte geübt bzw. angewendet.
Inhaltlich geht es um die Frage, ob das Projekt „zwei Kaffee zahlen – einen trinken" sinnvoll ist. Da Textzusammenhänge besonders gut durch Satzreihen und Satzgefüge herzustellen sind, soll die Kommasetzung in diesem Bereich reflektiert werden.
Dazu werden Textauszüge, die eine Einleitung darstellen, ein Argument entfalten, ein Argument entkräften oder einen Schluss formulieren, in ihren funktionalen Bezügen überarbeitet.

Kommas in Satzgefügen setzen

1 a Mögliche Lösung: Der strittige Punkt ist, ob es sich um ein sinnvolles Projekt handelt, das man unterstützen sollte. ODER: Der strittige Punkt ist, ob das Projekt auch in Deutschland eingeführt werden sollte.

2 a vorangestellt = *kursiv*, nachgestellt = <u>unterstrichen</u>, eingeschoben = **fett** markiert
Pro: In Italien und Spanien gehört es zum täglichen Leben dazu, <u>dass man seinen Kaffee in einem Café trinkt</u>. *Weil sich durch die Weltwirtschaftskrise nicht mehr jeder seinen Kaffee kaufen kann*, ist die Idee zu einem interessanten Projekt entstanden. Menschen, **die es sich leisten können**, bezahlen zwei Kaffee, <u>obwohl sie nur einen trinken wollen</u>. Der zweite Kaffee wird einem Menschen gespendet, <u>der kein Geld für einen Kaffee übrig hat</u>. Nun möchte eine junge Frau erreichen, <u>dass diese Idee auch in Deutschland umgesetzt wird</u>. Diese Idee sollte unbedingt unterstützt werden.

b vorangestellt = *kursiv*, nachgestellt = <u>unterstrichen</u>, eingeschoben = **fett** markiert
Kontra: In Spanien und Italien, **wo der Kaffee ein Grundnahrungsmittel ist**, gehört der Besuch eines Cafés zum Alltag. Für Menschen, **die sich das auf Grund der Wirtschaftskrise nicht mehr leisten können**, bedeutet das eine Einschränkung der Lebensqualität. Daher ist die Idee gut, <u>dass Menschen</u>, **die in diesen Ländern Geld genug verdienen**, <u>zwei Kaffee bezahlen und einen spendieren</u>. *Dass eine junge Frau das Projekt auch auf Deutschland übertragen will,* ist weniger sinnvoll.

3 a/b Mögliche Lösung:

Siehe hierzu auch die **Folie** „Nebensätze erkennen – Kommas richtig setzen" auf der CD-ROM.

Pro: Eine solche Idee, die die Gemeinschaft stärkt, sollte man unterstützen.
Wenn viele Menschen mitmachen, wächst das Bewusstsein dafür, dass es auch bei uns Armut gibt. Durch die Kaffeespende ist es möglich, dass sich Betroffene im Winter aufwärmen und in Ruhe Zeitung lesen können.
Kontra: Die Bedürftigen fühlen sich beschämt, sodass sie den Kaffee sicher nicht annehmen.
Weil Kaffee bei uns kein Grundnahrungsmittel ist, hilft eine solche Spende hier nicht.

Das Komma in *das-/dass*-Sätzen

4 a/b Möglicher Hefteintrag:
Sevil: <u>Wenn man denkt</u>, dass in Deutschland andere Hilfen wichtiger wären als Kaffee, <u>so kann ich das nachvollziehen</u>. <u>Aber</u> ich denke <u>doch</u>, dass es gut ist, auf verschiedenste Arten ein Bewusstsein dafür zu wecken, dass es auch bei uns Menschen gibt, die sich selbst diesen kleinen Luxus nicht mehr leisten können. Dazu kann die Aktion beitragen.
Jan: <u>Zwar finde ich</u> es <u>sehr positiv</u>, dass sich Menschen für soziale Ideen einsetzen, <u>aber ich denke doch</u>, dass sie sich dafür Projekte suchen sollten, die eine größere Hilfe für Betroffene darstellen und besser in unseren Kulturkreis passen.

c/d Möglicher Hefteintrag:
Obwohl ich nachvollziehen kann, dass das Projekt ein Bewusstsein für Armut weckt, denke ich *doch*, dass dieses Projekt dazu wenig geeignet ist, weil bei uns viele ihren Kaffee zu Hause trinken und das Kaffeetrinken in einem Café nicht unbedingt zum alltäglichen Leben gehört.

Auch wenn ich nachvollziehen kann, dass vor allem Nichtkaffeetrinker sich nützlichere Projekte vorstellen können, so denke ich *doch*, dass man Bedürftigen durchaus auch einmal einen kleinen Luxus gönnen sollte.

5 a Der Abschluss spricht für Sevils Position, weil er durch diese Aktion das öffentliche Bewusstsein dafür wecken möchte, dass sich bei uns viele Menschen nicht einmal diesen kleinen Luxus leisten können.

b Abschließend kann ich sagen, dass ich dem Projekt positiv gegenüberstehe.
<u>Das</u> Argument, <u>das</u> bei mir den Ausschlag gibt, ist die Idee<u>, dass</u> man viele Menschen mobilisieren kann, mit wenig Aufwand etwas Gutes zu tun. Dabei ist nicht nur die gute Tat entscheidend. Viel wichtiger scheint mir zu sein<u>, dass das</u> Problem der Armut in den Blick gerät. Und <u>das</u> ist der erste Schritt dahin<u>, dass</u> man sich für Veränderungen einsetzt. Besonders gut gefällt mir<u>, dass das</u> Projekt von vielen jungen Menschen getragen und organisiert wird.

c Mögliche Lösung:
Nach Abwägung aller Argumente kann ich sagen, dass ich das Projekt nicht unterstützen würde. Ausschlaggebend für meine Position ist letztendlich die Tatsache, dass ich andere Hilfsgüter wichtiger finde als Kaffee. Wenn man sowieso nur das Nötigste hat, braucht man sicher ganz viel, aber Kaffee gehört für mich nicht zu den lebensnotwendigen Grundnahrungsmitteln.

S. 248 Zitate richtig kennzeichnen

Sehr viele Schüler/-innen haben Schwierigkeiten, die Funktion von Zitaten zu erkennen und sie sorgfältig auszuweisen. Deshalb sollen sie anhand von recherchiertem Material reflektieren, wie man Zitate nutzen kann und welche Zeichen man zur Kennzeichnung setzen muss. Das, was sie hier an fremdem Material üben, können sie auf den eigenen Umgang mit Zitaten anwenden.

Tafelbild:

Übernimmt man in seinen Texten Textelemente von anderen Autoren, muss man diese Übernahmen als Zitate kennzeichnen.	
Im Klappentext heißt es: „Es gibt so vieles, für das es sich lohnt, aktiv zu werden."	Die Ankündigung eines Zitats schließt mit einem Doppelpunkt; das Zitat wird in Anführungszeichen gesetzt.
„Es gibt so vieles, für das es sich lohnt, aktiv zu werden", heißt es im Klappentext.	Der Punkt am Ende des zitierten Satzes wird durch ein Komma ersetzt.
„Was ist dir wichtig?", fragt der Autor.	Frage- und Rufzeichen bleiben im Zitat erhalten.

Zitate entnommen aus: Jetzt tu ich was. Von der Lust, die Welt zu verändern. Hg. v. Meike Blatzheim. Beltz & Gelberg, Weinheim/Basel 2013

1 a Die Schüler/-innen überprüfen ihr Merkwissen an konkreten Beispielen. Bei der Beschreibung sollte neben dem Auslassungszeichen auch die Position des Schlusspunkts beim Zitat bzw. Begleitsatz beachtet werden.

b Der Fehler befindet sich am Textende (Z. 7), weil der letzte Teil zum Zitat gehört*: „[…] den Umgang mit Menschen, die Hilfe benötigen, gelernt, und das ist für mein Berufsleben hilfreich."*

2 a Julia arbeitet bei der Berliner Kältehilfe, weil sie „die Arbeit so interessant" findet. Das ist ein Projekt, in dem im Winter Obdachlose versorgt werden. Die Menschen bekommen neben einer warmen Übernachtungsmöglichkeit „auch viel Zuspruch und Beratung". Sie hat hierbei „viele tolle Leute" getroffen, und „zwar sowohl unter den Gästen als auch unter den Mitarbeitern". Sie ist zum Beispiel immer ganz gerührt zu sehen, „wie liebevoll unsere Gäste mit ihren wohlgenährten Hunden umgehen".
Das war ihr selbst wichtig, „über den Tellerrand zu schauen und andere Lebenswelten kennen zu lernen". Allen Jugendlichen, die sich engagieren möchten, rät sie: „Schau dich im Netz nach Organisationen um, die für dich in Frage kommen. Und dann gehst du am besten einfach mal probearbei-

ten, um zu sehen, ob dir das Ganze liegt." Sie fordert auf, es einfach mal auszuprobieren, und findet: „Möglichkeiten, sich zu engagieren, gibt es jedenfalls genug."

b Die Lösung kann darin bestehen, die kleinen Textübernahmen zu ändern. Vor allem der Schluss des Textes bietet sich für eine Übernahme als Zitat an, siehe oben.

S. 249 Der Bindestrich verbindet, was zusammengehört

1 c/d Möglicher Hefteintrag:

Abkürzungen, Ziffern und Buchstaben als Bestandteile	Drei und mehr Wörter (auch Fremdwörter)	Doppelnamen
3-Punkte-Plan CO_2-Austausch UN-Kinderkonferenz Co-Moderatoren E-Mails	Plant-for-the Planet	Weinheim-Schongau
SOS-Notruf USB-Stick	Coffee-to-go die Urban-knitting-Aktion	Bielefeld-Schildesche* Duisburg-Meiderich**
Aufgabe 2		
die DLRG-Gruppe 6-teilig	der Drei-Tage-Workshop das Abend-Make-up das T-Shirt die Hand-Mund-Fuß-Krankheit	die Geschwister-Scholl-Schule die Freiherr-vom-Stein-Allee

* Stadtbezirk in Bielefeld;
** Meiderich: ein Stadtteil von Duisburg

3 Die Aussagen B und C treffen zu.

4 Ein- und Ausgang, Ein- und Verkauf, Braut- und Tanzschuhe, Brat- und Heißwurst, Weltmeister- und Europameisterschaft, hin- und hergehen

S. 250 Fordern und fördern – Zeichensetzung trainieren

1 Es geht darum, Bäume zu pflanzen bzw. den Wald zu pflegen, damit Katastrophen, z. B. die Lawinengefahr in den Alpen, soweit wie möglich verhindert werden.

2 a–c Helden in der Natur

Entflieh dem Alltag, indem du an einem Bergwaldprojekt teilnimmst. Wenn du ein Bäumchen im Schutzwald pflanzt, dann bewahrst du Menschen vor Katastrophen wie Lawinenabgängen, weil der Schutzwald die Dörfer im Tal schützt. Und wenn du auf der Alm mithilfst, freuen sich Bauern und Tiere gleichermaßen. Melde dich gleich für ein Bergwaldprojekt oder eine Umweltbaustelle an und widme eine Woche deiner Freizeit der Natur. Arbeite unentgeltlich gegen Kost und Unterkunft mit Menschen, die die gleiche Motivation haben. Gemeinsam mit anderen Freiwilligen setzt du Bäume oder befreist sie von Ranken und anderen Schmarotzern, sodass die Schutzwaldbäume besser wachsen können. Die Voraussetzung ist, dass du dich nicht vor steilen Hängen, Muskelkater und einer guten Tat fürchtest. Wenn das für dich zutrifft, dann solltest du dich über die Alternative zum Faulenzerurlaub informieren.

3 Melissa möchte den Wald hautnah erleben, Hintergründe für walderhaltende Maßnahmen erfahren und Einblick in die Strukturen der Projekte bekommen.

4 a–d Auf die Frage: „Was möchte das Bergwaldprojekt erreichen?", antwortet Melissa W.:
„[...] Ich finde es toll, dass den Menschen eine Möglichkeit gegeben wird, den Wald hautnah zu erleben. So werden sie zum Überdenken eigener Gewohnheiten gebracht. [...] Dafür müssen keine großen Vorträge gehalten werden, weil die direkte Arbeit in der Natur meist schon ausreicht. Die Arbeit draußen, in die man ausführlich eingewiesen wird, gefällt mir auch sehr gut. Die Hintergründe, die beispielsweise eine Baumfällung notwendig machen, werden erläutert. [...] Neben dem Wissen über das Ökosystem Wald, das ich in dem Projekt erlangt habe, fand ich es spannend, dass ich einen direkten Einblick in die Strukturen und Hintergrundarbeit bekommen habe, die die Durchführung der Projektarbeiten erst möglich gemacht haben. Das bringt mich auch für mein Studium weiter."

S. 251 Teste dich!

1/2 Möglicher Hefteintrag mit sinnvoller Reihenfolge der Regeln:

Das Komma in Satzreihen Hauptsätze werden durch ein Komma getrennt. Werden sie durch „und" verbunden, kann man ein Komma setzen (▶ S. 246–247). Beispiel: Viele Jugendliche engagieren sich, denn das Engagement macht Spaß.
Das Komma in Satzgefügen Haupt- und Nebensätze werden durch ein Komma getrennt (▶ S. 246–247). Beispiel: Wenn man sich die Ziele anschaut, dann bleibt noch viel zu tun.
Zitate Zitate werden durch Anführungszeichen gekennzeichnet. Sie geben wörtlich wieder, was eine andere Person gesagt hat. Man darf den Wortlaut nicht verändern. (▶ S. 248). Beispiel: „Man bekommt viel zurück", äußert sich Klara über ihr ehrenamtliches Engagement.
Zitate Ein dem Zitat nachgestellter Begleitsatz wird hinter dem Anführungszeichen mit Komma abgetrennt (▶ S. 248). Beispiel: „Man bekommt viel zurück", äußert sich Klara über ihr ehrenamtliches Engagement.
Zitate Will man innerhalb eines Zitats etwas weglassen, dann kennzeichnet man das durch [...] (▶ S. 248). Beispiel: Melissa meint zum Bergwaldprojekt: „Die Arbeit draußen [...] gefällt mir auch sehr gut."
Bindestriche Bindestriche setzt man z. B., um mehrteilige Wörter oder Doppelnamen zu verbinden (▶ S. 249). Beispiel: Bergwaldprojekte gibt es z. B. in Nordrhein-Westfalen und Sachsen-Anhalt.
Bindestriche Bindestriche setzt man, wenn man ein gleiches Wort in einer Verbindung einsparen möchte. (▶ S. 249). Beispiel: Wer saft- und kraftlos ist, ist vielleicht auch nicht geeignet.
Bindestriche Bindestriche setzt man, wenn man drei oder mehr Wörter verbindet (▶ S. 249). Beispiel: Für das Ehrenamt darf man kein In-den-Tag-hinein-Träumer sein.
Bindestriche Wenn Ziffern oder Abkürzungen in der Verbindung vorkommen, schreibt man immer einen Bindestrich (▶ S. 249). Beispiel: Viele Menschen arbeiten daran, die UN-Menschenrechtskonvention umzusetzen.

12.3 Fit in …! – Richtig schreiben

S. 252 Helmut Luther: **Das Basislager auf der Nockeralm**

1 a Das Rechtschreibprogramm hat Folgendes markiert:
- ungewöhnliche bzw. unbekannte Begriffe
- Fehler in der Wort- und Großschreibung
- unbekannte Eigennamen

b Übersehene Fehler:
- zwei Großschreibungsfehler: Freiwillige (Z. 16) und Informationsschreiben (Z. 25)
- zwei fehlende Kommas: Weil im Valsertal nur noch wenige Bauern ihre Höfe bestellen**,** (Z. 13) breiten sich erst Büsche, dann Bäume aus. – Dazu haben sie […] eine wasserdichte Garnitur dabei**,** (Z. 25) weil im Informationsschreiben stand, dass uns Regen nicht von der Arbeit abhält.
- ein Komma zu viel: […] breiten_ sich erst Büsche, dann Bäume aus. (Z. 13–14)
- Zitatkennzeichnung in Zeile 2: „Mein Prachtstück" nennt Helga Hagers ihre […] Tauernscheckenziege […]. Und ggf. im letzten Satz (Z. 25–26): […] weil im Informationsschreiben stand, dass uns „Regen nicht von der Arbeit abhält".

c Man kann ein Rechtschreibprogramm als Hilfe für Tipp- und Rechtschreibfehler von geläufigen Wörtern benutzen, deren Schreibweise eindeutig festgelegt ist. Sobald Grammatik- oder Kommaregeln zu berücksichtigen sind, versagt es, ebenso bei Komposita, ungewöhnlichen Begriffen und Abkürzungen. Fazit: Die eigene Rechtschreibprüfung bei der Überarbeitung des eigenen Textes ist unerlässlich.

2 a Die erste Schicht beginnt am Montagmorgen um halb acht in einem Grauerlenwald, der an eine Hütte grenzt. Der schüttere Wald dient den Tieren der Bauern als Weidefläche. An diesem Morgen geht Bauer Jenewein vorsichtig mit der Motorsäge um: Er fällt nur geknickte Erlen, damit die Kühe zu den Weideplätzen gelangen können. Seine Helfer sammeln die zersägten Stämme ein oder reißen mit den Händen junge, in den Grauerlenbestand nachgerückte Fichten aus. Größere Bäumchen werden mit armlangen Astscheren gekappt. „Wenn wir das nicht machen würden, würde die Pionierpflanze Erle in etwa 80 Jahren von der Fichte komplett verdrängt werden", sagt Jenewein. „Wir schützen hier also die Natur nicht nur vor uns Menschen, sondern auch vor sich selbst." Der Grauerlenwald umfasst mehrere Hektar. Ein Hektar ist verdammt groß, wenn man mittendrin steht und Baumstamm für Baumstamm beseitigen muss. Bald schmerzt der Rücken, in den Armen ziept es. Die Gruppe schichtet Stämme und Bäumchen zu Haufen auf. Mit der Zeit wird das Holz verrotten. Ist ein Waldstück gesäubert, ziehen die Freiwilligen weiter(,) und die Prozedur beginnt von vorne. Am Waldrand liegen die mit Wasser oder Holundersaft gefüllten Flaschen der Helfer. Wer langsam trinkt, hat mehr Zeit zum Verschnaufen. Und diese Prozedur nehmen Menschen freiwillig auf sich, im Urlaub und ohne jede Bezahlung.

b Die fünf Relativsätze des gesamten Textes:
Text A, Z. 4–6: „[…] Tauernscheckenziege […], die vor Kurzem sogar einen Auftritt in einem Fernsehfilm hatte."
Text A, Z. 7–8: „[…] Milch, die ihre Turboziege täglich gibt."
Text A, Z. 8–10: „Milch, die nach den Wildkräutern […] duftet." (Relativsatz in einer Ellipse: „[Das ist eine] Milch, die nach Wildkräutern […] duftet." Der Relativsatz ist vollständig, das Bezugswort ist „Milch".)
Text A, Z. 17–18: „Auf der Alm von Helga Hagers, die als Basislager dient […]."
Text B, Z. 1–3: „[…] in einem Grauerlenwald, der an eine Hütte grenzt."

Eigene Fehlerschwerpunkte erkennen

S. 254 Station 1: Strategien kennen

1 a/b Richtige Zuordnung:

Verlängern	Zerlegen	Ableiten	Merken
Erlebensstan**d**	Ber**g**kräuter	Bergkr**äu**ter	sowo**h**l
verdrän**gt**	braun gebra**nn**t	verdr**ä**ngt	**ver**drängt
komple**tt**	Bezu**g**sperson	Klimaerw**ä**rmung	Mara**th**onlauf
Einsa**tz**	Werbekau**ff**rau	haupts**ä**chlich	T**ou**risten
Baumsta**mm**	umfa**ss**t	f**ä**llt (von „fällen")	

2 Beispiele für Rechtschreibhilfen:
Verlängern hilft bei unklaren Auslauten und bei einsilbigen Wörtern. Man hängt eine Silbe an.
Zerlegen ist die Strategie für zusammengesetzte Wörter. Man findet Verlängerungsstellen in den Wörtern.
Ableiten hilft bei der Verwechslung von e/ä bzw. eu/äu. Mit ä und äu werden Wörter geschrieben, wenn sie verwandte Wörter mit a bzw. au haben.
Merken muss man sich das Dehnungs-h, Wörter mit v und Fremdwörter mit besonderen Buchstaben, die man über die Strategien nicht erschließen kann.

S. 254 Station 2: Getrennt- und Zusammenschreibung

1 Beispiele für die Zusammenschreibung: ab<u>laufen</u>, weglaufen, zurücklaufen, davonlaufen, auslaufen – ab<u>fahren</u>, wegfahren, zurückfahren, davonfahren, ausfahren – ab<u>lassen</u>, weglassen, zurücklassen, dalassen, auslassen, lockerlassen – ab<u>fallen</u>, wegfallen, zurückfallen, ausfallen, schwerfallen, leichtfallen
Beispiele für die Getrenntschreibung: schwer sein, locker bleiben, leicht sein, sauber wischen, laufen lassen, fahren können, lernen können

2 a Kommentar Seite 19, Aufgabe 2a zu SB Seite 254:
 A Über den Witz kann man sich *totlachen*. (sich sehr vergnügen)
 B Er will das Missverständnis *richtigstellen*. (klären)
 C Man sollte sein Gegenüber nicht *bloßstellen*. (lächerlich machen)
 D Wir müssen ihn auf Grund seiner Krankheit von der Arbeit *freistellen*. (befreien)
 E Wenn man *sichergehen* will, dass man nicht fällt, dann … (Gewissheit haben)
 F Vielleicht wird das Urteil nicht *vollstreckt*. (durchführen)
 G *Blaumachen* hört sich nett an, ist aber in der Schule unmöglich. (Schwänzen)
 H Du solltest in deinen beruflichen Möglichkeiten nicht so *schwarzsehen*. (pessimistisch sein)

3 Beispiel für eine Rechtschreibhilfe: Verben werden getrennt geschrieben, wenn ihre eigentliche Bedeutung beibehalten wird. Man schreibt sie zusammen, wenn eine neue Bedeutung entsteht.
Beispiel: „kalt lassen" (= nicht aufwärmen) oder „kaltlassen" (= unberührt lassen)

S. 255 Station 3: Großschreibung

1 a/b Projekte, die <u>zum Mitmachen</u> auffordern, waren früher viel schwerer zu organisieren als heute. Früher fehlten die modernen <u>Kommunikationsmöglich**keit**en</u>. Wer heute eine gute Idee hat, wie man die Welt verbessern könnte, kann sie mit der Hilfe von Plattformen im Internet leicht verbreiten. Außerdem kann er um <u>Unterstüt**zung**</u> werben. Die <u>Durchfüh**rung**</u> ist auf Onlineportalen gut zu organisieren. Das geht mit einer solchen <u>Schnellig**keit**</u>, dass heute selbst verderbliche Lebensmittel rechtzeitig vom Spender zum Empfänger gebracht werden können.

12 Rechtschreibung – Texte überarbeiten

2 Im Internet kann man sich leicht über das Neueste informieren. Diese Art des Informierens spricht besonders jüngere Menschen an. Sie haben ein unkompliziertes Verhältnis zum Netz und verfügen über ein Wissen, wie man sich im Netz organisiert. Deshalb wundert es nicht, dass viele Projekte von jungen Menschen entwickelt werden, die sich durch viel Kreatives auszeichnen.

3 Das Wort „gut" ist im ersten Fall ein Adjektiv, im zweiten Fall ein Nomen.

S. 255 Station 4: Satzgefüge

1 Wer sich im Internet die Plattform der Lebensmittelretter ansieht, findet viele Informationsangebote.
Das wäre nicht gegangen, wenn sich nicht viele Ehrenamtliche engagiert hätten.
Damit alles reibungslos ablaufen kann, braucht man Menschen mit Spezialkenntnissen.

2 Mögliche Lösung:
A Wenn man einen Projekttermin ausmachen will, kann man das über Doodle problemlos organisieren.
B Ein Newsletter versorgt die Interessenten mit den neuesten Nachrichten, wenn man regelmäßig informiert werden möchte.
C Da die mitmachenden Betriebe und Verteiler auf der Plattform zu finden sind, kann man sich schnell eine Übersicht verschaffen.

3 Beispiel für eine Merkhilfe:
Man muss sich ansehen, ob zwei Subjekte und zwei Prädikate vorhanden sind, und auf die Stellung des Verbs achten. Ein zweites Erkennungsmerkmal ist die Konjunktion.

S. 256 Station 5: Relativsätze

1 a/b A Bergwälder, die beschädigt sind, können ihre natürliche Schutzfunktion nicht mehr ausfüllen.
B Das bedeutet eine Gefahr, die sich vor allem bei starkem Schnee und Regen zeigt.
C Regen, der nicht in den Boden sickern kann, läuft ab und kann zu Schlammmassen führen.
D Lawinen, die nicht durch einen Bannwald um Dörfer herumgeleitet werden, zerstören diese.

2 A Bergwälder, die von Zerstörung bedroht sind, müssen unbedingt geschützt werden.
B Wälder, die große Wasserspeicher und Sauerstoffproduzenten sind, sind wichtige Lebensräume.
C Bergwaldprojekte greifen ordnend in den Wald ein, der nicht nur aus wenigen Baumsorten bestehen sollte.
D Früher wurden die Bergwaldprojekte von jungen Leuten getragen, die kein Geld für anderen Urlaub hatten.
E Heute wollen die Helfer, die aus allen Schichten kommen, aus Überzeugung Arbeit im Naturschutz leisten.

3 Die Schüler/-innen bestätigen diese Funktion der Relativsätze und können sich auf alle Satzbeispiele in Aufgabe 2 beziehen.

S. 256 Station 6: *das* oder *dass*

1 Es gibt keinen Zweifel darüber, dass das Bergwaldprojekt sinnvoll ist.
Es ist wichtig, dass die Baumvielfalt erhalten bleibt, sodass sich ein Mischwald ausbilden kann.

2 Mögliche Lösung:
Es ist ein Projekt, das Spaß macht. Ich finde, dass das Projekt Spaß macht.
Es ist ein Projekt, das keinen Sinn macht. Viele meinen, dass das Projekt keinen Sinn macht.
Es ist ein Projekt, das für den Umweltschutz sinnvoll ist. Ich glaube, dass das Projekt für den Umweltschutz sinnvoll ist.

3 Der Aussage der Schülerin ist zuzustimmen, denn die Funktion im Satz bestimmt die Rechtschreibung: Den Artikel und das Relativpronomen, das sich auf ein Nomen bezieht, schreibt man mit -s (das); die Konjunktion, die einen Nebensatz einleitet, schreibt man mit -ss (dass).

Material zu diesem Kapitel

Klassenarbeit
- Strategieorientierte Textüberarbeitung – Eine Givebox (Niveau A ohne, B mit Hilfen; Bewertungsbogen auf der CD-ROM)
- Eine Argumentation überarbeiten: Kommaregeln – Urbanes Stricken (Niveau A ohne, B mit Hilfen; Bewertungsbogen auf der CD-ROM)

Fordern und fördern
- Strategie- und Regelfehler (●●○|●○○|○○○ mit Lösungshinweisen auf der CD-ROM)
- Zeichensetzung (●●○|●○○|○○○ mit Lösungshinweisen auf der CD-ROM)

Diagnose
- Strategien und Regeln (mit Lösungshinweisen und Förderempfehlung auf der CD-ROM)
- Zeichensetzung (mit Lösungshinweisen und Förderempfehlung auf der CD-ROM)

Zusatzstationen (mit Lösungshinweisen und Laufzettel auf der CD-ROM)
1 Wörter und Strategien – 2 Besonderheiten in Fremdwörtern – 3 Zusammen oder getrennt? – 4 Nomen und Nominalisierungen – 5 Kommasetzung – 6 „das" oder „dass"?

PPT-Folien (auf der CD-ROM)
- Rechtschreibstrategien wiederholen
- Nebensätze erkennen – Kommas richtig setzen

Deutschbuch Arbeitsheft 9
- Das kann ich schon! – Strategien und Regeln beherrschen, S. 78–79
- Rechtschreibstrategien anwenden – Fehler vermeiden, S. 80–83
  Strategie: Wörter verlängern und zerlegen
  Strategie: Wörter ableiten und merken
  Einen Fehlertext mit Hilfe von Strategien überarbeiten
  Teste dich! – Strategien anwenden
- Rechtschreibung verstehen – Regeln anwenden, S. 84–89
  Doppelte Konsonanten – Achte auf die erste Silbe
  Wörter mit *h* – Wenn die erste Silbe offen ist …
  ss und *ß* in einer Wortfamilie – Achte auf die erste Silbe
  i oder *ie*? – Achte auf die Silbenzahl
  Fremdwörter erkennen – Wörter mit *ph, th, ch* und *y*
  Teste dich! – Dein Regelwissen
- Zusammen- und Getrennt-, Groß- und Kleinschreibung – Achte auf die Wortarten, S. 90–97
  ●○○ Zusammenschreibung – *Pfandflaschen zurückgeben*
  ●●● Zusammenschreibung – *Kaffeeeinkäufer, die schwarzfahren*
  Getrenntschreibung – *Regeln beachten, die man leicht lernt*
  Getrenntschreibung – *Sicher sein, bevor man Texte schreibt*
  Nomen erkennen und großschreiben
  Teste dich! – Getrennt-, Zusammen- und Großschreibung
- Zeichensetzung – Zitate und Kommaregeln, S. 98–102
  ●○○, ●●● Zeichensetzung bei Zitaten
  ●○○ Das Komma in Satzgefügen – *Das Fahrrad, das ich fahre*
  ●●● Das Komma in Satzgefügen – *Cafés, in denen repariert wird*
  Teste dich! – Satzgefüge und Zitate

Deutschbuch Lern- und Arbeitsheft 9
für Lernende mit erhöhtem Förderbedarf im inklusiven Unterricht
- Rechtschreibung, Seite 142–153

Klassenarbeit A – Strategieorientierte Textüberarbeitung

Der folgende Text ist noch fehlerhaft und muss überarbeitet werden.

Aufgabenstellung

1 a Lies den Textabschnitt A. Finde die Fehler in den markierten Wörtern.

A Eine Givebox ist nicht viel größer als eine Telefonzelle und kann überall in Städten und Stadtteilen **auf gebaut** werden. Voraussetzung ist allerdings, dass man sich eine Erlaubnis für das **aufstellen** holt. In ihr findet man Bücher, Schallplatten, CDs, Klamotten, Schuhe, Blumentöpfe – kurz alles, was man nach dem **aufräumen** nicht mehr braucht und zu schade zum **wegwerfen** findet. **Lekt** man es hier ab,
5 kann man darauf hoffen, dass diese Teile einen neuen Abnehmer finden. Umgekehrt kann man in einer Givebox auch **nach schauen**, ob man etwas findet, das man selbst gerne hätte, sich aber nicht **kaufenmöchte**. Von diesem **tauschen lept** die Idee der Giveboxen, und sie braucht Menschen, die den Ort nutzen, sich für ihn verantwortlich fühlen und dem **vermüllen** von Anfang an **entgegen treten**.

b Korrigiere die Fehler und trage sie in die entsprechende Tabellenspalte ein.

Verlängern	Großschreibung	Zusammen/Getrennt

2 a Lies den Textabschnitt B. Markiere die Fehler.

B Die Idee zu den Givboxen hatte ein junges Paar in Berlin, und gebaut wurde das erste Exemplar im
10 August 2011. Seither sind Givboxen in vielen Stedten Deutschlands errichtet worden. Über soziale Netzwerke wird die Idee weiter getragen. Hier findet man interessierte, die mit machen. Hier findet man auch die Bauanleitung für eine der mannshohen Tausch Zentralen.
Die Buden zum geben und nehmen erfreuen sich großer Beliebtheit, was aber nicht nur am tauschen selbst liegt. Sie stehen für eine Haltung, dass immer mehr Menschen die Wegwerf Gesellschaft ableh-
15 nen und nicht einsehen, dass sie gute Produkte vernichten sollen, wenn jemand anderer sie noch nutzen kann. An den Giveboxen treffen sich Menschen mit dieser einstellung. Haben sie vorher oft Tür an Tür gewohnt, ohne Kontakt zu haben, kommen sie hier miteinander ins Gespräch. Zu jedem Heuschen gehören auch eine Pinnwand und ein Gestebuch. Hier kann man sich mit Tauschfreunden verständigen, etwas anbieten oder sich auch bedanken.
20 Die Idee mit dem verschenken von Sachen, die man nicht mehr braucht, ist inzwischen weiterentwickelt: Giveboxen gibt es nun auch schon für Lebensmittel, die man verschenkt, statt sie weg zu werfen.

Frei nach: www.derweg.org/divers/info/impressum.html [12.02.2016]

b Nimm eine Fehleranalyse vor. Trage die korrigierten Wörter in die richtige Tabellenspalte ein.

Ableiten	Großschreibung	Zusammen/Getrennt

3 Viele Fehler in den Texten A und B weisen Unsicherheiten in der Großschreibung auf.
   a Kreuze an, welchem Fehlerschwerpunkt sie zuzuordnen sind:
   ☐ Nomen ☐ Nominalisierung von Adjektiven ☐ Nominalisierung von Verben
   b Erkläre, wie man mit Hilfe der Begleiter oder der Nomenproben bei diesem Problem Sicherheit gewinnen kann. Nutze diesen Beispielsatz:

> Das Verschenken macht Spaß, beim Abgeben von Überflüssigem macht man sich und anderen eine Freude.

Tipp: Hilfen kannst du im Wortspeicher finden.

- Artikelprobe, Adjektivprobe, Zählprobe
- Nominalisierung, wie ein Nomen gebraucht
- typische Begleiter

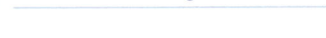

Klassenarbeit B – Strategieorientierte Textüberarbeitung

Der folgende Text ist noch fehlerhaft und muss überarbeitet werden.

Aufgabenstellung

1 a Lies den Textabschnitt A. Finde die Fehler in den markierten Wörtern.

A Eine Givebox ist nicht viel größer als eine Telefonzelle und kann überall in Städten und Stadtteilen **auf gebaut** werden. Voraussetzung ist allerdings, dass man sich eine Erlaubnis für das **aufstellen** holt. In ihr findet man Bücher, Schallplatten, CDs, Klamotten, Schuhe, Blumentöpfe – kurz alles, was man nach dem **aufräumen** nicht mehr braucht und zu schade zum **wegwerfen** findet. **Lekt** man es hier ab,
5 kann man darauf hoffen, dass diese Teile einen neuen Abnehmer finden. Umgekehrt kann man in einer Givebox auch **nach schauen**, ob man etwas findet, das man selbst gerne hätte, sich aber nicht **kaufen-möchte**. Von diesem **tauschen lept** die Idee der Giveboxen, und sie braucht Menschen, die den Ort nutzen, sich für ihn verantwortlich fühlen und dem **vermüllen** von Anfang an **entgegen treten**.

b Korrigiere die Fehler und trage sie in die entsprechende Tabellenspalte ein.

Verlängern	Großschreibung	Getrennt/Zusammen

2 a Lies den Textabschnitt B. Finde die Fehler in den markierten Wörtern.

B Die Idee zu den **Givboxen** hatte ein junges Paar in Berlin, und gebaut wurde das erste Exemplar im
10 August 2011. Seither sind **Givboxen** in vielen **Stedten** Deutschlands errichtet worden. Über soziale Netzwerke wird die Idee **weiter getragen**. Hier findet man **interessierte**, die **mit machen**. Hier findet man auch die Bauanleitung für eine der mannshohen **Tausch Zentralen**.
Die Buden zum **geben** und **nehmen** erfreuen sich großer Beliebtheit, was aber nicht nur am **tauschen** selbst liegt. Sie stehen für eine Haltung, dass immer mehr Menschen die **Wegwerf Gesellschaft** ableh-
15 nen und nicht einsehen, dass sie gute Produkte vernichten sollen, wenn jemand anderer sie noch nutzen kann. An den Giveboxen treffen sich Menschen mit dieser **einstellung**. Haben sie vorher oft Tür an Tür gewohnt, ohne Kontakt zu haben, kommen sie hier miteinander ins Gespräch. Zu jedem **Heuschen** gehören auch eine Pinnwand und ein **Gestebuch**. Hier kann man sich mit Tauschfreunden verständigen, etwas anbieten oder sich auch bedanken.
20 Die Idee mit dem **verschenken** von Sachen, die man nicht mehr braucht, ist inzwischen weiterentwickelt: Giveboxen gibt es nun auch schon für Lebensmittel, die man verschenkt, statt sie **weg zu werfen**.

Frei nach: www.derweg.org/divers/info/impressum.html [12.02.2016]

b Nimm eine Fehleranalyse vor. Trage die korrigierten Wörter in die richtige Tabellenspalte ein.

Ableiten	Großschreibung	Getrennt/Zusammen

3 Viele Fehler in den Texten A und B weisen Unsicherheiten in der Großschreibung auf.

a Kreuze an, welchem Fehlerschwerpunkt sie zuzuordnen sind:

☐ Nomen ☐ Nominalisierung von Adjektiven ☐ Nominalisierung von Verben

b Erkläre, wie man mit Hilfe der Begleiter oder der Nomenproben bei diesem Problem Sicherheit gewinnen kann. Nutze diesen Beispielsatz:

> Das Verschenken macht Spaß, beim Abgeben von Überflüssigem macht man sich und anderen eine Freude.

Tipp: Hilfen kannst du im Wortspeicher finden.

- Artikelprobe, Adjektivprobe, Zählprobe
- Nominalisierung, wie ein Nomen gebraucht
- typische Begleiter

12 Rechtschreibung – Texte überarbeiten — Deutschbuch 9

Klassenarbeit A – Eine Argumentation überarbeiten: Kommaregeln

Aufgabenstellung

Im Folgenden geht es um eine Argumentation zum Thema „Urbanes Stricken".
Die Texte der Schüler A und B zeigen, dass sie unterschiedlicher Meinung sind.
Lies zunächst die Textabschnitte und die Aufgaben, bevor du sie löst.

1 Überarbeite die Einleitungen der beiden Schüler.

   a Trage in die Lücken ein: *das* oder *dass*.

   b Setze die fehlenden Kommas.

Urbanes Stricken

A 1 Das urbane Stricken bedeutet _____ Objekte in der Stadt mit bunten Garnen umstrickt oder umhäkelt werden. 2 _____ wird vor allem von Strickerinnen gemacht man kann sogar von einer weiblichen Form der Graffiti sprechen. 3 Aber anders als Graffiti beschädigen sie ja die Gegenstände nicht deshalb kann ich nicht verstehen _____ die urbane Strickerei nicht erlaubt ist.

B 4 Es ist eine moderne Form des Handarbeitens _____ man in der Stadt für Objekte die man für hässlich hält mit bunten Garnen ein Mäntelchen häkelt oder strickt. 5 Im eigenen Garten kann man _____ ja machen aber im öffentlichen Raum sollte es nicht erlaubt sein.

   c Ordne den Kommaregeln jeweils einen Satz zu. Notiere die Satznummer.

   Kommasetzung im Satzgefüge: _____ in der Satzreihe: _____

2 Hier findest du eine ungeordnete Argumentenliste zum Thema „Urbanes Stricken":

   a Ordne sie nach ihrer Haltung. Notiere die Satznummern.

   Für die Meinung von Schüler A sprechen die Sätze _____

   Für die Meinung von Schüler B sprechen die Sätze _____

   b Ergänze die fehlenden Satzzeichen.

   c Setze *das* oder *dass* in die Lücken.

1 Ich finde _____ es die grauen Städte fröhlicher macht wenn sie mit bunten Garnen verziert werden. 2 Ich meine _____ man _____ im eigenen Garten gerne tun kann denn _____ ist privater Raum. 3 Es ist nicht zu viel verlangt _____ man fragen muss ob man diese Aktion machen darf denn es gibt halt Vorschriften die von allen eingehalten werden müssen. 4 Meiner Meinung

Autorin: Agnes Fulde

Klassenarbeit 2, Seite 1

nach ist _____ Bestricken der Objekte eine friedliche Aktion weil es möglich ist _____ alle Stricksachen wieder abgenommen werden können ohne _____ _____ Objekt beschädigt wird. **5** Ich finde es toll _____ Frauen unterschiedlichen Alters ein gemeinsames Projekt verfolgen _____ etwas Farbe ins Grau der Städte bringt.

3 Die Schüler A und B haben je ein Argument der Gegenposition entkräftet.
  a Ordne die Texte dem jeweiligen Autor zu.

Autor von Text 1 ist Schüler _____.	Autor von Text 2 ist Schüler _____.
Text 1 Viele Menschen finden die bunten Maschen an Bäumen, Verkehrsschildern, Häusern, Türklinken und Denkmälern witzig. Ich kann auch die Ablehnung des Strickens in der Stadt verstehen. Die Farben werden oft wahllos zusammengestellt. Da ist der pure Beton wirklich manchmal schöner.	Text 2 Nicht jeder findet die Strickereien an Bäumen, Verkehrsschildern, Häusern, Türklinken und Denkmälern schön. Unsere Städte haben manchmal so hässliche Ecken. Da tut etwas Farbe dem Auge gut. Die hässlichen Objekte in der Stadt muss man sich lange ansehen. Sie haben eine lange Lebensdauer. Die gestrickten Verhüllungen leben dagegen nur kurz. Sie geben das Objekt dann unbeschädigt wieder frei.

  b Die Texte bestehen nur aus unverbundenen Hauptsätzen.
  Formuliere jeweils die ersten Sätze zu einer guten Einleitung für die Entkräftung um.
  c Überarbeite die übrigen Sätze, indem du sie zu Satzreihen oder Satzgefügen verbindest.
  Vermeide Rechtschreibfehler und setze die Kommas.

Text 1: _____

– Ich kann verstehen, aber …
– Ich denke, dass …
– Ich weiß, dass …
  Dennoch …

Text 2: _____

12 Rechtschreibung – Texte überarbeiten

Klassenarbeit B:
Eine Argumentation überarbeiten – Kommaregeln

Aufgabenstellung

Im Folgenden geht es um eine Argumentation zum Thema „Urbanes Stricken".
Die Texte der Schüler A und B zeigen, dass sie unterschiedlicher Meinung sind.
Lies zunächst die Textabschnitte und die Aufgaben, bevor du sie löst.

1 Überarbeite die Einleitungen der beiden Schüler.

a Trage in die Lücken ein: *das* oder *dass*.

b Welche der hinter den Sätzen angegebenen Kommaregeln stimmt?
Streiche jeweils den falschen Buchstaben durch:
A Kommasetzung im Satzgefüge – **B** Kommasetzung in der Satzreihe

Urbanes Stricken

> **A** **1** Das urbane Stricken bedeutet _____ Objekte in der Stadt mit bunten Garnen umstrickt oder umhäkelt werden. (A/B) **2** _____ wird vor allem von Strickerinnen gemacht, man kann sogar von einer weiblichen Form der Graffiti sprechen. (A/B) **3** Aber anders als Graffiti beschädigen sie ja die Gegenstände nicht. Deshalb kann ich nicht verstehen, _____ die urbane Strickerei nicht erlaubt ist. (A/B)

> **B** **4** Es ist eine moderne Form des Handarbeitens, _____ man in der Stadt für Objekte, die man für hässlich hält, mit bunten Garnen ein Mäntelchen häkelt oder strickt. (A/B) **5** Im eigenen Garten kann man _____ ja machen, aber im öffentlichen Raum sollte es nicht erlaubt sein. (A/B)

2 Hier findest du eine ungeordnete Argumentenliste zum Thema „Urbanes Stricken":

a Ordne sie nach ihrer Haltung. Notiere die Satznummern.

Für die Meinung von Schüler A sprechen die Sätze _____

Für die Meinung von Schüler B sprechen die Sätze _____

b Ergänze die fehlenden Satzzeichen.

c Setze *das* oder *dass* in die Lücken.

1 Ich finde _____ es die grauen Städte fröhlicher macht wenn sie mit bunten Garnen verziert werden. **2** Ich meine _____ man _____ im eigenen Garten gerne tun kann denn _____ ist privater Raum. **3** Es ist nicht zu viel verlangt _____ man fragen muss ob man diese Aktion machen darf denn es gibt halt Vorschriften die von allen eingehalten werden müssen. **4** Meiner Meinung nach ist _____ Bestricken der Objekte eine friedliche Aktion weil es möglich ist _____ alle Stricksachen wieder abgenommen werden können ohne _____ _____ Objekt beschädigt wird. **5** Ich finde es toll _____ Frauen unterschiedlichen Alters ein gemeinsames Projekt verfolgen _____ etwas Farbe ins Grau der Städte bringt.

3 Die Schüler A und B haben je ein Argument der Gegenposition entkräftet.
  a Ordne die Texte dem jeweiligen Autor zu.

Autor von Text 1 ist Schüler _____.	Autor von Text 2 ist Schüler _____.
Text 1 <u>Viele Menschen finden die bunten Maschen an Bäumen, Verkehrsschildern, Häusern, Türklinken und Denkmälern witzig. Ich kann auch die Ablehnung des Strickens in der Stadt verstehen.</u> Die Farben werden oft wahllos zusammengestellt. Da ist der pure Beton wirklich manchmal schöner.	Text 2 <u>Nicht jeder findet die Strickereien an Bäumen, Verkehrsschildern, Häusern, Türklinken und Denkmälern schön.</u> Unsere Städte haben manchmal so hässliche Ecken. Da tut etwas Farbe dem Auge gut. Die hässlichen Objekte in der Stadt haben eine lange Lebensdauer. Die gestrickten Verhüllungen leben dagegen nur kurz. Sie geben das Objekt dann unbeschädigt wieder frei.

  b Verbinde die unterstrichenen Sätze in Text 1. Nutze die Konjunktion „aber".
  c Bilde aus den nicht unterstrichenen Sätzen in Text 1 ein Satzgefüge.
  d Bilde den unterstrichenen Satz in Text 2 zu einer guten Einleitung für die Entkräftung um.
      Nutze dazu die Formulierung: *Ich verstehe ja, …*
  e Verbinde die übrigen vier Sätze in Text 2 zu Satzreihen oder Satzgefügen.
      Nutze *und, aber, weil, da …*

Text 1: _____

Text 2: _____

Strategie- und Regelfehler

1 a Lies den Text. Markiere die Fehler.

Die neue Lust am teilen

Schon immer haben die Menschen Tauschhandel betriben: Das passirte vor allem in der Nachbarschaft, wo man solche Dinge teilte, die sich nicht jeder leisten konnte. Bevor man sich etwas anschaffte, was der Nachbar schon hatte, kaufte man etwas anderes, das man auch dem Nachbarn zum tauschen anbiten konnte. In den Jahren wirtschaftlichen Wachstums, als es allen gut ging, kaufte man selbst, was man
5 brauchte, und das leihen und verleihen kam aus der Mode. Jetzt ist das systematische teilen auf einmal wieder angesagt und kann durch Internet und Smartphone gut organisiert werden. Der Raum, in dem ausgeliehen werden kann, wird grösser.

b Trage die korrigierten Wörter in die richtige Tabellenspalte ein.

Wörter mit *i/ie*	Wörter mit *ß*	Großschreibung

Notiere den Fehlerschwerpunkt in diesem Abschnitt: _____

Immer mehr Menschen wollen nicht mehr alles kaufen, was sie brauchen, sondern wollen mindestens das, was man nicht immer braucht, teilen indem, sie es ausleihen oder verleihen. Für sie ist nicht mehr
10 der besitz von Waren wichtig, sondern der nutzen, den sie davon haben. Vor allem bei jungen Leuten kann man mittlerweile von einer echten bewegung der Share Economy sprechen. Menschen, die mit anderen teilen, begründen ihr verhalten mit der Kostenersparnis für sie selbst, aber auch mit Umweltverträglichkeit und Verantwortung für die Zukunft. Dieses verhalten verändert die Wirtschaft. Einerseits wird nicht mehr so viel gekauft, andererseits können sich aus der Organisation des teilens neue
15 Firmen entwickeln, die das austauschen der Produkte organisieren. Der verleihende kann durch das verleihen Geld verdienen, der leihende kann eine Leistung günstiger bekommen. Es gibt aber auch ganz viele Menschen, die sich einiges einfallen lassen, um den Tausch von Waren, der früher in ländlicher Nachbarschaft normal war, auch in den anonymeren Städten kostenlos zu organisieren.

2 a Finde fünf Wörter im Text, die man verlängern muss, um die Schreibweise zu begründen. Schreibe sie mit ihrer Verlängerungsform auf.

_____

b Schreibe drei Ableitungswörter mit ihrem Beweiswort auf.

_____

c Markiere im Text die Fehler in der Großschreibung.
d Kreise vier Nomen mit einer typischen Nomenendung ein.

Autorin: Agnes Fulde

Strategie- und Regelfehler

1 a Lies den Text. Finde die Fehler in den **fett** gedruckten Wörtern.

Die neue Lust am **teilen**

Schon immer haben die Menschen Tauschhandel **betriben**: Das **passirte** vor allem in der Nachbarschaft, wo man solche Dinge teilte, die sich nicht jeder leisten konnte. Bevor man sich etwas anschaffte, was der Nachbar schon hatte, kaufte man etwas anderes, das man auch dem Nachbarn zum **tauschen anbiten** konnte. In den Jahren wirtschaftlichen Wachstums, als es allen gut ging, kaufte man selbst, was
5 man brauchte, und das **leihen** und **verleihen** kam aus der Mode. Jetzt ist das systematische **teilen** auf einmal wieder angesagt und kann durch Internet und Smartphone gut organisiert werden. Der Raum, in dem ausgeliehen werden kann, wird **grösser**.

b Trage die korrigierten Wörter in die richtige Tabellenspalte ein.

Wörter mit *i/ie*	Wörter mit *ß*	Großschreibung

Notiere den Fehlerschwerpunkt in diesem Abschnitt: _____

Immer mehr Menschen wollen nicht mehr alles kaufen, was sie brauchen, sondern wollen mindestens das, was man nicht immer braucht, teilen indem, sie es ausleihen oder verleihen. Für sie ist nicht mehr
10 der besitz von Waren wichtig, sondern der nutzen, den sie davon haben. Vor allem bei jungen Leuten kann man mittlerweile von einer echten bewegung der Share Economy sprechen. Menschen, die mit anderen teilen, begründen ihr verhalten mit der Kostenersparnis für sie selbst, aber auch mit Umweltverträglichkeit und Verantwortung für die Zukunft. Dieses verhalten verändert die Wirtschaft. Einerseits wird nicht mehr so viel gekauft, andererseits können sich aus der Organisation des teilens neue
15 Firmen entwickeln, die das austauschen der Produkte organisieren. Der verleihende kann durch das verleihen Geld verdienen, der leihende kann eine Leistung günstiger bekommen. Es gibt aber auch ganz viele Menschen, die sich einiges einfallen lassen, um den Tausch von Waren, der früher in ländlicher Nachbarschaft normal war, auch in den anonymeren Städten kostenlos zu organisieren.

2 a Finde fünf Wörter im Text, die man verlängern muss, um die Schreibweise zu begründen. Schreibe sie mit ihrer Verlängerungsform auf.

_____

b Schreibe drei Ableitungswörter mit ihrem Beweiswort auf.

_____

c Markiere im Text die Fehler in der Großschreibung. Unterstreiche die Begleiter.

d Kreise vier Nomen mit einer typischen Nomenendung ein.

Strategie- und Regelfehler

1 a Finde die Fehler in den neun **fett** gedruckten Wörtern.

Die neue Lust am **teilen**

Schon immer haben die Menschen Tauschhandel **betriben**: Das **passirte** vor allem in der Nachbarschaft, wo man solche Dinge teilte, die sich nicht jeder leisten konnte. Bevor man sich etwas anschaffte, was der Nachbar schon hatte, kaufte man etwas anderes, das man auch dem Nachbarn zum **tauschen anbiten** konnte. In den Jahren wirtschaftlichen Wachstums, als es allen gut ging, kaufte man selbst, was
5 man brauchte, und das **leihen** und **verleihen** kam aus der Mode. Jetzt ist das systematische **teilen** auf einmal wieder angesagt und kann durch Internet und Smartphone gut organisiert werden. Der Raum, in dem ausgeliehen werden kann, wird **grösser**.

b Trage die korrigierten Wörter in die richtige Tabellenspalte ein.

Wörter mit *i/ie*	Wörter mit ß	Großschreibung

Kreuze den Fehlerschwerpunkt in diesem Abschnitt an:

☐ *i/ie*-Schreibung   ☐ ß-Schreibung   ☐ Großschreibung

Immer mehr Menschen wollen nicht mehr alles kaufen, was sie brauchen, sondern wollen das, was man nicht immer braucht, teilen, indem sie es ausleihen oder verleihen. Für sie ist nicht mehr der <u>Besitz</u> von
10 Waren <u>wichtig</u>, sondern der <u>Nutzen</u>, den sie davon haben. Vor allem bei jungen Leuten <u>kann</u> man mittlerweile von einer echten <u>Bewegung</u> der Share Economy sprechen. Menschen, die mit anderen teilen, begründen ihr <u>Verhalten</u> mit der Kostenersparnis für sie <u>selbst</u>, aber auch mit Umweltverträglichkeit und Verantwortung für die Zukunft. Dieses <u>Verhalten</u> verändert die Wirtschaft. Einerseits wird nicht mehr so viel gekauft, andererseits können sich aus der Organisation des <u>Teilens</u> neue Firmen entwi-
15 ckeln, die das <u>Austauschen</u> der Produkte organisieren. Der <u>Verleihende</u> kann durch das <u>Verleihen</u> Geld verdienen, der <u>Leihende</u> kann eine Leistung günstiger bekommen. Es <u>gibt</u> aber auch ganz viele Menschen, die sich einiges einfallen lassen, um den Tausch von Waren, der früher in ländlicher Nachbarschaft normal war, auch in den anonymeren Städten kostenlos zu organisieren.

2 a Schreibe die grau unterlegten Wörter mit ihrem Verlängerungswort auf.

_____

b Finde 3 Ableitungswörter. Begründe die Schreibung mit *ä* durch ein Ableitungswort.

_____

c Markiere den Begleiter der 9 <u>unterstrichenen</u> Verben, die wie Nomen verwendet werden.

d Kreise 4 Nomen mit einer typischen Nomenendung ein: *-heit, -keit, -schaft, -nis …*

Autorin: Agnes Fulde

Deutschbuch 9 — 12 Rechtschreibung – Texte überarbeiten

Zeichensetzung

Stricken, Häkeln und Nähen waren früher etwas für Langweiler, aber heute ist das Handarbeiten bei vielen jungen Leuten wieder modern. (____ und ____)
Bei vielen geht es aber nicht um Socken, Pullover, Schals und Mützen, sondern um das Umstricken von Objekten im öffentlichen Raum. (____ und ____)
5 Dieser Trend heißt „Urban Knitting", kommt aus den USA, wurde 2005 von einer jungen Frau gegründet und breitet sich in vielen Großstädten der Erde aus. (____)
Heute gibt es richtige Strickgemeinschaften, in denen ganz junge und ganz alte Menschen zusammen stricken. (____)
Eine alte Frau meint: „Stricken konnte ich schon immer, fand es aber langweilig. Doch jetzt hat es für
10 mich einen Sinn und macht richtig Spaß." (____)

1 Schreibe hinter die Sätze, nach welchen Kommaregeln die Kommas gesetzt sind.
   A Komma bei Aufzählungen von Wortgruppen und Satzreihen
   B Komma vor Verknüpfungen, die einen Gegensatz einleiten
   C Komma bei Satzgefügen
   D Zeichensetzung bei Zitaten

Die Ziele der Strickerinnen sind sehr unterschiedlich. Einige finden _____ mit ihren Produkten die Stadt schöner und bunter wird. (____) Andere wollen dafür demonstrieren _____ bestimmte Dinge ihrer Meinung nach verbessert werden müssen. (____)
Bei einer Aktion zogen Strickerinnen z. B. einem Denkmal des Patrons der Albertus-Magnus-Universi-
15 tät in Köln weiße Stulpen mit roten Herzen über. Damit wollten sie darauf aufmerksam machen _____ die Universität zu wenig Herz für die Studierenden zeigt. (____) Eine der beteiligten Studentinnen heißt anonym „Strick" und sie muss auch anonym bleiben weil solche Aktionen eigentlich verboten sind. (____) Strick und ihre Mitstrickerinnen finanzieren alle Aktionen aus eigenen Mitteln.
Wir nehmen keine Geldspenden an denn wir wollen unabhängig bleiben sagt Strick. (____ und ____)
20 Nur Wollspenden sind willkommen. Wir brauchen dringend gelbe und schwarze Wolle weil wir viele Anti Atomkraft Aktionen machen wollen. (____ und ____)

Frei nach: www.welt.de/print/wams/nrw/article109247714/Stricken-fuer-eine-bessere-Welt.html [12.02.2016];
Welt am Sonntag/NRW, Ausgabe 38, Seite 13

2 a Setze im Text die fehlenden Kommas.
   b Schreibe hinter die Sätze den Buchstaben der zutreffenden Kommaregel aus Aufgabe 1.
   c Markiere die Sätze, in denen die Redezeichen für die wörtliche Rede fehlen.
   d Entscheide, ob in den Lücken „das" oder „dass" fehlt.
   e In zwei Wortgruppen muss man Bindestriche setzen, weil die Wörter zusammengehören. Unterstreiche sie und setze die Zeichen.

3 Markiere den Satz, in dem man ein Komma mehr setzen könnte, aber nicht muss. Begründe.

_____

4 Formuliere eines der Satzgefüge zu einer Satzreihe um.

_____

Autorin: Agnes Fulde

Zeichensetzung

1 Stricken, Häkeln und Nähen waren früher etwas für Langweiler, aber heute ist das Handarbeiten bei vielen jungen Leuten wieder modern.
2 Bei vielen geht es aber nicht um Socken, Pullover, Schals und Mützen, sondern um das Umstricken von Objekten im öffentlichen Raum.
3 Dieser Trend heißt „Urban Knitting", kommt aus den USA, wurde 2005 von einer jungen Frau gegründet und breitet sich in vielen Großstädten der Erde aus.
4 Heute gibt es richtige Strickgemeinschaften, in denen ganz junge und ganz alte Menschen zusammen stricken.
5 Eine alte Frau meint: „Stricken konnte ich schon immer, fand es aber langweilig. Doch jetzt hat es für mich einen Sinn und macht richtig Spaß."

1 a Lies den Text und achte auf die Kommasetzung.
   b Ordne die Sätze diesen Kommaregeln zu. (Mehrfachnennungen sind möglich.)

   A Komma bei Aufzählungen von Wortgruppen und Satzreihen: Satz _____

   B Komma vor Verknüpfungen, die einen Gegensatz einleiten: Satz _____

   C Komma bei Satzgefügen: Satz _____

   D Zeichensetzung bei Zitaten: Satz _____

Die Ziele der Strickerinnen sind sehr unterschiedlich. Einige finden _____ mit ihren Produkten die Stadt schöner und bunter wird. (C) Andere wollen dafür demonstrieren _____ bestimmte Dinge ihrer Meinung nach verbessert werden müssen. (C)
Bei einer Aktion zogen Strickerinnen z. B. einem Denkmal des Patrons der Albertus-Magnus-
5 Universität in Köln weiße Stulpen mit roten Herzen über. Damit wollten sie darauf aufmerksam machen _____ die Universität zu wenig Herz für die Studierenden zeigt. (C) <u>Eine der beteiligten Studentinnen heißt anonym „Strick" und sie muss auch anonym bleiben weil solche Aktionen eigentlich verboten sind.</u> (C) Strick und ihre Mitstrickerinnen finanzieren alle Aktionen aus eigenen Mitteln. Wir nehmen keine Geldspenden an denn wir wollen unabhängig bleiben sagt Strick. (A und D) Nur Wollspenden
10 sind willkommen. Wir brauchen dringend gelbe und schwarze Wolle weil wir viele Anti Atomkraft Aktionen machen wollen. (C und D)

Frei nach: www.welt.de/print/wams/nrw/article109247714/Stricken-fuer-eine-bessere-Welt.html [12.02.2016];
Welt am Sonntag/NRW, Ausgabe 38, Seite 13

2 a Setze im Text die fehlenden Kommas.
   b In den markierten Sätzen fehlen die Redezeichen für die wörtliche Rede. Setze sie.
   c Entscheide, ob in den Lücken „das" oder „dass" fehlt.
   d In zwei Wortgruppen muss man Bindestriche setzen, weil die Wörter zusammengehören. Unterstreiche sie und setze die Zeichen.

3 In dem unterstrichenen Satz kann man ein oder zwei Kommas setzen.
Welche Regel gilt für das zweite Komma? (___)

4 Formuliere den letzten Satz zu einer Satzreihe um.

Zeichensetzung

1 Stricken, Häkeln und Nähen waren früher etwas für Langweiler, aber heute ist das Handarbeiten bei vielen jungen Leuten wieder modern.
2 Bei vielen geht es aber nicht um Socken, Pullover, Schals und Mützen, sondern um das Umstricken von Objekten im öffentlichen Raum.
3 Dieser Trend heißt „Urban Knitting", kommt aus den USA, wurde 2005 von einer jungen Frau gegründet und breitet sich in vielen Großstädten der Erde aus.
4 Heute gibt es richtige Strickgemeinschaften, in denen ganz junge und ganz alte Menschen zusammen stricken.
5 Eine alte Frau meint: „Stricken konnte ich schon immer, fand es aber langweilig. Doch jetzt macht es richtig Spaß."

1 a Lies den Text und achte auf die Kommasetzung.

b Finde je einen Satz, in dem diese Kommaregeln vorkommen:

A Komma bei Aufzählungen von Wortgruppen und Satzreihen: Satz _____

B Komma vor Verknüpfungen, die einen Gegensatz einleiten: Satz _____

C Komma bei Satzgefügen: Satz _____

D Zeichensetzung bei Zitaten: Satz _____

Die Ziele der Strickerinnen sind sehr unterschiedlich. Einige finden, _____ mit ihren Produkten die Stadt schöner und bunter wird. (C) Andere wollen dafür demonstrieren, _____ bestimmte Dinge ihrer Meinung nach verbessert werden müssen. (C) Bei einer Aktion zogen Strickerinnen z. B. einem Denkmal des Patrons der Albertus-Magnus-Universität weiße Stulpen mit roten Herzen über. Damit
5 wollten sie darauf aufmerksam machen, _____ die Universität zu wenig Herz für die Studierenden zeigt. (C) Eine der beteiligten Studentinnen heißt anonym „Strick"(,) und sie muss auch anonym bleiben, weil solche Aktionen eigentlich verboten sind. (A und C) Strick und ihre Mitstrickerinnen finanzieren alle Aktionen aus eigenen Mitteln. Wir nehmen keine Geldspenden an, denn wir wollen unabhängig bleiben, sagt Strick. (A und D) Nur Wollspenden sind willkommen. Wir brauchen dringend
10 gelbe und schwarze Wolle, weil wir viele Anti Atomkraft Aktionen machen wollen. (C und D)

Frei nach: www.welt.de/print/wams/nrw/article109247714/Stricken-fuer-eine-bessere-Welt.html [12.02.2016];
Welt am Sonntag/NRW, Ausgabe 38, Seite 13

2 a Prüfe, ob die angegebenen Regeln für die Kommasetzung zutreffen. Korrigiere bei Fehlern.

b Im markierten Satz fehlen die Redezeichen für die wörtliche Rede. Setze sie.

c Entscheide, ob in den Lücken „das" oder „dass" fehlt.

d Finde zwei Wortgruppen, in denen man Bindestriche setzen muss, weil die Wörter zusammengehören. Unterstreiche sie und setze die Zeichen.

3 In dem unterstrichenen Satz <u>kann</u> man das Komma vor „und" setzen.
Kreuze die richtige Begründung an:
☐ Vor „und" steht immer ein Komma.
☐ Vor „und" kann ein Komma stehen, wenn es einen Nebensatz einleitet.
☐ Vor „und" kann ein Komma stehen, wenn es einen Hauptsatz einleitet.

4 Formuliere den letzten Satz zu einer Satzreihe um. Nutze „denn" oder „da".

Diagnose: Strategien und Regeln

1 Um die Schreibweisen von Wörtern zu erklären, kann man Strategien nutzen.

a Markiere die Stellen, an denen die Laut-Buchstaben-Zuordnung nicht eindeutig ist.

> bringt – zählen – lernen – muss – jährlich – denken – Möglichkeit – meinen – bekommt – verändern – Landtag – grundlos – bewirken – wählen – der Grund – gemeinsam – Burgfrieden

b Ordne die Wörter bei der hilfreichen Strategie ein.

Schwingen	Verlängern	Zerlegen	Ableiten

2 Zusammen oder getrennt?

a Schreibe die Wortverbindungen, die zusammengeschrieben werden, richtig.

> zu einer Party dazu kommen – dabei sein – Schokolade essen – beim Rasen mähen – bei einem Projekt zusammen arbeiten – die Zutaten zusammen rühren – beim Kuchen essen – schwimmen gehen – Reden schwingen – vom Eis essen kommen

_____

_____

_____

_____

b Kreuze die zutreffende Aussage an:

☐ Ich kenne die Regel zur Zusammenschreibung.

☐ Ich schreibe nach Gefühl zusammen oder getrennt.

3 Nomen und Nominalisierungen

a Unterstreiche die großzuschreibenden Nomen.

b Markiere die Nominalisierungen farbig.

„Das engagieren für eine soziale sache ist motivation für das eigene leben. Man wird für sein handeln belohnt, und dass man den erfolg seiner arbeit sieht, hat etwas sehr erfreuliches. Auch das brennen für eine sache ist eine tolle erfahrung, die für die eigene persönlichkeit etwas wertvolles bewirkt. Man lernt: Das verändern einer sache ist wichtiger als das ständige meckern über sie."

Das verstehen dieses textes wird dadurch erschwert, dass er über die maßen viele nominalisierungen enthält. Das wirkt nicht elegant, nutzt aber der überprüfung der kenntnisse zum identifizieren der Nomen.

Deutschbuch 9 — 12 Rechtschreibung – Texte überarbeiten

Diagnose: Zeichensetzung

1 Prüfe, welche Schulnamen zusammengeschrieben bzw. mit einem Bindestrich verbunden werden. Schreibe sie richtig auf.

> Geschwister Scholl Schule – Erich Kästner Schule – Regenbogen Schule –
> Edith Stein Gymnasium – die GS Schule – Europa Schule – Nikolaus Schule –
> Wernher von Braun Schule – Nepomuk Gymnasium

_____

_____

_____

2 Zeichensetzung in Satzgefügen und Satzreihen
   a Setze die fehlenden Kommas in den folgenden Sätzen.
   b Schreibe ein A hinter die Satzreihen und ein B hinter die Satzgefüge.

Es ist für viele Jugendliche toll dass sie im Jugendparlament Politik aktiv gestalten können. (____)

Viele Jugendliche sind frustriert aber im Jugendparlament kann man etwas bewirken. (____)

Sie machen die Erfahrung dass sie nicht allein sind mit ihren Anliegen. (____)

Im Jugendparlament können sie die Interessen der Jugendlichen vertreten sie können die politische

Bildung vorantreiben und sie können sich in ihrer Persönlichkeit entwickeln. (____)

3 a Setze die fehlenden Kommas.
   b Trage ein: *dass* oder *das*?

Das Schiff _____ heute in See sticht wurde auf einer Werft in Papenburg gebaut.

Es ist wie immer eine große Attraktion für Schaulustige _____ _____ Schiff vom Stapel läuft.

Es ist für die Umwelt nicht unproblematisch _____ _____ Kreuzfahrtschiff einen so großen

Tiefgang hat weil _____ den Meeresboden in flachen Gewässern aufwühlt.

Umweltschützer setzen sich seit Jahren dafür ein _____ der Schutz der Natur von den Schiffsbau-

ern beachtet werden muss damit die immer größeren Schiffe nicht immer größere Schäden anrichten.

4 Kennzeichne in den folgenden Sätzen das Zitat durch entsprechende Zeichensetzung.

Ich möchte bei meiner Arbeit die Jugendlichen in den Naturschutz einführen meint Jessica.

Jessica sagt Ich möchte den Jugendlichen vermitteln, wie wichtig Naturschutz ist.

Ich möchte den Jugendlichen vermitteln sagt Jessica wie wichtig der Naturschutz ist.

Autorin: Agnes Fulde

13 „Hier rein, da raus?" – Einen Vortrag gestalten

Konzeption des Kapitels

Das abschließende Kapitel des Schülerbands ist dem Einüben wesentlicher Arbeitstechniken gewidmet, die nicht nur im Deutschunterricht von Bedeutung sind. Es knüpft an die 7. Jahrgangsstufe (Kap. 13, Recherchieren und Präsentieren) an und fördert die Kompetenzen der Schüler/-innen bei der Vorbereitung und der Durchführung eines mediengestützten Referats. Dies üben die Lernenden exemplarisch an einem Vortrag zum Thema „Gedächtniskünstler".

Im ersten Teilkapitel (**„Gedächtniskünstler – Informationen erschließen, zusammenfassen und ordnen"**) geht es zunächst um die grundlegenden Arbeitsschritte einer Präsentation. Die Schüler/-innen üben an ausgewählten Texten, diese inhaltlich zu erschließen und für die Präsentation sachgerecht aufzubereiten. In einem nächsten Schritt recherchieren sie selbstständig zum Themenbereich „Lernen" und werten die gefundenen Materialien mit Hilfe der ihnen bekannten Techniken (Schlüsselwörter, Randnotizen, Abschnittsüberschriften) aus. Als neue Technik erlernen sie, Schlüsselwörter mit Oberbegriffen zu bündeln, auf diese Weise ihren Vortrag zu strukturieren und seinen Aufbau in einem Fluss- oder Baumdiagramm zu veranschaulichen.

Das zweite Teilkapitel (**„Mit Power auf den Punkt gebracht! – Bildschirmfolien erstellen"**) leitet die Schüler/-innen an, übersichtliche und anschauliche Bildschirmfolien zu gestalten. Sie untersuchen je ein Positiv- und ein Negativbeispiel hinsichtlich ihrer grundsätzlichen Gestaltung (Textmenge, Abbildungen, Leerräume), ihres inhaltlichen Angebots (Schwerpunktsetzung, Stichworte) sowie ihrer Lesbarkeit (Schrift, Farben) und halten ihre Erkenntnisse in Regeln für einen Vortrag fest. Anschließend erhalten sie Hinweise zur gezielten Gestaltung und Verwendung der wichtigsten drei Bildschirmfolien, mit denen sie die Gliederung ihrer Präsentation dem Publikum vermitteln und so Mitschriften ermöglichen (Einstiegs-, Gliederungs- und Abschlussfolie). Zum Schluss dieses Teilkapitels gestalten sie selbstständig Folien zu einem von ihnen gewählten Thema.

Im letzten Teilkapitel (**„Sicher auftreten – Lebendig vortragen"**) bereiten die Schüler/-innen ihren mediengestützten Vortrag organisatorisch vor. Nach einem Vergleich vorgegebener Moderationskarten auf Inhalt und Übersichtlichkeit erstellen sie selbst Moderationskarten unter Beachtung der Vortragssituation (Fragen an das Publikum, Verteilung von Handzetteln etc.). Übungen zur Einbeziehung des Publikums (Ohröffner und Aufmerksamkeitsanker zur Unterstützung aktiven Zuhörens), die Erstellung eines übersichtlichen Handouts als Grundlage für die Mitschrift der Zuhörer/-innen und die höfliche Formulierung sachlicher Feedbacks sowie die Bewertung eines Vortrags (Bewertungsbogen) runden das Kapitel ab. Am Ende sollen die Schüler/-innen auf der Grundlage des Gelernten selbstständig ein mediengestütztes Referat halten bzw. ein konstruktives Feedback geben und mit Hilfe des Handouts eine einfache Mitschrift anfertigen.

Literaturhinweise

- *Brüning, Ludger:* Methodentraining: Vortragen – Präsentieren – Referieren. Praktische Unterrichtsmaterialien für die Sekundarstufe (5. bis 10. Klasse). Auer Verlag, Donauwörth 2014
- *Budniak, Johann / Oberreuter, Susanne:* Schüler/-innen lernen präsentieren. Mit Beispiel-Präsentationen und Planungshilfe (5. bis 13. Klasse). Persen Verlag, Hamburg 2013
- *Diehl, Renate / Kühne, Joachim:* Methodentraining: Präsentationstechniken. Handlungsorientierte Materialien zum mündlichen und mediengestützten Vortrag (5. bis 10. Klasse). Persen Verlag, Hamburg 2012
- *Greving, Johannes / Paradies, Liane:* Referate vorbereiten und halten. Kompaktwissen Klasse 5–10. Cornelsen Scriptor, Berlin 2009
- *Hartmann, Martin / Funk, Rüdiger / Nietmann, Horst:* Präsentieren. Präsentationen – zielgerichtet und adressatenorientiert. Beltz, Weinheim/Basel ^{9}2012
- *Kruse, Andrea:* Rund um Methoden. Kopiervorlagen für den Deutschunterricht. Hg. v. Ute Fenske. Cornelsen, Berlin 2010
- Präsentationen und Referate. Deutschunterricht 4/2010
- Selbstständig arbeiten – überzeugend präsentieren. Ein Trainingsbuch für die Mittelstufe. Bearb. v. Sigune Barsch-Gollnau u. a. Buchner, Bamberg 2007

Inhalte	Kompetenzen
	Die Schülerinnen und Schüler
S. 258 **13.1 Gedächtniskünstler – Informationen erschließen, zusammenfassen und ordnen**	

S. 258 M1: *Wie funktioniert unser Gedächtnis?*
S. 258 M2: *Die biologischen Voraussetzungen des Lernens*
S. 258 M3: *Die Tricks der Gedächtniskünstler*
	– erschließen Sachtexte inhaltlich, indem sie
	  – Schlüsselwörter markieren,
	  – Randnotizen machen und
	  – Abschnitte zusammenfassen
	– entnehmen Sachtexten zielgenau Informationen für einen Vortrag
	– recherchieren selbstständig Material zu einem vorgegebenen Thema
	– bündeln Informationen durch Bildung von Oberbegriffen zu Schlüsselwörtern
	– bringen die gesammelten Informationen in eine sinnvolle Reihenfolge
	– gliedern einen Vortrag übersichtlich mit deutlicher Schwerpunktsetzung
	– stellen den Aufbau ihres Vortrags in einem Fluss- oder Baumdiagramm übersichtlich dar

S. 262 **13.2 Mit Power auf den Punkt gebracht! – Bildschirmfolien erstellen**	
S. 262 Folien richtig gestalten S. 263 Inhalte durch Symbole veranschaulichen S. 264 Eine Folie überarbeiten S. 265 Folien gezielt gestalten und einsetzen	– erkennen die Bedeutung medialer Unterstützung einer Präsentation – vergleichen und beurteilen Folien auf Übersichtlichkeit, Genauigkeit und äußere Form (Überschrift, Textmenge, Symbole, Schrift, Farben) – erkennen die Bedeutung von Symbolen und verwenden sie zielgerichtet – entwerfen und überarbeiten Folien am PC (Einstiegs-, Gliederungs- und Abschlussfolie)
S. 266 **13.3 Sicher auftreten – Lebendig vortragen**	
S. 266 Moderationskarten gestalten und einsetzen S. 267 Ohröffner und Aufmerksamkeitsanker – Zuhörer einbeziehen S. 269 Ein Handout erstellen, Mitschriften ermöglichen S. 270 Einen Vortrag halten, Feedback geben	– beschreiben vergleichend Aufbau und Gestaltung von Moderationskarten – erkennen die Bedeutung eines geeigneten Referateinstiegs und -endes (Ohröffner und Aufmerksamkeitsanker) – nutzen sprachliche und außersprachliche Gestaltungsmittel – beziehen das Publikum in ihren Vortrag mit ein – präsentieren ihren Vortrag anschaulich, sicher und lebendig – erstellen angeleitet ein Handout – ermöglichen Mitschriften und wenden Techniken des Mitschreibens an – geben ein konstruktives und höfliches Feedback

13 „Hier rein, da raus?" – Einen Vortrag gestalten

S. 257 Auftaktseite

1 a/b In beiden Vorträgen geht es um Gedächtniskünstler und ihre Tricks. Vor der individuellen Erarbeitung der Aufgabe können in Partner- oder Gruppenarbeit Beiträge gesammelt werden; auch ein gemeinsames Tafelbild in dualistischer Form ist möglich, z. B.:

Schüler A	Unterschiede	Schüler B
– verwendet Symbole – strukturiert seine Ideen durch Pfeile und Aufzählungszeichen – berücksichtigt die Struktur des Vortrags		– verwendet keine Symbole oder Bilder – notiert unstrukturiert (streicht Füllwörter) – lässt keine Verknüpfungen erkennen – notiert nur Gedankenfetzen

c Während Schüler B eher die Ergebnisse eines ersten Brainstormings notiert hat, stellt sich Schüler A den gesamten Ablauf des Vortrags vor und notiert deshalb schon Symbole, die er zur visuellen Unterstützung auf den Folien benutzen kann, sodass eine erste Struktur vorhanden ist. Inwieweit er die Zuhörer/-innen miteinbeziehen kann, ist ebenfalls Teil seiner Notizen, wird bei Schüler B aber nicht berücksichtigt.

13.1 Gedächtniskünstler – Informationen erschließen, zusammenfassen und ordnen

S. 258 M1: Wie funktioniert unser Gedächtnis? – M2: Die biologischen Voraussetzungen des Lernens – M3: Die Tricks der Gedächtniskünstler

1 a Mit dieser Aufgabe sollte den Schülerinnen und Schülern vor allem vermittelt werden, dass es für ein gezieltes Markieren wichtig ist, den Text mehrfach zu lesen.
Der Text wurde zunächst gelesen und die wichtigsten Stichworte wurden farblich hervorgehoben. Anschließend wurde der Text Abschnitt für Abschnitt knapp zusammengefasst und der Inhalt in Stichworten neben dem Abschnitt notiert.

b In Text M1 ist z. B. die Markierung folgender Stichworte denkbar: Spikes, Neuron, Synapsen, je mehr Synapsen, desto besser erinnern. Mögliche Zusammenfassung dieses Abschnitts: Speicherung einer Information ins Gedächtnis

2 a Mit dieser Aufgabe üben die Schüler/-innen, Texte gezielt auf wichtige Informationen zu untersuchen und zusammenzufassen.
M2: Die biologischen Voraussetzungen des Lernens – Mögliche Lösung:
– Es gibt unterschiedliche Lerntypen. (Z. 1–7)
– Insgesamt gibt es vier Lerntypen: den visuellen (lernt v. a. über das Sehen), den auditiven (lernt v. a. durch Hören), den kommunikativen (lernt v. a. im Austausch mit anderen) und den motorischen (lernt v. a. in Bewegung). (Z. 8–27)
– Meistens treten bei einer Person alle Lerntypen gemischt auf. (Z. 28–32)
M3: Die Tricks der Gedächtniskünstler – Mögliche Lösung:
– Gedächtniskünstler benutzen verschiedene Techniken, z. B. die „Loci-Methode":
1. Man findet Schlüsselwörter aus dem Lernthema. 2. Man setzt sich feste Punkte in einem Raum (Routenpunkte). 3. Die Routenpunkte werden mit den Schlüsselwörtern verknüpft. Später wandert man die Route mit den Schlüsselwörtern ab. (Z. 1–22)
– Bei der „Eselsbrückenmethode" arbeiten die Gedächtniskünstler mit Merkreimen oder Sätzen, wobei die Anfangsbuchstaben der Wörter mit denen der gesuchten Begriffe/Gegenstände übereinstimmen. (Z. 23–33)
– Eine weitere Methode ist die „Ankermethode". Die Gedächtniskünstler verwenden hier eine besondere Eigenschaft / ein besonderes Merkmal einer Person, um sich z. B. ihren Namen zu merken. (Z. 34–45)

13.1 Gedächtniskünstler – Informationen erschließen, zusammenfassen und ordnen

●○○ **b** – Lernen mit verschiedenen Sinnen = M2, Z. 1–5
– Routenpunkte abwandern = M3, Z. 19–20
– Wie können Informationen leichter abgespeichert werden? = M3
– Reime als Eselsbrücke = M3, Z. 25
– Verbindung von Eigenschaft oder Merkmal und Schlüsselwort = M3, Z. 36–45

3 **B** trifft zu. Damit eine Information Eingang ins Gedächtnis finden kann, muss zunächst einmal ein Reiz auf eine Sinneszelle treffen. Ohne Sinneszelle wäre dies nicht möglich.
A trifft nicht zu. Je mehr Synapsen beteiligt sind, desto stärker verankert sich die Information im Gedächtnis.

4 Ergiebiges Material zum Thema „Gedächtnismeisterschaften" findet sich z. B. in:
Foer, Joshua: Alles im Kopf behalten: Mit lockerem Hirnjogging zur Gedächtnismeisterschaft. Goldmann Verlag, 2012
Guinness World Records Ltd. (Hg.): Guinness World Records 2016. Hoffmann und Campe Verlag, 2015
Konrad, Boris Nikolai: Superhirn – Gedächtnistraining mit einem Weltmeister: Über faszinierende Leistungen des menschlichen Gehirns. Goldegg Verlag, 2013
www.guinnessworldrecords.de/
www.memomasters.de/
www.memoryxl.de/

5–7 Die Schüler/-innen wenden die Arbeitstechniken an: gezielte Recherche zu einem selbst gewählten Thema, Auswertung und Kategorisierung der Informationen durch Formulierung von Oberbegriffen für Schlüsselwörter und eigene Randnotizen und Zwischenüberschriften, Eliminierung unnötiger Informationen und Dopplungen sowie Strukturierung der Inhalte und Schwerpunktsetzung.

6 **a** Die Suche nach Oberbegriffen fördert den Wortschatz sowie das genaue und logische Denken,
●●● weshalb entsprechende Übungen gern in Intelligenztests verwendet werden. Diese anspruchsvolle Aufgabe eignet sich gut für Partnerarbeit.

●○○ **b** Langzeitgedächtnis, Ankermethode, Routenpunkte eignen sich nicht als Oberbegriffe: Langzeitgedächtnis = Unterbegriff zu Gedächtnis; Ankermethode = Unterbegriff zu Tricks/Methoden der Gedächtniskünstler; Routenpunkte = Unterbegriff zu Loci-Methode

7 **a** Folgende Anordnung ist denkbar:
Gehirneigenschaften, Einflüsse auf Lernprozesse, Lernen und Sinne, Gedächtniskünstler

b Indem die Schüler/-innen während der Diskussion verschiedene Möglichkeiten durchspielen, erkennen sie schneller, welche Reihenfolge am besten zu ihrem Thema passt und warum, z. B.:

Meiner Meinung nach sollten wir mit „Gehirneigenschaften" beginnen, weil man zunächst wissen muss, wie das Gedächtnis arbeitet, um dann die Einflüsse auf die Lernprozesse verstehen zu können. Diese Informationen erscheinen mir wichtiger, da sie die Grundlage für alle weiteren Informationen bilden.
Meiner Meinung nach sollten wir mit dem Thema „Gedächtniskünstler" beginnen, weil es für unsere Zuhörer spannend und motivierend ist, im Anschluss mehr über unser Gehirn zu erfahren.

8 **a** Vor Bearbeitung dieser Aufgabe übertragen die Schüler/-innen das Baumdiagramm in ihr Heft (Querformat), sodass auf der dritten Ebene genügend Platz für die ggf. abgekürzten Eintragungen bleibt. Die Lösung kann von der im Schülerband abgedruckten Darstellung abweichen und wie hier insgesamt vier Ebenen aufweisen. Leistungsschwächere können zudem darauf aufmerksam gemacht werden, dass sich im Wortspeicher auch ein Begriff der zweiten Kategorie befindet.

Siehe hierzu auch die **Folie** „Ein Baumdiagramm ergänzen" auf der CD-ROM.

Ein Baumdiagramm

```
                    Wie Gedächtniskünstler arbeiten
                    ↓            ↓              ↓
        Gehirneigenschaften  Lernen und Sinne  Tricks/Strategien
                ↓                ↓                  ↓
        Abspeichern von    Hör-, Seh-, Bewegungs-  Loci-, Eselbrücken- und
        Informationen      sinn, Kommunikation     Ankermethode
                ↓
        Ultrakurzzeit-, Kurzzeit-
        und Langzeitgedächtnis
```

b Das Flussdiagramm eignet sich besonders, um Vorgänge oder Abläufe grafisch darzustellen, während das Baumdiagramm komplexe Sachverhalte mit mehreren Unterpunkten klar visualisieren kann.

13.2 Mit Power auf den Punkt gebracht! – Bildschirmfolien erstellen

Folien richtig gestalten

Siehe hierzu auch die **Folie** „Eine Folie ansprechend gestalten" auf der CD-ROM.

Grundsätzliche Gestaltung:
Folie A: Textmenge: wenige treffende Stichworte, die übersichtlich in einer Tabelle angeordnet sind Abbildungen/Symbole, Leerräume: Folie ist nicht überfüllt, lenkt den Blick auf Wesentliches, Symbole (erhobener/gesenkter Daumen) unterstützen die Augenführung/Übersichtlichkeit, Ausrufezeichen hebt das Ergebnis hervor
Folie B: ganze Sätze, keine Schwerpunkte, keine Symbole
Inhalt:
Folie A: Beschränkung auf wichtigste Informationen; klarer Aufbau: Thema, Erörterungspunkte, Fazit
Folie B: zeigt ganze Sätze, setzt keine Schwerpunkte, setzt keine konkreten Schwerpunkte und priorisiert keine Aspekte
Lesbarkeit:
Folie A: Layout unterstützt inhaltlichen Aufbau, Dreiteilung; es wurde nur eine Schriftart verwendet; die Überschrift ist fett gedruckt und somit hervorgehoben.
Folie B: Es werden mehrere Schriftarten verwendet und unerhebliche Textstellen hervorgehoben.

c Die Symbole auf Folie A lassen auf den ersten Blick erkennen, dass es um positive und negative Aspekte geht, die das Lernen beeinflussen können.

3 Folgende Regeln sind denkbar:
Eine Vortragsfolie sollte …

a übersichtlich gestaltet sein.

b Symbole zur visuellen Unterstützung der Inhalte enthalten.

c eine Überschrift haben.

d nicht zu viel Text zeigen und klare Stichworte verwenden.

e nur in einer Schriftart gestaltet sein.

S. 263 Inhalte durch Symbole veranschaulichen

1 a 1. Symbol: E (Toilette) 4. Symbol: G (Nachdenken)
2. Symbol: D (Frieden) 5. Symbol: B (Lernen/Wissen)
3. Symbol: F (Liebe) 6. Symbol: C (Erinnerung/Merktrick)

b Zum Vortragsthema „Lernen – Gedächtniskünstler" passen die Symbole „Gehirn" (4. Symbol), „Glühbirne" (5. Symbol) und „Anker" (6. Symbol).

2 a Der Einsatz von Symbolen ist sinnvoll, wenn sie eindeutig einen Sachverhalt, ein Gefühl oder einen Ort beschreiben. Ein weiteres Beispiel könnte ein Symbol mit einer durchgestrichenen Zigarette sein, um einen Nichtraucherbereich zu kennzeichnen.

b Das linke Schild wäre besser geeignet, weil Menschen bei einem Hochhausbrand eher intuitiv reagieren und vor allem schnell handeln müssen. Das Schild mit dem Symbol gibt jedem Betroffenen eine eindeutige Information und ist auch deshalb zielführender, da es die Menschen direkt in die richtige Richtung weist.

S. 264 Eine Folie überarbeiten

1 Im Programm „Word" muss man zunächst in der oberen Taskleiste auf das Menü „Einfügen" klicken (1). Hier wählt man die Rubrik „Symbol", die in der Mitte rechts zu sehen ist (2). Es öffnet sich nun ein Fenster mit verschiedenen Symbolen. Wenn man das gewünschte Symbol ausgewählt hat, klickt man dieses mit der Maus an und wählt anschließend das Feld „Einfügen".

2 a Schlüsselwörter könnten sein: Lerntyp, viele Sinne, hören, sehen, sprechen, selbst erarbeiten.

b Mögliche Symbole: Ohr für Hörsinn, Auge für Sehsinn, Mund für Sprechen; mögliche Überschrift: „Lernen mit allen Sinnen"

S. 265 Folien gezielt gestalten und einsetzen

1 a Mögliche Lösung: Bei einer Einstiegsfolie sind visuelle Eindrücke und wenig Text sinnvoll und gewinnbringend (mittlere Folie: Glühbirne). Ferner benötigt eine Gliederungsfolie eine Aufschlüsselung über die Struktur des Vortrags, was durch die Nummerierung auf der 3. Folie (Schwerpunkte) gegeben ist. Der Vortrag sollte klar mit allen Informationen zum Abschluss gekommen sein, bevor mit einer Diskussion begonnen werden kann. Daher eignet sich die 1. Folie (Diskussionsfragen) als Abschlussfolie.

b Richtige Zuordnung:
– Die Folie mit der Glühbirne ist die Einstiegsfolie.
– Die Folie mit der Überschrift „Schwerpunkte" ist die Gliederungsfolie.
– Die Folie mit der Überschrift „Diskussionsfragen" ist die Abschlussfolie.

2 Einstiegsfolie: Interesse wecken, Fragen provozieren, motivieren
Gliederungsfolie: Überblick verschaffen, Struktur aufzeigen, Inhalte grob aufzeigen
Abschlussfolie: weitere Fragen klären, Raum für die persönlichen Standpunkte des Publikums bieten

13.3 Sicher auftreten – Lebendig vortragen

S. 266 Moderationskarten gestalten und einsetzen

1 Beide Moderationskarten verfügen über eine Überschrift. Dahinter ist in Klammern die Nummer der Folie angegeben. Es sind in beiden Fällen nur Stichworte notiert. Jeweils ein Punkt ist mit einem „Achtung-Symbol" besonders hervorgehoben. Auf Folie 9 ist ein Beispielsatz unterstrichen. Die Moderationskarten weisen auch auf Handlungen hin (Feedbackbögen verteilen). Die Reihenfolge der Karten ist durch die Nummerierung (unten/mittig) gesichert.

2 a Die Beispiele können als gelungene Moderationskarten gelten, da sie nur Stichworte enthalten, übersichtlich gestaltet und inhaltlich gut strukturiert sind. Sie enthalten nicht nur Hinweise auf Dinge, die gesagt werden sollen, sondern erinnern auch an Handlungen, die auszuführen sind.

b Die Moderationskarten sollten:
- gut lesbar sein.
- einheitlich gestaltet werden (Überschrift, Nummerierung etc.).
- nur Stichworte enthalten.
- nicht zu viel Text aufweisen.
- mit Symbolen vereinfacht werden.
- auf Handlungen während des Vortrags verweisen.

4 a Bild links: Der Vortragende wirkt unsicher, da er die Moderationskarte mit beiden Händen festhält. Er hält den Kopf gesenkt und scheint den Vortrag nur abzulesen. Es wird kein Blickkontakt zum Publikum hergestellt.
Bild Mitte: Die Vortragende sitzt an einem großen Schreibtisch, der sie sehr klein wirken lässt, und erweckt den Eindruck, als würde sie sich an ihrem Manuskript festhalten. Sie guckt das Publikum zwar an, jedoch wirkt der Vortrag eher langweilig, da keine Interaktion stattfindet.
Bild rechts: Der Vortragende wirkt aufgrund seiner Körperhaltung (ausgestreckter Arm) lebendig und dem Publikum gegenüber aufgeschlossen, jedoch scheint er nicht zu bemerken, dass er mit seinem Körper die Vortragsfolie an der Wand verdeckt.

b Tipps, worauf man beim Vortragen achten sollte:
- Stehe aufrecht und natürlich vor der Klasse.
- Halte deine Moderationskarten mit einer Hand fest.
- Stelle immer wieder Blickkontakt zum Publikum her.
- Benutze die Moderationskarten nur als Erinnerungsstützen.
- Positioniere dich so im Raum, dass alle deine visuellen Unterstützungen sehen können.

S. 267 Ohröffner und Aufmerksamkeitsanker – Zuhörer einbeziehen

1 a Die Aussagen A, B und D eignen sich als Ohröffner zum Vortragsthema „Das Gedächtnis" und die Entscheidung ist letztlich Geschmackssache. Ohröffner A fordert das Publikum heraus bzw. will es provozieren. Aussage B kann gewählt werden, wenn man gerne einen persönlichen Bezug zum Thema herstellen möchte. Ohröffner D aktiviert das Publikum mit Hilfe einer rhetorischen Frage.

b Mögliche Lösungen:
Alltagssituation: Mir passiert es ständig, dass ich in den Keller laufe, um etwas zu holen, und sobald ich unten bin, habe ich vergessen, was ich holen wollte.
Provozierende/Herausfordernde Aussage: Ich wette, dass ihr am Ende des Vortrags alle kleine Gedächtniskünstler seid. / Habt ihr schon mal überlegt, wie es wäre, wenn ihr euch an nichts mehr erinnern könntet?
Rhetorische Frage: Würdet ihr nicht auch gerne neue Französischvokabeln ohne großen Aufwand lernen? / Habt ihr auch manchmal das Gefühl, dass euer Gehirn nur unwichtige Dinge behält?

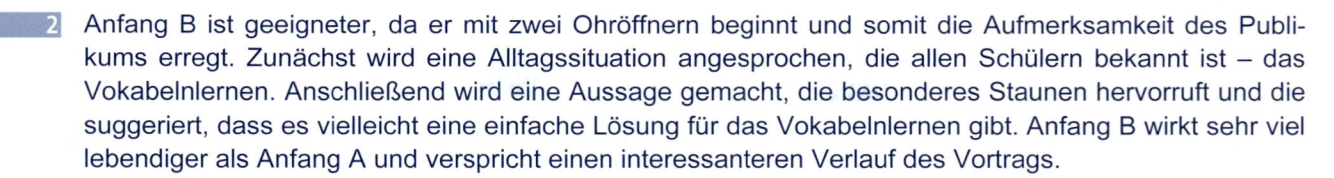

2 Anfang B ist geeigneter, da er mit zwei Ohröffnern beginnt und somit die Aufmerksamkeit des Publikums erregt. Zunächst wird eine Alltagssituation angesprochen, die allen Schülern bekannt ist – das Vokabellernen. Anschließend wird eine Aussage gemacht, die besonderes Staunen hervorruft und die suggeriert, dass es vielleicht eine einfache Lösung für das Vokabellernen gibt. Anfang B wirkt sehr viel lebendiger als Anfang A und verspricht einen interessanteren Verlauf des Vortrags.

3 Folgende Fragen könnten an geeigneter Stelle an die Zuhörer/-innen gerichtet werden:
– Wer hat schon mal einen Gedächtniskünstler im Fernsehen gesehen?
– Wer von euch hat schon mal eine der vorgestellten Strategien ausprobiert?
– Was meint ihr: Sind Gedächtnisstrategien alltagstauglich?
– Welche Dinge wolltet ihr euch immer schon merken können?
– Welche Eselsbrücken kennt ihr?

4 Folgende Zuordnungen sind richtig:
– Publikum selbst etwas machen lassen: Zuhörer testen selbst einen Lerntrick
– Rhetorische Frage stellen: „Sollte nicht jeder die neue Gehirnjogging-App auf seinem Smartphone haben?"
– Publikum mit einer ungewöhnlichen Vorstellung ansprechen: „Stellt euch vor, ihr könnt euch morgen an nichts mehr aus eurem Leben erinnern."
– Den eigenen persönlichen Bezug zum Thema herstellen: „Mich hat es immer total fasziniert, wenn ich im Fernsehen Menschen gesehen habe, die sich in kürzester Zeit Nummern aus einem Telefonbuch merken konnten."
– Anschauungsmaterial mitbringen und zeigen: Guinnessbuch hochhalten und herumgeben sowie Modell von einem Gehirn zeigen
– Einen Sachverhalt veranschaulichen: (computergestützter) Filmausschnitt
– Ein Geschehen zum Thema nachspielen: Duell zwischen zwei Gedächtniskünstlern nachspielen oder Bild dazu zeigen

S. 269 Ein Handout erstellen, Mitschriften ermöglichen

1 a Während des Vortrags kann das Handout als Visualisierungsstütze dienen und das Zuhören erleichtern. Neben den Informationen zur Referentin, zum Fach und zum Datum des Vortrags gibt es den Aufbau und die zentralen Informationen des Vortrags in Stichworten knapp und übersichtlich wieder. Die Quellenangaben ermöglichen es, Texte bei Bedarf aufzufinden und nachzulesen.

b Das Handout ist sehr knapp und übersichtlich gestaltet und lässt genügend Platz für Notizen.

c Die Mitschrift erfolgte stichwortartig. Es wurden beispielsweise die Erklärungen schwieriger Begriffe notiert (Synapsen, auditiv, visuell …) oder Beispiele für Gedächtnisstrategien angegeben.

S. 270 Einen Vortrag halten, Feedback geben

1 Die linke Äußerung beginnt mit einer negativen Anmerkung, gefolgt von einer positiven. Jedoch ist die Wahl des Adjektivs „schön" nicht besonders aussagekräftig und daher hier unpassend. Der Schüler sendet außerdem eine „Du-Botschaft", die beim Feedback vermieden werden sollte.
Die rechte Äußerung stellt ein positives Feedback voran, gefolgt von einem Verbesserungsvorschlag bzw. einer Anregung für einen lebendigeren Vortrag.

2 a Das Feedback der Schülerin ist hilfreicher für den Vortragenden, da es zunächst das Positive betont und anschließend einen Verbesserungsvorschlag macht, wie der Vortrag noch lebendiger hätte gestaltet werden können.
Das Feedback des Schülers führt zunächst einen Fehler an, gibt so nur indirekt Verbesserungsvorschläge und ist im Hinblick auf die Bewertung der Folien sehr undifferenziert.

••• b Mögliche Regeln für ein hilfreiches Feedback:
   Regel 2: Beginne mit einer positiven Rückmeldung und äußere erst dann deine Kritik oder einen Verbesserungsvorschlag.
   Regel 3: Formuliere so konkret und spezifisch wie möglich.
   Regel 4: Äußere deine Kritik einfühlsam, sodass sich niemand verletzt fühlt.
   Regel 5: Achte darauf, dass deine Kritik oder deine Verbesserungsvorschläge auch umsetzbar sind.
   Regel 6: Vermeide eine persönliche Wertung.

Material zu diesem Kapitel

Test
– Eine Folie überarbeiten (mit Lösungshinweisen auf der CD-ROM)

Fordern und fördern
– Informationen entnehmen und ordnen – Ingrid Müller: Amnesie – Auch das Gedächtnis kann krank werden (●●○|●○○ mit Lösungshinweisen auf der CD-ROM)
– Symbole richtig zuordnen (○○○ mit Lösungshinweisen auf der CD-ROM)

Diagnose
– Checkliste für einen sicheren und lebendigen Vortrag (mit Lösungshinweisen auf der CD-ROM)

PPT-Folien (auf der CD-ROM)
– Ein Baumdiagramm ergänzen
– Folien ansprechend gestalten
– Lösung zum Test: Das Superhirn – Weltspitze im Gedächtnissport

Deutschbuch Lern- und Arbeitsheft 9
für Lernende mit erhöhtem Förderbedarf im inklusiven Unterricht
– „Hier rein, da raus", Seite 257–270

Test: Eine Folie überarbeiten

1 Welche Regeln sollten bei einer Foliengestaltung beachtet werden? Kreuze an.
Eine Folie sollte …
- [ ] einheitlich gestaltet sein.
- [ ] Informationen detailliert wiedergeben.
- [ ] den Inhalt mit eindeutigen Symbolen veranschaulichen.
- [ ] möglichst viele Bilder enthalten.
- [ ] mehrere Überschriften haben.
- [ ] gut lesbar sein.
- [ ] mit nur einer Schriftart gestaltet werden.
- [ ] nur Stichworte enthalten.
- [ ] keine Fußnoten aufweisen.

2 Überarbeite die unten abgebildete Folie.
  a Ermittle wenige Schlüsselwörter, um die Folie übersichtlicher zu gestalten.
  b Ergänze die Folie mit passenden Symbolen und einer Überschrift.

---

13 „Hier rein, da raus?" – Einen Vortrag gestalten — Deutschbuch 9

Der Gedächtnistrainer Dr. Boris Nikolai Konrad gehört seit Jahren zur Weltspitze im Gedächtnissport!

Dr. Konrad ist Physiker und Neurowissenschaftler[1]. Er wurde 2012 als „Deutschlands Superhirn" auch international bekannt. Zu seinen besonderen Leistungen zählt, dass er sich z. B. in fünfzehn Minuten 201 Namen zu den passenden Gesichtern oder 280 Wörter merken kann. Dasselbe schaffte er in den Folgejahren auch in den Disziplinen „Geburtsdaten merken" und „Hauptstädte wissen". So merkte er sich die Vornamen und Geburtsdaten von 21 Personen in nur zwei Minuten, was ihm 2014 einen Eintrag im Guinnessbuch der Rekorde einbrachte.

Erfolge:
- Er erhielt 2010 den 5-Sterne-Redner-Preis in der Kategorie „Best Newcomer".
- 2012 Sieger bei *„Deutschlands Superhirn"* im ZDF
- Zwei Einträge im Guinnessbuch der Rekorde
- Im Frühjahr 2014 machte er bei *„Wetten, dass …"* auf sich aufmerksam.
- Außerdem ist er Präsident von *„Memory XL"*, einem Verein, der sich mit Mnemotechniken[2], Lerntechniken und der Merkfähigkeit des menschlichen Gehirns beschäftigt.

---
1 Neurowissenschaftler: Wissenschaftler, der sich mit dem menschlichen Gehirn beschäftigt
2 Mnemotechniken: Lern- und Merktechniken

Fakten entnommen aus: www.5-sterne-redner.de/referenten/boris-nikolai-konrad [05.11.2015]

Autorinnen: Verena Gälweiler / Lisa Nahberger

Informationen entnehmen und ordnen

Ingrid Müller: **Amnesie – Auch das Gedächtnis kann krank werden**

Amnesie [griechisch: ohne Gedächtnis] ist eine Form der Gedächtnisstörung. Die Erinnerung streikt und der Betroffene kann nicht mehr auf Gedächtnisinhalte zurückgreifen oder Neues abspeichern. Gelerntes lässt sich zeitlich und/oder inhaltlich[1] nicht mehr aufrufen. [...] Es gibt verschiedene Formen der Amnesie, die alle mit einem Gedächtnisverlust verknüpft sind. [...]

Die anterograde Amnesie (vorwärtswirkende Amnesie) ist die häufigste Gedächtnisstörung. Es gelingt den Betroffenen nicht mehr oder nur schlecht, neue Gedächtnisinhalte aufzunehmen und abzuspeichern. Meist wird auch die Vergesslichkeit selbst schnell wieder vergessen. Auch der Abruf der Informationen ist gestört. Betroffen ist vor allem das Langzeitgedächtnis, ein Funktionieren im „Hier und Jetzt" ist aber noch möglich.

Die retrograde Amnesie (rückwirkende Amnesie) bedeutet, dass die Betroffenen alle Ereignisse, die im Zeitraum vor einer Hirnschädigung liegen, nicht mehr abrufen können. [...] Die retrograde Amnesie findet sich am häufigsten nach einer Hirnverletzung (Hirntrauma). [...]

Die globale Amnesie ist die schwerste Form der Gedächtnisstörung. Erinnerungen, die sich Jahre oder Jahrzehnte vor dem Krankheitsfall ereignet haben, sind nicht mehr abrufbar. Gleichzeitig können Betroffene auch keine neuen Gedächtnisinhalte mehr aufnehmen und speichern – sie können also nichts mehr lernen. Intakt[2] bleibt dagegen das Gedächtnis für Prozesse und Abläufe (prozedurales Gedächtnis). Rein theoretisch könnten diese Patienten also noch Auto fahren, würden sich aber auf der Straße nicht mehr zurechtfinden, weil [ihnen] die gesamte Umgebung unbekannt vorkommt. Die globale Amnesie lässt sich nicht wieder rückgängig machen.

Die transiente (vorübergehende) globale Amnesie (TGA) setzt akut ein und betrifft alle Gedächtnisinhalte – Bilder, Gefühle, Sprache. Man könnte auch sagen, das Gedächtnis nimmt sich plötzlich und unerwartet eine Auszeit und geht in Urlaub. [...] Der Gedächtnisverlust dauert meist 1 bis maximal 24 Stunden, im Schnitt sind es 6 bis 8 Stunden. Neue Informationen kann der Betroffene nur 30 bis 180 Sekunden behalten [...]. Es fehlt deshalb die Orientierung in Zeit, Ort und Situation. Die Patienten sind oft ratlos und stellen immer wieder die gleichen Fragen – auch wenn sie schon beantwortet wurden. Gleichzeitig ist auch der Zugriff auf alte Gedächtnisinhalte [...] gestört. [...] Allerdings können die Patienten komplexe[3], zuvor erlernte Tätigkeiten ausführen, etwa ein Auto lenken (theoretisch), kochen oder Karten spielen. Diese Form der Amnesie bildet sich von selbst wieder zurück. [...]

[Bei der seltenen psychogenen Amnesie (seelisch bedingte Amnesie)] werden Situationen, Erlebnisse und traumatische Ereignisse verdrängt, welche die Person als extrem unangenehm empfunden hat.

Aus: NetDoktor. Wissen für Ihre Gesundheit vom 23.08.2013: www.netdoktor.de/symptome/amnesie [03.12.2015], gekürzt

---

1 inhaltliche Gedächtnislücke: ohne Erinnerung an ein bestimmtes Ereignis, z. B. einen Unfall; optische Wahrnehmungen können nicht mit Erinnerungen verknüpft werden, z. B. beim Autofahren zwar eine Straße sehen, aber nicht wiedererkennen; zeitlich begrenzte Gedächtnislücke: Erinnerungen aus der Zeit vor der Gedächtniserkrankung nicht mehr abrufen können, Erinnerungen des Kurzzeitgedächtnisses nicht speichern können
2 intakt: funktionsfähig, vom Gehirnschaden nicht betroffen
3 komplexe Tätigkeit: umfassend, aus mehreren Teilen bestehend, z. B. Autofahren: Wagen beherrschen, Straßenführung erkennen / Orientierung, Schilder lesen, Bewegungen der Passanten erkennen und einschätzen, Wagen entsprechend beschleunigen / verlangsamen

Deutschbuch 9 — 13 „Hier rein, da raus?" – Einen Vortrag gestalten

1 Lies den gesamten Text aufmerksam durch und kläre unbekannte oder schwierige Begriffe.

_____

_____

_____

2 a Lies den Text ein zweites Mal. Markiere die Struktur des Textes, indem du in jedem Absatz das wesentliche Schlüsselwort unterstreichst.

b Markiere anschließend in jedem Abschnitt weitere Schlüsselwörter.

c Fasse nun jeden Abschnitt in Stichworten zusammen. Schreibe in dein Heft.

3 Stelle die Informationen der beiden Texte in einem Baumdiagramm dar.

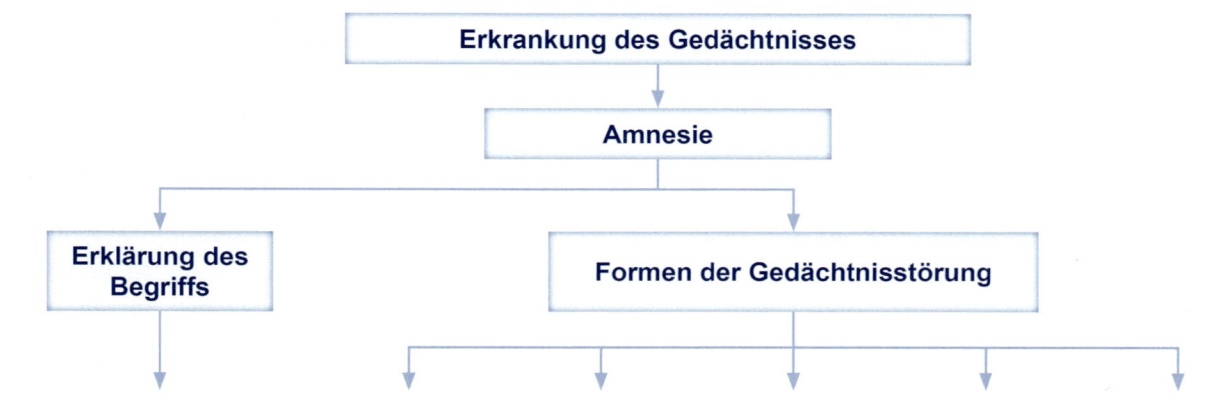

```
            Erkrankung des Gedächtnisses
                        │
                     Amnesie
                    ┌────┴────┐
         Erklärung des    Formen der Gedächtnisstörung
            Begriffs
               │          ┌────┬────┬────┬────┐
               ▼          ▼    ▼    ▼    ▼    ▼
```

Autorinnen: Verena Gälweiler / Lisa Nahberger

Informationen entnehmen und ordnen

Ingrid Müller: **Amnesie – Auch das Gedächtnis kann krank werden**

Amnesie [kommt aus dem Griechischen und] ist eine Form der Gedächtnisstörung. Die Erinnerung streikt und der Betroffene kann nicht mehr auf Gedächtnisinhalte zurückgreifen oder Neues abspeichern. Gelerntes lässt sich zeitlich und/oder inhaltlich[1] nicht mehr aufrufen. […] Es gibt verschiedene Formen der Amnesie: […]

Die anterograde Amnesie (vorwärtswirkende Amnesie) ist die häufigste Gedächtnisstörung. Es gelingt den Betroffenen nicht mehr oder nur schlecht, neue Gedächtnisinhalte aufzunehmen und abzuspeichern. Meist wird auch die Vergesslichkeit selbst schnell wieder vergessen. Auch der Abruf der Informationen ist gestört. Betroffen ist vor allem das Langzeitgedächtnis, ein Funktionieren im „Hier und Jetzt" ist aber noch möglich.

Die retrograde Amnesie (rückwirkende Amnesie) bedeutet, dass die Betroffenen alle Ereignisse, die im Zeitraum vor einer Hirnschädigung liegen, nicht mehr abrufen können. […] Die retrograde Amnesie findet sich am häufigsten nach einer Hirnverletzung (Hirntrauma). […]

Die globale Amnesie ist die schwerste Form der Gedächtnisstörung. Erinnerungen, die sich Jahre oder Jahrzehnte vor dem Krankheitsfall ereignet haben, sind nicht mehr abrufbar. Gleichzeitig können Betroffene auch keine neuen Gedächtnisinhalte mehr aufnehmen und speichern – sie können also nichts mehr lernen. Intakt[2] bleibt dagegen das Gedächtnis für Prozesse und Abläufe (prozedurales Gedächtnis). Rein theoretisch könnten diese Patienten also noch Auto fahren, würden sich aber auf der Straße nicht mehr zurechtfinden, weil [ihnen] die gesamte Umgebung unbekannt vorkommt. Die globale Amnesie lässt sich nicht wieder rückgängig machen.

Die transiente (vorübergehende) globale Amnesie (TGA) setzt akut ein und betrifft alle Gedächtnisinhalte – Bilder, Gefühle, Sprache. Man könnte auch sagen, das Gedächtnis nimmt sich plötzlich und unerwartet eine Auszeit und geht in Urlaub. […] Der Gedächtnisverlust dauert meist 1 bis maximal 24 Stunden, im Schnitt sind es 6 bis 8 Stunden. Neue Informationen kann der Betroffene nur 30 bis 180 Sekunden behalten […]. Es fehlt deshalb die Orientierung in Zeit, Ort und Situation. Die Patienten sind oft ratlos und stellen immer wieder die gleichen Fragen – auch wenn sie schon beantwortet wurden. Gleichzeitig ist auch der Zugriff auf alte Gedächtnisinhalte […] gestört. […] Allerdings können die Patienten komplexe[3], zuvor erlernte Tätigkeiten ausführen, etwa ein Auto lenken (theoretisch), kochen oder Karten spielen. Diese Form der Amnesie bildet sich von selbst wieder zurück. […]

[Bei der seltenen psychogenen Amnesie (seelisch bedingte Amnesie)] werden Situationen, Erlebnisse und traumatische Ereignisse verdrängt, welche die Person als extrem unangenehm empfunden hat.

Aus: NetDoktor. Wissen für Ihre Gesundheit vom 23.08.2013: www.netdoktor.de/symptome/amnesie [03.12.2015], gekürzt

---

1 inhaltliche Gedächtnislücke: ohne Erinnerung an ein bestimmtes Ereignis, z. B. einen Unfall; optische Wahrnehmungen können nicht mit Erinnerungen verknüpft werden, z. B. beim Autofahren zwar eine Straße sehen, aber nicht wiedererkennen; zeitlich begrenzte Gedächtnislücke: Erinnerungen aus der Zeit vor der Gedächtniserkrankung nicht mehr abrufen können, Erinnerungen des Kurzzeitgedächtnisses nicht speichern können
2 intakt: funktionsfähig, vom Gehirnschaden nicht betroffen
3 komplexe Tätigkeit: umfassend, aus mehreren Teilen bestehend, z. B. Autofahren: Wagen beherrschen, Straßenführung erkennen / Orientierung, Schilder lesen, Bewegungen der Passanten erkennen und einschätzen, Wagen entsprechend beschleunigen / verlangsamen

Deutschbuch 9 — 13 „Hier rein, da raus?" – Einen Vortrag gestalten

1 Lies den gesamten Text aufmerksam durch und kläre unbekannte oder schwierige Begriffe.
Tipp: Beachte auch die Fußnoten.

2 a Umrahme in jedem Absatz das wichtigste Schlüsselwort, das den Inhalt des jeweiligen Absatzes wiedergibt. Ein wesentliches Schlüsselwort ist bereits umrahmt.

b Lies den Text Absatz für Absatz noch einmal durch und unterstreiche weitere Schlüsselwörter. Im ersten Absatz des Textes sind die Schlüsselwörter schon unterstrichen.

3 Ergänze das Baumdiagramm. Bündle deine Schlüsselwörter mit Hilfe von Oberbegriffen.
Tipp: Nutze dabei auch die Ergebnisse von Aufgabe 2a.

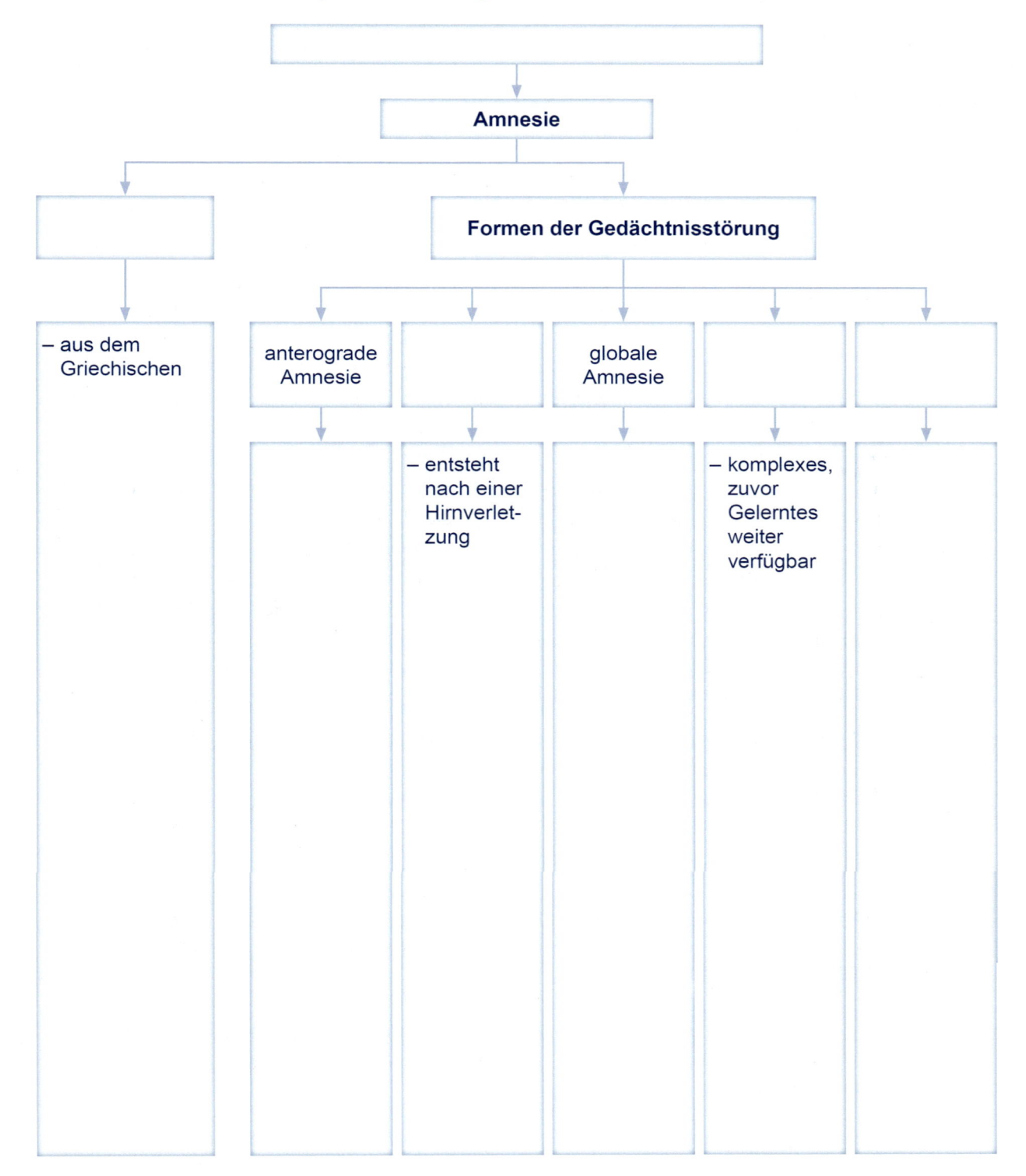

```
                    [                    ]
                           ↓
                      [ Amnesie ]
              ↓                    ↓
        [         ]        [ Formen der Gedächtnisstörung ]
           ↓          ↓         ↓         ↓         ↓         ↓
      – aus dem   anterograde          globale
      Griechischen  Amnesie            Amnesie
                      ↓         ↓         ↓         ↓         ↓
                            – entsteht          – komplexes,
                            nach einer          zuvor
                            Hirnverlet-         Gelerntes
                            zung                weiter
                                                verfügbar
```

Autorinnen: Verena Gälweiler / Lisa Nahberger

KV 1, Seite 4 — Kopiervorlage

13 „Hier rein, da raus?" – Einen Vortrag gestalten — Deutschbuch 9

Symbole richtig zuordnen

1 Ein Gedächtniskünstler soll sich in kurzer Zeit verschiedene Symbole mit ihrer Bedeutung einprägen.
Ordne die jeweilige Bedeutung im Wortspeicher dem richtigen Symbol zu.
Schreibe die Bedeutung neben das Symbol.

Symbole und ihre Bedeutung			
(Kopf mit Fragezeichen)		(Hufeisen)	
(Vorfahrt-gewähren-Schild)		(Rose)	
(Storch mit Baby)		(Denkblase)	
(Blitz)	Gefahr	(Frau mit Gedankenwolken)	viel lernen
(zwei Ringe)		(Mars- und Venussymbol)	

~~viel lernen~~ – Achtung – Ehe – ~~Gefahr~~ – Liebe
Glück – Mann und Frau – denken – keine Idee – Geburt

2 Bei der Verwendung von Symbolen müssen einige Dinge beachtet werden.
Setze die fehlenden Wörter in die Lücken ein. Du findest sie im Wortspeicher.
Tipp: Zwei Wörter im Wortspeicher kannst du nicht verwenden.

Der Begriff „Symbol" kommt aus dem Altgriechischen und bedeutet „Sinnbild" beziehungsweise

„_____". Oft kann es sinnvoll sein, mit Symbolen zu arbeiten, um zum Beispiel den

_____ eines Vortrags oder einen Warnhinweis _____ zu unterstützen.

Symbole bieten sich vor allem bei der Darstellung _____ Sachverhalte an.

Zu viele Symbole können allerdings _____. Man prüft am besten anhand einiger

_____, ob es sinnvoll ist, an einer bestimmten Stelle Symbole bei einer Bildschirm-

präsentation oder einem Vortrag zu verwenden.

verwirren – Inhalt – Sprecher – Fragen – anschaulich – Fotos – Zeichen – eindeutiger

Diagnose – Checkliste für einen sicheren und lebendigen Vortrag

1 Wie gestaltet man einen sicheren und lebendigen Vortrag? Kreuze an.

		richtig	falsch
A	Ohröffner machen das Publikum von Beginn an neugierig.	☐	☐
B	Ein Handout enthält alle wichtigen Informationen des Vortrags.	☐	☐
C	Aufmerksamkeitsanker beziehen das Publikum während des Vortrags mit ein.	☐	☐
D	Mitschriften lenken die Zuhörer/-innen vom Vortrag ab.	☐	☐
E	Beim Vortrag sollte man auf Körperhaltung und Vortragsweise achten.	☐	☐
F	Moderationskarten braucht man nur, wenn man nicht gut frei sprechen kann.	☐	☐
G	Beim Vortrag sitzt man am besten, damit man die Bildschirmfolien nicht verdeckt.	☐	☐
H	Bildschirmfolien helfen dem Publikum, dem Vortrag zu folgen.	☐	☐
I	Es bietet sich an, das Publikum während des Vortrags mit Fragen einzubeziehen.	☐	☐
J	Moderationskarten enthalten auch Diskussionsfragen und Hinweise, z. B. „Zuhörern Zeit geben".	☐	☐
K	Ein Handout sollte genügend Platz für Mitschriften bieten.	☐	☐

Insbesondere Aufmerksamkeitsanker und Ohröffner ermöglichen einen lebendigen Vortrag, z. B. zum Thema „Memo Masters – Gedächtnismeisterschaften".

2 Welche der folgenden Möglichkeiten passt zu welchem Ohröffner/Aufmerksamkeitsanker? Lies die Notizen im Wortspeicher und ordne sie den nummerierten Sätzen zu.

> Publikum selbst etwas machen lassen – Publikum mit einer ungewöhnlichen Vorstellung ansprechen – einen persönlichen Bezug zum Thema herstellen – rhetorische Fragen stellen – Anschauungsmaterial mitbringen und zeigen – einen Sachverhalt veranschaulichen – ein Geschehen zum Thema nachspielen

1 Einen kurzen Videoausschnitt von einer Disziplin bei den Gedächtnismeisterschaften zeigen

_____

2 Habt ihr eine Idee, wie lange die Wettbewerbsteilnehmer Zeit haben, sich eine bestimmte Zahlenabfolge einzuprägen?

_____

3 Ich müsste bei einem solchen Wettbewerb Kopfhörer aufsetzen, damit ich nicht abgelenkt bin.

_____

4 Ich habe euch hier ein Foto von den 120 Gesichtern mitgebracht, deren Vor- und Nachnamen sich die Teilnehmer merken mussten.

_____

5 Stellt euch vor, ihr müsst euch – abgeschottet mit Ohrstöpseln – in einem überfüllten Raum vor Publikum 160 fiktive historische Ereignisse innerhalb von 5 Minuten einprägen. Das ist unmöglich, sagt ihr? Christiane Stenger sieht das anders.

_____

6 Christiane Stenger hat sich z. B. im Alter von 14 Jahren die Reihenfolge eines gemischten Kartenspiels gemerkt. Das könntet ihr auch ausprobieren!

_____

7 Dieses Duell zwischen zwei Gedächtniskünstlern wollen wir nun nachspielen.

_____

Bewertungsbogen für einen Vortrag

Einen Vortrag bewerten	☺	😐	☹
War der Vortrag informativ?			
War der Vortrag sinnvoll gegliedert?			
Haben die Folien den Vortrag sinnvoll unterstützt?			
Wurde der Inhalt der Folien durch Symbole veranschaulicht?			
Wurde das Publikum durch Ohröffner und Aufmerksamkeitsanker aktiviert?			
Notiere eine gelungene Idee. _____			
Ist das Handout verständlich und bietet Platz für eine Mitschrift?			
Wurde immer wieder Blickkontakt zum Publikum aufgenommen?			
Wurde langsam und verständlich (Aussprache) gesprochen?			
War der Vortrag in mündlicher Sprache formuliert?			
Wurden Moderationskarten sinnvoll eingesetzt?			
Wirkte der Vortragende sicher (Körperhaltung) und souverän?			
Setzte der Vortragende Mimik und Gestik sinnvoll ein?			
Wurden abschließend Diskussionsfragen gestellt?			

Holt alle ins Boot

Inklusion: Lern- und Arbeitsheft bei erhöhtem Förderbedarf

Eine großartige Idee für den inklusiven Unterricht: Dieses *Lern- und Arbeitsheft* lässt Schülerinnen und Schüler mit dem Förderschwerpunkt Lernen aktiv an den gemeinsamen Deutschstunden teilnehmen!

Seitengenau dem Schülerbuch zugeordnet, trainiert es gründlich zentrale Kompetenzen wie Rechtschreibung, Zeichensetzung und Grammatik.

- Vereinfachte Texte und Hilfen zu allen Kapiteln
- Für den gemeinsamen Unterricht, Freiarbeitsphasen, Wochenplanarbeit, offene Unterrichtsformen
- Für Einzel-, Partner- und Gruppenarbeit
- Abschlussorientiert

Für den inklusiven Unterricht

Deutschbuch
Differenzierende Ausgabe
9. Schuljahr
Lern- und Arbeitsheft für Lernende
mit erhöhtem Förderbedarf
im inklusiven Unterricht
160 Seiten, kartoniert
978-3-06-068013-9

Den aktuellen Preis finden Sie im Internet:
www.cornelsen-shop.de

Cornelsen Verlag · 14328 Berlin
www.cornelsen.de

Willkommen in der Welt des Lernens

Cornelsen

So gelingt Differenzierung

Ordner „Differenzieren und Fördern"

Eine stattliche Sammlung von Arbeitsblättern für die Lernschwächeren unter Ihren Schülerinnen und Schülern: Der Ordner *Differenzieren und Fördern* umfasst Kopiervorlagen, die Kinder auch ohne fremde Hilfe bearbeiten können – im Unterricht oder zu Hause.

- Diagnosematerialien, um Lernstand und Förderbedarf zu ermitteln
- Lernlandkarten, anhand derer die Kinder das Lernen selbstständig steuern und dokumentieren
- Fördermaterialien auf drei Niveaus (passend zu den Testergebnissen und Lernlandkarten), auch für Kinder mit Deutsch als Zweitsprache
- Differenzierende Klassenarbeiten samt Hilfekarten und Bewertungsbogen
- Musteraufsätze und Checklisten

Die CD-ROM hält alle Arbeitsblätter in editierbarer Form bereit, außerdem die Lösungen zu sämtlichen Aufgaben.

Die Ordner liefern jeweils Material für zwei Jahrgangsstufen.

ISBN 978-3-06-060972-7    ISBN 978-3-06-060973-4    ISBN 978-3-06-060974-1

Die aktuellen Preise finden Sie im Internet:
www.cornelsen-shop.de

Cornelsen Verlag • 14328 Berlin

Willkommen in der Welt des Lernens

Cornelsen

Bedienungshinweis für die CD-ROM

MS Windows®:
Legen Sie die CD-ROM in Ihr CD-ROM-Laufwerk. Sollte das Programm nicht automatisch starten, doppelklicken Sie bitte auf „Start.exe" im Dateiverzeichnis der CD-ROM, um sie zu öffnen.

Systemvoraussetzungen:
Windows®-PC ab 600 MHz
Arbeitsspeicher mind. 256 MB
Freier Festplattenplatz ca. 80 MB
Bildschirmauflösung 1024 x 768
Farbtiefe 16 Bit
16-Bit-Soundkarte
Microsoft® Office Word 2003, 2007, 2010, 2013
CD-ROM-Laufwerk
Microsoft® Windows® XP, Vista, Windows 7, 8

Apple® Macintosh®:
Legen Sie die CD-ROM in Ihr CD-ROM-Laufwerk und doppelklicken Sie bitte auf die Datei „index.html".

Systemvoraussetzungen:
Apple® Macintosh®-Systeme
Mac® mit CD-ROM-Laufwerk
Mac® OS X ab Version 10.2.8
Microsoft® Office Word 2004, 2008, 2011